POESÍA ESPAÑOLA
ENSAYO DE MÉTODOS Y LÍMITES ESTILÍSTICOS

BIBLIOTECA ROMÁNICA HISPÁNICA

Dirigida por Dámaso Alonso

II. ESTUDIOS Y ENSAYOS, 1

DÁMASO ALONSO

POESÍA ESPAÑOLA

ENSAYO DE MÉTODOS Y LÍMITES ESTILÍSTICOS

GARCILASO, FRAY LUIS DE LEÓN, SAN JUAN DE LA CRUZ, GÓNGORA, LOPE DE VEGA, QUEVEDO

QUINTA EDICIÓN, CON UN
COPIOSO ÍNDICE ALFABÉTICO DE MATERIAS

BIBLIOTECA ROMÁNICA HISPÁNICA
EDITORIAL GREDOS
MADRID

© DÁMASO ALONSO, 1981.

EDITORIAL GREDOS, S. A.

Sánchez Pacheco, 81, Madrid. España.

PRIMERA EDICIÓN, mayo de 1950.
SEGUNDA EDICIÓN, diciembre de 1952.
TERCERA EDICIÓN, abril de 1957.
CUARTA EDICIÓN, mayo de 1962.
QUINTA EDICIÓN, diciembre de 1966.
   1.ª Reimpresión, abril de 1971.
   2.ª Reimpresión, abril de 1976.
   3.ª Reimpresión, marzo de 1981.

Depósito Legal: M. 41367 - 1980.

ISBN 84-249-0101-0. Rústica.
ISBN 84-249-0102-9. Tela.

Impreso en España. Printed in Spain.
Gráficas Cóndor, S. A., Sánchez Pacheco, 81, Madrid, 1981. — 5297.

PRÓLOGO

Muchos de los textos sobre los que en este libro me apoyo para intentar un acercamiento al eterno misterio de la poesía, me habían servido ya durante muchos años para explicaciones orales en distintos países, y antes aún, y siempre, como materia de lenta y apasionada lectura.

Fui primero, pues, lector entusiasta; y luego me aupé —con juvenil osadía— a crítico. Por ese camino adelante, poco a poco, a las revueltas de los años, vi que los problemas y los pormenores de las entreveradas entrañas del poema, por donde me iba arriesgando, excedían la función y el alcance de la crítica, de lo que llamamos crítica normalmente. No se trata de superior ni inferior, sino, sencillamente, de una cosa distinta. En una palabra, como en otra parte de este libro se explica, había pasado por el primer conocimiento poético y por el segundo, y estaba empeñado en los caminos del tercero: de un conocimiento del poema (de este y de aquel poema) como problema, como objeto de indagación científica, puente a su vez por el que se podría llegar al planteamiento del problema total de la poesía.

¡Quiera Dios que de todo ese camino no sea lo único bueno la primera y candorosa lectura!

Por estas sendas desde hace treinta años, he respirado —claro está— el ambiente de todos y de él me he nutrido. Ni yo podría desintrincar de dónde viene cada filamento. De una cosa protestaré con toda ingenuidad, con toda energía, y es que no he ido a estudiar ajenos procedimientos para remedarlos, que los métodos empleados por mí han crecido natural y biológicamente con mi vida misma. Si algo bueno puede tener este libro, estará en el ser documento de una larga y entusiasta "experiencia" poética personal.

Es mi aproximación, son las vías de mi aproximación a la poesía a través de Garcilaso, de Fray Luis, de San Juan de la Cruz, de Góngora, de Lope, de Quevedo, y la propia meditación sobre esas vías y su alcance, lo que en este libro se da. Y no hablo vagamente, herméticamente, para añadir niebla a nebulosidad y confusión a misterio. El movimiento se demuestra andando: de una parte, tomamos textos que sólo una intuición previa nos permite seleccionar, y así estudiamos los problemas de la expresión y la creación poética, no en abstracto, sino sobre lo muy concreto; de otra parte, trato de extraer de mi propio trabajo consecuencias de carácter general sobre el alcance de la técnica estilística. El problema es, en realidad, inmenso: es un aspecto del problema acerca de la posibilidad de un conocimiento científico de la obra de arte.

Hay que advertir que yo me enteré algo tarde de que existía una técnica o una ciencia (¡ciencia en aprendizaje!), que tiene ese nombre tan feo —Estilística—; me enteré cuando vi que en algunos estudios y repertorios bibliográficos —sobre todo alemanes— clasificaban mis pobres intentos bajo el título de "Estilística". "Por lo visto, *hacemos* Estilística", me dije. Había que entenderse; y comencé a usar esa palabra, que —lealmente— aborrezco [1].

Los problemas de método me han empezado a preocupar todavía más tarde. Lo primero de que me di cuenta fue de que, sin preocupación metodológica alguna, había sido llevado del modo más natural al empleo de métodos muy diversos para el estudio de los mayores poetas de España. Comprendí entonces que la selección de "método" para el estudio estilístico no se puede hacer por normas de un criterio racional. Más aún: que para cada estilo hay una indagación estilística única, siempre distinta, siempre nueva cuando se pasa de un estilo a otro. Empezaba a entrever así uno de los temas centrales del presente libro.

Porque este libro quiere precisamente mostrar que no existe una técnica estilística, que el ataque estilístico es siempre un problema de los que los matemáticos llaman "de feliz idea". Es decir, que la única manera de entrar al recinto es un afortunado salto, una intuición. Toda intuición es querenciosa, es acto de amor, o que supone el amor. En la intuición inicial hay algo de ese alto vuelo, de esa divina caza que San Juan de la Cruz nos ha descrito:

> Tras de un amoroso lance,
> y no de esperanza falto,
> volé tan alto, tan alto,
> que le di a la caza alcance.
> Cuando más alto subía
> deslumbróseme la vista,
> y la más fuerte conquista
> en oscuro se hacía;

---

[1] Forma parte de la moderna plaga en *-istico, -istica*. Véase el admirable estudio de Bruno Migliorini, *Il suffisso "-istico"*, en *Saggi sulla lingua del Novecento*, Florencia, 1941, en especial, pág. III.

mas por ser de amor el lance,
di un ciego y oscuro salto,
y fui tan alto, tan alto,
que le di a la caza alcance.

Sí, para apoderarse de la individualidad, de la "unicidad" del objeto literario, se necesita "un ciego y oscuro salto". Y que el lance sea verdaderamente de amor. ¡Cuán lejos habremos quedado de tal vuelo! Ésa era nuestra meta imposible, nuestro inasequible ideal.

Hay otra estilística, basada "en mimbres y tiempo", practicada con ingenua fe por algunos, en este o en aquel país. Contra los vagarosos estetas nebulizadores nos ponemos en decidida guardia. De otro lado, dejamos a los cándidos obreros de la técnica del cuentahilos su inocente manía.

Lo mismo que nuestro quehacer mira al cielo, pero se mueve en zonas humanas, creemos que la tarea estilística sólo comienza tras una intuición (en este caso doble: intuición de lector, intuición selectiva del método de estudio) y ha de detenerse ante la cima (la última unicidad del objeto literario sólo es cognoscible por salto "ciego y oscuro"). He ahí los límites de la Estilística.

Pero entre ellos hay una amplia zona del objeto poético (es decir, literario o, en general, artístico) que es investigable por procedimientos cuasicientíficos [2]. Esa zona es ampliable. El progreso previsible para las técnicas estilísticas me hace pensar que el conocimiento total de la unicidad del objeto artístico es el límite de

---

[2] Del esfuerzo mayor realizado por mí, en el sentido de la investigación rigurosamente científica de lo literario, puede verse una muestra en la obra publicada en colaboración con Carlos Bousoño, *Seis Calas en la Expresión Literaria Española*, 2.ª edición, 1956. Pero es preciso advertir que los procedimientos estudiados en esta obra no tienen aplicación sino para determinados tipos de poemas.

Prólogo 13

ese avance. Límite, en sentido matemático: la Estilística puede acercarse indefinidamente a esa meta, pero sin tocarla nunca.

Esta obra, que tan profundas raíces tiene en mi vida, nació como sistema orgánico, entre media docena de libros, en una habitación de hotel en Buenos Aires. No hubiera nacido sin la cordial invitación de don Rafael Vehils y la Institución Cultural Española, para que yo explicara un curso en la Facultad de Letras de la capital argentina. El nombre de la Institución Cultural y de su presidente tenían que figurar en estas páginas: pago, en lo posible, una deuda de toda España, deuda me temo que ignorada, como tantas otras cosas que pasan en la otra banda del Atlántico. Los españoles no sabemos lo que esa Institución ha hecho por nuestra cultura en el Río de la Plata.

Siempre hay maliciosos que se sonríen —bondadosamente— cuando se enteran de que un "conferenciante" ha expuesto un mismo tema ante dos públicos, aunque una vez haya sido en Buenos Aires y la otra en Calcuta. Para la delectación de estas bondadosas almas confesaré que ese mismo curso lo desarrollé luego parcialmente en la Universidad de Chile (por gestión especial de Roque Esteban Scarpa), y totalmente en la de San Marcos, de Lima (por la invitación de su entonces rector Luis Alberto Sánchez), y en el Instituto Caro y Cuervo, de Bogotá (gracias al interés de José Manuel Rivas Sacconi), y en el Colegio de México, de la ciudad de Méjico (adonde me atrajo, poderoso imán, la maestría gongorina y la cortesía encantadora de Alfonso Reyes)[3]. Todo esto, en 1948. En fin, ya entre 1949 y 1950, el curso fue acogido en Madrid por

---

[3] Ni puedo olvidar que una gran parte del buen éxito de mi viaje americano fue determinado —desde lejos— por las iniciativas, los consejos y la ayuda generosísima y eficacísima de mi fraternal Amado Alonso. (Cuando en agosto de 1950 escribía yo estas palabras, ¿cómo hubiera podido imaginar que el 1 de junio de 1952 —día en que comienzo a pre-

José Ortega y Gasset, el más universal de los españoles de hoy, en su Instituto de Humanidades. [Hoy, en 1957, lloramos la pérdida de este hombre que daba fama internacional a España.] Siento defraudar a la malicia de los bondadosos sonreidores. Ocurre que, escritas o habladas, nunca he repetido "conferencias" [4]. Porque una "conferencia" debe ser criatura natural y crecer biológicamente y transformarse. Ni los oyentes de estas conferencias en Buenos Aires, ni los de Lima, o Madrid, las reconocerán totalmente. A cada público se le debe insistir en algo que más directamente le toque. Mi auditorio argentino echará de menos la discusión acerca de nuestra enorme deuda poética con Italia: el tema me apasiona, y he creído mejor desarrollarlo por separado. En cambio, una breve alusión al Lunarejo, en Buenos Aires, se amplió en las proporciones con que ahora figura en el libro, en Lima. ¿O cómo no recoger problemas especialmente tratados por Alfonso Reyes —aquella octava polifémica— al hablar en Méjico? Etc.

Todos los materiales del curso, los redactados por mí, los tomados taquigráficamente, los copiados de reproducción magnetofónica, han sido sometidos últimamente a profunda revisión; y todo ha sido redactado de nuevo como para lectores, y no oyentes. Me temo, sin embargo, que aquí y allá se transparentarán huellas de la primitiva forma.

Nota para la segunda edición.

Agotada en un año la primera impresión de esta obra (favor del público, no muy usual para libros de esta clase), hace ya varios meses que los editores me instaban a preparar una segunda edición.

---

parar la segunda edición de este libro— ya Amado no estaría entre nosotros?)

[4] "Conferencia", "conferenciante": he aquí otras palabras aborrecibles, que el horrendo trágala de la superficialidad moderna nos obliga a aceptar.

Mientras tanto, lo mismo en España que en el extranjero han aparecido ya bastantes reseñas de mi libro, alguna tan extensa que equivale casi a la décima parte de este volumen. A todos los reseñantes, mi gratitud, porque todos son demasiado generosos conmigo.

Muchos de ellos me hacen observaciones sobre distintas partes de mi teoría o de mis interpretaciones de los textos. Yo bien desearía contestar. No se tenga a descortesía que no lo haga: para ello tendría que desmesurar un libro que ya resultó demasiado voluminoso. Y que desgarrarlo por todas partes. Porque un libro es un organismo: tiene en sí la razón de su estructura, y no le es posible divagar, "divertirse", rompiendo su íntima ley. Quede, pues, la contestación a tantas y tan amistosas indicaciones aplazada y para otro lugar.

En esta edición me he limitado a ampliar o cambiar aquello que me parecía no cumplir la misma ley orgánica que preside a mi libro. He corregido, cuando me han sido conocidos, los errores; he añadido datos bibliográficos, comprobaciones o concordancias que me han llegado después de impresa la primera edición; he procurado castigar el estilo (que siempre se resentirá de su origen: un "curso de conferencias").

Va este libro entregado ahora, como en su primera edición, a los amigos de la poesía: auténticos hombres de buena voluntad.

Agosto de 1952.

Nota para la tercera edición.

Esta tercera edición reproduce el texto de la segunda, salvo ligerísimas adiciones que van en paréntesis cuadrados y algunas variaciones que no se señalan.

Julio de 1957.

SIGNIFICANTE Y SIGNIFICADO

Todo el análisis en que se basa este libro exige una clara comprensión de los términos "significante" y "significado" en el valor con que los empleamos aquí. Es evidente que "significante" y "significado" proceden de la terminología de Saussure. Pero el lector comprenderá en seguida cuán insalvable abismo nos separa de la teoría saussuriana. No se trata de discutir el genio de Saussure, ni la utilidad, la fertilidad de sus innovaciones. Sería estúpido. Él demostró que la portentosa investigación del siglo XIX se movía, en realidad, sólo por los aledaños de la verdadera ciencia del lenguaje. Con sus nuevas perspectivas llenó de contenido la lingüística moderna. Las líneas que siguen muestran sólo que al utilizar para nuestras indagaciones uno de los elementos del análisis saussuriano nos damos cuenta de que Saussure no operaba sobre la boscosa hondura de la realidad idiomática, sino sobre la apariencia de un solo corte plano a través de esa masa profunda. Ahora bien: para los fines del presente libro es indispensable, es primordial atender a esa profundidad, a esa tercera dimensión [1].

---

[1] Bühler ha atendido a la pluralidad de funciones del lenguaje, que

Partimos, pues, de las ideas de Saussure acerca del "significante" y del "significado".

Son conceptos muy conocidos. Por si este libro cae en manos de alguien que aún no haya leído el fundamental *Cours de linguistique générale*[2] —base, por aquiescencia u oposición, de casi toda la nueva lingüística— damos aquí un extracto de su teoría, en el punto especial que ahora nos interesa[3]:

"El signo lingüístico no une una cosa y un nombre, sino un concepto y una imagen acústica. Ésta no es el sonido material, puramente físico, sino la huella psíquica de tal sonido, la representación que de él nos da el testimonio de nuestros sentidos: es una representación sensorial, y si llegamos a llamarla material, ha de entenderse sólo por oposición al otro término asociado con ella, es decir, al concepto, generalmente más abstracto."

Después dice Saussure que el carácter psíquico de la imagen acústica se comprende en cuanto observamos que, sin mover los labios, podemos hablar con nosotros mismos o aun recitar un largo poema;

---

cree agotar en su famosa tricotomía: llamada, expresión y representación. Pero esta distinción es, en general, ajena a nuestras preocupaciones en el presente libro. Hablamos de otra profundidad, es decir, de la profundidad de otro sistema de coordenadas. Véase Ceñal Llorente, *La teoría del lenguaje de Carlos Bühler*, Madrid, 1941. En 1950 ha aparecido la traducción, por Julián Marías, de la obra fundamental de Bühler: *Teoría del lenguaje*, Revista de Occidente, Madrid.

2 Véase ahora la versión castellana: *Curso de lingüística general*, traducción, prólogo y notas de Amado Alonso, Buenos Aires, 1945. El magnífico prólogo de Amado Alonso debe ser leído por quien quiera comprender el valor del libro a los treinta y cinco años de su publicación. De especial interés es la crítica de Amado Alonso a la mecánica asociacionista en que se basaba Saussure (págs. 23 y sigs.).

3 Páginas 128 y sigs.

Llama dicho autor "signo" a la combinación de "concepto" e "imagen acústica". Pero como la palabra "signo" suele servir en la lengua corriente como designación de la misma "imagen acústica", para evitar todo equívoco decide llamar "significante" a la "imagen acústica", y "significado" al "concepto". Entre "significante" y "significado" componen el "signo".

$$Signo = significante + significado.$$

Toda la teoría de Saussure se basa en su afirmación de que el signo lingüístico es arbitrario: si en español el significante (o imagen acústica) "árbol" designa el significado (o concepto) "árbol", no es porque entre imagen acústica y concepto haya ninguna especial ligazón, sino por un mero asentimiento social. De hecho, el significante "perla" podría perfectamente, por ejemplo, designar el significado "árbol", si tal designación hubiera adquirido dicho asenso.

Hasta aquí, Saussure. Señalemos nuestras divergencias.

"Significante" es, para nosotros, lo mismo *a)* el sonido (físico), que *b)* su imagen acústica (psíquica). La razón es muy sencilla: en la situación normal idiomática, es decir, en la posición de los sujetos hablantes, *a* no existe para ellos. Si digo u oigo *mesa*, lo que emito o percibo, sensorialmente, es ya *b*, es decir, imagen acústica. (Pero si me dicen la palabra correspondiente a *mesa* en una lengua desconocida, no percibo sino *a*). En condiciones normales, la distinción entre sonido e imagen acústica exige una perspectiva, digamos, más elevada, superior a la del sujeto participante en el acto idiomático. No haríamos, pues, más que complicarnos inútilmente nuestra terminología.

Mucho más hondamente nos separa de Saussure lo que sigue. Para el maestro de Ginebra, "significado" era "concepto". Los "significantes" eran, pues, simples portadores o transmisores de "conceptos". Es una idea tan aséptica como pobre, plana, de la profunda, de la tridimensional realidad idiomática. Los "significantes" no transmiten "conceptos", sino delicados complejos funcionales. Un "significante" (una imagen acústica) emana en el hablante de una carga psíquica de tipo complejo, formada generalmente por un concepto (en algunos casos, por varios conceptos; en determinadas condiciones, por ninguno) [4], por súbitas querencias, por oscuras, profundas sinestesias (visuales, táctiles, auditivas, etc., etc.): correspondientemente, ese solo "significante" moviliza innumerables vetas del entramado psíquico del oyente: a través de ellas percibe éste la carga contenida en la imagen acústica [5]. "Significado" es esa

---

[4] Un significante no siempre conlleva concepto (así ocurre en las interjecciones, y casi en los vocativos, que son pura señal; son a la locución lo que el timbre del teléfono a la conversación telefónica, ahora bien, son un timbre matizado afectivamente, etc.). Por otra parte, un "significante" puede representar dos o tres conceptos simultáneamente, como ocurre en la metáfora y también en el chiste basado en juegos de palabras. Quien no entienda esto no comprenderá nada de gran parte de la literatura del Siglo de Oro.

[5] La reacción en el oyente es un fenómeno complejo, cuyos límites propiamente lingüísticos es difícil precisar. Forma parte aún, claro está, del hecho lingüístico la comprensión por el oyente de la carga de significado contenida en el significante. Pero ¿qué pasa con las otras reacciones casi totalmente isócronas con esa comprensión, que se suscitan en su alma? Pedro llama a Luis "¡Animal!". En la recepción de la carga de significado por parte de Luis hay dos elementos inmediatos: *a)* comprensión del complejo de significado que ha recibido (concepto, afectividad, intencionalidad, etc.); *b)* una inmediata reacción psíquica (odio, amargura, etc.). Curiosos especialmente son los casos de desajuste afectivo entre hablante y oyente: María le dice, jubilosamente, a Juana: "¿Sabes que Irene está ya buena del todo?" Juana comprende el complejo del significado *(a)* que recibe, pero su reacción *(b)* es dolorosa, porque odia a Irene.

carga compleja. De ningún modo podemos considerar el "significado" en un sentido meramente conceptual, sino atentos a todas esas vetas. Diremos, pues, que un significado es siempre complejo, y que dentro de él se pueden distinguir una serie de "significados parciales".

Un análisis parecido del "significante" nos llevaría a considerarlo también como un complejo formado por una serie de "significantes parciales" [6].

Estas reacciones *b* pueden prolongarse en el oyente minutos, días, años, y claro está que no las podemos considerar ya como pertenecientes al hecho lingüístico, aunque provocadas por él.

Pero el problema de este límite no es tan fácil de resolver como parece. Ocurre que precisamente en el terreno literario, en el que en este libro nos vamos a mover, la comunicación idiomática es, muchas veces, de efecto retardado: la melancolía que un bello verso suscita no cabe duda que está ya en el complejo de la carga de significado. La estela de esa melancolía, su propagación, quizá su enriquecimiento o amplificación (como los círculos en el agua herida se hacen cada vez mayores), ¿no pertenecen a la comunicación idiomática del verso, no estaban, en cierto modo, implícitos en la intencionalidad creadora? Hay en el verso elementos cuya comunicación nunca es inmediata: la rima es uno de ellos, las reiteraciones, los estribillos, etc., etc.; hay versos, partes del poema cuyo sentido sólo se adquiere al pasar por otro verso, por otra parte de la obra, etc.

Esta nota no pretende sino mostrar la existencia de este problema de límites, y cómo en este libro no puede haber una total discriminación entre el significado (*a*), la reacción inmediata (*b*) y aun las sucesivas (originadas por *b*). Al caer la piedra al agua, el punto en que ésta es herida sería *a*; la primera onda, *b*; de ahí se propagarán círculos cada vez más anchos, teóricamente hasta el infinito.

[6] Claro está que, correspondientemente, la noción de significante (o imagen acústica) de Saussure carece de realidad: es una pura abstracción.

EL SIGNIFICANTE COMO COMPLEJO DE SIGNIFICANTES PARCIALES.

La madre dice: *¡Javier!* llamando a su hijo: *a)* cariñosamente; *b)* airadamente; *c)* aterrada porque el niño cruza la calle en el momento en que un camión se le echa encima, etc., etc. ¡Qué escaso lo conceptual en *Javier!* Es sólo una llamada, ya como de un teléfono afectivo, ya como las horribles sirenas de los bombardeos, etcétera. Se trata, pues, de una serie de señales distintas que responden a otras tantas querencias diferentes. ¿Qué es ahí lo esencialmente significante?: el tono, la intensidad, la velocidad, el matiz vocálico, la tensión articulatoria, etc.

En el anterior ejemplo lo conceptual era mínimo. Oímos ahora decir: *Era una niña encantadora.* No cabe duda de que esta frase sí que está normalmente cargada de concepto. Pero cuando la escuchamos (no ejemplo muerto, como ahora en el papel [7], sino valor vivo, desde labios vivos), no oímos sólo esa sucesión de sílabas, frías transmisoras de un puro juicio, sino que sentimos quizá únicamente un ligero efluvio de ternura que nos penetra, quizá una honda conmoción: el tono fundamental (grave o agudo), su variación a lo largo de la frase (entonación), la velocidad (acelerada o retar-

---

[7] Entiéndase: muerto, en el papel, por ser ejemplo, y carecer por tanto de una situación idiomática. El lenguaje sólo vive en una situación idiomática: de ella recibe su individualización y con ella todo el complejo de significantes parciales. Vive, claro, la palabra escrita (literatura) porque en ella se da esa condición. El lector (aun el que lee en voz baja) recibe el significante en su complejidad: la imagen acústica que llega al lector está individualizada por los significantes parciales (tono, velocidad, intensidad, etc.), que si bien no son exactamente los mismos de la imagen acústica del creador de la obra, se aproximan a ellos. Pero, fuera de una situación idiomática, no hay sino palabras o frases de diccionario: abstracciones, sombras de realidad.

dada), los altibajos de la velocidad (ritardandos, pausas entre palabras o entre sílabas, etc.), la prolongación de una o varias sílabas, las alteraciones de cerrazón o abertura de vocales, la intensidad media de la frase, los cambios de intensidad (tensión articulatoria) de determinadas partes, etc., etc.: *todos estos elementos,* combinados con mil matices distintos (desde un ligero subrayado que apenas se insinúa, hasta los entrecortamientos, enormemente expresivos, del sollozo), *son "significantes", alteran la estricta expresión conceptual, proceden de oscuras querencias en el hablante, y, claro está, las significan, por la sencilla razón de que esas querencias son inmediatamente captadas, intuidas por el oyente.* Son pues "significantes parciales" entre los que sale envuelta y modificada la expresión del concepto (la sucesión de sílabas, llamada por Saussure "significante" [8]), que no es en sí misma sino otro mero "significante parcial", aunque sea el más distintivo de la comunicación idiomática humana.

Cuando Saussure, y tras él, en general, los fonólogos, atendía a la sucesión de sílabas de la palabra *árbol,* y pensaba que con el estudio de las oposiciones silábicas se daba en el corazón del problema de la lingüística, estaba realizando un trabajo de enorme trascendencia, pero cometía al mismo tiempo un grueso error: no se daba cuenta de que estaba operando *in vitro* con unas criaturas que no admiten ser desgajadas de la realidad. *Árbol, madre,* así escritos, así pensados, no son nada, pura abstracción, algo tan muerto que podría enterrarse en un diccionario, necrópolis idiomática. Al reducir Saussure el contenido del signo al concepto, desconoce totalmente la esencia del lenguaje: el lenguaje es un inmenso complejo en el que se refleja la complejidad psíquica del

---

[8] La imagen acústica de esa sucesión de sílabas, para hablar en términos estrictamente saussurianos.

hombre. El hombre al hablar no se conduce como una fría y desamorada máquina pensante. Todas las vetas de su vida espiritual —intrincada como una selva virgen— buscan expresión, y aun en las frases más sencillas el oyente intuye inmediatamente la densa carga, el rico contenido complejo de su "significado".

Si ahora, de ejemplos normales pasamos a otros intensamente afectivos, nos podemos encontrar con cosas tan extrañas (aunque de todos los días) como el hecho de que, por ejemplo, el vocablo "encantadora" pueda llegar a significar "inaguantable". Si quien nos dice *Es una muchachita encantadora* pronuncia esta frase con una entonación especial, con una tensión articulatoria mayor, separando las sílabas de *mu-cha-chi-ta*, recalcándolas con mayor tensión (las *ches* y la *t* parecen estallar), si hace una pausa después de *muchachita* como para buscar adjetivo caracterizador y pronuncia en seguida *encantadora* con todas las sílabas separadas y acentuadas (*én-cán-tá-dó-ra*), sabemos, sin más, que habla con ironía. Parece como si nos expresara progresivamente a lo largo de la frase el fastidio o el odio que la tal muchachita le acumula en el alma. *Encantadora*, con su misma sucesión de sílabas, ha pasado a significar algo como "inaguantable". ¿Qué ha sucedido? ¿Cómo es posible? He aquí, pues, bien probado que los que llamo "significantes parciales" pueden adquirir, en ocasiones de gran afectividad, tal predominio, que lleguen a perturbar gravemente el valor conceptual de una palabra. Pero tomemos un ejemplo aún más sencillo. Dos frases: *Llegarás mañana* y *¿Llegarás mañana?* No cabe duda de que su contenido conceptual es bien distinto. ¿Cómo aprecio yo, oyente, esa diferencia conceptual? Por la entonación [9]. Lue-

---

[9] Simplifico muchísimo: muchos de los otros significantes parciales mencionados antes en el texto pueden dar matices a la par conceptuales y afectivos a frases de este tipo, pero la entonación juega siempre un papel predominante. Junto a la frase interrogativa y la exclamativa (con dos ma-

go nadie podrá negar que en esas frases la entonación es un "significante" (parcial); consecuencia inmediata es que, en ellas, la mera sucesión de sílabas no puede ser un significante "total", sino sólo parcial también.

Lo que hay en el fondo de todo es que estos valores que llamamos afectivos no son separables de los conceptuales: no son, como imaginaríamos a primera vista, una especie de brisa o temperatura que impregna el concepto, sino que forman parte de él. *Porque no hay, no pasa por la mente del hombre* [10] *ni un solo concepto que no sea afectivo, en grado mínimo o en grado sumo.* Al intuir una realidad cualquiera, nuestra querencia está implícita en nuestra comprensión, la querencia es, en sí misma, una manera de comprender. Por razones de brevedad seguiré, sin embargo, usando las expresiones "afectivo" y "conceptual" como si fueran correspondientes a esferas fácilmente separables [11]: señalo así en realidad dos perspectivas de un mismo objeto.

Ahora oímos decir de nuevo: *¡Es una muchachita encantadora!* Notamos también (por los significantes parciales, que inmediatamente entendemos) que la frase es irónica y que *encantadora* signi-

---

tices básicos: gozoso y doloroso, e infinitas matizaciones secundarias), hay que tener en cuenta las variantes exclamativa-interrogativa e interrogativa-exclamativa. Tampoco la expresión "interrogativa" es tan sencilla como parece: el que pregunta, unas veces ignora lo que pregunta, otras veces sabe que la respuesta será afirmativa y conforme a los hechos, otras que será afirmativa pero contraria a los hechos, etc. Infinitos matices dados por significantes parciales ajenos a la mera sucesión silábica, matices en que van implicados afecto y concepto, que son captados por el oyente: son, pues, comunicación idiomática.

[10] En la actividad normal. Dejo aparte, para eludir complicaciones, el problema que plantearía el pensar filosófico.

[11] Todo lo dicho aquí para lo afectivo puede ampliarse, en los mismos términos, a lo "imaginativo".

fica también ahí, más o menos, "inaguantable". Pero hay ahora elementos nuevos: nuestro hablante pronuncia la palabra *encantadora* separando también probablemente las sílabas y haciéndolas resaltar (como en el caso antes estudiado), pero al llegar a la palabra quizá ha sacado un tono agudillo, como de falsete, quizá ha prolongado mucho, con valor casi de *u,* la *o* de *-do-*: con el tono agudo resulta casi un pitido. Este hombre nos está representando la especial dengosidad, toda melindres, de esta muchachita que le carga, y su modo afectado de hablar. Ahora, pues, los significantes parciales no tienen ya un valor puramente afectivo, sino también descriptivo, diríamos pictórico. Directamente, inmediatamente, sugieren en nosotros, oyentes, una imagen auditiva y casi óptica. Si conocemos a la muchacha, se nos pinta en el recuerdo; si no la conocemos, la esbozamos, utilizando elementos, antes inconexos, de nuestra memoria. Quizá nuestro hablante ha cargado también de especial ironía la palabra *muchachita*. Entonces la simple frase *Es una muchachita encantadora* ha pasado a significar, más o menos, todo lo que sigue: "Es una vieja que finge aires de jovencita, inaguantable con aquellos dengues y aquel modo de hablar afectadísimo".

Este valor imaginativo del lenguaje es con frecuencia negado porque no se le considera continuo: se le ve especialmente representado en interjecciones, palabras "expresivas", etc. Claro está que es una grave falta lógica el negar una función por el hecho de que no sea constante. Aparte de eso, la función imaginativa está en la base de todo el idioma humano, y de ningún modo ha de irse a buscar la mera sucesión de sílabas: muchos de los significantes parciales mencionados (entonación, velocidad, intensidad, etc.), son fundamentalmente pictóricos (el salto tonal de la exclamación pinta el salto psíquico de la sorpresa; la tristeza de mi amigo está bien expresada en la lentitud y las pausas de su elocución; el gozo infantil de este niño le amontona en un borboteo las palabras en la boca; la enorme tensión muscular con la que aquel hombre lanza a su enemigo un insulto me representa inmediatamente la intensidad de su indignación). La función pictórica del lenguaje es tan continua como la afectiva o la conceptual.

Así en la lengua hablada, en la de todos los días. Pero ocurre que los elementos imaginativos cobran una decisiva importancia en el lenguaje literario, sobre todo en el verso.

COMPLEJIDAD DEL SIGNIFICANTE EN POESÍA

Tomemos un endecasílabo de Góngora, que hemos aún de volver a estudiar más tarde:

infame turba de nocturnas aves,

veremos cómo las dos sílabas *tur* (*turba* y *nocturnas*) evocan en nosotros especiales sensaciones de oscuridad fonética [12] que nuestra psique transporta en seguida al campo visual. Esas sílabas *tur* son significantes parciales, con especial valor dentro de las palabras *turba* y *nocturna*, y despiertan en nosotros una respuesta, un significado especial, montado sobre el de *turba* y *nocturna*, y exterior, sin embargo, al significado conceptual de estas palabras; porque esa sensación de oscuridad se propaga a todo el verso. Una observación más atenta nos hace ver que sobre esas dos sílabas *tur* caen los acentos rítmicos (de 4.ª y 8.ª sílaba) del endecasílabo; y esos acentos realzan el valor de sugestión de ambas sílabas: luego un

---

[12] Sensación basada en la oposición de vocales claras y oscuras, valores relativos, es decir, en los que siempre hay como una implícita referencia al opuesto. Toda comunicación idiomática es oposicional, es decir, está basada en una red de contrastes que existe lo mismo en el hablante que en el oyente. Véase más abajo la nota 15.

acento rítmico puede también ser un significante. En fin, observamos que esas dos sílabas, en dos palabras separadas, se reinfluyen, la una diríamos que multiplica el valor significante de la otra: en este sentido podríamos decir que entre las dos forman un significante distenso (y ya vamos viendo que la noción de "significante" no está ligada a la unidad "palabra"). Pero todo ese verso, con su ritmo, sus acentos, su vocalismo y su contenido conceptual, no es sino un complejo significante que despierta en nosotros un complejo significado.

En fin, bien vemos que, sin que prescindamos, claro está, del valor del lenguaje como transmisor de conceptos, un significado no es esencialmente un concepto; el significado es una intuición que produce una modificación inmediata [13], más o menos violenta, más o menos visible, de algunas o todas las vetas de nuestra psique.

Última consecuencia: "un significante" y "una palabra" no son *a fortiori* unidades de un mismo orden. Por el contrario, si buscáramos la unidad natural del significante, que sería a la par, claro está, la del significado, la hallaríamos en la frase, unidad idiomática que contiene un sentido completo. Por análisis (artificial) consideramos también a la palabra como "signo" ("significante" + "significado") [14], pero lo mismo debe ocurrir con unidades mucho más breves, o menos corpóreas: una sílaba, una vocal, una consonante,

---

[13] Téngase en cuenta nuestra nota 5, pág. 22.

[14] Claro es que la entonación como significante superpuesto al conceptual (con el que forma un significante complejo) se perfecciona también en la frase. Pero significantes parciales (tono, cantidad, intensidad, velocidad, deformación articulatoria, etc.) pueden realzar una especial palabra o una parte de una palabra (así ocurre constantemente en el verso). Todos estos significantes parciales no son unidades naturales, sino producto de nuestro análisis (como tampoco lo eran los significantes considerados por Saussure).

un acento, una variación tonal, etc., siempre que estos elementos sean expresivos [15]. Pero también, en el sentido de lo mayor, podemos considerar que un verso, una estrofa, un poema, o partes de ellos, son otros tantos "significantes", cada uno con su especial "significado". "Significante" es, para nosotros, repetimos, todo lo que en el habla modifica leve o grandemente nuestra intuición del significado: lo mismo ese acento rítmico de 4.ª sílaba que carga sobre la primera de *turba*, que la *Divina Commedia* [16]. Ese acento es un significante parcial levísimo; el poema, un significante enormemente complejo.

La última diferencia con la teoría de Saussure es, aunque consecuencia de las anteriores, la de enunciado más radical; para Saussure, el signo, es decir, la vinculación entre significante y significado, es siempre arbitrario. Pues bien: para nosotros, en poesía,

---

[15] En realidad (y aun fuera de las únicas relaciones sintagmáticas y asociativas estudiadas por Saussure), cada uno de estos elementos es siempre expresivo (por medio de otras relaciones sintagmáticas y asociativas que Saussure no tuvo en cuenta); pero la lingüística carece de instrumentos bastante sensibles para analizar el entrelazamiento casi infinito de elementos significantes (o significantes parciales) que existe en la más modesta palabra, y aun en la menos apasionada de las elocuciones. Cada uno de estos significantes parciales (mediante la intuición del complejo significado) produce una respuesta en nosotros, es decir, a cada significante parcial corresponde un significado parcial. Sólo apreciamos estos elementos en el habla muy afectiva, porque allí son mucho más visibles.

[16] La razón de que consideremos como significantes unidades muy largas (una estrofa, un poema entero, etc.) será comprensible a quien haya leído nuestra nota 5 a la pág. 22. Es que la comunicación idiomática, troquelada en obra de arte, tiene otras leyes: un soneto puede constar de varias frases; no cabe duda de que tiene un sentido, en el que todas las partes son necesarias; es decir, que es, en su totalidad, un solo significante de un solo significado. Recuérdese ahora la arquitectura trinaria de la *Divina Commedia*.

hay siempre una vinculación motivada [17] entre significante y significado. Éste es precisamente nuestro axioma inicial. En él entendemos *poesía* en el sentido general del alemán *Dichtung;* pero podemos añadir que la motivación del vínculo entre significante y significado es aún mucho más patente en la poesía en verso, sobre todo en la lírica o en la narrativa teñida de fuerte matiz lírico. A estas dos últimas categorías (rigurosamente lírica o fuertemente matizada de lirismo) pertenecen todos los ejemplos de la presente obra.

FORMA EXTERIOR Y FORMA INTERIOR

En fin, para nuestras indagaciones en el ámbito del presente libro, el concepto saussuriano de "signo" nos es por completo insuficiente. Al pasar al concepto literario desde el puramente lingüístico hemos tenido que ampliar —hablamos ahora en un sentido de duración temporal, i. a., de extensión tipográfica— los límites del "significante". Acabamos de decir que lo mismo, de un lado, la *Divina Commedia*, que, de otro, una sílaba, un acento, etc. (que tengan valor expresivo), son, para nosotros, "significantes", con sus respectivos "significados". Téngase esto presente en las definiciones que van a seguir.

La "forma" no afecta al significante sólo, ni al significado sólo, sino a la relación de los dos. Es, pues, el concepto que del lado de la creación literaria corresponde al de "signo" idiomático saussuriano. El análisis anterior nos permite ver en la "forma" dos perspectivas:

Entendemos por "forma exterior" la relación entre significante y significado, en la perspectiva desde el primero hacia el segundo.

---

[17] "Motivación del vínculo" no contradice a "arbitrariedad del vínculo". Son perspectivas distintas. Véase nuestro apéndice sobre ese tema.

Significante y Significado

Esa misma relación, pero en la perspectiva desde el significado hacia el significante, es lo que llamamos "forma interior".

Los estudios de estilística, todos, y los míos propios y aun los de este libro, están hechos preferentemente con la perspectiva de la "forma exterior", sencillamente porque es lo más fácil, porque en ésta se parte de realidades concretas fonéticas. Los estudios en la perspectiva de la "forma interior", que aquí alguna vez intentamos, son mucho más difíciles: se trata en ellos de ver cómo afectividad, pensamiento y voluntad, creadores, se polarizan hacia un moldeamiento, igual que materia, aún amorfa, que busca su molde. El instante central de la creación literaria, el punto central de mira de toda investigación que quiera ser peculiarmente estilística (y no andarse por las afueras) es ese momento de plasmación interna del "significado" y el inmediato de ajuste en un "significante".

La Estilística del futuro, si ha de ser algo, tendrá que atender por igual a estas dos perspectivas: forma exterior y forma interior.

PRIMER CONOCIMIENTO DE LA OBRA POÉTICA: EL DEL LECTOR

Dos son los conocimientos normales de la materia literaria, digamos, en especial, de la poesía, puesto que el presente libro va a versar sobre poesía. No olvidemos una verdad de Pero Grullo: que las obras literarias no han sido escritas para comentaristas o críticos (aunque a veces críticos y comentaristas se crean otra cosa). Las obras literarias han sido escritas para un ser tierno, inocentísimo y profundamente interesante: "el lector". Las obras literarias no nacieron para ser estudiadas y analizadas, sino para ser leídas y directamente intuidas. Ni el *Quijote* se creó para los cervantistas (aunque haya algún cervantista que piense de otro modo), ni el teatro de Shakespeare para la filología alemana. El árbol está ahí para recrearnos con su sombra o para alimentarnos con su fruto, o simplemente para ser una delicia de los ojos ahora que el viento graciosamente lo cimbrea. ¿Quién pensaría que nació para que desgarremos sus partes, para que las escudriñemos, para que apliquemos a su cerne el microtomo y sometamos las más secretas células a nuestra curiosidad microscópica? ¿Monstruoso, no?

Pues este crimen lo intentan, día a día, eruditos dieciochescos a palo seco y filólogos de los que tienen por lema "spiritus occidit".

A ambos lados de la obra literaria hay dos intuiciones: la del autor y la del lector. La obra es registro, misterioso depósito de la primera, y dormido despertador de la segunda. La obra supone esas dos intuiciones, y no es perfecta sin ellas. Exagerando la dirección de nuestro concepto, diríamos que la obra principia sólo en el momento en que suscita la intuición del lector, porque sólo entonces comienza a ser operante.

El primer conocimiento de la obra poética es, pues, el del lector, y consiste en una intuición totalizadora, que, iluminada por la lectura, viene como a reproducir la intuición totalizadora que dio origen a la obra misma, es decir, la de su autor. Este conocimiento intuitivo que adquiere el lector de una obra literaria es inmediato, y tanto más puro cuanto menos elementos extraños se hayan interpuesto entre ambas intuiciones.

INTUICIÓN ARTÍSTICA E INTUICIÓN CIENTÍFICA

¿Cómo es, en qué consiste la revelación de un contenido de arte, esa iluminación que una mente transmite a otra? Estas intuiciones (la del creador y la del lector) literarias, artísticas, se diferencian de la científica (mucho más simple) en que movilizan, por decirlo así, la totalidad psíquica del hombre: la memoria, a la cual llamamos fantasía cuando —en un estado lúcido, que tiene sin embargo relación con el ensueño— entremezcla con libertad sus datos, al par que los actualiza (realidad ilusoria: se trata de una intuición fantástica); la voluntad, que matiza afectivamente la imagen, deseada o repelida (aunque con "querencia" no práctica, es decir, sin finalidad posesoria [1]: se trata de una intuición afectiva); y en

---

[1] El lector de una novela goza y padece, en cuanto que, en cierto modo, se encarna en los personajes, aunque sabe en cada momento que

fin —en literatura— básicamente el entendimiento (se trata de una intuición intelectual). Científicamente, intuimos con sólo una veta de nuestra psique (la intuición científica no es fantástica, ni es afectiva)[2]. Estéticamente, intuimos con toda nuestra psique, puesta de modo automático en una especie de vía muerta, o de ensueño, o de momentánea infancia, o de día de domingo, es decir, en un estado no hábil, no práctico, no comercial, puro, libérrimo, iluminado. La intuición literaria, la del ensueño y la del juego infantil, son fenómenos relacionados. Pero el lector sabe que sueña, sabe que sabe que juega.

Este conocimiento (al que llamamos primer conocimiento literario, o del lector) tiene de característico, también, el ser intrascendente: se fija o completa en la relación del lector con la obra, tiene como fin primordial la delectación, y en la delectación termina.

INTUICIONES PARCIALES E INTUICIÓN TOTALIZADORA

Pensemos ahora en una novela. Por el lector pasa como un rosario, una serie continua de intuiciones. Una impulsada quilla va dejando una estela de luz en la imaginación, y constantemente, durante la lectura, se abre más y más, rasgando una compacta oscuridad de no ser.

---

todo es ficción. Sin embargo, los límites son difíciles de señalar; a veces, el poder de sugestión es tan grande, que al lector se le mezclan ficción y realidad. Así ocurre precisamente en los más bajos géneros literarios o con público psicológicamente débil: Juanito (de ocho años), que está sentado a mi lado en la sala del cine, en el momento culminante de la película ha sacado su gran revólver de *cow-boy* y se ha puesto a disparar furiosamente contra la pantalla (¡verídico!), nuevo Don Quijote a mandobles contra las figuras del retablo.

[2] Hablo *grosso modo*: en el ser humano no es posible una intuición de la que estén del todo ausentes la fantasía y la afectividad.

Cada momento de ese avance o de esa iluminación tiene su importancia. Pero cuando hablamos de la "intuición" de la obra, nos referimos a la visión, a la comprensión de la obra como conjunto, más exactamente, como organismo. Es una intuición que procede de toda esa serie de intuiciones parciales. La obra puede ser tan breve como una desnuda coplilla de la tradición castellana, tan larga como la *Divina Commedia* o el *Quijote*. La imaginación (es decir, ese espejo en el que se nos combinan formando como una nueva realidad datos —antes inconexos— de la memoria) ha podido ir reflejando sólo unas cuantas deliciosas o angustiosas imágenes o miles de ellas (intuiciones parciales); la intuición de la obra es una imagen total, no suma de las parciales, aunque elevada sobre ellas. Aunque de todas ellas necesita, la intuición totalizadora suele ser muy simple. Es también inexpresable, inefable. A veces, sin embargo, nos gusta ligarla a imágenes sensibles: siempre, por ejemplo, se me ha ligado la poesía de Dante a una gran blancura y he visto la *Divina Commedia* como una luz central, blanca, ondeante [3]. Cada obra literaria (y cada obra de arte) es un espacio

---

[3] Todo lo que se diga de la variedad, de la multiplicidad y contraste de la poesía del Alighieri será justo. Y yo repito, seguramente, el lugar común "unitario", habitual en el dantismo, contra el que se revuelve con razón Giafranco Contini en el prólogo de su admirable edición de las *Rime* de Dante (2.ª ed., Turín, 1946). (Con razón, desde el frío plano de la Razón.) Sin embargo, en todo creador hay un núcleo esencial a su arte; una raíz que nos lo explica. No dejo de creer, aunque tantos no lo crean, que la raíz principal de Dante es "stilnovista", y que la milagrosa criatura de la *Vita Nuova*, que hace suspirar las almas, es —estéticamente— la misma que, en última trascendencia, guía en la *Commedia* hasta los aledaños (sólo los aledaños, *Par.* XXXI 58-93) de Dios. Y así "siento" la poesía de Dante, maravillosamente una, a pesar de las contestaciones por los mismos consonantes, de las tenzones satíricas, de las Lisettas y de toda la riqueza de pormenor y aun de exactitud rea-

abierto en nuestra imaginación, poblado allí para siempre, encendido allí para siempre, un día interior que luce en nuestra alma y que ya no se extinguirá sino con nuestra conciencia.

UN EJEMPLO

Tomemos un ejemplo sencillo: una obra literaria breve: un soneto. Allá en los últimos finales del siglo XIII, Dante (puesto que hemos mencionado a Dante), lleno de dulzura a la contemplación de una mujer (¿realidad de hueso y carne o sueño sólo?), escribió el siguiente soneto...

... Pero esta maldición babélica (por la que somos hombres y por la que existe ese prodigio del intercambio literario, ¿podemos imaginarnos el hastío de una sola lengua y una sola literatura?), esta maldición babélica, digo, nos obliga aquí a meter una falsilla al discurso; la falsilla será una modestísima traducción —*ancilla ostiaria*— que no pretende sino ser suficientemente fiel y volver en castellano el contenido del italiano, verso a verso [4]:

> Tan gentil, tan honesta, en su pasar,
> es mi dama cuando ella a alguien saluda,
> que toda lengua tiembla y queda muda
> y los ojos no la osan contemplar.
> Ella se aleja, oyéndose alabar,
> benignamente de humildad vestida,
> y parece que sea cosa venida
> un milagro del cielo acá a mostrar.

---

lista que llena de complejidad la *Commedia*, a pesar de la pasión política y de su expresión poderosa, etc.

[4] No he vacilado en perder la continuidad de las rimas en los versos 6.º y 7.º, a fin de conservar fielmente el sentido. Para la traducción de los dos primeros versos, téngase en cuenta el comentario en prosa del propio Dante.

Muestra un agrado tal a quien la mira
que al pecho, por los ojos, da un dulzor
que no puede entender quien no lo prueba.
Parece de sus labios que se mueva
un espíritu suave, todo amor,
que al alma va diciéndole: suspira.

He aquí ahora el soneto original:

Tanto gentile e tanto onesta pare
la donna mia quando ella altrui saluta,
ch'ogne lingua deven tremando muta,
e li occhi non l'ardiscon di guardare.
Ella si va, sentendosi laudare,
benignamente d'umiltà vestuta
e par che sia una cosa venuta
di cielo in terra a miracol mostrare.
Mostrasi sì piacente a chi la mira,
che da per li occhi una dolcezza al core
che'ntender non la può chi non la prova,
e par che de la sua labbia si mova
un spirito soave pien d'amore
che va dicendo a l'anima: sospira.

El lector de este soneto, al avanzar por sus catorce versos, va pasando como por catorce cámaras, y cada una reserva una delicia. Son catorce criaturas individuales, peculiares por sí y por su mutua relación. Claro que tenemos entre ellas nuestras preferencias: unas veces se nos va el gusto tras el verso primero, tan claro con sus dos adjetivos que se reparten los acentos (de 4.ª y 8.ª sílaba). Otras, seguimos esas once sílabas *ch'ogne lingua dever tremando muta*, de un avanzar tan ligado como trémulo. Otras, el alejarse de ese prodigioso verso 5.º (casi todo *eses* y *eles*): *ella si va, sen-*

tendosi laudare. ¿Cuándo el candor humano tuvo una transparencia como la de este tierno 6.º, *benignamente d'umiltà vestuta?* A veces nos atrae la rápida precisión intelectual del verso 10.º, con su final ternura, *che da per li occhi una dolcezza al core*, completado por el verso 11.º *che'ntender non la può chi non la prova*, verso que sentimos con su pausa final como un gozne en la estructura del soneto. Nadie se habrá podido negar nunca al encanto del verso 13.º, con algo de levedades de pluma, *un spirito soave pien d'amore*. ¿Quién, al verso final, *che va dicendo a l'anima: sospira*, donde el *sospira* es ya como un susurro?

Treinta y cinco años hace que este soneto de Dante es un compañero de mi vida. Un ángel bueno para refrenarme en la hora que nos empujaría a la maldad. Si alguna vez he mirado a lo mejor, a él se lo atribuyo. Si no se ha secado en mi alma la ingenuidad, si algo me queda del niño, a él creería que se lo debo.

Y siento que no estoy solo. Somos miles y miles los hombres que hemos pasado por ese soneto y que hemos recibido por él un empujón hacia la altura. Eterna Beatrice, eterna meta ideal, amada de tantos desde la profundidad de las edades. Y el espíritu suave y lleno de amor que de ella emana, siglo tras siglo, va diciendo al alma dei hombre: *suspira*.

No hay gozo mayor que el de sentirnos peregrinantes anónimos, perdidos entre la multitud, hacia permanentes santuarios de belleza; besar humildemente las piedras desgastadas, las piedras seguras en donde se estriba nuestra fe.

El muchacho, casi un niño —aspirante a matemático—, que por las avenidas del Retiro sacó de su bolsillo *Le cento migliori liriche della lingua italiana,* y por primera vez se puso en contacto con el soneto inmortal, leía con alguna dificultad el italiano y no tenía la menor idea de análisis estilísticos. Seguramente que no pudo discriminar mucho entre sus intuiciones parciales al pasar por cada uno de los versos. Intuyó una imagen simplísima. En el alma está aún: no ha cambiado. El hombre, casi un viejo, cansado y desilusionado, tiene aún en las entrañas del alma esta cámara intacta, de candor, de ilusión eterna. La misma que se abrió aquel día en el alma del niño.

Es inefable; imagen inefable, cuya sensación, cuya sombra, cuyo accidente, expresaría así por imágenes exteriores: Es un ámbito —el alma sabe que es un ámbito milagroso—, es una luz blanca. Allí crece todo lo que en el mundo es delgado y blanco, tallos, tallos altos, apenas flexibles en luz blanca. Y todo es una forma femenina. Suspira el corazón. Esta imagen está traspasada de aire, y el corazón suspira.

Después el hombre leyó este soneto dentro de la *Vita Nuova*, a la cual pertenece; leyó la bellísima explicación en prosa, por el mismo Dante, que allí le rodea; leyó los comentarios al soneto; se detuvo o entretuvo en el análisis de versos, y analizó los de esta obrita; leyó sobre los problemas del *dolce stil novo*, el concepto de la mujer que de esta supuesta escuela procede, etc. La imagen primera —milagrosa, blanca, ascendente, encendida— es la que sigue abierta al fondo de una galería de su alma.

LA INTUICIÓN DEL LECTOR ES INSUSTITUIBLE

La intuición del autor, su registro en el papel; la lectura, la intuición del lector. No hay más que eso: nada más.

Si alguien hubiera abierto el presente libro pensando que aquí se daban intuiciones ya preparadas y explicadas, se habría equivocado completamente. Esa intuición del lector no es sustituible o excitable por medios exteriores (salvo la lectura misma). Pero no todo el que lee es "el lector". Esa intuición... se la tiene o no se la tiene, como en la mística los carismas y gracias especiales.

¡Que nada se interponga —si es posible— entre el lector y la obra!

Vamos, pues, a evitar desde ahora un equívoco: este libro no trata de interponerse entre un lector virginal y la poesía española. Se ha escrito pensando en el lector ya iluminado por el conocimiento intuitivo de la poesía, en ese hombre a quien la poesía le ha abierto ya las hondas cámaras de una segunda vida, en ese hombre que lleva clavada en el flanco la saeta que no perdona (*piaga per allentar d'arco non sana*), estigmatizado y, en cierto modo, divinizado por leves, aéreas presencias que se cuajan en torno de él como un ámbito, vida abierta ya siempre a dimensiones irreales.

Tal es el primer conocimiento de lo poético (y no lo hay más alto).

GARCILASO
Y LOS LÍMITES DE LA ESTILÍSTICA

Al maestro Azorín, por una deuda muy antigua y muy grande.

Si abandonamos prejuicios (bien sean saussurianos, bien simplemente vulgares), comprendemos en seguida que, al pasar del lenguaje corriente al poético, el campo de las relaciones motivadas, es decir, no puramente convencionales, entre significante y significado, se amplía enormemente. Podemos repetir nuestro axioma inicial: *la forma poética es un complejo de complejos: contiene, de una parte, la representación conceptual de lo mentado por el poeta; de otra, un complejo de elementos fonéticos que todos ellos tienden a establecer relaciones no convencionales entre el significante y la cosa significada.* Tanto más perfecta será la forma poética cuanto esos vínculos sean más felizmente expresivos.

RELACIONES QUE VAMOS A ESTUDIAR

Esos elementos fonéticos pertenecen a categorías tan distintas, que sin establecer éstas antes, no podríamos intentar la clasificación de los elementos mismos; enumeramos, pues, muy desordenadamente algunos: acento rítmico, fonemas, palabras, versos, estrofas.

(Si se observa el único orden que he empleado, se verá que ha sido el de la relativa duración.) Si representáramos por una línea el desarrollo temporal del poema, podríamos señalar en ella, por medio de segmentos de distinta longitud, unidades de los elementos arriba enumerados: un segmento brevísimo, casi un punto, representaría un fonema; uno algo mayor nos indicaría una palabra; segmentos cada vez mayores, un verso, una estrofa, el poema entero. El acento, la entonación, matizarían estos elementos, variándolos.

Se ha dicho [1] que el más sencillo sonido que pronuncia el hombre, una vocal, es toda una sinfonía (y ello es rigurosamente cierto, porque una vocal es un fenómeno complejísimo, compuesto de sonido básico —vibración de las cuerdas de la laringe— y toda una serie de armónicos —caja de resonancia—).

Imaginemos ahora el fantástico complejo de relaciones que supone (como en esa serie de cajas del prestidigitador) un fonema, que está en una palabra, que está en un verso, que está en una estrofa, que está en un poema. Todos estos elementos, del aparentemente más simple al más orgánico, se están relacionando, condicionándose mutuamente, vivos todos —porque en el poema nada está o debería estar inerte— [2]; pero nosotros no podemos perseguir el número infinito, o por lo menos de longitud astronómica, de las relaciones que así se traban. ¡Qué bullir, qué zumbar colmenero en la entraña del poema!

Hay unas relaciones más aparentes, o más claras, o más perseguibles, y son las que se establecen entre elementos homogéneos

---

[1] Grammont, *Traité de Phonétique*, París, 1939, pág. 88.

[2] En los poemas conviene, a veces, la existencia de partes neutras, disminuidoras, etc.; en éstas, su vitalidad consiste, precisamente, en su aparente apagamiento.

(por ejemplo, de verso a verso, o entre varios fonemas, o entre varias palabras). A éstas va a estar destinado especialmente el presente estudio. Vamos a penetrar en el telar de complicadísima urdimbre, en la colmena primaveral.

Vamos a penetrar, precisamente, por Garcilaso. Hemos elegido dos fragmentos de la *Égloga 3.ª* La condensación inmortal del dolor amoroso (por no correspondencia, por muerte del objeto amado) nos ha quedado en la *Égloga 1.ª* del poeta. Pero en esta *Égloga 3.ª* —como ahora los estudios de Rafael Lapesa nos lo hacen ver con más claridad que nunca [3]— tenemos el arte último de Garcilaso, el que representa su total impregnación en el medio renacentista de Italia (pensamiento, arte, poesía): el poeta maduro, el que en el instante mismo de su madurez nos iba a arrebatar la muerte (1536).

SENSIBILIDAD Y PENSAMIENTO RENACENTISTA

Este haberse impregnado del pensamiento y de la sensibilidad renacentista italiana intensifica o, mejor, dirige, intensificándolo, en esta égloga, el sentido de la belleza natural y la capacidad para expresarla. El hombre renacentista posee este concepto "dirigido" de la belleza natural (dirigido por hilos ocultos del pensamiento rector). "Mundo abreviado, renovado y puro", como en un famoso verso. "Abreviado", y tanto, que sólo se reduce, casi, al "lugar ameno". "Puro", por acendrado, por nítido, como si la atmósfera fuera vítrea y aprisionara —*joy for ever*— esa intacta nitidez. "Renovado", como si ese esmalte vítreo hubiera caído sobre una aurora lavada de la creación: renovada eternamente, eternamente original.

---

[3] En el libro *La trayectoria poética de Garcilaso*, Madrid, 1948, ed. Revista de Occidente. Comp. el libro, ya clásico, de Margot Arce, pág. 26.

Este mundo virginalmente intacto, reflejo o imagen platónica de la Suma Belleza, es fondo de la *Égloga 3.ª* de Garcilaso, lo mismo que de casi todo el arte del Renacimiento. Hay, sin embargo, algo extraño. ¿Por qué la virtud comunicativa de la representación de ese mundo en Garcilaso —en este imitador de lo italiano— es tan superior a toda la de la poesía italiana de su misma época, es decir, la poesía de donde el mismo Garcilaso procede?

ESTR. 1.ª: EL ORDEN DE LAS PALABRAS Y SU FUNCIÓN EVOCADORA

He aquí nuestra primera estrofa:

Cerca del Tajo, en soledad amena,
de verdes sauces hay una espesura,
toda de hiedra revestida y llena,
que por el tronco va hasta el altura,
y así la teje arriba y encadena,
que el sol no halla paso a la verdura;
el agua baña el prado con sonido,
alegrando la vista y el oído.

Sí; ¿por qué el paisaje de Garcilaso se nos comunica tan entrañablemente?

Habría una razón. El paisaje de Garcilaso, que viene de Italia (Sannazaro, etc.), era ya en Italia convencional. En Italia, cansa. En España tiene la virtud fecundante y vivificante que al injerto arrancado del árbol viejo le infunde la savia del arbolillo reciente.

Y hay un factor geográfico: en España, en la meseta seca y ardiente, este paisaje cobra un nuevo encanto: es una delicia para los sentidos atormentados, hostigados por el ventarrón árido de la paramera.

GARCILASO. ÉGLOGA III
(Fragmentos)

1 Cerca del Tajo, en soledad amena,
de verdes sauces hay una espesura,
toda de hiedra revestida y llena,
que por el tronco va hasta el altura,
y así la teje arriba y encadena,
que el sol no halla paso a la verdura;
el agua baña el prado con sonido,
alegrando la vista y el oído.

2 Con tanta mansedumbre el crista-
[lino
Tajo en aquella parte caminaba,
que pudieran los ojos el camino
determinar apenas que llevaba.
Peinando sus cabellos de oro fino
una ninfa, del agua, do moraba,
la cabeza sacó, y el prado ameno
vido de flores y de sombra lleno.

3 Movióla el sitio umbroso, el man-
[so viento,
el suave olor de aquel florido suelo.
Las aves en el fresco apartamiento
vio descansar del trabajoso vuelo.
Secaba entonces el terreno aliento
el sol subido en la mitad del cielo.
En el silencio sólo se escuchaba
un susurro de abejas que sonaba.

4 Habiendo contemplado una gran
[pieza
atentamente aquel lugar sombrío,
somorgujó de nuevo su cabeza,
y al fondo se dejó calar del río.
A sus hermanas a contar empieza
del verde sitio el agradable frío
y que vayan les ruega y amonesta
allí con su labor a estar la siesta.

5 No perdió en esto mucho tiempo
[el ruego,
que las tres dellas su labor tomaron
y, en mirando de fuera, vieron luego
el prado, hacia el cual enderezaron.
El agua clara con lascivo juego
nadando dividieron y cortaron,
hasta que el blanco pie tocó mojado,
saliendo de la arena, el verde prado...

6 Pintado el caudaloso río se vía,
que, en áspera estrecheza reducido,
un monte casi al rededor tenía,
con ímpetu corriendo y con ruïdo;
querer cercallo todo parecía
en su volver; mas era afán perdido;
dejábase correr, en fin, derecho,
contento de lo mucho que había hecho.

7 Estaba puesta en la sublime cumbre
del monte, y desde allí por él sem-
[brada,
aquella ilustre y clara pesadumbre
de antiguos edificios adornada.
De allí con agradable mansedumbre
el Tajo va siguiendo su jornada,
y regando los campos y arboledas
con artificio de las altas ruedas.

8 En la hermosa tela se veían
entretejidas las silvestres diosas
salir de la espesura, y que venían
todas a la ribera presurosas,
en el semblante tristes, y traían
cestillos blancos de purpúreas rosas,
las cuales esparciendo, derramaban
sobre una Ninfa muerta que lloraban.

9 Todas con el cabello desparcido
lloraban una Ninfa delicada,
cuya vida mostraba que había sido
antes de tiempo y casi en flor cortada.
Cerca del agua, en un lugar florido,
estaba entre la yerba degollada,
cual queda el blanco cisne cuando
[pierde
la dulce vida entre la yerba verde.

Estrofa 1.ª

No basta. ¿Por qué nos llega tan directamente este paisaje garcilasesco, cuando luego descripciones semejantes en otros poetas españoles no hacen sino hastiarnos? Sumerjámonos en la representación de este paisaje, tratemos de arrancarle su secreto:

> Cerca del Tajo, en soledad amena,
> de verdes sauces hay una espesura,
> toda de hiedra revestida y llena,
> que por el tronco va hasta el altura...

La crítica literaria ha tenido muy poca atención al orden de las palabras. En realidad, si alguna vez puso atención en él, fue para recoger allí piedras contra Góngora, terrero de todos.

En castellano no hay un orden preestablecido: cada momento expresivo tiene el suyo. Es una maravillosa propiedad de la lengua española (compárese con el orden rígido del francés o del alemán). A cada instante, el hablante elige instintivamente el orden para cada expresión: "A las siete viene el coche a buscarnos", indica un interés vehemente por la hora, que no existe en "el coche viene a las siete a buscarnos". Pues el poeta tiene un instinto semejante. Pero en su expresión influyen aún mucho más matices de profunda intencionalidad. El poeta, naturalmente, resalta un elemento por el interés afectivo: pero este interés afectivo puede ser meramente estético, pictórico.

Notemos que el poeta empieza por los complementos de lugar: "Cerca del Tajo", "en soledad amena". Observemos también que el orden gramatical del verso siguiente está invertido: no dice "hay una espesura de verdes sauces", sino "de verdes sauces hay una espesura". Es que las palabras tienen un poder evocativo —pictórico o grabador mental de imágenes— anterior a la perfección del sentido lógico de la frase. Por tanto, independiente del sentido lógico, que pertenece a otro plano, a otra veta, entre la suma de vetas que es la expresión.

En el comienzo de su descripción, Garcilaso sitúa desnudamente ante nuestros ojos los tres elementos esenciales del cuadro que nos va a pintar:

Tajo — soledad — sauces.

No sabemos aún nada. Sabemos sólo que el poeta nos ha situado delante esos tres elementos, que no tienen aún sentido lógico —aunque se nos completarán en seguida en sentido lógico—. Pero tienen ya ahora (estamos sólo a la mitad del segundo verso) otra eficacia. Son una expresión pictórica, no lógica. Son ya un paisaje: el "Tajo"; unos "sauces"; una "soledad", una deliciosa soledad. Y vemos bien, desde ahora mismo, que el lenguaje no tiene sólo dos o tres funciones (aunque tales divisiones sean útiles): es un complejo de funciones, y cada una moviliza una veta distinta de nuestra sensibilidad, tiene un fin distinto y nos mueve de manera distinta. Estas tres nociones apenas han avisado a nuestra receptividad lógica; pero en un plano más profundo, donde se producen los movimientos estéticos, algo del hombre lector está ya alerta. Esta función pictórica de que ahora hablamos está también basada en el vínculo de carácter predominantemente social que une el significante y lo significado (¡nada aquí de onomatopeya ni de sus aledaños!), pero es en absoluto independiente del sentido lógico de la frase. Antes de ésta completarse, se han conmovido nuestros centros nerviosos, despiertos ahora a una visión, a un cuadro (río, sauces, soledad); aún el vacío, como un aire ultrasutil lo rodea:

Cerca del Tajo, en soledad amena,
de verdes sauces...

Si avanzamos un momento más, ya esa imagen virginal, sin perder la eficacia de haber estado un momento grabada, se desvanece, porque ahora vemos que el sentido es

> Cerca del Tajo, en soledad amena,
> de verdes sauces hay una espesura.

La trinidad "Tajo" —"sauces"— "soledad" se nos ha deshecho. Porque del lado lógico (aunque aún bulla en el fondo, deshaciéndose, la imagen pictórica) la trinidad es "Tajo" — "soledad" — "espesura". Pero nuestra impregnación estética —a pesar de la lógica— estaba ya conseguida.

Sí: el río, la soledad, unos sauces en la soledad, junto al agua. No dice río, dice Tajo; es decir, su río patrio, su río natal, porque toda esta égloga, donde tanta mitología se ha de meter, va polarizada, dirigida a un sentimiento familiar, dolorosamente íntimo.

ESTR. 1.ª: PRIMER TROPEZÓN CON EL HIPÉRBATON

"De verdes sauces hay una espesura". Es necesario detenernos. ¡Aquí hay hipérbaton! No decimos "de pino hay una mesa", o sólo en muy especiales situaciones idiomáticas tolera semejante inversión la lengua. (Por ejemplo, si en una tienda de muebles donde nos han enseñado varios de roble, de nogal, etc., preguntamos: "¿Y no tienen ustedes nada de ébano o de caoba?", el vendedor, correspondiendo a nuestro evidente interés por la materia, puede responder: "Sí, de caoba hay una mesa". Pero el caso general es totalmente intolerable: no podemos decir "en esta sala, de caoba hay una mesa".) Hemos topado con el hipérbaton. Pero esto del hipérbaton, ¿no era una aberración de Góngora?

Digamos en seguida que es un hipérbaton que nunca alarmó a los tan sesudos como superficiales varones que se rasgaban las vestiduras ante el gongorino. O al vado o a la puente. Las inversiones de Góngora eran aberrativas porque eran intolerables en la lengua hablada. Si en la lengua normal no se puede decir "de pino hay una mesa", la conclusión sería que tampoco se podrá decir en lo literario "de verdes sauces hay una espesura".

Y, sin embargo, se ha dicho a lo largo de toda la poesía española. Hay que tener en cuenta la enorme polisemia de la preposición "de", y no escandalizarnos por asociar como ejemplos valores muy diferentes: "de pies de caballo... escapar"; "de los sos ojos... llorando"; "de largos reinos... señor" (*Poema del Cid*, 1.151, 1, 2.936). Y en el otro extremo: "de tu balcón sus nidos a colgar" (Bécquer); "del limonero entre el follaje oscuro" (A. Machado).

Seguramente que la anticipación de "de" ha sido, en literatura, admitida antes en algunos de sus valores semánticos, y que de ahí se fue deslizando a otros. Algunas de esas inversiones serán posibles en la lengua hablada; otras, la mayor parte, no. "De su mano... escribiendo" (compárese "de los sos ojos... llorando") sería notable afectación en la lengua hablada; e inaguantable sería oír: "Está muy rico; es de muchas casas dueño".

Pero la anteposición del "de" (ya en alguno o ya en todos sus valores semánticos) es —como en un instante hemos podido comprobar— toda la historia de la poesía castellana, desde el primer verso de nuestro primer poema hasta el día de hoy.

Y ahora comprendemos por qué los críticos del siglo XIX, escandalizados ante el gongorino, nunca se ocuparon de este hipérbaton: no lo consideraban aberración, sencillamente porque no se habían dado cuenta de que era tan auténticamente hipérbaton como los otros. Este hipérbaton tradicional lo admitimos porque lo hemos embebido con una educación literaria en la que, sin nadie darse cuenta, se había él infiltrado. Sólo ahora comprendemos que es, en el fondo, una violencia al lenguaje usual, no esencialmente distinta de las más osadas de Góngora.

> ESTR. I.ª: ¿POR QUÉ GARCI-
> LASO USA AQUÍ HIPÉRBATON?

Mas inmediatamente se nos presenta otro problema: ¿por qué Garcilaso, precisamente ahora, en este verso, prefiere esa ordenación invertida: "de verdes sauces hay una espesura"? Sería pueril pensar que lo hizo, con fríos tanteos, para juntar las nociones "Tajo", "soledad" y "sauces". Pero ¿hemos de pensar que ese feliz resultado ha sido casualidad? Tampoco.

El problema es muy grave. Es, en esencia, quizá el problema central de la forma poética. Nuestro análisis no nos permite más que entrever. Yo me lo planteo así:

Ya hemos visto cómo las palabras, aun en la lengua usual, se desplazan, se separan, se unen por intención expresiva. Pero en el proceso de creación poética bullen las palabras de otro modo, llevadas como por un viento circular: la música, que se condensa en ritmo y rima. Y ocurre, y esto es lo prodigioso, que las palabras sometidas a esas corrientes, a esa violencia, a esa electricidad, se ponen tensas, como en un trance especial; aumentan, por decirlo así, sus emanaciones selectivas, se juntan de modo inesperado y sorprendente.

¿Cómo se podría comparar esto? Son polarizaciones como las de un campo magnético; esa fuerza es como el viento que agita las flores y produce su fecundación. También las violencias del alma, la amargura o la dramática urgencia producen nexos inesperados y felices en nuestro ser interior.

Un poeta amigo mío puso como lema a un libro suyo una frase de Proust que encierra una honda verdad. Dice así: "A los buenos poetas, la tiranía de la rima les fuerza a encontrar sus mayores bellezas" [4].

En mi libro de poemas *Hijos de la Ira*, yo he maldecido de la rima y he citado los versos de Verlaine:

> Oh, qui dira les torts de la rime?
> Quel enfant sourd ou quel nègre fou
> nous a forgé ce bijou d'un sou
> qui sonne creux et faux sous la lime?

Pero yo no tenía razón (lo dije, cuando lo dije, por motivos muy especiales); y Verlaine, tampoco: a la rima debe Verlaine casi todos los hallazgos expresivos de su poesía. Aun en su *Art Poétique*. Es decir, en el mismo momento en que la estaba maldiciendo.

Puestos frente a nuestro texto, no sabemos qué fermentaba en la mente de Garcilaso con la pluma en la mano. ¿Fue que le bullía ya la rima en *-ura?*, ¿que la posposición de "espesura" le facilitaba el engarce, "toda de hiedra", etc., de lo que iba a seguir?, ¿o que se le juntó en la mente, en anticipación del paisaje, el complejo "Tajo" — "soledad" — "sauces"?

El misterio de la forma empieza ahí: cuando la expresión cuaja, invertida en ese modesto endecasílabo: "de verdes sauces hay una espesura".

ESTR. 1.ª: FUNCIÓN REPRESENTATIVA DEL RITMO

Hay, además, el ritmo: el ritmo endecasílabo con sus acentos. Leamos los cuatro primeros versos de la estrofa:

---

[4] Vicente Gaos es el poeta aludido; y el libro, *Arcángel de mi noche*.

Estrofa 1.ª

> Cerca del Tájo, en soledád amena,
> de verdes sáuces háy una espesura,
> toda de hiédra revestída y llena,
> que por el trónco vá hasta el altura...

Las palabras más grises reciben el acento de la décima sílaba (también el menos expresivo —por forzoso, por constante— del endecasílabo). Pero todas las palabras más conllevadoras de representación, más fabricadoras del aéreo paisaje mental ("Tajo", "soledad", "sauces", "hiedra", "tronco"), llevan en esos versos un acento rítmico. Es necesario explicar esto, porque no estaba claramente consignado en la sagrada Preceptiva (¡oh, nuestra infancia!).

Nada hay que aclarar en los versos primero y tercero, de normal acentuación en cuarta y octava sílabas. Pero ¿acaso no cometemos error en los otros dos, donde el acento (en sexta sílaba) carga sobre "hay" y sobre "va"? No lo cometemos porque esos versos tienen un arranque yámbico: al llegar a la cuarta sílaba (la primera de "sáuces" y de "trónco", respectivamente), aún no sabe el verso, quiero decir el lector, igual que ante una encrucijada, por dónde va a decidirse el movimiento rítmico, si por la vía del acento en cuarta y octava sílabas, o si por la del acento en sexta. Más aún: al pasar la rítmica imaginativa por la cuarta, y verla con acento, por un instante cree que la decisión será a favor de la cuarta y octava. Pero el acento en la sexta (y lo que detrás sigue) prueban que todo ha sido engaño. Nadie les podrá quitar, sin embargo, a "sáuces" y a "trónco" la ligera intensificación acentual que por este instantáneo y delicioso *quid pro quo* rítmico han recibido.

He aquí, pues, que no sólo las palabras giran, como hojas, en el remolino de la profunda conmoción musical, para así adelantar complejos imaginativos ("Tajo" — "soledad" — "sauces"), sino que este remolino seleccionador abandona unas hojas que no le interesan e impele otras, como si montara, para impulsarlas, sobre cada una de estas elegidas, un daimon, un geniecillo que las excita: un acento rítmico. "Tajo" — "soledad" — "sauce", no sólo están ahí en nuestra imaginación —virginal paisaje—, sino que están ya con un alma: parece que el río se riza, la soledad se puebla, los sauces se cimbrean: es el acento, es el viento musical... Y aquí se les han unido "hiedra" y "tronco". Está surgiendo —ahora— el pormenor en el paisaje sencillísimo.

ESTR. 1.ª: AFINIDADES ENTRE VOCALES Y ACENTOS

Y vamos a saber en seguida cómo está formado el oasis, el umbráculo en el que sitúa su acción: es todo una suavidad de sombras traslúcidas. El sol no puede penetrar allí:

> y así la teje arriba y encadena,
> que el sol no halla paso a la verdura;
> el agua baña el prado con sonido,
> alegrando la vista y el oído.

Observemos el encanto especial del verso "el agua baña el prado con sonido". Otra vez tenemos que pensar en la afinidad selectiva de las palabras removidas en la creación por la necesidad del ritmo. ¿Por qué este verso produce esa maravillosa sensación de transparencia y frescura? Hay que tener en cuenta que es un endecasílabo casi totalmente yámbico:

— — — — — — — — — —

Observemos: el acento yámbico cae sobre tres vocales *a*. Éstas se hallan situadas como en tres cimas de onda consecutivas

Estrofa 1.ª 61

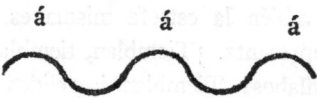

y prestan su diafanidad clara al comienzo del endecasílabo, el cual cambia sus vocales al final del verso, porque, exactamente, a la claridad y tersura ("el agua baña el prado" era aún sólo un movimiento suave, sedoso) se le aumenta ahora un nuevo elemento: un sonido cristalino, argentino.

Pero ¿es que Garcilaso eligió sus vocales? Damos otra vez en el misterio de la forma poética. Él no las eligió con su razón; las seleccionó hondamente (turbiamente, en el proceso; claramente, en el resultado) con su sensibilidad. Sí; los sonidos que forman la palabra (vocales, consonantes), lo mismo que las palabras, en trance rítmico, agitadas por una emoción del poeta, tienen maravillosas afinidades selectivas. Las palabras se unen en conjuntos ("Tajo" — "soledad" — "sauces"); las vocales tienen también misteriosas asociaciones *(a — a — a)*. Y los acentos rítmicos, como un alma invasora, se infunden, ya en las palabras que esa selección asociativa había hecho cuajar en nexo imaginativo ("Tájo" — "soledád" — "sáuces", y también "hiédra", "trónco"), ya en las vocales, que si albeaban juntas, resaltan ahora aún más su tersura y su nitidez *(á — á — á)*.

ESTR. 1.ª: "...ET VOLUPTÉ"

... Una invasora sensualidad. Es un lugar ameno lo que Garcilaso nos describe: es un halago de nuestros sentidos. Eternamente se mezcla en la belleza el placer sensual: eternamente el hombre ha mirado complacido el agua cristalina que fluye por un prado. El poeta lo sabe, y por eso nombra, exactamente, dos sentidos: la vista y el oído. (No nombra el tacto, pero nuestra seca piel española bien siente la caricia de esa humedad, de esta deliciosa frescura.) También la estrofa misma es un delicioso oasis, como el que ella representa. ¡Tiemblan, tiemblan, sauces abrileños, estos ocho endecasílabos! Tiemblan impelidos por brisas blancas de vocales tónicas, vocales *e*, vocales *a*, ¡y con el temblor frican, rozan, suavemente, tantas fricativas consonantes! Sólo allá por la rima hay sombra profunda de oscura vocal (en *-úra);* son tres abstractos, "espesura", "altura", "verdura". En ellos, como en el fondo del umbráculo, todo diseño, toda tracería está borrada. Y hay una sonería, una argentería final (en *-ido).* ¡Cómo canta el agua manante en la profunda sombra!

ESTR. I.ª: DE SOMBRA Y DE AGUA

Volvámonos aún, volvámonos; observemos una vez más la estrofa: es una estrofa modesta. Y honrada: no pasa en ella nada importante. No hay tampoco ahí ninguna de esas últimas felicidades expresivas que alguna vez nos hacen prorrumpir en asombro. Nada: el Tajo, una deliciosa soledad, unos sauces. Sombra. Y el agua, que mana y fluye. Nada: apenas nada.

Es necesario partir de la convicción de que en Garcilaso casi todo es imitación italiana. A esos ocho versos de la estrofa primera se les ha querido señalar como modelo dos pasajes del *Orlando Furioso*[5]. En realidad, se trata de un tópico, el tópico del lugar ameno: sombra, agua, frescura, árboles y (aunque aquí, hasta ahora, no) flores. Es un tópico tan viejo como el mundo, porque es una apetencia invariable en las invariables dimensiones del hombre: y Horacio pedía yacer "sub alta uel platano uel hac / pinu",

---

[5] I, 37 y XIV, 92-93. Mele, que ha señalado el parecido, se fija preferentemente en que las mismas palabras conllevan la rima en Ariosto (*amena, piena*) y en Garcilaso (*amena, llena*). No es suficiente; es rima tan trivial, que se podrían aducir bastantes ejemplos parecidos.

Estrofa 2.ª 63

y pedía Fray Luis estar "a la sombra tendido", y lo ha pedido siempre el aspeado y asendereado ser humano, antier, y ayer, y hoy. ¡Hoy, como nunca!

ESTR. 2.ª: LENTA PROLON-
GACIÓN DEL MOVIMIENTO

Es lástima que la imitación en este caso no sea bastante evidente: si lo fuera, nos serviría para nuestros fines estilísticos. Pero oportunamente nos llega el comienzo de la estrofa segunda:

> Con tanta mansedumbre el cristalino
> Tajo en aquella parte caminaba,
> que pudieran los ojos el camino
> determinar apenas que llevaba.

También aquí se han señalado fuentes. Y ocurre como en el caso anterior, que lo que se puede señalar es toda la herencia poética que se repite, por tradición, sí, pero también porque el poeta que describe la naturaleza se encuentra siempre de nuevo ante los mismos fenómenos. Algunos presuntos modelos —entre muchos otros que podrían aducirse— son:

> Invenio sine vortice aquas, sine murmure euntes,
> perspicuas imo, per quas numerabilis alte
> calculus omnis erat; quas tu vix ire putaras.
>
> (Ovidio: *Metam.*, V, 587 y sigs.) [6]

---

[6] Doy con un río manso, silencioso,
tan claro que las guijas de su cauce
se podían contar una por una:
apenas se pensara que fluía.

La comparación con este pasaje de Ovidio y con el que se menciona en seguida en el texto, de Ariosto, procede también de Mele, *In margine alle poesie di Garcilaso*, en *Bull. Hisp.* XXXII, 1930, págs. 218-245.

> ... un bel fiume
> che con silenzio al mar va declinando;
> e se vada o se stia mal si presume,
> limpido e chiaro sì che in lui mirando
> senza contesa al fondo porta il lume.
>
> (Ariosto: *Orl. Fur.*, XIV, 64)

Podemos admitir aquí que Garcilaso está en una larga tradición, y aun que es posible que se le hubieran grabado especialmente esos pasajes de Ovidio y Ariosto. Lo concedemos en seguida y de muy buena gana, porque va a servir para esclarecernos lo que es el concepto del arte en una época en que todo es imitación, no sólo en Garcilaso, sino en todos los poetas; claro está que también en los mismos italianos. Volvamos a los versos españoles.

Ocurre que estos versos, a cualquier lector con sensibilidad poética y sentido de nuestro idioma, le producen una maravillosa

---

excelente artículo que los anotadores de Garcilaso no deberían olvidar, si bien Mele señala a veces como único antecedente lo que es en realidad un solo eslabón de una cadena de muchos vínculos. [Después de publicada la primera edición del presente libro ha aparecido en la revista *Nubis*, de Palencia (junio-agosto de 1951), un interesante artículo de Eugenio Hernández Vista en que con minucioso análisis estilístico comprueba que el pasaje de Ovidio no se puede considerar fuente directa del de Garcilaso. Aduce, en cambio, como modelo un pasaje de César (*De bello Gallico*, I, 12, 1): "Flumen est Arar, quod... in Rhodanum influit, incredibili lenitate, ita ut oculis in utram partem fluat judicari non possit". El parecido verbal es en verdad extraordinario. Garcilaso —viajero cuyos caminos tantas veces se cruzarían con los de César, y guerrero como él— es casi seguro que habría leído muy bien la *Guerra de las Galias*. Claro está que (como dice Hernández Vista) toda la plasmación poética le corresponde a Garcilaso.]

Estrofa 2.ª

sensación de fluencia, de continuidad; vemos el paisaje del río muy suave, muy tierno, con esa suavidad, esa ternura donde empieza la melancolía.

Es que los versos no viven aislados, sino en relación sucesiva: se suman e igualan o se contrastan y corrigen. La misma potencialización, la misma hiperestesia que, como veíamos antes, sacude a las palabras o a los elementos de las palabras y les hace desarrollar una fina capacidad de selección, la misma, obra sobre las afinidades de unos versos con otros.

Y si nos situamos de nuevo frente al pasaje, vemos en seguida algo que estaba ya en nuestra subconsciencia, pero que no habíamos expresado: estos versos se mueven ellos también con tanta lentitud, con tanta indecisión como el río; acompañan la imagen mental de la sedosa lentitud. El secreto está en el encabalgamiento. El adjetivo "cristalino" termina un verso, y su sustantivo, "Tajo", comienza el siguiente; el verbo "determinar" empieza verso, pero su objeto, "el camino", acaba el anterior. En los cuatro versos no hay más que una pausa de sentido (tras "caminaba"). Quedan los cuatro versos divididos en dos largos brazos, cada uno de dos versos. Y para hacer las ligazones "cristalino-Tajo" y "el camino-determinar", es necesario disminuir la velocidad de los versos primero y tercero: prolongarlos, distenderlos dulcemente:

> Con tanta mansedumbre el cristalino
> Tajo en aquella parte caminaba,
> que pudieran los ojos el camino
> determinar apenas que llevaba.

Tales encabalgamientos pueden, a veces, darse casualmente; otras, como aquí, con claro sentido, ya de prolongación del movimiento, ya de prolongación (lo vamos a ver pronto) de una estela de melancolía [7].

ESTR. 2.ª: LA RELACIÓN INTERESTRÓFICA

La casualidad nos está poniendo una serie ordenada de observaciones en las manos. Y hay una que nos es aún indispensable. Así como el trance de creación rítmica suscita afinidades o contrastes entre los sonidos de una palabra, o entre las palabras de un verso, o entre los versos de una estrofa, así también dos estrofas consecutivas se reobran mutuamente. Leamos la inmediatamente anterior: no hay en ella ningún encabalgamiento; los versos se recortan allí señeros, sueltos, con absoluta nitidez. Y comprendemos ahora que el suave sofreno de la prolongación que

---

[7] Léase ahora el comienzo de una octava de Hurtado de Mendoza (*Fábula de Adonis*, en Rivadeneyra, XXXII, pág. 70):

> Tan mansa y sosegada cercando iba
> la fuente el fresco prado y alameda,
> que aunque corriese presurosa y viva,
> a la vista mostrábase estar queda...

No cabe duda de que el poeta ha sentido el encanto prolongador de los encabalgamientos de Garcilaso: aquí el nexo "iba / la fuente" produce una continuidad de demorado movimiento, sumamente próxima a la de nuestro pasaje de la *Égloga 3.ª* Ganamos así (gracias al análisis estilístico) un nuevo concepto de "modelo": estos dos pasajes (el de Hurtado y el de Garcilaso) están en doble relación: 1.º, por el contenido conceptual; 2.º, por la plasmación poética de ese contenido. No existe, en cambio, ese doble vínculo entre el pasaje de Garcilaso y los citados de Ariosto y Ovidio.

Es la plasmación poética el signo de la originalidad. En este sentido, consideraremos imitación el pasaje de Garcilaso, si se nos señala otro, latino o italiano, que tenga con él esa doble relación vincular. (No tendría nada de particular que ese hipotético modelo se descubriera cualquier día. Véase ahora la nota anterior.)

va a seguir está realzado por su contraste con la soltura de los versos inmediatamente anteriores:

> Cerca del Tajo, en soledad amena,
> de verdes sauces hay una espesura,
> toda de hiedra revestida y llena,
> que por el tronco va hasta el altura,
> y así la teje arriba y encadena,
> que el sol no halla paso a la verdura;
> el agua baña el prado con sonido,
> alegrando la vista y el oído.
>
> Con tanta mansedumbre el cristalino
> Tajo en aquella parte caminaba,
> que pudieran los ojos el camino
> determinar apenas que llevaba.

ESTR. 2.ª: IMITACIÓN Y ORIGINALIDAD EN EL RENACIMIENTO

Y ahora podríamos releer los supuestos modelos de este pasaje, y veríamos que no hay en ellos nada, absolutamente nada, de estos valores expresivos. Y vamos comprendiendo lo que era el arte de imitación en el Renacimiento y por qué era verdaderamente arte: era tomar un excipiente, una materia común, pasarla por los obradores, por las oficinas secretas del temperamento y de la intuición, y alzarla a un nuevo cielo estético, criatura ella también recién creada, nueva, original. ¡Advertencia a los fuentistas!: descubrir la "fuente" sirve, a veces, para realzar la originalidad.

Garcilaso no sabía (así, en general, me lo parece; pero, alguna vez, lo dudo) lo que era encabalgamiento. Es posible que me equivoque, pero yo no conozco ningún texto, ni español ni italiano, de los primeros años del siglo XVI donde esté definido o aun aludido [8].

ESTR. 2.ª: LA TÉCNICA DEL ENCABALGAMIENTO EN GIOVANNI DELLA CASA

En literatura itáliana se citan como primer caso de técnica encabalgada algunos magníficos sonetos de Giovanni della Casa, el dedicado al sueño, o el que empieza "Questa vita mortal". En-

---

[8] Mi estudio del encabalgamiento de versos está hecho a base de reacciones personales y directas. Sólo cuando este libro estaba en pruebas he leído la obra de Grammont *Le vers français* (3.ª edición, 1923), y en ella un largo capítulo sobre el *enjambement* (págs. 33-58). Con todo el respeto que me merece el ilustre fonético, he de decir cuán en desacuerdo estoy con algunas de sus afirmaciones, y en general con su planteamiento del problema. Por ejemplo, afirma Grammont: "Quand il y a conflit entre le mètre et la syntaxe, c'est toujours le mètre qui l'emporte, et la phrase doit se plier à ses exigences" (pág. 35). Creo, por el contrario, que estos conflictos se resuelven siempre en un ceder, o una indecisión entre sentido y ritmo, con que se enriquece el matiz, la capacidad expresiva: como siempre que en el verso se atenúa el ritmo demasiado evidente. Es cierto, como dice Grammont, que siempre hay una pausa tras un verso, pero habría que decir que con el encabalgamiento es a veces brevísima. Grammont hace interesantes observaciones sobre el papel de la entonación ante el encabalgamiento, observaciones que sería muy útil contrastar experimentalmente en el verso español.
Por otra parte, nos alejamos por completo de Grammont en la interpretación de los valores expresivos: él parece creer que la eficacia de la ligazón consiste en la "mise en relief" de "le rejet". Pero decir "mise en relief" es decir apenas nada. Comete error en creer que la poesía del siglo XIX ha sido la que ha usado preferentemente este medio expresivo, que es connatural al verso (y que es esencial en Garcilaso lo mismo que en Góngora o, en otro sentido, en Giovanni della Casa). Y no está acertado en basarse en versos declamatorios, nada líricos, es-

Estrofa 2.ª

tiéndaseme —por Dios [9]— bien: como primer ejemplo en que la traza, repetida, insistente, tiene un neto valor expresivo. Encabalgamientos, claro está que los hay desde (por lo menos) el "dolce stil novo". He aquí una muestra de este estilo de Giovanni della Casa, contemporáneo, exactamente, de Garcilaso de la Vega [10]. Impresionante soneto:

> O Sonno, o della queta, umida, ombrosa
> Notte placido figlio; o de' mortali
> egri conforto, oblío dolce de' mali
> sí gravi, ond'è la vita aspra e noiosa;
> soccorri al core omai che langue, e posa

---

pecialmente victorhuguescos, en donde el delicadísimo instrumento se acartona, para ser casi sólo eso, una enfática "mise en relief":

> ... et la lune apparut
> sanglante...
>
> (Les châtiments)

Nada en el libro de Grammont de nuestra distinción esencial (encabalgamiento suave, abrupto); ni en nuestros ejemplos de Garcilaso aparece por ninguna parte la "mise en relief" del "rejet" (es decir, de la parte de la frase que va a dar al segundo de los versos ligados). Grammont no ha sabido ver lo que es el encabalgamiento, algo, en realidad, totalmente distinto del objeto de su teoría. Habría que distinguir entre *rejet* y encabalgamiento. En el ejemplo anterior de Hugo (y no sería difícil hallar paralelos españoles), para que el énfasis cargue sobre "sanglante" es, en efecto, necesaria una señalada pausa al fin del verso anterior: el poeta se detiene como para anunciar: "¡Ojo, que lo que voy a decir está cargado de intención!".

[9] La exclamación sale de que alguna vez se me ha interpretado mal: se ha pensado que yo quería decir que antes de Giovanni della Casa no había encabalgamiento en poesía italiana.

[10] Casa nació en 1503, fecha que antes se atribuía al nacimiento de Garcilaso (hoy se piensa que nació en 1501).

>   non ave; e queste membra stanche e frali
>   solleva: a me ten vola, o Sonno, e l'ali
>   tue brune sovra me distendi e posa.
>   Ov'è 'l silenzio, che 'l di fugge e 'l lume?
>   E i lievi sogni, che con non secure
>   vestigia di seguirti han per costume?
>   Lasso! che 'nvan te chiamo, e queste oscure
>   e gelide ombre invan lusingo:' o piume
>   d'asprezza colme! o notti acerbe e dure!

¡Este encabalgamiento en Giovanni della Casa no tiene nada que ver con el que acabamos de señalar en Garcilaso! En los versos leídos de nuestro español, dos endecasílabos se suman o empalman con extraordinaria dulzura; el primero de los dos versos se remansa, se prolonga, como un terso río que no sabe si avanzar. Este prolongamiento existe también en Casa, pero el verso segundo se precipita, y, más aún, precipitado, de súbito se interrumpe, al interrumpirse la expresión:

>   O Sonno, o della queta, umida, ombrosa
>   Notte placido figlio; / o de' mortali
>   egri conforto / ...
>   Soccorri al core omai che langue, e posa
>   non ave; / e queste membra stanche e frali
>   solleva; / ...

La prolongación del sentido al fin del verso es como un desasosiego, un cansancio, una inquietud. Que se aquieta un instante, o por lo menos existe una vislumbre de aquietamiento en los conceptos del comienzo del siguiente endecasílabo ("placido figlio; ...conforto; ...solleva"). Pero después de estas palabras, precipitosamente el verso se quiebra, lo mismo que se quiebra una esperanza naciente. Y otra vez el endecasílabo se lanza, en una lenta oleada de angustia, hacia su final, distendiéndose hacia un nuevo encabalgamiento. ¡Admirable técnica esta de Giovanni della Casa! Ya Tasso, con intuición de crítico y de poeta, notó en Casa "il rompimento de' versi, la durezza delle construzioni, la lunghezza delle clausule" y también "il trapasso di uno in altro quaternario, e d'uno in altro terzetto". Como aquí el vocativo ("O Sonno"), que inicia el primer cuarteto, no lleva su imperativo ("soccorri") hasta el comienzo del cuarteto segundo [11]. Foscolo expresó muy bien la sensación que en el lector se adensa: "quel verseggiare sí rotto ti fa sentire l'angoscia". Nada más lejos de la suavidad sedosa con que por el cauce de nuestra imaginación fluye el Tajo, represado en la ligazón, dos a dos, de esos versos de nuestro poeta.

ESTR. 2.ª: ENCABALGAMIENTO SUAVE, ENCABALGAMIENTO ABRUPTO

Tenemos que hacer una distinción (que no hemos leído en ninguna parte): existen dos clases de encabalgamiento, el abrupto o entrecortado y el suave. En el abrupto, el sentido se prolonga de un verso a otro, pero se quiebra súbitamente en el segundo: así en Giovanni della Casa, donde esa técnica sirve para destacar, acerar, violentar, recortar las sucesivas imágenes o metáforas del sueño. En el suave, el sentido prolongado también de un verso a otro, sigue fluyendo ligadamente en el segundo hasta la terminación del endecasílabo. Este encabalgamiento suave es característico de la poesía de Garcilaso: le sirve para prolongar dul-

---

[11] O como en otro soneto, el que empieza "La bella greca", el segundo cuarteto se encabalga en el primer terceto, y éste se liga con el segundo. Pueden verse ambos sonetos y también los comentarios de Tasso y Foscolo en la excelente *Storia della Letteratura italiana*, de Francesco Flora, II, 1, págs. 297-304 (2.ª ed., 1945).

cemente un movimiento, una fluencia, ya material, ya espiritual. Mucho de ese resbalar de su verso se debe a esa vinculación entre los endecasílabos: lo que puede ser una serie de líneas destacadas se convierte en un tierno rastro, en un sinuoso curso. Tierna suavidad no lejos de la melancolía, que también es una prolongada ternura.

Hay que decir en seguida que, en neto contraste, Garcilaso ha usado también el encabalgamiento abrupto tantas veces, con un valor expresivo tan indudable, tan evidente..., que al volver los ojos a una de nuestras afirmaciones anteriores vacilamos. ¿Es posible que Garcilaso desconociera el aspecto técnico de estos valores? Estos pormenores "de oficio" ¿no se discutirían en los círculos italianos que frecuentó? Ocurre que prefiero no apurar esa duda; prefiero —pues no tengo prueba alguna en contra— imaginarme a Garcilaso como un puro instrumento, sensibilísimo registrador de virginales impresiones.

ESTR. 2.ª: RELACIONES ENTRE PARTES ESTRUCTURALES EN LA OCTAVA. ENCABALGAMIENTO ABRUPTO

Eran relaciones entre versos lo que hemos estado estudiando. También entre distintas partes de una estrofa puede haber mutuas reacciones. La octava (en la que está escrita esta *Égloga 3.ª*) tiene normalmente una pausa rítmica y de sentido en su exacta mitad, al acabar el verso cuarto. Estamos precisamente en ese momento. Henos a mitad de la estrofa segunda. Recordemos la suave fluencia, la sedante melancolía con que el indeterminado río se mueve. Y en ese fondo de quieto paisaje va a surgir un ágil, vivo, neto ser de la Naturaleza: una mujer, una ninfa [12].

---

[12] Mele, artículo cit., ha comparado este pasaje con uno de Virgilio (*Georg.*, IV, 350-351) y otro de Sannazaro (*De partu Virginis*, III, 323-

Estrofa 2.ª

> Peinando sus cabellos de oro fino,
> una ninfa, del agua, do moraba,
> la cabeza sacó.

Es el primero de los ejemplos de encabalgamiento abrupto a que me refería antes, y brota exactamente cuando en medio del inactivo paisaje, cuando en medio del ambiente tierno, de un lento estado, se produce el brusco tironazo de un acto súbito: una muchacha, una ninfa del río ha sacado la cabeza fuera. ¡Ya tenemos una afirmación de vida en el paisaje! Será instructivo ahora contemplarlo desde otro punto de vista: desde un punto de vista gramatical. Observemos la curiosa e intuitiva selección de los tiempos verbales en lo leído hasta aquí: en la primera estrofa, todos los verbos son presentes: es el presente eterno de lo permanente; la fluencia (2.ª estr.) está reproducida por el imperfecto: con mansedumbre "caminaba" el Tajo, sin casi saberse qué camino "llevaba": acción lenta, sin límites, repetida, acción diluida, sin topes, en el pasado. Y al primer acto voluntario, humano, neto, ¿qué tiempo le corresponde? Es el primer perfecto: *sacó;* "la cabeza sacó". Isócronamente, matemáticamente, el endecasílabo se parte en encabalgamiento abrupto, como con el golpe de tambor o de platillos la demorada prolongación ascensional de la orquesta. Y es necesaria esta detención por otra razón descriptiva: la ninfa (por muy del río que fuera) saca la cabeza como ser humano, y hay un momento natural de pausa hasta que llega a su comprensión la serena belleza del lugar:

---

325). La relación conceptual es evidente. Pero el análisis estilístico nos hace ver que la plasmación poética es original en Garcilaso: ni en el latino ni en el poeta humanista se da el encabalgamiento abrupto que comentamos.

>   ... y el prado ameno
> vido de flores y de sombra lleno.

ESTR. 2.ª: SIMETRÍA BILATERAL

Nótese el equilibrio bilateral del último verso:

> vido — de flores — y — de sombra — lleno.

Es muy del gusto renacentista terminar una octava con un verso de simetría bilateral [13]. Se refuerza así la estructura bimembre de la octava: los cuatro primeros versos (A) están separados de los cuatro últimos (B) como por un eje de bimembración, y esta división bipartita se repite, como en resumen o reducción, primero en la copulación en pareado de los versos 7.º y 8.º (α, β) y luego en la estructura bilateral del verso último (a, b):

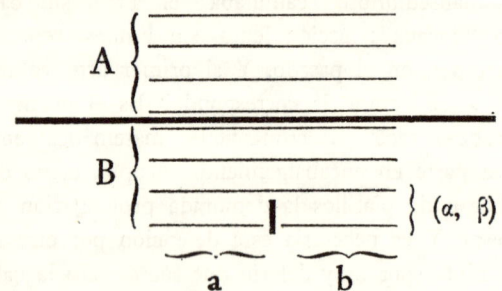

---

[13] No es, sin embargo, un verso bimembre en el sentido riguroso del vocablo, porque "vido" (verbo) y "lleno" no pueden ser considerados términos homólogos, como plenamente lo son entre sí "de flores" y "de sombra". (La conjunción y actúa, en versos de este tipo, a manera de eje de simetría). Sin embargo, percibimos cierta homología, bien que relativa, entre "vido" y "lleno", por el carácter bisílabo de las dos voces y su colocación en ambos extremos del verso.

Estrofas 2.ª y 3.ª

Todo ello lleva al ánimo esa sensación de serenidad contrabalanceada, de equilibrio. Mas aquí hay una razón especial: hemos visto el encabalgamiento abrupto de los versos 6-7, correspondiente a la acción brusca —sorpresa ante el lento paisaje— de la ninfa. La simetría del verso último corresponde a la serenidad de lo contemplado, y se contrapone —haciéndonosla olvidar— a la brusquedad del verso anterior.

Vio *flores* —encendidas flores—, pero flores rebajadas por la diáfana *sombra*: también, pues, al equilibrio exterior de este verso último le acompaña un movimiento interior.

ESTR. 3.ª: HALAGO SENSORIAL
Y ACENTUACIÓN YÁMBICA

Movióla el sitio umbroso, el manso viento,
el suave olor de aquel florido suelo.
Las aves en el fresco apartamiento
vio descansar del trabajoso vuelo...

Movióla: es decir, excitó sus sentidos a fuerza de halago.

Y el poeta expresa todos los elementos de realidad que afectan a los sentidos [14]:

— *lo umbroso*   (*vista*)
— *el manso viento*   (*tacto*)
— *el suave olor*   (*olfato*)

Todas sensaciones delicadas, gratas:

color   — *pero en sombra*
viento   — *pero manso*
olor   — *pero suave.*

---

[14] El oído está implícito; el gusto no era del caso.

Las aves, las criaturas que más gozan de la Naturaleza, descansaban a aquel halago.

Viene ahora la pausa central de la octava, y los dos primeros versos de la segunda mitad son duros, secos, requemados:

> Secaba entonces el terreno aliento
> el sol subido en la mitad del cielo.

Esta sensación está naturalmente dada, primero, por el contenido conceptual de ambos versos, y la imagen mental que desde nuestra vivencia castellana se despierta. Pero hay en el conjunto rítmico de la estrofa un valor expresivo que se aúpa por encima del conceptual, sumándose a él. ¡Qué delicia sensorial, qué frescura la de los dos primeros versos!

> $\overset{2}{\text{Mo}}$vió$\overset{4}{\text{la-el}}$ $\overset{6}{\text{sitio-umbroso,-el}}$ $\overset{8}{\text{manso}}$ $\overset{10}{\text{viento}}$,
> $\overset{2}{\text{el}}$ $\overset{4}{\text{suave-olor}}$ $\overset{6}{\text{de-aquel}}$ $\overset{8}{\text{florido}}$ $\overset{10}{\text{suelo}}$

He aquí lo que acabamos de descubrir: ¡son dos versos totalmente yámbicos! Ahora se nos confirma lo que ya habíamos visto antes: la ordenada alternancia de acentos, posados todos sobre las sílabas pares, produce en nosotros un aquietamiento, una delicia, una serenidad...

ESTR. 3.ª: VALOR EXPRESIVO DE LA SINALEFA

Y esos versos están muy sinalefados. Hay una concepción vulgar, que a veces he visto expresada por hombres de letras, según la cual la prodigación de la sinalefa es defecto, en especial la sinalefa que ha de vencer una breve pausa de sentido (como aquí "umbroso, el"). ¡Crasísimo error! La sinalefa, y también la ausencia de sinalefa, son medios expresivos en manos del auténti-

Estrofa 3.ª

co artista. Por lo que toca al empleo de la sinalefa, no sólo enriquece, digamos, el alma del verso, al aumentar su contenido conceptual [15], sino que esa ligazón da una fluencia prolongada y suave a todo el endecasílabo, más realzada precisamente cuando es necesario vencer la resistencia de una breve pausa. En los versos de que tratamos, esa fluencia, unida a la regular distribución de acentos sobre las sílabas pares, les da un movimiento ondulante y prolongado. Nuestra alma se aquieta, y todas las delicias del descrito lugar (olor, sombra, flores) pasan por ella como acariciada por una brisa niña.

¡Niña, también, nuestra alma! ¿Por qué se serena ante una columnata griega, ante unos sencillos acordes musicales, ante estos dos versos de Garcilaso? ¿Qué resorte secretísimo de nuestra vida resulta, así, tocado? Son ya lindes de nuestra indagación. Debemos retroceder.

ESTR. 3.ª: ENTRE LA SEQUEDAD Y LA DELICIA. UN SUSURRO DE ABEJAS

Transportémonos otra vez al conjunto de la estrofa tercera: suavidad ondulada de los dos primeros versos. Que no se perturba aún por el verso tercero. Pero que resulta ya muy alterada por

---

[15] Es el único medio de que dispone el castellano para la concentración de materia en un verso, frente a muchos que favorecen en este punto al italiano (la sinéresis, de procedencia italiana, no es tan frecuente entre nosotros). Es curioso que una de las causas que llevaron al gran poeta católico inglés Gerard Manley Hopkins a sus experimentos rítmicos fue el creer el verso inglés menos capaz de concentración que el italiano, por la ausencia de elisiones y sinalefas (y de la apócope, podría haber añadido). Véase W. H. Gardner, *Gerard Manley Hopkins*, I, Londres, 1944, págs. 82 y sigs. Sin embargo, el maravilloso, el alto poeta se olvidaba del carácter preferentemente monosilábico del inglés

los versos cuarto, quinto y sexto. En éstos ha desaparecido el acento de la sexta sílaba: la música ha cambiado. Los acentos de cuarta y octava son tan predominantes,

$$\text{(secaba entonces el terreno aliento}\atop48$$
$$\text{el sol subido en la mitad del cielo)}\atop48$$

que toda idea de suave ondulación, de brisa primaveral, ha desaparecido: esos dos golpes acentuales redoblan como sobre una sequedad de meseta.

Sí; aquel umbráculo, aquel lugar deleitoso es un oasis en la llanura abrasada. Hay que pensar en la terrible sequedad de Castilla. Junto al río, un prado cubierto de árboles es como un fanal de deliciosa humedad. Luchan en él el fresco que viene del río y el calor que quiere entrar de fuera, y en el límite hay un vaho, un torpor. ¡Silencio, maravilloso silencio, que convida al ensueño, a las vagas meditaciones!

En los dos versos últimos, Garcilaso ha condensado de un modo prodigioso esa sensación, reduciéndola a dos elementos: el silencio, y sobre el fondo de silencio el terco runruneo disminuido de un enjambre de abejas.

> En el silencio sólo se escuchaba
> un susurro de abejas que sonaba.

Estos dos versos —que hace tiempo llamaron a la sensibilidad de *Azorín*— son, desde el punto de vista de las posibilidades de

---

(por lo menos en su léxico tradicional), que no es pequeña ventaja. ¿Qué haremos los españoles sin las posibilidades prosódicas de condensación, del italiano, y con nuestras graves voces tantas veces sesquipedales?

expresión por medio de la palabra, uno de los más grandes aciertos de la literatura española [16].

Nótense los dos temas: el silencio, general, extendido, y el bordoneo susurrante, concreto, de las abejas, que zumba, ¿dónde?

> En el silencio sólo se escuchaba
> un susurro de abejas que sonaba.

El elemento de silencio está expresado por medio de fricativas, ante todo de las *eses* (*silencio, sólo, se escuchaba, susurro, abejas, sonaba*), y el punto de vahariento zumbido dentro del paisaje silencioso, por la única *erre*, cuyo efecto ya se propaga a toda la voz "susurro".

Observemos ahora el sentido de una técnica que creeríamos totalmente moderna: estos dos versos condensan y potencializan todo el paisaje. Un pormenor, un mínimo pormenor, da alma y sentido a todo el cuadro: habría que pensar, en literatura, en

---

[16] No veo citado (debe de estarlo en los comentaristas antiguos) el pasaje de Virgilio que es evidente modelo:

> Hinc tibi quae semper uicino ab limite saepes
> Hyblaeis apibus florem depasta salicti
> saepe leui somnum suadebit inire susurro.
> (*Bucol.*, I, 53-55)

Recuérdese la teoría que hemos expuesto más arriba (nota 7 a la página 66): en este caso la vinculación es doble: conceptual (con bastante variación), y de medios expresivos. No me cabe duda de que, en esta ocasión, Garcilaso estudió y analizó el modelo: la maravillosa aliteración de *eses*, del último verso, y aun la voz "susurro", han sido, sencillamente, trasplantadas al verso castellano. Garcilaso no plasma aquí originalmente; dota, sí, de un pasaje intensamente expresivo a la poesía española.

Azorín, o en procedimientos parecidos, en la técnica cinematográfica moderna.

ESTR. 4.ª: VALOR EXPRESIVO DEL HIPÉRBATON

Habiendo contemplado una gran pieza
atentamente aquel lugar sombrío,
somorgujó de nuevo su cabeza,
y al fondo se dejó calar del río...

La estrofa cuarta es interesante, porque, en cierto modo, sus cuatro primeros versos son una acción inversa de los cuatro últimos de la estrofa segunda. Y aquí se nos va a comprobar la interpretación que allí dimos: allí, la ninfa saca bruscamente la cabeza y contempla el bello lugar; aquí, lo está aún contemplando, y de repente hunde su cabeza de nuevo en el río.

Allí, la brusquedad de la acción estaba señalada con un encabalgamiento que hemos llamado "abrupto". Notemos aquí el verbo "somorgujar", en perfecto también: "somorgujó". El verbo "somorgujar" no es muy corriente en la lengua común; sí, en lengua de cazadores y pescadores: el pato "somorguja". Lope de Vega, de genial intuición en cuanto concierne al castellano, ha hablado de este verbo "somorgujar", en *La Dorotea*, y ha dicho que, "aunque es *significativo*, es *áspero*". Prescindamos de la adversación que usa Lope: el verbo es *significativo*, es decir, expresivo; y *áspero*.

Garcilaso lo usa, porque quiere significar el ágil movimiento de la muchacha y la rapidez de su decisión: estaba mirando el bello paisaje y, de repente —con esa gracia y ese nervioso impulso que tienen las ninfas de los ríos y, ¡ay!, también las muchachas de la tierra—, somorguja, mete la cabeza como una alimaña, como un pato, un ánade.

Estrofa 4.ª

Y ahora comprenderemos la inversión: allí, en la estrofa segunda, el movimiento de la ninfa, que sale bruscamente, estaba marcado por un encabalgamiento al que llamamos "abrupto". Y aquí, el movimiento inverso está señalado por un verbo al que Lope —máximo juez— llama significativo y áspero. He aquí cómo pueden comprobarse entre sí los análisis estilísticos, aun con intervalo de tres siglos.

> Somorgujó de nuevo su cabeza,
> y al fondo se dejó calar del río.

Notemos el hipérbaton: "y al fondo se dejó calar del río". El orden sería

> *y se dejó calar al fondo del río.*

Al interponerse "se dejó calar", desgarrando el sintagma "al fondo del río", se produce un hipérbaton más grave que el que considerábamos en el verso segundo de la estrofa primera ("de verdes sauces hay una espesura"). Digo más grave, porque este de ahora era más nuevo, menos practicado, menos recibido por la tradición literaria. Pero, ¿por qué, para qué, el hipérbaton? Tengo que repetir lo dicho antes: las palabras en trance de ritmo adquieren extrañas posibilidades significativas.

El hipérbaton no siempre será un elemento expresivo. En los grandes artistas, frecuentemente lo es. (Góngora es el mejor ejemplo.)

Repitamos los versos:

> Somorgujó de nuevo su cabeza,
> y al fondo se dejó calar del río.

Observemos que nuestra mente acompaña en toda su longitud el descenso ondulado del cuerpo de la muchacha a través de las límpidas aguas (todos hemos visto en el cinematógrafo cómo desciende un bello cuerpo buceando hasta el fondo). Y ¿por qué este verso nos da esa sensación de movimiento descendente continuado, que no se aquieta hasta la palabra *río?*

Es, sencillamente, la distensión producida por el hipérbaton: es la prolongación del sintagma "al fondo del río", estirado por la interposición de los verbos ("se dejó calar").

Compárese

> y se dejó calar al fondo del río
> y al *fondo* se dejó calar *del río.*

Misteriosa maravilla de la palabra en trance de ritmo.

El final de este distendido movimiento exigía una pausa. La octava se la da, rigurosamente: el fin de ese movimiento ha venido a coincidir con la pausa que estas estrofas llevan en su mitad (después del cuarto verso). (Un poema es siempre un complejo de prodigiosas coincidencias.) Y ahora sucede que con el verso quinto descendemos por la otra ladera de la estrofa (de la estrofa y —otra vez— a la par, de nuestra cinética imaginativa):

> A sus hermanas a contar empieza
> del verde sitio el agradable frío,
> y que vayan les ruega y amonesta
> allí con su labor a estar la siesta.

No es más que acción; desde el punto de vista lírico, sólo una coyuntura, que todavía se va a prolongar en el empalme con la estrofa siguiente. Resbalemos por este suave vínculo abajo: notaremos sólo la contrabalanceada dualidad del verso renacentista

del verde sitio | el agradable frío

con sus correspondencias de categorías gramaticales ("sitio", "frío"; "verde", "agradable"). A esta dualidad acompaña aún una geminación verbal en el verso siguiente: "les ruega y amonesta".

ESTR. 5.ª: COLOREADA LUMINOSIDAD

La estrofa quinta comienza aún con materia conjuntiva:

> No perdió en esto mucho tiempo el ruego,
> que las tres dellas su labor tomaron,
> y, en mirando de fuera, vieron luego
> el prado, hacia el cual enderezaron.

Se repite aquí, en cuatro ninfas ("y, en mirando de fuera, vieron luego / el prado"), el movimiento ya señalado en la primera ("una ninfa... / la cabeza sacó, y el prado ameno / vido", estrofa segunda). Es gracioso este ir y venir de ninfas por el agua, y que la mímica de la primera se repita luego en las cuatro (otra vez pensamos en el cine). Pero es poesía narrativa "stricto sensu", de rápida andadura, bien aligerada y brevemente resuelta. A partir de la pausa, el "tempo" cambia, refrenado por una morosa delectación:

> El agua clara con lascivo juego
> nadando dividieron y cortaron,
> hasta que el blanco pie tocó mojado,
> saliendo de la arena, el verde prado.

Por la representación luminosa, por los juegos de agua clara y bellos miembros, estos versos son característicos del más sensorial Garcilaso, y, al mismo tiempo, del más empapado de belleza antigua, es decir, característicos de esta égloga tercera y de la plenitud artística del escritor. Son gozo fecundo: gozo que crea un oreo y un ámbito en nuestra imaginación: un pincel inmaterial nos atrae, ahora más que nunca, el paisaje; y, en la corriente, la carne blanca se irisa con las óndulas paralelas —exactamente dibujadas— que el avance produce en la cristalina superficie. Tal miembro sobrenada y, chorreante, emite, dardo cegador, un instantáneo reflejo. Los cuatro cuerpos son bellas flechas isócronas, disparadas a través de diáfana frialdad hacia una meta segura. Al final, todo se concentra en pormenor. El pormenor reduce el ámbito, pero el haz de luces es aún más intenso:

> hasta que el blanco pie tocó, mojado,
> saliendo de la arena, el verde prado.

Cuatro colores producen esa condensación lumínica: dos están dados directamente, y son elementales, sencillos, como siempre en Garcilaso: "blanco", "verde". Los otros dos están mentados indirectamente: color cálido de la "arena"; deslumbres del agua con luz, que resbala sobre la "mojada" carne blanca.

ESTR. 5.ª: DEFENSA DE UN VERSO

Esta bella estrofa cayó en manos de la pedantería. Refiere el Brocense que un poeta censuraba el verso

> nadando dividieron y cortaron.

Decía: "parece que hay en él ripia para henchir el verso, y sobra el *cortaron*". El Brocense, para defender a Garcilaso, propone una solución disparatada. Se engañaban lo mismo el Brocense que el anónimo crítico-poeta. Si Garcilaso emplea ahí esos dos verbos, lo hace, en primer término, por la tendencia renacentista a dar dos bases matizadas de concepto (tendencia al contrabalanceo armónico). Y es que, además, entre esos verbos hay una verdadera diferenciación significativa, que conlleva con belleza, exactitud y continuidad la acción a nuestro cerebro: "dividir" significa 'separar por mitad'; "cortar" implica también 'separar', pero 'separar con movimiento de avance' (como una tela). El nadador (que nada a la manera clásica) separa, "divide", el agua con los brazos; la "corta" con el cuerpo, que avanza como una saeta.

CONTENIDO DE LAS ESTROFAS SUPRIMIDAS EN NUESTRO FRAGMENTO

Debe tener en cuenta el lector que en este punto hemos suprimido muchas estrofas [17]. Las ninfas, que acaban de salir a la ribera, hacen lo que todas las ninfas y todas las mujeres, aunque no sean ninfas: "escurrieron del agua sus cabellos". Ahora ya secos, los sueltan y esparcen por la espalda:

> los cuales esparciendo, cubijadas
> las hermosas espaldas fueron dellos.

Ya en el prado, traen ricas telas, hilos sutiles, teñidos con "la varia tinta / que se halla en las conchas del pescado", y se ponen cada una a bordar una historia: Filódoce, la de Orfeo y Eurídice; Dinámene, la de Dafne y Apolo; Climene, la de Venus y Adonis. Estas tres hermanas bordan en el ameno prado tres desgraciadas historias de amor: la muerte o la transformación se lleva a Eurídice, a Dafne, a Adonis. Tres amadores —Orfeo, Apolo, Venus— llorarán fatal impaciencia, desdeñosa fuga, celosa venganza.

He aquí a la mitología presidiendo la vida real, lanzando una proyección melancólica sobre la vida real. Tres infortunados amantes, que perdieron el objeto de su amor: su fabuloso dolor se proyecta sobre el auténtico y realísimo de Garcilaso. Porque era el cuarto bordado, la cuarta historia, historia de dolor muy real —¡tan

---

[17] Son doce las octavas que omitimos (versos 97-192).

semejante a las tres fingidas!—, lo que interesaba al corazón del poeta: la historia que bordaba Nise, la cuarta ninfa.

ESTR. 6.ª: GARCILASO Y TOLEDO

Nise borda, sentada en un prado, cerca del Tajo; en la tela que borda se representa otro paisaje del Tajo, "donde él baña / la más felice tierra de la España" [18]: toda la ciudad de Toledo, casi rodeada por el río. Allí se desarrolla la cuarta historia, el hecho real que había roto el corazón de Garcilaso. Es, pues, la técnica, tan conocida en poesía épica y en el teatro, del cuadro representado dentro de otro cuadro, la escena dentro de otra escena. ¡El río Tajo también, en el nuevo, en el segundo escenario que se nos abre dentro del primero!

Español de la España imperial, español cuya españolidad surge muchas veces entre el italianismo de los versos, Garcilaso habla aquí de Toledo con el respeto máximo hacia la ciudad que por excelencia le representa a España, y que es su patria. En un tiempo en el que, pronto, otro poeta iba a profetizar al mundo

un monarca, un imperio y una espada.

Es el mismo río Tajo. Pero ahora descrito cuando, encañonado entre alturas, hace un semicírculo en torno a Toledo. Todo lo que antes era sedosa suavidad y languidez es aquí rugiente violencia.

ESTR. 6.ª: EXPRESIÓN DE LA VIOLENCIA

Notemos los elementos expresivos que la determinan. El primero, tan evidente es que no necesitaría casi señalarlo. Es la aliteración de erres, tan común en el español, lengua un poquito de-

---

[18] *Égloga 3.ª*, vs. 199-200. Son las últimas palabras del pasaje que hemos suprimido. A continuación, sigue nuestra estrofa 6.ª

Estrofa 6.ª

masiado brava. Garcilaso la emplea muy poco, por eso es más significativo que aquí la use:

> Pintado el caudaloso río se vía,
> que, en áspera estrecheza reducido,
> un monte casi al rededor tenía,
> con ímpetu corriendo y con ruïdo;
> querer cercallo todo parecía
> en su volver; mas era afán perdido:
> dejábase correr, en fin, derecho,
> contento de lo mucho que había hecho.

El segundo elemento expresivo, en el verso primero, son dos violentas contracciones: la sinéresis de "río" (cuya pronunciación, en ese verso, se deforma hacia "rió") y la síncopa "vía" (y no "veía")[19]. Las vocales parece que se unen, se agolpan, apretadas en el tumulto de la corriente:

> Pintado el caudaloso rió se vía...

El tercer elemento expresivo es el uso de vocablos esdrújulos, de acento dactílico y despeñado ("áspĕra", "ímpetu")[20].

---

[19] El imperfecto contracto *vía*, *vías*, etc., podía alternar con *veía*, *veías*, etc., aun en un mismo autor. Como aquí ocurre, pues encontramos *se veían* en el verso 1.º de la estrofa 8.ª de nuestro fragmento. No diré que Garcilaso distinguiera siempre ambos usos atento a un valor expresivo. Sí que en nuestro fragmento *vía* aparece en una estrofa que representa una imagen de apretada, áspera intensidad; mientras que en la estrofa 8.ª *veían* inicia el desarrollo de un demorado, melancólico rastro de dolor.

[20] "Acento dactílico y despeñado": adopto la pictórica expresión del Lunarejo. (Véase más abajo "Monstruosidad y belleza en el *Polifemo* de Góngora", comentario a la estrofa 3.ª de nuestro fragmento.)

El cuarto, un nuevo encabalgamiento de los que he llamado abruptos:

> querer cercallo todo parecía
> en su volver...

Aquí, con este sesgo del verso, termina también, en nuestra imaginación, el movimiento de curva del río, que ha fracasado en su intento de cercar la ciudad (lo dice el poeta: "era afán perdido"). Y el gran curso de agua va ahora contento; sí, va ancho, sereno, ufano de lo mucho que había hecho: abrazar el monte donde se asienta la imperial ciudad:

> dejábase correr, en fin, derecho,
> contento de lo mucho que había hecho.

ESTR. 7.ª: EXPRESIÓN DE SERENA MAJESTAD: RITMO YÁMBICO

Es emocionante para nosotros, españoles, el respeto, la veneración que nuestros compatriotas del Siglo de Oro sentían por Toledo [21]. Garcilaso (al fin hijo suyo) pondera —lo hemos visto— la hazaña del Tajo, sólo en el haber pretendido cercar o abarcar aquel monte, "corazón de España". Esta última expresión es de Tirso, quien, con gracia y ternura (y un poco a lo árabe, por la feminización de la ciudad), se fija también en esa curva del Tajo, y por

---

[21] En el comentario del pasaje relativo a Toledo me ha precedido mi amigo Enrique Moreno Báez, catedrático de la Universidad de Oviedo. Su artículo sobre este tema fue redactado hace muchos años (casi veinte), y leído entonces por mí. En una nueva redacción, que desconozco, está ahora a punto de aparecer. Téngase en cuenta este antecedente, que afecta a la comparación con Góngora. (El mencionado trabajo de Moreno Báez ha sido ahora publicado en el núm. de la revista *Insula*, del 15 de mayo de 1950.)

eso lo llama "incansable rondador" de la belleza de Toledo. Mucho del respeto procede de la idea de antigüedad. Sí, es curioso: para un español de la primera mitad del siglo XVI, como Garcilaso, Toledo tenía la misma emoción arqueológica que tiene para los del siglo XX:

> Estaba puesta en la sublime cumbre
> del monte, y desde allí por él sembrada,
> aquella ilustre y clara pesadumbre,
> de antiguos edificios adornada.

Gravedad, nobleza, esplendor, antigüedad. El augusto reposo de estos versos sólo se altera un momento en el paso del primero al segundo:

> ... en la sublime cumbre
> del monte...

Es el esfuerzo, es la violencia que tenemos que hacer para ligar el sustantivo "cumbre" con el complemento que le sigue (o sea, contradecir, con la ligazón sintáctica, la quiebra natural entre el fin de un verso y el comienzo del siguiente): es un esfuerzo, en nuestra elocución, que acompaña a la imagen del esfuerzo ascensional, coronador de la última cima de una montaña. Y he aquí cómo, inesperadamente, surge una nueva comprobación del valor expresivo que en la poesía de Garcilaso tiene el encabalgamiento abrupto: porque éste lo es.

Esfuerzo cimero, que, como toda coronación de cumbre, lleva a descanso, a serenidad y grandeza. Desde allí, se esparce, sembrado —qué hermosura— el caserío de la ciudad:

> Estaba puesta en la sublime cumbre
> del monte, y desde allí por él sembrada,
> aquella ilustre y clara pesadumbre,
> de antiguos edificios adornada.

"Aquella ilustre y clara pesadumbre, / de antiguos edificios adornada": estos dos versos contienen la definición de la Ciudad Imperial por Garcilaso. Como en otras muchas ocasiones en que quiere expresar majestad, serenidad, reposo o, simplemente, armonía, surgen los endecasílabos totalmente yámbicos. Las palabras graves, de cuatro sílabas, llevan siempre en castellano un acento secundario en la sílaba primera ("pèsadúmbre", "èdifícios", "àdornáda"): y así una alternancia acentual va, como si fuera una línea ondulada, señalando todas las sílabas pares:

$$\overset{2}{\text{aquella}}\text{-}\overset{4}{\text{ilustre}}\text{-y}\ \overset{6}{\text{clara}}\ \overset{8}{\text{pesa}}\overset{10}{\text{dumbre}}$$
$$\overset{2}{\text{de}}\text{-}\overset{4}{\text{anti}}\overset{6}{\text{guos}}\ \overset{8}{\text{edifi}}\overset{10}{\text{cios}}\ \text{adornada.}$$

La sensación es de seguridad, de bien repartido peso (majestad de siglos), de armónica distribución de masas.

ESTR. 7.ª: CONTRASTE CON
GÓNGORA Y SU TOLEDO

También Góngora veneraba la nobleza y la antigüedad de Toledo; también su verso parece que se enciende en belleza, para hablar de esta "alta de España maravilla", y, como se esperaría de don Luis, un furor expresivo le aprieta, una necesidad de hiriente exactitud poderosamente imaginativa. La Virgen baja a Toledo para favorecer a su devoto San Ildefonso:

Al cerro baja, cuyos levantados
muros, alta de España maravilla,
de antigüedad salían coronados,
por los campos del aire a recibilla [22].

---

[22] *Obras,* ed. Millé, núm. 407.

Estrofa 7.ª

No es sólo en este pasaje donde también un como milagroso favor baja a la pluma de Góngora al hablar de Toledo. En una de sus comedias (*Las firmezas de Isabela*) hay una larga y bella descripción de la ciudad. Es un trozo de auténtica poesía gongorina (¡bien recargada!), como se encuentran varios en esa comedia, la cual, en cuanto obra de teatro, supone increíble obcecación de una mente clara. La descripción de Toledo empieza con dos versos inolvidables:

> Esa montaña que, precipitante,
> ha tántos siglos que se viene abajo [23].

Para Garcilaso, lo acabamos de ver, la ciudad se define por lo estático, lo grave, lo reposado:

> Aquélla ilústre y clára pesadúmbre
> de antíguos edifícios adornáda.

Las dos imágenes de Góngora —extraña negación de lo que veía Garcilaso— se caracterizan por ser, las dos, dinámicas, cinéticas. En la primera, la altura de la ciudad está transportada a movimiento, convertida en ascensión, ciudad que sale, con sus muros, por los campos del cielo para recibir a la Virgen:

> Al cerro baja, cuyos levantados
> muros, alta de España maravilla,
> de antigüedad salían coronados,
> por los campos del aire a recibilla.

Es una de esas extrañas, poderosas imágenes, al mismo tiempo muy afectivas, pictóricas y evocadoras, y de un contenido muy preciso, que prueban la genialidad de Góngora, y que justifican

---

[23] En el comienzo del acto tercero. Ed. Millé, núm. 421.

el que hace un cuarto de siglo le considtráramos poeta nuestro, porque empeños semejantes movían a mi generación. Pero aún nos es más útil, en este instante, el segundo de los pasajes gongorinos sobre Toledo. En él hay también un tránsito imaginativo de lo estático a lo cinético. Góngora ve, antes que nada, lo abrupto, lo precipitoso del monte sobre el que está construida la ciudad. Sí, lo ve como si se estuviera derrumbando, derrumbándose eternamente:

> Esa montaña que, precipitante,
> ha tántos siglos que se viene abajo.

Algo se viene también abajo, algo se está también eternamente derrumbando en estos extraordinarios versos. Pero el análisis que vamos a hacer del primero de ellos va a resultar curiosamente comprobado por un ejemplo de la poesía moderna.

GÓNGORA Y GERARDO DIEGO: VERSOS DESPEÑADOS

Uno de los sonetos más emocionados y más bellos de Gerardo Diego es el que lleva por título "Insomnio". La amada, dormida, por el mar de las aguas del sueño, como las naves por el mar ("Tú por tu sueño y por el mar las naves"); el poeta, insomne, separado de ella por la insalvable quiebra (dos mundos) que va de la vigilia al sueño, se siente como el que, aprisionado en una isla, ve pasar la nave, a la que no puede llegar. El soneto termina así:

> Saber que duermes tú, cierta, segura,
> —cauce fiel de abandono, línea pura—
> tan cerca de mis brazos maniatados.
> Qué pavorosa esclavitud de isleño:

Estrofa 7.ª

yo insomne, loco, en los acantilados,
las naves por el mar, tú por tu sueño [24].

El verso último, perfecto bimembre, en la distribución de sus dos alas, lleva los dos planos de la imagen: el real ("tú por el sueño") y el imaginario ("las naves por el mar"). Pero el verso penúltimo es un endecasílabo exasperado, removido ("insomne, loco"), que parece terminar con un hundimiento, una precipitación desesperada ("en los acantilados"). Prodigiosamente resumen estos dos versos la duplicidad temática de todo el soneto: tema frenético del amante insomne; tema dulcísimo de la amada dormida.

Y si ahora comparamos un verso de Góngora, por el que acabamos de pasar, y este penúltimo del soneto de Gerardo,

4
Esa montaña que, precipitante...
4
Yo insomne, loco, en los acantilados...

veremos que los dos parece que se precipitan o se hunden en su final: es la sensación angustiosa de lo abrupto, de lo a pico, que, naturalmente, está sugerida por el contenido conceptual de "precipitante" y "acantilados". Pero miremos de cerca el ritmo acentual de esos dos versos: ¡en los dos hay un solo acento en cuarta sílaba! [25]. El no sobrevenir el que esperaríamos, como más proba-

---

[24] Del libro *Alondra de verdad*.

[25] Naturalmente, prescindimos del forzoso en décima. Téngase bien en cuenta lo que digo en el texto: "la sensación angustiosa de lo abrupto, de lo a pico, que, naturalmente, está sugerida por el contenido conceptual de *precipitante* y *acantilados*". Bien evidente es que nada es expresivo en la sucesión silábica del significante si lo fonético del significante no se corresponde, en nuestra imaginación, con el sentido del sig-

ble, en octava (o, en su defecto, en sexta), es lo que hunde fonéticamente estos dos finales de endecasílabo. El verso, a través del movimiento rítmico de la imaginación, da una virtualidad expresiva al significante, que va a coincidir con el concepto significado, que exacerba el concepto significado: la vinculación entre significante y significado resulta, pues, por virtud del verso, motivada, no convencional. Así, en Gerardo Diego; así, en Góngora. El uso de un poeta moderno viene, con absoluta precisión, a comprobar nuestro análisis de un verso gongorino. Y ahora comprendemos por qué razón tienen esa enorme fuerza expresiva el verso penúltimo de "Insomnio" y el verso primero de la descripción de Toledo en la comedia de Góngora.

HUNDIMIENTO TRAS UN ÚNICO ACENTO EN CUARTA SÍLABA

He aquí ahora que este descubrimiento nos lleva de la mano a otro. Tomemos cualquiera de los dos versos de la definición de Toledo por Garcilaso

$$\overset{246810}{\text{aquella-ilustre-y clara pesadumbre...}}$$

Y ahora repitamos el primero de la descripción en la comedia de Góngora

---

nificado. Por ejemplo "grito" es una palabra que sentimos como especialmente expresiva; pero nada de esto sentimos en la voz "rito". Y sin embargo la fonética de ambas palabras es muy próxima. Cualquiera de los elementos del significante que estudio en este libro (aliteración, encabalgamiento, hipérbaton, etc.) es expresivo o no, según sintamos en él, o no, una correspondencia con el significado. Esta teoría está esparcida por numerosos lugares del libro. El ver que algunos críticos no lo han comprendido bien me obliga ahora a escribir para la segunda edición esta nota.

Estrofa 7.ª

4
Esa montaña que, precipitante... [26].

En este último ejemplo, el verso parece que, dislocado, cuelga de su único acento en cuarta (a más del forzoso en décima).

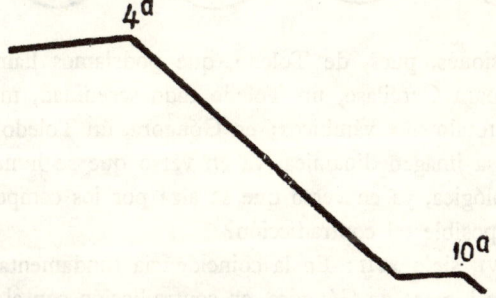

---

[26] Pudiera alguno objetar que señalemos. como acento el secundario (en la primera sílaba) de "pèsadúmbre" y, en cambio, no consideremos el secundario de "prècipitánte". En "pèsadúmbre", dentro del verso de Garcilaso, el acento secundario sobre la primera e viene favorecido por todo el movimiento yámbico, que, en cierto modo, ya arrastra el verso. En cambio, en el de Góngora, el acento secundario sobre la primera e de "prècipitánte", caería en séptima sílaba, acentuación muy poco frecuente en la época de Garcilaso, y ya arrumbada en la de Góngora. Sin embargo, si algún lector intensifica ese acento, el verso resultará del tipo llamado anapéstico, es decir, de acento en cuarta y séptima ("Tánto bailé con el ama del cura"; o bien, en Rubén Darío, "Libre la frente que el casco rehusa"). Seguiría, así, siendo fuertemente expresivo: ahora por contraste con el tipo normal. Pero tal acentuación sería rarísima.

Los acentos secundarios, no tenidos en cuenta ordinariamente en los tratados españoles de versificación, tienen una gran importancia (como tantas cosas indecisas, tantas cosas de segundo plano, en arte): metidos en un movimiento rítmico, pueden reforzarse, exacerbarse y cobrar valor afectivo (es el caso de "pèsadúmbre"). Pueden, en cambio, desvanecerse cuando resultan contrarios al sistema: lo que ocurre en "prècipitánte". Los acentos secundarios. tienen, pues, un margen de oscilación bastante grande, y por lo mismo son un elemento que puede dar matiz, profundidad afec-

En el verso de Garcilaso, en cambio, el endecasílabo se reparte, sostenido equilibradamente por sus acentos pares

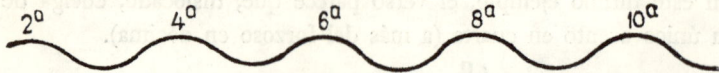

Dos visiones, pues, de Toledo, que podríamos llamar contradictorias: para Garcilaso, un Toledo todo serenidad, majestad, en dos versos totalmente yámbicos; en Góngora, un Toledo violentado por poderosa imagen dinámica, ya en verso que se hunde en conmoción geológica, ya en verso que se alza por los campos del aire. ¿Cómo es posible tal contradicción?

Siglo XVI, siglo XVII: En la coincidencia fundamental dinámica de estos dos lugares de Góngora, en contradicción con el sereno pasaje de Garcilaso, veo yo, como en un prodigioso espejo condensador, toda la diferencia que hay entre equilibrada serenidad y aborrascada violencia: **entre el arte del Renacimiento y el arte barroco.**

UN TOLEDO PRECIPITANTE; UN TOLEDO ASCENSIONAL. GÓNGORA Y EL GRECO

¿Cómo no atraer aquí ahora dos paisajes de Toledo que el Greco pintó, si parecen dos ilustraciones a esos dos pasajes de Góngora? Es el primero el de la colección Havemeyer, hoy en el Museo Metropolitano de Nueva York. Es un Toledo fantástico (la posición de sus edificios está voluntariamente alterada), un Toledo

---

tiva, claroscuro. (Sobre la función rítmica de los acentos secundarios prosódicos he tratado ya, desde otro punto de vista, en mi artículo "Ligereza y gravedad en la poesía de Manuel Machado", en la *Revista de la Biblioteca, Archivo y Museo* [del Ayuntamiento de Madrid], XVI, 1947, recogido ahora en el volumen *Poetas españoles contemporáneos*, Madrid, 1952, Editorial Gredos, Biblioteca Románica Hispánica).

Esa montaña que, precipitante,
ha tántos siglos que se viene abajo.

Con autorización del Metropolitan Museum of Art

Al cerro baja cuyos levantados
muros, alta de España maravilla,
de antigüedad salían coronados,
por los campos del aire a recibilla.

Casa del Greco (Toledo)

Estrofa 7.ª

casi sólo bidimensional, que, desde el Alcázar por la Catedral, se desploma, se precipita, sobre el puente de Alcántara. El primer término es un paisaje eglógico, de profundos verdes, unos caballos, unas figuras humanas, el río. Pero un cielo inolvidable, arremolinado, agironado por la tempestad, lo cubre todo. ¡Qué cielo! Una luz espectral cae sobre la ciudad alta y desplomada, y las verdes arboledas del primer término profundizan aún más su sombra. Eternamente se precipita el monte-ciudad:

> Esa montaña que, precipitante,
> ha tantos siglos que se viene abajo.

Pero ¿qué ira vengadora ha acumulado en este instante el peso plomizo de ese cielo veloz? El Greco ha superpuesto al movimiento de esa línea de tierra, vertiginosamente inclinada sobre el río, el desmoronarse de un cielo en huida.

Grande es el contraste con la representación de la ciudad en ese cuadro de la Casa del Greco, en cuyo ángulo inferior derecho un personaje ostenta un plano extendido. Todo se diría realidad: no es una gran montaña, es un cerro en suave impulso ascensional, la basa de tanto edificio: edificios pintados, diríamos, uno a uno, protegidos por larga línea de muralla. El desmoronarse, el precipitarse sobre el río, no ha interesado al pintor: es ahora apenas un pormenor en el extremo de la izquierda. No, el cuadro representa una ciudad, con su tercera dimensión, vista en suave escorzo y aún más adivinada como rumorosa profundidad de calles, plazas, mercados; con su historia, pero con su trabajo y su ocio. Es una bella ciudad española de nobles y antiguos edificios, tendida suavemente sobre un cerro, que se comba y puja, suavemente también, hacia el cielo. Es Toledo: con su nobleza, su antigüedad, su cerro, y su vivida realidad diaria. He aquí, sin embargo, dos detalles curiosos: en primer término está el Hospital de Afuera; pero, invertido (vemos la fachada principal, que debía estar oculta); invertido... ¡y asentado sobre una especie de nube! El otro pormenor nos interesa aún más: un extraño grupo de personajes alados baja por el cielo, no en el centro, ligeramente hacia la izquierda del cuadro, por encima de donde se alza la aguja de la Catedral. Rodean a una figura de mujer con un niño en brazos, la sostienen, dejándola sólo resbalar sobre combas de aire, en suave descenso. Es la Virgen hacia su devoto San Ildefonso:

> Al cerro baja, cuyos levantados
> muros, alta de España maravilla,
> de antigüedad salían coronados,
> por los campos del aire a recibilla.

Salen los muros suavemente, sin rompimiento, "por los campos del aire", como la dulce Señora baja en realísimo vuelo a la tierra. Con esa realidad, tan española, del milagro.

Chacón atribuye *Las firmezas de Isabela* (con el Toledo precipitante) al año 1610; las octavas al *Favor que San Ildefonso recibió de Nuestra Señora* (con el Toledo ascendente) se presentaron al certamen de fines de 1616. El Greco murió en 1614, y estos dos paisajes toledanos debieron de ser pintados entre 1610 y la fecha de su muerte. Hay, pues, una curiosa proximidad temporal (ya no sólo temática y de expresión) entre los cuadros y los pasajes poéticos. Que Góngora tuvo admiración por el Greco, lo prueba el magnífico soneto que dedicó a su muerte. Que le conociera, es muy probable: vínculo de unión pudo muy bien ser Paravicino, retratado por el pintor. ¿Habrá aún mayor relación entre ambos cuadros y ambas descripciones poéticas? Quiero decir, ¿relación de causa a efecto? Tenidas en cuenta las fechas, el Toledo precipitante pictórico podría haber sido comentario al poético, o viceversa;

el Toledo ascensional poético, podría haber sido comentario del pictórico (sin viceversa posible).

Hipótesis como éstas, razonablemente imaginables, pero siempre aventuradas, nos llevan lejos de nuestro tema. Además, mucho más interesante me parece todo si no existió relación alguna directa entre ambos artistas, si los dos, desconociéndose mutuamente sus Toledos, reflejaron con la pluma, con el pincel, un Toledo precipitante, un Toledo ascensional. ¡Bien extraño es que las dos descripciones de Toledo que hay en la obra de Góngora tengan tal afinidad con dos representaciones pictóricas por el español de Creta!

Hemos de volver a nuestro pasaje de Garcilaso.

ESTR. 8.ª: PROLONGACIÓN DE
UNA ESTELA DE MELANCOLÍA

Los cuatro últimos versos de la estrofa séptima nos alejan de la ciudad y no tienen más misión que ésa: introducirnos otra vez en el paisaje eglógico [27].

Henos con el principio de la estrofa octava otra vez en el paisaje de égloga. Pero desde los primeros versos notamos un tono elegíaco. ¿Por qué la voz se nos llena de melancolía, por qué sentimos en el fondo el borboteo contenido de las lágrimas?:

---

[27] Son éstos:

> De allí con agradable mansedumbre
> el Tajo va siguiendo su jornada,
> y regando los campos y arboledas
> con artificio de las altas ruedas.

"De allí", es decir: desde allí, desde el sitio donde termina la vuelta del río alrededor de Toledo. "Las altas ruedas" son las ruedas de las azudes, artificio con el que se saca de los ríos agua para regar.

En la hermosa tela se veían
entretejidas las silvestres diosas
salir de la espesura, y que venían
todas a la ribera presurosas,
en el semblante tristes, y traían
cestillos blancos de purpúreas rosas,
las cuales esparciendo, derramaban
sobre una ninfa muerta que lloraban.

La estrofa deja una larga estela dolorosa en nuestra imaginación. Al indagar ahora en los versos, notamos en seguida su encabalgamiento, más continuado, más enlazado que nunca: "...se veían / salir... y que venían / todas... y traían / cestillos... derramaban / sobre una ninfa...". La fuerza que ha llevado al poeta a ligar entre sí esos versos ha sido tan grande, que le ha obligado a no respetar ni aun la pausa habitual en la octava, tras el cuarto: aquí, éste va también semiencabalgado sobre el quinto. Hasta el verso sexto, la estrofa, con el encabalgamiento, va dibujando tantas revueltas como ligazones entre endecasílabos; y lo mismo ocurre de nuevo entre el verso séptimo y el octavo. Es otro río, no ya un Tajo casi indeciso en la dirección de su curso, sino un río espiritual, el que aquí se demora en amplias curvas. Es una emoción contenida que se va arrastrando, con el deleite lánguido de la melancolía (de la melancolía que se goza en su pena), comunicándose y propagándose en el prolongarse doliente de la voz.

El dolor se acendra aún más, y estalla en un verso de intenso color contrastado:

$$\overset{4}{} \quad \overset{8}{}$$
cestillos blancos de purpúreas rosas.

Es un verso renacentista, de absoluto contrabalanceo, de total simetría bilateral, acento a acento, color a color, palabra a palabra.

Estrofas 8.ª y 9.ª

Los acentos de cuarta y octava sílaba, van a caer, exactamente, sobre las vocales tónicas de los dos adjetivos situados en correspondencia homóloga, a un lado y otro del eje central; y esos adjetivos ("blancos", "purpúreas") reciben ahora, diríamos, la luz estética del acento rítmico, y aumentan su contraste, y son ya como una explosión de color. Homólogamente también, a ambos extremos, quedan los sustantivos ("cestillos", "rosas").

Es un verso de inmortal belleza mortal: es la ofrenda de la belleza humana junto a la muerte.

Y observamos que en este momento (cumbre de la belleza formal de la estrofa) el encabalgamiento cesa, porque el dolor un instante se remansa, se hace dolor quieto en hermosura conmovida.

Un instante sólo de pausa, y la emoción de nuevo se prolonga en los dos versos, otra vez ligados entre sí, que siguen:

... las cuales esparciendo, derramaban
sobre una ninfa muerta que lloraban.

ESTR. 9.ª: LA MUERTE EN MEDIO DE LA BELLEZA. INTENSIDAD DE LO MÁS SENCILLO

Todas, con el cabello desparcido,
lloraban una ninfa delicada,
cuya vida mostraba que había sido
antes de tiempo y casi en flor cortada.
Cerca del agua, en un lugar florido,
estaba entre la yerba degollada,
cual queda el blanco cisne cuando pierde
la dulce vida entre la yerba verde.

Estamos aún ante el mismo melancólico dolor. Que se prolonga la estela de tristeza, nos lo dice, sin más, esa repetición anafórica de "todas", que inicia la octava, y que nos reitera la imagen de melancolía de la estrofa precedente ("todas a la ribera presurosas, / en el semblante tristes..."). Y ahora:

> Todas, con el cabello desparcido,
> lloraban una ninfa delicada...

¡Aún la mitología preside a lo que es más afectivo para el poeta! Todas las diosas silvestres, los seres de la Naturaleza, salen con el cabello esparcido (eterno signo de dolor). Salen a llorar a una muchacha muerta. Y aún el encabalgamiento sigue siendo prolongación de la melancólica voz doliente:

> cuya vida mostraba que había sido
> antes de tiempo y casi en flor cortada [28].

La emoción queda un instante detenida en ese último verso primaveral, tierno, con su casi simetría binaria.

Acerquémonos ahora. Vamos a contemplar la muerte en medio de la hermosura natural.

La injusta muerte inexorable, destructora de la armonía del mundo, ha derribado por tierra un elemento tierno, primaveral, delicado, de esa armonía:

> Cerca del agua, en un lugar florido,
> estaba entre la yerba degollada,
> cual queda el blanco cisne cuando pierde
> la dulce vida entre la yerba verde.

---

[28] Nótese que el encabalgamiento no es casi continuo a lo largo de toda la estrofa, como fue en la precedente. Ahora, los versos se ligan más bien en parejas: primero-segundo, tercero-cuarto. Hay pequeñas pausas tras el verso segundo y el sexto; la pausa habitual tras el cuarto está fuertemente señalada.

Estrofa 9.ª

Pocos versos hay en castellano de más veladura de lágrimas en la voz y, a la par, de más intacta belleza que éstos. Y la hermosura está conseguida con los elementos más sencillos:

cisne   vida   yérba.

Cada uno realzado por un acento. Porque da la casualidad (ya sabemos cuán prodigiosas casualidades son éstas) de que los tres acentos rítmicos de esos dos últimos versos han ido a caer, exactamente, sobre las tres palabras esenciales:

... cual queda el blanco cisne cuando pierde
la dulce vida entre la yerba verde.

Tres elementos, pues, conceptuales, realzados por los tres acentos rítmicos, y por más aún: por tres adjetivos:

blanco   dulce   verde.

¡Qué sencillez! "Blanco cisne" en el centro del verso penúltimo, como para recibir el acento central de sexta; "dulce vida" y "yerba verde", a ambos lados del verso último, claramente bimembre, como para distribuirse los dos acentos, de cuarta y de octava. Y queda una imagen, diríamos triangular, tan intensa, que recordaremos, ligada a nuestra fantasía, mientras vivamos:

blanco cisne
dulce vida   yerba verde.

Y estos adjetivos —¡tan sencillos!— tienen una enorme intensidad. He aquí que en el trance del ritmo, tienen vigencia nueva, no tocada.

Nunca blanco, verde, dulzor de vida, lo han sido más que en la voz de Garcilaso.

Son blanco, verde, dulzor de vida del día de la creación del mundo.

Blanco mortal, en el que se juntan la hermosura de la criatura muerta, y su ahora albura exangüe. Verdor perenne de las fuerzas de la Naturaleza: los sentidos, el amor, la luz. Dulzura de la vida, de la vida extinguida y de la que en torno late.

LÍMITE DE LA ESTILÍSTICA

Pero, ¿por qué, Dios mío, por qué la voz de Garcilaso siempre tan cálida, tan lánguida, tan apasionada, por qué en este momento adquiere este hervor de lágrimas en el fondo, por qué cuatrocientos años más tarde aún nos deja pensativos con ansias de asomarnos a alguna infinitud, a unos bellos ojos de mujer, al cielo estrellado, al mar inmenso, a Dios?

¡Tiremos nuestra inútil estilística! ¡Tiremos toda la pedantería filológica! ¡No nos sirven para nada! Estamos exactamente en la orilla del misterio. El misterio se llama amor, y se llama poesía. Esa ninfa muerta, esa criatura desangrada, se llama doña Isabel Freire. Era uno de esos moldes que Dios sella con su presencia, que Dios fragua de cuando en cuando para que tengamos un rastro de la eterna hermosura. Garcilaso, que era otra suma belleza en lo humano (es decir, el poeta), la amó, la amó con su carne y con su sangre, la amó como mujer, y como la hermosura platónica, como el cauce de la hermosura.

Y la poesía de Garcilaso tiene muchas bellezas (y también puntos neutros o inexpresivos). Pero, ¿qué es esto que hace que no haya una sola vez en que la sombra de la muerta doña Isabel pase por su verso sin que éste se abra a dolorida plenitud, y se acendre en belleza hasta la hermosura última, y se convulsione oscuramente en dolor hacia el llanto?

Dios mío, Dios mío, ¿por qué tocamos con nuestras ineptas manos a la poesía, si no sabemos nada de su misterio, que es el tuyo mismo?
... Movámonos torpemente por las orillas, por los aledaños. Tratar de explicar la poesía de Garcilaso o cualquier gran poesía, es bucear en el misterio.

RESUMEN

Muchas cosas nos parecen algo más comprensibles. Y, ¡ay!, desde que empiezan a parecernos mucho más comprensibles, es cuando comienzan a sernos misteriosas. Sólo cuando mi vista se habitúa a la oscuridad del pozo, es cuando empiezo a darme cuenta de su gran hondura. Hemos visto cómo la sensibilidad exquisita de Garcilaso utiliza todas las posibilidades expresivas del ritmo como un agitador, como un despertador de la palabra humana. Hemos visto cómo ésta, efectivamente impulsada en el trance creativo, se precipita en súbitos movimientos y extrañas afinidades, que no la suelen afectar, o en mínimas proporciones, en la lengua corriente. ¡Con qué tino van a caer los acentos rítmicos precisamente sobre las voces de mayor expresividad conceptual o afectiva! Los vocablos realzan su representación estética al recibir la luz poderosa del acento. Sí, la palabra, bajo el empellón del acento, a veces se reconcentra, pero, más a menudo, como sensualmente, se esponja, y, aumentando su expresividad fonética, es decir, motivándose de modo misterioso en ella la vinculación de significante y significado, crece en fuerza o en dulzura, o en colorido. Ni es tampoco imposible que dentro del rico sistema acentual del endecasílabo una palabra resulte, al revés, expresiva por acentuada negativamente (si es admitida esta expresión), es decir, por hallarse —como de repente y a pico— desacentuada.

Las vocales y las consonantes tienen también extraños movimientos de afinidad. ¿Qué orden y qué sentido preside a este cosmos en el que las vocales *a* se asocian sobre la extensión de un verso y nos dan una sensación de suavidad cristalina, o donde las consonantes fricativas se deslizan a lo largo de todo un pasaje que expresa la "soledad sonora" del campo, como un fondo sobre el que una vibración de *erre* nos sugiere algo próximo que susurra o bordonea; o donde, con más ímpetu, una obstinada repetición de ese sonido *erre* brama como un río entre barrancos?

¡Las palabras, las palabras también se agitan en el remolino que ritmo y voluntad de expresión determinan! Unas veces se desplazan para agruparse con otras voces, y forman complejos o nódulos representativos que algo dejan grabado en la mente del lector; otras veces, la frase se desgarra por el hipérbaton y, al separarse las palabras de un sintagma por la interposición de otras, el sentido queda distendido con prolongación que puede describirnos un movimiento exterior.

El verso mismo es una criatura muy compleja: es, en primer lugar, una combinación de materia y movimiento acentual; pero contenido y acento —lo hemos señalado ya en este resumen— están en la mayor interdependencia. Los acentos del endecasílabo, cuanto más se aproximan al tipo totalmente yámbico, tanto más tienden a resaltar un contenido grave, sereno, reposado; en cambio, un verso con un único acento en cuarta sílaba puede expresar un súbito movimiento, una frenética desesperación o un despeñarse. Del lado de la serenidad o la armonía no sólo los acentos pueden contribuir a incrementarla o quebrantarla, a producir un verso ya sedoso, ya encrespado: también la distribución por la longitud del verso, de las masas de materia, es decir, del contenido, puede producir efectos semejantes: hemos notado la belleza y diafanidad de esos endecasílabos que se despliegan como con dos alas simétricas a ambos lados de un eje.

Se suele olvidar que un verso no tiene, no debe tener, vida aislada: no es sino un obrero de una colmena. Afinidades y reacciones semejantes a las que se establecen entre acentos, entre fonemas, entre vocablos, y entre fonemas y acentos, fonemas y vocablos, acentos y vocablos, o a las que se producen entre los elementos rítmicos y de contenido dentro de cada verso, son las que vinculan cada verso con los que le anteceden y le siguen. Los versos, en sucesión lineal, acumulan sus mutuos efectos o los contrastan, a veces contienen en sí mismos un sentido total que no rebasa las once sílabas, y se suceden como en *staccato*, o bien se ligan por un encabalgamiento suave para producir una prolongación ya de continuada lentitud física, ya de serena grandeza, ya de melancolía; otras veces se unen por un encabalgamiento entrecortado o abrupto, que puede representar súbitos movimientos de seres naturales, o el esfuerzo coronador de una cumbre, o el ímpetu de un río que se desbrava en una curva.

Fenómenos parecidos se producen dentro de la estrofa, considerada ya como criatura compleja que es, ya en la relación de unas estrofas con otras. La simetría central de la octava se ve realzada frecuentemente (y como reproducida en escala menor) por la simetría bilateral de un verso, que muchas veces es el último. Dos estrofas sucesivas prolongan (con variación) una misma sensación de melancolía, o la huella de la precedente permanece aún en nuestro espíritu mientras leemos esta otra; y aunque no nos damos cuenta, la sensación que ésta nos produce, está realzada por el contraste con la que pasó.

Bullicio de elementos —acentos, fonemas, vocablos, versos, estrofas—. Todos agitados por una conmoción profunda que se traduce en ritmo y en necesidad de expresar. Todos ellos conmovidos, sacudidos, potencializados, exacerbados. Todos emanando filamentos que establecen como relaciones eléctricas, súbitas polarizaciones, inducciones a distancia. Sistema nervioso, hipersensible, con células, conducciones y centros de los tipos más distintos, todos relacionados, y con tal propiedad que nada ocurre en un punto de la red que no afecte a todo el sistema. Complejidad de complejidades, fantástica red de interrelaciones, de elementos pertenecientes a muy distintos órdenes, que se vinculan entre sí en todas las direcciones posibles: esto es lo que nos descubre un poema nada más que situándonos en la línea en donde lo fonético se funde con lo espiritual. Sí, nada más que con plantearnos el problema de enumeración de los modos que la elocución poética tiene para producir una motivación del vínculo entre significante y significado.

ANTE LA SELVA
(Con Fray Luis)

Frecuentemente, a los poetas que tienen la desgracia de verse precisados a ganarse la vida dando clases de literatura o de lingüística se les llama poetas-catedráticos. La expresión (oh Pero Grullo) es exacta, y no habría nada que objetar si no fuera que en muchos casos se emite con un evidente matiz despectivo. Hace muchos años que vengo contestando así: "En compañía de Fray Luis de León y de don Miguel de Unamuno, no se está mal".

Frecuentemente también, personas de buena intención (o que yo creo de buena intención) se escandalizan ante mis métodos de análisis y me dicen: "¡Qué lástima! ¡Usted podría escribir unas cosas tan hermosas si se dejara de esas minucias que no van a ningún sitio!" Estas líneas van a mostrar que en el aprecio de tales minucias también estamos en compañía de Fray Luis. Pero antes necesito hacer dos advertencias.

La primera, que yo no escribiría esas cosas tan hermosas que mis amigos se imaginan. Creo, sin embargo, que con un poco de audacia (como tantos otros), haría generalizaciones bastante brillantes, me pasearía por distintas culturas y manosearía con familiaridad los períodos; quizá traería al retortero al "hombre barroco", como si fuera familiar mío o se hubiera criado en mi casa.

Este otro camino es más modesto y más áspero. A nadie llamo. Si alguien se siente llamado será por la voz interior de la vocación irreprimible. Quien se ponga en pie, será porque habrá comprendido que tenemos delante un inmenso tajo: el misterio de la poesía. Y que tenemos hoy instrumentos bastante finos, no para resolverlo, sí para limitarlo, para penetrar con conocimiento científico sus arrabales y sus rondas exteriores.

Porque una cosa es el "dilettantismo" y las brillantes fórmulas generales que a tanto bobo dejan con la boca abierta, pero que no resuelven nada, y otra el acercamiento al misterio de la poesía, aunque sólo sea por partículas muy pequeñas, y aunque a veces cometamos error. Y todo este libro es sólo una tentativa para buscar zonas de penetración para un conocimiento científico de la poesía, conscientes, desde el principio mismo, de cuán lejos hemos de quedar de sus secretos últimos.

Pero he de protestar también contra quien se imagine que con el análisis de esas llamadas "minucias" juzgamos agotadas las posibilidades de acercamiento científico a la poesía. Todo lo contrario; contra el concepto frecuente de Estilística, limitado al estudio de los elementos afectivos en el lenguaje, creemos que pertenece también al campo de la Estilística todo lo conceptual. Y en nuestra teoría del significante y del significado, dejamos establecido, con toda claridad, que son dos las direcciones posibles de análisis, una que parte de la forma exterior, otra de la interior; la una, del signo fonético; la otra, de la plasmación del contenido espiritual.

Si ahora nos situamos en el campo de la forma exterior, ¿quién podrá negar que precisamente en esas minucias reside, queramos o no, una parte esencial del misterio de la poesía?

Leemos un pensamiento profundo en una obra científica, y lo admiramos, pero no nos conmovemos. Nuestra intuición es puramente intelectual, no afectiva, no imaginativa. Flecha veloz, flecha que quizá atraviesa distancias estelares, se mueve por un cielo desvaído, un cielo sin color, y sin más dimensión que la del volador avance. He aquí que un pensamiento semejante penetra en la esfera artística. Un poeta de genio lo ha atenazado un instante, se lo ha asimilado y lo ha expresado. La flecha silba veloz, pero ahora ilumina y puebla mundos en su avance, atraviesa un cielo que es suprarreal (porque está hecho de infinitas dimensiones) y, a la par, realísimo; y —el milagro más importante— por nuestro corazón pasan efluvios de un dulce dolor o de un gozo amargo; sí, impelido por la ternura, también nuestro prisionero corazón se siente pájaro. El pensamiento del filósofo puede abrir una sima a nuestros pies; el del poeta no nos abre los ojos al abismo, sino a la belleza del abismo y su atracción: estamos movidos, conmovidos.

¿Por qué tal diferencia? Pues es cuestión de esas minucias: imágenes que desdoblan mundos y trasmundos, ritmo, rima, estrofa, intuitiva selección de determinadas voces, extraídas —¡precisamente ésas!— del gran lago gris del léxico, afinidad selectiva entre las palabras, que pugnan por colocarse, con toda exactitud, éstas al lado de aquéllas. Afinidad de los sonidos aislados —vocales, consonantes— que bullen también —¡qué zumbador enjambre, qué marea creciente!— y se asocian, se traban o se esquivan. Extraños movimientos lánguidos, de versos que crecen y se tensan, como lomos de ola o de pantera elástica, o de versos que se derrumban, súbitos, a pico. Afinidades y reacciones, de verso a verso, pues se prolongan y dilatan como río por vega extendida, o se quiebran y contradicen en rápidos zigzags, en duras hoces. Reacciones entre las estrofas que se suman o se contrastan, sometiéndose a otro movimiento más amplio y no menos misterioso, que es el forzoso crecimiento orgánico del poema, adonde todo este bullir de vida va dirigido —porque el poema es una criatura tan complicada como delicada, un organismo: ¿quién pensó que era una suma?—, crecimiento predeterminado desde que cuajó, plasmó, como criatura única, en los abismos psíquicos de su creador: criatura, siempre, siempre teleológica, río al mar, o potro ansioso de meta. E imágenes, misteriosas imágenes nos amplifican y multiplican cámaras transidas de luz, ya lívida, ya coloreada, mientras se cruzan frenéticos, gozosos equívocos en los centros nerviosos donde selectivamente se suscitan nuestros depósitos conceptuales. Y todo, todo ligado en masas de color y música, con hervor y fermento de vida incontenible, con inmenso crecimiento vegetal.

¡Qué vía láctea misteriosa, qué secreta colmena desordenada hacia un orden implacable!

Sí, minucias. Estas son minucias causadoras de prodigios. El hecho de estar o no estar presentes en la elocución obra esta diferencia: que la misma frase sea un pensamiento, ya profundo o ya trivial, pero sólo pensamiento, que si penetra nuestra inteligencia apenas roza nuestra sensibilidad; o que sea melancolía serenada en música, que se lleva —¡muy lejos!— nuestro corazón.

Minucias que forman un elemento diferencial y esencial de la poesía. Trabajar sobre ellas es trabajar sobre la materia viva de la poesía y acotar su misterio. (Bien sabemos que detrás hay otras barreras, que aún el núcleo se nos oculta.)

Ante la selva nos hemos situado al estudiar a Garcilaso. Otras posibilidades de acceso intentaremos ahora para la poesía de Fray Luis de León.

Nuestros análisis de la poesía de Garcilaso se comprobaron por la coincidencia de muchos pasajes, o bien porque Lope [1] salía al paso para confirmar la doctrina, o Góngora [2] para corroborarla por contraste. Confirmaciones laterales no nos van a faltar al estudiar a Fray Luis de León. Pero sería conveniente que el lector repasara diversos lugares de los *Nombres de Cristo* antes de que avancemos en nuestro estudio. Si al estudiar a Garcilaso nos inclinábamos a considerarle un virginal captador y directo registro de emociones, en el caso de Fray Luis no cabe duda de que se preocupó por las cuestiones de lenguaje; de que, en fin, contemplaba lo expresivo desde un punto de vista no distante del de nuestros modernos estudios estilísticos.

Hemos empezado por afirmar [3] que en el poema hay una tendencia constante hacia la vinculación motivada entre el significante y el significado. Fray Luis (que en esto sigue toda una cadena de intérpretes) defiende tal vinculación en el original hebraico de la Biblia. Y asimismo la exige para los nombres de Dios [4], los cuales, en primer lugar, han de ser poéticos ("traen consigo significación de algún particular secreto que la cosa nombrada en sí tiene y que en esta significación se asemejan a ella");

---

[1] Véase más arriba, pág. 80.
[2] Véase más arriba, págs. 94-95.
[3] Véase más arriba, pág. 32.
[4] Tal motivación del vínculo sería, en los nombres de Dios, de origen divino, como también los mismos nombres. Habla de las grandezas y perfecciones que moran en Dios, y continúa: "Las cuales perfecciones todas, o gran parte dellas, se entenderán si entendiéremos la fuerza y la significación de los nombres que el Spíritu Sancto le da en la Sagrada Escriptura; porque son estos nombres como unas cifras breves, en que Dios maravillosamente encerró todo lo que acerca desto el humano entendimiento puede entender y le conviene que entienda". *Nombres de Cristo*, Ed. Onís (Clás. Cast.), t. I, Madrid, 1914, pág. 17.

en segundo lugar han de vincular fonéticamente el significante y el significado [5] ("sea el nombre que se pone de tal cualidad, que cuando se pronunciare suene como suele sonar aquello que significa") [6], y aún añade la vinculación por las mismas letras, lo cual tiene también muchos antecedentes exegéticos (en poesía moderna se encuentra tal vinculación en los intentos caligramáticos de Apollinaire, y lo mismo hicieron mucho antes los alejandrinos y los poetas metafísicos ingleses) [7]. Fray Luis, que tenía un sentido estilístico, bien a las claras nos está indicando que ya no podemos sólo considerarle como un virginal registro (como en el caso de Garcilaso), sino que la expresión (aun la suya propia) le fue tema de meditación y estudio. He aquí sus palabras:

"Y destos son los que dizen que no hablo en romance, porque no hablo desatadamente y sin orden, y porque pongo en las palabras concierto, y las escojo y les doy su lugar...; y no conos-

---

[5] *Nombres de Cristo*, ed. cit., t. I, págs. 38-39.

[6] Aún insiste, un poco más adelante: "...en la lengua original de los libros divinos y en esos mismos libros hay infinitos ejemplos; porque del sonido, casi no hay palabra de las que significan alguna cosa que o se haga con la voz o que envíe son alguno de sí, que, pronunciada bien, no nos ponga en los oídos o el mismo sonido o algún otro muy semejante dél" (*Ibid.*, pág. 39).

[7] Esta vinculación "literal" o, mejor, "gráfica", entre significante y significado no la conozco en poesía española, salvo en unas pocas imitaciones que los caligramas de Apollinaire tuvieron entre nosotros. Claro que de los caligramas de Apollinaire a los pormenores de filología hebraica a que alude Fray Luis media fundamental diferencia. Sin embargo, hay cierta proximidad, y a veces comunidad. En la representación caldaica del nombre de Dios por una disposición triangular de tres letras iguales, ve Marcelo la "imagen del número de las divinas personas y de la igualdad dellas" (*Ibid.*, pág. 42). En ese instante estamos muy cerca de las representaciones caligramáticas de los alejandrinos, de los poetas metafísicos y de Apollinaire.

cen que el bien hablar no es común, sino negocio de particular juyzio, ansí en lo que se dize como en la manera como se dize; y negocio que de las palabras que todos hablan elige las que convienen y mira el sonido dellas, y aun cuenta a vezes las letras, y las pesa y las mide y las compone, para que no solamente digan con claridad lo que se pretende dezir, sino también con armonía y dulzura" [8].

No podemos, pues, olvidar cuánto de reflexivo y de tradicional (transplante de modelos antiguos) hay en el arte de Fray Luis. Tampoco que el gran poeta, ante la selva de la expresión, tuvo preocupaciones creadoras, semejantes a las analíticas nuestras.

---

[8] *Nombres de Cristo*, ed. cit., III, Madrid, 1934, págs. 10-11.

FORMA EXTERIOR Y FORMA INTERIOR
EN FRAY LUIS

I

MÉTODO DE TRABAJO PARA DOS MUNDOS ESTÉTICOS DIFERENTES

El método que hemos empleado para estudiar a Garcilaso ha sido el que podemos considerar como el más general estilístico, y le hemos aplicado en el vértice mismo donde se concentra el misterio de la forma poética: el punto de unión del significante y el significado. El día en que ese contacto surgió, la obra fue. Cada vez que se produce ese mágico engranaje, se revive, se vivifica el momento auroral de la creación poética: sí, en cada lector se opera el milagro (en dirección inversa a la de la creación). Ése es el punto central a donde debe converger, principalmente, toda investigación literaria. Ésa es la cámara secreta de la producción de la obra de arte, la célula fotoeléctrica de la estupenda metamorfosis.

El análisis en el caso de Garcilaso no fue selectivo: un poema es un significante total, y a la par un complejo de múltiples significantes parciales (acento, consonantes, vocales, palabras, verso, estrofas, etc.) y de infinitas relaciones tendidas entre todos estos elementos. Todos ellos y sus relaciones (principalmente las que se establecen entre elementos de la misma categoría) fueron investigados en nuestro estudio.

Acabamos de escribir que el "análisis no fue selectivo" y que hemos analizado "todos" los significantes parciales que Garcilaso nos ofrecía. ¡Acabamos de escribir dos gruesos errores! Deberíamos haber escrito —para decir algo sensato— que nuestro análisis no fue "intencionalmente" selectivo y que nuestro propósito fue estudiar "todos" los significantes que nos salieran al paso. Eso nos proponíamos: sencillamente, estudiar todos los troncos, las raíces, las ramas, las hojas, las flores de la selva. Por fortuna, la intuición, sin que nos diéramos cuenta (como un "radar" secreto), nos iba detectando, seleccionando, los "significantes" más significantes (¡perdón!), a medida que avanzábamos. He aquí comprobada una de las afirmaciones básicas del presente libro: no hay análisis estilístico si no hay intuición previa.

Conservamos la expresión errónea, porque tiene un claro sentido: quiere decir que en éste, que ya llamaremos "método general", hemos salido a la poesía de Garcilaso, como si también fuéramos nosotros una placa o membrana sensible, dispuestos a registrar todo lo que en nosotros se impresionara. Y ciertamente que la cantidad de efluvios sensibilizadores que Garcilaso nos ha emitido ha sido enormemente grande.

Ahora, ante Fray Luis de León, si quisiéramos emplear el mismo método, nos encontraríamos ciertamente con algunos resultados (de hecho, hemos de emplear de vez en cuando esa misma técnica), pero habríamos de reconocer que la cosecha no era tan rica. Cuando en otros capítulos de este libro dirijamos los ojos a San Juan de la Cruz y a Góngora, e intentemos aplicarles un procedimiento analítico de tipo semejante, nos encontraremos con este hecho curioso: San Juan de la Cruz, sometido a esa prueba, nos revelará algunos aspectos característicos de su arte; pero, en realidad, nada que le explique totalmente, que nos aclare por qué cuando mordemos su verso gustamos un zumo

(y el zumo de granadas gustaremos)

inconfundiblemente peculiar; en una palabra, la técnica que hemos usado con Garcilaso, rendiría también escasa cosecha aplicada a San Juan de la Cruz. En cambio, esa misma técnica nos ilumina un gran sector del arte gongorino. Y he aquí que estos cuatro artistas se nos han distribuido en dos grupos: a un lado, Fray Luis de León y San Juan de la Cruz; al otro, Garcilaso y Góngora.

Adelantar estas ideas significa decir que, por mucha desemejanza que exista entre Garcilaso y Góngora, los dos se nos manifiestan habitantes de un mundo estético al que no pertenecían, o en grado mucho menor, Fray Luis de León y San Juan de la Cruz.

O, de otro modo (desde el punto de vista de nuestra formulación axiomática): la motivación del vínculo entre significante y significado es comprobable, en Garcilaso y Góngora, para casi todos los múltiples elementos que integran el significante; en Fray Luis y San Juan, en cambio, no es tan perseguible elemento a elemento. Es que, aunque no existe poeta que no tenga una sensibilidad especial para las posibilidades expresivas de la palabra, a algunos los vemos dotados de una sensibilidad límite, de una genial hiperestesia sinestética en que parece como si no quedara desatendido ni uno solo de los elementos que, en la palabra, colaboran para formar la expresión (así en Garcilaso y Góngora); otros no tienen esa hiperestesia total. El estudio revela pronto que en estos últimos han predominado determinados valores expresivos, con abandono o menor cuidado de los demás: así ocurre con Fray Luis de León y con San Juan de la Cruz. Un método analítico general es lo único que puede poner de manifiesto esa hiperestesia límite, que caracteriza a Garcilaso y a Góngora: la intuición va seleccionando un gran número de significantes de tipo diverso, actuando con el mismo ritmo del avance. En otros casos la intuición selectiva es previa, la atención queda polarizada hacia sólo uno o muy pocos tipos de significantes.

Un estudio, basado en selección previa, que investigue los elementos del significante que van especialmente cargados de eficacia expresiva, es el único procedimiento que puede revelar la peculiaridad (es decir, el contenido de la unicidad) de la forma poética en Fray Luis de León y en San Juan de la Cruz.

Pero, lo mismo en uno que en otro caso (lo mismo para Fray Luis y San Juan que para Garcilaso y Góngora), la intuición ha de ser la base del análisis.

FORMA EXTERIOR Y FORMA INTERIOR

Hay aún otra diferencia entre ambos grupos de poetas, la cual ya no podemos dejar en silencio. El arte de Garcilaso, y lo mismo ocurre con el de Góngora, está cargado de espíritu; los dos tienen su mensaje. Es la bella ordenación renacentista del mundo el mensaje que nos transmite Garcilaso; como Góngora nos comunicará el desasosiego, el "non serviam", la terrible gigantomaquia expresiva del barroquismo, primera pugna del mundo en que aún vivimos hoy. Así ocurre con todo gran poeta. Pero el arte de Garcilaso vibra en la palabra, y va a extinguirse en nosotros dulcemente en las últimas y hondísimas resonancias de la palabra. No tiene (salvo excepciones) una tesis, o la que tiene es suprasutil, inaprensible. No tiene propósito moral. Sus raíces de pensamiento se condensan en las de la estética renacentista: no es individual su mensaje; lo que es individual es el modo de transmitirlo y la intensidad de la transmisión. Frente a él, Fray Luis es de una enorme complejidad. Complejidad de raíces, complejidad de intenciones y complejidad de eficacia. No es sólo su expresión lo que en él es individual: lo es también su mensaje. El pensamiento de Fray Luis es una composición de elementos que le brindaba la tradición filosófica; pero él ha elegido las proporciones. Y ha metido en la empresa un palpitar de corazón humano, un huelgo de hombre. Detrás de la poesía de Garcilaso (pensemos en obras estéticamente centrales [1] como la *Égloga Primera* o la *Tercera*), ¿qué imagen humana vemos, si no la del amante desgraciado? Detrás de la poesía de Fray Luis nos asaetean sus implacables y tristes pupilas verdes: hondas pupilas verdes en un rostro castellano.

Fray Luis nos mueve con su palabra y por la magia de su palabra nos conmueve, altera nuestro mundo moral. Esta complejidad de su creación poética, esta huella humana en ella grabada, esta trascendencia de su arte, con relación al ámbito estrictamente estético, se han fijado en expresión. Y hemos visto que el primer problema (para cuyo ataque acabamos de formular un plan) es cómo llegaremos a determinar la peculiaridad expresiva de Fray Luis, operando aún en la dirección del significante hacia el significado. Es decir, en la misma dirección en que nos movíamos al estudiar a Garcilaso de la Vega (perspectiva desde la forma exterior) [2].

Pero ahora se nos alza aquí un segundo problema estilístico. Nuestra indagación no atendería a la totalidad del "estilo" si no se propusiera como objeto de estudio esa "trascendencia" del ar-

---

[1] No en tal soneto ocasional, tal pasaje de la *Égloga 2.ª*, etc.
[2] Véase más arriba, págs. 32-33.

te de Fray Luis. ¿Por qué el poeta de la *Noche Serena* o de la *Oda a Salinas* produce este contagio, esta propagación de espíritu, en la que el alma del lector, también amplificada estelarmente, se serena, se viste de hermosura y luz virginal? La estilística no podrá poseer de derecho, sino sólo usurpar ese nombre, mientras se limite (como suele) a los estudios en la dirección desde el significante hacia el significado. Hemos intentado un avance en la otra perspectiva (desde el significado hacia el significante) en la segunda parte de nuestro estudio de la poesía de Fray Luis.

Dos perspectivas contrarias están ensayadas, pues, respectivamente, en las dos partes de nuestro estudio. Ni que decir tiene cuánto más difícil es la dirección significado-significante. La hemos seguido en el análisis de una oda cuya filiación de pensamiento (platónico y pitagórico) era conocida.

II

FORMA EXTERIOR EN FRAY LUIS

Desde que en los bancos del colegio aprendí la *Vida retirada*, quedé impregnado para siempre del hechizo de la oda de Fray Luis de León. Lo mismo que se nace o platónico o aristotélico, se nace con sentido para este encanto, o sin él. Somos muchos; somos, sin duda, mayoría neta (entre los que hemos dedicado, de un modo o de otro, nuestra vida a la poesía) los que hemos bebido con placer estas aguas.

El lector corriente percibe en lo oscuro el encanto de la oda de Fray Luis, y no se da cuenta de más. El lector de sentido literario más aguzado, llega a comprender que allí hay un secreto. Si después lee a Horacio, encuentra en él un gusto parecido. Descubre entonces que el secreto formal de la oda pasa de Horacio a Fray Luis. Pero, ¿en qué reside, dónde está estribada la eficacia, el halago a ciertos misteriosos recodos de nuestra psique, que suscitan estos poetas? No se trata de elementos que pertenezcan al mundo de ideas o al afectivo. En esto no hay equivalencia posible: Fray Luis de León excede infinitamente a Horacio, y le sentimos tan próximo o prójimo, como al otro extraño y ajeno: nuestra fantasía ha bogado por los cielos nocturnos, nostálgica, ¿de qué?; y la música ha elevado nuestra alma en busca de su causa primera; hemos bramado ante la injusticia; hemos clamado, desde prisiones de carne o de cal y canto, desgarradoramente, a la Virgen, como a una madre, o a una madre, como a la Virgen. ¡Qué lejos todo esto del mundo de medida voluptuosidad y humana cordura del poeta latino! ¡Qué pequeño recinto el de Horacio! ¡Qué intenso corazón concreto, emisor de oleadas de cósmica trascendencia, el de Fray Luis! Si hay, pues, un encanto común a los dos, no es por la zona del espíritu por donde habrá que buscarlo.

Adivinamos que se trata de "forma exterior". Si miramos con atención, comprendemos que el secreto de la oda de Fray Luis (y de Horacio) es un secreto de estructura. Sí, la oda de Fray Luis se nos revela como un ser orgánico, trabado, en el que la eficacia depende mucho menos de los más simples y breves elementos significantes (como ocurría en Garcilaso), que de significantes más amplios, que figuran como piezas capitales en la arquitectura del poema, es decir, del significante total.

Hacia esos significantes de decisivo valor estructural vamos a dirigir nuestra atención. Sospechamos, desde ahora mismo, que hay uno que en Fray Luis tiene una función esencial: la estrofa.

LA LIRA

¿Por qué eligió Fray Luis la lira, la estrofa de cinco versos que había introducido Garcilaso, quien la emplea sólo una vez en la *Canción a la flor de Gnido?* Los caminos del arte parecen ciegos, pero tienen su oculta teleología. Clasicismo es modestia expresiva, es voluntaria limitación. Esa oda de Garcilaso contiene una de las más evidentes, ceñidas y demoradas imitaciones de Horacio, entre toda la obra del poeta de Toledo. Si volvemos los ojos a la forma estrófica en Horacio, nos encontramos (prescindiendo ahora de los *Épodos*) con la estrofa sáfica, la alcaica, y los dos tipos de asclepiadea. Y todas estas estrofas coinciden en una cosa: todas tienen cuatro versos. Pero la estrofa románica de la canción, la estrofa fijada en Petrarca, partía de un tempo mucho más lento, de un desarrollo amplio: casi siempre doce o más versos. Era un arte más impetuoso: necesitaba, para no rebosar, un largo cauce. Necesitaba expresarse en longitud: no conocía la medida, el límite, el canon. Era un arte, digamos (y digámoslo sin sentido peyorativo), bárbaro.

El Renacimiento realiza ahora un esfuerzo para encontrar una estrofa contenida, limitada, que tenga el encanto de la ceñida brevedad.

Garcilaso introdujo la lira, que tomó de Bernardo Tasso (padre de Torcuato). Bernardo buscaba una oda apta para las rápidas transiciones horacianas, es decir, algo muy alejado de la canción petrarquesca: entre las varias estrofas breves que probó para ello, surge la que en España se había de aclimatar con el nombre de lira[3].

Lo que es interesante es que Bernardo Tasso, que ensaya estas estrofas breves entre las que casualmente aparece la lira, es un horaciano; que Garcilaso emplea la lira precisamente en su más cercana imitación de Horacio; en fin, que la recoge y la transforma en su instrumento habitual de expresión un poeta como Fray Luis, impregnado de la técnica horaciana. La lira les aparecía, pues, como un molde que podía dar una contención, una medida acorde con la limitación característica del modelo. Luego, la lira

---

[3] Véase el apéndice "Sobre los orígenes de la lira".

se ha espiritualizado y puede pasar a un poeta como San Juan de la Cruz, tan distante del espíritu de Horacio [4].

Más tarde, ni aun la lira satisface, y don Francisco de Medrano, el mayor de nuestros imitadores de Horacio, hace nuevos ensayos de estrofas breves, y trata de reproducir, diferenciándolas, el movimiento de la sáfica, la alcaica y las dos asclepiadeas del modelo [5]. Y entiéndase que le llamo el mayor horaciano, en la imitación cercana, donde excede a Fray Luis; no en la libre, donde el genio del catedrático de Salamanca sin comparación le aventaja.

Para una poesía de contención y de refreno, la lira era, pues, una medida apropiada. La larga estrofa petrarquesca es una invitación a la palabrería, y si el poeta se halla en un mal momento, fácilmente se deja rodar por el largo camino que se le ofrece delante. La lira, en cambio, es una constante advertencia al refreno, una invitación a la poda de todo lo eliminable. La lira, con sus cinco versos, no permite los largos engarces sintácticos: la frase se hace enjuta, cenceña, y el verso tiende a concentrarse, a nutrirse, apretándose, de materia significativa.

Y como el fin de una estrofa es, dentro de la unidad musical del poema, una pausa mayor, todo el movimiento melódico se entrecorta, como en respiraderos o intervalos, facilitando el juego de las transiciones.

Para los propósitos de arte de Fray Luis, la lira iba a ser un instrumento exacto.

---

[4] La búsqueda de una oda clásica (como sustitución de la canción petrarquesca) es un movimiento europeo en el siglo XVI. Lo más alto (y casi lo único alto) que produce ese impulso es la poesía estelar de Fray Luis y, como brote indirecto, la trascendida de divinidad de San Juan de la Cruz. (Véase nuestro apéndice "Sobre los orígenes de la lira.")

[5] Véase D. Alonso, *Vida y obra de Medrano*, I, págs. 237-248.

LAS RELACIONES INTERESTRÓFICAS

Pero la lira, por sí sola, únicamente nos explicaría algunos aspectos de su arte. No está el secreto —o sólo una parte de él— en que en la oda de Fray Luis la estrofa sea la lira, sino en cómo construye con estas piezas el poema, es decir, en cómo estas estrofas reobran entre sí y en la relación de cada una con el conjunto. Desde el primer momento podemos sentar este axioma: en la canción petrarquesca, la relación entre las estrofas es principalmente lógica, discursiva; en la oda de Fray Luis, no. En Fray Luis hay algo distinto en la concepción de la estructura total y en el modo de relacionarse las partes, y ante todo las partes más visibles, las estrofas.

Sí, las estrofas (como los sonidos aislados, las voces o los versos) tienen una interdependencia: se suman, se contrastan mutuamente; mutuamente se exacerban, se difuminan, se recortan o se prolongan. Esta reacción de una estrofa respecto a las inmediatas (y, a través de ellas, respecto a todas las del poema) es sumamente viva, sumamente activa en Fray Luis. Ahora empezamos a darnos cuenta de ello. He aquí una intuición que es necesario contrastar analíticamente.

Lo que vamos a estudiar, pues, son las relaciones interestróficas en la oda de Fray Luis. De la multiplicidad de elementos del significante, que analizamos en Garcilaso, nos hemos reducido aquí a uno solo: las relaciones interestróficas. Éste es nuestro objeto, nuestra mira. Pero al avanzar, encontraremos frecuentes motivaciones del vínculo entre significante y significado, pertenecientes a varias de las clases estudiadas al tratar de Garcilaso. Por no ser nuestro objeto principal, no habíamos de desatenderlas: completan nuestra imagen del arte de Fray Luis, y frecuentemente son necesarias para comprender la verdadera naturaleza de las relaciones interestróficas. Nuestro avance en el estudio de los nexos interestróficos y, por medio de ellos, de la composición del poema, se verá detenido acá y allá por incisos o paréntesis indispensables, para atender a esos otros aspectos.

LA "PROFECÍA DEL TAJO" Y EL "VATICINIO DE NEREO"

El modelo de la técnica de variados matices que vamos a describir, le fue a Fray Luis de León, como ya hemos dicho, Horacio. Conviene, pues, estudiar la estructura de alguna de las odas más horacianas.

Ninguna más que la *Profecía del Tajo*. Es una obra de perfecta composición. Y, al mismo tiempo, el hecho de que no sea una de esas prodigiosas conllevadoras de emoción, amplificadoras de espíritu (como son otras odas del poeta), quizá nos sirva para contemplar de un modo más sereno los secretos de su estructura.

Y, sin embargo, la oda tiene una emocionante raíz española. Todo español conoce la leyenda; a todos nos mueve, lo mismo allá en el siglo XIII, a los redactores de la *Crónica general*, que al español del XX (y con amargo de lágrimas, en la hora de la gran tribulación colectiva).

Rodrigo, el último rey godo, forzó o gozó a la Caba, doncella noble. El padre de ésta, el conde don Julián, llamó, para vengarse, a los musulmanes, los cuales atravesaron el estrecho de Gibraltar y destruyeron el reino visigótico en la batalla de Guadalete.

Fray Luis de León, inmerso en su ciencia antigua, en sus estudios bíblicos, en su cultura grecolatina, pero auténtico español del siglo XVI, no podía escapar a esta ley general de pervivencia, durante el Siglo de Oro, de los temas y aun de las formas medievales: punto quizá el más importante de nuestra literatura, articulación de los tiempos medios y de los modernos, que liga en unidad la cultura de España, quizá sin paralelo en Europa. El vital Lope es el símbolo, o el nudo de esta unidad. Pero aun Fray Luis, tan divergente de esa línea medular, no podría haber sido, existido —español, al fin—, sin anudarse algunas veces a ella. La *Profecía del Tajo* es una de esas ocasiones, y seguramente la más característica. En esta oda, el río ve en su ribera al rey don Rodrigo, recostado en los brazos de la Caba, y le pronostica la destrucción de España por los árabes como consecuencia de aquella liviandad.

¡Extraña simbiosis! Fray Luis, aun en este momento en el que hace revivir un doloroso episodio de la historia patria, no deja de ser un escritor renacentista. La originalidad del Siglo de Oro español, dentro del Renacimiento europeo, consiste —lo hemos dicho otras veces— en ser una fusión de lo medieval y lo renacentista. La *Profecía del Tajo* es precisamente una de las obras donde mejor se ve representada, como en condensador espejo, esa fusión. En esta oda, donde tanto sentimiento y tradición nacional se proyectan, Fray Luis está escribiendo como con falsilla. Horacio, apoyado en los mitos remotos de los orígenes de Roma, había fingido una situación semejante en su oda del *Vaticinio de Nereo* sobre la destrucción de Troya. El dios marino Nereo ve que Paris, el troyano, lleva raptada, a través del mar, a la griega Elena, y le profetiza que a consecuencia de aquel rapto los griegos han de destruir la ciudad de Troya. La correspondencia es casi perfecta:

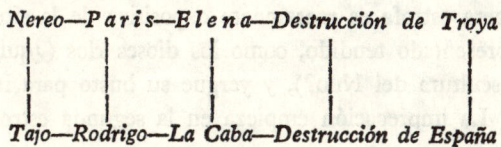

El parecido no consiste sólo en la situación temática y en la correlación de los personajes, sino en el desarrollo y en muchos de los pormenores y de los giros idiomáticos. En mis *Ensayos sobre poesía española* [6] he hecho una comparación bastante minuciosa entre este poema de Fray Luis y su modelo en Horacio. Un cotejo de este tipo siempre tiene que ser fértil desde un punto de vista estilístico: entiéndase que aquella indagación y la presente son complementarias. Aquí debemos limitarnos (sabido ya su origen) a investigar el sistema de valores que forma la oda castellana, es decir, su ley estructural como organismo vivo. Sólo señalaré alguna de las fundamentales divergencias de Fray Luis con relación al dechado, porque en ellas se evade, rasgando el modelo con poderosa, genial originalidad.

ESTRS. 1.ª Y 2.ª

1. Folgaba el rey Rodrigo
   con la hermosa Caba en la ribera
   del Tajo sin testigo;
   el pecho sacó fuera
   el río, y le habló de esta manera:

2. En mal punto te goces,
   injusto forzador; que ya el sonido,
   y las amargas voces,
   y ya siento el bramido
   de Marte, de furor y ardor ceñido.

La primera estrofa es meramente expositiva de la situación. El río está representado tendido, como los dioses ríos (¿quién no recuerda la escultura del Nilo?), y yergue su busto para increpar al lascivo rey. La imprecación empieza en la segunda estrofa. Desde

---

[6] Segunda edición. Buenos Aires, 1946, págs. 151 y sigs.

PROFECÍA DEL TAJO
Fray Luis de León

1 Folgaba el rey Rodrigo
con la hermosa Caba en la ribera
del Tajo sin testigo;
el pecho sacó fuera
el río, y le habló de esta manera:

2 En mal punto te goces,
injusto forzador; que ya el sonido,
y las amargas voces,
y ya siento el bramido
de Marte, de furor y ardor ceñido.

3 ¡Ay, esa tu alegría
qué llantos acarrea! Y esa hermosa,
que vio el sol en mal día,
¡a España, ay, cuán llorosa,
y al cetro de los godos cuán costosa!

4 Llamas, dolores, guerras,
muertes, asolamientos, fieros males
entre tus brazos cierras,
trabajos inmortales
a ti y a tus vasallos naturales.

5 A los que en Constantina
rompen el fértil suelo, a los que baña
el Ebro, a la vecina
Sansueña, a Lusitaña,
a toda la espaciosa y triste España.

6 Ya dende Cádiz llama
el injuriado Conde, a la venganza
atento, y no a la fama,
la bárbara pujanza
en quien para tu daño no hay tar-
[danza.

7 Oye que al cielo toca
con temeroso son la trompa fiera
que en África convoca
el moro a la bandera
que al aire desplegada va ligera.

8 La lanza ya blandea
el árabe cruel, y hiere el viento,
llamando a la pelea;
innumerable cuento
de escuadras juntas veo en un mo-
[mento.

9 Cubre la gente el suelo;
debajo de las velas desparece
la mar; la voz al cielo
confusa y varia crece;
el polvo roba el día y le escurece.

10 ¡Ay, que ya presurosos
suben las largas naves! ¡Ay, que tien-
los brazos vigorosos   [den
a los remos, y encienden
las mares espumosas por do hienden!

11 El Éolo derecho
hinche la vela en popa, y larga en-
por el hercúleo estrecho   [trada
con la punta acerada
el gran padre Neptuno da a la ar-
[mada.

12 ¡Ay triste!, ¿y aún te tiene
el mal dulce regazo?, ¿ni llamado
al mal que sobreviene
no acorres?, ¿ocupado
no ves ya el puerto a Hércules sa-
[grado?

13 Acude, corre, vuela,
traspasa la alta sierra, ocupa el llano,
no perdones la espuela,
no des paz a la mano,
menea fulminando el hierro insano.

14 ¡Ay, cuánto de fatiga,
ay, cuánto de sudor está presente
al que viste loriga,
al infante valiente,
a hombres y a caballos juntamente!

15 ¡Y tú, Betis divino,
de sangre ajena y tuya amancillado,
darás al mar vecino
cuánto yelmo quebrado,
cuánto cuerpo de nobles destrozado!

16 El furibundo Marte
cinco luces las haces desordena,
igual a cada parte,
la sexta, ¡ay!, te condena,
¡oh cara patria!, a bárbara cadena.

ésta, todo el poema es el vaticinio, la oración execratoria y profética.

ESTR. 2.ª: HIPÉRBATON

También en esa segunda estrofa, desde su segundo verso, comienza la actualización de los males que van a caer sobre España por aquel acto deshonesto. El río vaticinador contempla —como si fuera presente— el futuro:

> ... que ya el sonido,
> y las amargas voces,
> y ya siento el bramido
> de Marte...

Tenemos que abrir aquí uno de los paréntesis anunciados, para hacer dos observaciones. La primera, sobre el hipérbaton. El que en estos versos nos encontramos pertenece a un tipo estudiado por mí con cierto detenimiento en mi libro *Vida y obra de Medrano*[7]. ¿Pero el hipérbaton no era una de las aberraciones de Góngora? Ya nos hemos hecho esta pregunta al encontrar —varias veces— hipérbaton en Garcilaso. ¡Y resulta ahora que el clásico, el diáfano Fray Luis de León lo usa también!

Es éste uno característico de la segunda mitad del siglo XVI. Abunda en Fray Luis y en Herrera, y —nótese bien— no pasa, o escasamente, al arte barroco. Consiste en interponer un verbo entre sus objetos[8]. Si llamamos a los objetos A_1, A_2, A_3, y V al

---

[7] Madrid, 1948, I, págs. 183-189.
[8] Me limito ahora a explicar el ejemplo de Fray Luis. En realidad, la definición de este tipo de hipérbaton, característico de la segunda mitad del siglo XVI, ha de formularse en términos mucho más generales, como lo he hecho en mi citado libro.

verbo, el orden normal será V, A_1, A_2, A_3. Pero Fray Luis intercala el verbo, violentamente precedido por la conjunción *y* [9]:

A_1, A_2 *y* V A_3.

Construyamos una frase normal con tres objetos: "*vendió las terneras y los bueyes y las vacas*". La construcción de Fray Luis equivaldría a decir:

"las terneras y los bueyes y *vendió* las vacas".

La crítica del siglo pasado y de principios de éste ha sido totalmente ciega para este tipo de hipérbaton [10]. Resulta, pues, que hay alguna clase de hipérbaton característica de un período del siglo XVI. Añadamos que es un hipérbaton culto, trasplantado directamente del latín [11]. (Pero, ¿el "cultismo" no era cosa de Góngora?).

¿Por qué emplea Fray Luis, aquí, este hipérbaton? Al hablar de Garcilaso observamos cómo las palabras, sometidas a misteriosas atracciones, se juntan antes de que se perfeccione un sentido, y nos dan signos, no lógicos, sí directamente expresivos, ya pictóricos de un paisaje ("Tajo", "soledad", "sauces"), ya, como aquí, de un confuso estruendo, que en la ordenación "sonido"—"amargas voces"—"bramido de Marte" sigue las mismas etapas que el que, oyendo de lejos, analiza y progresivamente descubre: 1.°) que es un confuso ruido; 2.°) que está formado de voces humanas [12]; 3.°) que son voces de guerreros que se aperciben para la invasión.

---

[9] La misma conjunción *y* está violentamente separada del complemento que ella liga (A_3), por la intercalación del verbo.

[10] Es de justicia señalar que el P. Llobera, S. I., nos precedió en advertirlo y estudiarlo a su modo: comp. nuestra *Vida y obra de Medrano*, nota 13 a la pág. 187.

[11] *Ibid.*, pág. 188.

[12] "Amargas", por lo que presagian.

¿Qué oculta selección ha producido esta ordenación crecientemente analítica? El verbo "siento", elemento que supone una reflexión ("yo estoy sintiendo esto") era mucho menos importante que el cuadro mismo y su progresivo enfoque. En la visión profética, de presente (de los males futuros), al poeta le interesa lanzar por delante los sustantivos enterizos y compactos (cada uno, un choque para la imaginación) que van componiendo y aclarando un campo objetivo, una visión directa: "ya el sonido, y las amargas voces..."; le interesa esto mucho más que el verbo "siento", elemento subjetivo y de reflexión, que, sin embargo, sobreviene porque no basta la imaginativa pictórica; también la inteligencia necesita que se complete el sentido lógico. Sólo queda pospuesto el sustantivo "bramido", bien intensificado por su fonética y por el áspero encabalgamiento con que se anuda ("el bramido / de Marte").

ESTR. 2.ª: POLISÍNDETON

Notemos, en seguida, el uso repetido de la conjunción "y": produce una detención meditativa, parece que los elementos se nos van sumando, uno a uno, en la imaginación, como a quien percibe una ruidosa confusión que, poco a poco, en tres etapas, se va aclarando y especificando:

... que ya el sonido,
y las amargas voces,
y ya siento el bramido
de Marte...

Este procedimiento de reiteración de conjunciones es conocido con el nombre de "polisíndeton".

Como tantas veces ha ocurrido y ocurrirá a lo largo de estas indagaciones, se nos ofrece ahora una comprobación. Fray Luis no usaba aquí a ciegas esta reiteración de conjunciones: nos lo indica el haber escogido este mismo procedimiento para terminar uno de sus pocos, pero admirables, sonetos (de amor profano). ¡Cómo las conjunciones van acumulando, amontonando, elemento a elemento, la miseria, la tristeza, la ruina del abandonado! Todo su tesoro es la amada. Y el poeta pregunta: quien en vos, señora, tiene todo su tesoro,

> cuando de vos se viere desterrado
> —¡ay!—, ¿qué le quedará sino recelo,
> y noche, y amargor, y llanto, y muerte?

Todo se entrelaza: si la técnica del polisíndeton se comprueba por otros lugares de Fray Luis, en los versos que comentamos la intercalación del verbo entre sus complementos tiene una interdependencia con el uso del polisíndeton. Gracias a esta intercalación, el vaticinio nos trae a la fantasía antes que nada un ruido confuso que se aclara en agoreras voces, y éstas (como en un enfoque del sonido) se fijan en gritos de guerra.

Estas dos observaciones parecen no pertenecer (o sólo indirectamente) al tema que ahora nos va a ocupar: las relaciones interestróficas y la estructura del poema. Eran demasiado importantes para, pasando por esos versos, callarlas. Veremos, en seguida, cómo ayudan a la comprensión de las relaciones interestróficas. Terminamos aquí nuestro largo paréntesis.

ESTRS. 2.ª-5.ª: ACTUALIZACIÓN DE MALES FUTUROS. CAMBIO DE ENFOQUE A CADA ESTROFA. ASÍNDETON E HIPÉRBATON

La actualización del futuro está inicialmente indicada, como hemos visto, por el adverbio "ya": "Ya el sonido, / y las amargas voces, / y ya siento el bramido / de Marte..."

Es el comienzo de una larga serie de estrofas (once) en la que se desarrolla la visión profética. Un estudio de esa larga tirada es sumamente revelador: un exquisito cuidado ha dirigido la seriación de sus estrofas. Hay que recordar la técnica de los buenos directores en el cine moderno: en la visión profética actualizada, cada estrofa representa una perspectiva estilística diferente: sí, nos recuerda ese cambio constante del punto de enfoque con el que el cinematógrafo asaetea por todas partes la realidad: ya de cerca, ya de lejos, con cien perspectivas.

En la segunda estrofa, el poeta, con las primeras palabras del río, nos presenta un cuadro objetivo de la actualización. La participación subjetiva quedaba, con la acción verbal ("siento") como acurrucada, escondida entre los sucesivos bloques de sonido —crecientes y cada vez más nítidos— que se lanzaban contra la imaginación del lector. La estrofa tercera se inicia con una melancólica y sentenciosa exclamación, entrecortada por ayes. ¡El punto de partida afectivo es ahora en absoluto diferente!:

3.   ¡Ay, esa tu alegría
     qué llantos acarrea! Y esa hermosa,
     que vio el sol en mal día,
     ¡a España, ay, cuán llorosa,
     y al cetro de los godos cuán costosa!

Y he aquí que, en la estrofa cuarta, la actualización de lo futuro va de nuevo a expresarse de una manera objetiva. ¿Se repite, pues, el punto de vista de la estrofa segunda? Nuestra observación sobre el polisíndeton nos es ahora muy interesante para comprender la verdadera relación interestrófica: el poeta no repite el punto de vista de la estrofa segunda; por el contrario, ha ido a elegir con extraña intuición el procedimiento estilístico matemáticamente contrario; allí usaba el "polisíndeton" o reiteración de copulativas; aquí, el "asíndeton", su total omisión:

4. Llamas, dolores, guerras,
muertes, asolamientos, fieros males
entre tus brazos cierras,
trabajos inmortales
a ti y a tus vasallos naturales.

Notemos que el verbo está también interpuesto: los complementos son aquí nada menos que siete, y de ellos, seis van delanteros [13]:

$$A_1 - A_2 - A_3 - A_4 - A_5 - A_6 - V - A_7.$$

Esos catastróficos sustantivos, lanzados por delante, se nos incrustan brutalmente. Allí, con las copulativas, los términos se sumaban analítica, morosamente; aquí, con la ausencia de copulativas, se precipitan, se amontonan. Sí, los dos primeros versos son un rápido crescendo, y aún el endecasílabo, al seguir al heptasílabo, aumenta la velocidad, precipitada por los miembros de más sílabas ("asolamientos", "fieros-males"):

Llamas, dolores, guerras,
muertes, asolamientos, fieros males...

Notemos el conjunto de estas tres estrofas del vaticinio (estrofas segunda, tercera y cuarta de la oda). Forma una gradación: ac-

---

[13] Una duda se plantea acerca de la función sintáctica de "trabajos"; si es sólo un complemento más (el séptimo), o si ha de entenderse como una aposición recolectiva que condense el sentido de los seis anteriores. Todo va ligado al significado que atribuyamos a "trabajos". Si entendemos "penas, sufrimientos", el sentido recolectivo va bien; pero aun así, no deja de funcionar como complemento, pues sobre él sigue vertiéndose la acción verbal. Por otra parte, también podría pensarse que el adjetivo "inmortales" distingue en un sentido glorioso (la faena de la Reconquista) ese complemento, como distinto de los catastróficos anteriores ("llamas, dolores", etc.).

tualización objetiva analítica (polisíndeton), en la segunda; intensificación subjetiva, afectiva, en la tercera; la intensificación pasa ahora, en la cuarta, a los elementos objetivos, que se precipitan (asíndeton).

Pues bien, la estrofa siguiente (quinta) es como un meditativo remanso: toda ella es una amplificación del término "vasallos naturales" con que finalizaba la cuarta:

... trabajos inmortales
a ti y a tus vasallos naturales:
5.   a los que en Constantina
rompen el fértil suelo, a los que baña
el Ebro, a la vecina
Sansueña, a Lusitaña,
a toda la espaciosa y triste España.

El poeta ha tendido melancólicamente los ojos a todos los extremos [14] de la tierra española, sobre los que la desgracia va a caer. El verso último resume con calor y emoción el sentido de la estrofa [15].

---

[14] Aquí "España" es como una recolección de los cuatro términos esparcidos: Constantina, Ebro, Sansueña, Lusitania. Entiéndase que España es "triste" por la desgracia que espera. Comp. *Ensayos sobre poesía española*, pág. 161.

[15] En la tradición épica, Sansueña designa, unas veces, a Pamplona, y otras a Zaragoza. Creo que el poeta ha querido señalar los extremos de la extensión peninsular: Sur (Constantina, prov. de Sevilla), Este (el Ebro, con curso a Oriente), el Norte (Pamplona, "vecina", es decir no lejana —relativamente— del Ebro), el Oeste (Lusitania). Sin embargo, el P. Llobera (*Obras poéticas de Fray Luis de León*, I, págs. 145-146) opina de otro modo y su interpretación no deja de tener interés. Punto esencial es el sentido de "vecina", en el verso tercero. ¿"Vecina" de

También diríamos que esta estrofa, después de la apretada gradación de las tres anteriores, es "espaciosa y triste".

ESTRS. 6.ª - 11.ª: CRESCENDO DE LA
HUESTE INVASORA. PASO DEL ESTRECHO

Pero acaba ese descansadero de la estrofa quinta, y el poeta vuelve a la visión actualizada. Parece como si el adverbio "ya", que ahora vuelve a aparecer, reiterara el punto de partida de la estrofa segunda. Ahora el cuadro va a ser mucho más complejo y colorido:

> 6. Ya dende Cádiz llama
> el injuriado Conde, a la venganza
> atento, y no a la fama,
> la bárbara pujanza
> en quien para tu daño no hay tardanza.

Las estrofas siguientes son una genial innovación de Fray Luis, que aquí se aparta, de una manera total, de su modelo. "Probablemente —hemos dicho en otro lugar—, la concentrada expresión

> ... iam galeam Pallas et aegida
> currusque et rabiem parat
>
> (I, 15, vs. 11-12)

fue lo que, como una llamarada de un solo color, se le descompuso en haces multicolores, en bultos y, al fin, en formas concretas, naves, caballos, caballeros, banderas desplegadas:

---

quien habla, es decir, del Tajo? (así piensa el P. Llobera). ¿O "vecina" del Ebro? Ambos sentidos son posibles. ¿Pero conocía Fray Luis esas ruinas de Arroyo del Puerco (Cáceres)?

7. Oye que al cielo toca
con temeroso son la trompa fiera
que en África convoca
el moro a la bandera
que al aire desplegada va ligera.

8. La lanza ya blandea
el árabe cruel, y hiere el viento,
llamando a la pelea;
innumerable cuento
de escuadras juntas veo en un momento.

9. Cubre la gente el suelo;
debajo de las velas desparece
la mar; la voz al cielo
confusa y varia crece;
el polvo roba el día y le escurece.

10. ¡Ay, que ya presurosos
suben las largas naves! ¡Ay, que tienden
los brazos vigorosos
a los remos, y encienden
las mares espumosas por do hienden!

Se trata de una genial novedad de León. Esta visión actualizada, llena de movimiento, de velocidad, de expresión rítmica, ocupa exactamente el centro de la oda. Nada semejante en Horacio, o sólo el mínimo germen que señalábamos: ¡qué de particular tiene que el latino haya sentido con frialdad de mito lo que el poeta castellano ha visto —y nos ha hecho ver— con ojos de carne! Ese rasgar por el medio la oda de Horacio, para intercalar, en unas cuantas estrofas, la visión rápida, turbulenta, arremolinada, de los ejércitos invasores, no sólo introduce ese momento, que es una de las cimas de capacidad expresiva en poesía española, sino que ha sido lo que ha troquelado la estructura de la oda de Fray Luis."

Pero este cuadro, lleno de vida y movimiento, se ha construido con una exquisita sensibilidad para la variación expresiva. La actualización está otra vez renovada por el "ya" (estrofa sexta), que nos presenta la traición del "injuriado Conde". La estrofa siguiente nos manda (se lo manda al rey: "oye") recibir sensaciones auditivas: al grito del conde contesta en África la "trompa fiera" que convoca los ejércitos invasores. La estrofa es buen ejemplo de cómo la sinestesia y la motivación, por asociaciones de vocales y consonantes, del vínculo entre significante y significado no son patrimonio exclusivo de Garcilaso o Góngora.

También Fray Luis, en esta estrofa, ha oído esa trompa horrible. Y su verso nos da una resonancia de su pavor:

Oye que al cielo toca
$\quad$ 4 $\quad$ 6 $\quad\quad$ 8
con temeroso son la trompa fiera...

La insistencia de acento sobre vocales *o* (aunque por el corte que exige el sentido resulte predominante el de sexta sílaba) y la cerrazón reiterada de esas sílabas por nasal (*son, trom-* y *con*, que no lleva acento) da ese sonido oscuro, lúgubre, al verso. La estrofa es ejemplar de modo doble:

$\qquad$ ... la bandera
que al aire desplegada va ligera,

flamea, ante nuestros ojos, luminosa, entre la brisa un poco viva y el sol. El verso ahora no tiene ni una sola vocal oscura:

$\qquad$ ... *a - a - e - a*
$\qquad$ *ea - ai - e - e - e - a - a - a - i - e - a*

La Profecía del Tajo: Estrofas 6.ª-11.ª

En una sola estrofa nuestros sentidos han sido virados de una representación acústica y lóbrega a otra óptica y lumínica —tan bella es la representación del flamear de la bandera en el aire, que el poeta parece como si por un instante se olvidara del malaugurio—. ¡Cómo se relevan los campos de imaginaria prospección, en el verso! ¡Qué efectos sinestéticos en nuestra imaginativa, correspondientemente al intervalo vista-oído, produce la breve acción de unas vocales!

La estrofa siguiente insiste en la actualización con "ya", ahora reforzada por el "veo" del verso último: el río, impotente, ve el gran cuadro de los futuros hechos; y así, en esta estrofa todas son sensaciones visuales:

> 8. La lanza ya blandea
> el árabe cruel, y hiere el viento,
> llamando a la pelea;
> innumerable cuento [16]
> de escuadras juntas veo en un momento.

Mil figurillas se mueven en este inmenso retablo: el poeta apenas las describe o sólo por un rasgo ("la lanza ya blandea el árabe"); pero su palabra nos las evoca. Las vemos todas nítidas, diminutas: manar, rebullir. Y, en fin, arremolinarse, en la estrofa que ahora va a llegar, y que está formada por una serie de hipérboles para ponderar la grandeza del ejército y de la armada invasores: el ejército oculta el suelo; las naves tapan el mar; el estruendo de las multitudes llega al cielo, el polvo que levantan nubla el día. Cada una de estas hipérboles está expresada con neta concisión; la sucesión en asíndeton de las cuatro concisas ora-

---

[16] "Cuento" vale aquí "número, cantidad", sentido que falta en el Diccionario.

ciones aumenta aún la velocidad que el áspero encabalgamiento del verso segundo y el tercero sugiere:

> 9. Cubre la gente el suelo;
> debajo de las velas desparece
> la mar; la voz al cielo
> confusa y varia crece;
> el polvo roba el día y le escurece.

Desde la estrofa sexta ("Ya dende Cádiz llama...") hasta la que acabamos de comentar hay una cadena de acciones, de las que cada una es consecuencia de la anterior. Todo se origina en un punto concreto: el grito del conde; a él contesta la trompa que convoca a los invasores; a su ruido caracolean los caballos de los árabes, que, blandiendo las lanzas, corren a la hueste: ya está reunido el gran ejército, ya están preparadas las naves: ¡oh, cubren el suelo, ocultan el mar! El grito del conde, como una piedra lanzada al agua, ha producido un movimiento ondular en círculos cada vez más anchos. Pero en estas estrofas, también la velocidad ha ido aumentando hasta la rápida concisión lírica de la última. Una aceleración de movimiento, en la imagen intuida; y en perfecta isocronía, un crescendo en la velocidad rítmica y una creciente propagación de angustia en el impotente contemplador.

Y ahora el alma del poeta (por boca del río) se carga de presagio y de conmiseración ante lo que ve, ante lo que no puede remediar. Y surge la expresión afectiva:

> 10. ¡Ay, que ya presurosos
> suben las largas naves! ¡Ay, que tienden
> los brazos vigorosos
> a los remos, y encienden
> las mares espumosas por do hienden!

La Profecía del Tajo: Estrofas 12.ª-15ª

Este grito, esta subida de temperatura afectiva es el final de la escala, del clímax. El corazón del contemplador ha rebosado.

Después de esta estrofa afectiva (en tajante contraste con ella), otra marmórea, gigantesca, objetiva, de fría mitología (y origen virgiliano). Es ya una frialdad impasible ante el "fatum", ante lo que no tiene remedio. Miramos con el río, con visión caballera, de águila o máquina voladora: allá, en el fondo del retablo, van las naves diminutas cruzando el estrecho de Hércules (es decir, de Gibraltar) y un enorme Neptuno (¿o un Gulliver?) con su tridente abre paso a los invasores:

> 11. El Éolo derecho
> hinche la vela en popa, y larga entrada
> por el hercúleo estrecho
> con la punta acerada
> el gran padre Neptuno da a la armada.

ESTRS. 12.ª-15.ª: IMPRECACIÓN AL REY

Con la estrofa 11.ª diríamos que termina la visión profética actualizada de los males futuros. En realidad, se trata de una interrupción, de una rotura para dar salida a la indignación represada. Una brusca transición era indispensable. El río se dirige ahora al rey para que deje su desvarío amoroso, para que empuñe las armas. ¿Pero es posible —le dice— que no acudas a las armas? La pasión, la desesperación del que inútilmente reprocha, está doblemente expresada, por exclamaciones e interrogaciones exclamativas, y por los encabalgamientos abruptos (cuatro), que desequilibran, que huracanan, toda la estrofa:

> 12. ¡Ay triste!, ¿y aún te tiene
> el mal dulce regazo?, ¿ni llamado
> al mal que sobreviene

no acorres?, ¿ocupado
no ves ya el puerto a Hércules sagrado?

Y en seguida, la maravillosa estrofa imperativa, en la que parece que se agolpa todo el anhelo de España. Es que el asíndeton vuelve a producir otra creciente precipitación que acompaña a la misma intensificación de los imperativos:

13. Acude, corre, vuela,
traspasa la alta sierra, ocupa el llano,
no perdones la espuela,
no des paz a la mano,
menea fulminando el hierro insano.

Y ahora una estrofa exclamativa de meditativo dolor, aún en esa cúspide donde nos ha colocado el anterior crescendo:

14. ¡Ay, cuánto de fatiga,
ay, cuánto de sudor está presente
al que viste loriga,
al infante valiente,
a hombres y a caballos juntamente! [17].

De nuevo, dirigiéndose al río Guadalquivir, el dolor se explaya, se adulza en languidez —como siempre que la poesía se dirige a ríos (porque es que los ríos son hermanos de los poemas)—. La oda [18] —curso de pensamiento y música— se dirige al ancho río, indiferente ante los dolores humanos, que serenamente fluye hacia el mar:

---

[17] El recuerdo horaciano es quizá más próximo que nunca.
[18] Por boca del padre Tajo.

15. ¡Y tú, Betis divino,
de sangre ajena y tuya amancillado,
darás al mar vecino
cuánto yelmo quebrado,
cuánto cuerpo de nobles destrozado!

ANTICLÍMAX FINAL

La estrofa final es de una frialdad fatídica. Escueta exposición de hechos (es tradicional que la batalla duró seis días), que sólo el "ay" del verso penúltimo y el "oh cara patria" del último encienden en un fugaz destello:

16. El furibundo Marte
cinco luces las haces desordena,
igual a cada parte,
la sexta, ¡ay!, te condena,
¡oh cara patria!, a bárbara cadena.

Un anticlímax es un movimiento complejísimo, matizado bien hacia el dolor que paraliza, bien hacia la malicia suave, bien, por introducción de un contraste reductor, hacia un subtema o una imagen divergente, etc. Horacio tiene ejemplos de todos estos tipos, y de otros muchos que no creo estén estudiados [19]. En la

---

[19] Anticlímax fatídicamente doloroso es el del *Vaticinio de Nereo;* humorísticos, con matices distintos, el de "Ne sit ancillae tibi", *Carm.* II, 4, y entre los épodos, el *Beatus ille;* por contraste reductor, "Otium divos rogat" *Carm.* II, 16; por introducción de un subtema, "Nondum subacta", II, 5. He mencionado otros tipos en mi *Vida y obra de Medrano,* I, Madrid, 1948, Cons. Sup. de Inv. Cient., págs. 281-282. De la estructura de la oda de Horacio he hablado, *passim,* en el libro sobre Medrano. Claro está que Menéndez Pelayo, atento también a otros problemas, no pasó en lo estilístico de términos de una gran generalidad.

oda que comentamos, el final pertenece (en Horacio y en Fray Luis) a la primera de estas clases. Hace bastantes años, después de señalar cómo esta estrofa coincide con la final de Horacio, la caracterizaba yo así: "...estrofa final, expositiva de hechos, de honda emoción turbada sólo, afectivamente, en lo de fuera, por el *¡ay!* y el *¡oh cara patria!* de los dos últimos versos. La copa de la emoción está llena. Fray Luis, como Horacio, sabe que nada se debe añadir..."

En efecto: esa estrofa está formada por dos oraciones aseverativas yuxtapuestas:

El furibundo Marte desordena las haces.
El furibundo Marte te condena a bárbara cadena.

Notemos cuán breve espacio ocupan en ella los dos incisos exclamativos. Basta comparar esta estrofa con cualquiera de las anteriores desde la 12.ª Esta sencilla estructura expositiva no tiene nada que ver con todo el brusco desarrollo de la estrofa 12.ª con su exclamación inicial, sus tres interrogaciones vehementes, progresivas, onduladas entre ásperos encabalgamientos. El movimiento reposado de la estrofa final contrasta asimismo con el acelerado borboteo de imperativos que hemos estudiado en la 13.ª También (aunque de un movimiento más amplio, como comienzo del anticlímax) la 14.ª y la 15.ª están en contraste con la final, pues ambas son exclamativas: contemplación melancólica de la batalla, y de los últimos efectos de la batalla, contemplación más lánguida aún en la 15.ª, pero siempre avivada por la insistencia en la magnitud: *cuánto de fatiga..., cuánto de sudor..., cuánto yelmo..., cuánto cuerpo.* Escueta, la estrofa final no contiene más que esos dos juicios: el feroz Marte mantiene indecisa la batalla cinco días; el sexto, España queda sometida a duro cautiverio. Y no hay ni imágenes, ni nada que altere el movimiento normal de una frase expositiva (salvo los mencionados breves incisos).

Pero la frialdad de la estrofa es sólo aparente, exterior. Porque nada en realidad más lejos del desapasionamiento que un final anticlimático. La frialdad exterior encubre, mejor dicho, exacerba la condensación emocional de todo el fluir poemático que ahora se termina. La estrofa última, escueta, refrenada, expresa con lo reprimido, porque se nota, se siente la represión de la voz. Son esos finales en descenso como en la vida algunos momentos intensísimos en que nuestra emoción es tan grande que su mejor expresión es su no expresión. También al poeta, al ir a concluir su obra, cargado de dolor (cargado por la fluencia misma de todo el poema), se le hace como un nudo en la garganta. Fray Luis lo ha dicho, precisamente en el final anticlimático de otra oda:

... el dolor fiero
añuda ya la lengua...[20].

Resulta, pues, que en un anticlímax final (como dice el español) "la procesión va por dentro". Y ocurre que muchas veces, el sentimiento reprimido, estalla de algún modo como por breves o limitadas fisuras. Es perfecto ejemplo la estrofa que estamos comentando: las fisuras son la interjección *¡ay!* del verso penúltimo y la exclamación *¡oh cara patria!*, del último, que interrumpen el desarrollo expositivo.

Ese rompimiento de afectividad, que rasga, por decirlo así, el material sofrenado, reprimido, del anticlímax, puede ser de muchos tipos (porque ya dijimos de cuántas clases podían ser los movimientos anticlimáticos), unas veces como en nuestro ejemplo

---

[20] "Virgen que el sol más pura". No se trata en este caso de una oda horaciana, sino de una canción petrarquesca.

son exclamaciones dolorosas, otras veces una ironía, una gracia insinuada, una especial delicadeza o travesura estilística, etc. [21]. Lo mismo en Horacio que en los horacianos españoles hay ejemplos de muchos tipos. Medrano, que (más y mejor que nadie) había estudiado lo mismo a Horacio que a Fray Luis (y de modo especial la *Profecía del Tajo*), ofrece numerosos ejemplos de esos momentáneos aumentos de temperatura afectiva en medio del anticlímax final. Algunos fueron estudiados en mi *Vida y obra de Medrano* [22]. Un anticlímax final es una delicadísima y complejísima criatura y permite mil cauces, mil sentidos, mil matices, mil variaciones. También he dedicado alguna atención a los finales anticlimáticos de Manuel Machado [23]. Gran parte de la intensa emoción de la poesía de Antonio Machado se concentra en sus finales anticlimáticos (a veces sólo levemente anticlimáticos, pero

---

[21] He aquí cómo explicaba yo, en 1948, este ligero o limitado movimiento afectivo dentro del anticlímax de Horacio: "...casi siempre con un anticlímax, frecuentemente más rápido que el clímax, siempre con un acierto final que ligeramente (sólo ligeramente: es esencial) levante el tono en el remate, o por ternura, o por humor, o con una imagen muy nítida y muy concreta, o con una discreta gracia estilística. No hay modo de especificar ahora con cuánta variedad maneja Horacio esta general estructura..." (*Vida y obra de Medrano*, I, 281). Ahora bien: en el "Vaticinio de Nereo" no hay crecimiento afectivo que interrumpa el final anticlimático; en la "Profecía del Tajo" sí lo hay. Fray Luis era aquí infiel al modelo concreto que seguía; era, en cambio, muy fiel a la costumbre general de Horacio. De un modo parecido, Medrano, al imitar la oda "Diffugere nives" (IV, 7), trunca todo el final del modelo: infidelidad concreta; pero de este modo le queda un breve final anticlimático ligeramente avivado (nótese bien) por una sencilla gracia estilística: fidelidad a los usos generales horacianos.

[22] *Passim* y especialmente págs. 253, 270-278, 281-282, 292-293.

[23] *Poetas españoles contemporáneos*, Madrid, 1952, págs. 68-75 (Biblioteca Románica Hispánica, Editorial Gredos).

por esa ligera insinuación, tanto más afectivos): están por estudiar. Más aún: sería necesario un estudio del anticlímax final en la poesía moderna: porque es, precisamente (con mil matices y gradaciones), un rasgo de la poesía moderna.

ESTRUCTURA DE LA ODA

La *Profecía del Tajo,* considerada por lo que toca a su estructura y a su concatenación estrófica, es una prodigiosa obra de arte. La virginal nervadura que estudiábamos en Garcilaso con aquel traducir momento a momento sus impresiones, en matices o ligazones de palabras o versos, aquí la descubrimos sobre todo en los cambios de temperatura estilística, de estrofa a estrofa; a cada estrofa que nace nos sacude un tironazo estético y afectivo diferente. La sensibilidad del lector va siendo acuciada así a impulsos muy distintos, en sentidos diversos, pero que todos conllevan a un mismo fin, y que se suceden no de un modo casual, sino con sujeción a sabias normas, ya por brutal contraste, ya por delicadas matizaciones y gradaciones.

Transiciones interestróficas hay también en el modelo. Pero Fray Luis las ha aumentado en número y afinado y potencializado. Se ha aumentado así el valor subjetivo, entrecortadamente lírico, de toda la pieza, escrita no con la frialdad de quien contempla lejanos hechos míticos (cosa de dioses y semidioses), sino muy cerca del corazón español en todos los tiempos.

Frente al desarrollo de la oda de Horacio: un solo movimiento de ascenso y descenso (climático y anticlimático), ésta de Fray Luis, más compleja, contiene una serie de anticlímax parciales. El clímax final se corona en la estrofa "Acude, corre, vuela" (13.ª), anuncia mengua en la siguiente ("Ay, cuánto de fatiga") y algo más aún en la invocación al Guadalquivir (15.ª). La estrofa final es profundamente anticlimática. Anticlímax momentáneos, parciales, son "A los que en Constantina" (5.ª) y "El Éolo derecho" (11.ª) después de los clímax parciales "Llamas, dolores, guerras" y "¡Ay! que ya presurosos", respectivamente.

¡Ah, el secreto del anticlímax es enteramente clásico! Es el saber cómo es más eficaz una reducción que un estruendo, es el límite a la palabra que disminuye y calla para dejar vibrando una atmósfera de emoción, un ambiente silencioso y tiernamente conmovido. Es el gran secreto de Horacio; y el gran secreto de Fray Luis. Es lo que carga de trémula significación los finales de casi todas sus odas. Sería necesario comparar esta estructura con la de otras de las odas más famosas de nuestro poeta.

ODA A LA "VIDA RETIRADA"

Tomemos sólo otra de las más horacianas para contrastarla en alguno de sus nexos esenciales: la *Vida retirada*. Aquí el modelo es otra vez Horacio, especialmente el *Beatus ille*, pero la imitación es mucho menos próxima. Algunas frases vienen de Horacio, y también procede de él el conjunto contenido moral. Otras expresiones recuerdan la imitación del *Beatus ille* por Garcilaso en la *Égloga Segunda*. Ahora bien: la estructura de la oda es de tipo horaciano, pero no está ligada en concreto a la composición de ninguna particular oda de Horacio. El pensamiento es cuasi silogístico: "el mundano vive en desasosiego; yo deseo la armonía; viviré, pues, retirado del mundo". Pero el razonamiento no aparece explícito por ninguna parte ni apoyado en vínculos lógicos. Los elementos están presentados como planos netos y desligados, al lector; su combinarse es una operación que se realiza dentro del cerebro del que lee. De un modo parecido, en una técnica impresionista de pintura, los colores se asocian dentro de la retina del contemplador.

Cuando el poeta acaba de preguntarse:

VIDA RETIRADA

1 ¡Qué descansada vida
la del que huye el mundanal ruïdo,
y sigue la escondida
senda por donde han ido
los pocos sabios que en el mundo han [sido!

2 Que no le enturbia el pecho
de los soberbios grandes el estado,
ni del dorado techo
se admira, fabricado
del sabio Moro, en jaspes sustentado.

3 No cura si la fama
canta con voz su nombre pregonera,
ni cura si encarama
la lengua lisonjera
lo que condena la verdad sincera.

4 ¿Qué presta a mi contento
si soy del vano dedo señalado,
si en busca de este viento
ando desalentado,
con ansias vivas, con mortal cuidado?

5 ¡Oh monte, oh fuente, oh río,
oh secreto seguro deleitoso!
Roto casi el navío,
a vuestro almo reposo
huyo de aqueste mar tempestuoso.

6 Un no rompido sueño,
un día puro, alegre, libre quiero;
no quiero ver el ceño
vanamente severo
de a quien la sangre ensalza o el di- [nero.

7 Despiértenme las aves
con su cantar sabroso no aprendido,
no los cuidados graves
de que es siempre seguido
el que al ajeno arbitrio está atenido.

8 Vivir quiero conmigo,
gozar quiero del bien que debo al
a solas, sin testigo,   [cielo,
libre de amor, de celo,
de odio, de esperanzas, de recelo.

9 Del monte en la ladera
por mi mano plantado tengo un
que con la primavera   [huerto,
de bella flor cubierto
ya muestra en esperanza el fruto [cierto.

10 Y como codiciosa
por ver y acrecentar su hermosura,
desde la cumbre airosa
una fontana pura
hasta llegar corriendo se apresura.

11 Y luego sosegada
el paso entre los árboles torciendo,
el suelo de pasada
de verdura vistiendo
y con diversas flores va esparciendo.

12 El aire el huerto orea
y ofrece mil olores al sentido,
los arboles menea
con un manso ruïdo
que del oro y del cetro pone olvido.

13 Ténganse su tesoro
los que de un falso leño se confían;
no es mío ver el lloro
de los que desconfían
cuando el cierzo y el ábrego porfían.

14 La combatida antena
cruje, y en ciega noche el claro día
se torna; al cielo suena
confusa vocería,
y la mar enriquecen a porfía.

15 A mí una pobrecilla
mesa de amable paz bien abastada
me basta, y la vajilla
de fino oro labrada
sea de quien la mar no teme airada.

16 Y mientras miserable-
mente se están los otros abrasando
con sed insacïable
del peligroso mando,
tendido yo a la sombra esté cantando.

17 A la sombra tendido,
de hiedra y lauro eterno coronado,
puesto el atento oído
al son dulce, acordado,
del plectro sabiamente meneado.

La Vida retirada: Estrofas 4.ª-9.ª El huerto

> 4. ¿Qué presta a mi contento
> si soy del vano dedo señalado,
> si en busca de este viento
> ando desalentado,
> con ansias vivas, con mortal cuidado?,

abruptamente, sin tránsito intermedio ni ligazón alguna, se vuelve a la naturaleza y exclama:

> 5. ¡Oh monte, oh fuente, oh río,
> oh secreto seguro deleitoso!...

Es como quien, perseguido, acorralado, se vuelve para lanzarse violentamente al cobijo de unos brazos protectores.

De las estrofas que siguen, en las sexta y séptima, el poeta ha expresado las ventajas de huir al monte, a la fuente, al río, es decir, a la Naturaleza (a quienes se volvía en la quinta), y en la octava condensa el propósito que resulta de considerar tales ventajas. Las ventajas son:

6.ª Sueño, día alegre y libre; y no el ceño del poderoso.

7.ª Despertar por canto de aves; y no por desasosiego cortesano.

Y la determinación consiguiente:

8.ª Gozaré a solas de la vida: sin amor, sin odios, sin esperanzas.

Inmediatamente detrás entra, de improviso, la famosa descripción del huerto:

> 9. Del monte en la ladera
> por mi mano plantado tengo un huerto...

Ningún vínculo exterior, ninguna partícula, ninguna cadena de raciocinio liga esa descripción del huerto, que dura cuatro estrofas (9.ª-12.ª). Esa delicia inesperada se abre con la misma sencillez con que en una habitación se abre de repente una ventana hacia la luz del sol y la brisa, hacia el paisaje. Sí, en el centro de la oda, con ocho liras antes y cinco después, se rompe súbitamente esta ventana (que nunca olvidaremos) hacia el huerto, la ladera del monte, la fuente, el arroyuelo, el meneo, con la brisa, de unos esbeltos álamos.

Es exactamente un cuadro presentado ahí como una pura intuición: nada le liga, ni lógica ni gramaticalmente, a lo que antecede. Pero una chispa sublógica es lo que lleva desde el estado psicológico de las estrofas sexta-octava a esta visión objetiva.

Más cortado aún, más desligado y brusco es el final del delicioso cuadro. Nuestros sentidos estaban suspensos con la brisa que orea el huertecillo y nos trae ricos aromas, con el ruido —tan fresco— de los árboles. Y de pronto...

Pero nada más expresivo que el mismo pasaje [24]:

12. El aire el huerto orea
     y ofrece mil olores al sentido,
     los árboles menea
     con un manso ruïdo
     que del oro y del cetro pone olvido.
13. Ténganse su tesoro
     los que de un falso leño se confían;
     no es mío ver el lloro

---

[24] Un pequeño vínculo con lo que va a seguir introduce el verso último de la estr. 12.ª ("que del oro y del cetro pone olvido"). Pero para descubrirlo es necesario un momento de reflexión. En la lectura no analítica, la intuición del lector, que estaba en la estr. 12.ª entregada a la delicia, es impulsada con golpe brusco, en la estrofa siguiente, a un cuadro de horror y desastre.

de los que desconfían
cuando el cierzo y el ábrego porfían.

¿Qué es esto? Repentinamente la visión del huerto se ha hundido y ha sido —brutalmente— sustituida por la imagen del llanto y el desorden de un navío en trance de perecer, ya casi desarbolado por feroces vientos. Ya no podemos pensar en una ventana. Pensamos en la técnica yuxtapositiva del cinematógrafo: a la imagen luminosa del huertecillo, ha sucedido directamente en la pantalla esta imagen de miseria y naufragio, que el poeta (espectador también de sus propias intuiciones) aparta con horror.

El paralelo cinematográfico puede apurarse aún más. La técnica diríamos que no es meramente yuxtapositiva; es como superpositiva, transformativa. Veíamos con complacencia unos vientos suaves, que meneaban graciosamente —¡qué fresco ruido!— unos álamos. Ha cambiado la estrofa, y ahora contemplamos en la pantalla cómo furiosos huracanes combaten la arboladura del navío [25]. Brisa, traveseada de sol, allí; un turbio gris, atravesado de flechas de lluvia, acá.

Sí; ningún cambio más violento, ni más expresivo en su violencia, que el que sigue inmediatamente a la descripción del huertecillo. Con profunda intuición estética, Fray Luis no ha hecho más que yuxtaponer en fuerte contraste, seguidamente, armónica delicia y pavoroso desorden, que son precisamente los dos polos, lo mismo de su arte que de su vida.

Pero el elemento de desorden (el naufragio) está expresado en dos estrofas:

---

[25] Estas sustituciones metamorfoseadoras eran muy frecuentes hace un cuarto de siglo, cuando comenzaron los alardes técnicos del cinematógrafo. Hoy se ven aún de vez en cuando.

13. Ténganse su tesoro
los que de un falso leño se confían;
no es mío ver el lloro
de los que desconfían
cuando el cierzo y el ábrego porfían.
14. La combatida antena
cruje, y en ciega noche el claro día
se torna; al cielo suena
confusa vocería,
y la mar enriquecen a porfía.

En la primera, el elemento perturbador de la serenidad (la sed de oro) está apartado con violencia. Nótese ahora cómo, aun dentro de una misma representación, varía el enfoque estilístico: la primera de estas estrofas es imperativa; la segunda, expositiva, objetiva, fatídica. En la segunda, la escena del naufragio está actualizada (tiempos de presente), en pintura directa, escueta. La llameante, concentrada expresión de la Biblia parece haber dejado ahí su señal. Es la brevedad lírica, característica del poeta, más eficaz que toda pormenorizada descripción: la antena combatida cruje, el día se oscurece, se alza un gran clamor de los espantados navegantes, la nave se hunde. Y nótese cómo inmediatamente el movimiento estrófico se retuerce como si, socarrada la estrofa, se resquebrajara por el centro de sus vínculos habituales:

14. La combatida antena
cruje, y en ciega noche el claro día
se torna; al cielo suena
confusa vocería,
y la mar enriquecen a porfía.

¿Qué es esto? Sencillamente: evocado de los recónditos hon-

La Vida retirada: Estrofas 15.ª-17.ª

tanares de la expresión artística, ha surgido un repetido, un abrupto encabalgarse de los versos.

Es el momento culminante del clímax de la oda. Las tres estrofas finales vuelven a darse serenas, en evidente contraste con el desorden y dureza de las dos anteriores:

>   15. A mí una pobrecilla
>   mesa de amable paz bien abastada
>   me basta...

Esas tres estrofas finales son el descenso anticlimático. Todavía, un momento, la visión de desorden y guerra (el polo inarmónico) se entreabre al principio de la estrofa 16.ª, e isócronamente la expresión se encrespa, en encabalgamiento, tan áspero, que una palabra se queda a horcajadas sobre la sima ("miserable-mente"). La superación de ese obstáculo es imagen mental del desasosiego que acucia al ansioso de poderío:

>   16. Y mientras miserable-
>   mente se están los otros abrasando
>   con sed insacïable
>   del peligroso mando..

¡Ah, no! Mientras tanto, esté yo tendido en lugar ameno. ¡Cómo se explaya graciosamente la expresión, por dilatado meandro, gracias a la reiteración que se establece entre el último verso de esta estrofa y el principio de la final!:

>   ... tendido yo a la sombra esté cantando.
>   17. A la sombra tendido,
>   de hiedra y lauro eterno coronado,
>   puesto el atento oído
>   al son dulce, acordado,
>   del plectro sabiamente meneado.

DE LA CANCIÓN PETRARQUESCA A LA ODA CLÁSICA

No todas las odas de Fray Luis presentan esta portentosa vivacidad en la estructura de la composición y en el engarce de las estrofas. He elegido dos de los mejores ejemplos, creo. La *Profecía del Tajo* nos ofrece, estrofa a estrofa, una notable variación significativa del enfoque estilístico; la *Vida retirada* la tiene también muy grande. Y ambas, sobre todo la última, ofrecen estupendos casos de esa técnica yuxtapositiva de los más alejados temas. (Algunas otras odas presentan enlaces arrastrados, torpes: son las menos.) Y creo que, situados en este punto, podríamos ya comprender, como organismo vivo, la mayor parte de las composiciones del poeta. La tendencia al movimiento climático-anticlimático es en él, casi sin excepción, total.

La pregunta que se nos plantea inmediatamente es la que sigue: esta técnica, aprendida en Horacio y perfeccionada por Fray Luis, ¿es, entre nosotros, un hallazgo suyo?

Sí. La canción de tradición petrarquista —lo decíamos antes— tiene un desarrollo totalmente distinto. No busca la concisión, se desenvuelve en largas estrofas; no muestra, en general, tan deliberado propósito de la variación de enfoque estilístico; va montada en una trama lógica, conceptual, o en una fórmula artificiosa; no ofrece las quiebras abruptas, de estrofa a estrofa, que en la poesía de Fray Luis ha de salvar el lector, cuajando así, por esa necesidad del salto, la ley íntima que, oculta, ha presidido la obra. Es ese hiato, esa falta de continuidad interestrófica la que, avivando la imaginación del lector, excita en ella un zumo estético, que no hallaríamos en la canción petrarquesca.

El mejor ejemplo para probar esta tesis lo encontraríamos sin abandonar a Fray Luis. Porque es que Fray Luis ha practicado también esa canción a la italiana, dos veces, a la zaga de Petrarca. ¿Cómo? Con larga estrofa, en un caso, de once versos; en el segundo, de trece. ¿Con qué ley orgánica? Con la bebida en Petrarca: en una canción, cada estrofa repite como primera palabra en vocativo la voz *Virgen,* y esa reiteración es lo que da estructura al poema. De modo parecido, en la otra, cada estrofa desarrolla, y con pormenores, una imagen [26]: a la nerviosa intuición que hace saltar chispas de luz entre las separadas orillas de las estrofas —y nuestra imaginación salta también eléctricamente—, sustituye ahí una norma externa, idénticamente repetida en cada estrofa.

Pero aún esas canciones tienen una estructura reiterativa no común. Podría servir de ejemplo de otro tipo más normal (para no salir de nuestro poeta) la canción de Giovanni della Casa que empieza "Arsi, e non pur la verde stagion fresca", que Fray Luis tradujo casi literalmente: es canción no de tipo reiterativo, como las dos citadas, sino progresivo; pero la progresión es un encadenamiento de lógico raciocinio.

Busco un ejemplo más compacto, más fácilmente citable. Don Francisco de Medrano, gran horaciano también, alguna vez construye canciones no horacianas. Su oda *Al apartamiento* puede servir muy bien de ejemplo, tanto más cuanto que el asunto es el mismo de la última oda estudiada por nosotros, de Fray Luis de León (la *Vida retirada*). Transcribo las últimas cinco estrofas de esta oda de Medrano, cuyo tema (claro está) viene aún de Horacio, pero no su estructura orgánica:

> Y tú, que el triunfo creces
> del amor fiero, puesto en su cadena
> (de que libre tres veces
> te viste), de contrarios l'alma llena

---

[26] Me refiero a las dos canciones de Fray Luis que empiezan "Virgen, que el sol más pura" y "Mi trabajoso día", respectivamente. Comp. Petrarca, *Canzoniere*, núms. 323 y 366.

trae, que en sus gustos gime,
sobrada de la carga que la oprime.
   Sufre los devaneos
de un rapaz ciego y de una hembra loca,
sujeto a sus deseos
y al inconstante aliento de su boca.
(¿Cuál más duro castigo
dar puede el cielo, airado, a su enemigo?)
   Que yo, experimentado
en iguales peligros, desde afuera
seguro, el mar turbado
miro, inquieta la corte lisonjera,
y al Amor retozando,
y a los que aquí y allí van peligrando.
   No porque ajeno daño
(tirano afecto) alegre mi sentido;
mas porque es bien tamaño
de tan sin par peligro haber salido,
que puede ser comprado
con las ansias de haber en él bascado.
   Así paso la vida,
dueño de mí y del tiempo (haber inmenso),
en nada sometida
(cual yo la vi y la lloro) al duro censo
y al peligro crecido
del mar y de la corte y de Cupido.

He aquí mi comentario a esta oda en el libro *Vida y obra de Medrano*[27]:

---

[27] Páginas 233-235. Para la relación de Fray Luis y de Medrano con Lucrecio, véase la nota 6 a la pág. 233 de ese libro.

"Investiguemos los nexos entre estas estrofas. Nos quedamos asombrados de ver que son puramente discursivos y sintácticos: El poeta viene a decir: 'Y tú que creces el triunfo del amor / sufre los devaneos de Cupido y de una hembra... / que yo, experimentado, todo lo veré de afuera, seguro... / no porque me alegre del daño ajeno, sino por el gozo de haberme librado... / Así paso la vida libre.' ¡Qué estructura tan pesada! ¡Qué engarces razonadores y fríos! Lo que es latigazo súbito de la vela, virada que la racha impuso, nerviosa sensibilidad que puebla el ambiente de la oda, tan escueta, de Fray Luis, es en ésta de Medrano el más vulgar desarrollo, razonable y razonador: aquí nada se omite. Pero los antiguos conocían un secreto: que el arte omite siempre. La oda clásica de Horacio y la de Fray Luis está caracterizada por los rompimientos de continuidad de estrofa a estrofa (enlaces mentales, pues, y no expresos); es como un río de esos que de pronto se sumen y vuelven a surgir otra vez mucho más allá en el campo, sí, como nuestro español Guadiana, con partes ocultas y con súbitos brotes que manan aquí y allá, donde menos se piensa. ¡Ah! Bien sabemos que la corriente es continua: esa continuidad es, precisamente, la ley de la oda; pero es profunda, oculta a la vista, que la percibe sólo en atisbos, en vislumbres."

Naturalmente, he elegido un ejemplo extremo. Pero algo semejante a ese ejemplo último de Medrano ocurre casi siempre en la canción italiana; por muy bella, o perfecta en su línea, que sea: en la de Garcilaso y la de Góngora, y en Lope y en Quevedo.

Frente a la canción italiana, predominante en Italia y en España, en España y en Italia hubo intentos de un arte más ceñido, de un decir no diciendo, de un descubrir nuevamente el secreto estructural de la oda de Horacio. El arte modesto de Bernardo Tasso representa (centralmente) el ensayo en Italia; el intento español produce la poesía intensa, desgarrada, dramática, dolorida, vislumbradora de maravillosas serenidades y armonías de Fray Luis: así en sus odas mejores. La *Profecía del Tajo* no está ciertamente entre ellas; muy superior la *Vida retirada*, tampoco nos representa al más auténtico Fray Luis, al que incomparablemente descuella, junto con San Juan de la Cruz, sobre la medianía general de la poesía europea del siglo XVI.

Pero estas dos odas nos eran especialmente ventajosas para desentramar todas las vinculaciones estructurales de nuestro poeta, que representa en lo exterior un arte más complejo, de muchos más nexos y contrastes que el de Horacio. Sin embargo, fue allá, en su modelo latino, donde bebió esa técnica, que él perfeccionó hasta el último límite. Aquí reside el secreto de su encanto formal, secreto único, lo que le hace distinto, lo que el lector de sensibilidad oscuramente aprecia, pero no sabe explicar. Secreto que, por cierto, en sus líneas generales conocían y apreciaban muy bien Menéndez Pelayo y los críticos del siglo XIX, pero que ignoran o callan o sólo desamoradamente rozan la mayor parte de las modernas historias de la literatura. Pues es, precisamente, el centro de interés de la técnica poética de Fray Luis en la perspectiva de la forma exterior.

III

FORMA INTERIOR

Estamos de nuevo en el único punto de la indagación peculiarmente literaria, es decir, en el vínculo significante-significado, pero tratamos ahora de caminar en dirección inversa, desde el significado hacia el significante.

Imposible clasificar y matizar los elementos espirituales de una obra poética en el ámbito de una breve explicación. Imposible, más aún, en un escritor como Fray Luis, en quien ese complejo espiritual es de una enorme riqueza. Porque con ser los elementos formales tan ricos y sutiles como hemos visto, en su balance final aún pesan infinitamente más los espirituales.

Entran aquí, además, y han de ser tenidos en cuenta los datos biográficos, no en cuanto datos muertos, como duermen por los manuales de historia literaria, sino en cuanto nos iluminan posiciones estéticas y aun modalidades de la expresión.

Tratemos de indagar cómo largas huellas de pensamiento pueden ir a confluir en una composición y, sobre todo, cómo esas tradiciones de pensamiento se moldean para adaptarse a las necesidades orgánicas (ya estudiadas) de la oda de Fray Luis.

AB IPSO FERRO

Menéndez Pelayo ha hablado varias veces de la poesía de Fray Luis. En la forma, insiste en el acierto de las transiciones y de la brevedad lírica, características esenciales del arte de León, que enuncia así condensadamente (nos precede, pues, en el sentido general del estudio que acabamos de desarrollar)[28]. Pero, al estudiar el espíritu de Fray Luis, da una imagen de armonía total y de misticismo que me temo pueda engañar al lector[29]. Por otra parte, hay técnicos de la mística que saben muy bien que a Fray Luis no se le puede llamar místico, y siempre recalcan su carácter as-

---

[28] Menéndez Pelayo, a su vez, había aprendido en Milá su comprensión de la oda de Horacio y de la de Fray Luis. M. Pelayo, *Obras*, Ed. Nac., X, pág. 146.

[29] Menéndez Pelayo atribuye carácter místico a cuatro odas (*Noche serena, A Salinas, A Felipe Ruiz, A la vida del cielo*). En otras, como en la del *Apartamiento*, encuentra rasgos de misticismo. (M. Pelayo, *Obras*, Ed. Nac., VII, págs. 94-96). Evidentemente, don Marcelino usa la palabra "místico", en esas páginas, en un sentido muy vago y amplio. Ni ve en las odas de Fray Luis más que dulzura y una emanación de *sophrosyne*. Algunas veces no podemos por menos de maravillarnos de estas y otras interpretaciones semejantes: se pensaría que el gran crítico hablaba de textos fundamentales de la literatura española sin haberlos leído, o después de haberlos leído vertiginosamente y sin haberse parado a meditar. ¿Cómo es posible que no diga ni una palabra del desgarrón, del dramatismo dolorido, que es la base de toda la inspiración de Fray Luis, donde la dulzura y la serenidad están entrevistas y maravillosamente pintadas, sí, pero con pena y amargura de proscrito? Véase, en el texto, lo que decimos acerca de las relaciones entre vida y obra poética en Fray Luis; comp. también en nuestros *Ensayos sobre poesía española*, págs. 167-169.

cético. Ambas posiciones me parecen equivocadas. Digámoslo de una vez: Fray Luis de León estaba hecho para la armonía (es decir, para la unión con la causa armónica del mundo), pero no la poseyó nunca en la vida, y sólo la expresó como anhelo (aunque maravillosamente) en su arte. Fray Luis de León no es un místico; quizá hay una sola estrofa en toda su poesía en que se describe la unión, aunque de un modo impresionantemente escueto y por vía intelectual.

Todos sabemos la historia. Por las rencillas de un claustro universitario (la más temerosa conflagración de odios que puede suscitarse en el mundo), Fray Luis entra en las cárceles de la Inquisición en 1572 y no sale hasta 1576; y sale triunfante, después de haber proclamado la Inquisición su inocencia. Pero la imagen de un Fray Luis tímido, apocado, inerme víctima, pertenece totalmente al pasado. Fray Luis —hoy lo sabemos ya muy bien— era un temperamento impetuoso; dentro de la Universidad tenía su política y la defendía a capa y espada, le gustaba mezclarse en las discusiones, se conducía con una vehemencia y aun una osadía peligrosas. Había, pues, aun en su misma persona, en su carne y en su alma, unas terribles fuerzas comprimidas que le apartaban de la serenidad y la armonía. Añadamos a esto la lucha, la persecución. ¡Cómo se defiende durante su proceso, entre interrogatorios, pruebas, jueces parciales, falsos testimonios! ¡Cómo está en la brecha siempre, atento, sí, a su gran justicia, pero también a los pormenores jurídicos de su causa!

Lo más característico de su espíritu es la entereza; y el lema de su vida pudo llegar a ser el horaciano *ab ipso ferro,* que él mismo desarrolla en una de sus odas:

> Bien como la ñudosa
> carrasca, en alto risco desmochada

> con hacha poderosa,
> del ser despedazada
> del hierro torna rica y esforzada,
> querrás hundirle, y crece
> mayor que de primero; y, si porfía
> la lucha, más florece;
> y firme al suelo envía
> al que por vencedor ya se tenía [30].

Sin embargo, los enemigos le cercan, le acorralan, y en el alma se suscita a veces un pavor, un espanto ante el mundo. Un deseo de abandonarlo, de huir. Léanse estas afirmaciones de un bellísimo poema suyo en tercetos, apenas citado, aunque es de lo más entero y exacto que escribió:

> Quien mis cadenas más estrecha y cierra
> es la inocencia mía y la pureza;
> cuando ella sube, entonces vengo a tierra.

Y he aquí aún la expresión abrasada, heridora, de su deseo de huida (nunca se han escrito palabras más valientes ni radicales en todo el Siglo de Oro español):

---

[30] *A Felipe Ruiz. Del moderado y constante* ("¿Qué vale cuanto vee..."). Es evidente que Fray Luis llegó a sentirse simbolizado en el emblema del "ab ipso ferro". Ese lema, con un árbol y un hacha, se ve en la portada de su *In cantica canticorum Salomonis Explanatio*, de Salamanca, 1580, y la comparación horaciana figura también, por ejemplo, en la *Exposición del libro de Job*, cap. 8, v. 20 (Rivad., XXXVII, página 338). Es sabido que la publicación del emblema en la edición de 1580 estuvo a punto de proporcionarle otra desazón inquisitorial. Comp. Bell, *Luis de León*, Barcelona, s. a., pág. 194.

> Dichoso el que jamás ni ley, ni fuero,
> ni el alto tribunal, ni las ciudades,
> ni conoció del mundo el trato fiero [31].

La alimaña acorralada buscaba la huida:

> Oh monte, oh fuente, oh río,
> oh secreto seguro deleitoso;
> roto casi el navío,
> a vuestro almo reposo
> huyo... [32].

Y en otro poema:

> Sierra que vas al cielo
> altísima...
> recíbeme en tu cumbre,
> recíbeme, que huyo perseguido... [33].

Este deseo de huida, de evasión de la lucha, es un movimiento primario y permanente de su espíritu, y el punto en que hay que situarse para la comprensión de su arte.

¿Y cómo se evade? Su evasión, su torre aislante, es el pensamiento filosófico y la poesía. Tiene construido en su espíritu un bello edificio, que quisiera inaccesible: en él se juntan formando un complejo, no como elementos yuxtapuestos, sino como sustancia inter-regada, única, homogénea y luminosa, la caridad del cristianismo, la armonía platónica, la numerosa música concorde pitagórica y la constancia estoica. A este recinto quisiera re-

---

[31] *En una esperanza que salió vana* ("Huid, contentos, de mi triste pecho...").
[32] *Vida retirada.*
[33] *Al apartamiento* ("Oh ya seguro puerto...").

tirarse; eso es, exactamente, lo que pide al campo y a la sierra altísima. Filosofía y poesía, y naturaleza, bello reflejo de la divina serenidad. ¿Y podría recluirse en ese mundo sereno? No: al amigo a quien le es dado dedicarse a la alta contemplación de la belleza, en un ambiente plácido, le dice:

> Escribe lo que Febo
> te dicta favorable, que lo antiguo
> iguala y vence el nuevo
> estilo; y, caro amigo,
> no esperes que podré atener contigo;
> que yo de un torbellino
> traidor acometido, y derrocado
> de en medio del camino
> al hondo, el plectro amado
> y del vuelo las alas he quebrado [34].

Pero el deseo de armonía permanece. En el anhelo mismo, que es toda la obra de Fray Luis, a veces se nos descubre la magnífica torre de serenidad, entrevista, en vislumbres de una belleza, de una diafanidad tal como no las ha conocido nunca la literatura castellana.

LA ODA A SALINAS. ESTROFA I.ª: EL AIRE SE SERENA

Hay una oda entera en la que la unión con la armonía del mundo y con su primera causa está conseguida totalmente, aunque sea sólo unos instantes. Pero para hablar de ella harían falta palabras de luz, de nieve, de cristal. Me refiero a la oda al músico Salinas, su compañero en la Universidad de Salamanca [35].

---

[34] *Al licenciado Juan de Grial* ("Recoge ya en el seno...").
[35] No conozco ningún comentario extenso de todo el poema. En las bibliografías anda la siguiente publicación: *La oda a la música, de Fray*

A FRANCISCO SALINAS
Fray Luis de León

1 El aire se serena
y viste de hermosura y luz no usada,
Salinas, cuando suena
la música extremada
por vuestra sabia mano gobernada.

2 A cuyo son divino
el alma que en olvido está sumida,
torna a cobrar el tino
y memoria perdida
de su origen primera esclarecida.

3 Y como se conoce,
en suerte y pensamientos se mejora,
el oro desconoce
que el vulgo ciego adora,
la belleza caduca engañadora.

4 Traspasa el aire todo
hasta llegar a la más alta esfera,
y oye allí otro modo
de no perecedera
música, que es de todas la primera.

5 Ve cómo el gran Maestro,
a aquesta inmensa cítara aplicado,
con movimiento diestro
produce el son sagrado
con que este eterno templo es sus-
[tentado.

6 Y como está compuesta
de números concordes, luego envía
consonante respuesta,
y entrambas a porfía
mezclan una dulcísima armonía.

7 Aquí la alma navega
por un mar de dulzura, y finalmente
en él ansí se anega,
que ningún accidente
extraño o peregrino oye o siente.

8 ¡Oh desmayo dichoso!
¡Oh muerte que das vida! ¡Oh dulce
¡Durase en tu reposo   [olvido!
sin ser restituïdo
jamás a aqueste bajo y vil sentido!

9 A este bien os llamo,
gloria del Apolíneo sacro coro,
amigos, a quien amo
sobre todo tesoro,
que todo lo visible es triste lloro.

10 ¡Oh, suene de contino,
Salinas, vuestro son en mis oídos,
por quien al bien divino
despiertan los sentidos,
quedando a lo demás amortecidos!

A través del arte más puro, del que no emplea ni colores, ni masas, ni palabras con contenido lógico, del arte que no es más que una dulce, una conmovida vibración del aire, limpia matemática del aire que tiembla; a través del arte más delicado, más delgado, va a subir Fray Luis a la eterna armonía. Y la palabra también se adelgaza, se hace traslúcida. Se convierte, casi, en silencio blancamente luminoso. Y arranca la música, la oda:

> El aire se serena...

El aire se serena: se hace más tierno, más impalpable, aire como esa atmósfera interior en la que el pensamiento flota.

> El aire se serena
> y viste de hermosura y luz...

Aire, ámbito, aire que es espacio armonioso, que tiene que tomar un cuerpo para nuestro sentido interior, y se llena de una sola materia: de hermosa luminosidad o de lumínica hermosura.

> 1. El aire se serena
> y viste de hermosura y luz no usada,
> Salinas, cuando suena
> la música extremada
> por vuestra sabia mano gobernada.

La *música extremada*, con ese sabroso —y doloroso—, con ese profundo y caracterizador adjetivo nacional español, "extremado" (cuyo íntimo significado estudia en estos momentos un gran poe-

---

Luis de León, por D. Antonio Caro y D. José López-Portillo y Rojas, individuos de número de la Real Academia Mejicana de la Lengua, correspondiente de la Real Española, Méjico, 1921, 42 págs. Es un discurso de recepción (del señor Caro) y contestación (del señor López-Portillo). Carece de todo interés.

ta contemporáneo, otro Salinas, Pedro Salinas [36]). Música extremada, que es límite, que es cima, porque "todo en el aire es pájaro", todo en el arte es cima. Y el dulce vocativo, "Salinas", nos trae otra vez al mundo material, así como el bello verso último,

    por vuestra sabia mano gobernada,

tan grave —totalmente yámbico—, liso, ponderado, musical él también, en su concordancia última; y expresivo: porque la música está *gobernada:* el poeta, el músico, sólo rigen, gobiernan la parte de la armonía que en ellos se posa.

          ESTRS. 2.ª-4.ª: ASCENSIÓN
          A LA PRIMERA ARMONÍA

2. A cuyo son divino
  el alma que en olvido está sumida,
  torna a cobrar el tino
  y memoria perdida
  de su origen primera esclarecida.

Aquí es necesario saber tres cosas: la primera, que para los pitagóricos el alma era armonía. Aristóteles lo transmite, y Macrobio también, y achacan la doctrina a Pitágoras y a Filolao [37].

---

[36] Así hablaba yo en 1948. Hoy, cuando preparo la segunda edición de este libro, hace ya meses que mi amigo nos ha abandonado. En paz descanse. Su estudio habrá quedado esbozado, entre sus papeles.

[37] Para los fragmentos pitagóricos hemos consultado principalmente *Die Vorsokratiker. Die Fragmente und Quellenberichte übersetzt und eingeleitet von Wilhelm Capelle* (Stuttgart, "Kröners Taschenausgabe", 119), libro basado en la obra ya clásica de Diels. Citamos los fragmentos según la ordenación de Capelle. Sobre el alma como armonía, testimonios de Macrobio y Aristóteles, en Capelle, *sub* Philolaos, núms. 29 y 30. Capelle señala en nota la coincidencia con el *Fedón*. Mi agradecimiento a Julián Marías por su ayuda bibliográfica.

La Oda a Salinas: Estrofas 2.ª-4.ª

La segunda, que, según Filolao, el alma, a consecuencia de cierto castigo, había sido uncida al yugo con el cuerpo y en él como en una tumba colocada, de donde el chiste, σῶμα, σῆμα : "cuerpo, tumba"; y otras veces dice que el hombre está como en una especie de prisión. La tercera es que Aristóxeno nos transmite que los pitagóricos usaban la música para purgar el alma, como usaban la medicina para purgar el cuerpo [38].

Sin más, sin necesidad de más, nos damos cuenta de que la oda a Salinas está situada desde su arranque en la estela de las viejas preocupaciones pitagóricas. Poseemos unos cuantos fragmentos de la doctrina pitagórica y exposiciones de aspectos de ésta por otros filósofos (entre ellos Aristóteles), pero no tenemos ni una línea del pensador que da nombre a la escuela. Dónde bebió su doctrina pitagórica Fray Luis, qué parte le pasó a través de Platón o de Aristóteles, etc [39], son problemas muy alejados de mi conocimiento y que ahora, ante nuestra tarea concreta, nos serían grave embarazo. Que el alma es armonía, por ejemplo, es doctrina también de Platón, quien seguramente la recibió (como bastantes otras cosas) de los pitagóricos. He aquí, pues, cómo en la oda de Fray Luis se confunden ahora (y no sólo en este punto) esas dos estelas.

Notemos el verso *el alma que en olvido está sumida*. Entre los dos polos, *armonía* y *desarmonía*, en que fluctúa toda la vida y el arte de Fray Luis, esta oda cae casi totalmente del lado armónico; pero no podía dejar de haber en ella un vínculo con el mundo de discordia y desarmonía, de donde el poeta se va a erguir: y está expresado en la palabra *olvido:* vivir en afán, en

---

[38] Burnet, *Early Greek Philosophy*, Londres, 1920, pág. 97.
[39] Véase nuestro apéndice V, "Sobre la *inmensa cítara* de Fray Luis".

tráfago, en cuidado, es vivir en olvido y destierro de la serenidad y la armonía cósmicas.

El alma es armonía. Pero está aherrojada en la prisión del cuerpo o, si se quiere, en esa tumba. Y en la cárcel o en la tumba de lo mundanal (como una prolongación del cuerpo). Pero, por la música, el alma se purga, se limpia de lo inarmónico, casi se desnuda de su cuerpo, de su prisión, de su sepulcro. Sí, el alma, por el son de la música, vuelve a situarse en el mundo de concordancias a que legítimamente pertenece.

Es lo que desarrollan las estrofas que siguen:

> 3. Y como se conoce,
> en suerte y pensamientos se mejora,
> el oro desconoce
> que el vulgo ciego adora,
> la belleza caduca engañadora.
>
> 4. Traspasa el aire todo
> hasta llegar a la más alta esfera,
> y oye allí otro modo
> de no perecedera
> música, que es de todas la primera.

ESTR. 4.ª: MÚSICA DE LAS ESFERAS

¿Qué música es ésta a la que hemos llegado? La hemos oído sólo al llegar a la más alta esfera. ¿Qué esfera? Fray Luis estaba profundamente embebido en la concepción (de arranque pitagórico) de las esferas celestes (también llamadas ruedas y círculos). En la oda al nacimiento de la hija del Marqués de Alcañices, por ejemplo, se lee (habla con la recién nacida):

> Diéronte bien sin cuento
> con voluntad concorde y amorosa

La Oda a Salinas: Estrofa 4.ª

> quien rige el movimiento
> sexto, con la alta diosa
> de la tercera rueda poderosa [40].

No lo entenderá quien no sepa que en la distribución (en una de las varias distribuciones) de las esferas o ruedas celestes, la sexta era la de Júpiter, y la tercera la de Venus.

Ahora bien: lo esencial es que esas esferas al moverse emitían una concordancia musical. No es un mito, o una idea de la que nos podamos reir. Es una concepción de una belleza tal, que se abre como enorme pozo sin fondo. Y el alma se nos vierte por ella. ¡Ah, no! A esa música, hoy silenciosa, Kepler y Newton le escribieron pentagrama; y Einstein, fugas y límites.

Pero nosotros debemos volver a la vieja teoría pitagórica tal como nos la transmite Aristóteles:

En el centro estaba el Fuego (puesto o casa de Zeus); alrededor giraba la Contratierra (ésta es una curiosa creación pitagórica); después la Tierra, que con su posición respecto al Sol causa el día y la noche. Los cuerpos celestes que se movían eran diez (porque el diez era el número perfecto). Y dice Aristóteles: "como sólo se ven nueve, inventaron como décimo la Contratierra" [41].

Estos cuerpos celestes al moverse producían cada uno un sonido y todos ellos concertaban como inefable música. ¿Por qué los mortales no la oyen? Sencillamente porque es una música constante, no contrastada por silencios: es decir, el silencio, nues-

---

[40] *Al nacimiento de la hija del Marqués de Alcañices* ("Inspira nuevo canto...").

[41] Véase en Capelle, *sub* "Anonyme Pythagoreer", números 1-5.

tro silencio humano, sería una música celeste. ¡Ah, no oímos esta música, como el herrero no oye su martillo! [42].

Henos aquí, pues, ascendidos a la música pitagórica de los astros.

GRADOS ASCENSIONALES EN LAS ESTRS. 1.ª-4.ª

Pero debemos, antes de seguir, contemplar el camino que hemos hecho hasta el final de esta estrofa cuarta.

Es curioso, y creo que no bastante señalado [43]. Esta primera parte de la oda tiene un movimiento ascensional. La música logra que el alma: 1.º, conozca su concordancia original; 2.º, desprecie todo el tráfago exterior, y 3.º, en fin, llegue a la música esencial y primigenia del mundo. Son tres escalones, graduados, que forman una verdadera escala mística. La mística es un movimiento horadante hacia un centro de obsesión, y en la expresión necesita siempre echar mano de los mismos símbolos: el laberinto hasta cuyo íntimo secreto se penetra, el castillo interior cuyas moradas exteriores hay que atravesar para llegar a la cámara recóndita; la escala, cuyos grados hay que ascender. Fray Luis no ha expresado exteriormente el símbolo, pero las cinco primeras estrofas son otros tantos escalones de una ascensión gradual.

ESTR. 5.ª: CONTEMPLACIÓN DE DIOS, ORIGEN DE LA ARMONÍA

Porque la marcha ascensional continúa aún, y la estrofa siguiente, la estrofa quinta (que falta en algunas versiones, pero que nadie sino Fray Luis pudo escribir) es la contemplación de Dios. Y Dios es el gran músico, el gran concertador universal; y el mundo, la gran cítara que suena en sus manos. No creo que

---

[42] *Ibid.*, núm. 6.
[43] Menéndez Pelayo lo apunta. *Obras*, II, 76.

la lírica mundial haya producido una imagen más bella ni más poderosa:

> 5. Ve cómo el gran Maestro,
> a aquesta inmensa cítara aplicado,
> con movimiento diestro
> produce el son sagrado
> con que este eterno templo es sustentado.

Esa imagen, dentro del cristianismo, asciende, por lo menos, a San Agustín, el cual considera la armonía del Universo como el gran canto de un inefable músico: "velut magnum carmen cuiusdam ineffabilis modulatoris" [44].

---

[44] Comp. David Rubio, *La Fonte de San Juan de la Cruz*, La Habana, 1946, págs. 29-30. El pasaje de San Agustín está en la epístola *Ad Marcellinum* (*Epist.*, III, CXXXVIII, cap. I, 5), en Migne, XXXIII, pero su sentido completo hace que la semejanza con la estrofa de la "cítara" sea bastante remota.

Marcelino en una carta le había expuesto a Agustín ciertas objeciones de algunos: "Cur hic Deus, qui et veteris Testamenti Deus esse firmatur, spretis veteribus sacrificiis, delectatus sit novis. Nihil enim corrigi posse asserunt, nisi quod ante non recte factum probaretur; vel quod semel recte factum sit, nullatenus immutari debuisse. Recte enim facta dicunt mutari, nisi iniuste, non posse."

San Agustín en su contestación señala cuán innumerables son los cambios aun en la misma naturaleza; ni es exacto que lo que una vez fue bien hecho no pueda ser cambiado. Y añade (subrayamos la comparación que ha originado nuestra nota): "Aptum fuit primis temporibus sacrificium quod praeceperat Deus, nunc vero non ita est. Aliud enim praecepit quod huic tempori aptum esset, qui multo magis quam homo novit quid cuique tempori accommodate adhibeatur; quid quando impertiat, addat, auferat, detrahat, augeat, minuatve, immutabilis mutabilium, sicut creator, ita moderator, donec universi saeculi pulchritudo, cuius particulae sunt quae suis quibusque temporibus apta sunt, *velut magnum*

Y esta misma imagen del gran Fray Luis —en otro sentido— llega a nuestros días. Hay que recordar el conmovedor y brevísimo poemita de Antonio Machado:

> Tal vez la mano en sueños
> del sembrador de estrellas
> hizo sonar la música olvidada
> como una nota de la lira inmensa...
> y la ola humilde a nuestros labios vino
> de unas pocas palabras verdaderas.

Pero el camino es aquí inverso, la armonía desciende de lo alto: el poeta, también en olvido, entre tráfago y mentira, ha sentido en su voz unas palabras de verdad; son un último eco de la música de belleza y verdad que Dios pulsa en su lira original y eterna.

LA "INMENSA CÍTARA" DE FRAY LUIS Y LA COSMOLOGÍA PITAGÓRICA

¡Pero esa lira, esa cítara de Machado y de Fray Luis tiene aún raíces mucho más hondas! Y otra vez nos sumergimos en los pitagóricos.

Los pitagóricos creían que todas las cosas del mundo eran número. Y el mundo todo, número y armonía. O bien, según una interpretación alternativa que el mismo Aristóteles da, que los

---

carmen cuiusdam ineffabilis modulatoris excurrat, atque inde transeant in aeternam contemplationem speciei qui Deum rite colunt, etiam cum tempus est fidei."

La imagen del gran "carmen" se le ha ocurrido, pues, por la constante variación musical, en la que cada partícula es la apta para cada momento, y todas continuamente cambian. La idea es fundamentalmente distinta de la de la contemplación estática del mundo como un sistema armónico.

números son los dechados de todas las cosas, sin que éstas estén separadas de sus dechados [45]. Esto tampoco es para reírse: esa proposición, entendida en cierto modo, no contiene sino todos, absolutamente todos los avances de la física, y aun con más precisión los de la física más moderna.

Pero en ninguna parte era esto más evidente verdad que en el sonido. Los pitagóricos estudian el tetracordio y llegan a determinar en fórmula matemática las συμφωνίαι o intervalos concordantes. Han observado (la tradición quiere que en martillos, lo más probable es que fuera en cuerdas) la relación de la octava. Si a la cuerda de una lira se la fija en el punto medio, cada mitad, pulsada, emite una nota una octava más alta: y entonces fijan la relación de octava según la razón de 1 a 2. Si la cuerda se fija a un tercio de su longitud, los dos tercios restantes emiten un sonido una quinta más alto que el de la longitud total, y así establecen la quinta en 2:3, y la cuarta en 3:4 [46].

Sabido esto, volvamos a la música celeste, y a la noticia que de la doctrina pitagórica sobre dicha música nos transmite Aristóteles. Dice Aristóteles que la idea de que el movimiento de los astros origina una armonía musical, fue expuesta de una manera bella y aguda por sus inventores. ¿Cómo? Sencillamente, porque creyeron que la relativa velocidad de cada uno de los cuerpos celestes, a consecuencia de la relativa lejanía de cada uno respecto al centro, hacía que el sonido de cada uno fuera diferente, como es distinto el de cada cuerda de la cítara; y creían que entre esos diferentes sonidos había una relación concordante, que producía la armonía universal [47].

---

[45] Robin, *La pensée grecque*, págs. 68-69.
[46] Véase en Capelle, *sub* "Philolaos", núm. 14.
[47] En Capelle, *sub* "Anonyme Pythagoreer", núm. 4.

Es decir —y ahora abandonamos a Aristóteles—, según la exposición de éste, vemos cuán cerca está esta representación cosmológica de la imagen de una cítara: cada cuerpo celeste es como una cuerda; cada uno, como cada cuerda, emite un sonido diferente; todos consuenan en la universal sinfonía; todos, situados con alejamientos diferentes respecto al centro, como todas las cuerdas respecto a la ὑπάτη, o al extremo opuesto a ésta, según la mano con la que el citarista sostenga el instrumento.

Y contemplamos de nuevo la estrofa de Fray Luis:

5. Ve cómo el gran Maestro,
a aquesta inmensa cítara aplicado,
con movimiento diestro
produce el son sagrado
con que este eterno templo es sustentado.

Y comprendemos qué es lo que quiso decir Fray Luis, y por qué lo dijo. La imagen de la cítara nos resulta diáfana.

ESTRS. 6.ª-7.ª: LA UNIÓN EN LA ARMONÍA

Volvamos ahora a la continuidad de la oda. Por la música, el alma tiende a su natural armonía y conocimiento, despreciando el vulgar (estrs. 1.ª-4.ª). Y por la música llega a la contemplación de la causa primera de la armonía: a la visión de Dios (estr. 5.ª).

Y la estrofa siguiente de Fray Luis ya no es contemplación: ya es concordancia, fusión, entremezclamiento. El alma, compuesta de concordancias, concorde ya con la gran cítara del mundo, envía consonante respuesta a esa música universal. Nos gustaría pensar que el alma vibra como lo hace una cuerda en presencia de las vibraciones de otra de su mismo tono: fenómeno físico que es uno de los secretos naturales de más profundidad y más belleza poética:

ὥστε με θαυμάζειν πῶς ἄπνοα νεῦρα ταθέντα
ἡ φύσις ἀλλήλοις θήκατο συμπαθέα [48].

Pero no: lo que dice Fray Luis es más sencillo; el alma consuena como cuerda bien templada dentro de su escala [49]:

> 6. Y como está compuesta
> de números concordes, luego envía
> consonante respuesta,
> y entrambas a porfía
> mezclan una dulcísima armonía.

La armonía del alma concuerda con la del universo y tiernamente le responde mezclándose y confundiéndose sus sonidos. Este *mezclarse* el ser concreto y la gran causa primera, mezclarse en una dulcísima armonía, comunicarse, confundirse por la armonía, tiene muy hondo sentido. La estrofa se corresponde con el momento de la unión (del alma con Dios), tal como está descrita en los escritores rigurosamente místicos.

Y después de consumada la unión, viene la dicha, el placer, el deliquio:

---

[48] *Anth. Pal.*, XI, 352.
[49] Comp. otro texto de Fray Luis: "Así que, como la piedra que en el edificio está asentada en su debido lugar, o por decir cosa más propia, como la cuerda en la música, debidamente templada en sí misma, hace música dulce con todas las demás cuerdas, sin disonar con ninguna; así el ánimo bien concertado dentro de sí, y que vive sin alboroto y tiene siempre en la mano la rienda de sus pasiones, y de todo lo que en él puede mover inquietud y bullicio, consuena con Dios y dice bien con los hombres y teniendo paz consigo mismo la tiene con los demás" (*Nombres de Cristo*, "Príncipe de Paz", ed. Onís, II, Madrid, 1931, pág. 169.)

7. Aquí la alma navega
por un mar de dulzura, y finalmente
en él ansí se anega,
que ningún accidente
extraño ó peregrino oye o siente.

Este no saber, este anegarse, este no oir ni sentir en la embriaguez divina, está muy cerca de expresiones semejantes en San Juan de la Cruz y Santa Teresa y es característico de los instantes supremos de la unión de semejanza.

Todo hasta aquí ha sido ascensional. Observemos que esta ascensión, en el pormenor de sus escalones es pitagórica, y en la unión entre ellos, es decir, en la subida de la belleza particular a la universal, es platónica.

ESTRS. 8.ª-10.ª: DESCENSO AL BAJO SENTIDO

¡Ah! Pero el momento de dichosa unión es muy breve en Fray Luis. Y vuelve al sentido vil y bajo. La estrofa siguiente aún recibe, como un efluvio, una iluminación de la hermosura que se aleja. Es el recuerdo reciente —pero ya doloroso— de la hermosura gozada:

8. ¡Oh desmayo dichoso!
¡Oh muerte que das vida! ¡Oh dulce olvido!
¡Durase en tu reposo
sin ser restituído
jamás a aqueste bajo y vil sentido!

Ya está el poema en la tierra del llanto. Y, tras una estrofa en la que excita a sus amigos a gozar de esos bienes, termina, aún estremecido de belleza, pidiendo a su amigo Salinas más armonía, que su música continúe siempre, siempre, para que el alma

Autenticidad de la Estrofa 5.ª

se eleve de nuevo a la alta contemplación, para que nunca descienda. La estrofa, contenida, como todas las finales de Fray Luis, tiene un temblor reprimido de lágrimas:

> 10. ¡Oh, suene de contino,
> Salinas, vuestro son en mis oídos,
> por quien al bien divino
> despiertan los sentidos,
> quedando a lo demás amortecidos!

SOBRE LA AUTENTICIDAD DE LA ESTR. 5.ª

He aquí mi interpretación de la oda. Mas no negaré que hay una grave dificultad.

Se trata precisamente de la estrofa quinta. Esta estrofa figura en unos manuscritos sí y en otros no. Ni yo conozco en pormenor esta cuestión (no he trabajado directamente sobre los manuscritos), ni aunque la conociera podríamos discutirla aquí. Sí puedo decir que figura dicha estrofa en algunos de los códices más autorizados. Desde el punto de vista de la tradición textual parece que no hay razones decisivas ni para defenderla ni para desterrarla.

Prescindiendo de desatinos [50], lo que podría a primera vista parecer más acertado en las razones de los adversarios de la estrofa

---

[50] Lo que no se puede discutir es la inmensa belleza de la estrofa. Por eso nos hacen chiribitas los ojos (de pura estupefacción) cuando leemos estas afirmaciones del P. Llobera: "La imagen del *gran maestro a aquesta inmensa cítara aplicado* carece del gusto nunca desmentido y de la gracia siempre ática del divino vate" (*Obras poéticas de Fray Luis*, I, Madrid, 1932, pág. 73, nota 20). (Todos tenemos equivocaciones, y el Padre Llobera trabajó con gran entusiasmo en su edición de Fray Luis, que en muchos puntos señala notable avance. Véanse, sin

es que corta el sentido que se liga entre las estrofas 4.ª y 6.ª. De ser esto así, sería una interpolación, habría que omitirla, y así lo hace algún editor moderno. ¡Que Dios le perdone!

Según eso, la oda versaría sólo sobre la armonía musical, y en ella no se trataría para nada de la armonía celeste [51]. Quien haya seguido toda mi exposición sabe ya que toda la oda se desnutre y casi se aniquila si pensamos que el poeta no se refiere a la armonía cósmica. O, sin eso, ¿es que los que así piensan no han leído la estrofa 4.ª? ¿O quieren también omitirla? Yo creo claro como la luz del día que armonía musical humana y armonía celeste no eran para Fray Luis sino aspectos de una misma cosa, y ambos sólo reflejo y consecuencia de la armonía divina. Del mismo modo que música y astronomía eran hermanas para los pitagóricos (es Platón, nada menos, quien se lo hace decir a Sócrates) [52]. Leamos un pasaje de los *Nombres de Cristo*:

"... este concierto [nótese la palabra equívoca: 'concierto'] y orden de las estrellas, mirándolo, pone en nuestras almas sosiego, y veremos con sólo tener los ojos enclavados en él con atención, sin sentir en qué manera los deseos... se aquietan en nuestros pechos...; ... la razón se levanta y recobra su derecho y su fuerza, y como alentada con esta vista celestial y hermosa, concibe pensamientos altos y dignos de sí, y como en una cierta

---

embargo, las acertadas correcciones que al texto de las poesías, según el P. Llobera, propone el P. Félix García en su edición de la Biblioteca de Autores Cristianos.)

[51] "Yo creo, con Onís, que esta oda fue escrita, no con motivo de la armonía celeste, sino tan sólo de la armonía musical, y que aquélla nada tiene que ver con estas liras" (P. Llobera, *ibid.*, pág. 69). Notable descuido tuvo el P. Llobera al hacer esta afirmación, que está rotundamente contradicha por la estrofa cuarta.

[52] En la *República*, comp. Burnet, obra cit., pág. 85.

manera *se recuerda de su primer origen,* y al fin pone todo lo que es vil y bajo en su parte, y huella sobre ello" [53].

He aquí, pues, que para Fray Luis los efectos que en el alma producen la música humana (en la oda) y la contemplación de la armonía celeste (en este pasaje de los *Nombres de Cristo*) son idénticos, tan idénticos, que el poeta usa para los dos exactamente la misma expresión: "se recuerda de su primer origen" (comp. estrofa 2.ª). ¡Es curioso!

Y ahora un pasaje del *Libro de Job*: En la noche, "...los sentidos sosiegan; y el alma, retirada en sí misma y desembarazada de las cosas de fuera, éntrase dentro de sí, y puesta allí conversa solamente consigo, y *reconócese*..." [54].

Y otra vez la contemplación de la noche ha traído a la pluma exactamente otra expresión que atrajo la música de Salinas: "y reconócese" ("Y como se conoce", etc., estrofa 3.ª). ¡Y siguen las extrañas curiosidades!... Y si continuáramos leyendo el párrafo, veríamos que todo él parece un comentario a la oda a Salinas, con la misma gradación o ascensión por la contemplación de la noche hasta la de Dios... [55].

---

[53] *Nombres de Cristo*, ed. cit., II, 153-154.
[54] Cap. 4, v. 13 (Rivad., XXXVII, pág. 312).
[55] Reproducimos la continuación del pasaje del *Libro de Job*, que acabamos de mencionar. Señalamos entre paréntesis las concordancias (estrofa y verso) con la *Oda a Salinas*: "... y reconócese (3.ª, 1). Y como es su origen (2.ª, 5) el cielo, avecínase a las cosas de él..., influyen luego en ella sus bienes... por cuyo medio se adelanta y mejora (3.ª, 2), y subiendo sobre sí misma, desprecia (3.ª, 3-5) lo que estimaba de día y huella sobre lo que se precia en el suelo... y súbese al cielo (4.ª, 1-2), que por una cierta manera se le abre resplandeciente y clarísimo, y mete todos sus pensamientos en Dios, y en medio de la noche le amanece la luz (4.ª-7.ª)". Es la misma marcha ascensional de la oda con coincidencia de casi todos los escalones.

Pero véase este otro: "y llama *música de cielos* a las noches puras, porque... se echa de ver, y en una cierta manera se oye, su concierto y armonía admirable, y no sé en qué modo suena en lo secreto del corazón su concierto, que le compone y sosiega" [56].

Pasajes todos pitagóricos y de una belleza y una diafanidad tan cimera en la prosa como nuestra oda a Salinas en el verso. Y todos ellos se refieren a la contemplación del concierto de los cielos, y la vista de esta armonía sosiega el corazón y hace que el alma se reconozca, se acuerde de su origen, desprecie lo que el mundo aprecia y se eleve a la contemplación de Dios. Son exactamente los mismos efectos de la música humana, en la oda a Salinas, y repetidamente esos efectos se expresan con las mismas palabras en los *Nombres de Cristo,* en el *Libro de Job* y en la oda.

Pero tenemos todavía contrapruebas. Es que existe otra famosísima oda de Fray Luis, la que empieza: "Cuando contemplo el cielo", cuyo tema es el enunciado en ese primer verso: contemplación de la noche estrellada. Y allí surgen inmediatamente los conceptos armónicos:

> ¿Quién mira el gran concierto
> de aquestos resplandores celestiales...
> quién es el que esto mira
> y precia la bajeza de la tierra...?

y son otra vez los mismos efectos de la música humana. Y sobre todo, en la oda *De la contemplación del cielo* ("Alma región luciente"), ¿cómo, en qué figura contempla a Dios? En figura de Pastor, pero de pastor músico. El deleite de los bienaventurados

---

[56] *Libro de Job,* cap. 38, v. 37. (Rivad., XXXVII, pág. 474.)

no es otro sino el escuchar la divina música. Versos imperecederos:

> Y de su esfera cuando
> la cumbre toca altísimo subido
> el sol, él, sesteando,
> de su hato ceñido,
> con dulce son deleita el santo oído.

> Toca el rabel sonoro
> y el inmortal dulzor el alma pasa...

¡El inmortal dulzor!: algo de él nos llega también al alma a través del verso de Fray Luis.

He aquí, pues, para coronar la serie de concordancias antes establecidas, que la imagen del gran citarista,

> el gran Maestro,
> a aquesta inmensa cítara aplicado,

que es la de la estrofa cuya autenticidad se discute, está plenamente justificada por la del Dios pastor músico, auténtica de Fray Luis, si no lo estuviera ya por su inspiración concorde con la de toda la oda a Salinas.

No, no puede caber duda: para Fray Luis, "armonía musical" y "música celeste" son una misma cosa. Dios es el creador de esa armonía. El alma se eleva por la música humana hasta la música celeste movida por las manos diestras de Dios.

La estrofa entra perfectamente lo mismo en el organismo de la oda que en el sistema total del pensamiento del gran poeta. La estrofa, además, es bella y profunda —también— como una noche estrellada.

ESCALA MÍSTICA Y ESTRUCTURA CLIMÁTICA

Debemos volver aún los ojos a esta oda para considerarla a la luz del estudio de la forma exterior, que hicimos antes. Su estructura es mucho más sencilla que la de la *Profecía del Tajo*, o la de la *Vida retirada*. Sin embargo, también se cumple en ella la principal ley melódica que el poeta bebió en Horacio. Recordemos sus dos partes. De sus diez estrofas, las siete primeras son —como hemos visto— la ascensión graduada desde la música terrena a la unión con la armonía universal. Las tres últimas, el descenso al sentido del bajo mundo. Este ascenso místico y este descenso los ha montado Fray Luis, con perfecta correspondencia, sobre el movimiento climático-anticlimático de la oda de Horacio. La cumbre climática cae hacia los dos tercios de la oda (que es la proporción más frecuente). Las tres estrofas últimas son anticlimáticas, y la última tiene el refreno, la contención y la modestia necesarios en todo saber terminar dentro de una proporción clásica.

Esa cumbre climática es el único momento (estrofas 5.ª-7.ª de nuestra oda), entre toda la obra de Fray Luis, en que le podemos llamar místico.

EL AMOR Y LA PENA: NOSTALGIA DEL PROSCRITO

En el resto de sus odas no hay ni un solo instante que se pueda asimilar a la plenitud de la unión de semejanza. Las vislumbres del cielo o de la divinidad están contempladas siempre en posición de desterrado. No por eso menos bellas, porque el dolor, el desvío, el apartamiento, cargan de expresión y de hermosura las imágenes inasequibles.

Así en toda su obra. No es posible traer aquí ni la más compendiosa enumeración. Sólo dos ejemplos. Léase esa maravillosa

Noche serena [57]. Toda está escrita desde el bajo suelo, con el dolor del alejado, del ausente: con nostalgia; como él dice, con "pena" y con "amor":

> Cuando contemplo el cielo
> de innumerables luces adornado,
> y miro hacia el suelo
> de noche rodeado,
> en sueño y en olvido sepultado,
>
> el amor y la pena
> despiertan en mi pecho un ansia ardiente,
> despiden larga vena
> los ojos, hechos fuente,
> ... y digo así con voz doliente:
>
> Morada de grandeza,
> templo de claridad y de hermosura,
> mi alma, que a tu alteza
> nació, ¿qué desventura
> la tiene en esta cárcel baja, oscura?

"En esta cárcel". Quizá su cárcel material, en Valladolid, y la cárcel del cuerpo, y la cárcel del inarmónico mundo. Y como no puede alzar el vuelo, quisiera romper sus vínculos carnales para volar.

Léase, si no, esa impresionante oda, *Morada del cielo* [58], donde la visión beatífica es aún más directa y está representada con

---

[57] Es una de las odas a las que Menéndez Pelayo atribuye carácter místico. Véase más arriba, pág. 166, nota 29.

[58] Llamada también *De la vida del cielo* ("Alma región luciente..."). Es otra de las consideradas como místicas por Menéndez Pelayo. Véase más arriba, pág. 166, nota 29.

una nítida, impregnante luminosidad, cuando —como hemos visto hace poco— el poeta contempla al pastor divino tras su hato y con su música a lo pastoril:

> Toca el rabel sonoro
> y el inmortal dulzor el alma pasa...

Pero escuchemos —ante esa contemplación— su grito desgarrado, de ausente proscrito:

> ¡Oh son, oh voz! Siquiera
> pequeña parte alguna descendiese
> en mi sentido y fuera
> de sí el alma pusiese,
> y toda en ti, ¡oh amor!, la convirtiese.
>
> Conocería dónde
> sesteas, dulce Esposo, y desatada
> de esta prisión adonde
> padece —a tu manada
> junta— no ya andará perdida, errada.

¡Nostalgia, desgarradora nostalgia del desterrado!

ENTRE ARMONÍA Y DESARMONÍA: LEY VITAL Y ESTÉTICA DE FRAY LUIS

Entre armonía y desarmonía se polariza todo el arte de Fray Luis. Su fisiología y su temperamento, las luchas espantosas en que se vio prendido, su interés por el mundo, su carácter polémico, su movilidad, su peligrosa osadía, su incoercible sentido de la justicia, que estallaba ante lo injusto; en una palabra, su misma violenta pureza, le arrastraban y llevaban lejos de la serenidad y la contemplación [59]. Su nutrición filosófica, sus vivos deseos de amor y poesía, le hacían contemplar y describir los prados altos, inasequibles, con una belleza y una intensidad como no las ha conocido nuestra lengua. Sólo en una ocasión —como hemos visto—, por el transporte aéreo de la música, llega a la plenitud de la unión y del deliquio, que dura sólo un instante.

Toda la poesía de Fray Luis es un desgarrado anhelo de "unión"; pero no hay en ella nada que suponga "experiencia" mística, nada que describa "unión", o sea asimilable a "unión"..., nada, salvo esas estrofas de la *Oda a Salinas*.

En lo demás, si hay serenidad, si hay armonía, si hay "sophrosyne", es sólo como una lejana visión inalcanzable en la vida. Y el poeta vive en llanto, en desasosiego, entre remolinos de traición, con el ansia ardiente del dolor y la pena. No ver esto es no comprender ni una palabra de la poesía de Fray Luis.

CRISTIANISMO ESENCIAL DE FRAY LUIS

Observemos, para terminar, que esa única oda a Salinas, donde los impulsos son la teoría estética platónica y los números concordes pitagóricos, parece moverse en una zona de mística blanca, que se diría pagana del todo, descristianizada.

¿Es posible que Fray Luis haya ascendido a la contemplación sólo por una vía intelectual, alejada de los afectos del cristianismo?

Quien así piense demostrará no comprender nada del gran poeta. Era totalmente, profundamente cristiano. El poeta que canta a todos los santos, que invoca con conmovedora fe nacional a Santiago, que reprocha con inocente ternura a Cristo, en la Ascensión, que se embriaga sabrosamente en los *Nombres de Cristo*,

---

[59] En la vida nada de *sophrosyne*; en la poesía sólo prodigiosas vislumbres que Fray Luis entrevé como una aventura que le está vedada.

que desde la cárcel cruel dirige su desgarradora imprecación de auxilio a la Virgen, como niño a la madre, con ternura de niñito abandonado a la madre tutelar, era un espíritu totalmente, enraizadamente cristiano.

Pero su espíritu era de enorme complejidad. Bebía en la Biblia, en Platón, en Aristóteles, en la Escolástica..., y de cada sistema se asimilaba todos los elementos conllevables con su fe. Y conocidas son las numerosas simbiosis de platonismo y cristianismo. Todo lo que en esa masa indeterminada le bullía dentro del cerebro y del corazón, ya estaba resellado de cristianismo. Tan enraizado y tan auténtico, que no necesitaba ni expresarse discriminadamente como tal. Creo esto profunda verdad, y que explica que, a quien sin este conocimiento se aproxima a Fray Luis, pueda darle su mayor vuelo místico una falsa idea de paganía.

IV

FORMA EXTERIOR Y FORMA INTERIOR

Me interesaban como ensayo las dos partes del presente estudio. Forma exterior y forma interior son modos rudos de hablar, porque precisamente en la expresión literaria ambas se compenetran y se funden en una criatura única.

Me interesaban, porque, en el estudio de lo exterior, la estructura especial de la oda de Fray Luis nos permitía un método de acercamiento muy distinto del que empleamos en el análisis de Garcilaso.

Y me interesaba la segunda parte, porque me separo profunda y extensamente del concepto más usual de la estilística literaria, mejor dicho, mi idea de la estilística es un concepto que comprende el usual, pero que es mucho más amplio.

Los estudios estilísticos que se hacen en nuestros días en el campo románico se suelen polarizar hacia la persecución de la expresión afectiva en la obra literaria. Se prescinde del moldeamiento de lo conceptual. El análisis de la *Oda a Salinas* ha querido mostrar que la unicidad de la troquelación de pensamiento es el elemento decisivo en la plasmación del poema (en especial en ciertos poetas). Cómo es imposible divorciar lo afectivo y lo conceptual, y cómo ambas perspectivas deben ser objeto de la misma atención por la Estilística, lo hemos de discutir más adelante [60].

Interesa observar ahora que los trabajos de Estilística (en el campo de las literaturas modernas) [61] investigan sobre todo las reacciones de afectividad profunda, que, claro está, suelen ser las que dan los más felices hallazgos a un poeta. Sin embargo, en cualquier poeta, y de modo evidente en los poetas renacentistas, las reacciones inmediatas a los estímulos vitales van de tal modo entreveradas con las que sólo son mediatas (a través de la tradicionalidad cultural), que una discriminación rigurosa es imposible.

Nos inclinamos, por ejemplo, a admitir el predominio de la reacción virginal, inmediata, en Garcilaso. (Evidentemente exageramos, movidos por el arrastre de juvenil simpatía que este poeta suscita.) Que Fray Luis de León meditó las peculiaridades de los modelos, ya la Biblia, ya Horacio, etc., que se propuso seguirlos en los modos de decir, en la estructura, ha de ser patente a quien haya leído nuestro estudio de la *Profecía del Tajo* y las afirmaciones del propio poeta en los *Nombres de Cristo*.

Pero, ¿acaso las relaciones interestróficas y la estructura total de la oda de Fray Luis, por el hecho de estar en una línea tradicional, no han de ser objeto de nuestro estudio estilístico? (Y ¿cómo separar, también, en Fray Luis, lo que es deliberado o tradicional, o lo uno y lo otro, de lo que es hallazgo súbito de su intuición de gran poeta?)

---

[60] Véase más abajo "Lo afectivo y lo conceptual como objeto de la Estilística".

[61] Hay que separar la llamada "Estilística" en las literaturas clásicas, pues es algo casi completamente distinto.

Llegamos ahora a una fundamentación esencial: en el estudio de los elementos conceptuales y afectivos que constituyen la unicidad del poema, a la Estilística no le interesa, o no le debería interesar (o sólo en determinados momentos [62], y por razones, digamos, pre-estilísticas), la procedencia de esos elementos; para ella lo mismo tiene que hayan llegado por vía de reflexión y tradición o por elementales y directísimos reflejos. Digámoslo de una vez: esto es así, porque *la Estilística estudia organismos, estructuras sincrónicas de valores.*

SINCRONÍA Y DIACRONÍA EN EL ESTUDIO ESTILÍSTICO

El análisis estilístico actúa sobre los valores de una estructura sincrónica: nada más sincrónicamente orgánico que el poema, la más perfecta realización del lenguaje, última posibilidad, última condensación significativa del lenguaje [63]. El fin del estudio estilístico de un poema no es sino su comprensión como perfecto e individual sistema de valores. Hallarle al poema la "unicidad" de su sistema de valores, he ahí el fin (no conseguido) de la Esti-

---

[62] Cuando, por ejemplo, para la comprensión de un artista en todo extraordinario, necesitamos preguntarnos de dónde le llegaron, cómo eran antes los prodigiosos elementos que maneja. (Véase, más abajo, nuestro estudio sobre San Juan de la Cruz.)

[63] Estamos otra vez, claro, en la terminología de Saussure. Admitida la esencial diferencia que separa nuestra idea del "signo" (véase, más arriba, pág. 20 y sigs.) de la del *Curso de lingüística general,* es evidente, sin más, que lo que entendemos por "valores" difiere profundamente (en cuanto contenido) de lo que entendía Saussure (Comp. *Curso,* cap. IV). La complejidad que atribuimos a significante y significado no invalida el genial análisis saussuriano de las relaciones sintagmáticas y extrasintagmáticas que forman la red de valores idiomáticos; lo que ocurre es que estas relaciones son mucho más complejas que lo que Saussure pensaba, atento sólo al contenido conceptual. Sin olvidar que Saussure especula con la "len-

lística. La indagación estilística es rigurosamente sincrónica. Y, sin embargo...

Lo que acabamos de decir es cierto totalmente del lado del significante. Necesita algunas aclaraciones si partimos del significado.

El significante es materia registrable físicamente; la única dificultad que nos opone es la del número casi infinito de relaciones que en él están implicadas.

Si el significante es materia concreta, físicamente registrable, el "significado" no es —después de todo— más que nuestra propia intuición del poema. Hemos estado especulando con él como si fuera pájaro en mano. No; el significado no es analizable, no es aprehensible; es inefable. Es último elemento (ya en contacto íntimo con el significante) de una serie (que teóricamente podemos suponer ordenada) de estados espirituales que empiezan en una especie de caos precreativo y por una misteriosa polarización, selección y simplificación terminan en un moldeado complejo de redes, en un organismo: el "significado".

Inaprehensible éste, queda la posibilidad de que persigamos ese bullir, ese moldearse hacia un plasmar (así lo hemos intentado con la *Oda a Salinas*). Claro está que esta persecución introduce una dimensión diacrónica y, por tanto, extraestilística. Hemos dado, pues, en la contradicción. ¿Perseguimos acaso un imposible?

---

gua" (pero actúa en el campo del habla, pues no hay sintagma sin acto del habla). Nosotros atendemos preferentemente al habla, y en su realización más rica e intensa (la creación poemática). Estamos, pues, como se ve, al lado de otra definición de la Estilística: el objeto de la Gramática es la "lengua"; el objeto de la Estilística es el "habla". (Véase más adelante, en el presente libro, "Tercer conocimiento de la obra poética").

FORMA EXTERIOR EN LA "PROFECÍA DEL TAJO". FORMA INTERIOR EN LA "ODA A SALINAS"

Una indagación científica debe ser vital, total. Nos abriremos paso, a tentones o a hachazos, en la dura "praxis", en cada oscurecimiento de la teoría. Acudiremos a sistematizar los conocimientos adquiridos cuando nos sangren las manos. También habrá descansaderos, momentos para volver la vista atrás. Estamos en uno de esos instantes. He aquí, ahora, el nuevo panorama de las relaciones entre el significante y el significado:

A un lado hay un hervor susurrante, un bosque profundo y oscuro, un caos, si queréis: es el instante que precede a la creación. Al otro, una criatura nítida, exacta, el poema. Explicar cómo se establece el vínculo o puente entre ambos, iluminar el momento portentoso en que lo amorfo se vitaliza en organismo, ése es, para mí, el objeto de la investigación estilística.

Los elementos que se ordenan, unas veces son matices afectivos que producen un hervor en la palabra, que en la misma palabra, o en su resonancia, termina. Otras veces son inmensidades complicadas de pensamiento. Y no hay límite definido entre ambas esferas, que son permeables entre sí, comunicantes. A investigar algunos aspectos de estas dos direcciones hemos dedicado las dos partes principales de este estudio sobre Fray Luis de León: forma exterior (en la *Profecía del Tajo* y la *Vida retirada*) y forma interior (en la *Oda a Salinas*).

A la esfera de las palabras pertenece más (sólo más) la estructura de la oda, su ordenación como organismo. Del otro lado, hemos visto cómo por procedimientos inductivos hallamos la ley de la polaridad entre armonía y desarmonía en que se mueve todo el enorme quehacer vital y estético de Fray Luis, y cómo el estado de desarmonía puede hacer más nítidas, más vehementes, las vislumbres del estado armónico, y cargarlas de afecto, de dolorida nostalgia.

ESTÉTICA PLATÓNICA, ESCALA MÍSTICA Y ESTRUCTURA CLIMÁTICA

Cómo ambos mundos, ambas indagaciones son interdependientes, nos lo expresa con nítida limpidez el hecho de que en la oda a Salinas hayamos visto superponerse, montarse, coincidiendo, como en una placa fotográfica triplemente impresionada, dos grandes moldes ideales: la estética platónica, la gradación de escala de la mística y la estructura climática y anticlimática de la oda de Horacio. En esa plasmación de arte, en esa criatura expresiva se besan, pues, se amalgaman (forma exterior e interior) dos grandes cosmos de pensamiento y sentimiento, y una limitada, pero perfecta técnica de la palabra.

Estética platónica, subida desde la belleza particular hasta la causa primera de la belleza, y ascensión mística del alma hasta la unión con Dios (dos aspectos de un mismo fenómeno): he aquí dos mundos que se reducen a expresión. En ese momento, cuando lo enorme y amorfo se reduce a un contorno, cuando va a fraguar, a fijarse, tenemos una vislumbre de la forma interior. El momento en que fragua es el instante en que ocurre el milagro expresivo: forma interior y forma exterior han coincidido. He ahí el poema.

La línea ascendente con sus gradaciones desde la belleza particular a la general, desde el suelo hasta Dios, el instante contemplativo, la unión transitoria y el descenso, dibujan ya ahora el movimiento formal climático-anticlimático de la oda horaciana.

SEGUNDO CONOCIMIENTO DE LA OBRA POÉTICA

Función de la crítica

EL LECTOR ES SIEMPRE UN ARTISTA

Si se pregunta al "lector" típico por qué le gusta la obra leída, muchas veces no nos sabrá responder, o responderá con una fórmula brevísima, muy general y trivial. ¡Qué borrón informe frente a la clara intuición que auténticamente recibió!

Está bien: es lo que esperábamos; es lo que le corresponde. Este hombre es, exclusivamente, el lector, es decir, el receptor, el término de la relación artística. El lector es el artista donde se completa la relación poética. Es un artista que no inventa intuiciones espontáneas, sino reflejadas, siempre mediante la excitación de la obra de un creador; es un artista que carece de expresión, su arte consiste precisamente en la "impresión". ¡Qué delicadezas, qué calidades, qué intensidades en este arte impresivo! Por ese arte —tan secreto— no podemos penetrar sino adivinando: sí, adivinamos el más conmovido, el más bullente, el más tierno océano de "impresiones" a través de lentos siglos de lectura. ¡Cálida, conmovida historia del lector; generoso, anónimo, enorme arte impresivo de la Humanidad!

He aquí la consecuencia: en el lector todos los días se renueva un milagro: en él, a cada hora nace de nuevo la poesía.

¡Prodigio del libro abierto, acariciado por unas manos, también sensibles, también participantes en el hecho estético que va a seguir! Estos ojos son los de turno —¡siglos y siglos!—. Son los ojos enésimos, aquellos a los que hoy, 15 de junio de 1948, les correspondió (en la gran rueda) quedarse un instante vagos, con esa tenue veladura en la que —por enésima vez— se había de concentrar el ángel de la melancolía. Tristes angéles visuales guiaban. Sabíamos que los ojos se posarían en el libro, precisamente por esa página, por ese verso *che va dicendo a l'anima: sospira*.

Mil y mil veces, en más de seiscientos años, día a día, ha ocurrido lo mismo: bellos ojos humanos, tristes (triste igualdad, tan distinta), se han posado sobre ese verso, esa página. Y cada vez que en la historia de la Humanidad ha ocurrido eso, ha surgido el milagro: el libro no ardía, no, y, sin embargo, de las páginas ha saltado como una llama lívida, y la belleza, la ternura y la pena, flúido misterioso, delicia y amargura a la vez, han atravesado el alma; un "spirito soave", como en el soneto mismo,

che va dicendo a l'anima: sospira.

Y el soneto inmortal nace mil veces, recién creado por mil y mil hombres, por mil y mil lectores-poetas.

El primer conocimiento poético es el del lector, en quien el autor se perfecciona. Todo lector es un artista, término necesario de la creación poética. El conocimiento del lector, o primer conocimiento poético, es un aspecto de la obra misma. Sin lector, el poema es un pobre ser inexpresivo: como este palo en el suelo, o como este canto que rodó de la montaña.

SEGUNDO CONOCIMIENTO DE LA OBRA POÉTICA

Pero hay un segundo grado del conocimiento poético. Existe un ser en el que las cualidades del lector están como exacerbadas: su capacidad receptora es profundamente intensa, dilatadamente extensa. Porque, así como no todo el que lee es lector, no todo lector tiene una ancha sensibilidad receptora. Tal lector adora a Dante, pero aborrece a Petrarca. Cuando Papini increpa a Goethe, es un genial lector exasperado; de ningún modo un crítico (¡ya se nos ha escapado la palabra!). Quiere esto decir que en el lector no se perfeccionan impresivamente sino determinados valores poéticos, intuiciones comprendidas entre ciertos límites; aparato, pues, sólo sensible para determinadas longitudes de onda: mudo para Petrarca, o mudo para Goethe.

Ese otro ser excepcional, el crítico, no sólo tiene una poderosa intensidad de impresión, sino que reacciona, en general, ante todas las intuiciones creativas, y la intensidad de impresión debe corresponderse en él con la capacidad expresiva de los creadores, de los poetas. La lectura debe suscitarle al crítico profundas y nítidas intuiciones totalizadoras de la obra. Es el crítico, ante todo, un no vulgar, un maravilloso aparato registrador, de delicada precisión y generosa amplitud.

Pero, como otra natural vertiente de su personalidad, el crítico tiene también una actividad expresiva. Dar, comunicar, compendiosamente, rápidamente, imágenes de esas intuiciones recibidas: he ahí su misión. Comunicarlas y valorarlas, apreciar su mayor o menor intensidad.

El crítico transmite, pues, sus reacciones, pero sus reacciones mismas no son problema para él. Comprueba sencillamente que la obra, el poema, ha determinado en él unas reacciones espirituales. No le interesa, en general, establecer cómo, por qué se han producido. Con premura hace una clasificación general de sus reacciones intuitivas para comunicarlas a un hombre, a un posible lector del mismo poema.

Vemos cómo este conocimiento segundo se diferencia también del primero, del peculiar al lector, en que trasciende de la mera relación de la obra y se convierte en una pedagogía: el crítico valora la obra, y su juicio es guía de lectores. No puede haber crítica sin una intensa capacidad expresiva. Ya hemos dicho que la intuición estética es, en sí, inefable: el crítico, pues, la expresa creativamente, poéticamente.

Si se miran ahora en conjunto las cualidades del crítico, se verá cómo dominan en él las facultades intuitivas: profunda y amplia intuición receptiva, como lector, y poderosa intuición expresiva, como transmisor. Lo esencial en él es la expresión condensada de su impresión. Predomina en él netamente la capacidad de síntesis sobre la voluntad de análisis: lo artístico, sobre lo científico. El crítico es un artista, transmisor, evocador de la obra, despertador de la sensibilidad de futuros gustadores. La crítica es un arte.

(¿Estamos, quizá, hablando de algún ser hace decenios rarísimo en la superficie de nuestra tierra? No contestaremos preguntas impertinentes.) Tratamos ahora de delimitar los campos de actividad del crítico. Tenemos aún algo que andar, y hemos de proceder por rodeos.

OBRA POÉTICA AUTÉNTICA. OBRA SIMULADA

Es necesario que tengamos en cuenta una nueva complicación. Hasta ahora hemos hablado de la obra poética, de la obra literaria, como si fuera núcleo o recinto bien delimitado. Nada de eso. Es increíble nuestra confusión entre lo que es poesía y lo que no es poesía, lo que es obra literaria y lo que no es obra literaria.

Reservo el nombre de "obra literaria" para aquellas producciones que nacieron de una intuición, ya poderosa o ya delicada, pero siempre intensa, y que son capaces de suscitar en el lector otra intuición semejante a la que les dio origen. Sólo es obra literaria la que tenía algo que decir, y lo dice todavía al corazón del hombre.

Parece, pues, que estas obras deberían ser los verdaderos objetos de la historia literaria. Primera sorpresa nuestra: porque basta abrir cualquier historia de una literatura nacional (de cualquier literatura europea) para convencernos de que tales depósitos, aunque también contienen estas obras vivas a que me refiero, en su mayor parte no son sino vastas necrópolis.

El mal no está en la mezcla (que es inevitable), sino en la indiscriminación. Más aún, las obras "vivas" en la gran necrópolis están sepultadas: sepultadas en vida. Terrible confusión. El visitante ya no puede distinguir: de una parte se le ofrece la muerte con simulación de vida; de otra, lo vivo encerrado en paralizadoras ligaduras de fúnebre, de tristísima erudición.

El daño en nuestra literatura española es incalculable. En España ha habido bastantes eruditos, pero apenas ha existido la crítica. Hay, además, una tendencia nacional hacia el énfasis retórico. La erudición ha atiborrado las historias de la literatura de figuras de tercero o cuarto orden, que allí se arrojan sin que nadie se cuide de presentarlas en su verdadera perspectiva: en un remoto fondo de la escena. La tendencia retórica logra hacer pasar como genuino lo que es sólo imitación sin sentido ni voz, y toma por macizas las más vacías ampollas, con tal de que ofrezcan vivos colorines.

LA OBRA LITERARIA ES AHISTÓRICA

La segunda sorpresa es aún más fuerte: las verdaderas obras literarias no pueden ser objeto de la historia (o sólo pueden serlo de un modo muy especial). Es que el concepto de "historia" es equivocante, y en verdad no nos sirve, cuando lo aplicamos a "historia de la literatura" o, en general, a "historia del arte". Con arreglo a nuestra definición, la obra literaria (como la artística) es, por naturaleza, una permanencia cristalina, no hay en ella devenir. La obra de arte es eterna (si entendemos por eternidad el ciclo de nuestra cultura)[1]. La *Venus de Milo*, el *Partenón*, la *Ilíada*, la *Divina Comedia*, el teatro de Shakespeare, el *Quijote*, presiden a los tiempos: no tienen historia, son inmutables, seres perfectos en sí mismos, y, en este sentido, en cierto modo participan de las cualidades de Dios (claro que dentro de la limitación de las coordenadas humanas). Su verdadero conocimiento no es, no puede ser, un conocimiento histórico. No es su historia, claro está, la de sus mutilaciones, o restauraciones, o reproducciones. No lo es tampoco la de la distinta interpretación que han sufrido en épocas distintas de la Humanidad. Pues nada, en definitiva, ve en ellas la Humanidad que en ellas no existiera desde el primer momento, aunque cada siglo ilumine con mayor gusto determinados aspectos[2].

Una vez creada una poderosa intuición expresiva, permanece una, en esencia, aunque la intuición totalizadora impresiva pueda

---

[1] Claro está que hay muchos conceptos distintos de lo que es una cultura. Nuestra cultura es aún la greco-latina, como demuestra, sin más, nuestra misma lengua, que, como el niño corre a la madre, va al regazo de lo griego o de lo latino siempre que necesita expresar algo nuevo. Los pueblos bárbaros penetraron también en esa cultura y en ella viven.

[2] Mi teoría está en completa contradicción con otra que considera la obra artística siempre "haciéndose". Obsérvese que en ésta la importancia del vínculo artístico se fija en la impresión. El verdadero artista, en definitiva, sería el contemplador, el lector. Pero, para mí, lo cuasidivino del artista genial consiste en condensar en el núcleo de la obra múltiples posibilidades intuitivas, que los siglos van descubriendo. No hay nada en la impresión que ya no esté en la expresión; pero puede haber muchas cosas en la expresión que no estén en una impresión determinada. El descubrimiento de nuevos valores en la obra de arte muchas veces es ilusorio. Nada esencial ha visto la Humanidad en el *Quijote*, después de Fielding, que no haya sido visto por éste.

matizarse con los siglos. Una vez cerrada, la obra artística, inmutable, ve cómo ruge y se deshace a su lado el devenir histórico, fija ella como cristalina roca en medio de la corriente; nítida, cálida permanencia, entre las vedijas de niebla fría que un horrible viento ajirona; ahistórica por naturaleza entre el fluir de la historia.

NO EXISTE HISTORIA LITERARIA;
NO EXISTE HISTORIA DEL ARTE

Obras literarias, en el sentido riguroso en que empleamos esta expresión, son todos los poemas que estudiamos [3] en el presente libro: criaturas que surgieron como necesidad orgánica, que "fueron", es decir, que rasgaron noche y ocuparon vacío, diríamos que con masa y luz, con esa afirmación de "ser", terrible en su insobornable unicidad. Seres únicos, pues, creados por una fuerte intuición, aún despertadores en el hombre de una intuición semejante a la creativa.

Pero, si abrimos las historias de la literatura española, encontramos, al lado de las *Novelas ejemplares* de Cervantes, las *Novelas morales* de don Francisco de Lugo y Dávila; al lado de Góngora, sus mil ineptos imitadores; al lado de San Juan de la Cruz y de Fray Luis de León, cientos de insulsas liras de un misticismo desteñido y aguado. Sí, en una misma literatura pueden codearse un Lope de Vega y un López de Vega, aunque no sean ni prójimos.

Esto, ¿qué quiere decir? Que nuestras historias de la literatura, lo que entendemos por historias de la literatura, tienen un contenido mixto: cierto que tratan (cuando no maltratan) esas espléndidas permanencias, esas luminosas criaturas inmutables; pero, ay, arrojadas confusamente entre una enorme masa de fracasos, entre montones de obras que nunca dijeron nada a la mente y al

---

[3] Me refiero a las piezas fundamentales de nuestro estudio.

corazón del hombre, o que, si tuvieron vida, fue sólo algunos años, quizá por una moda o un capricho de la imaginación popular.

Esa masa amorfa se acumula ante nuestros ojos, inmensa montaña. En su comparación, apenas si son unos cuantos puntitos concretos las auténticas obras de arte.

Pero, si nos aproximamos, vemos que esa masa se estría, que en realidad se mueve, que tiene un fin. Hay una angustia y una impotencia —bellas también— en ese montón bullente. Un deseo aún no satisfecho rebota en resonancias opacas ahí, donde se acumulan los intentos fracasados, ese oscuro pujar de una época en busca de su expresión aún no lograda, lo mismo que la huella, la estela luminosa de los poetas excelsos.

Es precisamente esa masa lo que puede ser verdadero objeto (es decir, objeto "histórico") de la historia de la literatura. Si ahí entran las auténticas obras literarias, será, como si dijéramos, desposeídas de sus excelsas cualidades, consideradas dentro de alguna veta de esa masa y como parte de ella. Porque, en esa materia movediza y amorfa, consiste el verdadero río, el fluir, el devenir de la realidad literaria, el pugnar de las épocas, el encenderse de los estilos, la curva creciente con que éstos se forman y cómo se deshinchan y desaparecen.

Esto sí que es verdadera historia. Pero, ¿qué historia? Si quisiéramos hablar con rigor, sin equívocos, diríamos que una parte de la historia de la cultura: historia de la cultura literaria.

En resumen: el estudio de una obra poética (o, en general, artística), es siempre estudio de una realidad actual, y no puede ser histórico. Pero, dentro de la historia de la cultura, es de enorme interés el estudio de la historia de la cultura literaria (o, en general, artística). Reconocida la apasionante importancia de los estudios de historia de la cultura, aclaremos, de una vez para siempre, que nosotros, en este libro, estudiamos eternas realidades literarias. No somos (ahora) historiadores.

DISCRIMINAR LA AUTÉNTICA OBRA LITERARIA ES LA FUNCIÓN DE LA CRÍTICA

Por medio de nuestra negación (teórica, y no práctica, claro está) de la "historia literaria", vamos directamente a empalmar con nuestra noción de la crítica. Hemos descubierto este hecho: que junto a la verdadera "obra literaria" existe otra criatura que la simula y la emula, pero que no es "obra literaria", pues ni nació de una profunda intuición estética ni, por tanto, puede transmitirnos lo que en ella no existe.

Es el crítico, precisamente el crítico, como lector ideal, quien, puesto frente a la obra literaria auténtica, formará impresivamente una intuición semejante a la que expresó el poeta; frente a la obra simulada, pronto comprobará la ausencia de intuición, la superchería. La primera misión del crítico consiste en discernir, en discriminar a un lado la verdadera obra literaria, a otro su pobre simulación.

Ésa es la principal función que siempre se ha atribuido a la crítica. Observemos que tiene dos perspectivas: de una parte, sobre la literatura del pasado; de otra, sobre la contemporánea.

CRÍTICA DE LA LITERATURA DEL PASADO

El crítico que mira a la literatura pretérita no es un ser aislado. Forma parte de una larga cadena o, mejor, de un organismo, siempre prolongado vitalmente hacia el futuro. La valoración de una obra clásica es la suma de infinitas valoraciones parciales. El quererse salir del sistema no consigue nada, y tiene inmediatamente una sanción. La humanidad no abandona una estimación secular sólo porque tal bilis, en un momento dado, se alborote. Son casi imposibles las devaluaciones, las súbitas denegaciones de lo adquirido. Es que, a lo largo de los siglos, se ha ido fraguando una intuición impresiva, que no es sino la suma de miles de impresiones individuales. Esa impresión colectiva ha ganado ya una intuición para la humanidad: no hay quien la borre.

Pero es posible el caso contrario: la adquisición colectiva de la intuición totalizadora de una obra. En seguida diremos cuán inseguros son los juicios contemporáneos. Es necesario tener también en cuenta que el juicio de las generaciones inmediatamente siguientes a una obra o a un artista puede ser, muchas veces, denegador (cansancio de la moda conocida, odio a lo penúltimo). Pero, si la obra era auténtica, la Humanidad rectificará con más o menos rapidez esas demoliciones. En otro lugar de este libro señalo cómo el siglo XVIII derriba[4] tres figuras del XVII: Calderón, Lope, Góngora, y cómo las generaciones posteriores sucesivamente van reinstaurando a las tres. Cuando, en 1881, Menéndez Pelayo, para vestir a un santo (Lope), quiere desnudar a otro (Calderón), que el Romanticismo había ya revalorado, no consigue nada. Mejor dicho, consigue todo lo que positivamente se proponía respecto a Lope. Pero no conmueve en nada la estimativa común de Calderón. Hay más: él mismo, en años posteriores, se arrepiente y canta la palinodia[5].

Una impresión colectiva, de tipo positivo, suma de las impresiones individuales a lo largo de los siglos, es (dentro del criterio humano) segura.

---

[4] Inútil señalar ahora cuántas excepciones, distingos y limitaciones habría que poner a esta afirmación.

[5] En el prólogo al libro de doña Blanca de los Ríos, *Del Siglo de Oro*, comp. M. Pelayo, *Obras*, Ed. Nacional, t. VIII, pág. 14. En ese mismo tomo, págs. 85 y sigs., se reproducen las conferencias pronunciadas en 1881 (*Calderón y su teatro*).

FUNCIÓN ESPECIAL RESPECTO A LAS OBRAS ANTIGUAS

El crítico que tiene que habérselas con una obra del pasado no puede ser únicamente ese sensibilísimo instrumento que hemos descrito en párrafos anteriores.

Las obras se han escrito para el lector, entiéndase bien, para el lector contemporáneo. Según pasan los años, algo se va oxidando, algunas quiebras se van abriendo en la relación expresivo-impresiva necesaria para la perfección de la obra. Es un daño que, dentro del arte, afecta de modo muy especial a las obras literarias, por el rápido envejecimiento de su medio de comunicación, es decir, del lenguaje.

Ahí está la obra poemática. Según pasan los años, una pátina, y casi una niebla, la va recubriendo. De una parte está ese envejecimiento de las voces, de los giros; de otra, las posibles alusiones a las costumbres o a cosas materiales que ya no existen. Añádanse aún las vestiduras que cada moda trae: lo que puede ser, por ejemplo, el énfasis de las recargadas imágenes gongorinas para un lector de hoy. El espectador actual de *La vida es sueño*, ¿qué saca de aquella retahila inicial de Rosaura?:

> Hipogrifo violento,
> que corriste parejas con el viento,
> ¿dónde —rayo sin llama,
> pájaro sin matiz, pez sin escama,
> y bruto sin instinto
> natural— al confuso laberinto
> de estas desnudas peñas
> te desbocas, arrastras y despeñas?

¿Qué sacará si no le explicamos modestamente que el caballo de Rosaura ha rodado por el monte abajo?

La conveniencia y aun la necesidad de explicaciones de este

tipo no invalidan nuestra tesis —necesidad de un contacto directo entre el lector y la obra literaria, sin extrañas injerencias—. Tales explicaciones no aspiran a sustituir la impresión personal, sino a quitar velos exteriores, a poner al lector en condiciones parecidas a las que tenía el lector contemporáneo de la obra.

El crítico no puede interponerse en la vinculación lector-obra, pero debe quitar el óxido que recubre el metal y que imposibilitaría la soldadura. No le basta, pues, sensibilidad y capacidad expresiva al crítico de las obras pretéritas: necesita también una razonable erudición.

ENORME CRECIMIENTO DE LA CRÍTICA

La necesidad social de la crítica, en el mundo contemporáneo, resulta comprobada con la prodigiosa historia de su desarrollo.

Si consideramos los géneros literarios por la cantidad o masa de producción correspondiente a cada uno de ellos a lo largo de la historia, veremos que, mientras los demás (por lo menos desde que una literatura determinada está ya constituida) conservan sus valores respectivos, o tienen sólo naturales altibajos, hay uno, la crítica, que nace de la nada, y sube en proporción geométrica, vertiginosamente, con el crecer de los años. Miremos a la literatura española: desde el famoso *Proemio* del Marqués de Santillana hasta las reseñas y notas bibliográficas de los periódicos y revistas de hoy, la crítica sube como un árbol que aumenta cada vez más la subdivisión de sus ramas. No importa para esto que una gran parte de esa producción sea volandera, apenas con otra vida que la de las efímeras hojas donde aparece. La hoja será caduca, pero la savia a cada instante hace reventar nuevos brotes.

Es el enorme crecimiento total de la producción literaria lo que ha dado una velocidad todavía más progresivamente creciente a la producción crítica. La invención de la imprenta, su difusión, la mayor rapidez de los métodos tipográficos, la disminución del analfabetismo y el constante crecimiento de la población de todo el mundo, arroja todos los días una marea, cada vez más invasora, de papel impreso. Una parte es mera comunicación; pero otra gran parte aspira a fijarse como obra literaria.

La crítica es imprescindible, y cada vez más, porque, sin ella, el lector, fluctuante en ese océano, no sabe adónde dirigir la mirada. El crítico debe o debería indicar al público cuáles son las auténticas obras literarias, debería apartarle de las groseras simulaciones. Más aún: le debería explicar, en lo posible, la índole y la fuerza de la intuición estética suscitada por cada obra, para que el lector pudiera, aun entre obras auténticas, seleccionar la lectura que vaya mejor a sus especiales condiciones. La vida contemporánea —¡qué tropezones, qué atropellamiento!— no da lugar para otra cosa.

LA CRÍTICA FRACASA AL ENJUICIAR A LOS CONTEMPORÁNEOS

Esto es lo que la crítica debería hacer, y esto es lo que hace con las obras del pasado, cuando se convierte en superindividual, cuando, ligada en un organismo varias veces secular, no puede sino matizar o acentuar la impresión colectiva. Pero lo que más apremiantemente le pide esta Humanidad cada vez más atareada, más angustiada, y —ay— más superficial, a saber, guía entre el arte, entre la literatura contemporánea, ¿cómo lo cumple?, ¿cómo responde a este encargo y a esta esperanza?

Eludamos hablar de la crítica de hoy. Hagamos unas cuantas calas en la historia. ¿Cómo enjuiciaron espíritus excelsos la literatura que vivía a su alrededor?

Tomemos el primer crítico: el Marqués de Santillana. Un gran señor, una fina sensibilidad, una cultura auténtica. Abramos su *Proemio* (que es, aunque compendioso, como una primera historia de la literatura). Pues allí, el Marqués habla despectivamente de "aquellos que sin ningún orden, regla nin cuento facen estos romances e cantares de que las gentes de baxa e servil condición se alegran". Pero esas gentes de quienes se burla Santillana lo que estaban allegando era lo que hoy juzgamos maravilloso, delicadísimo: nuestro romancero, nuestro cancionero popular. ¡Primer crítico: primer éxito de la crítica!

Saltemos ahora al siglo XVII. Hojeemos el epistolario de Lope. Encontramos allí muy curiosos juicios. Por ejemplo, a *Don Gil de las calzas verdes,* la regocijada farsa de Tirso, la califica de "desatinada comedia" [6]. ¿Es posible que Lope —el gran conocedor de teatro— no se diera cuenta de que la técnica de la comedia por él introducida, Tirso la llevaba a sus últimas consecuencias al apurar hasta el límite la intriga, prodigioso hilo que en la maraña nunca se quebró? ¿Podía no ver, en fin, que la técnica de Tirso era en algunas comedias una superación de la suya propia?

Pero aún hay cosas mucho más graves. Muchas veces se han citado las palabras de otra carta al de Sessa: "De poetas no digo: buen siglo es éste. Muchos en cierne para el año que viene, pero ninguno hay tan malo como Cervantes, ni tan necio que alabe a Don Quixote" [7]. ¡Eso se llama dar en el blanco! He ahí el mayor éxito que nunca pudo soñar la crítica contemporánea.

¿Será necesario que digamos que en el siglo XVIII, el siglo crítico por excelencia, la crítica literaria se lía, literalmente, la manta a la cabeza, que la historia de la crítica en ese siglo, por el juicio despectivo sobre el pasado inmediato (siglo XVII), lo mismo que

---

[6] *Epistolario de Lope de Vega,* ed. de Agustín G. de Amezúa, III, página 206. Habla de una pelea: "...con tantos donaires, voces y desatinos, que se llegaba más auditorio que ahora tienen con *Don Gil de las calzas verdes,* desatinada comedia del Mercedario". No cabe duda de que lo que le picaba era el éxito del fraile.

[7] *Epistolario,* ed. cit., III, pág. 4.

por la sobrestimación de la literatura de entonces (nuestro desteñido neoclasicismo), es, en gran parte, una sarta de disparates?

¿O será menester que citemos aquí muchos juicios de Menéndez Pelayo sobre contemporáneos suyos? Aquel hombre —auténticamente grande— tomaba por colosos a muchas de las modestísimas hormigas que convivieron con él [8].

LA CRÍTICA ES QUEHACER DE MUCHAS GENERACIONES

La consecuencia no puede ser más triste: diríamos que por ninguna parte se encuentra el maravilloso instrumento registrador de intuiciones, el crítico que habíamos definido. No; el prejuicio aristocrático puede desorientar a un Santillana; la vanidad o las rivalidades de oficio ciegan a Lope contra Cervantes (de la generación derrotada por él en el teatro) o contra un Tirso (que tanto le alaba, que tan cálidamente se proclama su discípulo), porque no se puede compartir el cetro de la monarquía teatral; sentimientos piadosos y el estancamiento nacional durante el siglo XIX le desmesuran a don Marcelino figuras insignificantes, mientras que —¿quién lo diría?— el historiador de las ideas estéticas permanece ciego para algunos de los más importantes hechos estéticos (simbolismo, modernismo, etc.) que están ocurriendo a su alrededor.

La historia de las opiniones que sobre sus contemporáneos emiten los hombres de más sensibilidad (Santillana, Lope, Menéndez Pelayo) va, pues, encadenando los desatinos con tal constancia que en nosotros —si no queremos negarnos a la evidencia—

---

[8] Sin embargo, quien repase los tomos IX y XI de las *Obras* de Menéndez Pelayo (Ed. Nacional) verá cómo una piedad amistosa o de vinculación regional era lo que muchas veces movía la pluma. Respetemos estos sentimientos en el crítico, que es hombre y vive vinculado en un medio social. Ni podríamos nosotros tirar la primera piedra. Nada hay más estúpido ni más inútil en crítica que una total sinceridad.

tienen que levantarse muy vehementes dudas acerca de qué confianza pueda merecer la valoración actual de las obras literarias de hoy. Sí; tenemos que dudar de la validez de los juicios emitidos sobre la literatura contemporánea. Y —ay, naturalmente— tenemos que dudar de los emitidos por nosotros mismos. Pensar de otro modo —ante el ejemplo de la historia— sería locura.

Pero no seamos totalmente escépticos. Los grandes escritores han sido ya, casi sin excepción, ensalzados en su época. La crítica más injusta suele ser la de las generaciones inmediatamente posteriores (con intervalo de entre medio siglo y un siglo). Injusticia del siglo XVIII para con el siglo XVII ¿y quizá, quizá, también injusticia del siglo XX respecto al XIX? (¿Y la del XXI con relación al XX?)

El error también desempeña una función en lo humano. Nuestro ojo desenfoca lo demasiado próximo. De un infinito rosario de juicios humanos sobre lo circundante, todos inexactos, Dios integra su verdad: única crítica que nunca se equivoca.

# EL MISTERIO TÉCNICO DE LA POESÍA
DE SAN JUAN DE LA CRUZ

I

POETA A LO DIVINO

> *Un artista extraordinario, quizá único en la historia del mundo, nos exige —por atisbos que nos llegan— un problema previo, preestilístico, diríamos: el de su intencionalidad estética. ¿Qué se propuso este poeta exquisito e intenso?*

En estos últimos años, entre varios trabajadores (cada uno por su lado), hemos ido juntando una serie de datos concretos, que todos se polarizan, del modo más natural, hacia una sola interpretación de la actividad poética de San Juan de la Cruz. Todos esos signos proclaman una misma verdad: San Juan de la Cruz es, fundamentalmente, e intencionalmente, un poeta "a lo divino". Todo lo que en su obra no viene del *Cantar de los Cantares* (cuya "divinización" [1] es un proceso exegético muy antiguo) deriva de la

---

[1] Damos como criterio normal el del Padre Scio: "Algunos expositores católicos han creído que el sentido histórico y literal de este Libro

conversión a fin religioso de dos procedencias amatorias profanas:
1) la poesía de tipo tradicional; 2) la poesía pastoril italianizante.
Es necesario atraer aquí el hecho de que Santa Teresa de Jesús
fuera también una adaptadora "a lo divino". Esta coincidencia entre los dos fundadores nos parece muy significativa.

LA LITERATURA ESPAÑOLA A LO DIVINO: NOVELA, TEATRO, POESÍA

Que estas dos grandes espiritualidades se dedicaran a esa humilde tarea de adaptación, obligaría a considerar el fenómeno español de conversión de la literatura profana a plano religioso con más atención de lo que hasta aquí se ha hecho. Esperemos que alguien escriba una "Historia de la literatura española a lo divino". El simple recuento de datos ha de producir estupor. Y aun sería

---

mira, en la mayor parte de él, a los desposorios del rey Salomón con la hija del rey de Egipto; pero de manera que Salomón es figura de Jesucristo, y la hija de Pharaón, de la Iglesia, y de las almas unidas con Jesucristo por caridad. Esta opinión nos parece la más seguida y la más probable, pero de modo que se entienda que aquí la letra o el sentido histórico es sólo una sombra o imagen, bajo la cual el Espíritu Santo nos propone el desposorio de Jesucristo con la Iglesia, como objeto principal de este divino Cántico. No se excluyen en su letra los amores de Salomón con su esposa; pero aquí la letra sola mata, y es necesario, con los Santos Padres, elevarse por ella al sentido espiritual y reconocer los rasgos del amor de un Dios encarnado y muerto por enriquecer a su Esposa la Iglesia y entregarse a ella con mayor confianza, para atraer más y más hacia sí a toda alma fiel y agradecida. Y así, este Cántico es una locución figurada y parabólica, que pertenece principalmente a Cristo y a la Iglesia; pero se supone fundada y escrita esta alegoría en el recíproco y grande amor de Salomón y de su esposa principal, que parece fue la egipcia, figurándose en esto mismo la vocación del pueblo de los Gentiles a la verdadera religión." *La Sagrada Biblia traducida y anotada... por Felipe Scio*, III, Barcelona, 1863, págs. 523-524.

de desear (para fijar bien la importancia del fenómeno) que se apuraran hechos análogos en literaturas extranjeras. De la italiana citó M. Pelayo los Petrarcas "a lo divino", cometidos por Malipiero (1537) y por Salvatorino (1547)[2]. Pero hay en italiano varias otras divinizaciones. Existe una selección de rimas de Torcuato Tasso a lo divino por el *Cavalier Selva, medico parmigiano*, publicada en 1611 y también fue moralizado el *Aminta*, del mismo autor. Fueron, asimismo, espiritualizados el *Orlando*, de Ariosto, y, según algunos, poesías de Bembo[3].

---

[2] *Antología de poetas líricos. Obras.* Ed. Nac., XXVI, 346. Véase Arturo Graf, *Attraverso il Cinquecento*, Turín, 1888, págs. 79-85, y Joseph G. Fucilla, *The Pedigree of a Soneto a lo Divino*, en *Comparative Literature*, I, 1949, págs. 267-271. El soneto de que se habla en este artículo es uno de la *Floresta* de Ramírez Pagán ("Sossegado está el mar...", comp. edición de Antonio Pérez Gómez, Barcelona, 1950, I, pág. 216, y prólogo, pág. 21), cuyo modelo, según señala Fucilla, es un soneto profano de Francesco Rinieri. Sería, pues, el primer cambio a lo divino en poesía renacentista española. Téngase en cuenta, sin embargo, que en poesía de tipo tradicional se venía adaptando ininterrumpidamente a lo divino desde el siglo xv, como se verá más abajo en el texto. Aun no es nada seguro que el soneto de Ramírez Pagán sea el primer caso de conversión a lo divino en lírica italianizante: Véase D. Alonso y C. Bousoño, *Seis calas...*, Madrid, 1951, págs. 103-104 (Biblioteca Románica Hispánica, Editorial Gredos): se trata de un soneto de Silvestre que vuelve a lo divino el tema correlativo petrarquista del "fuego-red-flecha". Gregorio Silvestre nació en 1520 y murió en 1569. Ramírez Pagán nació en 1524 y su soneto se imprimió en 1562. Resulta dudoso, pues, cuál es el primer soneto vuelto a lo divino (Ramírez Pagán vuelve *un* soneto profano y Silvestre un tema tratado infinitas veces en sonetos profanos, es decir, una cadena o tradición).

[3] Véase Agostini: *Scrittori Veneziani*, II, págs. 433-435. Se habla de ese Bembo a lo divino en un discurso de Francesco Ugeri que figura en los preliminares de la *Scielta delle rime del sig. Torquato Tasso fatta spirituale dal cavalier Selva, medico parmigiano*. Pero, según Solerti (en

Y es curioso que alguna novela española a lo divino, como *El caballero del sol,* de Hernández de Villalumbrales, de la que en castellano no se conoce más que una edición (1552), tuviera traducción al alemán y al italiano, y en esta última lengua alcanzara nada menos que cinco impresiones [4].

Sin embargo, no creo que en ningún sitio el proceso de divinización de obras profanas haya durado tanto tiempo, tenido tal desarrollo, alcanzado a tantos géneros distintos y ofrecido tantos matices como en España. Tantos matices: no se comprenderá bien el fenómeno y su amplitud, si además de la "divinización de obras" (quiero decir de obras que habían sido antes escritas por autores profanos) no se atiende también a la que podríamos llamar "divinización de temas". El pormenor de la prueba del tronco proyecta la figura del indio Caupolicán sobre la de Cristo y sobre el sacrificio de la Cruz: y surge el auto sacramental de *La Araucana* [5],

---

su edición crítica de las *Rime* de Tasso, t. I, pág. 382, nota 2), dos especialistas en Bembo desconocen tal divinización.

[4] Corríjase en "Villalumbrales" el "Villaumbrales" de M. Pelayo (*Obras,* XIII, 451). Las impresiones de la traducción italiana (por "messer Pietro Lauro") fueron, no cuatro, como dice M. Pelayo, sino cinco (1557, 1584, 1590, 1607 y 1620, todas de Venecia). Comp. Melzi, *Bibliografía dei romanzi e poemi cavallereschi italiani,* 1838, pág. 342. De la edición de 1620, hay ejemplar en la Biblioteca Nacional de Madrid. Hay que advertir que también la *Caballería celestial,* de San Pedro, fue traducida al italiano por Alfonso de Ulloa, y obtuvo por lo menos dos impresiones, Venecia, 1590 y 1607; de la primera hay ejemplar en la Biblioteca Nacional de Madrid. (Debo estos datos bibliográficos a la amistad de don Joaquín del Val.)

[5] Aunque (como observa M. Pelayo, *Estudios sobre el teatro de Lope,* t. I, Madrid, 1919, pág. 115) se inspira en *La Araucana,* de Ercilla, más que en el *Arauco domado,* del propio Lope, no se puede llamar simple divinización del poema épico; este ejemplo más bien sería intermedio entre las dos categorías ("divinización de obras" y "divinización de temas")

de Lope; y el *Sacro Parnaso*, de Calderón, transporta a un plano simbólico las costumbres de una "academia" o "justa poética", con sus vejámenes y todo: he ahí lo que entendemos por "divinización de un tema".

Debemos a Menéndez Pelayo unos cuantos esbozos de la literatura española a lo divino. En su libro sobre Boscán [6] trató de las obras de Boscán y Garcilaso divinizadas por Sebastián de Córdoba; y en los *Orígenes de la novela* ha dedicado un par de páginas a la *Clara Diana a lo divino*, de Fray Bartolomé Ponce, y ha pasado rápida revista a las caballerías a lo divino (ya en forma de novela, ya de poema) de la segunda mitad del siglo XVI.

Al hablar de estas caballerías, movido por el poco valor literario, trata de rebajarles la importancia y la difusión social: "...no es grande el número de ejemplares de este género, y si se añade que casi ninguno obtuvo los honores de la reimpresión, se comprenderá la poca importancia que tuvieron estos piadosos caprichos..." Sin embargo, son nada menos que seis las obras que cita, desde la primera y mejor de todas, *El caballero del sol* (1552),

---

que hemos distinguido. Menéndez Pelayo la califica así: "Pieza disparatadísima, o más bien absurdo delirio, en que Colocolo aparece como símbolo de San Juan Bautista; Rengo, como figura de demonio, y Caupolicán (*horresco referens*), como personificación alegórica del Divino Redentor del mundo. Muy robusta debía de ser la fe del pueblo que toleró farsa tan irreverente y brutal." En estas palabras, el gran crítico titubea entre la comprensión y la incomprensión de la fe popular española y de nuestra literatura a lo divino. El "*horresco referens*" sabe a siglo XVIII (al espíritu que llevó a la prohibición de los autos), pero la frase que sigue es la del historiador perspicaz. En realidad, los escritores españoles que buscaban simbolización religiosa a figuras históricas modernas prolongaban así y renovaban la simbolización de las figuras de la Antigüedad.

[6] *Antología de poetas líricos. Obras*, Ed. Nac., XXVI, 344-349. *Orígenes de la novela*, en *Obras*, Ed. Nac., XIV, 309-311, y XIII, 447-452.

de Hernández de Villalumbrales, hasta *La historia y milicia cristiana del caballero peregrino* (1601), de Alonso de Soria. ¡Seis libros de caballerías a lo divino en menos de cincuenta años! No podía haber sido así de no haber habido un ambiente receptor de estas obras, y ha de tenerse en cuenta que una de las primeras, la *Caballería celestial de la Rosa Fragante* (1554), del valenciano San Pedro, había chocado violentamente con la Inquisición, que prohibió el libro, y este fracaso reprimió, seguramente, los desarrollos más fantásticos y extravagantes del género, los que precisamente habrían halagado más la imaginación del lector de caballerías. Así y todo, España vive, en el siglo XVI, un ambiente caballeresco a lo divino. No es posible aceptar que esas manifestaciones literarias fueran meramente "piadosos caprichos". Toda una caballería a lo divino es la empresa de San Ignacio, y su instituto y ejercicios. Metidos en este ambiente, no nos extraña nada cuando Don Quijote, al topar con las figuras de un retablo de iglesia, las interpreta como una caballería celestial: "Este caballero fue uno de los mejores andantes que tuvo la milicia divina: llamóse don San Jorge, y fue, además, defendedor de doncellas"; y cosas semejantes dice de San Martín, Santiago y San Pablo, y agrega, con melancolía: "ellos fueron santos y pelearon a lo divino, y yo soy pecador y peleo a lo humano" [7].

Téngase presente que al lado de la novela caballeresca estaba la pastoril. No cabe duda de que la *Clara Diana a lo divino*, de Fray Bartolomé Ponce, tuvo éxito, como lo prueban varias ediciones entre 1580 y 1599. Y nos vamos a entrar aquí en el mundo del teatro a lo divino, con sus ramas y matices en autos, moralidades y loas, etc. Menéndez Pelayo, que rozó el tema varias veces

---

[7] Parte 2.ª, LVIII. Kraus menciona Alcalá, Jaime de, *Caballería cristiana*, Alcalá, 1570.

en sus prólogos al teatro de Lope, no vio el interés que ofrecía en su conjunto, como aspecto teatral de una característica genérica de la literatura española del Siglo de Oro.

También en esos prólogos toca aquí y allá en el subgénero más importante e interesante de toda esta literatura a lo divino: la conversión al sentido religioso de una gran parte de nuestra poesía de tipo tradicional, especialmente de la estrófica. Sí; al hablar de los autos de Lope, muchas veces señala en ellos la presencia de deliciosas canciones de tipo tradicional, vertidas a lo divino. Sin embargo, en ninguna parte vio que estas versiones forman un caudal inmenso y que lo más popularizado y sabido de esa poesía de tipo tradicional se puede decir que fue sistemáticamente vuelto a lo divino [8].

Se trata de piezas menores [9] (generalmente un villancico con su glosa o desarrollo en coplas); pero el número de estas obritas

---

[8] Le faltó visión general de la poesía tradicional a lo divino por una razón muy sencilla: porque M. Pelayo no pudo conocer ni el valor conjunto ni aun siquiera el concepto de nuestra poesía tradicional, entonces completamente esparcida: ¿cómo iba a darse cuenta de lo que significaba su versión a lo divino? El reunir o antologizar la poesía tradicional castellana, el estudiarla, el comprender su belleza y sentir su influjo ha sido misión y destino de las generaciones del primer tercio del siglo xx. Recuérdese el estudio sobre nuestra primitiva lírica del maestro M. Pidal, el *Tesoro de la verdadera poesía castellana* (ocho tomos, más uno de estudio y un índice) de Cejador (obra tosca, como todas las suyas, pero muy útil), mi antología (en *Poesía de la Edad Media y poesía de tipo tradicional*); el influjo de esta poesía tradicional sobre los poetas que eran jóvenes entre 1920 y 1936, etc.

[9] No se encontrará tampoco una historia de este movimiento en el librito de la hermana Mary Paulina St. Amour, *A study of the villancico up to Lope de Vega: its evolution from profane to sacred themes, and specifically, to the Christmas carol*, Washington, 1940. Esta obra, cuya consulta puede ser útil por su clasificación de temas, etc., no da, a pesar

que fue convertido a sentido religioso es enorme, e increíble su poder de difusión social y de permanencia. La música es uno de los principales elementos transmisores de la divinización, porque los divinizadores toman de preferencia para su labor las canciones que todo el mundo cantaba [10]. Este proceso de divinización de la poesía de tipo tradicional llena todo el siglo XVI y penetra vigorosamente en el XVII. El teatro religioso de este último siglo acoge esa corriente y la difunde aún con más eficacia.

En resumen: cuando se estudie esta literatura, habrá que considerar, conjunta y al par diferenciadamente, la "divinización de obras" y la "divinización de temas", con todos estos subgéneros: novela (o poemas narrativos) a lo divino (caballeresca, pastoril); teatro a lo divino; lírica a lo divino (poesía italianizante, poesía de tipo tradicional).

Habrá que tener en cuenta que estos distintos tipos y géneros tienen innumerables entrecruzamientos. Por ejemplo: dentro del teatro a lo divino aparece casi siempre abundante lírica de tipo tradicional, vertida también al plano religioso. En una obra como

---

de su título, una imagen clara de la historia de la divinización en la lírica popular.

[10] La canción que empieza "En los brazos del alba", alguna vez atribuida a Felipe II, que se encuentra en cancioneros musicales, como los *Tonos castellanos*, de Medinaceli, y también en alguno de la Nacional, y que copió dos veces, con redacción y atribución distinta, don Ignacio de Toledo y Godoy, en su *Cancionero Antequerano*, era, evidentemente, una de esas composiciones muy difundidas (la pluralidad de redacciones es otro de los signos de difusión, porque cada cantor añadía estrofas a voluntad). Pues bien, en el interesantísimo cancionero espiritual manuscrito, a lo que parece toledano y de hacia 1615, que posee mi amigo Antonio Rodríguez Moñino, figura a lo divino dos veces en dos versiones muy distintas.

La puente del mundo, de Lope, en cambio, tenemos el tema caballeresco a lo divino, con vestidura teatral.

Toda esta literatura forma un inmenso arrastre de dos siglos, y se sitúa, con toda naturalidad, en el centro vital de las letras y del espíritu de España (en ese centro hacia el que el español vuelve con desolación la vista). Se corresponde íntimamente con dos fenómenos esenciales: la popularidad y popularización de la obra literaria. Es, pues, un aspecto de la tendencia hacia el anonimato, la refundición y el colectivismo en nuestra literatura, fenómenos de los que ha hablado varias veces Menéndez Pidal [11].

POESÍA DE TIPO TRADICIONAL A LO DIVINO

Detengámonos un momento en el que consideramos más interesante punto de vista de toda esta masa literaria a lo divino: la poesía de tipo tradicional.

No he seguido tanto la divinización de los romances profanos. Basta, sin embargo, con hojear el tomo XXXV de la *Biblioteca de Autores Españoles* para verlos surgir por todas partes. Obsérvese el remedo por López de Úbeda del romance *Morir vos queredes, padre, Sant Miguel vos haya el alma,* del antiguo tema de la "partición de los reinos" (muerte de don Fernando I):

> Moriros queréis, mi Dios,
> vuestro padre el alma os haya;
> mandastes las vuestras tierras
> a quien bien os agradara...
> Y a mí, porque soy mujer,
> no me encomendaste nada...

---

[11] Véase, por ejemplo, su *Introducción* al tomo I de la *Historia general de las literaturas hispánicas,* de Guillermo Díaz-Plaja, Barcelona, 1949, págs. XXVIII y sigs.

> Calles, calles, Magdalena,
> y no digas tal palabra,
> que allá en mi resurrección
> no te tengo yo olvidada, etc.

O su versión del "Mira Nero de Tarpeya":

> Mira el Limbo Lucifer,
> do los santos residían,
> gritos dan niños y viejos
> y él de nada se dolía [12].

Claro está que muchas veces es un par de versos famosos lo que, sobre todo, forma el enlace entre la versión profana y la espiritual. Innumerables divinizadores rehacen las palabras de Melisendra en el romance de don Gaiferos:

> Caballero, si a Francia ides,
> por Gaiferos preguntad.

Así, López de Úbeda:

> Ángeles, si vais al mundo,
> por mi Esposa preguntad... [13].

Así, Pedro de Padilla:

> Sospiros que al cielo ides,
> por Dios Hombre preguntad [14].

---

[12] López de Úbeda: *Cancionero general de la Doctrina Cristiana*, 1579, en *Bibliot. de AA. EE.*, XXXV, págs. 92 y 77.
[13] *Ibid.*, pág. 108.
[14] *Jardín espiritual*, 1585, en *Bibliot. de AA. EE.*, XXXV, pág. 99.

Así, ¿cómo no?, Lope de Vega:

> Lágrimas que al cielo ides,
> por mi Esposo preguntad [15].

Pero creo que forma una cadena aún más continua y de caracteres mejor definidos la divinización de la poesía estrófica de tipo tradicional. La existencia en ella de un núcleo (el villancico) y una glosa o desarrollo en coplas, facilitaba el proceso de divinización: unas veces basta, para pasar a lo divino, con cambiar la glosa: otras veces un ligero toque al villancico coadyuva con eficacia.

¡Qué tradición tan larga! Allá en el siglo XV, Gómez Manrique toma un estribillo de canción de cuna, y lo convierte en la primera nana espiritual, "para callar al niño":

> Callad vos, Señor,
> nuestro Redentor,
> que vuestro dolor
> durará poquito.
> ¡Callad, fijo mío chiquito!

La noche fría de diciembre, las paredes encaladas del monasterio de Calabazanos. El más alto amor y lo humanamente maternal se juntan en aquel coro de monjitas —y, mezcladas con ellas, algunas de las más altas damas de España— (madres a lo divino), con corazones dulcemente encendidos, a pesar del hielo exterior:

> Ángeles del cielo,
> venid dar consuelo
> a este mozuelo,

---

[15] *Romancero espiritual*, 1624, en *Bibliot. de AA. EE.*, XXXV, página 100.

Jesús, tan bonito.
¡Callad, fijo mío chiquito!

Los principios (conocidos) [16] de la divinización lírica nos dan unas cuantas obras de una primaveralidad, de una virginalidad ¡tan rara, tan exquisita!

Entre el siglo XV y el XVI, Álvarez Gato nos ha dejado esbeltas glosas, de un impulso ascendente, místico, basadas en canciones populares, como *Soliades venir, amor, / agora no venides, non* y *Amor, no me dejes, / que me moriré*. Tampoco rehuye la versión a lo divino de núcleos de un popularismo más avulgarado. Así toma el cantarcillo popular

> Quita allá, que no quiero,
> falso enemigo,
> quita allá, que no quiero
> que huelgues conmigo,

y lo vuelve a lo espiritual:

> Quita allá, que no quiero,
> mundo enemigo,
> quita allá, que no quiero
> pendencias contigo [17].

Y lo mismo hace con otros temas. En esta misma época (deliciosa primavera temprana de la poesía a lo divino) hallamos glosado

---

[16] Creo que el proceso debe de ser mucho más antiguo. Me imagino que la famosa canción de vela, de Berceo, es (aunque burlesca) el primer ejemplo de conversión a materia religiosa de una canción profana. ¡Extraña canción única, dentro de la inacabable hilera de alejandrinos!

[17] Álvarez Gato, *Obras*, Ed. Artiles, Madrid, 1928, pág. 142.

en Fray Íñigo de Mendoza, y dirigido al Niño Jesús, el siguiente estribillo:

> Eres niño y has amor,
> ¿qué farás cuando mayor? [18].

Y un siglo después lo encontramos, a lo profano, en varios sitios:

> Si eres niña y has amor,
> ¿qué harás cuando mayor? [19].

Es casi seguro que, aunque aparentemente posterior en el tiempo, esta forma es la popular primitiva, porque es mucho más difícil —o casi imposible— un cambio de lo divino a lo profano [20]. Por la misma época que Fray Íñigo, Fray Ambrosio Montesino toma el tema popular

> A la puerta está Pelayo,
> y llora

---

[18] *Nueva Bibliot. de AA. EE.*, XIX, 15. Menéndez Pelayo vio vagamente el origen profano (*Obras*, XIX, 48).

[19] Cejador, 3.198, quien dice tomarlo del *Romancero General*. Comp. Lope, Acad. V, 409.

[20] El cambio de lo divino a lo profano existe también entre el siglo XV y el XVI (y posteriormente): se trata de oraciones litúrgicas parodiadas en sentido erótico o satírico (como la *Vigilia de la enamorada muerta*, en una égloga de Encina, o el *Pater noster trobado*, de Reinosa). En estas que José M.ª de Cossío llama acertadamente "oraciones a lo profano" se arranca a su medio una oración oficial de la Iglesia, para utilizarla como base de una composición literaria. En cambio, en las "poesías a lo divino" no se sale nunca del campo estrictamente literario. Conviene, pues, tener en cuenta que "oraciones a lo profano" y "poesías a lo divino" no son, hablando con rigor, fenómenos inversos. (Véase el excelente estudio de J. M.ª de Cossío en su *Rodrigo de Reinosa*, Santander, 1950, págs. LX-LXIX, "Antología de escritores y artistas montañeses", dirigida por Ignacio Aguilera, vol. XVI.)

y lo aplica al destierro de Nuestro Señor para Egipto, en unas coplas delicadísimas:

> Desterrado parte el niño
> y llora;
> díjole su madre así,
> y llora;
> "Callad, mi Señor, agora" [21].

Lo mismo se encuentra, con el mismo fervor, con la misma abundancia, por otras páginas del delicado cancionero de Fray Ambrosio Montesino. Pero hojeemos ahora el *Cancionero espiritual*, impreso [22] en Valladolid, en 1549: hallamos en él, bien diferenciadas, tres clases de villancicos. Unos, compuestos directamente a lo divino, hay que suponer que por el autor de la colección. Otros, "villancicos antiguos", de sentido profano, a los que una nueva glosa o desarrollo basta para cambiar a significación divina; así ocurre con éste, que como de Garci-Sánchez se suele citar:

> Secáronme los pesares
> los ojos y el corazón,
> que no puedo llorar, non [23].

---

[21] *Bibliot. de AA. EE.*, XXXV, 459. Menéndez Pelayo señala el carácter a lo divino de muchas de las poesías de Fray Ambrosio Montesino (M. Pelayo, *Obras*, XIX, 64-66).

[22] Reimpreso en la *Rev. Hispanique*, XXXIV, 1915. Desde la página 192 hasta la 210, y también *passim*, villancicos glosados o desarrollados a lo divino.

[23] *Ibidem*, pág. 192. Aparece a lo profano en el *Cancionero de Barbieri*, núm. 133, y en el *Cancionero General*, de 1511, núm. 659, en éste a nombre de Garci-Sánchez; también anónimo, en el *Cancionero de Évora*, ed. Hardung, núm. 16.

Otros, en fin, han sido refundidos para adaptarlos al nuevo empleo. Así, un "villancico contrahecho a otro que dize *si la noche hace escura y corto es el camino*". En la nueva forma queda cambiado en:

> Si con extrema tristura,
> cien mil sospiros envío,
> ¿cómo no vienes, Dios mío? [24].

Esta tradición de hacia mediados del siglo es la misma que continúa Gregorio Silvestre, en la que vive Santa Teresa, la misma que va a recibir San Juan de la Cruz, la que constituye el ambiente de fervor en los conventos descalzos, en torno a los dos fundadores. En las obras de nuestro santo vamos a encontrar ejemplos que vienen, sobre poco más o menos, a corresponder a los tres tipos del *Cancionero espiritual*, de 1549. La misma línea sigue desenvolviéndose a lo largo de los abundantes cancioneros religiosos de la segunda mitad del siglo XVI y principios del XVII.

La tradición de glosar a lo divino llega a Lope. Un viejo cantar de vela, cuya popularidad está atestiguada por ponerlo el autor en boca de Dorotea, en la obra de este nombre

> (Velador que el castillo velas,
> vélale bien y mira por ti,
> que velando en él me perdí) [25],

---

[24] *Rev. Hispanique*, XXXIV, 1915, pág. 250. Es el conocidísimo: "Si la noche hace escura / y tan corto es el camino, / ¿cómo no venís, amigo?". *Cancionero de Uppsala*, núm. 14, etc.

[25] En *La Dorotea*, ed. A. Castro, pág. 253, es Gerarda quien dice que lo cantaba Dorotea.

es glosado por el dramaturgo dos veces, a lo profano en *Las almenas de Toro*, a lo divino en la comedia de *El nacimiento de Cristo* [26]. Y el cantarcillo de *El caballero de Olmedo* es glosado varias veces con sentido religioso. En el auto de *Los Cantares:*

> Que de noche le mataron
> al caballero,
> a la gala de María,
> la flor del cielo.

En *Del pan y del palo:*

> ... que era la gala del Padre
> y la flor de tierra y cielo.

La cancioncita de las mayas, que Covarrubias nos ha conservado (aquí Lope se apoyaba, probablemente, en cierta escenificación elemental de la maya, a que el mismo lexicógrafo alude), también la tenemos repetidas veces a lo divino, por ejemplo, en el auto de *La Maya:*

> Echad mano a la bolsa,
> cara de rosa.
> Echad mano al esquero,
> caballero.
> Echad mano, aunque clavada,
> a la Cruz, etc.

Y lo mismo ocurre con la *Serranilla de la Zarzuela,* etc., etc. Lope se muestra aquí como siempre, resumen de su pueblo, cerca del corazón de su pueblo.

---

[26] Lope de Vega, *Cancionero teatral*, ed. Robles Pazos, Baltimore, 1935, pág. 101.

Y lo que pasa en Lope ocurre también en sus contemporáneos y en la tradición posterior del siglo XVII. La tradición popular y cancioneril venía haciendo, por su lado y desde el siglo XV, lo mismo que el siglo XVI y el XVII harían con los versos de Petrarca, Ariosto y Tasso en Italia, y en España con los de Garcilaso y Boscán: la versión a lo divino de la poesía profana. Resulta, pues, en este paso de lo humano a lo espiritual una curiosa simetría entre la poesía castellana tradicional y la culta italianizante.

TRADICIÓN CORTESANA DEL SIGLO XV, GLOSADA A LO DIVINO POR SANTA TERESA Y SAN JUAN

Antes de tratar de la masa de divinizaciones en Santa Teresa y San Juan de la Cruz, conviene que adelantemos, por su ejemplaridad, el caso de una coplilla que fue utilizada a lo divino por los dos, por cada uno con diferente glosa. Se descubren en este ejemplo varios aspectos interesantes de nuestro tema: cómo se entreveran lo cortesano y lo popular (¡curiosa simbiosis!) en la poesía tradicional española y con esa mezcla van a dar a lo divino; cómo dos extraordinarias sensibilidades se aplican a glosar un mismo núcleo o copla inicial. En fin, el gran sentido tradicional de toda esta rama de nuestra poesía queda comprobado al ver que un verso del núcleo viene rodando casi un siglo cuando llega a las manos de San Juan de la Cruz. (El caso no deja de ofrecer algunas dificultades textuales, que no nos vamos a plantear.)

El núcleo inicial es el siguiente:

> Vivo sin vivir en mí,
> y tan alta vida espero,
> que muero porque no muero.

La dificultad consiste en que en el desenvolvimiento estrófico atribuido a la Santa figuraban algunas estrofas que existen también en el texto considerado como de San Juan[27]. Lo más probable es que en el texto de Santa Teresa se hayan interpolado posteriormente algunas estrofas de su compañero en la reforma carmelita. Lo que nos interesa ahora es, antes que nada, el tema mismo. Esa oposición "muerte-vida", ese juego conceptual "vivo sin vivir... que muero porque no muero", son bien elocuentes. Vienen del gusto que por tales contrastes hay en la poesía trovadoresca (y que no es ajeno a la popular). A este tipo pertenecen, entre una larga serie, los tres siguientes ejemplos, todos ellos próximos al que tratamos, en tema, en ingeniosidad conceptual, en contrastes:

> Muere quien vive muriendo,
> pues amor
> da al que vive más dolor...[28].
> Mi vida vive muriendo;
> si muriese viviría,
> pues que muriendo saldría
> del mal que siente viviendo...[29].
> ¿Eres, di, Juan, muerto o vivo,

---

[27] La dificultad se aumenta por la existencia de otras glosas, que pueden verse en Santa Teresa, *Obras,* ed. P. Silverio, VI, pág. 540 (ésta coincide en gran parte con la glosa de San Juan de la Cruz) y pág. 542. La que el P. Silverio considera auténtica de la Santa se encuentra en el mismo tomo, pág. 77. La glosa de San Juan de la Cruz está en sus *Obras,* edición del mismo P. Silverio, IV, pág. 320. Para la discriminación entre estas distintas glosas, consúltese la Introducción del P. Silverio al tomo VI de las obras de la Santa, págs. LXI-LXIII. Es cuestión muy enmarañada.

[28] *Cancionero de Constantina,* núm. 178.

[29] *Cancionero General,* núm. 180.

> que tu mal yo no lo entiendo?
> —Vivo soy; vivo muriendo [30].

Toda esta canción de Diego de San Pedro está al lado mismo de la idea del "morir porque se vive":

> Si [mi] mal no ha de morir
> y mi daño ha de crecer,
> non sé qué pueda perder
> que pierda más que el vivir.
> Pues si mi dicha es perdida
> y mi dolor es tan fuerte,
> ¿para qué es temer la muerte
> pues en ella está la vida?
> Si me tiene de seguir
> vuestro olvido y mi querer,
> no sé qué pueda perder
> que pierda más que el vivir [31].

La lista de ejemplos sería interminable. He citado ésos, para que se vea primeramente qué ambiente tópico refleja la coplilla desenvuelta por Santa Teresa y San Juan. Pero hay más aún: el verso "que muero porque no muero" aparece, con ligerísima variante, en el *Cancioneiro Geral*, y en dos ocasiones, en una poesía de don Juan de Meneses:

> Porque es tormento tan fiero
> la vida de mí, cativo,
> que no vivo porque vivo
> *y muero porque no muero.*

---

[30] Timoneda, *Sarao de Amor*, en Cejador, *La verdadera poesía castellana*, VI, 2622.
[31] *Obras*, ed. Gili Gaya, Clásicos Castellanos, núm. 133, págs. 27-28.

Y en otra de Duarte de Brito:

> E con tanto mal crecido
> de todo ya desespero,
> que por vos triste cativo,
> ya no vivo porque vivo
> y *muero porque no muero* [32].

Nótese que estos dos ejemplos pueden depender el uno del otro, o estar asentados ambos en una base común. En este caso, la base común contendría los dos versos

> que no vivo porque vivo
> y muero porque no muero.

Y ya antes del cancionero de Resende, en *Arnalte y Lucenda*, el enamorado Arnalte saca unos motes que dicen:

> Este triste más que hombre
> que muere porque no muere... [33].

El tema del "Vivo sin vivir en mí" y aun el verso mismo "que muero porque no muero" pertenecen, pues, a una larga tradición cortesana, a veces entreverada de popular.

EL "NO SÉ QUÉ"

Utilizaremos ahora otra coplilla (cuya divinización se ha atribuido a San Juan de la Cruz), porque muestra muy a las claras

---

[32] *Cancioneiro Geral*, de Resende, fols. 16 v. y 44 v. Comp. M. Pelayo, *Antol. de poet. lír.*, en *Obras*, XIX, 323. Para estos juegos entre "vivir" y "morir", véase el admirable libro de Jole Ruggieri, *Il Canzoniere di Resende*, Ginebra, 1931, págs. 139 y sigs. También en la mística musulmana se encuentran fórmulas semejantes. Véase Miguel Asín Palacios, *El Islam cristianizado*, pág. 248.

[33] Diego de San Pedro, ed. cit., pág. 32.

una posibilidad frecuente en divinizaciones de poesía culta o italianizante, no tanto cuando se trata, como aquí, de poesía de tipo tradicional: que los dos planos, el profano y el religioso, estén relativamente próximos, porque ya del terreno profano salían como sutiles emanaciones de delicada espiritualidad.

En el *Thesoro de varias poesías*, de Pedro de Padilla, publicado, nótese bien, en 1580, encontramos la siguiente composición:

> Por sola la hermosura
> nunca yo me perderé,
> sino por un no sé qué
> que se halla por ventura.
> Las mujeres muy hermosas
> son buenas para miradas,
> mas no para ser tratadas
> si no tienen otras cosas;
> lo menos es la figura
> para que yo el alma dé,
> y lo más un no sé qué
> que se halla por ventura...
> Un donaire extraordinario
> que promete maravillas
> y está haciendo cosquillas
> en el alma, de ordinario,
> es lo que mi fe procura,
> lo que siempre deseé,
> y en efecto es no sé qué
> que se halla por ventura.
> Desta gloria sienten poca
> algunos que se desvelan
> por damas que se les hielan
> las palabras en la boca;

se pagan como en pintura
de sólo lo que se ve,
y olvidan el no sé qué
que se halla por ventura [34].

¿Amor humano? ¿Amor divino? La composición es deliciosamente equívoca, pero, en fin de cuentas, vemos que se refiere al amor humano, aunque al más alto, al más descontentadizo, al menos material. No nos maravilla que el que así cantaba, el que así mostraba su desvío por la hermosura carnal, buscando la interior, cinco años después se entrara también carmelita, y con su *Jardín espiritual* (1585) se convirtiera definitivamente en poeta a lo divino. Pues bien, aunque no sea indiscutiblemente auténtica, figura en algunos manuscritos de San Juan de la Cruz, con posibles visos de autenticidad, la siguiente poesía, de la que sólo citaré unas estrofas:

Por toda la hermosura
nunca yo me perderé
sino por un no sé qué
que se alcanza por ventura.
Sabor de bien que es finito
lo más que puede llegar
es cansar el apetito
y estragar el paladar.
Y así por toda dulzura
nunca yo me perderé,
sino por un no sé qué
que se halla por ventura...
Que estando la voluntad

---

[34] *Thesoro de varias poesías*, 1580, fol. 149 v.

de Divinidad tocada,
no puede quedar pagada
sino con Divinidad;
mas por ser tal su hermosura
que sólo se ve por fe,
gústala en un no sé qué
que se halla por ventura.

Pues de tal enamorado,
decidme si habréis dolor,
pues que no tiene sabor
entre todo lo criado;
sólo, sin forma y figura,
sin hallar arrimo y pie,
gustando allá un no sé qué
que se halla por ventura.

San Juan de la Cruz —si en definitiva le pertenece la glosa—, o quien sea, ha tomado la copla inicial [35], y con una leve susti-

---

[35] Si la copla inicial es de Pedro de Padilla o no, no lo sabríamos decir. Sí que se popularizó y fue glosada varias veces. La encontramos, en un verdadero muladar, entre unas "Décimas de Diego Espejo a unas monjas sobre haberles comido unas almojábanas en respuesta de un papel", pieza coprológica:

"Dicen que por la hermosura
yo nunca me perderé,
sino por un no sé qué
que se halla por ventura:
a nosotros la dulzura
de un no sé qué nos llevó,
que mientras más se miró
era imán de nuestros ojos,
causándonos más antojos
que baña arenas el Po."

tución de la palabra *sola* por *toda* (*por sola la hermosura, por toda la hermosura*) ha cambiado ya el sentido de un tema que tan de suyo estaba próximo al plano del espíritu. Y las estrofas de la glosa respiran amor de Dios.

LA CAZA CETRERA DE AMOR

Cuando, en 1942, publiqué mi librito *La poesía de San Juan de la Cruz*, pude situar en una cadena de tradición temática la bella composición (ésta sí, indiscutiblemente, auténtica del Santo), cuya copla inicial es:

> Tras de un amoroso lance,
> y no de esperanza falto,
> volé tan alto, tan alto,
> que le di a la caza alcance.

La transmisión del tema es bien clara: 1.º Hay toda una serie de coplillas profanas que comparan el amor a una cacería. Entre ellas distinguía yo una rama en que la caza es de cetrería: un ave de presa persigue a una garza, etc.

Lo mismo del tipo general (caza de amor) que del especial (caza cetrera de amor) encontraba versiones a lo divino:

> El ciervo viene herido
> de la hierba del amor,
> caza tiene el pecador [36].

El cancionero en que aparecen fue recolectado hacia 1627-1628 (*Cancionero Antequerano*, editado por Dámaso Alonso y Rafael Ferreres, Consejo Sup. de Investigaciones Científicas, Madrid, 1950, págs. 197-199).

[36] De Gregorio Silvestre, véase en la *Selección* de Marín Ocete, Granada, 1939, pág. 110.

> Al revuelo de una garza
> se abatió el neblí del cielo,
> y por cogella de vuelo
> quedó preso en una zarza [37].

En esta tradición iba, evidentemente, a vincularse la poesía de San Juan de la Cruz "Volé tan alto, tan alto". Pero, ¿se trataba concretamente de una adaptación a lo divino de una composición profana? Entonces supuse que no.

Poco después descubrí [38] que me había equivocado. En un manuscrito de la Biblioteca Nacional se encuentra la siguiente poesía, anónima, evidentemente profana y amatoria:

> Tras de un amoroso lance,
> aunque de esperanzas falto,
> subí tan alto, tan alto,
> que le di a la caza alcance.
> Fue tanto mi atrevimiento
> y tan altivo me vi,
> que con las obras subí
> más alto que el pensamiento:
> no hay cosa que no se alcance,
> pues yo, de esperanzas falto,
> subí tan alto, tan alto,
> que le di a la caza alcance [39].

---

[37] Luis Venegas de Henestrosa, *Libro de cifra nueva para tecla, harpa y vihuela*, Alcalá, 1557, 73.

[38] Para pormenores, véase *La poesía de San Juan de la Cruz*, cap. III, 1, en la 2.ª ed. (Colección Crisol), y mi artículo *La caza de amor es de altanería (Sobre los precedentes de una poesía de San Juan de la Cruz)*, en el *Boletín de la Real Acad. Esp.*, XXVI, 1947, págs. 63-79, donde rectifico, en parte, mis anteriores puntos de vista.

[39] Bibliot. Nac., ms. 3.168, fol. 15 v.

Compárese con la de San Juan de la Cruz (reproduzco sólo la copla inicial y la última estrofa):

> Tras de un amoroso lance,
> y no de esperanza falto,
> volé tan alto, tan alto,
> que le di a la caza alcance.
>
> Por una extraña manera
> mil vuelos pasé de un vuelo,
> porque esperanza de cielo
> tanto alcanza cuanto espera;
> esperé sólo este lance,
> y en esperar no fui falto,
> pues fui tan alto, tan alto,
> que le di a la caza alcance.

No cabe duda de que había dado con la versión profana: una nueva glosa y una ligera modificación de la copla inicial habían bastado a San Juan para convertirla al amor divino [40]. Lo portentoso, lo que podríamos llamar milagroso, es esto: que la pobre cancioncilla amatoria, tocada y transformada por la mano del Santo, subleva ahora en nosotros un frenesí ascensional: el alma se nos va con ella hacia algo divino.

---

[40] López Estrada (*RFE*, XXVIII, 1944, 473-477) había señalado un contacto de esta composición de San Juan de la Cruz con una de la *Floresta de varia poesía*, de Diego Ramírez Pagán; yo mismo he señalado otro con una poesía de un cancionero español de Turín. Ambos contactos son, creo, evidentes. San Juan de la Cruz convierte, pues, a lo divino una poesía amatoria (la del manuscrito de la Biblioteca Nacional), pero en la nueva glosa influyen también otras dos composiciones profanas.

EL PASTORCICO

También en mi librito [41] planteé, entre muchas interrogantes, el problema del *Pastorcico*, este extraño, dulce, melancólico poema de San Juan de la Cruz, que tanto gustaba a Mosén Cinto. Para el final (la conversión en Árbol de la Cruz del árbol eglógico) encontraba claros engarces. Pero, ¿de dónde venía la suave melancolía, el dulce ambiente de estos versos?

> Un pastorcico solo está penado,
> ajeno de placer y de contento,
> y en su pastora puesto el pensamiento,
> y el pecho del amor muy lastimado.

"Un pastorcico herido de amor. ¿Es un pastor de Garcilaso? De Garcilaso parecen venir la suavidad, la melancolía, la tierna veladura de la voz. Ni naturaleza ni imágenes." Así veíamos el problema.

Pero éste ha sido resuelto hace poco por José Manuel Blecua [42]. Un manuscrito de la Biblioteca Nacional de París conserva esta poesía pastoril, anónima:

Redondillas

> Un pastorcillo solo está penado,
> ajeno de placer y de contento,
> y en su pastora firme el pensamiento
> y el pecho del amor muy lastimado.
> No llora por pensar que está olvidado,
> que ningún miedo tiene del olvido,

---

[41] *La poesía de San Juan de la Cruz*, ed. cit., cap. II, 2, "Tema del árbol".

[42] En la RFE, tomo XXXIII, año 1949, págs. 378-380.

mas porque el corazón tiene rendido
y el pecho del amor muy lastimado.

Mas dice el pastorcillo: —¡Desdichado!,
¿qué haré cuando venga el mal de ausencia,
pues tengo el corazón en la presencia
y el pecho del amor muy lastimado?

Imagínase ya estar apartado
de su bella pastora en tierra ajena,
y quédase tendido en el arena,
y el pecho del amor muy lastimado.

Transcribimos a continuación, íntegro, el *Pastorcico*, de San Juan de la Cruz:

Un pastorcico solo está penado,
ajeno de placer y de contento,
y en su pastora puesto el pensamiento,
y el pecho del amor muy lastimado.

No llora por haberle amor llagado,
que no le pena verse así afligido,
aunque en el corazón está herido;
mas llora por pensar que está olvidado.

Que sólo de pensar que está olvidado
de su bella pastora, con gran pena
se deja maltratar en tierra ajena,
el pecho del amor muy lastimado.

Y dice el pastorcico: ¡Ay, desdichado
de aquel que de mi amor ha hecho ausencia,
y no quiere gozar la mi presencia,
y el pecho por su amor muy lastimado!

Y a cabo de un gran rato se ha encumbrado
sobre un árbol do abrió sus brazos bellos,
y muerto se ha quedado, asido de ellos,
el pecho del amor muy lastimado.

La comparación entre ambas composiciones no ofrece duda. El Santo se ha limitado a cambiar unas cuantas palabras y a agregar la última estrofa, que carga de sentido divino todo el poema. Véase el apéndice VII ("Sobre el *Pastorcico* de San Juan de la Cruz"). El resultado (lo mismo que en las coplas de "volé tan alto, tan alto") es un prodigio: nadie notaría la soldadura. Y un paisaje de tiernos verdes y neblina —por ninguna parte pintado— acompaña en nuestra fantasía a ese amor melancólico y dulce del pastor divino.

SANTA TERESA, POETA A LO DIVINO

Vivo sin vivir y *Tras de un amoroso lance* (en el tipo tradicional) y el *Pastorcico* (en la escuela italiana) sitúan netamente a San Juan de la Cruz, como poeta, dentro del gran quehacer castellano de la segunda mitad del siglo XVI: la divinización; divinización del arte y divinización de la vida. Esto, si queremos basarnos de modo exclusivo en composiciones indiscutiblemente auténticas. También las atribuciones antiguas pueden contribuir a perfilar una personalidad literaria; no nos extraña que se le atribuya la nueva glosa del *No sé qué*: ¡otra divinización!

Conviene, al llegar a este punto, detenernos un momento a considerar que en esa actividad divinizadora consiste toda, absolutamente toda la labor poética de Santa Teresa. Para convencerse basta leer las poesías publicadas con nombre de la Santa. Y, sin embargo, no es un familiar Mediterráneo lo que descubrimos, por la sencilla razón de que no se ha visto lo evidente; no se ha tenido en cuenta lo que significaba poetizar "a lo divino". Así, el benemérito P. Silverio[43] trabaja inútilmente para alejar la sombra de "plagio" de la persona literaria de Santa Teresa y de la de San Juan, con motivo de las glosas de *Vivo sin vivir en mí*. Inútil labor: en el campo de la "literatura a lo divino" no existe, ni puede existir, la noción de "plagio": todo es enriquecimiento de la ofrenda a la Divinidad.

Tampoco existe, claro es, propiedad literaria, o la propiedad es un concepto algodonoso, como si todo se uniera en el río de la espiritualidad hacia un divino anonimato.

Quiere esto decir que, desde nuestro punto de vista, no nos preocupa demasiado el deslindar, de la masa de poesías que la

---

[43] *Obras*, VI, págs. LXI y LXII. Toda la crítica del P. Silverio se resiente de no haber sabido situar a Santa Teresa dentro de la corriente de la poesía "a lo divino". Aún más descubren esa falla las apostillas de D. Vicente de la Fuente en el t. LIII de la *Bibliot. de AA. EE.*:

> "Este niño viene llorando.
> Mírale, Gil, que te está llamando."

"...estos versos son harto desdichados, y no los creo de Santa Teresa" (página 515).

> "Mi gallejo, mira quién llama.
> —Ángeles son, que ya vien el alba."

"Esta poesía es tan sosa y disparatada que no puedo creer sea de Santa Teresa" (pág. 516).

> "Vertiendo está sangre
> Dominguillo, ¡eh!
> Yo no sé por qué."

"Casi diría de estos versos lo que de los anteriores" [los de "Mi gallejo"] (pág. 516). Para el refinado don Vicente, coplas "tan estrafalarias", "conceptos tan bajos", "palabras tan toscas" eran propias de "papel de ciego" y absolutamente despreciables (pág. 503).

tradición supone de la Santa, las que verdaderamente le pertenecen. Que Santa Teresa hacía versos por devoción y para distraer a sus monjitas, no cabe la menor duda, porque los testimonios son de enorme autoridad, muy numerosos y concordes [44]. La mayor parte de las poesías que el P. Silverio admite [45], después de someter a criba las que nos han llegado por tradición, deben de ser obra de la Santa. Pero hay otras que emanaron de su ambiente próximo o que nacieron en la herencia directa de los conventos descalzos.

¿Qué importa que

> Véante mis ojos,
> dulce Jesús bueno;
> véante mis ojos,
> muérame yo luego

no saliera de su pluma? El tema aparece en su original forma profana en el *Cancionero*, de Montemayor, de 1554, donde se da como ajeno, es decir, como anterior al poeta. Y, claro está, ahí es una coplilla amatoria:

> Véante mis ojos
> y muérame yo luego,
> dulce amor mío,
> y lo que yo más quiero.

Y profana también la glosa.

---

[44] Véase el prólogo de don Vicente de la Fuente a su edición (totalmente acrítica) de las poesías de la Santa, *Biblioteca de AA. EE.*, LIII, páginas 502-503, y también las págs. LI-LIV (el texto y, sobre todo, las notas) de la *Introducción* al t. VI, Burgos, 1919, de *Obras* de la Santa, donde De la Fuente y el P. Silverio acumularon varios de estos testimonios. Otros podrían añadirse aún.

[45] *Ibidem*, págs. 77-119.

¿Quién vertió esta canción a sentido espiritual? Una novicia llamada Isabel de Jesús se la cantaba a veces a la Santa Madre: una dulce pena le invadía los miembros y le suspendía el alma. Sabemos que, cuando Teresa iba al convento de Salamanca, solía llamar a Isabel de Jesús y decirle: "Venga acá, hija mía; cánteme aquellas coplitas" [46].

¡Qué delicioso ambiente! ¡Qué sencilla fe! ¡Qué blancura iluminada! Dios puso cerca e hizo colaboradores a estos dos seres —Teresa y Juan— para que, en su espejo, los escritores pudiéramos librarnos de nuestro pecado común —la pedantería— y para que creyéramos en el milagro.

Cuando nos situamos en ese ambiente lo olvidamos todo, porque todo queda sumido en una fervorosa luz irreal. Así pasan al sentido sacro las rusticidades pastoriles de la Navidad:

> Hoy nos viene a redimir
> un zagal nuestro pariente,
> Gil, que es Dios Omnipotente [47].

O adaptadas al tema de la Circuncisión:

> Este niño viene llorando;
> mírale, Gil, que te está llamando [48].

En él resuenan como un gran aletear blanco las coplas gozosas de *A la gala, gala:*

> Pues que nuestro Esposo
> nos quiere en prisión,

---

[46] Véase *Obras*, ed. P. Silverio, VI, pág. LXI, nota 3 y *Biblioteca de AA. EE.*, LIII, págs. 154-155, y pág. 155, nota 1.
[47] *Obras*, VI, pág. 94.
[48] *Obras*, VI, pág. 98.

> a la gala, gala,
> de la Religión [49].

Una "gala" más entre las infinitas perpetuadas en nuestra poesía tradicional.

LA VIDA Y LA POESÍA: SANTA TERESA Y SAN JUAN, ESPAÑOLES A LO DIVINO

San Juan de la Cruz, poeta a lo divino. A la luz de esta fórmula se ligan en sentido unitario muchos pormenores de su vida.

Dos anécdotas, por ejemplo, nos muestran la transportación a lo divino como un modo acostumbrado de su espiritualidad.

Según un testimonio antiguo [50], cuando el Santo estaba encerrado en la cárcel de Toledo, allá entre 1577 y 1578, oyó que unos muchachos que pasaban por la calle iban cantando esta letra:

> Muérome de amores,
> carillo, ¿qué haré?
> —Que te mueras, ¡alahé!

Y en el corazón del pobre preso no pudo sonar en su sentido erótico, sino en el del amor más alto.

José María de Cossío refiere otra anécdota [51], que procede de la vida de San Juan de la Cruz, por Fray Jerónimo de San José:

---

[49] *Obras*, VI, pág. 116. El ms. transcrito por el P. Silverio lee "Relisión" con la conocida confusión de -s- y -g- ("diógelo", "dióselo", etc.).

[50] De un ms. de la Bibliot. Nac., citado por el P. Crisógono, *San Juan de la Cruz: Su obra científica y su obra literaria*, II, 30.

[51] Comp. Cossío, *Poesía española: Notas de asedio*, Madrid, 1936, páginas 101-103. La copla, además de en el índice del *Cancionero de Barbieri* y en el *Cortesano* de Milán (citado por Cossío), está también en el *Cancionero de Uppsala* y en la *Orphénica Lira*, de Miguel de Fuenllana.

"Solía el Santo en Navidad mandar que sus religiosos hiciesen alguna representación piadosa de este misterio. Hallándose en cierta ocasión en un acto de recreación semejante, sintióse el Santo tan enternecido y arrebatado, que, tomando en sus brazos un Niño Jesús, comenzó a bailar con gran fervor, y en medio de sus júbilos desatados le cantó esta copla:

> Mi dulce y tierno Jesús:
> si amores me han de matar,
> agora tienen lugar."

La copla es popular y antigua, como lo acreditan numerosos testimonios.

Es curioso señalar que de Santa Teresa tenemos dos anécdotas que casi se corresponden exactamente con esa de San Juan: una, el ya citado arrobo de la Santa al oir a una monjita cantar la coplilla a lo divino:

> ... véante mis ojos,
> muérame yo luego.

La otra historia se refiere a unos versos que (según se dice) hizo la Madre a la Circuncisión:

> Vertiendo está sangre
> Dominguillo, ¡eh!
> ¡Yo no sé por qué! [52].

He aquí la anécdota: "Una víspera de esta fiesta de la Circuncisión, estando las religiosas en la noche en recreación, salió la Santa de su celda, arrebatada de un maravilloso fervor e ím-

---

[52] *Obras*, VI, pág. 97. Son dos las coplillas populares glosadas por Santa Teresa para la Circuncisión. Hemos mencionado la otra más arriba, página 248, nota ("Este niño viene llorando").

petu de espíritu, danzando y cantando, e hizo que el convento la ayudase, lo cual hicieron con notable alegría de espíritu"[53]. Y aclara el P. Ribera: "Gustaba de que sus monjas anduviesen alegres y que cantasen en las fiestas de los santos e hiciesen coplas. Mas, como gustaba de dar ejemplo en todo, hacíalas ella misma y las cantaba en unión de sus monjas, sin instrumento ninguno de música, sino acompañándose con la mano, dando ligeras y suaves palmadas para llevar compás y hacer cierta armoniosa cadencia"[54]. ¡Encantadora escena!: la Santa Madre y sus hijas "baten palmas" (*more hispanico*).

Esas estampas y las dos correspondientes de San Juan de la Cruz nos muestran cómo la espiritualidad de estas dos extraordinarias criaturas estaba basada en el modo de ser español, y cómo no hacían sino verter hacia lo divino la expresión popular del común de su pueblo. Los dos, Santa Teresa y San Juan, españoles a lo divino, poetas a lo divino. Los dos viven a lo·divino la vida de su pueblo.

Había muchas cosas en la huella del poeta que, antes de descubrir este secreto, no habíamos comprendido. He aquí con cuánta monotonía apuntaban a un mismo hito las rúbricas de los códices. El de Sanlúcar: *Otras coplas del mismo San Juan a lo divino* (son las de "Tras de un amoroso lance"); *Otras canciones a lo divino (del mismo autor) de Cristo y el alma* (se trata de el *Pastorcico*). El de Jaén: *Glosa a lo divino* (son las coplas que empiezan "Sin arrimo y con arrimo"); *Glosa a lo divino del mismo autor* (las coplas de "Por toda la hermosura"). Alguna de estas obritas no hay certeza absoluta —como vimos— de que perteneciera al Santo. Esto

---

[53] Así lo dice el ms. del Monasterio de Cuerva. Comp. *Bibliot. de AA. EE.*, LIII, pág. 502, y *Obras*, ed. del P. Silverio, VI, 97, nota 1.
[54] *Bibliot. de AA. EE.*, LIII, pág. 502.

ahora no tiene importancia. Lo interesante es que quien formó esos códices —sea quien fuera [55]— sí que sabía a qué atenerse, sí que conocía la actividad poética "a lo divino" del Santo. Pero esos epígrafes, leídos muchas veces por muchos críticos e investigadores, no habían sido entendidos. Y, sin embargo, hablaban con toda claridad.

OTRO INSTRUMENTO ES QUIEN
TIRA DE LOS SENTIDOS MEJORES

La imagen de la actividad poética del Santo se nos va cuajando, vamos viendo su sentido. Aunque, ¡ay!, según lo vamos así viendo, según vamos comprendiendo que a este hombre no le importaba el arte, que lo único que le importaba era Dios, el misterio, el prodigio de su obra se hace más denso.

Habíamos leído muchas veces, con asombro, el testimonio de Fray Juan Evangelista, que anduvo y vivió con el Santo once años [56], quien nos dice que para componer sus obras, San Juan no leyó libro alguno: "los cuales libros le vi componer, y jamás le vi abrir un libro para ello". Parece demasiado fuerte; pero, en otro pasaje, reduce Fray Juan Evangelista su afirmación a términos en que la debemos aceptar: "Era muy amigo de leer en la Sagrada Escritura, y así, nunca jamás le vide leer otro libro sino la Biblia (la cual sabía casi toda de memoria) y en un San Agustín *contra haereses*, y en el *Flos Sanctorum*, y cuando predicaba alguna vez,

---

[55] Todo es dudoso: ni creemos inconmovible la autoridad del de Sanlúcar, ni que se haya estudiado científicamente la autografía del Santo. Las muchas dudas sobre el códice giennense aumentan después de la publicación del libro de Krynen.

[56] *Obras de San Juan de la Cruz*, ed. del P. Silverio, tomo IV, página 385.

que fueron pocas, o hacía pláticas, que era de ordinario, nunca leía otro libro sino la Biblia" [57].

Claro está que San Juan de la Cruz tuvo lentos años de estudio, que le dejaron un caudal de conocimientos y que le acabaron de organizar un sistema rígido de pensamiento, pues su mente era clara y poderosa, y para convencerse de ello basta asomarse a los *Comentarios*. Pero no hay modo de esquivar el testimonio de este compañero del Santo: durante la época de su producción, San Juan de la Cruz no leía. Su producción intelectual derivó, pues, ante todo, de su divina contemplación; luego, de la Biblia; en fin, de estudio antiguo, sedimentado, asimilado; del ambiente de su pueblo, de la literatura popular, viva a su alrededor. Es decir, San Juan de la Cruz era —afortunadamente— todo lo contrario de lo que suele ser un pedantito intelectual de nuestros días: cultura toda de infinitos retazos, que no impregna al ser y no puede llegar al corazón. No; San Juan de la Cruz leía poco, pero había pensado mucho lo leído; lo había pensado en la soledad con Dios y unido a la raíz de su pueblo.

Digámoslo sin miedo: el arte, en sí mismo, no era nada, no significaba nada para él; Dios lo llenaba todo. Fray Bartolomé de San Basilio, que estuvo presente a la última enfermedad del Santo, en Úbeda, nos relata un pormenor que ilumina la posición estética de aquella gran concentración de espíritu, cuando ya estaba para extinguirse. El testimonio, con su vívido aliento, es conmovedor: "El más del tiempo que estuvo en la cama asistí con él, teniéndole compañía; hablaba muy poco, y de rato en rato le oía decir estas palabras, que me causaban grandísima devoción: 'Haec requies mea in saeculum saeculi.' Persuadiéronle un día que le querían traer unos músicos por alegrarle, y él, por dar gusto, dijo que sí

---

[57] *Ibidem*, págs. 385 y 386.

la admitiría [58]. Mientras los músicos estaban cantando, parecía se dormía. Acabado, le preguntaron qué le parecía; y él respondió que había estado atendiendo a otra música interior más suave, de que fueron todos muy edificados" [59].

Como Góngora (¡pero con cuán diferente espíritu!) pudo decir:

... otro instrumento es quien tira
de los sentidos mejores.

GARCILASO A LO DIVINO

San Juan de la Cruz estaba, pues, a una astronómica distancia de toda idea del "arte por el arte" (hipócrita y seudoaristocrática capa moderna de toda ridícula sublimidad, de toda impotencia y todo vacío interior). Si alguna vez se planteó este problema, le vendría a los labios como un anticipo de la fórmula de nuestro Antonio:

...dejar quisiera
mi verso como deja el capitán su espada,
famosa por la mano viril que la blandiera,
no por el docto oficio del forjador preciada.

Para él no había más que una tierra de promisión y un templo: allí para servicio de la divinidad podía colgarse todo despojo de la paganía.

Este deseo de "Aegyptias opes ad Dominici templi honestamentum convertere", de sacar de la poesía profana (ya popular, ya italianizante) afectos para mover el alma a Dios, fue en la segunda

---

58 Entiéndase: la música.
59 *Obras*, ed. cit., IV, pág. 381. Comp. *Ibid.*, pág. 395. Concuerda admirablemente en sentido (ya en las lindes de la muerte) con la doctrina de desapego a las formas sensibles esparcida por toda su obra.

mitad del siglo XVI (coincidiendo con ese movimiento que hoy se llama contrarreformista) un deliberado propósito de muchos (entre ellos, no nos cabe duda, de nuestro San Juan de la Cruz).

La divinización era ya en literatura española un largo proceso. Pero este proceso tiene como un núcleo de intensificación alrededor de 1580, digamos, más o menos, de 1570 a 1590, o sea precisamente en los años adultos del Santo, centro aproximado del reinado de Felipe II, período inmediatamente post-tridentino, que se inicia con Lepanto. He aquí algunos hechos:

Santa Teresa, poeta a lo divino, muere en 1582. En 1580 publica Pedro de Padilla sus indecisas coplas del *No sé qué*, que originan por parte de San Juan o en su ambiente un eco divinizado. Pero el mismo Pedro de Padilla se ha vuelto definitivamente poeta a lo divino, en 1585, con su *Jardín espiritual*. En 1582 se publican las obras de Gregorio Silvestre, en las que tantas antiguas coplas octosilábicas son vertidas, mediante nueva glosa, al plano religioso. Juan López de Úbeda publica, en 1579, el *Cancionero general de la doctrina cristiana* (y el título vale por un manifiesto: cancionero general "a lo divino"), y en el prólogo de su *Vergel de flores divinas* (1582) reprueba la poesía amatoria y alaba a los que "escribieron cosas maravillosas a lo divino", y él sigue predicando siempre con el ejemplo. Al final del período comienza a notarse con Diego Cortés (*Discurso del varón justo*, 1592) y Fray Arcángel de Alarcón (*Vergel de plantas divinas en varios metros espirituales*, 1594), un matiz (mal estudiado)[60] que culminará en Ledesma. Mientras tanto, en la novela, por las mismas fechas, se han impreso la *Clara Diana a lo divino*, de Ponce; la *Caballería cristiana*

---

[60] Es inaplazable el estudio crítico de todos estos libros, por el interés de su especial manera "a lo divino", pero también por la luz que ese trabajo ha de arrojar sobre la evolución de la poesía española y los orígenes del conceptismo.

(1570), de Fray Jaime de Alcalá; *El caballero de la clara estrella*, de Andrés de la Losa (1580). Todo esto, poesía de tipo tradicional y novela.

Ahora bien: desde 1577 tenemos noticias de actividad poética de San Juan de la Cruz (es el intenso año de su prisión). Y, precisamente, en 1577, había aparecido la segunda edición de un libro, el Boscán y Garcilaso "a lo divino", publicado por primera vez en 1575, que abría a las vías de la más alta espiritualidad otro amplio sector de la sensibilidad erótica: la poesía italianizante.

Imagínese, pues, cuál no sería el asombro y el encanto de estos espirituales que al cristianizar la vieja poesía octosilábica seguían una ya larga tradición, cuando en ese año de 1575 aparecieron esas *Obras de Boscán y Garcilaso, trasladadas a materias cristianas y religiosas* por Sebastián de Córdoba, vecino de Úbeda. Difícilmente puede el hombre contemporáneo darse cuenta de lo que esto pudo representar en cien y cien conventos españoles, en donde, vertidos a Dios, vivían miles de hombres de letras, exactamente las generaciones para cuya juventud la tierna y nueva voz de Garcilaso había sido una revelación de belleza, y —¡ay!— una tentación, quizá la más peligrosa, eliminada, reprimida por la ascética, la contemplación y el servicio del altar.

Y ahora, ante el librillo de Sebastián de Córdoba, sucedía que las dulces imágenes antiguas se suscitaban en el recuerdo, y que ya no había necesidad de reprimirlas, porque eran todas convertibles al amor divino. El libro tuvo éxito: en 1577 se publicaba una segunda edición.

Por lo que toca a San Juan de la Cruz, los hechos son éstos:
1.º Está probado, sin que haya la menor posibilidad de duda, que San Juan de la Cruz (cuya obra poética [61] comienza precisamente

---

[61] Sabemos que desde esa fecha escribió poesía; no sabemos si la cultivaba ya antes.

en 1577) leyó el libro de Sebastián de Córdoba. 2.º En la poesía de San Juan hay abundantes reminiscencias (¡siempre breves, siempre fragmentarias!) de Garcilaso; de ellas: *a)* unas proceden directamente del poeta profano; *b)* otras le llegaron a través de Sebastián de Córdoba. 3.º En la poesía de San Juan hay algunas reminiscencias de Sebastián de Córdoba (en punto en que éste se apartaba de Garcilaso).

Baruzi, el P. Crisógono y María Rosa Lida han acumulado una serie de coincidencias entre el gran poeta profano y el gran místico, todas muy breves, apenas un adjetivo, un sustantivo, una corta frase. Cuando me ocupaba en comprobar las reminiscencias de Garcilaso en nuestro Santo, señaladas por esos investigadores, encontré una que se les había escapado, y que era la más clara de todas:

... el viento espira,
Filomena sospira en dulce canto...
(Garcilaso.)

... el aspirar del aire,
el canto de la dulce Filomena...
(San Juan de la Cruz.)

Eso no quiere decir que las otras coincidencias señaladas por mis antecesores o por mí me parecieran desechables. No; creo que la mayor parte proceden de indudable contacto directo [62].

---

[62] Ocurre que cuando en una serie de indicios (A, B, C, etc.) que no tienen completa fuerza probatoria, se presenta uno, K, con valor de prueba rigurosa, la fuerza de los demás queda vitalizada. Esta argumentación, expuesta por mí en mi librito, no convenció a un ilustre crítico —Allison Peers—, quien sin duda (interpretamos, porque no explicaba sus razones) tomaba el punto de vista de la estricta lógica (en efecto, puede ocurrir que, a pesar de K, uno o vairos de los indicios de la cadena sean

También en mi librito señalé una serie de relaciones entre la poesía de San Juan de la Cruz y el Garcilaso a lo divino de Sebastián de Córdoba. Baruzi fue quien probó que San Juan de la Cruz había leído el libro de Córdoba, pero el admirable escritor francés se escandalizaba ante la idea de que de la profanación que de la obra de Garcilaso había cometido Córdoba (con ánimo de divinizarla) hubiera podido pasar algo a San Juan de la Cruz. En realidad, Baruzi seguía su primera corazonada, sin haber hecho un estudio analítico de este punto concreto. Hoy, después de conocer mucho mejor el total desvío de los fines estéticos en la obra del Santo, y su repetido trabajo de refundidor a lo divino, nos parece lo más natural lo que al gran crítico francés le escandalizaba.

Al emprender ese trabajo de cotejo entre la poesía del Santo y la refundición de Córdoba vi cómo las imágenes de oscuridad e iluminación en el Garcilaso amatorio, que ya habían llamado la atención a Baruzi como posibles antecedentes de la concepción o

---

falsa apariencia). Pero una cosa es la lógica estricta y otra la convicción humana, que llega a producirse, a veces, cuando la cadena de indicios es muy larga, aunque ninguno de ellos tenga completa fuerza probatoria. Sin esta distinción entre prueba lógica y convicción en la realidad humana, no habría investigación histórica ni administración de justicia (en esa "convicción humana" se basa la institución del jurado).

Después de publicado mi libro sobre San Juan de la Cruz, leo en la *Historia y crítica de una polémica*, de don Miguel Asín, al final de *La Escatología musulmana en la Divina Comedia*, ed. de 1943, pág. 550, la doctrina, basada en Newman y Butler, de que la certeza humana se logra "por medio de un gran número de motivos concretos de credibilidad, incapaz cada uno por sí sólo de producir la convicción, pero invencibles si se toman en conjunto, porque unos a otros se ayudan y fortalecen mutuamente, multiplicando, más que sumando, su fuerza demostrativa". En el caso de don Miguel, hoy, en 1950, bien vemos la excelencia de su método. (Comp. E. A. Peers, *St. John of the Cross*, Londres, 1946, página 52.)

por lo menos de la terminología de la *Noche* (poema y comentarios), habían sido usadas y desarrolladas grandemente en la divinización por Córdoba: las imágenes del poeta profano se cargaban así de sentido espiritual. El vínculo sospechado por la certera intuición de Baruzi se comprobaba, pero si antecedente mediato era Garcilaso, el inmediato era evidentemente Córdoba (lectura de San Juan), que usaba y ampliaba esa imaginería y ese léxico en un sentido divino.

Luego observé que la "fuente", que tanta importancia tiene en la *Égloga II* de Garcilaso, ha sido cargada de sentido simbólico religioso en Córdoba, y es luego la fuente de la Fe, en San Juan de la Cruz. La "llama de amor viva", de San Juan, era, con mínima variación, el "fuego de amor vivo", de Córdoba. La escena de amor junto a la almena, en la profunda noche:

> El aire de la almena
> cuando yo sus cabellos esparcía...,

¿tenía algún antecedente en literatura española? No, no tiene más antecedente conocido que el recuerdo que hace Silvanio (en la obra de Sebastián de Córdoba) de "los favores de amor" que otro tiempo recibió:

> Allí entre dos almenas hice asiento,
> y acuérdome que ya con ella estuve
> las noches de verano al fresco viento... [63].

---

[63] Leo Spitzer ha dado otra interpretación a las últimas estrofas de la *Noche*. Lamento que (por varias razones, que expondré en lugar oportuno) no me sea posible compartir la opinión del ilustre romanista. Comp. Leo Spitzer: *A Method of Interpreting Literature*, Northampton, Mass., 1949, págs. 21 y sigs.

Y ahora podemos comprender la formación de el *Pastorcico*. San Juan de la Cruz ha tomado —como hemos visto— un poema eglógico profano y lo ha reproducido con ligeras variantes: un pastor se lamenta de amoroso abandono. El poema no descubriría su nueva intención a lo divino, a no ser por una estrofa que el Santo le añade: el pastorcico sube a un árbol, abre los brazos y se queda muerto allí. La simbolización del madero de la cruz en árbol tiene una trayectoria conocida. Aquí se trata específicamente de un árbol eglógico (árbol y pastor). Pero en poesía española, ¿dónde ocurre antes que en San Juan la divinización del árbol de la égloga? Pues en el libro que San Juan leía, en Sebastián de Córdoba; allí, en medio del paisaje eglógico (que viene de la *Égloga II*, de Garcilaso) ve Silvanio cómo un "pastor" está levantado sobre un árbol, herido y coronado de espinas. La divinización y conversión en cruz, del árbol de la égloga, la encontramos en poesía española en 1575, en Sebastián de Córdoba; inmediatamente después en San Juan de la Cruz (que manejó y leyó el libro de Córdoba)[64]. Una serie de temas de Garcilaso, que en San Juan hallamos vueltos al sentido divino, lo habían adquirido antes en la obra de Sebastián de Córdoba. Una serie de pormenores, desconocidos en poesía española, que encontramos en las poesías de San Juan de la Cruz, los hallamos pocos años antes en la de Córdoba, en aquellas partes donde este divinizador introduce elementos no existentes en Garcilaso.

Esos son hechos, rigurosamente hechos. Lo que sigue ahora es, en parte, una interpretación: en 1575, al leer el libro de Córdoba (o en 1577, si lo conoció en la segunda edición), se le reveló a San Juan de la Cruz la posibilidad de poner al servicio del amor divino la poesía profana de Garcilaso y, en general, la poesía eglógica.

---

[64] Véase el apéndice VII ("Sobre el *Pastorcico* de San Juan de la Cruz").

No es que pensemos en un deliberado propósito, en un plan; nada de eso. Es, sencillamente, que intuyó la posibilidad de utilizar aquella belleza y aquellos afectos eróticos en el sentido del alto amor. Ocurre así que en sus tres grandes poemas, el *Cántico*, la *Noche* y la *Llama*, el análisis descubre una serie de elementos sueltos que proceden ya del auténtico Garcilaso, ya de la divinización por Córdoba. San Juan de la Cruz leyó a Córdoba. De esa lectura pasaron a su obra algunas reminiscencias; sin embargo, el efecto mayor que en él causó fue —a mi juicio— el revelarle la posibilidad general de utilización a lo divino de la poesía amatoria italianizante.

RESUMEN

Fuentes de la divinización. — En casi toda la obra poética de San Juan de la Cruz, elementos de poesía amatoria han sido divinizados. En sus coplas castellanas toma composiciones amatorias conocidas y las vierte al sentido espiritual mediante nuevas glosas y retoques a los núcleos iniciales. En la poesía en endecasílabos, toma de Garcilaso y de su divinizador, Córdoba, elementos fragmentarios: giros, versos, expresiones, temas. Sólo en una ocasión un poema endecasilábico (el *Pastorcico*) procede casi totalmente de otro profano; para divinizarlo le basta agregar un elemento que viene del libro de Córdoba.

Se puede decir que la poesía de San Juan de la Cruz tiene, casi exclusivamente, dos procedencias: 1.ª *El cantar de los cantares.* 2.ª Poesía amatoria profana, de la cual es divinización.

Tres tiempos de divinización. — Todo, pues, en San Juan está incluido en una gran corriente de divinización de amor profano, divinización en tres tiempos muy distintos: 1.º Divinización muy antigua (*Cantar de los cantares*). 2.º Reciente, pero anterior al Santo (Sebastián de Córdoba). 3.º Obra del Santo mismo.

Dos modos de divinización. — 1.º De obras enteras: poesías del Santo son mera adaptación de composiciones profanas (así en las coplas octosilábicas y en el *Pastorcico*). 2.º De breves fragmentos o partículas (breves lugares, versos sueltos, etc., de Garcilaso, y fragmentarias reminiscencias de Córdoba se incorporan con sentido divino a la obra de San Juan).

De tiempos distintos, con modos distintos, todo el contenido de la obra poética de San Juan de la Cruz es resultado de un movimiento de divinización. Es un proceso cuyo desarrollo tiene miles de años, y su ámbito es la Humanidad. Su causa es la inefabilidad de la experiencia mística. Por ser inexpresable, la vivencia mística es sólo pintada, mentada, a través de imágenes, en especial de imágenes del amor profano. Situado dentro de esta gran corriente, San Juan de la Cruz toma el máximo poema de amor, divinizado, que la tradición le ofrece: *El cantar de los cantares* [65]. Cuando él echa mano de los elementos de amor profano que la poesía de su siglo (ya italianizante, ya tradicional) le brinda, no hace sino continuar el sentido de este proceso.

---

[65] No cito como modelo de San Juan de la Cruz la versión parafrástica del *Cantar de los cantares* publicada hace un par de años por el señor Muñoz Sendino (y, en parte, conocidísima de antiguo), porque más bien parece obra de un escritor que va a la zaga del Santo. Una cosa es cierta: que no puede ser de Fray Luis, como pretende el señor Muñoz Sendino (*Boletín de la Real Academia Española*, XXXVIII-XXXIX, 1948-1949). La demostración del P. Ángel Custodio Vega es irrefutable, y puede verse en *La Ciudad de Dios*, año 65, vol. CLXI, 1949, páginas 59-60. (Véase también la exacta argumentación del P. Félix G. de Olmedo en *Razón y Fe*, año 49, tomo 140, págs. 52-70). Esa versión en liras es obra diluidora, verbosa, cansina. Recibe, claro está, algunos rayos de la prodigiosa fuerza expresiva del *Cantar*, y de vez en cuando, en algún verso, se concentra y levanta (como ocurre, en general, en todas las versiones del gran poema bíblico); pero de nuevo cae en seguida en la parafrástica verborrea sin talento.

Esto, desde un punto de vista de mística universal. Pero el principio que hemos enunciado (que "todo el contenido de la poesía de San Juan de la Cruz es resultado de un proceso de divinización") puede ser considerado también desde un punto de vista, digamos, local, español. Considerada así, esa ley general del estilo del Santo, nos dice que él es también sólo una rama del gran proceso de divinización en la literatura española del Siglo de Oro. Este proceso español no es, a su vez, sino un caso específico de una ley literaria española aún más amplia: la constante tendencia de nuestra literatura, desde la Edad Media hasta fines del Siglo de Oro, al anonimato, a la reelaboración de elementos, a la refundición.

Del amor profano al amor divino, toda la poesía de San Juan de la Cruz es una movilización de partículas y de grandes partes en un sentido determinado: una enorme polarización. Todo en ella viene de los modos y contenidos profanos, toda ella está tensa hacia Dios. Este trasiego, esta metamorfosis elevadora sitúa en campo sistemático todos los componentes, hasta las más pequeñas moléculas, sea cualquiera su procedencia y el modo como fueron arrancadas al plano erótico. Un sustantivo característicamente unido a un adjetivo en Garcilaso, le vemos ahora bullir, en el plano de San Juan de la Cruz, ya cargado de otra espiritualidad, del mismo modo que un poema entero, el *Pastorcico,* dice aún las mismas palabras y, sin embargo, habla ya otro lenguaje. Naturalmente, cuando la divinización de la mejor poesía profana había ocurrido ante los mismos ojos de San Juan de la Cruz (como en la refundición de Sebastián de Córdoba, 1575), el Santo (que positivamente sabemos que leyó y recordó ese libro) no hizo sino seguir la corriente de su polarización general, al asimilarse algunos elementos del Garcilaso a lo divino.

He aquí cómo cada una de las procedencias de los elementos poéticos asimilados por San Juan de la Cruz queda perfectamente explicada, y cómo todas se ligan en sistema natural y coherente si nos situamos en el punto de vista de nuestra tesis:

San Juan de la Cruz, ejemplo humano de la gran corriente, de *amor profano a amor divino*, que es casi la historia de la expresión poética mística. San Juan de la Cruz, ejemplo concreto de la tendencia divinizadora en la literatura castellana. San Juan de la Cruz, poeta a lo divino.

EL ALA DEL PRODIGIO

Lo hemos dicho: nada más lejos de las vías de San Juan de la Cruz que una meta de arte. El arte no era nada, no significaba nada para él. No tenía resquicio para el arte quien estaba lleno de Dios.

Todo por Dios, todo para Dios. Y recibe la huella directa de Garcilaso; y recibe, sin náusea, efluvios de la desgraciada divinización de Córdoba; y vierte él mismo poesías profanas, de toda procedencia, a lo divino; y al verterlas zurce y combina los más distintos elementos, que toma de otras composiciones, ya profanas, ya a lo divino. Todo por Dios, todo para Dios.

Cuando nos situamos en este punto, tenemos sensación de colgar en la cresta de un precipicio; algo se va a romper, a estrellar: nuestra pobre razón humana, o las leyes generales que rigen el quehacer espiritual de los hombres, y casi con ellas las leyes físicas.

Porque ahora el lector tiene que pensar en poetas exquisitos, en poetas de esos que suscitan una especial vibración estética, que con la magia de la palabra transfundida en ritmo mueven no sólo nuestro pensamiento, iluminándolo, sino otras secretas recámaras que se nos pueblan de delicia: la veta rigurosamente estética de nuestra alma. Y pensamos en Góngora, o en un Mallarmé, o en un Hopkins, o en un Paul Valéry, o en un Juan Ramón Jiménez, o en un Ungaretti, o en un Jorge Guillén... Y vemos esta zona de las letras donde están juntos los poetas de más delicada sensibilidad: no se escucha en esa límpida región ni un murmullo. ¡Qué silencioso quehacer! Aquí se toca una palabra, allá se burila el ritmo. ¡Oh, esta impureza! ¡En seguida: hay que eliminarla! Pequeña ciudad blanca y silenciosa del afán constante: blancos papeles atesoran infinitas variantes en busca de la preñada y multiplicada burilación de lo condensadamente complicado o, si no, de la quintaesencia, de lo cenceño, de lo sencillo, de lo perfectamente sencillo, de lo sencillamente perfecto, de la blancura virginal. ¡Silencio! ¡Silencio! Todos, frenéticos, laboran silenciosamente...

Y entre todos estos artistas en frenesí se adelanta sereno, imperturbable, un hombre, que avanza recto: no burila, no le importa la perfección formal, ni quizá sabe qué es; no se detiene ni aun a coger una flor de su camino. Avanza irremisiblemente atraído por el centro obsesionante. Este hombre no es un artista, pero supera —aun en el arte que no se propuso— a esos grandes artistas.

Porque he aquí que entre todos los artistas en agonía de perfección no han creado nada, nada, que más secreta, que más exquisitamente nos perturbe que estos tres poemas, que estas dos coplas con su glosa. Su autor —ese hombre que avanza indiferente— es un frailecico pequeño, casi "medio fraile" [66], al que, digámoslo sin rebozo, le tenía sin cuidado el arte por el arte y aun el arte a secas. Lo único que le importaba era el amor de Dios.

---

[66] No hay seguridad de que Sta. Teresa llamara "medio" fraile a San Juan de la Cruz (aunque sabemos que era muy bajito). La frase "fraile y medio" designa a San Juan de la Cruz y Fray Antonio de Heredia, que van a fundar en Duruelo, el uno pequeñito de cuerpo, el otro de escasa talla en lo espiritual. ¿Cuál era para la Santa el fraile entero, cuál el medio fraile? El P. Crisógono cree que "medio" fraile señalaba a Fray Antonio (*San Juan de la Cruz*, Col. Pro Ecclesia et Patria, 1935, página 21). Allison Peers piensa que "medio" fraile designa a San Juan (*San Juan de la Cruz, espíritu de llama*, traducción de Eulalia Galvarriato, Madrid, 1950, págs. 22-23).

Esos poemas (el *Cántico espiritual,* la *Noche* y la *Llama),* esas coplas *(Aunque es de noche* y *Tras de un amoroso lance)* son tales, que la literatura mundial no ha producido nada de una emanación más nostálgicamente perturbadora, donde cada palabra parece haber recibido plenitud de gracia estética, con una transfusión tal que nuestra alma, virginalmente oreada, impelida abrasadoramente, no ha sentido nunca más próximas las extremas delicias.

Henos aquí, pues, en el borde sobre el precipicio, empujados, sin posibilidad de retroceder: allá abajo es donde la razón humana se nos va a romper en mil partículas.

No queda sino abandonarnos en los brazos de Dios. Y exclamar, como yo ahora exclamo:

—¡Por San Juan de la Cruz, creo; creo en el prodigio!

II

EL ESTILO

BÚSQUEDA

Cuando publiqué mi libro *La poesía de San Juan de la Cruz*, absorto ante el misterio técnico de la maravilla que estudiaba, estuve vacilando todo el tiempo entre dos explicaciones: "artista instintivo" y "artista reflexivo".

Pero la primera era increíble, salvo si admitíamos algo insólito, un elemento perturbador, inexplicable por las meras querencias y reacciones del instinto humano, un elemento que yo me resistía a admitir mientras hubiera un resquicio de explicación racional. Y me esforcé en tantear las canalizaciones humanas que podían haber servido para la irrigación de ese mundo, y quise explicarme a su creador como un "artista", con el quehacer y las preocupaciones de un artista normal.

No se explica así, no se puede explicar así, ese núcleo giratorio, esa vorágine, esa esfera sombríamente abrasada y al par álgidamente luminosa, contradicción de toda razonable racionalidad.

No. Quien haya leído las páginas anteriores sabe hasta qué

punto las investigaciones llevadas a cabo estos últimos años, y la nueva luz que arrojan sobre otros hechos que conocíamos antes, me han obligado a rectificar mi juicio. Hoy tenemos datos más que suficientes para afirmar la total despreocupación estética de San Juan de la Cruz.

Pero la maravilla de su poesía no sólo permanece, sino que aumenta según le vamos cortando toda ligadura con lo cognoscible a través de razón. Los pobres elementos ajenos, profanos, que —hoy lo sabemos— entran en abundancia a formar parte de ese cosmos, desde el momento en que son allí asimilados, prodigiosamente se transforman, traspasados como de una ultraterrena luz irradiada que los glorificara aún en la mínima molécula. La poesía de San Juan de la Cruz es misteriosa como un aerolito. Es, en su origen, lo que los paganos llamaban τέρας, *monstrum* "signo enviado por la divinidad".

Mi nueva actitud no invalida el estudio analítico del estilo de San Juan, tal como en aquella obra lo realicé; no tienen vigencia, en cambio, las hipótesis con que entonces quise explicar la relación entre el estilo y su creador.

Tal análisis del estilo de San Juan de la Cruz tenía que figurar en el presente libro por dos fortísimas razones: ser la obra del Santo indispensable en cualquier revisión del estilo poético del Siglo de Oro; y ser el método estilístico, en mi estudio de San Juan, muy distinto de los empleados por mí para los otros grandes poetas aquí reunidos.

Arranco, por tanto, de aquel librito publicado en 1942 el siguiente capítulo. Las muchas modificaciones que el lector curioso encontrará se deben a los nuevos hallazgos y al efecto que sobre mí han producido.

Al acercarnos ahora a lo más externo, debemos considerar primero la estrofa, el verso, la rima. Las poesías en metros cortos nos rendirían, estudiadas desde el punto de vista de la versificación, escasísimo fruto. Tal estudio en las escritas en metro endecasilábico nos va a descubrir aún perspectivas complementarias de la imagen que hemos ya obtenido de la actividad literaria del Santo; pero muy poco, se puede decir que nada, acerca del problema total de la extraña virtualidad estética de su estilo.

LA ESTROFA

En el *Pastorcico*, metro y combinación estrófica le llegaron, como hemos visto, por avulsión. ¡Qué curioso encadenamiento estrófico!: todo el poemita "a lo divino" [1] está formado de cuartetos endecasilábicos con la ordenación A B B A, pero la rima A persiste en los versos primero y cuarto de todos los cuartetos. El cuarto verso de la primera estrofa,

y el pecho del amor muy lastimado,

se reitera, con ligerísimas variantes, como final de todas las demás, menos la segunda. El verso último de esta segunda estrofa,

mas llora por pensar que está olvidado,

se repite ahora —con pequeña variación— como primer verso de la estrofa tercera:

Que sólo de pensar que está olvidado...

Este final de la segunda estrofa y este principio de la tercera constituyen, pues, una grave y doble alteración en la regularidad formal del poema.

---

[1] Hemos reproducido tanto este poema a lo divino de San Juan de la Cruz como su anónima versión profana primitiva, más arriba, págs. 245-247. Véase ahora también el apéndice VII ("Sobre el *Pastorcico* de San Juan de la Cruz").

¡El poema profano era absolutamente regular! Todas las estrofas terminaban con el mismo verso:

y el pecho del amor muy lastimado.

No había tampoco, claro está, ninguna reiteración del verso último de una estrofa en el primero de la siguiente.

San Juan de la Cruz ha tomado, pues, el poema y lo primero que ha hecho ha sido romperle la regularidad formal. Ha convertido la estrofa última de la composición amatoria en la tercera del nuevo poema. Pero en la estrofa segunda, "el corazón tiene rendido" ha sido transformado en "el corazón está herido". Hecho esto, se ha dado cuenta de que el estribillo "y el pecho del amor muy lastimado" no le servía ya para verso último de esa estrofa, pues hubiera resultado como una reiteración del tercero. Sin preocuparse lo más mínimo, abandona aquí el Santo el estribillo y lo sustituye por "mas llora por pensar que está olvidado". ¡Toda la regularidad "formal" ha quedado así destruida! ¿Qué más le da? Ahora, ese mismo verso le viene bien para comenzar la estrofa siguiente; y lo adapta. Nuevo rompimiento, pues, de la regularidad del esquema. ¿Qué le importan a él las regularidades?

No es gusto de apurar un pormenor. Es que el hecho de que a San Juan de la Cruz le caiga en las manos una poesía profana absolutamente regular, y la rompa decididamente por dos sitios, no es sino una nueva y clara muestra de su desasimiento de todo lo técnico y de toda perfección exterior. Necesito proclamar una afirmación rotunda: no hay ni un solo gran poeta, ni tampoco un solo buen versificador de los siglos XVI y XVII que hubiera podido hacer una cosa semejante: al adaptar habría conservado la regularidad del dechado; de alterarla en un punto, se habría reiterado la alteración de tal modo que se convirtiera en nueva norma regular. ¡Sólo nuestro santo!

La estrofa

Sólo San Juan de la Cruz, en quien todo el trastorno del poema estaba originado por el hecho de que la expresión de la estrofa final del modelo profano

> y quédase tendido en el arena,

no le servía para los nuevos altos fines, pues ese pastor tendido en la arena no tenía simbolización cristológica. Lo que le servía, lo que le bullía por el recuerdo, era el pastor de Sebastián de Córdoba[2], levantado en un árbol y muerto allí. Para introducir ese final trastorna el orden de las estrofas; y el "corazón herido" en vez de "rendido" origina lo demás.

El poema tiene ahora dos notables irregularidades.

El lector moderno le dará la razón al Santo: esa nueva reiteración (en el vínculo entre la estrofa 2.ª y la 3.ª), que varía la reiteración fundamental, si rompe moldes exteriores, no hace sino enriquecer el ambiente de sedosa, de prolongada nostalgia de todo el poemita, bellísimo ahora, en su luz pálida, entre neblina: antes insulso, lleno ahora de sentido, de emoción y de universalidad.

También es muy curioso el origen de la estrofa de la *Llama*. Recordemos el tipo de sus estrofas:

> ¡Oh llama de amor viva,
> que tiernamente hieres
> de mi alma en el más profundo centro!,
> pues ya no eres esquiva,
> acaba ya si quieres,
> rompe la tela deste dulce encuentro.

Es decir, abCabC. Recordemos, asimismo, que en el siglo XVI el nombre de "liras" que nosotros aplicamos a las conocidas estrofas

---

[2] Véase más arriba, págs. 261-262.

de cinco versos se usaba también, a veces, para designar las de seis versos. Esa estrofa de la *Llama* podía ser llamada "lira".

El origen de la estrofa de la *Llama* nos lo ha explicado el mismo San Juan de la Cruz, en una nota que antecede a los comentarios al poema, la cual figura en todos los buenos manuscritos de las dos redacciones que de dichos comentarios poseemos. Es un pasaje que estudió Baruzi, y que es ya famoso, porque prueba que el Santo no sólo leyó la divinización por Sebastián de Córdoba, sino que citaba versos de ésta en lugar de los del Garcilaso auténtico. Dice así:

"La compostura de estas liras son *(sic!)* como aquellas que en Boscán están vueltas a lo divino, que dicen:

> La soledad siguiendo,
> llorando mi fortuna,
> me voy por los caminos que se ofrecen, etc.

en las cuales hay seis pies, y el cuarto suena con el primero, y el quinto con el segundo, y el sexto con el tercero" [3].

Notemos la grave falta de concordancia. Probablemente escribió: "Estas liras son...", y luego comprendió que la expresión era equívoca, y, para más exactitud, corrigió: "La compostura de estas liras...", pero se olvidó de reducir el verbo al singular. Curiosa es también la expresión "en Boscán": las *Obras de Boscán y Garcilaso* se solían nombrar, popular y comercialmente, por el primero de estos autores. Por ninguna parte aparece la exquisita preocupación de exactitud, que suele distinguir al refinado hombre de letras. Más raro es aún que, para citar a Garcilaso, le recuerde vuelto a lo divino. Porque, en el auténtico, el segundo verso no es

---

[3] Comp. *Obras*, ed. del P. Silverio de Santa Teresa, Tomo IV, página 6, n. 3, y pág. 109, n. 1.

La estrofa

sino
>llorando mi fortuna,
>
>rendido a mi fortuna.

En fin, última inexactitud: quien lea esa advertencia creerá (si no frecuenta a Garcilaso) que los versos citados pertenecen a una "lira" (de seis versos) como las de la *Llama*. Nada de eso: se trata (lo mismo en el Garcilaso auténtico que en la falsificación de Córdoba) de una estrofa compleja y larga, estrofa de canción, estrofa de nada menos que trece versos. Como el esquema es el mismo, citaremos al verdadero Garcilaso:

>La soledad siguiendo,
>rendido a mi fortuna,
>me voy por los caminos que se ofrecen,
>por ellos esparciendo
>mis quejas de una en una
>al viento, que las lleva do perecen;
>puesto que ellas merecen
>ser de vos escuchadas,
>pues son tan bien vertidas,
>he lástima de ver que van perdidas
>por donde suelen ir las remediadas.
>A mí se han de tornar
>adonde para siempre habrán de estar.
>
>*(Canción segunda.)*

Si comparamos el esquema de esa estrofa con el de la *Llama*, tendremos:

>Garcilaso: abCabC / cdeEDfF [4]
>San Juan: abCabC.

---

[4] Es en realidad una variación de la famosa "Chiare, fresche e dolci acque", de Petrarca *(Canz.,* 126). *La fronte* es idéntica.

No hay tales "liras" en la canción de Garcilaso: con extraña despreocupación San Juan de la Cruz, como quien corta el rabo a una lagartija, ha cortado la *sirma* (o *sirima*) [5] de la estrofa, quedándose con la *fronte* [6] en la mano. ¡Es un medio en verdad notable para fabricar estrofas!

No sería menos curioso un estudio detenido de otro poema endecasilábico, el que tiene como estribillo "Aunque es de noche". Hay algo desasosegante en la composición de este sencillo, bello, sombrío, extraño, impresionante poema. Su núcleo inicial (con un ritmo 7 + 5 + 5),

> Que bien sé yo la fonte,
> que mana y corre,
> aunque es de noche,

señala una trasmisión tradicional, en la que la no diptongada *fonte*, exigida por la asonancia *ó-e*, parece apuntar hacia el occidente de la Península [7]. Pero este núcleo se desarrolla en una serie de pareados endecasilábicos (sí, endecasilábicos, contra todo lo que se esperaría), tras los cuales se reitera el estribillo "aunque es de noche":

> Aquella eterna fonte está ascondida,
> que bien sé yo do tiene su manida,
> aunque es de noche.
> Etc.

---

[5] Acentuamos a la española: es la palabra italiana *sirima*.

[6] Véase ahora E. Segura Corvarsí, *La canción petrarquesca en la lírica española del Siglo de Oro*, Madrid, 1949.

[7] Véase D. Alonso, *La poesía de San Juan de la Cruz*, segunda ed., págs. 117-128 y 265-271.

La estrofa

A complicar más aún la cuestión, ya bien enmarañada, viene el hecho de que en la venerable tradición que arranca de la edición bruselense de 1627, algunos de estos versos de los pareados no sean endecasílabos, sino de 7 + 5:

> aquella eterna fonte que está ascondida
> ... y que cielos y tierra beben en ella.

En esos versos (que hoy me inclino a creer escritos así por el poeta), San Juan de la Cruz se pasaba del metro endecasílabo al del núcleo inicial:

> Que bien sé yo la fonte
> que mana y corre.

En una palabra: esta composición es un híbrido, inconcebiblemente raro, de dos mundos literarios: uno, el tradicional (al que pertenece el núcleo); otro, el italianizante (al que corresponden los endecasílabos). De cómo el escritor (¡que estaba creando una maravilla!) nebulosamente vacilaba entre ambas poéticas, han quedado un par de testigos, en esos dos versos de las coplas, que tienen ritmo de 7 + 5, en vez de endecasilábico.

El *Pastorcico*, la *Llama*, *Aunque es de noche*... El estudio estrófico de estas tres composiciones resulta exactamente concordante: al poeta que así procedía le tenía sin cuidado toda la técnica literaria. Podemos afirmar también que no sólo le tenía sin cuidado, sino que la desconocía. Esta imagen concuerda prodigiosamente con la del "poeta a lo divino" que hemos visto brotar en páginas anteriores. Y ahora comprendemos cómo nuestro estudio de la intencionalidad estética era una indagación previa a la de la "forma interior". Ha sido un predominio de lo "interno" lo que en esos tres poemas ha hecho que el significante plasme con quiebras.

¡Dios mío!: ese ignorante o despreocupado técnico ha plasmado en esos poemas tres criaturas de eterna personalidad: tres obras obsesionantes.

El *Cántico espiritual* y la *Noche oscura* no nos plantean problema alguno fundamental, por lo que a su forma estrófica se refiere: ambos poemas usan la *lira* (la *lira* normal, o sea, de cinco versos), que, profana en Garcilaso, espiritual en Fray Luis, sube al plano divino en nuestro Santo.

Y ahora, si contemplamos en conjunto la forma estrófica de los cinco poemas endecasilábicos, nos encontramos con otro portento; este poeta, lejano de las preocupaciones técnicas, ha conseguido una curiosa variedad en su breve obra. Tal variedad se ha obtenido: con tomar un raro esquema del ignoto autor, en el *Pastorcico* (pero quebrando la regularidad del esquema en dos puntos); por violenta fragmentación de un pedazo de estrofa garcilasesca, en la *Llama;* gracias a los más genialmente torpes titubeos entre un tipo tradicional y un tipo italiano, en *Aunque es de noche;* por mecánica reproducción de la *lira* ya usual, en el *Cántico espiritual* y la *Noche oscura.*

Con San Juan de la Cruz caminaremos, siempre desnortados, por zigzags vertiginosos.

LA RIMA. EL ENDECASÍLABO

El estudio de la rima no nos revela nada de interés especial. No esquiva el mezclar en una misma lira dos consonancias que fueran asonantes entre sí:

> Allí me mostrarías
> aquello que mi alma pretendía...

Pero el mismo uso se encuentra en Fray Luis de León:

> Ya dende Cádiz llama
> el injuriado conde a la venganza...

Tampoco se preocupa de asonancias y consonancias entre estrofas inmediatas (compárese: *Noche,* estrofas tres y cuatro).

El verso. Nos vamos a limitar al estudio del endecasílabo. Lo primero que en él resalta es la acentuación, que cae constantemente sobre la sexta sílaba. En toda la obra de San Juan de la Cruz no recuerdo sino un endecasílabo de acentuación en cuarta y octava:

> rompe la tela deste dulce encuentro,

y otros dos de acentuación dudosa [8]. No hay que decir cuánto se aparta, en esto, de Garcilaso y de Fray Luis de León. Más interesante sería probar, pero quede sólo como apunte, que en cambio coincide aquí con el manejo del endecasílabo por poetas poco técnicos y de formación popular. Este dato, unido a los que encontramos al tratar de la estrofa, nos vuelve a mostrar al Santo como alejado de las preocupaciones del artífice: no se para a utilizar la bella variedad musical que el endecasílabo le ofrece.

Pero aquí entra la maravilla, porque este verso de monótona

---

[8] Son éstos *(Noche,* estr. 3; *Llama,* estr. 3):

> sino la que en el corazón ardía...
> calor y luz dan junto a su querido...

El primero, indudablemente débil, si no se fuerza un acento sobre *que* (si así se hace resulta de 4.ª y 8.ª). El segundo si se acentúa *júnto,* es de sexta (pero normalmente la preposición *junto a* es proclítica). Mas es casi seguro que el santo acentuara el pronombre posesivo *(sú querido),* al modo norteño: así resulta verso de 4.ª y 8.ª, aunque poco afortunado. Véase el bello y excitante artículo de Gerardo Diego, *Música y ritmo en la poesía de San Juan de la Cruz.* (En *Escorial,* 1942.)

acentuación en sílaba sexta llega a veces a fraguar en unidades, en criaturas de arte que no han sido igualadas en lengua española:

> y el ventalle de cedros aire daba...
> entre las azucenas olvidado...
> en par de los levantes de la aurora...
> y el mosto de granadas gustaremos...

Asombra en este endecasílabo su condensación —pero de esto voy a hablar después— y su ligadísima estructura. Poco sinalefado, es, no obstante —o tal vez por eso mismo— [9], de trabazón y unidad indestructibles. La única acentuación en sexta le da mayor rapidez, porque la rítmica imaginativa no necesita trasponer más que una cumbre (y no las dos de 4.ª y 8.ª sílaba). Compárese:

> rompe la téla deste dúlce encuentro...
> si en esos tus semblántes plateados...

En el verso de acentuación en 6.ª se precipita el cuasi hemistiquio inicial largo ("si en esos tus semblantes...") [10], ansioso de llegar a la cima de su ritmo, y comunica así su velocidad a todo el musical sistema.

Vamos de asombro en asombro. Porque, a primera vista, ¿quién pensaría encontrar en poeta tan apartado de las pequeñas sabidurías de oficio efectos de aliteración? He aquí los silbidos de las eses:

> pasó por estos sotos con presura...
> el silbo de los aires amorosos...
> estando ya mi casa sosegada...

---

[9] Comp. más arriba, págs. 76-77.
[10] Los tratadistas suelen considerar como de seis sílabas este primer hemistiquio (más propiamente cuasi-hemistiquio).

En los dos primeros ejemplos, presura silbadora de la saeta o de los frescos vientos de la llanura; en el último, siseo evocador del silencio, el sosiego y el reposo. Es que, si lo consideramos bien, la aliteración en un verdadero poeta no es un artificio nunca, sino un fenómeno intuitivo, profundamente ligado a la entraña de la creación. A este tipo de hallazgos corresponde, sin duda, el verso

> un no sé qué que quedan balbuciendo...

En general, la sucesión inmediata de tres sílabas *que* resultaría molesta al oído. En este caso, tras la vaguedad de *un no sé qué*, esa repetición indica una duda, un entrecortado titubeo, que va a complementarse, a recibir su justificación con el gerundio *balbuciendo*, en el que cuaja la acción verbal.

Puestos a apurar artificios, encontraríamos algunos ejemplos de trasposición, aunque de los tipos menos complicados:

> de mi alma en el más profundo centro...
> y miedos de las noches veladores...

He querido probar en otros lugares [11] cómo el hipérbaton, o en general la alteración del orden normal de las palabras, puede ser un sutil instrumento expresivo. Considérese ese último endecasílabo y véase en él cómo al separarse el adjetivo de su sustantivo, en ese lapso que va desde *miedos* hasta *veladores* se intensifica el nocturno desvelo, la expectación, la prolongada y temerosa alerta. Estos casos de trasposición estaban ya en la poesía del siglo XVI. De allí los toma San Juan de la Cruz. Mas, sobre todo en el segundo ejemplo, la fuerza selectiva que le lleva a usarlo, precisa-

---

[11] Véase más arriba, págs. 81-82 y *La lengua poética de Góngora*, Madrid, 1935, págs. 189 y sigs.

mente en esa ocasión, pertenece también al más oscuro y prodigioso fondo de la creación poética.

CONCEPTO

¿Cómo se podría plantear en San Juan de la Cruz la perspectiva desde la forma interior? Adivinamos cuán especialmente fértil sería en este poeta un estudio estilístico que partiera del concepto y de su matización afectiva para llegar a la plasmación en el verso. No lo hemos ni siquiera intentado, porque la presencia, en los poemas mayores, de los comentarios en prosa, exigiría plantear conjuntamente toda la difícil problemática de las relaciones entre el comentario y el poema.

Apuntaré sólo unos cuantos rasgos del moldeamiento conceptual: cómo en algunos pasajes expresión externa y concepto se funden con características especiales, por lo repetidas o lo resaltadas.

No es un caso muy frecuente, pero sí notable, la reiteración de una misma palabra o de palabras relacionadas entre sí, dentro de una misma estrofa:

> En soledad vivía
> y en soledad ha puesto ya su nido,
> y en soledad la guía
> a solas su querido,
> también en soledad de amor herido [12].

Esta insistencia no es sino un subrayar en lo fonético la importancia de la noción "soledad", y los comentarios lo hacen bien patente; pero, si atendemos al origen literario, hemos de reconocer su relación con ciertos artificios de los cancioneros [13].

---

[12] *Cántico espiritual*, estr. 34.
[13] Véase Rafael Lapesa, *La trayectoria poética de Garcilaso*, Madrid, 1948, págs. 15-17. También mi nota al verso 1.092 de la *Tragi-*

Otras veces, la reiteración de giros afectivos es como un momentáneo explayarse o diluirse de la expresión que en San Juan de la Cruz contrasta con su habitual cenceño decir y su rápida andadura. Así, en estos versos de la *Llama*:

> ¡Oh cauterio suave!
> ¡Oh regalada llaga!
> ¡Oh mano blanda! ¡Oh toque delicado!

Es que el afecto inefable suscita la contradicción, y las exclamaciones jaculatorias, demoradas en el recuerdo del doloroso goce, ponderan tanta irracional dulzura. Pero no será ocioso recordar cómo es casi seguro que en ese pasaje hay una reminiscencia directa de Garcilaso [14].

Otras veces, en cambio, el pensamiento se alambica y, ya sutil concepto, es guiado con exacta complicación hasta su final:

---

comedia de don Duardos, de Gil Vicente, Madrid, 1942. María Rosa Lida cita el salmo XCIII, 3-4 (RFH, V, 382). Sin negar que en San Juan de la Cruz, constante lector de la Biblia, haya dejado ésta numerosos sedimentos de estilo, no hay que olvidar que el fenómeno de que tratamos es sumamente vivo en toda la tradición poética de que el Santo estaba empapado.

Para la tradición en poesía italiana, comp., a más de los ejemplos que cita Lapesa, el soneto de Guido Cavalcanti que mencionamos más abajo en el que hay un *spirito* en cada verso (pág. 284). El ejemplo de San Juan de la Cruz está intermedio entre la simple reiteración y la variación (*soledad, a solas*), que era un requisito de la *annominatio*. Estos procedimientos de la *ornata facilitas* pululan en las retóricas medievales. (Comp. Faral, *Les arts poétiques du XIIe et du XIIIe siècle*, París, 1923, *passim*, y págs. 93 y sigs.)

[14] *La poesía de San Juan de la Cruz*, 2.ª ed., págs. 35-41. Para el estilo exclamativo en la *Llama* y para su empleo consciente en los comentarios de la misma, véase mi librito, págs. 200-201.

> Mas, ¿cómo perseveras,
> ¡oh vida!, no viviendo donde vives,
> y haciendo porque mueras
> las flechas que recibes
> de lo que del Amado en ti concibes? [15].

"El alma concibe en sí algo de la belleza del Amado y lo así concebido emite efluvios, como flechas que otra vez el alma vuelve a recibir, tan poderosas que malamente la hieren" [16]. Toda la imagen es complicada y finamente intelectualista. En nuestra tradición italiana tendríamos que ascender por lo menos hasta los "stilnovisti" para buscar los antecedentes de esas "flechas" [17] de amor; y en el mismo "dolce stil novo" encontramos sutiles delimitaciones de los trayectos, diríamos, de la propagación amorosa. Como en estos tres "espíritus" de Guido Cavalcanti:

> Per gli occhi fère un spirito sottile,
> che fa in la mente spirito destare,
> dal qual si move spirito d'amare... [18].

Pero, en San Juan de la Cruz, las "flechas" no salen de los ojos de lo Amado, sino de la imagen concebida en el alma.

Junto a ejemplos como ése de las "flechas" de amor que pa-

---

[15] *Cántico*, estr. 8.

[16] Véase el comentario a esta estrofa en las *Obras*, III, págs. 43-45.

[17] Claro está que las "flechas" de amor que salen de unos bellos ojos se encuentran en todas las tradiciones, por ejemplo, en el Arcipreste de Hita, lo mismo que en Aben Hazan (Comp. A. Castro, *España en su Historia*, Buenos Aires, 1948, pág. 399).

[18] *Rimatori del dolce stil novo... a cura di Luigi di Benedetto*, Bari, 1939, pág. 39. En la continuación del soneto sale un *spirito* o un *spiritello* en cada verso.

recen dibujados casi materialmente, con neta precisión, existen en la poesía de San Juan de la Cruz otros en los que expresa precisamente por medio de la vaguedad, de lo borroso de la expresión. Estos pasajes abundan lo bastante para que no se le puedan escapar ni al lector más ligero: "aquello que mi alma pretendía", "aquello que me diste el otro día", "un no sé qué / que se alcanza por ventura", "un no sé qué que quedan balbuciendo" [19]. Son fórmulas expresivas de la imposibilidad de expresar lo inefable.

Pero, ¿de dónde viene este "no sé qué"? Psicológicamente, como decimos, está basado en la inefabilidad de las sensaciones y estados amorosos. Que ese "no sé qué" nos viene de Italia, y, más exactamente aún, de Petrarca, es indudable (pero no creo que se haya dicho nunca):

> Amor s'è in lei con onestate aggiunto;
> con beltà naturale abito adorno,
> ed un atto che parla con silenzio,
>   e *non so che* negli occhi che'n un punto
> può far chiara la notte, oscuro il giorno,
> e'l mel amaro, ed addolcir l'assenzio.
>
> (*Canz.*, 215.)

Ni es oscura (aunque tampoco se haya dicho) la trayectoria española. Es una de las expresiones favoritas de Boscán, casi caracterizadora de su poesía: "se me ofrece / no sé qué, que no lo entiendo", "mil veces dije en mi 'no sé qué me he' ". Véanse, sobre todo, estos dos ejemplos:

---

[19] Ejemplos procedentes del *Cántico*, estrs. 37 y 7, y de las coplas del "no sé qué" (de atribución dudosa), estudiadas más arriba, páginas 238-242.

> El andar, el mirar, el estar queda,
> andaban en tal son que descubrían
> un cierto no sé qué tan admirable...
>
> Tengo en el alma puesto
> su gesto tan hermoso...,
> el alegre reposo,
> el no sé qué de no sé qué manera [20].

La tradición del "no sé qué" fragua también, como hemos visto, hacia 1580 en las coplas de Pedro de Padilla [21]. Y (¡quién lo diría!) a principios del siglo XX sirve a los poetas otra vez para expresar vagas inefabilidades muy del momento. Así es característica de una época de Juan Ramón Jiménez:

> ...vaga
> no sé qué intacto y mate traje de desposada...
> ....
> No sé qué placidez nos envuelve en penumbra...
>   (De *Laberinto*.)

"No saber": de ahí viene el "balbucir", el estar "embebido", "ajenado", en "tenebrosa nube". Son los efectos del "entender no entendiendo", de esa ignorancia con la que se trasciende toda ciencia. El Santo mismo ha condensado los medios expresivos de la vaguedad y la ignorancia y una trascendencia que nos invade (contraste desintegrador de todo humano racionalismo) en esas *Coplas hechas sobre un éxtasis de harta contemplación:*

> Entréme donde no supe,
> y quedéme no sabiendo,
> toda ciencia trascendiendo.

---

[20] Ed. Knapp, págs. 66, 225, 242 y 294.
[21] Véase más arriba, págs. 239-241.

Yo no supe dónde entraba,
pero cuando allí me vi,
sin saber dónde me estaba,
grandes cosas entendí.
No diré lo que sentí,
que me quedé no sabiendo,
toda ciencia trascendiendo.

De paz y de piedad
era la ciencia perfecta,
en profunda soledad,
entendida vía recta;
era cosa tan secreta,
que me quedé balbuciendo,
toda ciencia trascendiendo.

Estaba tan embebido,
tan absorto y ajenado,
que se quedó mi sentido
de todo sentir privado;
y el espíritu dotado
de un entender no entendiendo,
toda ciencia trascendiendo.

El que allí llega de vero,
de sí mismo desfallece;
cuanto sabía primero
mucho bajo le parece;
y su ciencia tanto crece,
que se queda no sabiendo,
toda ciencia trascendiendo.

Cuanto más alto se sube,

> tanto menos se entendía
> qué es la tenebrosa nube
> que a la noche esclarecía;
> por eso quien la sabía
> queda siempre no sabiendo,
> toda ciencia trascendiendo.
>
> Este saber no sabiendo
> es de tan alto poder,
> que los sabios arguyendo
> jamás le pueden vencer;
> que no llega su saber
> a no entender entendiendo,
> toda ciencia trascendiendo...

Modestas coplas en la vieja tradición castellana, pero ellas constituyen una de las mejores definiciones de nuestra irracionalidad nacional: ese "entender no entendiendo, / toda ciencia trascendiendo".. Un resol de sobrenaturalidad traspasa la densa sombra.

¡Lumínica oscuridad! Estas coplas nos llevan directamente al tema de las oposiciones y contrastes. Al detenernos aquí, veremos que, en estos apuntes del moldeamiento conceptual, hemos pasado muchas veces, sin apenas darnos cuenta por esta materia de los opósitos.

Por todas partes los encontramos repetidas veces, lo mismo en las poesías en endecasílabos que en las coplas castellanas. Son expresiones como: "cauterio suave", "llaga delicada", "que tiernamente hieres", "con llama que consume y no da pena", "matando muerte en vida la has trocado", "¡oh vida!, no viviendo donde vives", "me hice perdidiza y fui ganada", "que muero porque no muero", "vivo sin vivir en mí", "entréme donde no supe / y quedéme no sabiendo, / toda ciencia trascendiendo", "y abatíme tanto,

tanto, / que fui tan alto, tan alto..."[22]. La antítesis es un recurso estilístico de todas las épocas; existente en la poesía popular, se agudiza en las escuelas más cortesanas y cultas. Arrastrada de los cancioneros y del petrarquismo a la segunda mitad del siglo XVI, va a tener un extraordinario desarrollo en el conceptismo y el gongorismo del siglo XVII. Esto por lo que se refiere a los orígenes literarios. Pero, ¿por qué ha de abundar tanto en un escritor tan poco inclinado a manierismos como es San Juan de la Cruz? La clave está otra vez, si no me engaño, en la inefabilidad de los estados cimeros del proceso místico. Una de las más fuertes raíces escolásticas del pensamiento lógico y del criterio psicológico, en la doctrina de San Juan de la Cruz, es la proposición "dos contrarios no pueden caber en un mismo sujeto"[23]. Esto, en cuanto a la razón. Pero los cuadros lógicos se rompen precisamente ante los estados inefables de las alturas místicas. La ciencia no los puede entender, la experiencia nos los sabe expresar. Toda la formalidad de nuestra pobre ciencia humana se derrumba, y San Juan de la Cruz echa mano, precisamente, de la imposible superposición de contrarios en un mismo sujeto, para mostrar cuán violenta, cuán total y clamorosa es aquella ruina. Deniega así, en el trasunto de su experiencia, su básica afirmación doctrinal; y la destructora

---

[22] Todos estos ejemplos proceden de la *Llama*, estrofas 1 y 2; del *Cántico*, estrs. 8 y 20; y de poesías menores que empiezan: "Vivo sin vivir en mí", "Entréme donde no supe" y "Tras un amoroso lance". Contrastes análogos en Santa Teresa (comp. M. Pidal, *La lengua de Cristóbal Colón... y otros estudios...* Madrid, 1942, págs. 154-155: La expresión "no entender entendiendo" que ocurre en las coplas de "Entréme donde no supe", procede de Santa Teresa). Para el contraste *perder-ganar*, comp. "¿No tienes tú conocido / por tormento tan honrado / que es ganado el que es perdido?", Boscán.

[23] Comp. Baruzi, 2.ª ed., pág. 299.

atribución de contrarios a un mismo sujeto le sirve como de aniquiladora fórmula de expresión de lo inefable. Y allá en las cimas del otero, morir es vivir, la llama abrasa regaladamente, perderse es ganarse, abatirse es subir a los astros: ignorar trascender toda ciencia.

DIVINIZACIÓN DE LA TÉCNICA DE CONCEPTOS

Hemos caminado, sin darnos cuenta, por sendas del más sutil, del más auténtico conceptismo. Detengámonos un instante: hemos visto el concepto, ya resaltado por reiteración de voces o de giros afectivos, ya dibujado con rigor de complicada tracería, ya expresivo por oscura vaguedad, pero en todos los casos llevado al campo irracional del opósito. Notemos que en cada uno de estos procedimientos —sin excepción— la técnica poética de los cancioneros y de la tradición italianizante le puso en la mano a San Juan de la Cruz los materiales que él no tuvo más que adoptar. De este modo la expresión literaria de la psicología amorosa, su fino análisis diferenciador, su expresión por la vaguedad o el contraste, todo pasa a San Juan de la Cruz y es puesto por él al servicio de la Divinidad. Se puede hablar también, por tanto, de una divinización de la técnica. San Juan de la Cruz es también poeta a lo divino, aun en lo que toca a la utilización de los modos expresivos del erotismo profano.

Y otra vez entramos en la zona de nuestro sobresalto estético. Bien vemos cuán profundas raíces humanas tienen esas *Coplas hechas sobre un éxtasi de harta contemplación*. Y, sin embargo, nunca un poeta profano nos ha dejado la embriagada delicia que nos suscitan esas "coplas", delicia que necesitaría sólo un punto más —creeríamos— para ser también experiencia de altas uniones. Y la trascendencia de esas coplas es tal, que ahora las podemos reverter a lo humano: y explicar por ellas toda la "experiencia" poética, y aun toda "experiencia" de amor.

LÉXICO

¡Qué gracia la del léxico popular y rústico (sobre todo en el *Cántico)!* Se trata de voces como *ejido, majadas, manida, adamar, compañas...* [24], bien abundantes y de intención evidente. Quiero señalar sólo, junto a esta veta, las palabras de sentido hierático, procedentes del *Cantar de los cantares: ciervo, Aminadab, cedros, almena, azucenas, granadas, palomica, tortolica,* etc. [25], y, en fin, la abundancia de voces cultas, fuertemente latinizantes: *vulnerado, ejercicio* "ocupación", *nemoroso, socio* "consorte", *emisiones, bálsamo, discurrir* "marchar", *aspirar* "soplar", etc. [26]. Otras, como *fonte* [27], son evidentes dialectalismos. Otras, como *esquiva* [28], proceden del vocabulario amoroso trovadoresco. Todo estudio de léxico, dada la brevedad de la obra poética, habrá de apoyarse en el mucho más extenso de los comentarios, que no podemos tocar aquí. Mas lo indicado basta para ver con qué fidelísima exactitud la vida se refleja en la obra. Tenemos huellas rurales y dialectales: nutrición del niño de Fontiveros. Cultismos: imbibición del escolar salmanticense. Hieratismos bíblicos: producto de sus estudios escriturarios. Voces poéticas: huella de la lectura de cancioneros y de Boscán y Garcilaso.

Señalemos, en fin, la relativa frecuencia de los diminutivos (también existente en los comentarios): *pastorcico, palomica, torto-*

---
[24] Del *Cántico,* estrs. 29, 2, 23, 32; *manida,* en las coplas de *Aunque es de noche.*
[25] *Cántico,* estrs. 1, 39, 36, 33; *Noche,* estrs. 6, 7 y 8.
[26] *Cántico,* estrs. 12, 19, 13, 33, 16, 38.
[27] Coplas *Aunque es de noche,* v. más arriba, págs. 276-277.
[28] *Llama,* estr. 1.

lica, carillo, avecica[29]. Esta válvula de escape de lo afectivo es, sin embargo, manejada con mesura por el poeta. Tal mesura es lo que debían imitar algunos escritores seudomísticos de nuestros días.

HALLAZGO

Si volvemos los ojos a lo conseguido hasta ahora en este camino de análisis, el resultado es para descorazonar. Hemos llegado a encontrar algunos elementos positivos característicos del arte de San Juan. Pero nada, o muy poco, que explique esa sensación de frescura, de virginidad y originalidad que nos produce su obra y que es como un delicioso oreo cuando a ella pasamos desde las de otros poetas, aun de los mayores de nuestro Siglo de Oro. Habrá que interrumpir, pues, el procedimiento analítico, aunque sólo sea por un momento, para dejar obrar a la intuición. En estas ocasiones suele ayudar el alejarse, el cerrar los ojos. Pensemos ahora en dónde podrá residir, por lo que al lenguaje se refiere, esa impresión de novedad, de infinita llanura, virginal, cencida, sobre la que corren brisas recién creadas, que nos da el arte de este poeta. Su expresión es más fuerte, más impregnante, más sintética que la de los otros que tanto hemos saboreado. Hay en él una rapidez, una condensación, una intensidad abrasadas y penetrantes.

> ¿Adónde te escondiste,
> Amado, y me dejaste con gemido?
> Como el ciervo huiste,
> habiéndome herido.
> Salí tras ti clamando y eras ido [30].

---

[29] Poema del *Pastorcico; Cántico*, estrs. 33 y 32; romance "Encima de las corrientes". Más frecuentes son los diminutivos en Santa Teresa. Compárese M. Pidal, en *La lengua de Cristóbal Colón... y otros estudios*, 155-157.

[30] *Cántico*, estr. 1.

"...y me dejaste con gemido". Es el primer grito, el primer alarido de abandono, del preso en la cárcel de Toledo. Y es la palabra, el prodigio de la palabra del hombre, neta, desnuda, en toda su hiriente fuerza de expresión. ¡Cuán densa es toda la estrofa, cómo está cargada de pasión y de drama, de acción y de sentimiento, de incidencias parciales y de sentido totalizador! ¡Cómo en el último verso

>   salí tras ti clamando y eras ido

se condensan relaciones gramaticales y operaciones humanas, la esperanza activa y el desaliento, el grito y la desolación!

Y tomaríamos otras estrofas:

>   A las aves ligeras,
>   leones, ciervos, gamos saltadores,
>   montes, valles, riberas,
>   aguas, aires, ardores,
>   y miedos de las noches veladores [31],

y nos encontraríamos con la más copiosa condensación de materia, en cinco versos, en una ordenación afilada y veloz, como una flecha, que va desde las alimañas del viento y del bosque a toda la amplitud del pensativo campo, y que luego asciende silbando a lo delgado, a lo sutil e inaprensible, para clavarse trémula en la pavorosa alerta de la noche profunda.

¡Velocidad, condensación, desnudez expresiva, prodigio de la palabra en su nitidez original! Mas éstas son aún fórmulas vagas para una vaga intuición. Volvamos al proceso analítico.

Tenemos que penetrar pausadamente en la contextura nocional y gramatical de la poesía de San Juan de la Cruz. Y eso que

---

[31] *Cántico,* estr. 20.

llamábamos condensación, velocidad, fuerza expresiva de la palabra desnuda, se traduce ahora en sintetismo de las nociones, función predominante del sustantivo. Función predominante del sustantivo a expensas del adjetivo, a expensas de la función verbal.

ESCASEZ DEL VERBO

Función predominante del sustantivo, a expensas de la función verbal. Notemos, en primer lugar, cuán escasos son los versos en que se acumulan varios verbos. Cuando sobreviene uno,

> decilde que adolezco, peno y muero [32],

se debe a que las tres acciones expresan tres matices distintos, y bien pautados conceptualmente; y los comentarios [33] insistirán en hacernos notar la diferencia. Por el contrario, abundan las estrofas en que no existe verbo principal. Así en las exclamativas:

> ¡Oh noche que guiaste,
> oh noche, amable más que la alborada;
> oh noche que juntaste
> Amado con Amada,
> Amada en el Amado transformada! [34].

Aquí, los verbos introducidos por relativo pueden inducirnos a error. En realidad, esas acciones verbales tienen sólo una función adjetiva (lo mismo que "amable"), y el esquema es el siguiente: "¡Oh noche guiadora, amable, unidora, transformadora!" Pura exclamación, sin verbo.

Más frecuente es aún que, en la oración, a un solo verbo

---

[32] *Cántico*, estr. 2.
[33] *Obras*, III, pág. 24.
[34] *Noche*, estr. 5.

Escasez del verbo

corresponda un complemento múltiple. Así, en el ejemplo que citábamos hace poco:

> A las aves ligeras,
> leones, ciervos, gamos saltadores,
> montes, valles, riberas,
> aguas, aires, ardores,
> y miedos de las noches veladores,
> por las amenas liras
> y canto de serenas os conjuro... [35].

Es decir: "yo os conjuro, a las aves, a los leones, a los ciervos, etc.". A una sola acción verbal corresponde un complemento que se descompone nada menos que en once términos, ordenados en yuxtaposición y expresados por nombres. Otras veces, el miembro múltiple, también con un solo verbo, es un complemento circunstancial. Tomemos las tres primeras estrofas de la *Noche*. En la primera, el alma afirma que salió de su casa sin ser notada. Y siguen la estrofa segunda y la tercera:

> A escuras y segura,
> por la secreta escala, disfrazada,
> ¡oh dichosa ventura!,
> a escuras y en celada,
> estando ya mi casa sosegada;
>   en la noche dichosa,
> en secreto, que nadie me veía,
> ni yo miraba cosa,
> sin otra luz ni guía
> sino la que en el corazón ardía.

---

[35] *Cántico*, estrs. 20-21.

Ausencia de verbo principal: es que el verbo es el "salí" de la primera estrofa, y todos esos términos (salvo una breve interrupción exclamativa), todas esas expresiones "a escuras", "segura", "por la escala", "en celada", "estando la casa sosegada", "en secreto", etc., no son sino complementos circunstanciales de lugar, tiempo o modo, en los que se engarzan sustantivos o adverbios [36].

Otras veces, en fin, no existe verbo, porque la cópula sustantiva no ha sido expresada; y surgen así maravillosas enumeraciones como las de las estrofas 13 y 14 del *Cántico*:

> Mi amado, las montañas,
> los valles, etc.,

que no cito aquí, porque las vamos a estudiar en seguida desde otro punto de vista.

Esta ausencia de cópula, este subdividirse de los miembros no verbales de la oración, tienen como resultado una gran condensación de materia. En los ejemplos del segundo tipo un solo efluvio verbal vale para múltiples complementos. Como el matemático que quiere simplificar la fórmula, el poeta extrae el factor común de una larga serie de sumandos. El verso se adensa y se nutre a la par de nociones y de irradiaciones de luz poética, cada una lanzada a un objeto concreto: "yo os conjuro: a las aves, leones, gamos, montes, valles...". Vamos entreviendo.

Función predominante del sustantivo, a expensas de la función verbal, pero, sobre todo, a expensas del adjetivo. Ataquemos la cuestión ahora desde este último punto. El fruto va a ser aún mayor.

---

[36] Para la ligazón entre las tres primeras estrofas de la *Noche*, véase lo que decimos más abajo.

FUNCIÓN ESTÉTICA DEL ADJETIVO

Puesto que hemos visto el entronque de San Juan de la Cruz con Garcilaso, y que, sin embargo, sentimos el arte del primero como profundamente distinto del arte del segundo, sírvanos Garcilaso como término de comparación. He tratado de parangonar lo más parejo. He tomado, por tanto, la canción *A la flor de Gnido*, en liras, y la he comparado con el poema del *Cántico*, que nos ofrece la ventaja de estar en liras también y tener una extensión suficiente para fines estadísticos. Las 22 liras de la *Flor*, comparadas con las 22 primeras del *Cántico*, nos dan este resultado: la proporción de adjetivos propiamente dichos en Garcilaso excede del doble, podríamos decir que es, aproximadamente, el triple que en esas liras de San Juan de la Cruz. Para comprobar el resultado, he analizado las 17 liras últimas del *Cántico*: la proporción de adjetivos es casi exactamente igual a la de las 22 primeras estrofas. Al hacer este análisis encontramos hechos casi increíbles: en las diez primeras estrofas del *Cántico* no hay ni un solo adjetivo propiamente dicho. Nos vamos explicando su intensidad y su rapidez verbales. Otra diferencia importantísima es la que atañe a la colocación del adjetivo. El número de los antepuestos, o epítetos, en esas liras de Garcilaso, es casi el doble de los pospuestos o especificativos; el número de los antepuestos en las 22 primeras liras del *Cántico* es menos de la tercera parte de los pospuestos, y en la totalidad del *Cántico* se aproxima a la tercera parte. En resumen: Garcilaso usa frecuentísimamente el adjetivo; San Juan de la Cruz, muy poco. Garcilaso emplea mucho más el antepuesto que el pospuesto; San Juan de la Cruz, mucho más el pospuesto que el antepuesto [37].

---

[37] Datos. Garcilaso, *Flor de Gnido*, 22 liras: adjetivos antepuestos, 27; pospuestos, 18; total de adjetivos, 45. San Juan de la Cruz, *Cánti-*

Las consecuencias inmediatas de la escasez en el empleo del adjetivo por San Juan de la Cruz se comprenden en seguida; se aumenta la velocidad, la cohesión y la concentración de todo el período poético; resulta resaltada la función del nombre. Resaltada en dos sentidos: porque los sustantivos se adensan, se suceden con una mayor rapidez y, aún más importante, porque el nombre aislado, desnudo, tiene que multiplicar sus valencias afectivas, recargándose, al mismo tiempo, de su original fuerza intuitiva, que en la poesía del Renacimiento había cómodamente abandonado a la función adjetival. De aquí esa sensación de frescura, de oreo, que experimentamos al pasar a la poesía de San Juan de la Cruz. Tómense otra vez los versos "¿Adónde te escondiste, Amado, y me dejaste con gemido?". Pensemos en el valor de ese sollozo final: "con gemido". Y tratemos de añadirle cualquier adjetivo oportuno: el sentido, en lugar de avivarse, se embota.

---

co, 22 primeras liras: adjetivos antepuestos, 4; adjetivos pospuestos, 15; total de adjetivos, 19. Resultado para la totalidad del *Cántico*, 39 liras: adjetivos antepuestos, 10; adjetivos pospuestos, 26; total de adjetivos, 36. Calculo ahora la proporción de adjetivos por verso: *Flor de Gnido*: 0,409; *Cántico* (22 primeras estrofas): 0,173; *Cántico* (todas las estrofas): 0,185. Los poemas de la *Noche* y de la *Llama*, por su gran brevedad, no pueden proporcionar datos útiles: Proporción por verso: *Noche*, 0,25; *Llama*, 0,375. El único poema de San Juan de la Cruz que, aunque por bajo, se aproxima en la proporción de adjetivos a la de Garcilaso de la Vega, es el de la *Llama*. Ahora bien: está comprobada (véase *La poesía de San Juan de la Cruz*, 2.ª ed., págs. 35-41 y 46) la fuerte huella garcilasesca sobre este poema. La investigación de tipo matemático nos lo confirma ahora. (No he considerado como adjetivos, ni en los ejemplos de San Juan ni en el de Garcilaso, los participios en que se entrevé una acción verbal: San Juan de la Cruz, *de flores esmaltado*, estr. 4; Garcilaso, *atados*, v. 19; *tendido*, v. 87, etc.).

VERBOS Y ADJETIVOS: SISTEMA ONDULATORIO

El poeta, acabamos de ver, usa muy pocos adjetivos, muy pocos verbos. El concreto sustantivo resalta, predominante, y, desnudo, exacerba su virtualidad intuitiva. Pero así no hemos caracterizado sino una parte del estilo del poeta. Este aspecto, ya visto, no sólo es parcial, sino que no cobra sentido sino cuando recibe su natural complemento. Lo cual ocurre de manera muy curiosa.

Estos períodos, estos trayectos de escasez de verbos o de adjetivos, se ven de repente interrumpidos por verdaderas inundaciones adjetivales o verbales.

En la poesía de la *Noche*, las tres primeras estrofas [38] se caracterizan por el predominio de lo circunstancial. En efecto, hemos visto que una sola acción verbal, "salí", va modificada por, aproximadamente, una quincena de complementos circunstanciales. También hemos hallado que el cántico a la noche guiadora (estrofa 5.ª: "Oh noche que guiaste") era pura exclamación, sin verbo principal. Pero las tres estrofas últimas (en que por medio del metaforismo del *Cantar de los cantares* se describen las cercanías de la unión y la unión misma) van a representar un notable cambio: la estrofa 6.ª introduce por primera vez en el poema tres acciones principales ("quedó dormido", "regalaba", "daba"), la 7.ª otras dos ("hería", "suspendía"). Y en la estrofa 8.ª y última del poema, donde se describen los efectos inmediatos de la consumación unitiva, se precipitan las acciones verbales (nada menos que cinco), para señalar exquisitos matices de la unión. ¡Como una contradicción más entre las contradicciones básicas del pensamiento poé-

---

[38] Esas tres estrofas pertenecen a una sola oración ("salí"). No sólo porque nos lo dice nuestro sentido idiomático (toda unión paratáctica entre la 3.ª y la 4.ª estrofa del poema es imposible), sino porque los comentarios lo recalcan.

tico de San Juan de la Cruz, la estrofa de la máxima "dejación" está matizada por la máxima actividad verbal ("quedéme", "olvidéme", "recliné", "cesó", "dejéme")!:

> Quedéme y olvidéme,
> el rostro recliné sobre el Amado,
> cesó todo y dejéme,
> dejando mi cuidado
> entre las azucenas olvidado [39].

Un sistema ondulatorio (entre extrema escasez y extrema frecuencia) caracteriza, pues, el uso del verbo en la *Noche*. Consideremos ahora qué ocurre con los adjetivos. Hemos dicho que en el *Cántico espiritual* el poeta los usa poco.

Emplea, sí, muy pocos adjetivos; pero, con frecuencia, cuando los emplea suelen venir acumulados en una o dos estrofas. Transcurren las 10 primeras del *Cántico* sin uno solo. ¡Diez estrofas sin un solo adjetivo! [40]. Pero he aquí que en la 11 empiezan a

---

[39] Spitzer en su bello ensayo *Three Poems in Ecstasy*, en *A Method of Interpreting Literature*, Northampton, Mass., 1949, pág. 24, texto y nota 6, ha visto acertadamente esta acumulación de acciones verbales al fin de la *Noche*. Me place que Spitzer compruebe ahora del lado del verbo lo que yo había dicho ya respecto al adjetivo. Aprovecho, pues, en el texto, las observaciones de Spitzer sobre la irregular distribución de verbos en las estrofas de la *Noche*: el lector verá cuán simétricamente vienen a corroborar las que en mi librito hice yo sobre los adjetivos (reproducidas también, a continuación, en la presente obra). Al redactar, en 1942, mi librito, yo había visto ese amontonarse de los verbos al final de la *Noche*, pero no hablé de ello por no prolongar la exposición. Debí hacerlo: el paralelismo entre lo que ocurre con los verbos y los adjetivos es perfecto.

[40] Todo lo más puede haber duda respecto a *esmaltado*, estr. 4. Véase la nota 37.

Verbos y adjetivos: sistema ondulatorio

aparecer y que en la 13 y la 14 se amontonarán, se sucederán casi verso a verso:

> Mi amado, las montañas,
> los valles solitarios nemorosos,
> las ínsulas extrañas,
> los ríos sonorosos,
> el silbo de los aires amorosos.
> La noche sosegada,
> en par de los levantes de la aurora,
> la música callada,
> la soledad sonora,
> la cena que recrea y enamora.

Y este cambio ha coincidido, en la contextura interna del poema, con el paso de la mortificación y meditación (vías purgativa e iluminativa) a la vía unitiva. De un modo isócrono, el movimiento estilístico ha cambiado también. La apresurada velocidad de la búsqueda ha desaparecido. El poeta, en la purgación del sentido y en la espiritual, iba veloz, como el alma enamorada. En nada, en ningún encanto (y en ningún espanto) se detenía:

> Buscando mis amores,
> iré por esos montes y riberas,
> ni cogeré las flores,
> ni temeré las fieras... [41].

Pero ahora ha encontrado al Amado. Y su voz se remansa y se explaya en anchura de gozo, y las cosas, las flores bellas del mundo, ya tienen un sabor y un perfume. Ya no es necesaria la premura. Los adjetivos, entonces, expanden la frase y jugosamente

---

[41] *Cántico*, estr. 3.

y jubilosamente la hinchan. Al cambio de línea interna del poema ha acompañado un cambio de la andadura estilística. Pero a este cambio del tiempo estilístico acompaña aún otro efecto. Y es que el adjetivo, monótonamente usado por la poesía renacentista, se redime así, se salva otra vez. Tras el ardor requemado de las primeras estrofas, ¡cómo volvemos a gustar el efecto mágico del adjetivo, que prolonga y enriquece la dulce estela del nombre: "los valles solitarios, nemorosos", "las ínsulas extrañas", "los ríos sonorosos", "el silbo de los aires amorosos", "la noche sosegada", "la música callada", "la soledad sonora"!

ESCASEZ DEL EPÍTETO

A este resultado contribuyen, de una parte, esa técnica alternante de omisión y acumulación de adjetivos, que acabamos de ver; pero, de otra, la casi inexistencia del adjetivo antepuesto; es decir, de lo que la Retórica llama epíteto. En Garcilaso, repito, ocurre todo lo contrario. Siento tener que aducir a Garcilaso para presentarlo a tan desfavorable luz. En otras ocasiones [42] he dado pruebas de mi amor y mi culto al poeta de Toledo. *La flor de Gnido* no es, ciertamente, a pesar de una indudable belleza formal, su mejor momento. Hablaba por un amigo, y su voz no tiene aquí esa suave y melancólica veladura que tiembla cuando habla de doña Isabel Freire. Pero yo tenía que comparar liras con liras. Tomemos unas estrofas y pongámoslas junto a las del *Cántico*, que acabamos de citar:

> ... y en *ásperas* montañas
> con el *suave* canto enterneciese
> las *fieras* alimañas,

---

42. En este mismo libro, y antes en mi conferencia *La musa de Garcilaso* (homenaje a doña Isabel Freire), pronunciada en diversos sitios en 1941 y 1942, y que alguna vez espero imprimir.

los árboles moviese
y al son confusamente los trajese,
no pienses que cantado
sería de mí, *hermosa* flor de Gnido,
el *fiero* Marte *airado*,
a muerte convertido,
de polvo y sangre y de sudor teñido...

"Ásperas montañas", "suave canto", "fieras alimañas", "hermosa flor", "fiero Marte airado". Eso aquí, en Garcilaso. Y allí, en San Juan: "los valles solitarios nemorosos", "las ínsulas extrañas", "los ríos sonorosos", "la noche sosegada", "la soledad sonora...". ¡Qué diferencia! Observemos que todos los adjetivos del ejemplo de Garcilaso son antepuestos, epítetos, y todos los del de San Juan son pospuestos. El epíteto implica un juicio analítico; el adjetivo pospuesto, un juicio sintético. De manera que a la asociación adjetivo-sustantivo la podemos llamar sintagma analítico, y a la sustantivo-adjetivo, sintagma sintético. En el sintagma analítico se extrae del sustantivo una cualidad inherente a él, para realzarla por medio del adjetivo; en el sintético se atribuye al sustantivo una cualidad no inherente a él. El adjetivo analítico nace de un deseo de realzar o manifestar la inherencia del ser, que interesa afectiva o estéticamente: "las mansas ovejuelas", "las solícitas abejas". Tal realce es de tipo afectivo lo mismo en el origen de la tradición literaria ("las mansas ovejuelas") que en el lenguaje ordinario ("¡pobre hombre!"). Mas este resalte primario se pierde en seguida: como es la inherencia principal (desde el punto de vista estético afectivo) la resaltada, el epíteto tiende a repetirse y a perder, por tanto, el especial valor matizador que primariamente tenía, convirtiéndose en forma estereotipada. Tales fórmulas llegan a ser sólo índice de una tradición de escuela;

señalan, en especial, la tradición renacentista, reciben un nuevo impulso en el neoclasicismo del siglo XVIII. El romanticismo procurará romper —hasta cierto punto— esta cadena.

Y esto es lo que nos explica el cansancio, el hastío que nos producen en *La flor de Gnido* esas expresiones "ásperas montañas", "suave canto", "fiero Marte", etc., y la virginidad, la novedad y jugo que presta al estilo poético de San Juan su abandono del adjetivo antepuesto. Añádase, ahora, la fresca, mañanera intuición, las gozosas entregas, la hiriente originalidad con que el poeta ha sabido escoger sus adjetivos, y así, el "aspirar sabroso" del aire del espíritu, la "mano serena" de los vientos, los "valles solitarios nemorosos", "el cierzo muerto", "las ínsulas extrañas", "el ciervo vulnerado" tendrán en su poesía una magia que ha de poblar de eterna, siempre recién creada novedad el mundo de nuestra imaginación.

Mas el lenguaje no es sino (con la terminología de Saussure) un sistema de signos expresivos. La alteración de cualquier orden de estos signos trae como consecuencia la profunda modificación de todos los valores [43] del sistema. Si llamamos habla poética A a la de Garcilaso, y B a la de San Juan de la Cruz, el paso del sistema A al B está definido por una total subversión del orden de los signos adjetivos: por la enorme disminución de esta serie de valores, por la casi desaparición del adjetivo analítico, por la intensa revalorización de los signos adjetivales que sobreviven y la consiguiente revitalización con valor poético activo de su fuerza semántica.

---

[43] Empleo en este instante las palabras "valor" y "signo" en un sentido muy distinto no sólo del de Saussure, sino también del habitual en este libro: son ahora valores y signos generales, no concretos (puras categorías gramaticales, sin realización particular).

Escasez del epíteto

Pero lo principalmente característico del habla poética de San Juan de la Cruz, en los poemas mayores, es la inestabilidad del sistema, el desequilibrio de las funciones gramaticales entre diversas partes de un mismo poema, la ondulación entre un trayecto α, caracterizado por la escasez de verbos o de adjetivos, y otro, β, en donde esos mismos elementos se amontonan con súbita afluencia borboteante. Estos movimientos ondulares, de enrarecimiento y de agrupación, se producen con maravillosa exactitud en correspondencia con fases del proceso místico. La vía purgativa en el *Cántico* va señalada áridamente por la ausencia total de adjetivación, en la *Noche* por un solo verbo obsesionante, "salí", que nutre nada menos que tres estrofas de enumerativa circunstancia. La vía unitiva irrumpe en el *Cántico* con un sabroso y gozoso explayarse súbito de una vena de abundante adjetivación; en la *Noche* con una acumulación minuciosa de los más exquisitos pormenores de la compleja y delicadísima acción.

Y ahora sí que creo que hemos obtenido algún hallazgo: hemos llegado, tal vez, a determinar cuál es la principal diferencia que separa la magia suave, sedosa, prolongada, del estilo de Garcilaso, de la llama rauda, veloz, dulcemente heridora, a ratos remansada en perfume y pausada música, del estilo de San Juan de la Cruz. Sí; hemos comprendido el estilo de San Juan de la Cruz como el de una hoguera, con intervalos pausados o un saltar frenético de las llamas, como una hoguera bajo el viento.

RECUERDOS GONGORINOS

A Edward M. Wilson (admirable intérprete de Las Soledades) *por aquellos días de Cambridge, 1928-1929.*

PREHISTORIA

La "vuelta a Góngora", desde fines del siglo XIX hasta el día de hoy, tiene una historia muy sencilla. Pero, para comprenderla bien, debemos ascender por el cauce de los años.

El siglo XVIII hizo tabla rasa de la mayor parte de los valores del siglo XVII.

Pero al neoclasicismo (¡apenas instaurado!) le llega su término. Y ahora el siglo XIX comenzará la lenta obra de reivindicación de nuestras figuras literarias. Tomemos tres nombres: Calderón, Lope de Vega y Góngora. La restauración tiene lugar por etapas, y cada momento siente una querencia distinta: hay, también, una afinidad selectiva que tiende amistades entre épocas separadas por fríos espacios de siglos. Así, el romanticismo doctrinario alemán nos traerá el culto a Calderón; y el positivismo naturalista verá coronada la fama de Lope. ¿Y Góngora?

Ni al romanticismo ni al naturalismo (conceptos históricos en el fondo coincidentes, aunque aparentemente contrarios) les podía interesar el arte aristocrático, refinado, densamente prolijo, de

Góngora. Menéndez Pelayo no hizo sino lanzar la última maldición a un cadáver ya por dos siglos execrado: "nihilismo poético".

La restauración de Góngora comenzó allá en Francia (a cada cual lo suyo). Fue necesario que al Parnaso le pusiera una deliciosa, matizada sordina el simbolismo, para que, dentro de este último, un gran poeta, Paul Verlaine, que no sabía español, volviera los ojos a Góngora. Culto tan genialmente intuitivo como burdamente "snob", que Rubén Darío aprendió en los cenáculos de París y trajo a España.

¿Por qué ese súbito interés por Góngora? Es que Góngora era el poeta maldito, el artista raro, incomprensible, el escritor execrado en las historias de la literatura. Lo que se buscaba entonces en él era lo "precioso", lo "vago", lo "sugerente", lo "nebuloso". Y ahí quedaron las cosas, con unas cuantas resonancias.

CAMBRIDGE, 1924

¡Aquella sección "Hisp", de la Biblioteca universitaria de Cambridge, digo, de la vieja! (Primavera temprana de 1924. Los "crocuses" a ras de pradera. Viento y nubes con sol sobre King's Parade, en la hora matinal,

while the men go to lecture with the wind in their gowns.

Luz, ya, muerta; días muertos. Y algo del corazón, también.)

Se atravesaba por salas inmensas con súbitas alcobillas o "recesses" para el investigador solitario, se subían escaleras, se cruzaba por cuartitos misteriosos, donde un viejo "gentleman" hojeaba, con ayuda de una gran lente de aumento, un antiguo volumen (¿quizá del *Punch?*), se trepaba por una oscura escalera de caracol, y al fin, allá arriba de todo (debía de ser en una torreta), se entraba en una especie de capillita con grandes ventanales: la sección "Hisp", y en ella un tesoro de antiguos libros españoles. Fue allí donde primero me tropecé con los comentaristas de Góngora, del siglo XVII. Los comentarios de Salcedo Coronel y las *Lecciones solemnes*, de Pellicer, tomadas por mí en préstamo, me acompañaron largas noches, mientras rugía el viento oceánico, en la "boarding house" de Miss Fulton, toda llena de gatos (que se parecían a la dueña) y en la que los domingos no nos dejaban jugar al "tennis".

Y Góngora no era incomprensible, no era absurdo, no era vago, no era nebuloso. Era difícil, ligado, perfecto, exacto, nítido. Era consecuente consigo mismo, y con una larga tradición, en la que los últimos eslabones ya habían sufrido un exacerbamiento estético, un prurito de algo que Góngora intensificaba aún. La poesía de Góngora podía ser una poesía-límite; no era, de ningún modo, una poesía incoherente.

Bien pronto comprendí que Menéndez Pelayo no había leído a Góngora. Y si le había leído, no le había entendido, ni aun en el sentido material. No hay un hombre genial —y Menéndez Pelayo auténticamente lo fue— sin grandes incomprensiones y vacíos. La ceguedad para Góngora no es más que una, entre una larga serie de "cegueras" de nuestro crítico máximo.

DE 1927 A 1950

Si yo había ido a dar con las antiguas ediciones y comentarios de Góngora, mi mano no se había movido libremente: seguía un destino, un impulso más amplio: el de mi generación. Sí, mi generación volvió otra vez los ojos a Góngora. Lo aprendió de memoria, y lo estudió con minucia y lo revivió. El poeta, ¡qué iba a ser vago, qué iba a ser nebuloso! Ni tenía parangón posible con Mallarmé (¡paralelo establecido muchas veces!), ni con el simbolismo, ni con el impresionismo. Se correspondía, más bien, con un arte exacto, con un frenesí, digamos, alejador, desligador de la realidad (para volver a ella) por medio de poderosas imágenes, con el prurito de perfecciones y límites que acució primeramente a los jóvenes poetas de mil novecientos veintitantos.

Nuestras publicaciones de entonces tomaron, a veces, para la defensa de Góngora un tono combativo, que culminó en el tercer centenario de la muerte del poeta: 1927. Aquella violencia era entonces necesaria. Yo, sin embargo, aconsejé prudencia ya en 1928. Hoy, casi un cuarto de siglo después, siento el deseo de volver a considerar el caso gongorino. No tengo que rectificar nada esencial de lo que entonces dije; tengo que añadir. Creo —si no es error de estos años míos: todas las edades tienen los suyos— que mi comprensión total del fenómeno ha ganado en profundidad. Quiero decir —¡oh malévolos!— que veo, en el sentido de la profundidad, más vetas, y de dónde proceden y adónde llevan. En una palabra: atendí entonces más a lo tradicional del arte de Góngora; me interesa hoy, por lo menos tanto, lo que hay en él de vigorosamente innovador. Detrás del problema de Góngora está el de su siglo. En fin de cuentas, el del mundo moderno, del mundo en el que (quizá como náufragos aferrados a un bauprés sobrenadante) vivimos aún.

Lope, Quevedo, Góngora. De 1927 a 1948 mucho ha variado nuestro concepto del arte. Lope y Quevedo, sin duda, son hoy —pronto lo veremos— los poetas del siglo XVII que están más cerca de nuestro corazón. Pero Góngora sigue representando mejor que ninguno a aquel siglo. (En cierto modo podríamos decir que Lope y Quevedo son demasiado modernos para aquella época.) Góngora lo representa, en fórmula superior de arte, en lo que tiene de continuación excitadísima del Renacimiento y en lo que tiene de sorda pasión nueva, de conmoción subterránea.

Es lo que quieren explicar las páginas siguientes.

MONSTRUOSIDAD Y BELLEZA
EN EL POLIFEMO DE GÓNGORA

*Para Alfonso Reyes, cabeza
de todos los gongoristas de hoy.*

EL MITO LITERARIO DE POLIFEMO

La fábula de Polifemo es casi tan vieja como el mundo. Todo lector de la *Odisea* recuerda las aventuras de Ulises en la caverna del cíclope: cómo Ulises y sus camaradas ciegan al gigante su único ojo, lanzando contra él el extremo incandescente de un tronco de árbol: cómo luego escapan ocultos bajo el vientre de los enormes carneros. Dentro aún de la literatura griega, menos conocido del público literario de España, pero más próximo a la tradición que sigue Góngora, es el idilio de Teócrito, donde Polifemo, sentado sobre las altas rocas, entona su canto de amor a la desdeñosa Galatea. Ese canto pasa a Ovidio, en quien la fábula con sus acciones y personajes (Polifemo, Galatea, Acis) aparece ya fijada para la tradición posterior. Una larga cadena de traductores e imitadores, totales o parciales, se vincula a través del siglo XVI español hasta los comienzos del XVII: Castillejo, Pérez Sigler, Sánchez de Viana, Gálvez de Montalvo, Barahona de Soto, Carrillo, Góngora, Lope de Vega, para mencionar sólo algunos de los más importantes[1]. Las imitaciones parciales o momentáneas son infinitas. No sólo en poesía: abundan también las imitaciones o alusiones de toda índole en el teatro[2]. En varias imitaciones españolas va a confluir con el directo de las *Metamorfosis* el influjo de los traductores italianos, Dolce y, sobre todo, Anguillara, y de imitadores como Stigliani y tal vez Marino[3].

De todo este montón de imitaciones ovidianas emerge, joya intacta y eterna, la *Fábula de Polifemo*, de Góngora. Góngora vitaliza toda la acción, le da un fondo encendido, estudia y analiza la psicología de los personajes. En otra ocasión[4] lo hemos condensado así: "Góngora lo cambió todo: nos presenta a Sicilia ardiendo en calentura por los amores de Galatea; el encuentro de ésta con Acis; los tímidos avances de su amor; las delicias de los amantes en medio de la "barroca", exuberante vegetación siciliana. Góngora describe con genial novedad al gigante Polifemo; varía las comparaciones de su apasionado canto. Góngora apura e intensifica los colores hasta el frenesí, sube a los cielos la hipérbole, agarra con zarpazo de genio las más hirientes, las más excitantes metáforas y, en fin, imprime en cada estrofa y en cada verso la poderosa huella de su genial intuición, de tal modo que de allí en adelante aquel tema, de todos manoseado, pasa a ser esencialmente suyo, y el poema, su indiscutible obra maestra, la cima de las imitaciones de la antigüedad que en nuestra literatura se han hecho en los siglos XVI y XVII, y una de las joyas máximas de la poesía europea de tradición renacentista".

---

[1] Véase: D. Alonso, *La supuesta imitación por Góngora de la "Fábula de Acis y Galatea"*, en *Revista de Filología Española*, XIX, 1932, páginas 349-387; en especial, págs. 370 y sigs.
[2] *Ibid.*, pág. 367, nota 5.
[3] *Ibid.*, págs. 375-382.
[4] *Ensayos sobre poesía española*, Madrid, 1944, págs. 254-255.

FRAGMENTO ESCOGIDO

De este poema así enjuiciado desde un punto de vista crítico, he elegido un fragmento [5] para aplicarle de cerca un método de análisis parcialmente próximo al empleado en este libro para el estudio de Garcilaso (y digo parcialmente, porque la consideración de temas —frutos, etc.— o de impregnación de ciencia antigua más bien caen del lado del significado, que no del significante). La identidad de la estrofa mostrará más la diferencia de criterio estético entre el siglo XVI y el XVII. Sin embargo, si hay así una ventaja (la más fácil comparación con Garcilaso), en cambio perderemos el ver la lengua de Góngora en su máxima libertad. Las *Soledades*, escritas en los sueltos, prolongables períodos de la silva, permitían todas las aventuras sintácticas, el enzarzarse de las voces, los esguinces, lazadas y arabescos que la estrofa —breve, exacta y siempre igual— en que está escrito el *Polifemo* no tolera: el límite de los ocho versos suele ser también dique último del período [6]. La estrofa del *Polifemo*, en cierto modo, contradice las características del poeta, limitando su idiosincrasia sintáctica.

Con esta salvedad, el fragmento elegido creo que prodigiosamente concentra los principales rasgos del estilo del poeta. Em-

---

[5] Omito —por consideraciones de espacio— unas octavas del centro del pasaje elegido; de modo que, rigurosamente hablando, se trata de dos fragmentos: octavas IV-VI (= versos 25-48) y X-XIV (= versos 73-112). He dado a las estrofas elegidas para el presente trabajo una numeración especial y seguida del uno al ocho.

[6] Algunas veces, sin embargo, el sentido ultrapasa ese límite, como ocurre, por ejemplo, en las dos octavas XXXIII-XXXIV, versos 257-272, del *Polifemo*. Este unir dos octavas era también raro, pero conocido, en los poemas italianos. Comp. *Orlando Furioso*, XIX, 7-8, y *Gerusalemme Liberata*, XVI, 28-29.

pieza con el principio mismo del poema, después de las estrofas de dedicatoria.

ESTR. I.ª: CIENCIA ANTIGUA; FÓRMULAS ESTILÍSTICAS; BIFURCACIÓN

1. Donde espumoso el mar siciliano
el pie argenta de plata al Lilibeo
(bóveda o de las fraguas de Vulcano
o tumba de los huesos de Tifeo)
pálidas señas cenizoso un llano,
cuando no del sacrílego deseo,
del rudo oficio da. Allí una alta roca
mordaza es a una gruta de su boca.

El poeta nos sitúa en el paisaje de Sicilia, donde va a colocar su fábula. No nos coloca directamente ante el paisaje, sino a través de mucha tradición de ciencia antigua. En el Lilibeo (nombre que tuvo el promontorio más occidental de la isla) localiza Góngora dos leyendas mitológicas: la de la herrería de Vulcano y la de la sepultura de Tifeo.

Fingió la antigüedad las fraguas de Vulcano, unas veces en la isla de Lemnos, en el mar Egeo, otras en las islas Lípari, cerca de la costa de Sicilia; no falta quien las coloque en la misma Sicilia, ya en las profundidades del Etna, ya vagamente, sin precisar el sitio. En cuanto al gigante Tifeo (uno de los que quisieron escalar el cielo y fueron vencidos por los dioses en la Gigantomaquia), algunos le supusieron enterrado bajo el Etna; pero Ovidio hace tan desmesurado al gigantón, que le da por sepultura toda Sicilia; una mano bajo el Peloro (hoy, Capo di Faro), la otra bajo Paquino (*Pachynum;* hoy, Passaro), y los pies en el Lilibeo (*Lilybaeum;* hoy, Boco, junto a Marsala). Esta ingeniosa fábula aprovecha la configuración de la isla, la cual —casi un triángulo

FÁBULA DE POLIFEMO Y GALATEA
(Descripción de Polifemo - Descripción de Galatea)

1   Donde espumoso el mar sicilïano
el pie argenta de plata al Lilibeo
(bóveda o de las fraguas de Vulcano
o tumba de los huesos de Tifeo),
pálidas señas ceniza un llano,
cuando no del sacrílego deseo,
del rudo oficio da. Allí una alta roca
mordaza es a una gruta de su boca.

2   Guarnición tosca de este escollo
[duro
troncos robustos son, a cuya greña
menos luz debe, menos aire puro,
la caverna profunda, que a la peña;
caliginoso lecho, el seno oscuro
ser de la negra noche nos lo enseña
infame turba de nocturnas aves,
gimiendo tristes y volando graves.

3   De este, pues, formidable de la
bostezo el melancólico vacío,   [tierra
a Polifemo, horror de aquella sierra,
bárbara choza es, albergue umbrío
y redil espacioso donde encierra
cuanto las cumbres ásperas cabrío
de los montes esconde: copia bella
que un silbo junta y un peñasco sella.
… … … … … … … … …

4   Cercado es —cuanto más capaz,
[más lleno—
de la fruta, el zurrón, casi abortada,
que el tardo otoño deja al blando seno
de la piadosa yerba encomendada;
la serba, a quien le da rugas el heno,
la pera, de quien fue cuna dorada
la rubia paja, y —pálida tutora—
la niega avara y pródiga la dora (*).

5   Erizo es el zurrón de la castaña;
y —entre el membrillo o verde o da-
[tilado—
de la manzana hipócrita que engaña,
a lo pálido no, a lo arrebolado,
y, de la encina, honor de la montaña,
que pabellón al siglo fue dorado,
el tributo, alimento, aunque grosero,
del mejor mundo, del candor primero.

6   Cera y cáñamo unió (que no de-
[biera)
cien cañas, cuyo bárbaro ruïdo,
de más ecos que unió cáñamo y cera
albogues, duramente es repetido;
la selva se confunde, el mar se altera,
rompe Tritón su caracol torcido,
sordo huye el bajel a vela y remo:
tal la música es de Polifemo.

7   Ninfa, de Doris hija, la más bella,
adora, que vio el reino de la espuma;
Galatea es su nombre, y dulce en ella
el terno Venus de sus Gracias suma;
son una y otra luminosa estrella
lucientes ojos de su blanca pluma:
si roca de cristal no es de Neptuno,
pavón de Venus es, cisne de Juno.

8   Purpúreas rosas sobre Galatea
la Alba entre lilios cándidos deshoja:
duda el Amor cuál más su color sea,
o púrpura nevada o nieve roja.
De su frente la perla es eritrea
émula vana. El ciego dios se enoja
y, condenado su esplendor, la deja
pender en oro al nácar de su oreja.

(*) Variante de la primitiva redacción:

la delicada serba, a quien el heno
rugas le da en la cuna, la opilada
camuesa, que el color pierde amarillo
en tomando el acero del cuchillo.

Tema de Polifemo: Estrofa 1.ª

isósceles— dibuja, con más o menos fidelidad, la forma de un hombre tendido, que, teniendo la cabeza en el Etna y los pies en el Lilibeo (Marsala), dirigiera los brazos hacia el Nordeste y el Sudeste. Así, la cabeza de Tifeo estaría oprimida por la mole del Etna, y la rabia del gigante, vencido y opreso, estallaría, con su aliento, en la furia del volcán:

> Degravat Aetna caput; sub qua resupinus arenas
> eiectat, flammamque fero vomit ore Typhoeus.

> Le oprime la cabeza la montaña.
> Bajo ella, panza arriba, arroja arenas
> y con boca feroz vomita fuego.

Los comentaristas gongorinos del siglo XVII (que tomaron inmediatamente la obra del poeta, y le sacaron sentido por un lado y por otro, en medio de enormes discusiones e insultos que mutuamente se lanzaban) han tratado muy por menudo este pasaje. Mucho cavilaron para determinar cuáles de estas opiniones sobre la fragua de Vulcano y la sepultura de Tifeo seguía Góngora en la presente octava. Y si el poeta tuvo razón o no la tuvo. Para mí resulta evidente que ni necesitaba ni quiso precisión: alude vagamente a las autoridades que sitúan la herrería o la sepultura en Sicilia, y da como elemento caracterizador o representativo de la isla el promontorio Lilibeo (que era donde Ovidio ponía los pies de Tifeo), sitio no especialmente ligado con las fraguas de Vulcano. Entiendo, pues, que los dos versos iniciales aluden a toda Sicilia:

> Donde espumoso el mar siciliäno
> el pie argenta de plata al Lilibeo...

Allí, pues, en Sicilia, que la antigüedad hizo, según unos bóveda de las fraguas de Vulcano, según otros tumba de los huesos de Tifeo, un llano cenizoso (por la proximidad volcánica) da, con sus cenizas, pálidas señas del sacrílego deseo de Tifeo (si se admite la última opinión), o del rudo oficio de Vulcano (si admitimos la primera).

Para expresar esta disyuntiva usa el poeta la fórmula "A, cuando no B":

> ... cuando no del sacrílego deseo (B),
> del rudo oficio da (A).

La reiteración constante de fórmulas estilísticas, más o menos anquilosadas, es uno de los signos que más rápidamente caracterizan la lengua de Góngora: así lo comprendieron los autores de parodias en el siglo XVII. Ésta, "A, cuando no B", está íntimamente relacionada con otras como "A, si no B", "A, ya que no B", etc. [7].

Más complicación: "deseo" y "oficio" son correlatos, respectivamente, de "huesos" y "fraguas":

huesos de Tifeo   *fraguas de Vulcano*
sacrílego deseo   *rudo oficio*

Es una correlación poética (como otras que estudiamos al hablar de Lope de Vega). No cabe duda de que complica la estructura de la estrofa. Sin embargo, desde el punto de vista de los artificios correlativos, se trata de una correlación sencilla, de sólo dos unidades bimembres. Este tipo de sencilla correlación es muy frecuente en el *Polifemo* (¡casi una correlación por cada tres estrofas!). Otras correlaciones son un deliberadísimo artificio (Góngora las usó así en sonetos juveniles). Pero en éstas del Polifemo

---

[7] Véase D. Alonso, *La lengua poética de Góngora*, cap. IV ("Repetición de fórmulas estilísticas").

adivinamos más bien una mera costumbre mental. El pensamiento poético renacentista tiende a bifurcarse (como ya hemos visto en Garcilaso, "nadando dividieron y cortaron", o en otro sentido, "cestillos blancos de purpúreas rosas"). Esta bifurcación tiene su ejemplo mayor en Góngora: lo vamos a encontrar repetidas veces. Muchas, la bifurcación no afecta a un solo verso, sino que la estrofa se escinde longitudinalmente en dos partes, con correlación o sin ella. Con correlación en este caso: "huesos", "deseo" (esfera de Tifeo); "fraguas", "oficio" (esfera de Vulcano). Pero si la primera unidad bimembre ("fraguas", "huesos") está expresada de una manera simétrica:

> bóveda o de las fraguas... o tumba de los huesos...

la segunda ("oficio"-"deseo") lo está de un modo asimétrico, por medio de la fórmula "A, cuando no B". Esta asimetría es una perturbación barroca al esquema sereno de la bimembración renacentista.

ESTR. 1.ª: REPRESENTACIÓN FONÉTICA O IMÁGENES DEL SIGNIFICANTE

¡Ese arranque lumínico! El cuadro es todo azul, blanco, plata:

> Donde espumoso el mar sicilïano
> el pie argenta de plata al Lilibeo...

Las vocales de este último verso se suceden como una cinta ondeante, muy clara, nítida en su música argentería: ¿plata o cristal?

$e - i - e - a - e - a - e - a - a - a - i - i - e - o.$

La última palabra, "Lilibeo", en sus *eles*, su *be* fricativa, su reiteración silábica (como si sugiriera "lilio"), completa el blanco tintineo ("tintineo", "Lilibeo"). (Y, al llegar aquí, nos damos cuenta de cuál fue la única razón que movió a Góngora a mencionar el Lilibeo para la localización de la fábula.)

Sí, es un verso extraordinario: una criatura plasmada de un modo felicísimo. Cuando hablamos de Garcilaso, eludimos un importante problema: ¿era el poeta un registrador virginal de sensaciones?, ¿un instrumento de una extraordinaria sensibilidad, en el que a cada solicitación exterior se producía una alteración espiritual, reflejada en seguida en su verso? ¿Cuánto hay en un bello verso de deliberado, cuánto de un automático aflorar de profundísimas sensaciones? Si al hablar de Garcilaso no nos atrevíamos a decidir, al llegar a Góngora no cabe duda de que estamos ante un artista muy consciente de los medios que utiliza. Pero no digamos nada definitivo: este problema se alzará una y otra vez ante nosotros:

> Donde espumoso el mar sicilïano
> el pie argenta de plata al Lilibeo
> (bóveda o de las fraguas de Vulcano
> o tumba de los huesos de Tifeo)...

Al abandonar los dos versos primeros tenemos la sensación del que en un día de sol reverberante se sume de repente en un subterráneo. Nótese el efecto inicial de "bóveda" y "tumba". Léxico, fonética (vocales *o*, *u*) y representación se han hundido en telúrica oscuridad:

| *bóveda* | *fraguas* | *Vulcano* |
| *tumba* | *huesos* | *Tifeo* |

El poema comienza, pues, por un claroscuro del más violento contraste.

Si desapasionadamente contemplamos ahora todo lo analizado en esta estrofa, hemos de reconocer que todavía, aunque adivinamos un genial artista en el creador de estos versos, le tenemos que considerar como muy alejado de nuestra sensibilidad actual. El poderío de la palabra —la magia de la imagen fonética— es inquietante. Hay, sin embargo, un lastre de pedantería que nos deja muy fríos. Esa seudociencia grecolatina, esa carga de antigualla, nada dice a nuestra fantasía ni a nuestro corazón. Algo nos atrae; algo nos repele. Y, entonces, ¿cómo, por qué las generaciones modernas se han vuelto, tan decididamente, a Góngora? Un poco más, y el platillo de la mágica atracción se lleva nuestro sentido. Es que al poderío de la imagen del significante (representación fonética) se va a unir la intuitiva imagen del significado.

ESTR. 1.ª: IMAGEN DEL SIGNIFICADO

... Allí una alta roca
mordaza es a una gruta de su boca.

Góngora usa toda la imaginería convencional y reiterada del Renacimiento ("perlas-dientes"; "cabello-oro", etc.). Tales imágenes, suscitadas, en general, en su poesía, por medio de metáforas (es decir, con elusión del término real), llegan a ser su léxico corriente, o sea, metáforas que hay que considerar lexicalizadas dentro de su lengua poética. Pero, por encima de este nivel normal, se alzan, como picachos enhiestos, imágenes poderosamente intuitivas que ligan, por medio de prodigiosa vinculación, los términos más alejados entre sí, de la realidad. La imagen de Góngora, que puede ser de gran valentía (con un arranque, un atrevimiento que la poesía no había conocido hasta entonces, y que es una de las causas por las que los poetas del siglo XX han vuelto a él los ojos), suele evocar un ambiente de nítida o densa belleza: las islas de Oceanía, como el baño de Diana y sus ninfas; el Océano, como una sierpe de cristal, con la cabeza y la cola (cuajadas de constelaciones, respectivamente, septentrionales y australes) divididas por el istmo de Panamá; los halcones noruegos, como raudos torbellinos del Norte, etc.

Y he aquí el final de la estrofa. En esta ocasión, no somos llevados a ningún mundo de resplandecientes hermosuras. La imagen es muy intensa: la roca que cierra la entrada a la gruta es como una mordaza que tapa su boca. El vínculo se establece, pues, entre "gran roca" y "mordaza". Es poderosamente nuevo e intensamente expresivo. No se parece, en cambio, a la imagen más habitual de Góngora, pues no es estéticamente ascendente (como son las antes citadas; o como, en el más vulgar ejemplo, "dientes"-"perlas"). No: "mordaza" ha sido atraída para representar a "roca" sólo por su intensidad. No pertenece a la zona de altas realidades (coloristas, suntuarias, etc.), a la que la tradición renacentista va a buscar como bellas e imaginarias coberturas o velos de la vulgar realidad contingente. En este caso, "mordaza" pertenece a un plano, si se puede decir, más cotidiano o vulgar que el mismo objeto comparado ("una alta roca"). Su entrada —en cierto modo, violenta— en el depurado plano irreal gongorino produce como un desgarrón: con él, el poeta nos evoca la fuerza, la aspereza del paisaje que ahora mismo comienza a describir. Atraer un término vulgar para cobertura imaginaria no es, sin embargo, procedimiento tan habitual de Góngora. Lo es, de modo muy característico, de Quevedo. Pero el encontrarlo en Góngora (aquí y dos veces más un poco más abajo; y, con relativa frecuencia, en las *Soledades*) nos indica una posibilidad expresiva barroca, menos desarrollada en Góngora, característica de Quevedo.

Ejemplar ha sido esta estrofa primera: nos ha mostrado compendiosamente, de un lado, esa cargazón arrastrada de tradición grecolatina que tan inactual nos hace al poeta; pero, al mismo tiempo, la prodigiosa capacidad verbal de su verso (ya lumínico, ya oscuro) y la intensa fuerza expresiva de su poderosa imagen.

ESTR. 2.ª: IMAGEN DE LA OSCURIDAD.
FUNCIÓN ESTÉTICA DEL CULTISMO

Pocas estrofas más representativas del arte barroco que las dos que vamos a leer a continuación:

> 2. Guarnición tosca de este escollo duro
> troncos robustos son, a cuya greña
> menos luz debe, menos aire puro,
> la caverna profunda, que a la peña;
> caliginoso lecho, el seno oscuro
> ser de la negra noche nos lo enseña
> infame turba de nocturnas aves,
> gimiendo tristes y volando graves.

Estamos ante un paisaje nuevo. Yo no diré que el Renacimiento lo desconociera de un modo total, pero sí que no es característico de esa época, y que nunca fue llevado, quizá, por un escritor renacentista a tales extremos. Cerremos los ojos y pensemos en el paisaje más representativo de Garcilaso. No se trata aquí de arroyos de transparente plata, ni de prados amenos, esmaltados de flores. Henos aquí ante lo lóbrego, lo áspero, lo enmarañado, lo inarmónico, lo de mal augurio, lo monstruoso. Nada más distinto del lugar ameno de la literatura tradicional.

De este recio peñasco son guarnición tosca unos troncos robustos. Es decir, la caverna tiene delante de su entrada una gran peña (como vimos al fin de la 1.ª estrofa); y delante de la peña crecen unos fuertes árboles. El poeta llama "greña" a la inculta frondosidad y enmarañamiento de las ramas. He aquí, sugerida, otra imagen, sorprendente en Góngora, porque atrae al plano imaginario una voz de la lengua diaria, una voz vulgar (es la segunda vez que en poco espacio encontramos tal hecho). Y dice el poeta que la profunda caverna debe aún menos luz y menos aire puro a esa "greña" de ramas que a la peña. Es decir: si poca luz y poco aire deja entrar la peña que tapa la entrada de la cueva, menos luz y aire dejan pasar los enormes árboles que crecen delante. O de modo aún más sencillo: los enormes árboles oscurecían más que la roca la entrada de la cueva. ¡No es floja hipérbole!

Pero donde los elementos expresivos cobran un valor extraordinario es en la segunda parte de la octava:

> Caliginoso lecho, el seno oscuro
> ser de la negra noche nos lo enseña
> infame turba de nocturnas aves,
> gimiendo tristes y volando graves.

La imagen inmediata que estos versos nos dejan es la de una densa lobreguez. Analicemos esta sensación y sus causas.

Evidentemente, el poeta ha acumulado aquí adjetivos que expresan oscuridad:

> *Caliginoso* lecho, el seno *oscuro*
> ser de la *negra* noche nos lo enseña
> infame turba de *nocturnas* aves...

Tres adjetivos, "oscuro", "negra", "nocturnas", uno por verso, nos indican que el poeta ha sentido una necesidad de reiterar, de acumular oscuridades: son tres objetos, cada uno contenido dentro del anterior; todos, de negror absoluto: el "oscuro" hueco de la gruta; la "negra" noche que lo llena; las "nocturnas" aves que vuelan dentro de esa noche. No le ha bastado aún al poeta. Agotados casi los recursos de la lengua en adjetivos de lo oscuro, ha echado mano de otro más alejado (casi puro latín): "caliginoso". "Caliginoso" tiene exacto sentido para el lingüista; pero, para el lector, sin una idea exacta de su significado, representa un misterioso valor alusivo, ahí, en el umbral de la tenebrosa descripción. Nos es evidente, pues, desde ahora mismo, que el problema de los cultismos (tan característicos de la poesía gongorina) ha sido mal planteado [8]. El cultismo latinizante puede, en ocasiones, ser intensamente expresivo. Aquí, misteriosamente expresivo. La elección de "caliginoso", situado en el umbral mismo del pasaje, ha sido extraordinario acierto: de él irradia como un denso misterio que se propaga a los versos siguientes. La extensión de la palabra (sus cuatro sílabas) realza aún esta impresión. Compárense los dos adjetivos inicial y final del verso

caliginoso lecho, el seno *oscuro*.

Un rico matiz expresivo carga del lado inicial: "caliginoso" para el hombre moderno tiene un sentido vacilante: hay a lo largo del endecasílabo como una afluencia de dudosa oscuridad que el adjetivo final asegura. El cultismo da trasfondo, le da una nueva dimensión al verso.

Aparte "caliginoso", los demás adjetivos, "oscuro", "negra", "nocturnas", los hemos considerado antes que nada como lógicos y reiterados conllevadores de un concepto: el de lo oscuro. Pero estos elementos lógicos están reforzados por impregnantes y a la par sutiles oleadas de elementos fonéticos que colaboran en nuestra representación.

---

[8] No nos interesa ahora otro doble aspecto de la cuestión: que Góngora sigue una tradición varias veces secular, hasta el punto de que casi todos los cultismos que él usó habían sido empleados varias veces mucho antes; que él lo que hizo fue, con su genio y su influjo, aclimatar definitivamente en la lengua la mayor parte de esas voces. El influjo de Góngora sobre la lengua es enorme, no sólo por los cultismos que definitivamente aclimata, sino porque abre como canales que hagan posibles nuevas afluencias.

ESTR. 2.ª: IMAGEN FONÉTICA DE LA OSCURIDAD

Hay, sobre todo, un verso en el que esa representación de lo oscuro parece que se nos condensa:

infame turba de nocturnas aves.

Es una oscuridad con una nota añadida: la de malaugurio, o monstruosidad, que sugiere la idea del adjetivo inicial "infame". Esta sensación de horrible oscuridad la percibe —también oscuramente— todo lector del poema. Pero el que se acerca a este endecasílabo con intención de arrancarle su secreto, siente, literalmente, la sacudida del prodigio. Este verso tiene sus acentos en la 4.ª y en la 8.ª sílaba. ¡Los dos acentos han ido a caer, matemáticamente, exactamente, sobre dos sílabas idénticas: dos sílabas *tur*!:

$$\overset{4}{}\quad\overset{8}{}$$
infame *turba* de *nocturnas* aves.

Y esta sílaba *tur* con su vocal profunda y su cerrazón por la *r* es la que da contrabalanceadamente esa sensación oscura a todo el verso.

Al tratar de Garcilaso, ya vimos cómo la acentuación rítmica, al proyectarse como un haz de luz sobre las palabras, parece que las realza, que multiplica su significación estética. Operábamos allí con colores contrastados:

$$\overset{4}{}\quad\overset{8}{}$$
cestillos *blancos* de *purpúreas* rosas.

Los colores se tensan o saltan en el verso, como una llamarada. Con no imaginada exactitud, el contraste de los dos colores está representado e intensificado por el de las vocales que reciben el acento rítmico: la *á* ("blancos") brota, se abre hacia puras neverías; la *ú* ("purpúreas") se adensa hacia cálidos matices del rojo profundo.

Y ahora, el prodigioso verso de Góngora:

$$\overset{4}{\text{infame } turba} \text{ de } \overset{8}{nocturnas} \text{ aves.}$$

También aquí dos intensos chorros de luz caen con los acentos rítmicos de 4.ª y 8.ª sílaba; pero ahora es una luz negra. No hay contraste: la sensación de la sílaba 8.ª reitera e intensifica la de la 4.ª. Allí, en Garcilaso, las vocales intensificadas por el ritmo (*á* y *ú*) se contrastaban como los colores mismos. Aquí se duplica la tórbida sensación; por eso se repite la misma vocal oscura (*ú*), y no solamente la vocal, sino toda la sílaba *túr*, que, con su *r* final, prolonga, en cierto modo, la resonancia de la *ú* [9].

Lo mismo el verso de Garcilaso que el de Góngora tienen

---

[9] Es sabido que toda *r*, en contacto con otra consonante, desarrolla una pequeña vocal, que suele ser semejante a la vocal que sigue o antecede a dicha *r*. Esta pequeña vocal, en algunos casos, logra prevalecer más o menos tiempo; es lo que explica junto a "crónica" la forma antigua "corónica"; "Cáceres" vendría de "Cazres" (de "castris"); etcétera. El fenómeno es común a muchas lenguas y se ha producido también en todas las épocas. Menéndez Pidal ha encontrado, en el siglo XII, "órotos" por "ortos" (huertos). Este nacimiento de vocal se produce frecuentemente en el habla enfática; son muchos los chistes acerca de semejante pronunciación en algunos actores. (Véase M. Pidal, *Orígenes del Español*, § 40, y T. Navarro Tomás, *Manual de pronunciación española*, § 113.) Es decir (en las sílabas de nuestro ejemplo): en la *r* está en potencia una pequeña *u*, que sólo de modo muy rudo representaríamos por "*tur^u*"; más exacto, creo, sería decir que la *r* se tiñe del timbre de la vocal. Pronúnciese seguidamente "tir", "tur".

una estructura bimembre [10], realzada por los dos acentos que contrapesan el endecasílabo:

4   8
cestillos blancos de purpúreas rosas
4   8
infame turba de nocturnas aves.

El esquema del verso de Garcilaso,

sustantivo-adjetivo-preposición-adjetivo-sustantivo,

se aproxima más a una exacta simetría bilateral (los dos sustantivos son extremos, los dos adjetivos son interiores de cada ala) que el de Góngora:

adjetivo-sustantivo-preposición-adjetivo-sustantivo.

Y ocurre entonces que los acentos (de 4.ª y 8.ª sílaba), que en el verso de Garcilaso caen los dos sobre adjetivo, en el de Góngora caen el primero sobre sustantivo, el segundo sobre adjetivo: los acentos realzan la impresión de contrabalanceo, la imagen rítmica

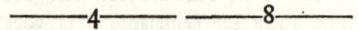

se sobrepone exactamente a la silábica

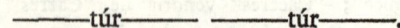

Entre ambas dominan a la imagen conceptual: y el verso produce una impresión de bilateralidad perfecta [11].

---

[10] Con una asimetría sintáctica que impide que se pueda hablar de exacta bimembración.

[11] Claro está que las demás vocales del verso colaboran en esta sensación: el endecasílabo principia y termina con tres vocales claras en cada caso (*i-á-e; a-á-e*). De este modo la huella de las dos sílabas *túr* (intensificadas por el acento rítmico) es aún más densa y lóbrega.

Pero, ¿qué poeta era este Góngora? ¿Era que estaba con las sílabas preparadas como en un rompecabezas, para ir a colocarlas debajo del chorro de luz —ya cándida, ya negra— del acento, y reforzarlas así estéticamente? Tenemos que plantearnos, una vez más, la eterna pregunta: ¿Traducción virginal —delicadísimo registrador inconsciente— de impulsos exteriores? ¿O deliberado y sabio propósito, "virtuosismo" de genial intérprete? Cuando por causas distintas se nos ha presentado este dilema nos hemos inclinado una vez con Garcilaso hacia la explicación de "oscura noticia", de pura intuición poética; otra (en el caso de Fray Luis) más bien juzgábamos predominante el estudio, genialmente intuitivo, pero deliberado y exacto, de la tradición y los modelos. Hemos dicho "dilema". Inexacto. Ya más arriba hemos propuesto esta fórmula: en todo poeta se mezclan ambos elementos; intentar discriminarlos por entero es trabajo perdido [12].

El estudio de los modelos no era menor en Góngora que en Fray Luis (la expresiva selección del cultismo "caliginoso", vista hace poco, probablemente le fue sugerida por su lectura de poetas latinos); de la otra parte, su fuerza intuitiva y directa era tanta que ha sabido mover a los hombres del siglo XX. Que era consciente del valor representativo de las vocales claras y oscuras no se puede dudar: otros versos lo prueban. Sin embargo, en este caso concreto es muy probable, casi seguro, que Góngora no se diera cuenta de que estaba construyendo un endecasílabo prodigioso, tan exacto como un instrumento musical salido del más refinado, del más meticuloso de los artífices. Sí, muy probable que él no se diera cuenta: fue oscuro también el proceso que llevó hasta este verso oscuro. Fue una honda intuición. Y ahora nosotros lo analizamos y nos quedamos absortos al ver este prodigio

---

[12] Véase más arriba, págs. 194-195.

de matemático rigor: acento en sílaba cuarta, acento en sílaba octava; los dos sobre la misma sílaba oscura: "túr".

Es necesario aún observar el efecto de este verso extraordinario en ligazón con el que le sigue:

> infame turba de nocturnas aves,
> gimiendo tristes y volando graves.

En el verso primero se superponían una contrabalanceada simetría acentual y silábica (*túr-túr*) y un esquema bilateral sintáctico. Y ahora encontramos que también el verso último es de una equilibrada simetría. El esquema de ambos versos muestra mejor que nada por qué el último reitera la imagen estructural del primero:

> *adjetivo-sustantivo-preposición-adjetivo-sustantivo*
> *gerundio-adjetivo-conjunción-gerundio-adjetivo.*

En cada verso, dos planos, dos bandas, dos alas.

Y si ahora volvemos a leer todo el pasaje:

> (Caliginoso lecho, el seno oscuro
> ser de la negra noche nos lo enseña
> infame turba de nocturnas aves,
> gimiendo tristes y volando graves),

parece como que estamos sintiendo o viendo, en esa densa oscuridad, el pesado vuelo de las agoreras aves nocturnas, y que cada uno de estos dos últimos versos dibuja con su estructura (más allá de nuestra fantasía) como dos lentos aletazos. ¿En qué rincón de nuestra sensibilidad tienen lugar estas impresiones? ¿De cuántas vetas está formada nuestra psique?

ESTR. 3.ª: CONSECUENCIA DE LAS
IMÁGENES. ¿ORDEN O LABERINTO?

Una nueva estrofa. Y seguimos en el ambiente, en el paisaje, en la representación más netamente barrocos. Sigue lo oscuro, lo tétrico; se intensifica lo bravío, lo áspero:

> De este, pues, formidable de la tierra
> bostezo...

La primera imagen (expresada en metáfora)[13] es impresionante: "formidable de la tierra / bostezo" llama ahora Góngora a la caverna. "Bostezo" pertenece al mismo mundo de representaciones que "mordaza" y que "greña". Y es otra vez en el desgarrón, en el traumatismo que produce la entrada violenta al recinto de la tradición renacentista, de estos elementos "demasiado humanos", donde reside la extraordinaria virtualidad expresiva de la metáfora: hay algo también como un rudo trauma de nuestro espíritu que deja huella indeleble en él. ¡*Shocking!*, ¡violentamente *shocking!*, ¡expresivamente *shocking!*

Los comentaristas notaron ya que la palabra latina "hiatus" designa lo mismo el "bostezo" que una "grieta", "sima" o "abismo" de la tierra. La metáfora gongorina tiene, pues, una venerable antigüedad: había sido ya lexicalizada en el latín. Góngora la emplea ahora dentro de una cadena de metáforas: "boca", "mordaza", "bostezo". Las tres forman un sistema de orgánica consecuencia. Esta última palabra —consecuencia— es clave de todo un aspecto del sistema gongorino. Lo vimos ya, inicialmente, en la nota de enraizamiento en conceptos grecolatinos (sacrilegio de Tifeo, fraguas de Vulcano). Lo comprobamos ahora doblemente: una estupenda imagen, "bostezo"-"caverna", se enraíza en la du-

---

[13] Lo que llamamos metáfora impura. V. *Ensayos*, págs. 42 y sigs.

plicidad semántica del latín "hiatus" (con uso en poetas que había frecuentado Góngora): consecuencia, pues, con la tradición antigua. Consecuencia consigo mismo: la serie metafórica "mordaza", "greña", "bostezo" es en absoluto coherente: tres nódulos de un desenvolvimiento lógico en dos planos (A, real; B, irreal):

    A: *alta roca*   *tupidas ramas*   *caverna*
    B: *mordaza*   *greña*   *bostezo.*

Y esta consecuencia consigo mismo es también fidelidad a la raíz, pues la poética de la antigüedad practicó y aconsejó tal prosecución imaginativa.

¡Qué chasco se habría llevado Paul Verlaine y los simbolistas franceses y nuestros modernistas, si hubieran podido conocer las leyes de lógica y trabadísima sustentación del sistema gongorino! Nada de desenfreno, nada de nebulosidad, nada de impresionismo: implacable rigor, exquisito orden. Ahora que acabamos de hacer esta afirmación, resulta doblemente interesante avanzar hasta las profundidades de la estrofa:

    3.   De este, pues, formidable de la tierra
           bostezo, el melancólico vacío
           a Polifemo, horror de aquella sierra,
           bárbara choza es, albergue umbrío
           y redil espacioso donde encierra
           cuanto las cumbres ásperas cabrío
           de los montes esconde: copia bella
           que un silbo junta y un peñasco sella.

"Orden exquisito" acabamos de decir. Pues parece que nos hemos equivocado: estamos en el reino del absoluto desorden. Por la octava ha pasado como una catástrofe telúrica que arrancó, sin selección, ya bloques, ya astillas: todo se ha derrumbado, todo está en confusa mezcla, lo mismo lo grande que lo pequeño. Avanzamos —difícilmente— por un paisaje de sillares removidos, columnas derribadas, quiebras abismales. Parece como si el mismo Góngora hubiera querido desmentirnos: esto es el amontonamiento inerte de la ruina; no la clara, la ordenada, la nunca durmiente sustentación arquitectónica.

Lo que ocurre es que estamos ante los problemas centrales del hipérbaton, tema sólo rozado al hablar de Garcilaso y de Fray Luis. ¿Es que Góngora estaba loco? ¿Qué se proponía? ¿Trastrocaba el orden de las palabras por puro capricho? O, por el contrario, ¿seguía un orden superior, más allá del aparente desorden?

ESTR. 3.ª: PROBLEMA DEL HIPÉRBATON

Para comprender sus razones —si las tenía— es necesario saber de dónde partía y adónde llegó. Partía de la libertad que tiene la lengua castellana (con tanta ventaja en este punto sobre, por ejemplo, el francés o el alemán) para variar el orden de las voces. No soy un alabador fanático de mi lengua, en la que hay varias cosas que me gustan poco. No me indignaré si alguien la encuentra una chispita demasiado áspera y enteriza. Alguna vez he sido traductor (es decir: un héroe): sé muy bien, por tanto, que el sistema de nuestros posesivos es de una increíble, de una desesperante pobreza, etc. Cada lengua tiene sus lacras: ¡para qué vamos a hablar! Pero esta libertad que tiene el castellano para alterar (con algunas limitaciones) el orden de la frase, lo aligera y lo varía con mucha gracia, es un excitante para el cerebro del oyente, alerta ante mil imprevistas y posibles direcciones de ataque, y, sobre todo, permite un maravilloso registro exterior de los más finos matices intencionales. Pues bien, Góngora partió de esta libertad congenial, pero la exageró hasta límites que el estilo normal no tolera. Tomemos ahora nuestra octava y —como se hacía antes en las escuelas de latinidad— tratemos de "ordenarla" (hasta la mitad del séptimo verso). El orden más normal sería el que sigue (sustituyo la expresión del poeta "es a Polifemo... bárbara choza", etc., por su equivalente "le sirve a Polifemo... de bárbara choza", etc.) [14].

"El melancólico vacío de este formidable bostezo de la tierra le sirve a Polifemo (horror de aquella sierra) de bárbara choza, de albergue umbrío y de redil espacioso, donde encierra cuanto ganado cabrío [15] esconde con su enorme número [16] las cumbres ásperas de los montes". Muchas de las inversiones que hay en esta

---

[14] Véase D. Alonso, *La lengua poética de Góngora*, págs. 157 y siguientes. La interpretación de Spitzer (RFH, I, 231) nos parece exagerada, y poco tiene que ver ahí la "ilusión"; Polifemo vive y duerme en la cueva (por eso "le sirve" de choza y albergue) y en ella encierra sus ganados (por eso "le sirve" de redil). Así le ocurriría a cualquiera que viviera en una cueva, en cualquier época del mundo. La teoría general de Spitzer sobre el papel de la "ilusión" en el Barroquismo es muy certera, pero este ejemplo es dudoso.

[15] En el siglo XVII, "cabrío" significaba, frecuentemente, "ganado cabrío":

Unos contando el cabrío
y otros contando las vacas
(*Romancero General*, 1604, fol. 191 v.º)

[16] La lectura "esconden" (en lugar de "esconde"), que se encuentra en algunos manuscritos y ediciones, ha de rechazarse. Se trata de una de las más tradicionales hipérboles para denotar la multitud de seres u objetos: "las flechas oscurecían el sol", "las velas ocultaban el mar", "el polvo nublaba el día", etc. El poeta repite la misma ponderación en el canto de Polifemo:

Pastor soy, mas tan rico de ganados
que los valles impido más vacíos,
los cerros desparezco levantados
y los caudales seco de los ríos.

estrofa son muy conllevables por la lengua. Empezamos a sentir algo excesivo, algo embarazante, en su abundancia. Observamos en seguida que entre estos hipérbatos [17] tolerables hay otros que la lengua no soporta.

Un ejemplo: en los dos primeros versos aparece dos veces un mismo tipo de inversión: 1.ª, en lugar de "el melancólico vacío de este... bostezo", el poeta dice "de este... bostezo el melancólico vacío"; 2.ª, en vez de "bostezo de la tierra" se lee "de la tierra bostezo".

Si tomamos el conjunto de los dos primeros versos como un solo bloque continuo, en la primera de esas inversiones está invertido el sentido de todo el bloque; en la segunda, sólo en una pequeña partícula, dentro del mismo bloque, es donde se ha producido la inversión. (Por eso decíamos antes que el terremoto de esta estrofa arrancaba lo mismo grandes peñas que pequeñas astillas.)

Recordemos ahora (lo vimos al hablar de Garcilaso) [18] que estas transposiciones de complementos introducidos por *de* son tan normales en la lengua literaria que no pueden producir escándalo. Y, sin embargo, ocurre una cosa rara: de los dos ejemplos de transposición que ahora consideramos (los dos iniciados por *de*), el mayor (el gran bloque: inversión primera) no nos perturba lo más mínimo; el menor (la pequeña chispa, la astilla: inversión segunda) representa una violencia a nuestros hábitos. ¿Por qué es lo mínimo lo que resulta, precisamente, intolerable? La razón es muy sencilla:

Si en un conjunto seriado en un determinado orden

ABCDEF...

---

[17] Uso el plural "hipérbatos", ya autorizado por los comentaristas gongorinos del siglo XVII.
[18] Véase más arriba, págs. 55-56.

alteramos el orden de dos elementos inmediatos (C y D, por ejemplo)

.ABDCEF...

se producen tres perturbaciones de vínculos: 1.ª, inversión del vínculo C-D; 2.ª, rotura del vínculo B-C, por interposición de D; 3.ª, rotura del vínculo D-E, por interposición de C. Pues bien, en la pequeña inversión "de la tierra bostezo" no es la inversión de este vínculo lo que desazona, sino el desgarramiento del nexo "formidable bostezo" por interposición de "de la tierra" [19].

ESTR. 3.ª: FUNCIÓN EXPRESIVA DEL HIPÉRBATON

Lo prodigioso es que Góngora, en el hipérbaton, convierte nuestra molestia idiomática en materia estética: nuestra desazón la transforma en un elemento expresivo:

De este, pues, formidable de la tierra
bostezo...

Sí; hay una penosa, una prolongada distensión. La imaginación avanza, venciendo obstáculos, desde el adjetivo "formidable" hasta su sustantivo "bostezo". Obstáculos, porque son dos: 1.º, la interposición de "de la tierra", que distiende el sintagma "formidable... bostezo"; 2.º, el encabalgamiento abrupto, que, en su sensación de refreno del primero de los dos versos ligados, lleva un efecto de prolongado, penoso esfuerzo. Esa distensión mental, esa desazón, lanzada desde "formidable" en busca de su sustantivo,

---

[19] En cambio, con la que hemos llamado gran inversión (con la que afecta al conjunto de los dos primeros versos), "el melancólico vacío", sujeto principal de todo lo que sigue desde el verso 3.º, queda más ligado, más próximo a su predicado.

parece que acompaña la penosa, la hiante prolongación característica del movimiento fisiológico del bostezo.

Y no nos cabe duda, porque, para eliminar toda duda, Góngora nos ofrece abundancia de ejemplos semejantes. Hacia el final del mismo *Polifemo* se lee:

> Con violencia desgajó infinita
> la mayor punta de una excelsa roca...

Nos imaginamos el esfuerzo del jayán para arrancar la cresta mayor de unos altos riscos: la horrible obstinación de la piedra; cómo el gigante tira con ambas manos. También aquí el sustantivo "violencia" está separado de su adjetivo "infinita". Y nuestra imaginación no se sacia, o no se aplaca, hasta que el vínculo sustantivo-adjetivo queda perfecto. El término de nuestro movimiento mental parece isócrono con la victoria del gigante: por fin, la peña se ha desgajado.

No necesitamos buscar ejemplos; la misma estrofa que comentamos nos ofrece aún otro (recuérdese que "cabrío" significaba "ganado cabrío"):

> ...donde encierra
> cuanto las cumbres ásperas cabrío
> de los montes esconde.

A	B	C	D	E
"donde encierra cuanto	cabrío	esconde	las cumbres ásperas	de los montes"

En lugar de este orden, A B C D E, los versos de Góngora nos dan A D B E C. En resumen, los fenómenos que han ocurrido [20]

---

[20] "Que han ocurrido" es sólo una manera de hablar. En realidad no ha ocurrido nada de eso, porque todo plasmó en la mente del poeta en el orden A D B E C, aunque este orden sea muy extraño para nuestros

nos los podemos representar mejor en las siguientes etapas: 1.ª) Fraccionamiento de todo el sintagma A B C D E en dos trozos, por rotura del vínculo C-D, a saber:

$$A B C \quad D E$$

2.ª) Distensión del trozo A B C, por rotura de los vínculos A-B y B-C, y distensión del trozo D E por rotura del vínculo D-E:

$$A... B... C \quad D... E$$

3.ª) Salto de D y de E (ya disociados) a las quiebras producidas por las roturas, respectivamente, de A-B y de B-C:

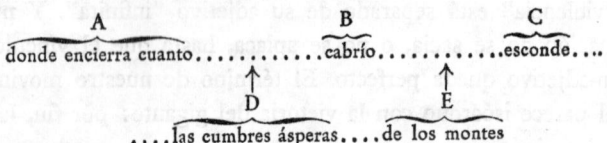

El nuevo orden establecido hace que sean sólo tres las penosas distensiones mentales: la de A en espera de B, y de B en espera de C, y la de D en espera de E; el desasosiego se acrecienta por una especie de momentánea dubitación acerca de la función sintáctica de D [21].

Para comprender la razón de este entrecruzamiento o trenzado, conviene contemplar ahora otra vez el conjunto de todos estos versos:

De este, pues, formidable de la tierra
bostezo, el melancólico vacío

---

hábitos mentales e idiomáticos. La suposición de un orden anterior A B C D E no tiene más alcance que el de facilitar la explicación.

[21] Naturalmente, "en espera de", etc., son metáforas, bien rudas, para expresar lo que es, desde luego, mucho más complicado y, en realidad, inefable.

> a Polifemo, horror de aquella sierra,
> bárbara choza es, albergue umbrío
> y redil espacioso donde encierra
> cuanto las cumbres ásperas cabrío
> de los montes esconde...

Vamos comprendiendo algo del sentido estético de esta estrofa. Notamos, por ejemplo, ese adjetivo "melancólico". Para apreciarlo debidamente tendríamos que situarnos —si ello fuera posible— en el punto de vista del lector del siglo XVII. Dentro del arte de ese momento, el hallazgo que supone ese adjetivo ("el melancólico vacío") es signo de genialidad. Aun para nosotros ese final de verso, después del penoso esfuerzo que ha culminado en el encabalgamiento del anterior, es "melancólicamente" expresivo. El verso va acentuado en la sexta sílaba, y esa cumbre rítmica acrece aún el hechizo de la palabra "melancólico". Observemos, en seguida, que casi todas las palabras más fuertes (ya por su representación, ya por su fonética) están aún realzadas, bien por intensidad inicial, como "bostezo", "bárbara", bien porque el acento principal del verso cae sobre ellas; así les ocurre a "formidable" (totalmente desgastado por nuestra cháchara contemporánea), a "horror"... Podemos comprender, pues, que el trastorno de este nuestro orden diario, el vendaval de locura que parece haber arremolinado esta estrofa, ha tenido un efecto bien sorprendente: las palabras más expresivas —por una misteriosa simpatía— han ido a colocarse en posiciones fuertes o bajo acentos rítmicos. Esto lo vemos, de modo extraordinariamente ejemplar, en uno de los versos hiperbatonizados que particularmente nos desorientaban:

6.ª
> cuanto las cumbres ásperas cabrío.

Empezamos a verle una significación a la rotura del sintagma "cuanto... cabrío". En la quiebra que quedaba abierta se ha ido a meter "las cumbres ásperas"; y la voz más expresiva, "ásperas", recibe ahora plenamente el acento rítmico.

ESTROFA 3.ª: DE LA CAVERNA A LA CUMBRE. EL CLAROSCURO

Otra nueva ojeada a la estrofa nos muestra la terrible aliteración de *erres* que la ha invadido (salvo, nótese bien, en el verso 2.º, entregado a una despoblada melancolía): "formidable", "horror", "bárbara", "albergue", "redil", "cumbres ásperas". Las rimas se han entregado totalmente a esta aspereza vibratoria (excepto, otra vez, el verso 2.º): "tierra", "sierra", "encierra", "umbrío", "cabrío".

Sí, una lóbrega confusión por la que el pensamiento avanza serpenteante, buscando asidero. Es una imagen lóbrega, crecientemente poderosa, bravía. Ese crescendo se encrespa con la última violencia en el lanzamiento conceptual de los versos que nos han preocupado, y con el doble encabalgamiento que tal trenzadura hace forzoso:

... donde encierra
cuanto las cumbres ásperas cabrío
de los montes esconde...

Todo está ahí, en esa cúspide del crescendo estrófico, distendido con enorme y repetida violencia. Y, correspondientemente, la imaginación ha salido de la caverna a un paisaje de pelados riscos por el que saltan cabras. Los sintagmas dilacerados, las palabras momentáneamente inconexas, se nos corresponden con un paisaje bravío, agrio, con la naturaleza más ingente y más áspera.

Volvamos la vista atrás: hemos avanzado penosamente: primero, por un melancólico, por un lóbrego paisaje; luego, por simas y cimas de aspereza y selvatiquez; siempre por lugares intrincados, entre una palabra huracanada, agironada, agriada por fuertes vibraciones, arremolinada en "crescendo", afianzada sólo en el resalte de los acentos rítmicos. Y nuestra fantasía ha ido siguiendo esta laberíntica sintaxis expresiva en cada una de sus lazadas. Y así hemos llegado a la palabra "esconde". Aquí, una pausa, y ahora el desorden y la confusión se aclaran:

> ...cuanto las cumbres ásperas cabrío
> de los montes esconde: copia bella
> que un silbo junta y un peñasco sella.

Todo se aclara, todo se ilumina, y nuestros sentidos, dispersos y asombrados, parece que también se juntan en orden, como ese mismo ganado de Polifemo, al que un silbido reúne y encierra en su caverna-redil.

Sí, toda la estrofa, con ese trastrueque de voces, con ese encabalgarse de los versos (el 1.º con el 2.º, el 5.º con el 6.º, el 6.º con el 7.º), con sus *erres* vibrantes, es un laberinto de laberintos, lo lóbrego, lo rudo, lo monstruoso, lo áspero: como la imagen mental que quiere sugerir. Y al final, ha pasado como una serenadora brisa de belleza bucólica: el verso, como seducido también por esa "bella copia" ("copia" es aquí un latinismo y significa "abundancia"), por esa hermosura del inmenso rebaño, deja sus entrelazamientos y confusiones. La octava termina ahora con un verso de clara simetría bilateral:

> copia bella
> que un silbo junta y un peñasco sella.

El molde mismo de la octava, estrofa que apetece esa final armonía, parece que ha guiado al poeta, que la comenzó en la hondura de la caverna, la prosiguió por las crestas ásperas de los montes, y ahora la termina serenado por la hermosura, en orden, del rebaño polifémico.

¡Cómo pasamos, a un imperceptible giro de la mano maestra, de luz a sombra, de áspera selvatiquez a ordenada belleza! En la primera estrofa, Góngora, que nos había situado con los dos primeros versos en un radiante paisaje azul de mar, plata de espuma, nos sumerge de golpe en las profundidades de los portentos y las divinidades telúricas. En la estrofa que acabamos de leer, de lo más lóbrego, de lo más rudamente selvático, una sola pausa nos transporta a una visión de regulada belleza. Vemos una de las leyes principales del sistema gongorino: el contraste, el claroscuro.

INTERMEDIO A CARGO DE FARÍA Y DEL LUNAREJO. (ESTILÍSTICA EN EL SIGLO XVII)

El portugués Faría[22] y Sousa no deja de aprovechar ocasiones para atacar a Góngora (¿quién se atrevía a hacerle sombra a su Camoens?). Del verso que, quizá, más se imprime en el lector, entre todos los de la estrofa precedente, dice así en sus comentarios a *Os Lusiadas:*

"Mas, ¿adónde se nos quedaba esto?:

cuanto las cumbres ásperas cabrío...

Aquí, para decir que esta poesía hace mucha cabriola no le faltó más que prestarle la música su sexta voz. Bien es verdad que, como el poeta escribió con tanto juicio, bien puede decir el que lo comentare que su intento fue, con el salto de la oración, exprimir el del cabrío, que vale cabras, que son grandes saltadoras de cumbres ásperas; y por eso salta aquí el cabrío ésas, desde el "cuanto", adonde debiera hallarse, hasta esotra parte adonde se halla, que es salto muy de cabra; y así se descubre que es misterio lo que parece disparate... Falta sólo que los entendimientos sean cabras para saltar esas cumbres ásperas de cláusulas...

---

[22] Faría escribió en castellano. Acentuaré, pues, su nombre con ortografía castellana (acento sobre la *i*).

y bien me estaría eso, si, después de saltar la cabra, aquí se hallase rama con jugo"...

Los comentarios a *Os Lusiadas* se publicaron en Madrid, en 1639. Por de pronto, nadie contestó ni esta ni otras flechas dirigidas contra Góngora por don Manuel de Faría y Sousa. (Menéndez Pelayo le ha retratado de mano maestra: "Extravagantísimo portugués, áspero y maldiciente, muy preciado de fidalgo..., autor incansable de libros en prosa y verso, que pasaron de 60..., muy portugués y muy separatista, aunque escribía siempre en castellano; algo arbitrista y muy preciado de político, manía que le descaminaba hasta creerse perseguido por ocultos puñales y venenos, armados por la venganza castellana; hombre, en fin, de enorme lectura, de agudo ingenio, de inmensa memoria y de ningún juicio... Detestaba a Góngora... porque la reputación de Góngora perjudicaba a la de Camoens, a quien él declaraba el mayor poeta del mundo... Perseguía... la reputación de Tasso, 'poeta común y trivial, indigno de ser nombrado'...") [23].

Hasta que allá, en las tierras del Perú, Juan de Espinosa Medrano (el Lunarejo), en quien se unieron ilustremente sangre de padre español y de madre india, publicó, en 1662 su *Apologético en favor de don Luis de Góngora, príncipe de los poetas líricos de España: contra Manuel de Faría y Sousa, caballero portugués* [24].

Pero ahora no nos interesa de todo el *Apologético* más que la contestación a lo del salto del cabrío:

"Bravamente se encabra aquí nuestro Faría. Búrlase con toda truhanería deste verso hermosísimo: *Cuanto las cumbres ásperas cabrío...*

---

[23] M. Pelayo, *Obras*, Ed. Nac., II, 347-348.
[24] Lima, 1662. Ventura García Calderón lo reimprimió en la *Revue Hispanique*, 1925, LXV. Véase ahora juicio crítico y bibliográfico en el admirable libro de Emilio Carilla, *El Gongorismo en América*, Buenos Aires, 1946, págs. 91 y sigs.

En este verso... pudiera algún comentador decir que se expresaba la travesura de ese ganado (como Faría quiere), no sólo en la transposición, que aparta el *cuanto* del *cabrío,* porque de ésta usa el poema aun cuando no hable de sujeto que salte, sino que aquella transposición, acompañada del *ásperas,* con su acento dactílico y despeñado, insinuaba el arrojo de las cabras... ¡Cosa de risa es querernos persuadir manchas en el sol y desaciertos en Góngora con cuatro necedades de cabras, brincos y saltos!... Váyase norabuena Faría; recoja esas cabras, y déjese de corregir tan ínclita Musa; que le podrá decir: *"Monitor, capras age",* enseñador impertinente, lleva tus cabras: adagio que usó la antigüedad... contra quien neciamente se pone a instruir a quien sabe más en negocio que entiende menos..." [25].

En mi libro *La lengua poética de Góngora* planteé el problema estético del hipérbaton. La crítica era tradicionalmente ciega para este aspecto de la plasmación intuitiva donde se moldea el verso. Y claro está que el análisis de hipérbatos es un instrumento útil no sólo en el estudio de Góngora, donde es imprescindible, sino en el de toda la poesía europea de los siglos XVI y XVII, de modo especial en la italiana y en la española. Pero mi sorpresa fue muy grande al ver que había tenido predecesores: en efecto, en los párrafos transcritos, Faría (para atacar a Góngora) y Espinosa Medrano (para defenderle) echan mano —entre bromas— de una crítica que, sin melindre, podemos calificar de estilística. Nótense con cuidado las palabras de Faría: "Bien puede decir quien le comentare que su intento fue, con el salto de la oración, exprimir el del cabrío, que vale cabras, que son grandes saltadoras de cumbres ásperas; y por eso salta aquí el *cabrío* ésas, [Recuérdese —para apreciar la agudeza del chiste de Faría— otra vez el verso

---

[25] *Apologético,* en *Revue Hispanique,* 1925, LXV.

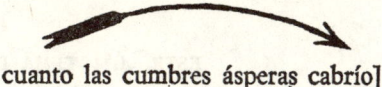

cuanto las cumbres ásperas cabrío]

desde el *cuanto*, adonde debiera hallarse, hasta esotra parte adonde se halla, que es salto muy de cabra." Faría, claro, habla irónicamente: en el fondo de su ironía (prescindiendo de la valoración) no hay sino una intuición muy certera.

Curiosamente, en la contestación del Lunarejo, también el acierto intuitivo, que es muy grande, está como presentado en broma, como si por un momento de condescendencia bajara al terreno en que Faría se coloca: "En este verso pudiera algún comentador decir que se expresaba la travesura de ese ganado (como Faría quiere), no sólo en la transposición que aparta el *cuanto* del *cabrío*, porque de ésta usa el poeta aun cuando no hable de sujeto que salte, sino que aquella transposición, acompañada del *ásperas*, con su acento dactílico y despeñado, insinuaba el arrojo de las cabras." Aunque se chancee en el terreno presentado por Faría, aunque en seguida le grite "¡Váyase norabuena...; recoja esas cabras!", no cabe duda de que también ha visto la función estética del hipérbaton. Más aún: añade un elemento que había escapado a Faría: que la distensión del sintagma "cuanto... cabrío" es aún más expresiva por la intercalación de "*ásperas*" *con su acento dactílico y despeñado*. Esta última fórmula me parece un acierto total; y no me cabe duda de que Espinosa entreveía que ese acento estaba ahí reforzado por el rítmico. El refuerzo estético de las voces que reciben acento rítmico es un tema que ha aparecido varias veces en nuestro análisis [26].

---

[26] Del acierto intuitivo de que da muestras Espinosa Medrano en ese pasaje hablé ya en 1935, en *La lengua poética de Góngora*, pág. 191, y

ESTR. 4.ª: TEMA DE LA PLENITUD

Las dos estrofas que acabamos de comentar encerraban o condensaban, casi como en prodigiosa síntesis, el tema de lo lóbrego, de lo confuso, de lo monstruoso, de lo laberíntico, que el barroquismo ama. Es como una voluntad polifémica, como un "non serviam" aullado en la densa penumbra: las dos estrofas que siguen ahora nos van a mostrar, en otros campos, otras características del arte de Góngora y del arte barroco en general. Mejor dicho: por de pronto, no vamos realmente a salir de la materia que tratábamos; vamos sólo a contemplarla desde un punto de vista muy distinto. Fundado inicialmente sobre los contenidos de materia del Renacimiento, con los mismos elementos constructivos (pues no se desecha ni la imaginería trivial de todos los rebrotes petrarquistas ni ninguno de sus artificios formales), el Barroquismo trae una portentosa novedad, porque es como un crecimiento, como una propagación, que viene de lo hondo, de enormes fuerzas que están aflorando, y que, si a veces lo contorsionan todo, como la onda de una conmoción telúrica (tal en las dos estrofas que hemos estudiado), otras veces rompen en rica hermosura y en plenitud. De ahí esa abundancia de flores y frutos con que la arquitectura barroca cuaja los paramentos de sus construcciones.

Pues bien, estas dos estrofas que siguen son, en la poesía, lo mismo que esas cornucopias que brotan flores y frutos en las construcciones de piedra. Como un inmenso cercado repleto de fruta nos describe el poeta el zurrón de Polifemo, en la primera de estas estrofas, en cuya segunda parte se habla de dos frutas especiales: la serba (o fruto del serbal) y la pera:

---

con más extensión en mi conferencia sobre Góngora, en la Univ. de San Marcos, Lima, septiembre 1948.

Tema de Polifemo: Estrofa 4.ª

4. Cercado es —cuanto más capaz, más lleno—
de la fruta, el zurrón, casi abortada,
que el tardo otoño deja al blando seno
de la piadosa yerba encomendada:
la serba, a quien le da rugas el heno;
la pera, de quien fue cuna dorada
la rubia paja, y —pálida tutora—
la niega avara y pródiga la dora.

Guardan los pastores en el zurrón la comida. Guardaba en el zurrón su comida el gigante. Su zurrón (cuanto más capaz, tanto más lleno) sirve de cercado a la fruta caída o cogida de los árboles casi sin madurar (casi abortada) [27]; fruta seronda o inverniza que el tardío otoño deja encomendada al piadoso oficio de la hierba, pues guardada entre hierba va con lentitud madurando: las serbas que entre el heno se van llenando de arrugas, y las peras que están como en cuna dorada entre la rubia paja, la cual, ejerciendo de pálida tutora ("pálida", por su color pajizo, y porque ese tinte conviene a la severidad y rigor de la tutoría), las esconde con avaricia (como a sus pupilas —¡en el siglo XVII!— un tutor), mientras pródigamente les va dando un color dorado, mientras van madurando frutas y doncellas.

ESTR. 4.ª: EL CHISTE CONCEPTUAL. SU EXPLICACIÓN DENTRO DE LA TEORÍA DE LA IMAGEN

En los comentarios que Pellicer dedica a los cuatro últimos versos de esta estrofa (en sus *Lecciones solemnes a las obras de don*

---

[27] Interpretación que no hay más remedio que admitir por la coincidencia de los mejores comentaristas: Salcedo Coronel, Díaz de Ribas y Cuesta. El único disidente (Pellicer) sólo lo es con duda, pues vacila entre esa misma interpretación y esta otra: "Llama don Luis "abortada"

Luis de Góngora) dice lo siguiente: "En algunos manuscritos se lee la mitad de esta estancia distintamente y no sé si diga mejor:

> La delicada serba, a quien el heno
> rugas le da en la cuna, la opilada
> camuesa, que el color pierde amarillo
> en tomando el acero del cuchillo."

En efecto: son bastantes los manuscritos [28] que nos han conservado hasta hoy esta lectura, que fue, sencillamente, la primera redacción que salió de la pluma de Góngora.

En la poesía de Góngora —aun en la más encaramada en un alto plano estético, como en este poema de Polifemo— hay una inclinación invencible hacia la maliciosa agudeza, hacia el chiste conceptual. No se puede entender esto bien, si no nos situamos de nuevo en la idea de la imagen poética. Hay que pensar lo que es la imagen —ese sueño que soñamos despiertos—: su extraño poder de transmutar realidades. Una imagen implica una ecuación, $A = B$ (A, elemento real; B, elemento irreal), si bien, en Góngora, es lo más frecuente que sólo aparezca B (metáfora), porque la realidad A haya sido total o parcialmente omitida [29]. Pero, aunque en el fondo exista siempre una vinculación de A con B, las causas de esta vinculación, es decir, su voluntad poética y, por tanto, sus efectos, son diferentes en los distintos casos. Unas veces, la vinculación se

---

a la fruta, porque era tanta su cantidad ("rebosada", dice el español), que antes de comella Polifemo, se caía del zurrón."

[28] Entre otros, el 4.º volumen del *Cancionero Antequerano*, que he editado en colaboración con Rafael Ferreres (Consejo Sup. de Inv. Científicas).

[29] Totalmente (metáfora pura); parcialmente (metáfora impura). Compruébese D. Alonso, *Ensayos sobre poesía española*, segunda edición, Buenos Aires, págs. 42 y sigs.

liga para extraer nítida materia absoluta de lo vario contingente ("oro" = "cabellos"); entonces tenemos la imagen renacentista (en la estela de Petrarca). Otras veces, la vinculación tiene un valor expresivo, no precisamente en esa dirección depuradora (en la dirección de la belleza), sino buscando una impresionante potencialización, una fuerza descriptiva que —cosa curiosa— está mucho más eficazmente en el término no real que en el real (...una alta roca / mordaza es a una gruta de su boca). Creo que la teoría general de la imagen (y de la metáfora) puede aplicarse aún en otra dirección: para la interpretación del chiste conceptual del siglo XVII. Se trata aquí de una imagen absurda (en lo absurdo es donde se origina la cómica desproporción: comicidad que no quiere hacer reír); absurda imagen atraída sólo un momento y sólo por un elemento exterior, una homofonía (juego de palabras), o maliciosamente mostrada con achaque de rechazarla por inoportuna.

En su primera redacción, Góngora compara las manzanas camuesas con las damitas opiladas, tan abundantes en el teatro y en la novela del siglo XVII. La opilación se manifiesta, entre otros síntomas, por la amarillez del rostro. Gustaban las damas masticar ciertos búcaros o arcillas (extravagante costumbre de que no podemos escandalizarnos quienes en el siglo XX hemos convivido con los masticadores de goma), y este comer barro era una de las causas a las que se atribuía que hubiera tantas mujeres opiladas:

> Niña del color quebrado,
> o tienes amor, o comes barro.

Aconsejaban los doctores el agua del acero (agua con una preparación ferruginosa) [30] y paseos muy matinales:

---

[30] Covarrubias describe uno de los procedimientos para acerar el agua: "Vino acerado y agua acerada, donde se echa un pedazo de acero muy en-

> Mañanicas de mayo
> salen las damas;
> con achaques de acero
> las vidas matan.

¡Cuánta maquinadora Belisa fingióse opilada, sólo para salir en la mañanita de mayo, burlando la vigilancia de un padre o de un tutor, y lograr así su cuidado amoroso!

> Te escribo a media noche, lumbre mía;
> y pues vivir no puedo sin cautela,
> oye dos cosas que el amor piadoso
> para nuestro remedio me revela.
> Yo voy fingiendo, mi querido esposo,
> que estoy descolorida y opilada,
> para engañar un padre tan celoso
> y una tía tan mal intencionada.
> Busca un médico amigo que me vea
> y avísale de todo, si te agrada.
> Éste dirá que sólo quien pasea
> con el acero aqueste mes de mayo,
> sana de aqueste mal...
> Saldré con este achaque las mañanas
> tal vez a Atocha, al Prado y tal al Soto...

En el pasaje, pues, de Góngora, el elemento A (elemento real) está constituido por las camuesas, manzanas de piel amarilla y arrugada, pero tersas y blancas cuando se las parte ("al tomar el acero del cuchillo"). El elemento B (elemento irreal) se refiere a

---

cendido, de que usan para algunos remedios medicinales" (*Tesoro*, ed. Martín de Riquer, pág. 174.)

Tema de Polifemo: Estrofa 4.ª

las damas opiladas, que pierden su amarillez tomando el acero (tomando el acero medicinal). Podemos sintetizar así las relaciones entre ambos planos:

A: las opiladas camuesas pierden el color amarillo en tomando el acero del cuchillo.
[B: las damas opiladas pierden el color amarillo en tomando el acero medicinal].

La vinculación entre "camuesas" y "damas opiladas" está producida, primero, por un solo parecido (la amarillez); luego, porque esta amarillez la pierden, lo mismo las camuesas (cuando se las parte) que las damas (cuando sanan). A las camuesas se las parte con cuchillo; surge entonces como un travieso duende, el concepto "acero", que, con su doble significado (acero de cuchillo, acero medicinal), puede aparentemente prolongar la semejanza. Sobreviene así la expresión "en tomando el acero", evidentemente fraguada en el plano B, pero que puede adaptarse al A ("en tomando el acero" = "en recibiendo el corte de la acerada hoja"). Admitida la absurda semejanza (por la eficacia de "acero", ese Jano que mira lo mismo a A que a B), ya está justificado el llamar a las camuesas "opiladas". En resumen: todo el plano B está desplegado en la imaginación del lector. Pero el poeta sólo ha expresado dos elementos del conjunto B: "en tomando el acero" y "opilada"; incrustados en A, sugieren todo el complejo B. El conjunto B está, como tal, refrenado, tácito; sólo sugerido. Dada la significación habitual de los paréntesis cuadrados, podemos designar estas vinculaciones por la fórmula A = [B] [31].

El elemento de comicidad reside en lo extravagante, en lo disparatado de la comparación. Pero hay otro colaborante, y es la

---

[31] En cierto modo (*mutatis mutandis*), al revés de las metáforas, que podrían ser representadas por B = [A].

malicia: se vislumbra el plano B como una osadía o como una travesura (de aquí que se le mantenga reprimido, tácito); la travesura se concentra en la voz "acero": entre las dos acciones de "tomar el acero" camuesas y damas no hay la menor vinculación: todo es trampantojo, todo juego de pasa-pasa, fundado en la polisemia de la voz "acero" (podemos decir que se trata de una simple homofonía) [32]. Todo es una fría ilusión intelectual. Este chiste conceptista del siglo XVII raras veces se propone hacer reír; y algunas, hiela la sangre.

Todo es ilusión.

Ilusorio es también el color de las manzanas. Curiosamente, el poeta, en una estrofa que hemos de comentar después, vuelve a introducir un chiste conceptual a base del que podríamos llamar "engaño (o desengaño) de las manzanas". Pero en este caso no se trata de amarillas camuesas, sino de esas manzanas que tanto alegran al hombre con sus rojos encendidos:

... la manzana hipócrita, que engaña,
a lo pálido no, a lo arrebolado.

Llama a la manzana hipócrita, porque engaña con los vivos colores de su piel, siendo pálida —blanca— en su corazón. Éste es el elemento A. Pero está implícito un plano B (los falsos virtuosos, hipócritas que engañan con su exterior pálido y tienen su alma coloreada por la maldad).

La relación se establece así:

A: La manzana hipócrita, que engaña —no a lo pálido— a lo arrebolado.
[B: El seudovirtuoso hipócrita, que engaña a lo pálido].

---

[32] Desde un punto de vista sincrónico: "acero" = hoja del cuchillo; "acero" = agua con óxido de hierro.

Tema de Polifemo: Estrofa 4.ª

También ahora la malicia reside en que el plano B está sugerido, y no expresado. Pero el desdoblamiento, la grabación en la mente de la ecuación A = [B] es indudable. ¿Cómo se ha podido producir esta vinculación? No ha habido una exacta disemia (como había en "acero") que pudiera establecer la chispa entre B y A. Pero ello ha ocurrido, partiendo de la lejana semejanza entre los engaños de la manzana y del seudovirtuoso. La voz "hipócrita" establece aquí la relación, pero aflora desde el plano B, donde es propia. Anudada la vinculación, el término "hipócrita" atraía otro (también procedente del conjunto B) "a lo pálido". Pero la realidad coloreada de la manzana exige rechazarlo:

a lo pálido (B) no; a lo arrebolado (A).

Los dos conjuntos pueden condensarse en:

A = hipócrita a lo arrebolado (¡a lo pálido no!)
B = hipócrita a lo pálido.

"Hipócrita" y "a lo pálido" son los dos únicos elementos del conjunto B que se han infiltrado en la elocución (y, por ello, en el conjunto A). "Hipócrita" es admitido en el conjunto A; en cambio, "a lo pálido" es rechazado como inoportuno. Pero es este elemento rechazado ("a lo pálido") el que a la postre es más importante: sirve para completar la vinculación con A: es una vinculación, digamos, antipódica, por contrarios: "a lo pálido, no; a lo arrebolado". Se niega o rechaza el plano B; pero, al negarlo, se abre, precisamente, toda su perspectiva.

Podemos afirmar, pues, que (por lo menos en ciertos casos) el chiste conceptual encierra una imagen A = [B]. Es característica suya (aparte la extravagante lejanía entre A y B) el sugerir el plano B y, a la par, reprimirlo. La vinculación entre A y B es, además, puramente ilusoria. No ilusoria al modo de "cabello" =

"oro", en donde admitimos (con el poeta) la transmutación, como en una especie de estética desintegración de los átomos. Es decir, que estéticamente creemos en la ecuación A = B. No; en estos chistes de las manzanas, la relación no sólo es ilusoria, sino que está sentida como ilusoria, tanto que el poeta mismo tiene que retirarla ("a lo pálido, no"), o si un instante nos la adelanta, es guiñándonos picarescamente el ojo, por medio de un juego de palabras ("en tomando el acero"). Todo es sólo una vislumbre: un plano B sugerido y negado. Caso que no consideré cuando estudiaba la "alusión" y "elusión" en la poesía de Góngora, pero que, radicalmente, se explica por esa misma teoría general.

No es, ciertamente, una casualidad lo que ha hecho que Góngora, con intervalo de pocos versos, ofrezca dos ejemplos de técnica próxima, a base de manzanas. Ejemplos en que la materia es contrapuesta, idéntica la enseñanza. Allí, frutos de piel amarilla, aquí, de piel roja [33]. Desengaño aquí y allá de la ilusión; engaño de la apariencia.

---

[33] Interpreto el pasaje de la "manzana hipócrita" de un modo algo distinto al de Pellicer y Salcedo: éstos creen que se trata de manzanas coloreadas por fuera, podridas por dentro. De este modo, las manzanas y los hipócritas santurrones coincidirían en ocultar podredumbre, las unas bajo colores encendidos, los otros bajo color pálido. En uno y otro comentarista pesa el recuerdo de las manzanas de Sodoma, utilizadas varias veces en la Patrística. Hay que tener en cuenta, sin embargo, el anterior chiste de la camuesa (aparentemente amarilla por fuera); parece, pues, que al hablar seguidamente de la manzana se refiere a un engaño del mismo tipo (la manzana es blanca por dentro, coloreada por fuera, al revés que los hipócritas, encendidos de pasión por dentro, con mucha palidez por fuera).

Aunque se admita la versión de los comentaristas antiguos (que no deja de tener razones a su favor), ello no afecta fundamentalmente a nuestra interpretación del vínculo A = B en estos pasajes.

La ecuación de plano real e irreal es un punto, pues, central del arte de Góngora: si, de un lado, nos lleva en dirección estetizante renacentista, "oro" = "cabello"; y, de otro, hacia una intensificación expresiva, específica del barroquismo, "roca" = "mordaza", nos abre aún insospechadamente el camino hacia los chistes conceptuales, "camuesa" [= "dama"], o "manzana" [= "falso virtuoso"].

ESTR. 4.ª: GÓNGORA Y PEDRO DE VALENCIA. NO SE PUEDE HUIR DEL DESTINO

Hemos de volver ahora en concreto a los versos de la camuesa:

> la delicada serba, a quien el heno
> rugas le da en la cuna, la opilada
> camuesa, que el color pierde amarillo
> en tomando el acero del cuchillo.

¿Por qué Góngora, que había primero redactado así esos cuatro versos (como hemos dicho, los encontramos aún en algún manuscrito), los sustituyó luego por los que figuran en todas las ediciones?

Es una historia muy sencilla, aunque sólo nos ha sido posible conocerla desde hace pocos años. Cuando Góngora terminó la redacción del *Polifemo* y de la *Soledad Primera* se los envió a su amigo el humanista Pedro de Valencia, según Menéndez Pelayo, en fingida demanda de consejo. Pedro de Valencia admiraba al poeta, pero mostró escándalo ante ciertas innovaciones. Sobre todo, le molestaba la mezcla de bromas en asuntos serios, y señaló esta falta en cuatro lugares de ambos poemas. Fue Alfonso Reyes, el gran literato mejicano, quien, antes que nadie, reconoció uno de los pasajes: se trata precisamente de éste de la camuesa. Más tarde logré yo encontrar manuscritos de la primitiva redacción de la *Soledad Primera* y, en ellos, los otros tres pasajes censurados por Pedro de Valencia. Ninguno de estos cuatro pasajes figura en el texto definitivo de ambos poemas: ¿Qué había pasado? Sencillamente: Góngora siguió con toda humildad el parecer de su sabio amigo y corrigió, sin perdonar uno solo, los cuatro pasajes.

He aquí por qué éste de la "camuesa" no ha pasado a las ediciones normales del *Polifemo*. Es interesante volver ahora otra vez los ojos al que le sustituyó:

> la serba, a quien le da rugas el heno,
> la pera, de quien fue cuna dorada
> la rubia paja; y —pálida tutora—
> la niega avara y pródiga la dora.

Góngora ha querido dar gusto a su amigo; ya está fuera el chiste de la "camuesa". ¿Con qué lo ha sustituido? ¡Con otro chiste: el de la "pálida tutora"! El uno vale bien el otro, y los dos pueden tratarse de tú. Porque, si violenta (y chusca) era la comparación de las camuesas con damas opiladas, chusca (y violenta) es ahora la de la paja que recata las peras (plano A) con el tutor que encierra a sus pupilas (plano B) [34]. La tendencia al chiste conceptual era una inclinación natural del gongorismo, y para haber hecho caso a su amigo, el poeta habría tenido que sustituir una gran parte del *Polifemo* y de las *Soledades*. Es inútil querer escapar al destino.

ESTR. 5.ª: UN PASAJE CLÁSICO EN LAS DISCUSIONES GONGORINAS

La estrofa que hemos comentado y la que ahora se nos ofrece son, por la materia, continuación la una de la otra: continúa en ésta, pues, la descripción de las frutas del zurrón polifémico.

---

[34] Aquí se trata de una verdadera imagen ecuacional, sin represión del plano B.

Tema de Polifemo: Estrofa 5.ª

Continúa el tema barroco de la plenitud de las formas naturales. Considerada desde este punto de vista la enumeración de frutas en estas dos estrofas, es uno de los muchos rápidos desfiles de variadas formas de la naturaleza que hay en la obra gongorina, sobre todo, en las *Soledades* (desfile de los halcones de una cetrería; de los variados pescados de una redada; de los regalos para unas bodas; de los diversos platos de un banquete, etc.).

Pero la estrofa de que vamos a hablar (de la que ya, por delante, hemos estudiado un par de versos, por el chiste conceptual en ellos contenido) nos va a servir, sobre todo, para pensar un momento en otro aspecto del gongorismo: su continuidad sintáctica. Tratamos ahora de ello, precisamente, porque en esta estrofa falla o parece fallar el sistema:

> Erizo es el zurrón de la castaña;
> y —entre el membrillo o verde o datilado—
> de la manzana hipócrita que engaña,
> a lo pálido no, a lo arrebolado;
> y, de la encina, honor de la montaña,
> que pabellón al siglo fue dorado,
> el tributo, alimento, aunque grosero,
> del mejor mundo, del candor primero.

Es característico del arte de Góngora el llevar el período como una cinta que se anuda una y otra vez con infinitos lazos y contralazos, en toda suerte de complicaciones y arabescos, pero con tal propiedad, con tal tino, que, cuando nuestra imaginación ya está también ella casi enmarañada, cuando temía la cinta partida o definitivamente enredada, el hilo ha fluido con toda suavidad, y ha vuelto a nuestra mano, o, si se quiere, la nave que entre tantas sirtes ha pasado ha entrado con felicidad en el puerto. Pero una de las veces en que se pensaría que no ocurre así, una de las veces en que se diría que a Góngora se le rompió la sintaxis entre las manos, fue precisamente en la estancia que estudiamos en este instante. La dificultad afecta a sólo la última parte de la estrofa, En su primera mitad es, creo, diáfana.

ESTR. 5.ª: SENTIDO DE LOS CUATRO PRIMEROS VERSOS

Sin embargo, los antiguos comentaristas de Góngora no se dieron cuenta de que, en toda la estrofa, el poeta no hacía sino ampliar hasta terreno metafórico una disemia de la voz española "zurrón":

Erizo es el zurrón de la castaña...

Si consultamos el diccionario académico, veremos que zurrón es, en primer lugar, la bolsa grande de pellejo que usan los pastores, pero también "la cáscara primera y más tierna en que están encerrados y como defendidos y guardados algunos frutos, para que lleguen a su perfecta sazón". Y si acudimos ahora a la definición de "erizo", encontramos "zurrón o corteza áspera y espinosa en que se crían la castaña y algunos otros frutos".

Resulta, pues, que la Academia reconoce dos acepciones de *zurrón* ("zurrón del pastor" y "zurrón vegetal") y que define *zurrón* (en este segundo sentido) como "erizo", e inversamente *erizo* como "zurrón". Y ahora comprendemos el verso de Góngora. Cuando el poeta nos dice que "el zurrón" "es erizo de la castaña" se está basando exactamente sobre el uso de la lengua española: en la disemia de zurrón y en la equivalencia de "zurrón vegetal" y "erizo". Las castañas que guarda Polifemo en su "zurrón" están allí protegidas y conservadas como si estuvieran en su "erizo" o "zurrón" natural.

Pero el poeta nos dice ahora más: que el zurrón (del pastor) servía también de "erizo" o "zurrón" (natural) no sólo a la castaña, sino a otros frutos: ante todo, a la manzana (cuya "hipocresía" ha quedado explicada ya antes):

> Erizo es el zurrón de la castaña;
> y —entre el membrillo o verde o datilado—
> de la manzana hipócrita que engaña,
> a lo pálido no, a lo arrebolado.

Esto es más fuerte, porque la manzana no tiene erizo natural. Pero, si recordamos la definición académica de "zurrón" (natural), veremos que son varias las frutas que tienen "zurrón" o "erizo", y que éste las defiende y guarda para que lleguen a madurar. Y como Góngora nos había dicho en la estrofa anterior que Polifemo guardaba en el zurrón la fruta aún no bien madura, sin más que basarnos en la definición académica, comprendemos perfectamente por qué considera que el "zurrón" sirve de "erizo" a la manzana (a la manzana, a la que la naturaleza no se lo concedió) [35].

ESTR. 5.ª: ¿UNA QUIEBRA DE LA SINTAXIS GONGORINA?

La verdadera dificultad comienza en el verso 5.º. Para comprenderla es necesario leer de nuevo toda la estrofa:

---

[35] Salcedo y Pellicer se hacen un lío, porque la desgraciada casualidad de haberse formado el nexo "erizo de la manzana" les lleva a pensar en el animalejo llamado con este nombre, que, en efecto, recoge las manzanas con sus púas. Creo que si esta idea estuvo en la mente de Góngora pudo ser sólo como una alusión allá en segundo plano. Por lo demás, únicamente la metáfora del zurrón como "erizo vegetal" de los frutos que en él guardaba Polifemo (a saber, castañas y —alternando con membrillos— manzanas y bellotas) es lo que explica satisfactoriamente la estrofa. Imaginar que en el primero y tercer caso el poeta piensa en el erizo vegetal y en el segundo (manzana) en el animal, es crear un movimiento de ida

Erizo es el zurrón DE LA CASTAÑA;
Y —entre el membrillo o verde o datilado—
DE LA MANZANA hipócrita que engaña,
a lo pálido no, a lo arrebolado;
y de la encina (?), honor de la montaña,
que pabellón al siglo fue dorado,
el tributo, alimento, aunque grosero,
del mejor mundo, del candor primero.

El "zurrón" es "erizo" de varios frutos: 1.º "de la castaña"; 2.º) "y de la manzana"; 3.º) "y de"..., ¿de qué? ¿Cuál es el tercero de los complementos que penden del núcleo "erizo"? Se diría que "y de la encina", pero no hace sentido, porque debía decir "y de la bellota". He ahí la dificultad.

Es una dificultad ya clásica en los estudios del gongorismo. El primero que la planteó fue Pellicer, quien nos da, de paso, algunas curiosas noticias: "'Y de la encina'... Muchos doctos advirtieron a don Luis que enmendase ese verso, porque dice arriba que el 'zurrón' era 'erizo' de la 'castaña' y de la 'manzana', y agora dice de la 'encina', y suena que era 'erizo del árbol'; porque aquel 'de' había de estar con el 'tributo': 'del tributo'. En el zurrón no venía la 'encina', sino la 'bellota'. Nunca lo quiso dar segunda esponja don Luis: yo cumplo con advertillo" [36].

Por su parte, Andrés de la Cuesta, pocos años después, critica duramente el pasaje:

"...hallaremos... no sólo grandísimas impropiedades en el sentido, sino malísima colocación en la gramática y orden de nuestra

---

y vuelta que no me deja satisfecho. Hay que partir del doble concepto de zurrón ("saco de pastor" y "erizo vegetal"), que escapó a los antiguos comentaristas y que me parece estuvo en la mente de Góngora.

[36] *Lecciones solemnes*, col. 73. Nótese el terrible loísmo.

Tema de Polifemo: Estrofa 5.ª

lengua castellana, y más parecerán estos versos de alguno que procuró más estuviesen llenos de sílabas, sin cojear algún pie, que de conceptos y figuras, sin reparar en que hubiese en ellos concierto de palabras, que [no se creerían] de un hombre tan cuidadoso en. esto como don Luis, de quien se cuenta que se estaba [37] en remirar un verso muchos días... En el sentido se sigue un disparate, porque dice que el zurrón es erizo de la encina. Traslación digna, si no de lástima, de risa... En la gramática no hallo de qué verbo o nombre o participio pende aquella palabra 'el tributo', cosa que debe ser en nuestra lengua muy mirada."

Y llega Cuesta a la conclusión de que el lugar necesita enmienda: puesto a cavilar, no se le ocurre sino cambiar en *da* el *de* del verso tercero. Con ello, el sentido queda perfecto: "El zurrón es erizo de la castaña y (entre el membrillo, etc.) *da* la manzana... y de la encina... el tributo" [38].

Pero Pellicer sabía muy bien —lo hemos visto— que don Luis no había querido cambiar el texto que aún hoy figura en todos los buenos manuscritos. No cabe duda, pues, de que no eran necesarias correcciones: la estrofa tenía "construcción". Pero esta construcción era un secreto, y no lo conocieron Salcedo ni Pellicer, ni, como vemos, Cuesta. Sólo don Martín de Angulo, gongorista de Loja, se jactaba en sus *Epístolas Satisfactorias* (1635) de poseer la clave [39].

La discusión sobre esta estrofa del Polifemo se vuelve a abrir en nuestro siglo: vuelven a cavilar los nuevos estudiosos de don Luis sobre estos ocho versos.

---

[37] Cuesta escribía, por tanto, muerto ya Góngora.
[38] Bibliot. Nac., ms. 3.906, fols. 314-315 v.º
[39] Para don Martín de Angulo y el crédito que merecen sus noticias, véase D. Alonso, *Temas gongorinos*, en *Revista de Filología Española*, 1927, XIV, págs. 369-404.

Fue Alfonso Reyes —maestro y cabeza de las nuevas generaciones de gongoristas— quien en sus *Cuestiones* volvió a plantear por primera vez el problema que en su edición del *Polifemo* (1923) había querido resolver alterando la puntuación y suponiendo una sinécdoque. He aquí su puntuación, pero soy yo quien hace resaltar en versalitas los tres complementos determinativos del núcleo "erizo":

> Erizo es el zurrón DE LA CASTAÑA;
> Y —entre el membrillo, o verde, o datilado—
> DE LA MANZANA hipócrita, que engaña
> —a lo pálido no—: a lo arrebolado;
> Y DE LA ENCINA, honor de la montaña,
> que pabellón al siglo fue dorado:
> el tributo, alimento aunque grosero,
> del mejor mundo, del candor primero.

El esqueleto sintáctico sería, pues: "erizo es el zurrón de la castaña; y... de la manzana...; y de la encina". "Encina" sería sinécdoque, y estaría por "bellota" (el todo por la parte). En seguida, "tributo" formaría una especie de aposición al conjunto de los tres frutos (castaña, manzana y bellota).

Pero esta interpretación no dejaba de ofrecer dificultades. Por ejemplo: el inciso "honor de la montaña / que pabellón al siglo fue dorado" indica que en la mente del poeta estaba el árbol, pues sólo el árbol (y no el fruto) es lo que pudo servir de "pabellón" a los simples y felices humanos de la Edad de Oro.

Alfonso Reyes no se había quedado satisfecho: "Nunca me contenté del todo esta solución" —ha dicho con su habitual sencillez, con absoluta ecuanimidad—; "pero fue la única que encontré". En su benemérito *Monterrey, Correo literario de Alfonso Reyes*, publicado desde 1930, abrió palenque a nuevas opiniones para la discusión de esta estrofa. Aportación definitiva me parece

Tema de Polifemo: Estrofa 5.ª

la del gongorista polaco Zdislas Milner, residente en Francia. En ella se parte del texto y de la puntuación normal.

He aquí el esquema sintáctico de la interpretación de Milner:

Erizo es el zurrón { 1.º de la castaña / 2.º y de... { a) la manzana / b) y | el tributo | de la encina | } }

Pero es indispensable tener en cuenta que en los versos de Góngora la subdivisión *b* de nuestro esquema aparece invertida: "y de la encina... el tributo": es esta inversión la originadora de toda la dificultad. No hay, pues, más que dos complementos determinativos que pendan de "erizo": el 1.º es "de la castaña"; el 2.º, "de la manzana... y el tributo de la encina". No hay, pues, más que dos preposiciones "de" que procedan de "erizo", y son: 1.ª) la del verso primero; 2.ª) la del verso tercero.

La preposición "de" que figura en la subdivisión *b* no pende de "erizo", sino de "tributo". Lo que ocurre es que Góngora invirtió por hipérbaton esta última expresión, resultando (si prescindimos del inciso "honor de la montaña, etc.") "y de la encina... el tributo". Esta anteposición del complemento de "tributo" origina un equívoco insoportable para la lengua: el lector piensa que las tres preposiciones *de* introducen tres complementos determinativos del núcleo "erizo"; acabamos de ver que sólo es cierto en el caso de las dos primeras.

La explicación de Milner respeta escrupulosamente un texto que fue admitido por todos los comentaristas que convivieron con Góngora o su ambiente (Díaz de Rivas, Pellicer, Salcedo); al que sólo pone reparos el desligado y algo tardío Cuesta; el texto que Pellicer sabía muy bien que Góngora no había querido corregir, aunque se lo aconsejaran; el texto que conservan todos los manuscritos. Este texto queda aclarado por Milner dentro de la misma idiosincrasia de la sintaxis gongorina: toda la perturbación está causada por un hipérbaton: una preposición "de" resulta antepuesta de tal modo que el lector piensa que está en el mismo plano sintáctico que otras dos preposiciones "de", que en realidad no son sus homólogas.

Es, quizá, el caso más famoso de dificultad enredosa en textos gongorinos. Un fracaso, pues, del poeta. El genio idiomático de Góngora consiste precisamente en domar la lengua, violentándola hasta límites que normalmente no tolera, pero sin quebrarla o atascarla en marañas. Tanto, que cada vez que la fluencia queda rota podemos asegurar que estamos ante una mala tradición de los textos. Es lo que nos explica, precisamente, que este lugar enmarañado (la octava del erizo) haya sido tan famoso y tan discutido entre los gongoristas.

El hilo aquí, pues, se anuda, no fluye. En realidad, no se ha roto; pero han tenido que colaborar dos siglos (el XVII y el XX) para desenredarlo.

ESTR. 6.ª: IMPORTANCIA DE LA HIPÉRBOLE

Cera y cáñamo unió (que no debiera)
cien cañas, cuyo bárbaro ruïdo,
de más ecos que unió cáñamo y cera
albogues, duramente es repetido;
la selva se confunde, el mar se altera,
rompe Tritón su caracol torcido,
sordo huye el bajel a vela y remo:
tal la música es de Polifemo.

Mucha y muy antigua vinculación literaria ha venido en cadena hasta el eslabón de esta estrofa: la mención del uso de unir con cera las cañas para formar una zampoña o caramillo pastoril está en los bucolistas antiguos (Teócrito, Virgilio). Ya Ovidio da cien cañas al instrumento polifémico. También tienen antecedentes remotos (Virgilio, Ovidio) los efectos de la música del cíclope. "Albogue" vale tanto como dulzaina o gaita (no se trata de la de fuelle). Dice, pues, el poeta que, para formar el enorme instrumento de Polifemo, la cera y el cáñamo unieron cien cañas (que no las debieran haber unido, por los graves efectos que la espantosa música produjo), cuyo bárbaro estruendo es repetido duramente por más ecos que cañas o albogues fueron unidos por el cáñamo y la cera (es decir: por más de cien ecos, pues ciento eran las cañas). La selva se conturba al oír tal música; el mar se altera todo; el dios marino Tritón rompe, por inútil, o de enfadado (al ver que hay un instrumento más potente que el suyo), la trompa o caracola [40] con la que forma en las aguas el mugido de las tempestades; sigilosamente [41] escapan a vela y remo los navíos. ¡Tal es la horrible música del gigante Polifemo!

No creo que resultara difícil probar esta proposición: "En el principio de la poesía fue la hipérbole." Es, por lo menos, imposible negar que la hipérbole es base de una buena parte de la poética renacentista. En el fondo de toda imagen suntuaria late una hipérbole: "cabello" = "oro"; "dientes" = "perlas", etc. Para no abrir ahora galerías laterales que puedan ampliar el concepto, basta afirmar que la hipérbole tiene una función de gran importancia

---

[40] Otra interpretación posible es que Tritón rompe su caracola queriendo inútilmente competir.

[41] Diferentes son las interpretaciones de Pellicer ("sordo" = "atronado") y de Salcedo ("ni era sordo [el bajel], sino los que iban dentro"). Sordo vale en castellano "callado", "sigiloso" (comp. "lima sorda", "sordamente", "a la sorda", etc.). Pero es posible que en la mente de Góngora estuvieran superpuestos los dos sentidos, es decir, que para él el bajel huyera "atronado" y "sigiloso".

en la poética del Renacimiento. Hay que tener en cuenta, además, el gigantismo. El gigantismo mitológico aporta elementos desde la antigüedad, el jayanismo caballeresco reúne otros. En la poesía de tipo novelesco (los poemas épicos renacentistas), la hipérbole es hipérbole sólo para el módulo de las proporciones humanas; no cuando nos transportamos a la fingida realidad que allí se describe.

Toda esta tradición viene a pesar sobre la figura del *Polifemo* de Góngora y aun sobre todo el poema. No sólo es Polifemo gigantesco: todo su ambiente, y la misma expresión del poeta tienden a lo desmesurado: todo se hiperboliza. La greña de los árboles (a la entrada de la cueva) es tan tupida que quita más luz que la peña misma; el seno de la caverna es lecho de la noche oscura; el ganado polifémico oculta con su número las cumbres de las montañas; y, ahora, el sonido del instrumento de cien cañas es repetido por más ecos que cañas lo componen; al ruido, se alborotan la selva y el mar. Bien: todo es adecuada pintura del gigante y de su ambiente.

Pero leemos en otro poema de Góngora, en el *Panegírico:*

... No mayor estrago,
no, cayendo, ruïna más extraña
hiciera un astro, deformando el mundo,
enjugando el Océano profundo...

La expresión tiene una densa intensidad pictórica. Allá en nuestra imaginativa, algo sombrío se derrumba, algo inmenso se sume; sólo queda una oquedad de cósmico cataclismo. El asombro del lector se queda (también) sin orillas cuando aprende que lo que se compara con esa caída de un astro, con esa universal catástrofe es .. la muerte de la Duquesa de Lerma, ¡la pobre señora!

No es el momento de desarrollar el tema de la hipérbole, cuya importancia —radical— en poesía se suele desconocer; ni aun siquiera el de estudiarlo en la poesía del barroquismo, ni aun en la de Góngora. Se trataba sólo de mostrar cómo el contenido mismo de la fábula de Polifemo hace que el poema sea ya temáticamente hiperbólico; y cómo esta exageración fundamental, propagada en él a todo (lo mismo desde el punto de vista de lo pintado que del de la manera de pintarlo), va a coincidir con un sentido ponderativo, intensificador, al que ha llegado, en general, el barroquismo; de una parte, por cansancio técnico (porque hay que potencializar la expresividad desgastada); pero también por una necesidad interior, diríamos germinal, no explicable por las épocas precedentes: porque algo gigantesco, algo polifémico, bulle, buscando expresión, en aquellos principios del siglo XVII. La expresión que busca es el mundo moderno.

ESTR. 6.ª: HIPÉRBOLE Y CONTRASTE EN EL ÁMBITO FONÉTICO

También hay una hipérbole que podríamos llamar fonética. La segunda parte de la estrofa es buen ejemplo. Después de un verso bimembre (la selva..., el mar...), el endecasílabo que sigue tiene furioso lamento de mar tempestuosa:

$$\overset{4}{}\overset{}{}\overset{8}{}$$
rompe Tritón su caracol torcido

El lector recibe la dura aliteración de ese verso (*r—tr—t—k— r—k—t—r*). Pero el efecto está aún intensificado mediante los acentos de 4.ª y 8.ª sílaba, que van a caer sobre la misma vocal en condiciones muy parecidas (*—tón; —cól*).

Y en inmediato contraste —netamente de Góngora—, el escurrirse del asustado navío

(sordo huye el bajel a vela y remo)

resbala sigilosamente sobre una casi ininterrumpida sucesión de consonantes fricativas.

Verso del Tritón = 8 oclusivas (*t* 3 veces, *k*, 2); 4 fricativas; 4 vibrantes (2 son múltiples).

Verso del bajel = 9 fricativas, 2 vibrantes, 1 oclusiva.

La diferencia es reveladora: 12 elementos de dureza o aspereza frente a 4 de suavidad, en el verso del Tritón iracundo; 9 de suavidad frente a 3 de dureza en el del fugitivo navío. La expresiva diferencia de esos versos, la sensación que dejan en nuestra alma, tiene, pues, una rigurosa medida fonética: los elementos de aspereza predominan sobre los de suavidad en proporción de 3 a 1 en el verso del Tritón; la proporción está, exactamente, invertida en el verso del bajel.

FIN DEL TEMA DE POLIFEMO

Todo lo que hemos analizado hasta aquí pertenece al tema de lo monstruoso, en la figura de Polifemo y en su ambiente. De la caverna nos ha quedado la imagen de lo lóbrego, lo áspero, lo agorero. En la abundancia y plenitud de frutos y ganados —una pujante feracidad será motivo casi permanente del poema—, que podría parecer sólo tema de belleza, se expresan las enormes fuerzas telúricas, los bullentes deseos de la creación, como la música polifémica no es tampoco armonía, sino conmoción y desastre. Un estruendo de mares y de bosques, sobre el que rugen la música tritónica y la polifémica, ha tenido su consecuencia exterior fonética en la última octava. Es un arte ya casi orquestal. Góngora (contra su costumbre) ha condensado el sentido, la imagen que esa estrofa deja en el lector con una exclamación final, con un epifonema:

¡tal la música es de Polifemo!

ESTR. 7.ª: CLAROSCURO: EL TEMA DE GALATEA

Y ahora, en brusca contradicción, de repente, desaparecen todos esos estruendos y el poeta echa mano de los sonidos más suaves.

Tema de Galatea: Estrofa 7.ª

de los colores más delicados. Neto contraste gongorino: ha surgido el tema de Galatea:

> Ninfa, de Doris hija, la más bella
> adora, que vio el reino de la espuma.
> Galatea es su nombre, y dulce en ella
> el terno Venus de sus gracias suma.

"Ama a una ninfa[42], hija de Doris, la más bella que vio el reino marino. Su nombre es Galatea y en ella suma Venus los encantos de sus tres Gracias..."

Hasta aquí, la primera mitad de la estrofa, toda facilidades.

ESTR. 7.ª: METÁFORAS E HIPÉRBOLES DE 2.º GRADO

La segunda parte contiene no poca dificultad:

> Son una y otra luminosa estrella
> lucientes ojos de su blanca pluma:
> si roca de cristal no es de Neptuno,
> pavón de Venus es, cisne de Juno.

"Una y otra luminosa estrella...": los ojos de Galatea. Este llamar "estrellas" a los ojos tiene una tradición. Salcedo Coronel, al comentar este pasaje, cita varios ejemplos latinos; y Pellicer —que siempre tira contra el "Polifemo" de Salcedo— dice, despectivo, que de los modelos griegos y latinos "pudiera traer cien símiles" (y no menciona ninguno). No es, ciertamente, lo más curioso la metáfora "estrellas", sino la división del numeral "dos"

---

[42] Nótese la omisión (muy frecuente en Góngora) del artículo: "Ninfa, de Doris hija... / adora".

en "una y otra". El modelo directo, en esto último y en la misma metáfora, es Petrarca (no citado por Salcedo):

> Ov'è'l bel ciglio e l'una e l'altra stella [43].

Góngora también había usado "estrellas" por "ojos" en otras composiciones, como en este romance:

> En dos lucientes estrellas,
> y estrellas de rayos negros,
> dividido he visto el sol
> en breve espacio de cielo.
>
> (Ed. Millé, 51.)

Es interesante observar que, cuando Góngora utiliza el almacén metafórico de la tradición renacentista, se da cuenta de que está empleando más bien que elementos inventivos, personales, materia del común, lexicalizada (lexicalizada en la lengua poética). Por eso necesita complicar esos elementos, para diferenciarlos y hacérselos suyos. Usa en el romance "estrellas" como metáfora, pero agrega algunas sutilezas: una, al decir "de rayos negros", que, del lado del plano real ("ojos"), no es sino muy posible (en belleza morena), pero que del lado metafórico implica una contradicción; otra, al ponderar "en dos lucientes estrellas... dividido he visto el sol".

Aquí, la metáfora "estrella", hiperbólica ya de por sí, resulta aún hiperbolizada, digamos, en otro plano: el del "sol". La ascensión metafórica tiene, pues, dos grados, dos escalones, los dos hiperbólicos: 1.º) "estrellas"; 2.º) "sol".

Nótese que "en breve espacio de cielo" completa la hiperbólico-

---

[43] *Canzoniere*, 299.

Tema de Galatea: Estrofa 7.ª

metaforizada cartografía celeste del rostro de la niña morena: "estrellas", "sol", "cielo".

A las hipérboles de este tipo (ya sean de expresión metafórica o no) se las puede llamar "de segundo grado". Góngora era muy aficionado a ellas. Hace años señalé un ejemplo, muy sencillo, de las *Soledades*:

> De Espío y Galatea
> —cuando más oscurecen las espumas—
> nevada envidia sus nevadas plumas.

Se trata del plumaje de unos cisnes, tan blanco, que sirve de nevada envidia a la pluma de Espío y Galatea, las cuales, a su vez, tienen la piel tan blanca, que hace oscurecer la misma espuma de los mares:

(2.º grado)	(1.ᵉʳ grado)
Plumaje MÁS BLANCO QUE la piel	MÁS BLANCA QUE la espuma

ESTR. 7.ª: PROLIFERACIÓN DE ELEMENTOS METAFÓRICOS DE SEGUNDO GRADO

Ahora se comprenderá mejor lo que ocurre en el pasaje del *Polifemo*, por qué Góngora lo retuerce y sutiliza todo. La primera novedad es que, en la ecuación

$$\text{ojos (A)} = \text{estrellas (B)},$$

donde normalmente el plano real está en "ojos" y el metafórico en "estrellas", Góngora, que se da cuenta intuitivamente del valor lexicalizado de "estrellas", parte ya de "estrellas", como de plano real, por donde "ojos" viene a caer como del lado irreal:

> Son una y otra luminosa estrella
> lucientes ojos de su blanca pluma...

Si atendemos a que "pluma" es metáfora por "piel", comprendemos que está considerando "ojos" en un plano extrarreal, como "ojos" (entiéndase: círculos de colores)[44] que se abren sobre "blanca pluma": como ojos ya no humanos, sino de pluma de ave. ¿Qué ha ocurrido? No es, sencillamente, que haya invertido la imagen (trocando los dos planos), sino que ha subido un nuevo escalón, como a un segundo cielo metafórico, como a una metáfora de metáfora (metáfora de segundo grado):

ojos (humanos) (A)=estrellas (B)=ojos o círculos coloreados (de blanca pluma) (C)

Así, el término "ojos" adquiere una virtualidad de segundo grado, y es él el que prolifera estéticamente. Pero nos engañaríamos si pensáramos que ese término, C, está totalmente desconectado de A: efluvios del sentido primario de "ojos" llegan hasta esta metáfora de segundo grado.

ESTR. 7.ª: TRENZAMIENTO METAFÓRICO:
UN BREVE COSMOS DE NÍTIDOS COLORES

Son una serie de elementos que se van a concentrar en sensaciones coloristas: blanco de pluma, iris de redondos ojos, incidentalmente la diafanidad de una roca de cristal del mar de Neptuno. De este último elemento, es decir, de todo el verso

si roca de cristal no es de Neptuno,

vamos a prescindir en la explicación que sigue, pues ese verso, que en realidad es un inciso, resulta, de momento, eliminable. Nos queda:

---

[44] Como en el plumaje de las aves, que es la representación que en seguida resulta concretamente del pasaje. Llamamos "ojos" a infinitas cosas más o menos redondeadas: ojo de la aguja, ojo del azadón, ojos del aceite, ojos de la pluma del pavo real, etc.

Tema de Galatea: Estrofa 7.ª

> ...son una y otra luminosa estrella
> lucientes ojos de su blanca pluma...:
> pavón de Venus es, cisne de Juno.

De lo que se parte, pues, es de la luminosidad, del colorido de los bellos ojos de Galatea y de su blanca piel. Pero estos elementos reales no aparecen. Los ojos humanos vienen expresados por "estrellas"; y la blanca piel, por "blanca pluma".

"Lucientes ojos (círculos de colores) en pluma blanca." He aquí que Góngora ha acumulado las cualidades del pavo real o pavón y del cisne: Galatea tiene la pluma blanca como el cisne (y por eso dice el poeta que la ninfa es cisne), y ojos que se abren en la pluma como el pavón (y por eso dice que es pavón). Pero el pavón es el ave consagrada a Juno, el cisne a Venus. Y en Galatea están luminosamente cruzados los rasgos coloristas de las dos aves: es, pues, como un pavón (pues se le abren coloreados ojos en la pluma), pero como un pavón que tuviera la pluma blanca como el ave de Venus; como un pavón con cualidades de cisne de Venus; como un pavón que fuera de Venus. Y es como un cisne (pues tiene la pluma blanca), pero como un cisne que tuviera coloreados ojos en su pluma, como un cisne con cualidades de pavón de Juno, como un cisne que fuera de Juno:

> pavón de Venus es, cisne de Juno.

Si la muchacha, por sus "estrellas-ojos", será pavón, por su "pluma-piel" será cisne. Será cisne y pavón con atributos trocados; si ya lo nítido, lo resplandeciente de su belleza no nos evoca cualidades de cristal y no preferimos llamarla cristalino escollo de Neptuno,

> si roca de cristal no es de Neptuno.

Es necesario leer ahora todo el pasaje para comprender que no ha sido, ni sólo ni principalmente, el cansancio metafórico lo que ha llevado al poeta a la sutil complicación de estos versos:

> ... son una y otra luminosa estrella
> lucientes ojos de su blanca pluma:
> si roca de cristal no es de Neptuno,
> pavón de Venus es, cisne de Juno.

Un cuerpo de mujer (un conjunto de adorables contingencias) en este arte, que en busca de la realidad (como todo arte) tanto se aleja de ella, se divide en una serie de planos, diríamos que estéticamente uniformes, enterizos, porque son, hiperbólicamente, límite de artística depuración de la materia: lo luminoso de la estrella, lo nítido del cristal, la blancura sin tacha del cisne, los círculos, como un iris, del pavo real. La complicación del pasaje establece entrelazadas asociaciones entre estos elementos: un bello cuerpo de mujer es ya en la imaginación del lector un pulular de preciosa materia radiante, un cosmos de deslumbrada nitidez.

ESTR. 7.ª: CONCEPTISMO Y GONGORISMO

Con frecuencia en Góngora —y vehementemente en ocasiones como ésta— por debajo del mundo de brillante colorido hay una agudeza, una complicación conceptual, no esencialmente distinta de la de un Quevedo. Hay que hablar siempre con cautela, porque los estudios sobre el conceptismo están mucho menos adelantados [45].

---

[45] Están, en realidad, increíblemente atrasados. La mayor parte de lo que se dice sobre el conceptismo se reduce a fórmulas tan generales como hueras. Hay toda una serie de tipos de conceptismo, y dentro de cada uno, infinidad de subclases y pormenores. Hasta que no se haga un meticuloso trabajo de catalogación, podemos decir que lo ignoramos todo. Se ha trabajado bien en algunos aspectos del arte de Quevedo y po-

No quiero decir que todos los modos de conceptismo de Quevedo estén representados en el gongorismo, sí que por debajo del lujo verbal y colorista de Góngora muchas veces hay una complicación conceptual, como al ponderar lo tupido de la "greña", o, sobre todo, en esta descripción como pavón-cisne, de Galatea; y muchas veces la complicación encierra un verdadero chiste conceptual, como en el pasaje de la "manzana", o en el de la "camuesa", o en el de la "pera", que al de la "camuesa" sustituyó. En alguna ocasión hemos combatido, de modo demasiado rotundo, la división tradicional de la literatura del siglo XVII en "conceptismo" y "gongorismo". Más modestamente diríamos hoy: debajo de lo que entendemos por gongorismo late mucho conceptismo. Pero hay tipos de "conceptismo" que no se encuentran en el "gongorismo". Así nos lo imaginamos. La verdad es que el "conceptismo" es un complejo de cosas diferentes, un mundo que está por explorar.

ESTR. 8.ª: TRUEQUE DE ATRIBUTOS

Purpúreas rosas sobre Galatea
la Alba entre lilios cándidos deshoja:
duda el Amor cuál más su color sea,
o púrpura nevada, o nieve roja.
De su frente la perla es eritrea
émula vana. El ciego dios se enoja
y, condenado su esplendor, la deja
pender en oro al nácar de su oreja.

Delicia del color, ahora matizado hacia la gracia. La primera parte de la estrofa, colores naturales: rojo, blanco (purpúreas ro-

---

co más. Pero qué sea históricamente el conceptismo y cuáles sean sus principales aspectos, lo ignoramos.

sas, cándidos lilios). ¿Cómo es, entre los dos colores, Galatea? Al rojo se concede el primer verso; al blanco, el segundo. La duda se plantea en el verso tercero. Y el cuarto la recoge y expone en perfecto equilibrio:

> o púrpura nevada, o nieve roja.

Curiosamente, en este endecasílabo bimembre, el poeta ha trastrocado la adjetivación (porque a "nieve" va "nevada", a "púrpura" corresponde "roja"). Los colores se funden y confunden en el cerebro del que goza de este verso, como en el cuerpo de Galatea. Es una confusión que recuerda mucho (si bien aquel caso ofrecía más complicaciones) la del final de la estrofa anterior:

> pavón de Venus es, cisne de Juno.

Aquí, como allí, hay un entrecambio de atributos. En ambos casos se ha partido de sensaciones coloristas. Este trastrueque de los atributos es una característica del gongorismo.

ESTR. 8.ª: EQUILIBRIO BILATERAL Y DESEQUILIBRIO

Es curiosa la estructura de esta octava. Hay una tendencia ya renacentista, intensificada en el barroquismo, a abrir en el desenvolvimiento de la estrofa una bifurcación mental que se serena, o, mejor, se "expresa", por fin, en un riguroso verso octavo, exactamente bimembre [46]. Así, en la estrofa anterior, la dualidad "ojos-pluma" tiene su expresión de perfecta simetría bilateral en el verso último:

> pavón de Venus es, cisne de Juno.

También el barroquismo usa esta bimembración del verso último para producir netos contrastes: hemos visto una laberíntica con-

---

[46] Véase, más arriba, lo que dijimos al hablar de Garcilaso, pág. 74.

Tema de Galatea: Estrofa 8.ª

fusión de lobregueces aquietarse súbitamente en belleza y orden (al salir de la horrible descripción de la cueva a la bella imagen del ganado) en el verso último de otra estrofa:

> copia bella
> que un silbo junta y un peñasco sella.

Tan señalada es esta tendencia a peinar o serenar la estrofa en su cabo, a terminarla por un verso simétricamente bilateral, que, de las ocho estrofas que hemos estudiado, nada menos que cinco versos finales son bimembres perfectos:

> ... gimiendo tristes y volando graves.
> ... que un silbo junta y un peñasco sella.
> ... la niega avara y pródiga la dora.
> ... del mejor mundo, del candor primero.
> ... pavón de Venus es, cisne de Juno.

Y es lo más frecuente en todo el *Polifemo*. Pero el poeta busca, más o menos instintivamente, la variación estrófica. De vez en cuando, una octava tiene un giro muy diferente. Así ocurre en ésta, última de las que hemos elegido.

La pausa central (al fin del verso cuarto), que siempre juega un papel en este tipo de estrofa, aquí lo desempeña aún más significativo. Dos acciones del Amor corresponden a ambas partes: en la primera, "duda" el Amor; en la segunda, el Amor "se enoja". En la primera, de la duda entre dos términos (rojo o blanco), nace el perfecto equilibrio:

> o púrpura nevada, o nieve roja.

En la segunda...:

"La perla del mar Eritreo o Rojo (famoso por sus pesquerías de perlas) trata en vano de competir con la frente de Galatea. El ciego Amor se irrita por este desacato y —declarando vencido el esplendor de la perla— le permite que, engastada en oro, penda [47] de la nacarada oreja de la ninfa."

Si a la duda del Amor, indeciso entre dos términos, ha correspondido equilibrio bilateral, al desacato de la perla y subsiguiente enojo del Amor corresponde una perturbación, un desequilibrio. En efecto: aparecen los encabalgamientos: "la perla es eritrea / émula vana...", "la deja / pender", y en relación con los encabalgamientos las fuertes pausas asimétricas en interior de verso ("émula vana. El ciego dios se enoja...") [48]. Es prodigioso cuán delicado instrumento es el verso, cómo registra en su estructura y en la estrofa (aun en ésta, que es un pequeñito mundo de galanterías diminutas) cualquier ligerísimo cambio de temperatura afectiva. Toda la diferencia, evidente, entre la estructura arquitectónica de estas dos partes de la octava, depende del diferente humor de dos melindres: si el Amor duda, o si el Amor se enoja.

ESTR. 8.ª: COLOR Y MUSICALIDAD

En la primera mitad de la estrofa ondean, alternativamente, vocales claras (las palatales y la *a*) y oscuras (las velares). Las primeras traen una deslumbrante representación blanquísima; con las segundas se encienden rojos que se adensan en púrpura. El vocalismo del verso "Purpúreas rosas sobre Galatea" es oscuro en su primera parte, claro en su final; el de "o púrpura nevada o nieve roja" es claro en su centro, oscuro en los extremos. Estas

---

[47] Las ediciones y manuscritos unas veces leen "pender" y otras "prender", variante que ahora no tiene importancia.

[48] Nótese, en este ejemplo, cómo la sinalefa puede saltar, de orilla a orilla, una fuerte pausa. La función de la sinalefa, poco considerada y en general mal entendida, necesita un estudio especial. Véase, provisionalmente, lo dicho más arriba, págs. 76-77.

oleadas albeantes o encendidas fluyen, digamos, por el verso y en su cambio de distribución por el endecasílabo llevan un movimiento de danza. Son movimientos éstos de asociación de color y vocales que, como los de medida y ritmo acentual (e íntimamente asociados con ellos), tienen lugar en una cámara secreta de nuestra psique, no exactamente en la imaginación figurativa, sino como en el subsuelo de ésta o en su trasfondo.

En esa danza hay un verso, el segundo,

$$\overset{6}{\text{la Alba entre lilios cándidos deshoja,}}$$

en el que la musicalidad parece haberse concentrado, vestida de colores albeantes. Prescindiendo de dos relajadas finales (-os), todo el verso, salvo la última tónica, es un delicioso ondear de vocales claras:

a-a-e-e-i-i-o-a-i-o-e-o-a.

En el consonantismo de este verso hay, en su primera parte, una predominancia de *eles* (cuatro). Es la *ele* que muestran tantos significantes del color blanco "lilio", "alhelí", la que en otro verso gongorino, como ya notamos, determinó la elección de la palabra "Lilibeo".

Cuando la sensación de *eles* termina, sobreviene en este verso la voz "cándidos", palabra que es de esas que encierran un sentido intensificado, se podría decir que un sentido superlativo (= blanquísimos). Esta palabra es esdrújula. Ya vimos cómo Espinosa Medrano notó el valor expresivo de los esdrújulos ("con su acento dactílico y despeñado", admirable formulación del Lunarejo). Tiene el esdrújulo una tendencia a la que podríamos llamar superlación o exacerbación de sentido. Piénsese en "hórrido", "súbito", "rápido", "álgido", "vértigo", "fárrago", etc. Es curioso: esta ligazón entre significante esdrújulo e intenso significado es lo que explica deformaciones, unas veces del lado espiritual, como en el caso de "álgido" (que estrictamente significa "muy frío"); y otras del fonético, como ocurre con "fárrago", "vértigo" e "impúdico", cuya acentuación es un disparate sancionado por el uso (su etimología es grave: "farrágo", "vertígo", "impudíco"): la acentuación esdrújula los ha representado como mucho más farragosos o vertiginosos o escandalosamente contrarios a toda decencia [49].

"Cándido" es, pues, una palabra intensificadamente expresiva. Por ese prodigio del ritmo, que tantas veces nos hemos encontrado, por esa decisiva casualidad que conforma el verso, el acento de intensidad (de sexta sílaba) resalta aún más la vocal tónica de "cándidos": el sentido de la palabra queda aún potencializado por el acento rítmico.

---

[49] Lo mismo, probablemente, ocurre con "médula", pues su valor intensificativo es, muchas veces, patente:

Te amo hasta la médula de los huesos, Dios mío.

(A. Nervo)

Pero la Academia, contradictoriamente, sólo admite "fárrago", "vértigo" e "impúdico", y, en cambio, tolera "médula" junto a la preferida "medula".
El esdrujulismo es mucho más amplio y ha afectado a muchas voces: "méndigo", "intérvalo", "périto". Pero la mayor parte de estas voces han sido rechazadas y amoldadas a la acentuación etimológica. ¿Por qué "fárrago", "vértigo" y "púdico" han sobrevivido? Lo que ha salvado a voces como "fárrago", "vértigo", "impúdico", etc., ha sido probablemente el valor de intensificación expresiva que se ha sentido en ellas; es decir (con nuestra terminología), la motivación que se ha visto en ellas del vínculo entre significante y significado. (Es probable que "impúdico" haya arrastrado a "púdico". Obsérvese que "púdico" está como oscurecido por la triunfante competencia de "pudoroso"); "púdico" tiene hoy un especial valor afectivo, preferentemente irónico.

Tema de Galatea: Estrofa 8.ª

Un verso (total, nada: once sílabas) es, aun considerado sólo del lado fonético, un mundo: complejo de complejos. No creemos haber desentrañado sino parte de la serie de ocultas y felicísimas relaciones que han colaborado para fraguar este ser de blancuras, ya materia de arte:

    la Alba entre lilios cándidos deshoja.

RESUMEN: BELLAS CRIATU-
RAS RÍTMICAS. SINESTESIA

Recordemos ahora, un instante, algunas de las más expresivas unidades rítmicas que hemos encontrado: bellas criaturas, fraguadas en la exactitud de once sílabas, lujosas o ásperas vislumbres que han cruzado nuestra imaginación. He aquí lo que antes nos trae el recuerdo, todavía informe, todavía entre nieblas: sonido, color y movimiento. La imagen se va serenando, se va haciendo neta; en fin, se divide, se clarifica.

Y vemos que, a veces, los valores fonéticos no salían del campo del sentido originario (el oído). Así cuando nos pintaron estruendo de obstinadas trompas marinas sobre el mugido de la tempestad:

    rompe Tritón su caracol torcido.

Pero ahora comprendemos también cuántas veces se produjo el paso sinestético del campo auditivo al visual. Ante todo, por correlación entre valores fonéticos y coloristas. He aquí la argentería líquida que rompe en la misma falda de la montaña, cuando

    el pie argenta de plata al Lilibeo;

o la virginal blancura intacta que

    la Alba entre lilios cándidos deshoja [50].

---

[50] Lo que en el pasaje de Góngora deshoja el alba son "purpúreas

O reiterados los elementos fonéticos por sílaba fatídica, nos envuelven en una lobreguez en la que vuelan agoreros pájaros:

> infame turba de nocturnas aves.

Pero la sinestesia, en ese transporte de lo fonético a lo óptico, puede aún llevarnos a valores, no coloristas, sino ya cinéticos. Así a lo agrio de los montes [51] y aun a lo arriscado de un rebaño de cabras:

> cuanto las cumbres ásperas cabrío;

o en el otro extremo, hasta las sedas sigilosas de una huida:

> sordo huye el bajel a vela y remo.

Hemos reunido sólo, para recuerdo conjunto, aquellas unidades endecasilábicas cuyo encanto o cuya aspereza estaba expresada —del lado del significante— por la intuitiva elección de consonantes y vocales y la colocación de los acentos. Podrían agregarse aún aquellos versos cuya fuerza expresiva era debida al encabalgamiento [52], o al hipérbaton [53], o a la simetría bilateral de su contenido [54], etc. Sólo así (y recordando los distintos tipos de estructura estrófica que hemos encontrado) comprenderíamos que una de las más extraordinarias características del arte de Góngora es que su verso es una constante motivación intensificada del vínculo entre significante y significado. (Aquí, por tanto, comprobamos por

---

rosas", "entre lilios cándidos". Cambiamos el sentido a la acción verbal porque ese verso, aislado, es todo blancura.

[51] Ni que decir tiene que todo está basado en otra correspondencia de valores estáticos y cinéticos, constante en el hombre y que tiene su expresión en frases como "el camino trepa entre peñascales", etc.

[52] Véase más arriba, págs. 338-342.
[53] Más arriba, págs. 334-342, 344-347.
[54] Más arriba, págs. 330-333, 343, 378-380.

qué Góngora y Garcilaso pertenecen a una misma gran rama del árbol estético.)

Si de toda esa serie de espléndidos conjuntos fonéticos y espirituales que hemos recordado, si de todos esos ilustres endecasílabos de Góngora, inolvidables criaturas de nuestra lengua y de nuestra fantasía, quisiéramos sacar dos que resumieran el sentido estético de todo el fragmento, yo elegiría, de la parte oscura, este endecasílabo:

     infame turba de nocturnas aves;

y de la blanca,

   la Alba entre lilios cándidos deshoja.

De un lado, lo lóbrego, lo monstruoso, lo de malaügurio, lo áspero, lo jayanesco; de otro, lilio y plata, lo albo, lo cristalino, lo dulce, la lánguida belleza mortal.

Tema de Polifemo; tema de Galatea.

Todo el poema tiene una estructura temática musical, y éstos son los dos temas que, con mil variaciones, alternan a lo largo de toda la *Fábula*. Nuestro fragmento, maravillosamente ejemplar de tantas esencias gongorinas, es también como una condensación de la fábula toda: tema de Galatea, tema de Polifemo; belleza, monstruosidad.

          RESUMEN: TEMA DE BELLEZA

El tema de la belleza trae un milenario arrastre. No sería difícil irle encontrando vínculos antecedentes, siempre de más profunda antigüedad. Pero de vez en cuando se producen en la historia de la Humanidad extraños núcleos, centros de multitudinaria irradiación. El historiador puede (y, en ocasiones, debe) contentarse con subir hasta uno de esos centros.

Es curioso comparar los destinos de dos tan grandes condensaciones de vida espiritual como Dante y Petrarca. La huella del autor de la *Divina Commedia* durante el siglo XVI y XVII, apenas si es perceptible, al lado del enorme pervivir en descendencia, del cantor de Laura. El influjo de Petrarca en España es siempre directo, pero está en cada momento reavivado y renovado por el de los petrarquistas italianos, y en especial por el de los petrarquistas del siglo XVI, tanto españoles como de Italia.

Busquemos en nuestra lírica culta del siglo XVI y del XVII el rastro de Petrarca, y en seguida lo hallaremos por todas partes: nos lo revela un contenido de temas de belleza, y un insaciable análisis del sentimiento amoroso, una masa de metáforas y metonimias siempre reiteradas, una tendencia a la imagen suntuaria y colorista, un gusto por ciertos esquemas distributivos de la materia en el verso y en la estrofa, en especial por la regular distribución de materia en el verso en plurimembraciones y pluralidades, etc., y, sobre todo, por la bimembración, ya simple, ya por contrarios [55]. Todos estos elementos, y muchos otros, señalan la inmensa oleada del petrarquismo. Y esta oleada no se interrumpe al llegar el barroquismo.

El petrarquismo del siglo XVI había intensificado todos esos elementos y el tema de belleza (considerado en su dualidad: una forma y un contenido bello) se había ido aquilatando, acendrando; intensificando sus colores, su, digamos, "manierismo", y su languidez [56]. El aristocratismo literario que resulta, estará repre-

---

[55] ¿Qué es el petrarquismo? A pesar de que muchas veces se ha querido contestar a esta pregunta, hay numerosos e importantes aspectos de la huella de Petrarca en el mundo en los que no se ha reparado.
Véase mi cap. "Un aspecto del petrarquismo", págs. 85-118 de *Seis calas en la expresión literaria española;* y también D. Alonso, *Estudios y ensayos gongorinos*, edit. Gredos, 1955, caps. "La simetría bilateral", páginas 117-174, y "El soneto de Petrarca a Góngora", págs. 174-200.

[56] Manierismo es, para nosotros, el matiz que toma el petrarquismo

sentado en España por la poesía culta de Herrera; la formación de una atmósfera de envolvente sensualidad, en Italia, por Tasso, en su lírica y aun en su llamada épica. Se ha pasado del amor, ya a la pasión naturalista, ya a la voluptuosa "morbidezza".

Herrera y Tasso son los educadores de la adolescencia de Góngora: de ahí viene el brillo de los sonetos amorosos de la juventud del escritor, veta que no se interrumpe nunca en toda su vida.

Ésta es la tradición en que aún está basado el tema de belleza del *Polifemo*. Todo el siglo XVI ha sido un paso desde un platonismo amoroso hasta una sutil, refinada y ardorosa sensualidad. Desde Garcilaso hasta Góngora. Del espíritu de Galatea y Acis no sabemos nada, no se nos dice nada: son dos bellos cuerpos que se abren hacia el amor, que se sienten atraídos y se juntan en una cueva siciliana, como se enroscan vides en olmos, como se arrullan y besan palomas sobre los mirtos (son los mismos tópicos comparativos del momento).

En otro sentido (de un modo más ligero, frívolamente galante, exterior) a este punto llega también, en Italia, el arte de Marino.

He aquí una nueva definición: el gongorismo es, en buena parte, el matiz del petrarquismo español a principios del siglo XVII.

EL TEMA DE LO MONSTRUOSO

Lo mismo que en nuestra *Fábula* al tema de Galatea está opuesto el de Polifemo, así en la realidad del arte barroco, junto al contenido de belleza que desde Petrarca ha ido heredando la

en el siglo XVI; así como, en parte, el gongorismo aquí en España y el marinismo en Italia son los avatares del petrarquismo en el siglo XVII.
Podríamos aún generalizar el cuadro diciendo que aquilanismo es el matiz del petrarquismo a fines del siglo XV. Todas éstas son artes extremadas. Pero, en realidad, la levadura que había de yeldar en cada siglo de modo diferente estaba en el arte de Petrarca.

poesía europea, hay un elemento nuevo (nuevo, porque si ha aparecido antes ha sido sólo en brotes esporádicos). Para expresarlo hay que recurrir a imágenes de violencia: es una sublevación telúrica, una gigantesca subida de savia vital. Hay en el arte barroco unos terribles deseos, un prurito que nunca se sacia. La tradición de belleza, que acabamos de considerar, está como envuelta por una amenazante tromba huracanada, como la delicadeza y la gracia de Galatea por el gigantesco amor del Cíclope. Ese impulso no se sabe de dónde viene: se expresa en paisajes lóbregos, en sitios desérticos entre peñascales, como en la caverna ciclópea; estalla en terribles ímpetus, como en el amor y el odio de Polifemo; hierve en la terrible feracidad de Sicilia, en su campo de espigas y viñedos. La *Fábula de Polifemo,* en su monstruosidad y en su belleza, es toda como una condensación, como una muestra ejemplar del barroquismo.

Este acezante impulso, este empujón como de fuerzas telúricas, prurito expresivo de lo fuerte, lo abundante, lo lóbrego, lo deforme, es la nueva aportación del siglo de Góngora: algo semejante bulle por entonces en artes plásticas, en filosofía, en ciencia.

Esto que fermenta es el nuevo espíritu. Es una fuerza contraria a la tradición renacentista, que por entonces la doblega y aun la retuerce, pero no la logra romper. Tendrá aún muchos refrenos en el siglo XVIII. No triunfará sino (ya muy variada) en el siglo XIX y, sobre todo, en el XX. Sus hijos, sus criaturas, somos aún nosotros.

Ese empujón que aborrasca el paisaje y las almas y que tuerce los imitados frontones y las columnas renacentistas, es el elemento positivo, nuevo, del barroquismo: no es, sin embargo, el barroquismo. El barroquismo es el choque frontal de tradición secular y desenfrenada osadía nueva, del tema de la lánguida hermosura y de los monstruosos ímpetus: el barroquismo no se explica por ninguno de estos dos elementos, sino por su choque. El barroquismo es una enorme "coincidentia oppositorum".

EXACERBAMIENTO DEL TEMA DE BELLEZA

Naturalmente, en el choque, ambos elementos resultan modificados, y del uno pasa sustancia al otro. Así en el canto de Polifemo la ronca voz del gigante se hace tierna, y refleja la hermosura del mundo. Más notable es aún la modificación barroca del tema de belleza. A fines del siglo XVI, ya hemos visto que el amor en poesía se traspasa de voluptuosidad, y la belleza, de "morbidezza" lánguida. La fuerza barroca, la necesidad de lo extremado, exacerba este concepto y este sentimiento, así como su expresión. El amor es una fuerza natural terrible, invencible, es un ardor de los sentidos, como en la escena de la unión de los amantes en el *Polifemo*. Estando Acis y Galatea reclinados sobre la hierba (estrofa 40.ª):

> ... al mirto más lozano
> una y otra lasciva, si ligera,
> paloma se caló, cuyos gemidos
> —trompas de Amor— alteran sus oídos.

Que las palomas, con sus caricias, enardezcan a una pareja de amantes, viene del *Orlando*[57]. Pero no con este pormenor, con esta invasora y obstinada ceguedad del sentido, que sensualiza ávidamente la misma imagen ("en tanta gloria, infierno son, no breve, / fugitivo cristal, pomos de nieve"). He aquí la bella continuación del pasaje del *Polifemo* (estrs. 41.ª-42.ª):

> El ronco arrullo al joven solicita;
> mas, con desvíos Galatea suaves,

---

[57] Comp. D. Alonso, *La lengua poética de Góngora*, págs. 35-36.

a su audacia los términos limita,
y el aplauso al concento de las aves.
Entre las ondas y la fruta, imita
Acis al siempre ayuno en penas graves:
que, en tanta gloria, infierno son, no breve,
fugitivo cristal, pomos de nieve.
No a las palomas concedió Cupido
juntar de sus dos picos los rubíes,
cuando al clavel el joven atrevido
las dos hojas le chupa carmesíes.
Cuantas produce Pafo, engendra Gnido,
negras violas, blancos alhelíes,
llueven sobre el que Amor quiere que sea
tálamo de Acis ya y de Galatea.

La pasión de Acis y Galatea, con su desmayo voluptuoso, entre violas negras y blancos alhelíes, no es más que un aspecto de la feracidad, de la fuerza engendradora de la Trinacria.

Una intensificación semejante lleva a un prurito de extremos en la descripción de la belleza. No es ya la belleza sólo una sucesión de materias suntuarias, según Petrarca:

la testa ôr fino e calda neve il volto,
ebeno i cigli e gli occhi eran due stelle
ond'Amor l'arco non tendeva in fallo;
perle e rose vermiglie, ove l'accolto
dolor formava ardenti voci e belle:
fiamma i sospir, le lagrime cristallo [58].

---

[58] *Canzoniere*, 157, soneto.

Esa fórmula, hallada por Petrarca, geometrizada por Ariosto [59], trasplantada ya a Cetina, es la que llega (también como problema matemático) al Góngora juvenil:

> ... goza cuello, cabello, labio y frente
> antes que lo que fue en tu edad dorada
> oro, lilio, clavel, cristal luciente...

Pero en el adulto poeta de la *Fábula de Polifemo* ya hemos visto en qué entrelazamiento de lumínicas materias se convierte una belleza de mujer:

> son una y otra luminosa estrella
> lucientes ojos de su blanca pluma,
> si roca de cristal no es de Neptuno,
> pavón de Venus es, cisne de Juno.

Así, lo que en el poeta adolescente era un análisis de elementos de belleza, todos destacados, todos con perfecta y ortodoxa correspondencia, elemento a elemento, en el plano real ("oro"="cabello"; "lilio" = "cuello"; "clavel" = "labio"; "cristal" = "frente"), resulta en el autor del *Polifemo* un entrecruzamiento de resplandecientes materiales de belleza, que se incrustan los unos en los otros, como si se quisieran metamorfosear (pavón de Venus, cisne de Juno; lucientes ojos de su blanca pluma; si ya no roca de cristal de Neptuno). Nótese aún la diferencia: la materia suntuaria en el soneto juvenil (como en Petrarca) estaba dada en forma de imagen ($A_1 = B_1, A_2 = B_2, A_3 = B_3, A_4 = B_4$); en el mencionado pasaje del Polifemo vivimos ya en plano metafórico (han

---

[59] Estudio ese tema en mi artículo "Un aspecto del petrarquismo", en *Seis calas en la expresión literaria española*, págs. 85-118.

desaparecido los elementos de la realidad) y no lo abandonamos sino para ascender a metáforas de segundo grado. Y una bella mujer se expresa por un ilusorio entrecruzamiento o semimetamorfosis de nítidas metáforas.

He aquí cómo el "tema de la belleza" y con él el "del amor", que vienen de Petrarca, sufren en el barroquismo una intensificación, un terrible exacerbamiento, que es como el paso o la propagación a este campo, antes sereno, de los nuevos deseos irreprimibles, de las nuevas fuerzas telúricas que bullían pugnando por aflorar a principios del siglo XVII. Es decir: volviendo a nuestro lenguaje sinfónico: al sereno "tema de Galatea" (que es toda una tradición de belleza) se le propaga algo del prurito del "tema de Polifemo" (nueva intensificación barroca).

Pero, alejándonos, ya no vemos este entrecruzamiento: y los dos temas se suceden y contraponen bien diferenciados a lo largo de toda la fábula.

FINAL

Lo sereno y lo atormentado; lo lumínico y lo lóbrego; la suavidad y lo áspero; la gracia y la esquiveza y los terribles deseos reprimidos. Eterno femenino y eterno masculino, que forman toda la contraposición, la pugna, el claroscuro del Barroco. En una obra de Góngora se condensaron de tal modo, que es en sí ella misma como una abreviatura de toda la complejidad de aquel mundo y de lo que en él fermentaba. Sí, se condensaron —luz y sombra, norma e ímpetu, gracia y malaugurio— en la *Fábula de Polifemo,* que es, por esta causa, la obra más representativa del Barroco europeo.

Pero esto es lo asombroso: Galatea y Polifemo (lo celestial y lo telúrico) se resolvieron —estéticamente— en un organismo único: en esa *Fábula de Polifemo y Galatea,* ya unidad, ya eterna criatura de arte. Prodigio del arte.

TERCER CONOCIMIENTO
DE LA OBRA POÉTICA

*Para Alfonso Rubio y mis amigos
de Monterrey.*

TAREAS Y LIMITACIONES DE LA ESTILÍSTICA

LA POESÍA COMO PROBLEMA

El goce puro de la belleza y la emoción que el verso puede comunicarnos ha de ser previo, inocente, anterior a todo análisis. No hay sustitutivo. El llamado a las artes ignotas de la poesía, oye una voz, como Agustín, una voz virginal "quasi pueri an puellae, nescio", que le dice "Tolle, lege! Tolle, lege!". Toma, lee. Nada más. Que el ambiente en el que el joven se forme y la canalización de la crítica pueden favorecer ese terrible encuentro lleno de presagios (el del adolescente con la poesía), no cabe duda. Entre un pliegue del misterio de la formación del carácter —ese aparecer súbito de realidades psíquicas (¿de dónde vienen, Dios mío?)—, puede surgir este brote del gusto por la poesía, que debe hacer estremecerse a todo padre sensato.

La vida no ofrece una estigmatización más fuerte que ésta. El impregnado ya queda aparte: Dios le ha señalado con su huella de fuego.

Sin haber sufrido esa impregnación, que para el iniciado convierte en acto natural la nutrición poética (así como respirar el oxígeno del aire o bañarse en las radiaciones solares), es decir, sin tener experiencia inmediata del fenómeno poético, es inútil plantearse los ulteriores problemas de que vamos a tratar en seguida. Mejor dicho, cuando algún filósofo (de los que no han pasado por ese trance) se los plantea, en frío, con ingenua seriedad —y son bastantes los que así lo han hecho—, no hará sino descubrirnos cuántas jaulas vacías —sin pájaro— pueden construir pacientemente filósofos de buena fe.

Pero el que ha mordido ese veneno de dulce insidia, el que ha cegado ante esa iluminación que nos abre una dimensión desconocida en nuestra existencia, puede ocurrir que viva y muera en su culto, sin preocuparse de más, y es lo más frecuente que así suceda. Pero puede también un día sentirse de pronto desasosegado, quizá precisamente al leer un dulce verso, mil veces consolador. Porque es que ese día le ha saltado, se le ha puesto enfrente esta pregunta: "¿Por qué este determinado verso, este poema, este escritor me mueven? ¿Qué es, cómo se origina esta onda de emoción que pasa por mi alma? ¿De dónde procede esto, en qué relación está con mi vida y con la vida que me rodea?"

En ese caso, la poesía le ha hecho pasar ya a este hombre por dos trances de trascendencia vital. Primero se le ha manifestado como un natural alimento. Ahora como problema filosófico. Si nosotros intentamos contestar a esas preguntas, desde ese mismo momento salimos en busca de nuestro tercer conocimiento de la obra literaria.

LA CRÍTICA NO PUEDE DAR CONTESTACIÓN

Porque el segundo conocimiento, el crítico, no puede contestar a estos problemas, ni siquiera se los suele plantear.

No son contestaciones estas fórmulas usuales hace algunos años:

"Este poema me mueve por la galanura del estilo".
"... por la sonoridad del ritmo".
"... por la belleza de las imágenes".
"... por la altura moral de los sublimes pensamientos".
O éstas más modernas:
"... por las cálidas sugerencias que produce en el lector".
"... por cierto vago tinte de melancolía sutilmente invasora".
"... por el frondoso barroquismo que encrespa aquí y allá la grata serenidad del estilo".
"... por su apasionada andadura estilística".
Etc., etc.

Perdóneseme por haber escogido quizá con fe no del todo sana —lo confieso— algunas de las expresiones más arregostadas al tópico (unas muy siglo XIX y otras muy siglo XX).

La verdad es que la crítica no dice mucho más que eso, porque no es cosa suya, ni ese problema le interesa: le basta con valorar rápidamente sus intuiciones, fiel a su misión de guía.

TERCER CONOCIMIENTO DE LA OBRA LITERARIA. HACIA UNA CIENCIA DE LA LITERATURA

El primer conocimiento literario, el del lector, y el segundo, el del crítico, son conocimientos intuitivos, en realidad acientíficos. Dicho de otro modo: conocimientos artísticos de hechos artísticos. Lo que buscamos es, pues, la posibilidad de un tercer conocimiento literario; lo que buscamos es la posibilidad de un conocimiento científico del hecho artístico. Este deseo, esta búsqueda, se mueve —reconozcámoslo— entre precipicios de problemática. Hemos tocado en un problema pavoroso, general a las humanidades, ciencias en deseo. En lo que sigue nos reducimos al aspecto artístico, en especial, literario, pero todo lo que decimos podría expresarse en fórmula más general.

El problema que surge es inmensamente extenso (pues implica toda una cadena de problemas colaterales) y de una vertiginosa profundidad (pues sus ramas lo son a la par del problema general de la filosofía). Es éste: ¿en qué medida, de qué modo el arte —en nuestro caso la literatura, la poesía— puede ser objeto de conocimiento científico?

Es propia del arte la individualidad, la unicidad de sus fenómenos. Y así el problema se ve aún más en su pavorosa desnudez, cuando lo planteamos reducido a un hecho artístico o literario. Lo único, ¿podrá ser objeto de conocimiento científico? Un hecho artístico, un poema —ser individual, no repetido, no perceptible—, ¿podrá ser objeto de conocimiento científico, o sólo de conocimiento intuitivo? Es evidente que toda noción de "ley" en el sentido fisiconatural es aquí inaplicable. Es evidente que el "conocimiento" de un fenómeno artístico implicaría la comprensión de la razón de su unicidad, o sea, de su "peculiaridad". O lo que es lo mismo, de su "ley" interna. Es decir: tenemos que considerar el fenómeno literario (por ejemplo un poema) como un cosmos, como un universo, cerrado en sí, e investigar su ley particular —su sistema de leyes—, lo que le constituye y le constituye único.

Ése sería el problema central de un conocimiento verdaderamente científico de la obra literaria: problema no resuelto y que no tendrá solución —así lo creemos— mediante una metodología científica [1]. Ésta es la gloria de la intuición: porque esa cámara última, esa ley constitutiva de la unicidad de la criatura de arte, es aprehendida —confusa y a la par luminosamente— una y otra vez por la intuición humana. Y esta verdad —que la experiencia diaria nos confirma— obligaría a insistir de nuevo en la pregunta: ¿Es

---

[1] Pocas cuestiones más agitadas en nuestros días, tras la sistematización rigurosa, en forma de leyes, de los fenómenos físico-naturales. No es asunto nuestro, ahora, el discutir ni matizar las distintas tendencias,

que el hecho artístico podrá ser sólo objeto de conocimiento intuitivo? ¿Nunca podrá serlo de un conocimiento verdaderamente científico?

La ciencia tiene que moverse torpemente por una desazón, por los aledaños de un imposible. Pero aun por esos ambages y desvíos hay muchas posibilidades para la actividad científica.

LA CLASIFICACIÓN TIPOLÓGICA NO RESUELVE NADA

Inmediatamente vemos que aun lo estrictamente único (un determinado poema, por ejemplo) tiene en su complejidad una serie de elementos semejantes, si no iguales a los que ofrecen otros seres únicos de tipo semejante (otros poemas). Comprendemos, pues, cómo es posible el establecimiento de una tipología, o mejor aún, de una sistematización homológica (homología de conjuntos y homología de los elementos de los conjuntos). Este terreno sí que está totalmente abierto a la investigación científica. Pero no olvidemos que después de que todo nuestro análisis hubiese establecido una perfecta red de relaciones entre hechos artísticos comparables, por las mallas se nos escaparía el pescado. En efecto: estudiaremos científicamente todo lo que en un poema determinado hay coincidente o semejante con toda una serie de poemas; no habremos llegado al conocimiento científico de lo que verdaderamente importaba: por qué ese poema es un ser individual, único. Es, pues, posible la sistematización inductiva de ciertas categorías genéricas y normas (con un valor que, *mutatis mutandis*, puede aproximarse al de la "ley" fisiconatural): por ejemplo, induciremos, basados en el estudio de una serie de casos concretos, que el uso del encabalgamiento suave, o el del hipérbaton, modificaciones del significante, producen determinadas reacciones afectivas en el significado, etc.; podremos enunciar estas normas o tendencias (mejor que leyes) con carácter general. Podremos hasta multiplicar ese análisis llevándolo a una gran cantidad de elementos del significante y de sus correlatos en el significado. Se prevé así la formación de una ciencia compacta, sistemática (¿la Estilística?). Habremos catalogado y definido todo lo que de común hay en los distintos fenómenos poéticos. Una indagación semejante nos habría definido totalmente una zona del mundo físico. En el campo poético (o, en general, artístico), el resto, lo que se nos escapa, es precisamente lo esencial. Y nunca a fuerza de análisis reconstruiremos la intuición totalizadora que un muchacho cualquiera obtiene, en un instante, con un libro en la mano, una mañana de primavera por la alameda del parque.

La empresa, tal como la vemos hoy, está, pues, condenada al fracaso. Sólo la intuición dará el salto último: sólo ella plantará la bandera en la peña coronadora de la cumbre.

Sí, este Everest se traga a sus exploradores, a no ser que, para el tranco último, se transformen en aves. Creemos que así ocurrirá siempre. Pero hemos de reconocer que las cotas alcanzadas por la indagación metódica cada vez son más altas. Sí: esta indagación es la que realiza la Estilística.

Partimos, pues, hacia el conocimiento científico del hecho poético, Quijotes conscientes de antemano de nuestra derrota. Muchos fenómenos tenemos que analizar, muchas normas podremos inducir. No penetraremos en el misterio. Pero sí podemos limitarlo, extraer de la confusión de su atmósfera muchos hechos que pueden ser estudiados científicamente.

ESTILÍSTICA LINGÜÍSTICA
ESTILÍSTICA LITERARIA

He ahí la tarea de la Estilística. Desgraciadamente no hay palabra más equívoca. Prescindiendo de otras, la mayor y más frecuente anfibología exige distinguir: 1.º Estilística lingüística, 2.º Estilística literaria.

Estilística sería la ciencia del estilo. Estilo es lo peculiar, lo diferencial de un habla. Estilística es, pues, la ciencia del habla, es decir, de la movilización momentánea y creativa de los depósitos idiomáticos. En dos aspectos: del habla corriente (estilística lingüística)[2]; del habla literaria (estilística literaria o ciencia de la literatura).

Este estudio del habla como creación individual abarcará toda la complejidad creativa del habla misma (lo conceptual lo mismo que lo afectivo en cuanto único: la reducción de la estilística al estudio de lo afectivo en el lenguaje nos parece una equivocadísima limitación).

Entre estos dos campos, el de la estilística lingüística y el de la literaria, hay múltiples relaciones y aun una zona común. Fundamentalmente, no puede haber dos cosas más distintas. Cada vez que en este libro hemos nombrado o nombraremos la palabra "estilística", nos hemos referido y nos referiremos (salvo advertencia en contrario), a la literaria, exclusivamente a la literaria.

LA ESTILÍSTICA SERÁ LA ÚNICA "CIENCIA DE LA LITERATURA"

La Estilística es, hoy por hoy, el único avance hacia la constitución de una verdadera ciencia de la literatura —tal como yo la concibo—. Nótese que digo un "avance": sí, es un ensayo de técnicas y métodos; no es una ciencia. Cuando se pueda constituir una ciencia (cuando haya inducido una red completa de

---

[2] El estudio de las hablas también plantea (a causa de la unicidad del habla) el mismo problema que el de los hechos artísticos. Toda sistematización y normación inductiva lleva, todo lo más, hacia una tipología de las hablas. Siempre se escapa el resto, es decir, precisamente lo único, lo peculiarmente individual. Es, exactamente, un aspecto del problema general estético, diría Croce.

normas), vendrá a confundirse con la Ciencia de la Literatura. Porque la Ciencia de la Literatura no podrá tener otro objeto que el del conocimiento científico de las creaciones literarias. Pero escribir, hoy por hoy, esta expresión, "Ciencia de la Literatura", sólo puede interpretarse de dos modos: o como un deseo, muy laudable, pero aún no cuajado en sistema, o como una vanagloriosa e intolerable superchería.

Más aún: cuando la Estilística (la Ciencia de la Literatura) esté sistematizada, lo habrá conseguido todo menos su objetivo último. Cuando lo haya medido todo, cuando lo haya catalogado todo, aún la terrible "unicidad" del hecho artístico se le escapará de las manos. Sin embargo, ese resto no cognoscible científicamente irá siendo cada vez menor según avance nuestra técnica.

Cada vez, pues, que escribimos "Estilística" téngase presente cuán conscientes somos de sus límites y de su inmadurez científica. Razón de más gozo para nuestro trabajo.

Esta búsqueda de un tercer conocimiento literario (en esencia distinto del conocimiento crítico), es decir, esa búsqueda de un conocimiento científico de la materia literaria (o por lo menos de la delimitación de lo que en ella es cognoscible científicamente), es la empresa en que estamos metidos muchos trabajadores esparcidos por el mundo; y ésta es también la tarea fundamental del presente libro.

En la práctica, toda clase de mixturas o combinaciones entre estos intentos de un tercer conocimiento científico y el segundo, o crítico, son posibles y frecuentes; precisamente este mismo libro (no podía ser de otro modo) ha ofrecido abundantes ejemplos de tal mezcla. A veces la buscaremos también metodológicamente. Cuando en seguida hablemos de Lope de Vega nos interesará ver cómo, en determinados momentos, la estilística puede acudir en auxilio de la crítica.

Pero, en su última esencia, este tercer conocimiento difiere de modo total del segundo o crítico, y no digamos nada del primero o del lector. Es lo que ignoran muchas gentes —creadores y críticos—, que suponen que queremos suplantar a la crítica o dar recetas para la comprensión literaria o aun para la creación. Si quisieran enterarse, sabrían que nada más lejos de nuestro ánimo. Estos tres conocimientos son como tres escalones. Nadie podrá ser investigador en estilística que no haya sido primero un apasionado lector, y en segundo lugar un intenso crítico. ¡Ay, esto lo olvidan (o no lo han sabido nunca) muchos técnicos del puro cuentahílos, artesanos de una estilística de mimbres y tiempo!

PRIMER TRABAJO DE LA ESTILÍSTICA. RELACIONES ENTRE SIGNIFICANTE Y SIGNIFICADO

Este tercer conocimiento de la obra literaria no es un puro goce intuitivo ni tiene la menor intención pedagógica. ¡Estamos a astronómica distancia de la delectación del lector y del fin inmediato del crítico! Este tercer conocimiento se plantea como problema. Es lo que hemos visto en términos generales. Reduzcamos ahora el problema a los límites especiales de nuestro libro. Pongámonos frente al poema.

El más inmediato análisis de un poema nos lo manifiesta, de un lado, como una sucesión temporal de sonidos (significante); de otro, como un contenido espiritual (significado)[3]. El significante es una modificación del mundo físico, medible y registrable, con absoluta exactitud (una serie de sonidos: con duración, intensidad, altura, timbre): el significante es, pues, como otro objeto cualquiera de los que se estudian en las ciencias fisiconaturales. El significado es (a través del significante) una alteración

---

[3] Véase más arriba, págs. 19-33.

de nuestra vida espiritual, ni medible, ni registrable; sólo de un modo vagamente aproximado lo podemos analizar: lo que sí percibimos inmediatamente es su complejidad enorme. Aun en el poema más sencillo, el significado es un mundo. La primera tarea de la estilística es tratar de penetrar ese mundo. ¿Por dónde? La realidad nos ofrece la primera vía natural: a través del significante. Tomemos ahora como unidad de significante el poema mismo.

Significante y significado son dos complejos de n elementos, ligados por n parejas, elemento a elemento, componente a componente. Si llamamos A a un significante (cuyos elementos componentes son $a_1, a_2, a_3 \ldots a_n$) y B al correspondiente significado (cuyos elementos componentes son $b_1, b_2, b_3 \ldots b_n$), siempre el engarce total A-B supone la existencia de una serie de n engarces ordenados, de elementos

$$A = a_1 \; a_2 \; a_3 \ldots\ldots\ldots\ldots\ldots\ldots a_n$$
$$|\;|\;||$$
$$B = b_1 \; b_2 \; b_3 \ldots\ldots\ldots\ldots\ldots\ldots b_n$$

Somos también nosotros una especie de instrumento registrador (¡cuán fino, cuán complicado!) del significante, la huella o registro que en nosotros se graba es precisamente el significado: grabación intuitiva. Un elemento fónico (un fonema o un breve grupo de fonemas), por ejemplo a_7, suscita en nosotros una intuición b_7. Pero sería una idea tan simple como falsa la de imaginar la relación entre significante y significado poéticos como una serie de parejas independientes. No: es evidente que todas estas parejas son interdependientes. Y ésta es la ley fundamental del poema, consecuencia inmediata de su carácter temporal: cada uno de estos vínculos siente la presencia de los demás, sobre todo de los más próximos; por sucesiva cadena, la de todos. Hay, pues,

El poema, red de signos

además de estas vinculaciones verticales (que ligan miembros de igual subíndice) una red intrincada de relaciones horizontales (que ligan entre sí distintas parejas, de índice diferente). Por ejemplo, el vínculo $a_7 - b_7$ no tiene un valor independiente, sino que está condicionado por los $a_6 - b_6$, $a_8 - b_8$, $a_5 - b_5$, $a_9 - b_9$, etc., en cadena ininterrumpida, pues cada una de estas parejas está por su parte condicionada por parejas cada vez más alejadas de la $a_7 - b_7$ [4]. Son estas series de nexos verticales y horizontales las que constituyen el poema como organismo. Las que, en fin de cuentas, encierran el impenetrable misterio de la forma poética [5].

La intuición total (o huella del significado B) no es sino la suma (y al par, digamos, la mutua multiplicación) de todas esas intuiciones parciales.

El verdadero objeto de la estilística sería, *a priori*, la investigación de las relaciones mutuas entre significado y significante, mediante la investigación pormenorizada de las relaciones mutuas en-

---

[4] Naturalmente, aparte estas relaciones por cadena, las hay también por salto: $a_7 - b_7$ puede vincularse directamente con, por ejemplo, $a_{14} - b_{14}$ (así ocurre con estribillos, reiteraciones, rima, etc.).

[5] Nótese que sólo tenemos en cuenta las relaciones que Saussure llamaría sintagmáticas, es decir, presentes en el significante mismo. No cabe duda de que el organismo de valores que forma el poema no podría existir sin la presencia de otras relaciones extrasintagmáticas (del tipo que Saussure llamó "asociativas"). Pero Saussure no tomaba en consideración (para sus conceptos de "lengua" y de "habla") más que relaciones conceptuales. Nuestra interpretación del poema como organismo es mucho más complicada, por considerar, como queda dicho al principio de esta obra, que el significante es un complejo de elementos conceptuales, sinestéticos, afectivos, etc. Ahora bien, todos ellos traban una tupida red de relaciones sintagmáticas —red de esa misma complejidad— y cobran pleno sentido apoyados sobre otras complejísimas series extrasintagmáticas. Es precisamente en este complejo en el que operamos en todo el presente libro.

tre todos los elementos significantes y todos los elementos significados. (Ya veremos cómo esto se limita, forzosamente, en la práctica.) La relación entre significante y significado se obtendría por la integración de todas estas relaciones entre elementos.

He aquí, pues, que el gran problema que se plantea la estilística es el del contacto entre esas dos laderas, física (significante) y espiritual (significado).

Observemos, por último, que, al tomar como nuestro punto de mira ése, tan prodigioso, en que cada uno de los elementos del significante (y sus mutuas interdependencias) se convierte en una reacción y a la postre en un nudo de reacciones en nuestra alma, lo que hacemos es polarizar la atención literaria hacia un punto que en el alma del lector es como proyección de un instante correspondiente en el alma del creador. Fue una moción, una alteración más o menos semejante a la que nosotros experimentamos con la lectura la que determinó en el alma del poeta una intuición selectiva de los elementos expresivos de que echó mano. De este modo, la investigación estilística se ve indirectamente llevada al momento auroral en que un mundo vago, de pensamientos, emociones, reminiscencias, que estaba en el alma del poeta, cuajó o plasmó en una criatura nítida, exacta: el poema.

EL MÉTODO GENERAL, APLICADO EN NUESTRAS LECCIONES SOBRE GARCILASO Y GÓNGORA

Este problema de las relaciones entre significante y significado (básico en estilística literaria, o —con expresión más amplia— en estilística artística) es el que, en los términos más generales en que es posible —en los límites de una lección— llevarlo a la práctica, nos hemos planteado en nuestras lecciones sobre Garcilaso y sobre Góngora. Teníamos en ambos casos la posibilidad de tomar pasajes muy característicos (es decir, que por intuición sabíamos concentraban lo que entendemos por "Garcilaso" y por "Góngora" en poesía): un pasaje de la *Égloga tercera* del primero, y del *Polifemo* del segundo, nos sirvieron para nuestra prueba. Toda una serie de elementos del significante fueron cuidadosamente aislados (acentos, vocales, consonantes, precesión o posposición de vocablos, acentuación de los versos, prolongación o contraste en versos sucesivos, tipos acentuales, encabalgamiento áspero, encabalgamiento suave, no encabalgamiento, contraste o no contraste de dos estrofas sucesivas o de partes de estrofas, etc.). Todos estos elementos los hemos ido probando uno a uno, tratando en cada caso de apreciar qué reacción, qué modificación de nuestra sensibilidad quedaba registrada en el significado. Por ejemplo, el fragmento elegido de Garcilaso no solamente nos dio oportunidad para probar una gran variedad de elementos distintos, sino que muchos elementos se nos presentaron repetidamente a lo largo de él. En cada caso pudimos comprobar que a la reiteración de la misma nota en el significante correspondía la reiteración de un mismo efecto en el significado. Tres veces, por lo menos, se nos había presentado el encabalgamiento que denomino abrupto, en el breve fragmento de Garcilaso: las tres, su presencia acompañaba a la imagen mental de un violento o súbito movimiento (ninfa que saca de golpe la cabeza, río entre hoces que completa una rápida curva, idea de vencer el último obstáculo para salvar la cumbre) [6]. Por dos veces constatábamos que un encabalgamiento suave corresponde a una sensación de prolongación sedosa (ya del curso de un río, tan lento, que no se sabe hacia dónde fluye, ya de una estela de melancolía) [7].

Un análisis semejante llevamos a cabo en el fragmento gongo-

---

[6] Véase más arriba, págs. 73, 88 y 89.
[7] Véase más arriba, págs. 65-66 y 100.

rino, también sumamente rico en signos o elementos exteriores con trascendencia para el significado.

Observemos, por último, que nuestro análisis de ningún modo se limitó a vinculaciones de tipo vertical, sino que la práctica, digamos, en vivo, del método, constantemente estaba presentando interdependencias de elementos sucesivos: a veces verdaderos nudos de vinculaciones horizontales. Penetramos, pues, en la estructura íntima del densísimo tejido poético.

Pero todo esto es muy poco aún. Es sólo un primer planteamiento del problema de las relaciones mutuas de significante y significado en la obra poética. Será necesario un análisis mucho más pormenorizado por ambas vertientes (la física y la espiritual). Vinculaciones que nosotros atisbamos entre significante y significado habrán de ser comprobadas en otros poetas, o habrán de demostrarse ilusorias, etc. Hay también muchos otros tipos de vinculaciones, sin duda de gran valor expresivo, que habrán escapado a nuestra pesquisa, etc.

TEMAS PARA ESTUDIOS ESPECIALES

Téngase en cuenta que nuestros comentarios sobre Garcilaso y Góngora han sido como una muestra general de lo que es en poesía la vinculación motivada entre significante y significado. Pero ahí quedan iniciadas, quizá, una docena de galerías que habrán de ser objeto de otras tantas exploraciones especiales. Un estudio del encabalgamiento (tema casi totalmente desatendido) en las dos variedades [8] que nosotros distinguimos (de valor expresivo se puede decir que contrario) sería un notable avance hacia muchos secretos de la forma poética que son aún misterios, y que pueden dejar de ser tales. El tema del realce de expresividad de

---

[8] Y en otras muchas que seguramente o no se nos han presentado o se nos han escapado.

las voces sobre las que cae el acento rítmico ("caduco aljófar, pero aljófar bello", "cestillos blancos de purpúreas rosas") fue planteado ya por nosotros en 1927 [9]. También hace ya bastantes años [10] que dimos un breve tratamiento al estudio del orden de las palabras, que desde un punto de vista estilístico creemos no había sido planteado en poesía románica. Ahora, en otro trabajo, hemos intentado con gran ilusión, y quizá más a fondo, la técnica que llamamos "análisis de pluralidades". Es muy poco. El campo de indagación de las relaciones entre significante y significado poéticos es muy extenso, y cada uno de los temas exigiría un tajo especial. Ocurre además que el tratamiento estilístico de algunos de estos temas se muestra fértil con determinados autores, literaturas nacionales o épocas, pero poco fértil y a veces casi totalmente infecundo cuando faltan estas condiciones.

NECESIDAD DE UNA INTUICIÓN PREVIA. LA ODA DE FRAY LUIS

En el poema más sencillo, el número de interrelaciones (cruce de relaciones verticales y horizontales) que se establecen entre los distintos elementos es fantásticamente grande: de estas relaciones, unas son muy expresivas, otras lo son escasamente. Hay por todo el mundo gentes de buena fe que se ponen delante del poema y aspiran a estudiar todos sus elementos, y a esto llaman estudio estilístico.

Por ese camino no se va a ninguna parte, y el método, que quiere ser científico, se hace a sí mismo imposible: el número de los elementos que habría que estudiar imposibilita el estudio. No

---

[9] *Soledades de Góngora*, editadas por D. Alonso, pág. 25; *RFE*, XIV, 1927, pág. 344; *La lengua poética de Góngora*, I, Madrid, 1935, páginas 117-119.

[10] *La lengua poética de Góngora*, I, 189-192.

hay solución, sino la de una selección previa. Ni hay otro modo de elegir que el de la intuición. He aquí por qué hemos afirmado que el método hacia el conocimiento científico de una obra necesita como escalón indispensable la intuición previa de la misma. La indagación científica de todos los elementos que constituyen la obra literaria es imposible, porque ésta es un complejo de complejos. La intuición es lo único que puede revelar previamente cuál ha de ser ante una obra determinada la dirección más fértil del ataque. Correspondiendo al carácter único de cada ejemplar literario, la dirección e intención de nuestro estudio y los elementos sobre los que una investigación estilística pueda ser más fecunda son diferentes en cada poema.

Claro está que al actuar sobre Garcilaso y Góngora ese filtro selectivo operaba mientras trabajábamos. Consideramos entonces un haz de numerosos elementos significativos, pero otros muchos elementos del significante no pasaron a nuestro análisis porque (como ya dijimos) un filtro selectivo nos los eliminaba. De todos modos, nuestra técnica se basó en esos casos en manejar una gran cantidad de elementos y en mostrar algo de la maraña de sus interdependencias.

Pero, otras veces, el filtro selectivo sólo deja pasar para someterlo al análisis uno de los elementos del significante. Mejor dicho, nos adelanta o avanza como especialmente expresivo un particular elemento. Esto es lo que nos ha ocurrido al tratar de la forma en Fray Luis de León y en San Juan de la Cruz. Bien comprendemos que un análisis parecido al llevado a cabo para Garcilaso y Góngora hubiera rendido, aplicado a estos autores, menos fruto.

Hemos sentido intuitivamente, como tantos otros lectores, el encanto formal de la oda de Fray Luis. Y hemos tratado de investigar sus leyes. Como conocíamos de antemano la relación de la oda de Fray Luis con la de Horacio, hemos escogido para nuestro análisis dos evidentes imitaciones del poeta latino. Inmediatamente hemos visto entre las múltiples unidades de orden distinto que forman el significante, el especial relieve que tiene la estrófica. Y nos hemos dedicado a la indagación de las relaciones interestróficas. Hemos visto con asombro el constante cambio de dirección y de temperatura afectiva que representa el paso de una estrofa a otra en Fray Luis. ¡Con qué exquisito cuidado, un golpe del timón cambia la dirección de la bordada! No se trata de una técnica tan sólo intuitiva. No: el poeta ha tenido un deliberado propósito y lo ha seguido infatigablemente. Es evidente también que ha tenido modelos delante de los ojos, y que en cierto modo los ha superado.

El poeta omite constantemente cualquier vínculo interestrófico que pueda ser discursivo; pero el poema, a pesar de tanta quiebra, tiene su ley cohesiva, que la fantasía aprehende así con más avidez. En fin, todas esas estrofas, vistas a distancia, se nos ordenaban en series ascendente-descendentes. Se nos comprueba así, en esa estructura climático-anticlimática, el horacianismo del poeta, que habíamos estudiado ya en otra parte. (A los finales descendentes en Medrano y en Manuel Machado hemos dedicado estudios especiales fuera de este curso.)

No nos detendremos en señalar cómo también la indagación en el caso de San Juan de la Cruz la hemos hecho (siguiendo el método empleado ya en un libro anterior nuestro) operando sobre las relaciones de verbo, sustantivo y adjetivo en la economía del sistema de su habla. Henos aquí llevados a un campo estilístico no tocado aún en los análisis anteriores: el estilo de San Juan de la Cruz se caracteriza por unas alternancias de sequedad y exuberante vegetación; tales alternancias parecen estar en relación con los pasos de la vía purgativa a la iluminativa y la unitiva.

ESTILÍSTICA DE LA FORMA INTERIOR

Hemos dicho por varias partes de este libro que, aunque toda estilística literaria estudia el signo o forma literaria, la mayor parte de las veces lo intenta en la dirección desde el significante hacia el significado (de la forma exterior hacia la forma interior). Así también, seguramente, la mayoría de las veces en el presente libro (por ejemplo, en Garcilaso, en Góngora, en la primera parte de nuestro estudio sobre Fray Luis). Son muchas, sin embargo, las ocasiones en que nos hemos movido en sentido contrario.

También hemos explicado que la causa de esa preferencia por la forma exterior no es otra sino el hecho de que el significante se nos presenta concreto y material (aunque muy complejo) —medible y registrable por tanto—, mientras que el significado o forma interior (verdadero objetivo, aún imposible, de la Estilística) [11] no es cognoscible directamente sino por apoderamiento intuitivo. Y ahí reside el problema [12].

En la búsqueda de un conocimiento científico del significado, sustituimos la imagen inasequible de la forma interior del poema por una serie de estados anteriores en el artista. Entre el cero (vacío creativo) y la realidad de la obra de arte —decíamos— suponemos una serie progresiva de estados, polarizados todos hacia la forma interior. Ésta no es sino el último miembro de esa serie, el miembro que ya engarza o ajusta en la forma exterior o significante, el miembro que se fija gracias al significante. En todo in-

---

[11] El verdadero objetivo de la Estilística es el signo. De él nos es conocido, ya por experiencia inmediata, ya por medios científicos, el significante. Conocemos el significado sólo por intuición. Nos falta, pues, el conocimiento científico del significado. En este sentido, decimos en el texto que el significado es el objetivo de la Estilística.

[12] Reanudamos el tema ya iniciado más arriba, pág. 196.

tento de explicar científicamente un significado (que ya conocemos, no se olvide, por procedimiento intuitivo) lo primero que se nos ocurría era la indagación que parece más sencilla: a través del significante [13]. Pero para un estudio verdaderamente interno del significado no vemos otro camino sino la persecución de esa serie de estados sucesivos, el progresivo moldeamiento hacia la forma interior, hasta ver cómo ésta va a ajustarse en el significante, que —no se olvide tampoco— tenemos en nuestra mano. Para esa persecución hay que partir de datos a veces muy alejados: entran aquí los que poseamos acerca de la personalidad del creador, de su educación científica, de su educación literaria, de su vivir, de sus reacciones psicológicas frente al ambiente, etc. Pero, entiéndase bien, un estudio de la vida de determinado autor, o de su pensamiento, o de su educación literaria, sólo será estilístico cuando se proponga como objeto el determinar cómo han ido a fraguar esos elementos en el significado de la obra. Considerar a San Juan de la Cruz dentro de la gran corriente de la literatura a lo divino, no es un quehacer estilístico; empieza a serlo cuando vemos que, precisamente por esa intencionalidad a lo divino, el moldeamiento interior de un poema (el *Pastorcico*) determina la rotura de la forma exterior del modelo [14].

En este libro hemos considerado siempre el significante como un complejo de elementos conceptuales, afectivos, sinestéticos (y en general imaginativos), etc. Y hemos dicho que la misma complejidad existe en el significado.

Esa misma complejidad la proyectaremos en la búsqueda de la forma interior. Sería un error reducirla a un moldeamiento de elementos conceptuales (aunque éste fue principalmente nuestro

---

[13] Como hemos hecho, p. ej., al estudiar a Garcilaso.
[14] Véase más arriba, págs. 271-273.

objetivo al tratar de la *Oda a Salinas*). Habrá que penetrar en la maraña de los elementos afectivos, volitivos, en toda la red de reacciones del autor frente al pasado o a lo contemporáneo, frente a las cosas y los hombres; frente a las obras de arte y de literatura...: buscaremos ahí los elementos que habrán dejado su huella en la forma interior, y a través de ella en el significante. Dentro de poco veremos cómo en un momento de su vida muestra Lope una afición a la poesía filosófica; no sólo de contenido filosófico (pues eso le había ocurrido muchas veces), sino de enunciación cerradamente filosófica. Lo interpretamos como una reacción frente al gongorismo triunfante. En cuanto al espiritualismo de esas composiciones, vemos dos determinantes: recientes lecturas de Pico della Mirandola y Marsilio Ficino, de una parte, y de otra, un ingenuamente hipócrita deseo de cohonestar la creciente pasión por doña Marta. He aquí la forma interior predeterminada por la anécdota biográfica. De un lado, elementos conceptuales, de otro profundas y quizá no conscientes querencias han determinado los estados inmediatamente anteriores a la plasmación: un paso más, y entreveríamos, del lado interno, la plasmación misma. Estamos junto al misterio y junto al límite último de nuestras investigaciones cuando vemos lo biográfico cargar de emoción el verso de Garcilaso siempre que se trata de doña Isabel.

A lo largo de este libro hemos hablado constantemente de dos perspectivas, la que parte de la forma exterior y la que arranca de la interior. Teóricamente se trata, pues, de dos métodos, de dos direcciones contrarias. Es preciso observar que en la práctica estamos pasando constantemente del uno al otro sentido (así en nuestro estudio de San Juan de la Cruz y en los que siguen sobre Lope de Vega y Quevedo), aunque en el conjunto de cada investigación predomine una de las dos direcciones.

En ningún punto necesita la Estilística un mayor fomento que en esta perspectiva desde la forma interior. En los trabajos desde el significante algunas vislumbres tenemos de lo que se puede hacer (aunque se esté aún muy lejos de una rigurosa y conjunta sistematización científica). Pero apenas si hay intentos de perseguir el significado desde una perspectiva interior. Para ello, el investigador literario deberá doblarse de psicólogo: habrá que clasificar y estudiar todos los elementos nutricios del espíritu del poeta, toda circunstancia que haya podido determinar en él una reacción, todas las actitudes por él adoptadas. Pero no bastará, por ejemplo, descubrir la polaridad *armonía-desarmonía* en Fray Luis: esa ley será un principio básico en toda indagación estilística de sus odas, pero será necesario perseguirla en su moldearse hacia forma interior de un poema determinado. Que aparezca —*deus ex machina*— un sistema de pensamiento, cuerda conductora fidelísima (como en la *Oda a Salinas*) y que le veamos, ante nuestros ojos, plasmar en un significante climático-anticlimático, no es nada frecuente.

Nunca tendré más miedo que al aconsejar estos trabajos desde el punto de vista de la forma interior. Hay el peligro de que nuestras palabras puedan ser un pretexto para la presuntuosa y perezosa charlatanería, para todo género de vaguedades, aparentemente tanto más elevadas cuanto menos ligazones tienen con nada estricto.

Es el vínculo, exacto, riguroso, cruelmente concreto, entre significante y significado —el signo, es decir, la forma literaria, la obra— el objeto único de la Estilística. No será Estilística nada que a ese punto, perfectamente delimitado, no lleve. Si de un lado hay trabajos que se llaman estilísticos y son simple recuento de elementos (muchas veces inexpresivos), se han publicado y se publicarán otros, también rotulados como estilísticos, que no pasan de ser divagaciones sin relación directa con el objeto único de la

Estilística: la obra literaria, que está ahí, la pobre, esperando que alguien la estudie, la entienda, se pregunte cómo es. Sólo más tarde nos preguntaríamos "por qué es".

La Estilística o Ciencia de la Literatura será el único escalón posible para una verdadera Filosofía de la Literatura [15].

[15] Naturalmente, una "Filosofía de la Literatura" ha habido desde que el hombre tomó como objeto de su pensar el hecho literario. Yo me refiero a presuntuosos y mendaces títulos de libros que cultivan el equívoco: se quiere, sin duda, hacer creer al lector que existe semejante "Ciencia de la Literatura", como existe la "Geometría" o la "Física", y que es posible un pensar sobre ella como sobre algo sistemáticamente establecido. Pero todo filosofar sobre "Ciencia de la Literatura" es pensar sobre lo futuro; sus temas, por tanto, son, hasta ahora, cuál habrá de ser el verdadero objeto de la "Ciencia de la Literatura", cuáles habrán de ser sus métodos, etc. Hoy por hoy, la "Ciencia de la Literatura" no pasa de ser un deseo. Y si no, que nos la muestren, aunque sea por un agujerito.

LOPE DE VEGA, SÍMBOLO DEL BARROCO

*Para Agustín G. de Amezúa,
insigne estudioso de Lope.*

Hasta aquí hemos empleado: una misma técnica frente a Góngora y a Garcilaso (vinculaciones generales de significado y significante); dos distintas para el estudio de Fray Luis (vinculaciones de significante y significado producidas por las relaciones interestróficas, y moldeación del significado —forma interna— para vincularse en un significante); y hemos usado otra muy diferente para acercarnos a San Juan de la Cruz (vinculaciones de significante y significado, por uso o alternancia de determinados tipos de economía en el sistema de valores lingüísticos).

Cuatro métodos de análisis estilístico, por tanto, diferentes.

PRIMER LOPE: HUMANO

Y ahora traemos, precisamente como un problema, al vital y abundante Lope.

El problema se plantea así. Todos los estudios anteriores versaban sobre autores de obra compacta y breve. En todos ellos nos era posible elegir un trozo manejable, que representara en resumen (según nuestra previa intuición) las características del arte del poeta. Pero Lope, presente en cada verso que escribió, no está compendiado en ninguno de sus poemas. Además, todos esos poetas nos ofrecen en su poesía cimas de altura insuperada, desde las que parece que toda su obra se comprende y se penetra, iluminada por la luz de la altura. Lope tiene muchos poemas de gran intensidad, o de sin par garbo; pero nada hay en él que llegue a los límites casi extrahumanos de San Juan de la Cruz o de Fray Luis de León, o a la comunicación de temblor emocionado que nos produce Garcilaso, o a la furiosa, frenética rebusca de últimas perfecciones que caracteriza el arte de Góngora. Sí, todos ellos, casi límite humano.

Y Lope no lo es, o por lo menos no lo es en este sentido. Apasionado, vario, desbordante y casi siempre humanísimo, si se aproxima a lo extrahumano, a lo anormal o enorme, es sólo en su misma abundancia y fertilidad: "monstruo de la naturaleza".

Imposible, pues, buscar una muestra de su arte que nos le dé condensadamente y sobre la cual podamos aplicar la lentecilla de nuestra indagación.

No hay más sino emplear los métodos usuales de crítica literaria, y dejar a reserva nuestra técnica más pormenorizada, por si fuera necesario utilizarla en algún caso especial. Al aplicarla, en uno de esos instantes, hará que se desmorone ante nuestros ojos una noción tradicional sobre el arte de este poeta.

La primera sorpresa que Lope nos produce (el Lope lírico, el único que nos interesa aquí) es la de la irrupción de la vida en el arte. Todos, todos los poetas, y en cualquier época, trasmutan su experiencia vital en poesía. Cierto que en algunos el vínculo o apenas existe o es tan secreto que no se nos revela: tal ocurre, por ejemplo, en Góngora (salvo en poesías ocasionales o humorísticas). Aparte estos casos extremos, hay que reconocer que lo mismo vibra el desgraciado amor por doña Isabel Freire en los versos de Garcilaso, que se siente el angustioso forcejeo de la lucha en los de Fray Luis —polarizado entre armonía y desarmonía—, o que nos deslumbra la luz cenital de la alta experiencia mística en los de San Juan de la Cruz. Pero la torrentera de Lope es totalmente distinta. Lo que se transparenta o se trasvasa en él, en los versos, es la vida del hombre en su pluralidad desenfrenada, día a día, en sus amores y en sus odios, en sus perfiles picarescos y en sus períodos de arrepentimiento y ansia de Dios, con toda su riqueza, con toda su variación, algunas veces con una depuración o transposición a mundo ideal, pero más frecuentemente con muchos arrastres directos, no traducidos, reales, arrancados del vivir mismo. Sí, el río de Lope arrastra muchas lágrimas, mucha sangre del poeta; y aun bastante cieno, sin selección, como los grandes ríos en la riada.

Versos apasionados, tiernos, de los veinte años, a su Filis, a la cómica Elena Osorio. Pena de amor que se imagina un mundo:

> A las del infierno ardiendo,
> es mi pena semejante [1].

Y luego maldiciones en la traición, proferidas al modo poético (y toda clase de insultos a Elena y a su familia, lanzados con picaresco desgarro).

Y versos a su mujer, doña Isabel, llenos de jugosa emoción.

Y después, la pasión honda por Camila Lucinda. Pero llena de pormenores picarescos; es sabido que el marido de la bellísima cómica estaba en el Perú, y que Lope, impertérrito, le iba colgando al ausente los hijos que de tal adulterio le nacían [2]. Sí, al

---

[1] *Romancero general*, ed. González Palencia, núm. 358.
[2] Observa R. Marín que el marido había muerto ya en América (aunque no se sabía en Sevilla) cuando Lope, en octubre de 1603, le adjudica

bautizarlos se los adjudicaba al pobre marido. Y versos a su felicidad con doña Juana de Guardo; y la crisis religiosa que va desde la prosa de los *Cuatro soliloquios* (1612) hasta la ordenación y las *Rimas Sacras* (1614); y luego la terrible pasión senil por Amarilis, y nuevo encanto y nuevos versos.

Y versos a las dos niñas, nacidas de doña Isabel, que se le mueren; y a la muerte de Carlos Félix, de su matrimonio con doña Juana; y a la de Lope Félix, nacido de Micaela de Luján; y a la toma de velo de Marcela, también producto de sus amores con Camila Lucinda; y al rapto de su hija Antonia Clara, fruto de su última pasión por Amarilis.

Y toda su vida, desparramada, chorreada en su arte: sus servicios al duque Antonio en *La Arcadia*, o bodas reales o trueque de princesas, en las *Fiestas de Denia* y *Los ramilletes de Madrid*. Los versos le brotaban por todas partes, llenaban su vida, le rebosaban.

¿Cómo ordenar el océano?

Cuando nos acercamos a la poesía de Lope, a una buena parte de su poesía, notamos ese tono nuevo. Algo que es profundamente original, que no encontramos en toda la poesía europea del siglo XVI ni del siglo XVII, por lo menos con esa amplitud, con esa generosidad, con esa constancia. Es una sensación de sinceridad y de verdad, vivida, realísima. Hay que recordar los hitos que hemos señalado ya (Garcilaso, Fray Luis de León, San Juan de la Cruz, Góngora y añadir Quevedo y, si se quiere, Herrera). Hay que recordarlos, tener presente en la imaginación el lenguaje, el ambiente, el sentido mismo, el objeto que se proponen cada uno de esos estilos poéticos, y entonces, sin haber perdido todavía esa

---

la paternidad de Félix (*Lope de Vega y Camila Lucinda*, en *Bol. R. Acad. Esp.*, I, 1914, págs. 274-275).

imagen, leer este soneto de Lope a Lucinda, a su Micaela de Luján:

> Ya no quiero más bien que sólo amaros
> ni más vida, Lucinda, que ofreceros
> la que me dais, cuando merezco veros,
> ni ver más luz que vuestros ojos claros.
>
> Para vivir me basta desearos;
> para ser venturoso, conoceros;
> para admirar al mundo, engrandeceros,
> y para ser Eróstrato, abrasaros.
>
> La pluma y lengua, respondiendo a coros,
> quieren al cielo espléndido subiros,
> donde están los espíritus más puros.
>
> Que entre tales riquezas y tesoros,
> mis lágrimas, mis versos, mis suspiros,
> de olvido y tiempo vivirán seguros [3].

¡Qué oleada de viento, qué sensación de naturaleza! ¡Cómo se hinchan los versos sencillos y apasionados, diríamos románticos!:

> Ya no quiero más bien que sólo amaros...
> ni ver más luz que vuestros ojos claros.

En todo el soneto no hay más tributo a la pedantería de la época que la mención al incendiario del templo de Diana:

> y para ser Eróstrato, abrasaros.

Y un recurso estilístico que otros poetas de entonces usaban en frío (la trimembración), unida al asíndeton, sirve para dar rapidez,

---

[3] *Rimas*, 1602, núm. 133.

gallardía, arranque apasionado al final del soneto. Nótese el efecto del trimembre *mis lágrimas, mis versos, mis suspiros:*

> Que entre tales riquezas y tesoros,
> mis lágrimas, mis versos, mis suspiros,
> de olvido y tiempo vivirán seguros.

Pero si nos aproximamos más críticamente, notamos la pobreza de la rima en los cuartetos en *-aros* y *-eros*. Acerquémonos aún más, y observaremos que estas rimas pobres ocultan un juego artificioso: el poeta cambia la vocal tónica *-aros, -eros, -iros, -oros, -uros*. Y si acudimos al libro en que un paciente germano, Otto Jörder [4], ha analizado los sonetos de Lope, veremos que el sonetista jugó a ese juego otras veces. ¿Jugaba con el sentimiento?

Este Lope, ¿jugaba con su propia pasión? ¡Cualquiera entiende a los poetas! Algunos de los sonetos más artificiosos de Petrarca están escritos recién ocurrida la muerte de Laura. Ahora bien, en el caso de Lope, los juegos no eran sólo cuestión de rimas, no eran meras sutilezas formales. Porque este soneto, tan apasionado, a su Lucinda, le sirvió también para cortejar a Antonia Trillo —nos lo ha revelado Lafuente Ferrari [5]—, y también (aquí

---

[4] *Die Formen des Sonetts bei Lope de Vega,* Halle, 1936, cap. IV, I, "Vokalische Reimabwandlung", págs. 150 y sigs. Sin embargo, Jörder no ha apurado el contenido que de estos juegos ofrece la gran sonetada de Lope. Habría que estudiar el uso de este artificio en Quevedo, donde tiene un fuerte matiz de áspera gracia.

[5] A la Trillo, por amancebamiento con la cual el dramaturgo se vio procesado en 1596. ¡Todo, "muy Lope"!, y no quita ni un ápice de sinceridad a la pasión por la Trillo —que debió ser breve y fogosa— ni a la más honda y duradera por Camila Lucinda. Es notable que la versión de las *Rimas* (1602) coincida con la del autógrafo a la Trillo (véase Lope de Vega, *Poesías líricas,* Clás. Cast., ed. de José F. Montesinos, I, pági-

sin pasión ninguna, mera ficción) para cumplir pautas de la rutina dramática en *Los Comendadores de Córdoba*[6]. Me malicio —ni tengo prueba ni sé el color de los ojos— que también se lo recitaría apasionadamente a la pobre doña Juana. ¡Era tan fácil un ligero cambio en el verso segundo

...ni más vida, mi Juana, que ofreceros...!

El pródigo, el adúltero, ¡tenía un corazón tan grande! ¿Qué amor no cabía allí? ¡Cómo no ver sinceridad en su descripción de la felicidad íntima con doña Juana y su Carlillos Félix (tres amores, su mujer, su hijo y las letras)! Y obsérvese cómo la expresión familiar, "la media lengua" de su niñito, borbotea ternura:

> Cuando amorosa amaneció a mí lado
> la honesta cara de mi dulce esposa...
> Cuando Carlillos, de azucena y rosa
> vestido el rostro, el alma me traía
> contando por donaire alguna cosa...

---

na 227, nota 1, y Lafuente Ferrari, *Un curioso autógrafo de Lope de Vega*, en *Rev. de Bibliogr. Nac.*, V, 1944, págs. 43-62).

[6] Doña María Goyri, en su artículo *La Celia de Lope de Vega* (*RFH*, IV), cree que el soneto, tal como aparece en la comedia, había sido escrito para Celia (que habría sido el primer nombre poético dado a Micaela). Sea de esto lo que fuere, un soneto, en una comedia, ya escrito en frío para ella, ya tomado de entre los poemas de inspiración personal del autor, no es sino una pieza de la ficción, y aun un elemento exterior de la técnica dramática. En la comedia, los versos 5-6 del soneto son distintos (no se menciona a Eróstrato):

> sólo le pido a Dios para entenderos
> ingenio que ocupar en alabaros.

Y el verso penúltimo es bimembre (con nueva dualidad en cada miembro):

> papel y lengua, versos y suspiros.

> Cualquiera desatino mal formado
> de aquella media lengua era sentencia,
> y el niño a besos de los dos traslado...

Y su trabajo de escritor:

> ...íbame desde allí con el cuidado
> de alguna línea más, donde escribía
> después de haber los libros consultado.
> Llamábanme a comer; tal vez decía
> que me dejasen, con algún despecho:
> así el estudio vence, así porfía.
> Pero de flores y de perlas hecho,
> entraba Carlos a llamarme, y daba
> luz a mis ojos, brazos a mi pecho.

Y tal vez...

> ...de la mano me llevaba,
> me tiraba del alma, y a la mesa
> al lado de su madre me sentaba [7].

Es un delicioso, delicado "interior".

Y este niñito, que era todo su amor, murió cuando sólo tenía siete años. Lope ha llorado su muerte en otro poema. ¡Con qué

---

[7] De la epístola "Al Doctor Mathias de Porras", *Obras sueltas*, I, páginas 322-323. Vossler dijo, en fórmula muy compacta: "En la España de entonces se literatizaba la vida y se vivía la literatura." Véase el magistral estudio de Leo Spitzer *Die Literarisierung des Lebens in Lope's Dorotea*. Pero el Lope mayor, el verdaderamente genial, es el que arrincona la *Officina* de Ravisio Textor y la *Polyanthea*, se despreocupa de tanta literatura infusa en sus venas y nos da lo más tierno de su experiencia vital. Si en el párrafo transcrito hay elementos literarios ("de azucena y rosa", etc.), son de lo más trivial. El habla diaria, con olvido de toda la tradición renacentista, sube a instrumento lírico.

ternura recuerda, con un temblor en la voz, cómo quería distraer al niño con pajaritos y flores!:

> Yo para vos los pajarillos nuevos,
> diversos en el canto y las colores,
> encerraba, gozoso de alegraros;
> yo plantaba los fértiles renuevos
> de los árboles verdes, yo las flores
> en quien mejor pudiera contemplaros.
> Pues a los aires claros
> del alba hermosa, apenas
> saliste, Carlos mío,
> bañado de rocío,
> cuando, marchitas las doradas venas
> el blanco lirio, convertido en hielo,
> cayó en la tierra, aunque transpuesto al cielo.
> ¡Oh, qué divinos pájaros agora,
> Carlos, gozáis, que con pintadas alas
> discurren por los campos celestiales!... [8].

Y lo mismo vemos su emoción y su sentimiento paternal cuando describe la figura juvenil y gozosa de su Marcela, el día en que tomó el velo de monja. Y aquí un pormenor realista, que la muchacha estrenaba precisamente aquel día sus primeros chapines, su primer calzado de dama, ilumina de emoción todo el pasaje. El poeta parece que está aún viendo la escena —la tiene aún grabada en el alma—: por eso emplea el presente. Ve cómo su hija avanza garbosamente —ya una mujer— hacia sus desposorios con Dios:

---

[8] Rivadeneyra, XXXVIII, pág. 369.

> Ayuda a su hermosura la alegría,
> al talle el brío, al cuerpo, que estrenaba
> los primeros chapines aquel día [9].

O con la misma emoción llora el robo de su Antoñica y su huerto deshecho.

Esta nota de frescura y verdad, este estar, día a día, hora a hora, convirtiendo en materia de arte la sustancia de su vida, es totalmente nuevo en poesía española y aun europea. No sólo es nuevo, sino que es aislado. Sólo en el siglo XVII lo podía hacer un gran temperamento desbordado como Lope, y no tiene continuación en el XVIII. Lope —se ha dicho varias veces— empalma en este sentido con el Romanticismo.

¿Es acaso gran arte? No, ninguno de esos poemas pertenece en su totalidad (a pesar de muchas bellezas aisladas) a esa esfera de criaturas intactas, cristalinas, a ese cielo poético en el que están, gozo para siempre, la *Égloga primera* de Garcilaso, la *Oda a Salinas* de Fray Luis, todas las poesías mayores de San Juan de la Cruz, o el *Polifemo* de Góngora. Aquí, como siempre, después de señalar la gran novedad de su inspiración, su rompimiento de los modos poéticos de la tradición renacentista, hay que cerrar los ojos a lo particular, a cada una de las realizaciones concretas y apreciar el valor de Lope en la suma total, en el ímpetu avasallador y original del conjunto.

Notemos, para ser justos con él, que de esa masa de poesía tierna, familiar, diaria se yerguen algunos aciertos próximos a la esfera de arte eterno, a que aludía antes. Son unas cuantas composiciones que tienen esa misma apasionada emoción de lo vivi-

---

[9] De la "Epístola a Don Francisco de Herrera Maldonado", *Obras sueltas*, I, pág. 312.

do, pero que en la expresión se *desrealizan,* pierden lo diario y concreto.

A éstas pertenece sobre todo el soneto "Suelta mi manso, mayoral extraño". Es muy conocido. Pero no renunciaré a un ejemplo exacto por el hecho de que sea muy conocido. El soneto está en las *Rimas,* de 1602, y se explica bien por el caso de Filis. Un mayoral extraño, al que da el nombre pastoril de Alcino, se ha llevado, engañándola con oro, con collares de oro, la criatura amada, el corderillo cultivado con tanto amor. Suéltale, le dice, que yo te daré sus señas (pelo y ojos), y verás cómo se viene a mi choza, a salegar, a lamer la sal en las manos de su dueño:

> Suelta mi manso, mayoral extraño,
> pues otro tienes de tu igual decoro,
> deja la prenda que en el alma adoro,
> perdida por tu bien y por mi daño.
>
> Ponle su esquila de labrado estaño
> y no le engañen tus collares de oro;
> toma en albricias este blanco toro
> que a las primeras hierbas cumple un año.
>
> Si pides señas, tiene el vellocino
> pardo, encrespado, y los ojuelos tiene
> como durmiendo en regalado sueño.
>
> Si piensas que no soy su dueño, Alcino,
> suelta y verásle si a mi choza viene,
> que aún tienen sal las manos de su dueño [10].

José F. Montesinos, en su excelente prólogo a la selección de poesías líricas de Lope (Clásicos Castellanos) [11], ha indicado cómo

---

[10] *Rimas,* 1602, núm. 188; Montesinos, I, pág. 233.

[11] Montesinos, I, págs. 29-30. En las *Rimas* de 1602 confluyen aún sonetos del ya trasañejo desengaño de Filis con los que cantan la pasión

hay una serie de sonetos de tema semejante, el cordero o la corderilla que ha abandonado a su pastor, en relación, inmediata o mediata, con el abandono de Lope por Elena Osorio para entregarse a un amante rico, y ha señalado cómo lo vivido se convierte en tema poético. Sí, ya tema poético; es decir, que se ha producido un alejamiento entre arte y realidad. Y si recordamos ahora los versos familiares a Carlillos Félix, o aun el soneto apasionado a Lucinda, observamos que en estos poemas tenemos una novedad, pero no obras perfectas de arte; en el soneto del *manso* tenemos aún una honda emoción humana, y del lado del arte una intocable joya.

En el tono medio de Lope es, sin embargo, la facilidad, la abundancia, la crónica diaria de la vida, lo que antes resalta. Lope sería, pues, un poeta fácil y espontáneo. Pero Lope, cuando pensamos que le hemos asido, se nos escabulle como un líquido entre las manos.

¡Lope, poeta fácil! Y recordamos aquel soneto suyo autógrafo que conservamos, copiado, con variantes, tantas veces, con tantas tachaduras [12]; o cualquiera de los pocos códices autógrafos de poe-

---

por Lucinda. Sobre éste del "manso" hay un bello comentario de Amado Alonso en su conferencia "Vida y creación en la lírica de Lope" (*Anales de la Universidad de Chile*, 1937).

[12] Véase Manuel Machado, *Un códice precioso. Manuscrito autógrafo de Lope de Vega*, en *Rev. de la Bibliot., Arch. y Museo*, Ayuntamiento de Madrid, I, 1924, págs. 216-219. Se trata del Códice Durán-Pidal. El soneto ocupa desde el fol. 5 recto hasta el 7 recto inclusive. Los versos tachados totalmente son 60; los 14 válidos están llenos de tachaduras y enmiendas. Se pregunta uno si Lope no aludía a sí mismo cuando, aunque por boca de don Bela, dice en *La Dorotea*: "Yo conocí un poeta de maravilloso natural, y borraba tánto que sólo él entendía sus escritos y era imposible copiarlos; y ríete, Laurencio, de poeta que no borra." (Ed. A. Castro, pág. 248.)

Lope manierista

sía que del gran dramaturgo poseemos, en donde, aun en poesías ligeras e insignificantes, se amontonan las correcciones y las correcciones de correcciones, y los arrepentimientos. ¡Este gran dilapidador, este exuberante e incomprensible Lope, resulta que corregía como el más refinado y prolijo apurador de perfecciones!

UN SEGUNDO LOPE: MANIERISMO PETRARQUISTA

Y tenemos que volver los ojos en otro sentido. Este Lope que hemos visto hasta ahora rompe con genialidad de *fa presto*, de *facilone*, la línea de evolución de la poesía renacentista. Ah, pero hay otro que es parte de éste, mejor, que es el mismo, pero que está totalmente sumergido dentro de esa tradición. Montesinos ya señaló una serie de sonetos (no muy abundante) que se hallan en relación directa con otros de Petrarca; más numerosos son los que se encuentran en relación indirecta, a veces por intermedio de Garcilaso.

Hay más aún. El soneto de Petrarca tenía ya un gusto por una serie de juegos y de recursos estilísticos que luego, en la tradición varias veces secular que de él arranca, no hacen sino intensificarse y repetirse, sobre todo en los rimadores de escaso talento, un Aquilano a fines del xv o un Luigi Groto en la segunda mitad del xvi. Léase aquel soneto de Lope en que define por parejas opuestas el estado del enamorado:

> Desmayarse, atreverse, estar furioso,
> áspero, tierno, liberal, esquivo,
> alentado, mortal, difunto, vivo,
> leal, traidor, cobarde y animoso;
>   no hallar fuera del bien centro y reposo;
> mostrarse alegre, triste, humilde, altivo,
> enojado, valiente, fugitivo,
> satisfecho, ofendido, receloso;

huir el rostro a un claro desengaño,
beber veneno por licor suave,
olvidar el provecho, amar el daño;
creer que un cielo en un infierno cabe,
dar la vida y el alma a un desengaño,
esto es amor: quien lo probó lo sabe [13].

¡Y bien que lo sabía Lope!

Cuando se lee este soneto, nuestra primera impresión es que Lope está ahí retratado en su impetuosidad y su contradicción, es decir, que es uno de esos poemas que le salían de su vida y de su alma. Pero en cuanto lo miramos más despacio comprendemos que no es más que el último eslabón de una larga cadena literaria. Es la técnica de "contrarios" en el amante que estableció Petrarca en un famoso soneto, *Pace non trovo e non ho da far guerra*, y que tiene infinidad de vínculos intermedios a lo largo de todo el Renacimiento, lo mismo del italiano que del español. Y ni aun Petrarca es el inventor del sistema, de raíces mucho más hondas [14].

Ese soneto es de las *Rimas* de 1602; mas el libro donde mejor se aprecian los artificios del petrarquismo exacerbado y rebotado es *La Arcadia*, nótese bien, de 1598. Sextinas, octavas encadenadas, esdrújulos (como en Sannazaro). Esto ha sido notado

---

[13] *Rimas*, 1602, núm. 126; Montesinos, I, pág. 226.

[14] Comp. Gil Vicente, *Tragicomedia de don Duardos*, editada por D. Alonso, Madrid, 1942, págs. 277-278, y D. Alonso, *Ensayos sobre poesía española*, Madrid, 1944, págs. 185-186. La técnica de contrarios era bien conocida de los poetas provenzales (Giraut de Bornelh, Raimbaut de Vaqueiras), y de ellos, con otras muchas cosas, pasa a Petrarca. Comp. Martín de Riquer, *La lírica de los trovadores*, I, Barcelona, 1948, pág. 345.

ya [15]. Pero hay cosas más graves y que no han sido observadas nunca. Leamos un soneto de *La Arcadia:*

> No queda más lustroso y cristalino
> por altas sierras el *arroyo helado,*
> ni está más negro el *ébano* labrado
> ni más azul la flor del blanco *lino;*
> más rubio el *oro* que de oriente vino,
> ni más puro, lascivo y regalado
> espira olor el *ámbar* estimado,
> ni está en su concha el *carmesí* más fino,
> que *frente, cejas, ojos* y *cabellos,*
> *aliento* y *boca* de mi ninfa bella,
> angélica figura en vista humana;
> que, puesto que ella se parece a ellos,
> vivos están allí, muertos sin ella,
> *cristal, ébano, lino, oro, ámbar, grana* [16].

Notamos inmediatamente que estamos en otro mundo. El soneto se parece mucho a algunos de los juveniles de Góngora. Pero aun sin esto, es evidente que se halla dentro de la más colorista y suntuaria de las tradiciones renacentistas. Es una veta de poesía netamente culta, precisamente de esa veta que forma el caudal principal, a fines del siglo XVI, de las aguas líricas que vienen del Renacimiento [17]. Y nos aproximamos otra vez al soneto y nos damos cuenta de que hay más: una extraña complejidad interior. Hay aquí un empecatado artificio.

---

[15] Por Montesinos, II, 1927, pág. 22. Véase J. T. Reid, en *Hisp. Rev.,* VII, 1939, 278-279.
[16] Rivadeneyra, XXXVIII, pág. 54.
[17] Este soneto está en esa tradición que arranca de Petrarca, en la que las bellezas de la dama se expresan una por una mediante un desplie-

Pero para entenderle bien debemos dar un rodeo y tomar un ejemplo más fácil: el comienzo de un soneto de Cervantes que está en *La Galatea:*

Afuera el fuego, el lazo, el hielo y flecha
de amor que abrasa, aprieta, enfría y hiere... [18].

Observamos que varios elementos (aquí cuatro) del primer verso se corresponden, miembro a miembro, con otros cuatro del segundo, es decir, que esto equivale a una serie de frases desligadas: *Afuera el fuego de amor, que abrasa; afuera el lazo de amor, que aprieta,* etc.

Los cuatro elementos desempeñan la misma función sintáctica y van relacionados con palabras comunes a los cuatro. Con fórmula de tipo matemático [19], podríamos representarlo así:

$$\alpha\,(A_1\ A_2\ A_3\ A_4)$$
$$\beta\,(B_1\ B_2\ B_3\ B_4).$$

O prescindiendo de los elementos neutros

$$A_1\ A_2\ A_3\ A_4$$
$$B_1\ B_2\ B_3\ B_4.$$

---

gue de metaforía, ya suntuaria, ya meramente colorista. Sus eslabones entre nosotros son: Petrarca, Ariosto, Cetina, Góngora, Lope. El artificio de que pasamos a hablar, petrarquesco también, entra en el tema con Ariosto. Véase más arriba págs. 390-392.

[18] Hemos estudiado con algún detenimiento este soneto en *Versos plurimembres y poemas correlativos,* en la *Rev. de la Biblioteca, Archivo y Museo* [del Ayuntamiento de Madrid], 1944, XIII, págs. 124-125.

[19] Representamos por α y β los elementos "afuera" y "de amor que", pues son comunes a los cuatro miembros en el verso primero y segundo, respectivamente.

Pero la correlación así establecida puede prolongarse. En efecto, en el mismo soneto de Cervantes, otro verso posterior dice:

consuma, ciña, hiele, mate,

miembros que se relacionan *consuma* con *abrasa* y *fuego; ciña,* con *aprieta* y *lazo,* etc.; y que forman, por tanto, la pluralidad de correlación

$$C_1\ C_2\ C_3\ C_4.$$

Y puede aún prolongarse más...
En fin, la fórmula general de un poema de este tipo sería:

$$A_1\ A_2\ A_3\ ...\ A_n$$
$$B_1\ B_2\ B_3\ ...\ B_n$$
$$C_1\ C_2\ C_3\ ...\ C_n$$
$$\cdots\cdots\cdots\cdots$$
$$\cdots\cdots\cdots\cdots$$
$$P_1\ P_2\ P_3\ ...\ P_n,$$

donde, en verso endecasílabo, n no puede ser superior a 10.

Todo esto parece recordar aquel pasaje enfático de Valle-Inclán:

Por el sol se enciende mi verso retórico,
que hace geometría con el español.

Sí, geometría. Pero lo que parece un juego, empieza a cobrar importancia cuando indagamos y vemos, como he visto en mi trabajo *Versos plurimembres y poemas correlativos* y en el libro que publiqué en colaboración con Carlos Bousoño *Seis calas en la expresión literaria española*[20], que a ese juego se han ido dedican-

---

[20] Madrid, 1951, 2.ª ed. 1956 (Biblioteca Románica Hispánica. Ed. Gredos). Véase, más arriba, nota 17. Consúltese también nuestros *Versos correlativos y retórica tradicional,* en *Rev. de Filología Esp.,* XXVIII, 1944, págs. 139-153.

do Ariosto, Ronsard, Du Bellay, Shakespeare, Cervantes, Góngora, Lope, Calderón, y en nuestros días Juan Ramón Jiménez, y, exactamente —¡quién lo diría!— don Miguel de Unamuno (para no citar más que figuras de primer orden). Y el asombro crece cuando indagamos aún más y vemos que se ha usado ampliamente en la poesía griega (desde principios del s. III antes de Cristo por lo menos) [21], en la latina clásica medieval y en la latina de los siglos XVI y XVII, y antes en la árabe (como me comunicó, a pregunta mía, el gran arabista Emilio García Gómez), en la persa [22] y antes en sánscrito, más tarde en la provenzal [23], y, a través de la italiana, en todas las principales literaturas de Occidente.

Y lo miramos aún más de cerca, y vemos que los poemas en los que la correlación es así rígida, matemática, geométrica, con ser legión, no son los más; porque hay muchos en los que está como difuminada, suavizada, y en donde, por eso, el lector no se da cuenta de que existe. Y la correlación llega así enmascarada a nuestra época y a todas las literaturas, y en la española no se libran ni los que parecerían más ajenos. Y he ido a mis propios versos y (casi con supersticioso terror) me la he encontrado también allí.

Reduzcámonos al Siglo de Oro español: es increíble el número de poemas de 1580 en adelante que tienen correlación, por lo menos en algunas de sus formas derivadas.

---

[21] Curtius señaló su existencia en poesía griega tardía (*Europäische Literatur und lateinisches Mittelalter,*. 1948, pág. 288). Véase en *Seis calas*.... págs. 301-330, mi artículo *Antecedentes griegos y latinos de la poesía correlativa moderna*, donde cito una cuarentena de ejemplos griegos.

[22] Noticia comunicada por García Gómez.

[23] Véase *Seis calas*..., pág. 79, 2.ª ed., pág. 85, y la bibliografía que allí mismo citamos, pág. 48, nota 4, 2.ª ed., pág. 53.

Ahora bien, un fenómeno de tal latitud geográfica y tal amplitud cronológica no puede por menos de estar profundamente ligado a los arcanos de la forma interior poética. Y lo que parecía un juego que no merecía nuestra atención, se convierte en algo que será necesario plantear y estudiar bien a fondo.

Ahora podemos entender la arquitectura del soneto de Lope:

Es un soneto de correlación hexamembre, con las que yo llamo tres pluralidades de correlación, con esta fórmula:

$$A_1\ A_2\ A_3\ A_4\ A_5\ A_6$$
$$B_1\ B_2\ B_3\ B_4\ B_5\ B_6$$
$$A_1\ A_2\ A_3\ A_4\ A_5\ A_6,$$

o sea, que en él $C_1 = A_1$, etc.: la primera pluralidad está diseminada en los cuartetos; la segunda se halla en los versos 1 y 2 del primer terceto; la tercera, en el último verso del soneto. El soneto, como corresponde a su fórmula (en la que $C = A$), no representa la forma típica del poema correlativo: la relación entre la primera y la segunda pluralidad de correlación (entre A y B) es "progresiva", pero la tercera pluralidad vuelve a repetir la primera (A). A este tipo le llamamos mixto o híbrido (progresivo-reiterativo).

¡Todo esto puede ser necesario para comprender la arquitectura de un soneto del fácil, del espontáneo Lope!

Jiménez Patón, un retórico del siglo XVII, autor del *Mercurius Trimegistus* y muy amigo de Lope, describe ya en su obra este procedimiento, y cree que Lope es su inventor [24]. Se engaña. En una de sus formas derivadas, está ya en Garcilaso; Gutierre de Cetina lo empleó en su forma genuina en la primera mitad del si-

---

[24] Véase nuestro artículo *Versos correlativos y retórica tradicional*, en *Rev. de Filología Esp.*, XXVIII, 1944, pág. 148.

glo XVI, y Aldana, Francisco de la Torre y otros, también en su forma genuina, en la segunda mitad del mismo siglo. Y cita Jiménez Patón otros ejemplos del mismo Lope de Vega.

Más usual aún es una forma relacionada, la simplemente recolectiva. El soneto del mismo Lope, que reproduzco a continuación [25], se explica por la fórmula

$$A_1 \; A_2 \; A_3 \; A_4 \; A_5$$
$$A_1 \; A_2 \; A_3 \; A_4 \; A_5.$$

Es decir, no tiene más que dos pluralidades de correlación reiterativa (tipo que llamo por diseminación y recolección).

De sus dos pluralidades, la primera está "diseminada" por los cuartetos (*humo*, verso 1.°; *nada*, 2.°; *viento*, 3.°; *polvo*, 5.°; *sombra*, 7.°) y la segunda está recolectada en el verso último del soneto:

El *humo* que formó cuerpo fingido,
que cuando está más denso para en *nada*;
el *viento* que pasó con fuerza airada
y que no pudo ser en red cogido;
el *polvo* en la región desvanecido
de la primera nube dilatada;
la *sombra* que, la forma al cuerpo hurtada,
dejó de ser habiéndose partido,
son las palabras de mujer. Si viene
cualquiera novedad, tanto le asombra,
que ni lealtad ni amor ni fe mantiene.
Mudanza ya, que no mujer se nombra,
pues, cuando más segura, quien la tiene,
tiene *humo, polvo, nada, viento* y *sombra* [26].

---

[25] Comp. otro soneto de Lope en las *Flores* de Espinosa, núm. 146.
[26] Montesinos, I, 285.

La definición es muy interesante y para muy meditada, viniendo de este gran especialista en mujeres. Pero lo que nos interesa ahora es esto:

Todo lector reconoce aquí un procedimiento habitual de Calderón. Para el teatro, tales recolecciones producen una brillante condensación en el cerebro del espectador. (Nótese que el orden de la recolección está alterado.)

Resulta, pues, que, sin la aplicación de métodos especiales de indagación, hallamos en seguida en Lope toda una veta de tradición culta, completamente dentro de las normas renacentistas. Pero la adopción de un método estilístico riguroso nos descubre en este Lope, tan alabado en los libros por su espontaneidad y su natural frescura, las más diabólicas, estrictas, matemáticas y frías complicaciones. No, no se puede confiar ni en la mujer... ni en Lope. Él también se llamaba mudanza.

Estos procedimientos correlativos, ¿son barrocos? No lo creo. No tienen el ímpetu de naturaleza que escrespa cualquier producción verdaderamente barroca. Todas las imágenes que se nos ocurren para pintar la correlación poética, los surcos paralelos de la tierra arada, la cabellera regulada por el peine, de n púas, el edificio en el que en las diversas alturas, en los distintos pisos, se repiten las mismas correspondencias, todas nos llevan al dominio de la norma. La correlación sigue viviendo en el barroco como tantos otros arrastres del siglo xvi. Sus días de triunfo europeo son los de ese siglo; su apogeo español carga hacia fines del xvi y declina en el xvii. Es sintomático que Góngora la acepte a los veinte años, pero a los cincuenta —es decir, en su momento plenamente barroco— apenas se acuerde de ella. Sigue viviendo en Calderón, pero es que Calderón es —en todo su arte— un nuevo intento de sistematización y esquematización de la violencia y la abundancia del barroquismo: la norma otra vez sobre la naturaleza. Descubrimos así algo muy importante para la historia estética del momento de cambio del siglo XVI y XVII; confluyen en ese instante formas de cansancio del arte del siglo XVI con nuevos elementos que suponen un aumento vital de temperatura poética [27]. En ese momento tienen ambas zonas su primera escaramuza. Su choque frontal será el barroco mismo, la pugna entre naturaleza y arte, pasión y freno, desordenado impulso y norma, claro y oscuro, monstruosidad y belleza (como en el *Polifemo*).

Nadie era un conflicto humano, una contradicción humana, como Lope, también él gran *coincidentia oppositorum*. Nadie como él —con su inmensa obra— puede representar la ebullición de elementos distintos.

UN TERCER LOPE: IMITADOR DE GÓNGORA

—¿Cómo entrar en el gran mundo lopesco? ¡Son tantas las perspectivas, aunque nos reduzcamos —como siempre en este libro— a la lírica de tradición italiana! En cada una de esas direcciones habría que trabajar con minucia antes de inducir rasgos ge-

---

[27] De la confluencia de los manierismos clasicistas del siglo XVI con el frenesí y la abundancia barrocos hemos tratado en *Vida y obra de Medrano*, I, Madrid, 1948, págs. 198-199 y pág. 201, nota 22. En realidad, buena parte del libro está dedicada a estudiar la obra de un manierista clasicista (Medrano) en las vísperas mismas de nuestro barroquismo poético.

Ahora Curtius, en su *Europäische Literatur und lateinisches Mittelalter*, Berna, 1948, pág. 275, abomina del uso de "barroquismo", y defiende el hablar sólo de "manierismos" a lo largo de toda la cultura europea. Hace casi un cuarto de siglo hemos llamado la atención acerca del peligro de la voz "Barroco" (*Soledades de Góngora*, Madrid, 1927, pág. 31). Creemos, con Curtius, que su generalización debe evitarse; la consideramos, sin embargo, insustituible para designar una época del arte europeo que en literatura española tiene su máximo florecimiento en la primera mitad del siglo XVII.

nerales. No hay aquí espacio para esto ni podríamos intentar lo que tiene que ser labor de verdaderos equipos de trabajadores. Una cosa se puede asegurar: Lope es un depósito inagotable de sorpresas. No le queramos, pues, definir ligeramente.

Limitémonos a señalar que, al abrir galerías en algunas otras direcciones, se nos erosiona también bastante la idea del Lope sencillísimo, del Lope diáfano. Acabamos de ver cómo recoge tempranamente toda esa tradición de manierismos, de típicos manierismos del siglo XVI, que puede verse, ante todo, en *La Arcadia* (1598).

Trasladémonos a unos veinte años después. El arte de Góngora es lo que se lleva ahora la admiración de los más entendidos. De que Lope, que tantas veces protesta de los excesos gongorinos, padece el mismo contagio que todos, nos dan pruebas evidentes los poemas publicados por estos años, lo mismo *La Filomena* (1621), sobre todo en su primera parte, que *La Andrómeda* (impresa con *La Filomena*), que *La Circe*, aparecida en 1624.

El influjo es patente, más que nada, en involuntarias y espaciadas reminiscencias. No cabe duda de que cuando Lope hace al toro zodiacal

pacer estrellas al celeste soto

(*La Circe, Obras sueltas*, III, pág. 15)

nos recuerda en seguida que Góngora había visto cómo

en campos de zafiro pace estrellas

(*Sol.*, I, v. 6);

aunque aún nos recuerda mucho más ese mismo verso según figuraba en la primitiva versión de las *Soledades*:

en dehesas azules pace estrellas [28].

Creo indudable que en la mente de Lope, que nos imaginamos lector afanoso de los poemas gongorinos apenas llegados a Madrid, fue esta redacción primitiva lo que dejó rastro.

El gigante Polifemo de *La Circe* y el de la *Fábula* de Góngora tienen coincidencias que no son explicables por Ovidio ni Virgilio ni por Anguillara o los más conocidos traductores e imitadores de las *Metamorfosis*. En Góngora, el gigante pondera cuán alto es:

¿qué mucho si de nubes se corona
por igualarme la montaña en vano?

(Vs. 414-415.)

En Lope, Polifemo se ve también más alto que la montaña:

tanto que el monte de árboles se vale
sobre las peñas porque no le iguale.

(*La Circe*, pág. 43.)

Aquí, los "árboles" son lo que las "nubes" en Góngora. Ambos gigantes llegan con la mano al cielo:

puedo alcanzar estrellas con la mano.

(*La Circe*, pág. 48);

en los cielos... puedo
escribir mis desdichas con el dedo [29].

(*Polifemo*, vs. 416-417.)

---

[28] Véase *La primitiva versión de las "Soledades"*, en Góngora, *Obras mayores. Las Soledades*, nuevamente publicadas por Dámaso Alonso, páginas 309-428.

[29] Aquí, los dos proceden de Virgilio, *Eneida*, III, 619-620 ("alta... pulsat / sidera"), y aun el más cercano es Lope; pero el giro empleado

Lope gongorista

Claro está que la descripción de los frutos de Polifemo existe ya en Ovidio. Pero los frutos que Lope y Góngora atribuyen al gigante se parecen mucho entre sí y muy poco al modelo común:

> ... un limpio canastillo
> de conservados nísperos y serbas
> y antes que lluvia el pálido membrillo
> para que cure entre olorosas hierbas.
>
> (*La Circe*, pág. 49);

> la serba a quien le da rugas el heno;
> la pera de quien cuna fue dorada
> la rubia paja y —pálida tutora—
> la niega avara y pródiga la dora.
>
> (*Polifemo*, vs. 77-80.)

Y en la estrofa siguiente aparecerá "el membrillo o verde o datilado". (Como hemos de ver más adelante, Lope, en materia de desfiles de frutos, no tenía nada que aprender de Góngora: pues los escribió abundantemente antes y después del *Polifemo*. Por eso es tanto más curioso que al narrar la historia polifémica en *La Circe* se le concentren las mismas frutas que Góngora había juntado en su *Fábula*.)

A veces, la estructura ha cambiado, y, sin embargo, tenemos la impresión de que la imaginación de Lope refleja la luminosidad de un cuadro pictórico de Góngora. Para el Polifemo de Góngora, las conchas pueden engendrar perlas al ser tocadas por los pies de Galatea. Es el gigante quien canta:

("puedo alcanzar") es el mismo de Góngora ("puedo escribir"): parece como si Lope hubiera subido a Virgilio a través de Góngora. Es ejemplo dudoso.

> pisa la arena, que en la arena adoro
> cuántas el blanco pie conchas platea,
> cuyo bello contacto puede hacerlas,
> sin concebir rocío, parir perlas.
>
> (Vs. 373-376.)

El poeta se basa en la creencia de que las perlas procedían del rocío condensado en las conchas. Esta alusión a ciencia antigua [30] no se halla en el canto polifémico de *La Circe*: Lope la sustituye por otra mitológica. No obstante, al cantar ahora el gigante lopesco sentimos cómo han pasado a él los elementos esenciales que había en la representación de Góngora (arena, pies de Galatea, concebir o engendrar perlas):

> murmure este arroyuelo cristalino
> del marfil de tus pies, lidio Pactolo:
> pues que bañando en él mayor tesoro
> engendras perlas por arenas de oro [31].
>
> (*La Circe*, pág. 45.)

No faltan, por el contrario, ocasiones en que tanto la imagen como la expresión son idénticas en ambos poetas: "cuando baja

---

[30] Lope (cómo no) conocía muy bien ese tópico:

> ...los lustrosos nácares bruñidos
> que engendran perlas de la tez del agua,
> que algunos atribuyen al rocío...
>
> (*La Filomena*, O. S., II, pág. 410.)

[31] Lope alude a la fábula de Midas. Éste, para librarse de convertir en oro todo lo que tocaba, se bañó en el Pactolo, río de Lidia, que desde entonces (dice la leyenda) tiene arenas de oro (Ovidio, *Metam.*, XI, 90 y sigs.). Galatea, al bañar en el arroyo sus pies de marfil (tesoro mayor), engendra perlas, en vez de arenas de oro.

el azor, rayo de pluma" (*La Circe*, pág. 45), "el ave reina... desciende, rayo con plumas" (*Polifemo*, versos 261-263).

Después de leído todo esto, no deja uno de sonreírse cuando se topa con esta afirmación de Pellicer en la *Fama póstuma*: "...mojó siempre [Lope] la pluma en los cendales del ingenio, no en los algodones de la memoria. Nada dijo que hubiese dicho nadie" [32].

Si ahora se toma *La Circe* en su conjunto (y lo mismo se podría hacer con *La Andrómeda* o con toda la primera parte de *La Filomena*) y se compara con poemas tempranos de Lope como *La hermosura de Angélica* (¡y, no digamos, con *La Dragontea!*), en seguida se ve que la, diríamos, tensión estética ha tenido notable aumento. Lope sigue narrando y narrando con fluidez, pero hay en su estilo una mayor preocupación de belleza; ha suprimido aquellas divagaciones familiares y avulgaradas, aquellas interminables retahílas de amontonados objetos; abundan ahora las imágenes valientes proyectadas sobre un campo de belleza intuitiva; el poeta hace con frecuencia esfuerzos por apretar su verso, y así, por ejemplo, el final bimembre de la octava, que ya existía aquí y allá en sus primeros poemas, es más frecuente en estos tardíos (aunque aún no tanto como en Góngora), y, sobre todo, resalta más la intencionalidad estructural de esos finales, ayudada a veces por contrastes de varios tipos:

... es Venus de aquel mar, del sol estrella.
... adonde coge flores deja arenas.
... desnuda el campo y los panales dora.
... desprecias el coral y pisas flores.
... la que lienzo vistió nácares viste.

(*La Circe*, págs. 12, 41, 46, 47.).

---

[32] Madrid, 1636, fol. 110 v.º

... tú quejas en desdén, yo en nieve amores.
... si en las arenas o en el aire pisa.
... que Venus deja a Apolo y sigue a Marte.
... guerra de burlas y temor de veras.

(*La Filomena, Obras sueltas*, II,
págs. 379, 382, 391.)

No le iba bien, en cambio, el hipérbaton a Lope, cuya sintaxis, algo más complicada que en los años mozos, suele seguir siendo flúida. Por eso nos choca aún más cuando, aunque pocas veces, usa ahora en alguna ocasión un hipérbaton muy gongorino:

Ella, mirando al joven semideo,
mayores de dolor extremos hace.

(*La Andrómeda*, Rivad. XXXVIII, 494) [33].

Y es curioso que lo emplee en posición tan resaltada como la del primer verso de *La Filomena*:

Dulcísima de amor ave engañada...

La huella de Góngora es, pues, evidente en estos poemas publicados en 1621 y 1624. Es una huella discontinua, que hay que rastrear. Lo que escribe Lope sigue teniendo su sello: gracia, agilidad, afectos humanos, de repente versos que se iluminan con nítida luz, aún de vez en cuando caídas de prosaísmo (pero mucho menos que en *La Dragontea* o en *La Angélica*) y —casi siempre— apresurada superficialidad. Este apresuramiento es quizá lo característico: Lope es un narrador, y aún, narra creyendo que lo interesante es la historia que se cuenta; es el ritmo y el amontonamiento de Ariosto (mejor que de Tasso). No embute el mismo

---

[33] Citado por Rennert y Castro, *Vida de Lope*, pág. 278.

Ovidio más casos en pocos versos, que historias y episodios Lope de Vega en su embarullada *Andrómeda*. Pero Góngora sabía bien que el público se estaba hastiando de muchas cosas; por ejemplo, del boscoso contenido de la épica renacentista. Lo interesante para Góngora es el modo de narrar: y trabaja con riqueza de materiales y con prolijo y al par denso pormenor su *Fábula de Polifemo*. No es sólo, no, la dicción, la imaginería, el metaforismo, la continua motivación del vínculo entre el significante y significado. Góngora, en su *Fábula*, lo ha enriquecido todo: contenido, paisaje y psicología amorosa. Su genio ha convertido al gigante Polifemo casi en símbolo del turbio dinamismo de su época y de la expresión literaria de ese oscuro bullir.

Tenemos, pues, pruebas evidentes de la profunda impresión que los modos expresivos de Góngora dejaron en Lope, aun cuando la huella en estos poemas lopescos no sea continua. Ocurre, sin embargo, que, de vez en cuando, en algunas piezas líricas junta Lope en pocos versos algunos signos de su tributo a la moda gongórica. Todos los ejemplos que vamos a citar son de los sonetos publicados con *La Circe*. He aquí la descripción de un amanecer (es un primer cuarteto):

> De azules rayos coronó la frente
> Febo, a los ojos de su misma aurora
> Fénix, deidad que tantas plumas dora
> cuantos orbes bañó su sacro oriente [34].

No sacaríamos mucho de otro de la misma serie si no supiéramos que canta la venida del Príncipe de Gales:

> Arco divino, que en color celosa,
> iris del cielo de la Gran Bretaña,

---

[34] *Obras sueltas*, I, pág. 396.

después de tanta tempestad, España
te mira en breve esfera luminosa...
Tú que en cielo portátil partes solo
luz con el sol, en paz, amor y celo,
triforme resplandece en nuestro polo [35].

Pero no diremos cuál es el tema de este otro soneto, para que lo adivine el lector (¡oh facilísimo Lope!):

Opuesto al español, como al tebano,
el animal que a Venus tanto ofende,
las medias lunas que del sol defiende,
de espumoso furor argenta en vano.
El rayo artificial la tierna mano,
con privación de un sol, al aire extiende:
divide instantes, átomos enciende,
por senda estrecha, tronador Vulcano.
Cayó el terror del Pardo; el horizonte
todo tembló; y, entre el humor adusto,
Adonis dio sus flores más perfetas.
Vengóse Venus. No te admires, monte,
que menos rayo de Felipe augusto
estrellas fijas encendió cometas [36].

Si el lector no lo entiende, confesemos que nosotros no lo habríamos entendido a no ser por la clave que el epígrafe del soneto nos da: "Habiendo muerto Su Majestad un jabalí en el Pardo".

Mucho alabó la adulación las habilidades cinegéticas de Felipe IV. Ahí está el *Anfiteatro de Felipe el Grande,* libro en el que Pellicer juntó las poesías con que los ingenios españoles celebraron

---

[35] *Obras sueltas,* I, pág. 396.
[36] *Obras sueltas,* I, pág. 394.

en 1631 la gran hazaña del rey: haber asesinado a mansalva a un toro de un arcabuzazo.

A Felipe, esos gustos le venían de antiguo. En la correspondencia de Góngora (principio de 1622) nos ha quedado escandalizada constancia de las aficiones de aquel muchachito de aún no diecisiete años, que desde hacía poco menos de uno regía la monarquía española: "llegó el Rey ayer del Pardo, tan montaraz que dejó muertos veintiocho jabalíes, gamos treinta y tantos, conejos sin número, pues en un día mató con la ballesta cuarenta y tres. Viene tan cebado en la caza, que ya nos amenazan con nueva salida a los montes de Toledo esta cuaresma" [37].

Góngora, ya en 1621, escribió un soneto "De un jabalí que mató en el Pardo el Rey nuestro señor". Pero esta victoria real no es la misma celebrada por Lope: el jabalí de Lope fue muerto con arma de fuego: el de Góngora, con venablo. Tenida en cuenta esta diferencia, resulta instructivo comparar ambos sonetos. El de Góngora (que fue comentado por Salcedo Coronel) dice así:

> Teatro espacïoso su ribera
> el Manzanares hizo; verde muro,
> su corvo margen; y su cristal puro,
> undosa puente a Calidonia fiera.
>
> En un hijo de Céfiro la espera
> garzón real vibrando un fresno duro,
> de quien aún no estará Marte seguro
> mintiendo cerdas en su quinta esfera.
>
> Ambiciosa la fiera colmilluda,
> admitió la asta, y su más alta gloria
> en la deidad solicitó de España.

---

[37] Ed. Millé, carta 83, 1 de febrero 1622.

> Muera feliz mil veces, que sin duda
> siglos ha de lograr más su memoria
> que frutos ha heredado la montaña [38].

El *primer cuarteto* describe el lugar: una margen del Manzanares, escenario de la acción que va a seguir. La curva del río la limita como un muro. Pero el río —que según Salcedo estaba helado [39]— sirve de puente a un feroz jabalí, tan fiero como el que atemorizó a los habitantes de Calidón (según narra Ovidio). Todo se atribuye al mismo semiarroyo, que aporta el paisaje (escena, muro, puente) como deseoso de contribuir a la victoria de su rey.

Segundo cuarteto. El joven rey, montado en un generoso caballo (se creía que los caballos andaluces eran engendrados por el céfiro), esgrime un venablo en su mano, en espera del jabalí. De tal venablo no estaría seguro ni allá en su quinto cielo el mismo Marte (que se transformó por celos en cerdoso jabalí para matar a Adonis).

Primer tercerto. La fiera colmilluda se lanzó como ansiando la herida, y con ella su más alta gloria: ser muerta por el rey (deidad de España).

Segundo terceto. ¡Muera mil veces feliz! Su memoria durará más siglos que frutos hay en el monte.

Puede tanto la poesía, aunque sea tan baladí como la de este soneto, que la memoria de aquel puerco montesino va durando ya unos trescientos treinta años.

El soneto de Góngora es perfectamente comprensible a quien conozca: 1.º, la historia del jabalí calidonio; 2.º, la leyenda de la empreñación de las yeguas por el céfiro; 3.º, el mito de la celosa

---

[38] Ed. Millé, núm. 360.
[39] *Obras de don Luis de Góngora*, primera parte del tomo segundo, Madrid, 1645, pág. 270.

venganza de Marte. Ninguna de estas tres alusiones es recóndita, y todas pertenecían al amplio desván de antiguallas grecolatinas que poseía un lector de mediana cultura en el siglo XVII.

Volvamos ahora los ojos al otro jabalí, al inmortalizado por Lope.

Primer cuarteto. El jabalí, animal contrario a Venus (porque le mató a su querido Adonis), ataca al héroe español (Felipe IV) lo mismo que atacó al Hércules tebano (alude a una de las hazañas de Hércules), y en vano blanquea cubriéndolos con furiosa espuma los corvos colmillos (como medias lunas) que, luchando, defiende del sol (de la Majestad real).

Segundo cuarteto. Guiña un ojo el adolescente monarca (privando así de un sol al mundo) y su tierna mano dispara el tiro, como rayo artificial que se propaga al aire: el dios del fuego, Vulcano (forjador de los rayos de Júpiter), atronando, lanza su exhalación, que avanza en línea recta, como por estrecho sendero, dividiendo instantes, encendiendo las partículas de la atmósfera.

Primer terceto. Cayó el jabalí, terror del Pardo (como el otro lo fue de la región calidonia), y todo el horizonte tembló. Y al caer la sangre requemada (el humor adusto) de la fiera, la anémona (en que se transformó Adonis) dio sus flores más perfectas (sintiéndose vengada).

Segundo terceto. Así quedó vengada Venus. No tienes por qué admirarte, ¡oh monte!, pues un rayo menor de Felipe augusto bastó para abrasar y hacer desaparecer, como cometas, las estrellas que parecían más fijas (alude al barrido y enconada persecución de todos los favoritos del anterior reinado, lo mismo Uceda, que el confesor Aliaga, que Lerma —éste, ya caído previamente—, que don Rodrigo Calderón —que se encontraba ya en la cárcel, pero que fue ahora empujado con saña al patíbulo—, cambios y aceleración que señalaron instantáneamente la subida de Felipe IV al trono: los antiguos favoritos, estrellas fijas del cielo político de España, fueron ahora fulminados y desaparecieron como fugaces cometas) [40].

No cabe duda de que el soneto fue escrito muy a principios del reinado de Felipe IV, quizá en el mismo 1621, en que se inauguró el nuevo monarca.

Basta comparar las respectivas extensiones de nuestros dos comentarios para sacar una consecuencia evidente: el soneto de Lope es mucho más oscuro que el de Góngora. Son más numerosas y más embozadas las alusiones mitológicas en Lope (seis en total: tres a aspectos distintos de la fábula de Venus y Adonis, una a la de Hércules, una a la de Vulcano, una a la del jabalí calidonio). Estas alusiones están a veces apenas sugeridas: "el terror del Pardo" sólo cobra plenamente su sentido como evocación de la terrible fiera calidonia (a la que Góngora menciona explícitamente en su soneto). Pero aún hay en el de Lope una alusión general: sobre la figura del adolescente monarca (¡señor, casi un niño!), cae una proyección jupiterina: como Zeus, su mano fulmina rayos: contra jabalíes, lo mismo que contra los odiados validos.

Hay, pues, también en el soneto de Lope una complejidad de adulatoria alusión a la historia política de aquellos días, que en el de Góngora falta.

La expresión es sutil y conceptuosa en Lope. Así, en todo el segundo cuarteto, descriptivo del disparo. Finamente está visto el avanzar del tiro, dividiendo instantes, encendiendo átomos, veloz por la senda estrecha que rasga. Y ese "con privación de un sol" como fórmula adulatoria para designar la guiñada del monarca que apunta, vale un imperio.

---

[40] Ninguna crónica más vívida de estos sucesos y de la prisión del duque de Osuna que las cartas de Góngora, edición Millé, núms. 61-68.

Podía estar contento Lope. Este soneto probaba que, cuando quería escribir por lo fino —poeta áulico—, sabía hacerlo tan difícil y complejo como su gran rival.

Podía luchar con Góngora con las mismas armas de éste. Si se leen los dos versos últimos del primer cuarteto

> (las medias lunas que del sol defiende,
> de espumoso furor argenta en vano),

se ve cómo en ellos se cruzan los recuerdos gongorinos. Así blanquea de espuma el freno el impaciente caballo al principio de la dedicatoria del *Polifemo:*

> Tascando haga el freno de oro cano
> del caballo andaluz la ociosa espuma.

Y en la primera estrofa del poema mismo encontramos asociaciones de léxico (*espumoso, argentar*) como en los dos versos de Lope:

> Donde espumoso el mar siciliano
> el pie argenta de plata al Lilibeo.

"Media luna" (para las armas del toro), también en contraste con "sol", como en esos versos de Lope, caracteriza el famosísimo pasaje inicial de la *Soledad Primera:*

> media luna, las armas de su frente;
> y el sol, todos los rayos de su pelo.

Mas, aun este soneto, tan oscuro como los más oscuros de Góngora, con recuerdos concretos del arte del cordobés, escrito para competir en suntuosidad y elegancias, tiene un distinto aroma, una fluencia, una potencia intuitiva que son de Lope. Ningún conocedor de la poesía gongorina lo tomaría por de D. Luis. Quitado lo que en él hay de huella de Góngora, le queda aún un resto, un sustrato suficiente de lopismo.

Es que, en realidad, son muy pocos los casos en que en el estilo de Lope se condensen las características formales del gongorismo hasta el punto de qué, anónima la obra, pudiéramos vacilar al atribuirle autor. Citemos algún ejemplo. Este comienzo de soneto, ¿a cuál de los dos poetas pertenecerá?

> De la abrasada eclíptica que ignora,
> intrépido corrió las líneas de oro
> mozo infeliz a quien el verde coro
> vio Sol, rayo tembló, difunto llora.
>
> Centellas, perlas no, vertió el aurora,
> llamas el pez austral, bombas el toro,
> etnas la nieve del Atlante moro,
> la mar incendios y cenizas Flora [41].

El léxico, la acumulación de alusiones geográficas, zodiacales y mitológicas, la hipérbole, la construcción binaria del endecasílabo, el uso de la característica fórmula *A no B* (centellas, perlas no), la omisión de artículo (mozo infeliz), etc., rasgos todos gongorinos, se amontonan en este ejemplo más apretadamente que en ninguno de los anteriores y podrían hacernos creer que el soneto era de don Luis: es de Lope.

He aquí, pues, cuántos Lopes se nos van juntando: 1.º Un Lope fértil, humano, gracioso, apasionado, que transmite en poesía la experiencia diaria —amor o dolor— de su vivir, que rompe novedosamente las trabas de la tradición renacentista, genial y único en esto en Europa; pues la literatura europea no conocerá este verterse directo de la vida a la poesía hasta el siglo XIX. 2.º Un Lope

---

[41] *Obras sueltas,* I, pág. 394. Comp. Montesinos, I, pág. 56.

petrarquista, culto, suntuario, cultivador de los artificios —correlación, recolección, etc.— exacerbados por los petrarquizantes del siglo XVI. 3.º Un Lope que, absorto ante las novedades de los poemas mayores de Góngora, quiere —mariposa inocente— superarle, y se abrasa en esa luz. Un Lope, pues, gongorizado (hasta cierto punto), que por defensa o reacción contra Góngora comete la puerilidad de imitarle. Esta imitación es variada. Consiste, desde luego, en un ligero aumento de temperatura poética, un intento de subir a un escalón estético algo más alto, y, luego, en el engaste en la propia poesía de algunas piedras rutilantes de la de Góngora: estos elementos advenedizos sólo muy rara vez se cuajan de modo que pudiéramos hablar de imitación total.

UN CUARTO LOPE: POETA FILOSÓFICO

Quizá tal impregnación parcial de elementos gongorinos fue lenta, y más bien sigilosa, inconsciente. Nos imaginamos que no fue ésa la primera reacción de Lope ante las novedades artísticas acumuladas en el *Polifemo* y las *Soledades*. Que hubo una reacción pensada, consciente, un intento de dejar —también él— deslumbrado al público, pero en otra dirección, en dirección muy distinta de la de Góngora. Debemos situarnos psicológicamente dentro de Lope cuando le empezó a caer el pedrisco que arreciaba desde Córdoba.

¡Terrible debió de ser para la vanidad de Lope el mes de abril de 1613! Por ese mes debían estar recién llegadas a la Corte, precedidas de no poco bullebulle cordobés, las novedades del arte adulto de Góngora: el *Polifemo*, desde luego, y quizá la *Soledad Primera*. En tertulias y corros literarios eran el tópico de la conversación; y vemos a don Enrique Pimentel que saca como un tesoro su copia del *Polifemo* y lee admirativamente pasajes al asombrado Padre Maestro Hortensio Paravicino y al no tan entusiasta

Pedro de Valencia. O nos representamos al contador Morales que recita —como sacerdote de un rito oculto— trozos del mismo poema. Unos ponen los ojos en blanco, otros se dan por muy descifradores de lo más recóndito, otros —chapados a la antigua— quizá protestan de la violenta sintaxis y el insólito léxico [42].

¡Ah, malos ratos debió de pasar Lope! ¡Cómo a él, con tales facultades, no se le había ocurrido aquello, si era un huevo de Colón! ¡Ah, Góngora en todas las mentes, en todos los estrados, en todos los mentideros; Góngora para bien, Góngora para mal, Góngora para arriba y Góngora para abajo! ¡Con lo fácil que le hubiera sido a él hacerse oscuro, hacerse crespo, hacerse metafórico, hacerse sibilino!

¿Y no quedaba aún alguna posibilidad, algún camino abierto, original, no pisado? Lope se mordía las uñas.

El 28 de abril de 1613 está firmado el autógrafo de *La dama boba,* y en esta comedia creo que existe una huella de una especial reacción de Lope frente al gongorismo triunfante (triunfante, por lo menos, en el escándalo, porque para Lope escándalo era triunfo).

En esa obra, Lope el fácil, Lope el superficial, ha incluido un soneto filosófico tan difícil, que su dificultad obliga al autor a hacer que los personajes lo comenten; la explicación dura toda una escena. He aquí el soneto:

La calidad elementar resiste
mi amor, que a la virtud celeste aspira,

---

[42] Véase nuestra edición de las *Soledades,* Madrid, 1936, págs. 313-315. Góngora envió el *Polifemo* y las *Soledades* (entiéndase: la *Primera Soledad*) a Pedro de Valencia el 11 de mayo. Pero el contador Morales y don Enrique Pimentel poseían ya, antes que Pedro de Valencia, copias, por lo menos, del *Polifemo,* y las leían a sus amigos. Todo esto nos lleva, evidentemente, a algunas semanas antes.

> y en las mentes Angélicas se mira,
> donde la idea del calor consiste.
> No ya como elemento el fuego viste
> el alma, cuyo vuelo al sol admira,
> que de inferiores mundos se retira
> a donde el Cherubín ardiendo asiste.
> No puede elementar fuego abrasarme,
> la virtud celestial, que vivifica,
> envidia el verme a la suprema alzarme;
> que donde el fuego angélico me aplica,
> ¿cómo podrá mortal poder tocarme?,
> que eterno y fin contradicción implica.

Aquí no hay suntuosidad, no hay lujoso colorido, ni alusiones mitológicas; si hay cultismos, están empleados en un sentido que llamaríamos frío, técnico. Pero, ¿verdad que en dificultad vale bien Góngora? Pues, lo mismo que Góngora, mirado de cerca, es bastante fácil.

Pero, ¿Lope se había sacado todo eso de la cabeza? Apresurémonos a decir que el contenido del soneto no pasa de ser una especie de resumen en catorce líneas de la idea central de la obra de Pico della Mirandola (1463-1494), *Heptaplus: De septiformi sex dierum Geneseos enarratione*[43]. La actividad filosófica de Lope era, pues, no nos engañemos, bien modesta: la de un simple resumidor. Y, sin embargo, no cabe duda de que Lope estaba muy orgulloso de su soneto.

Sí; ese soneto se convierte en una obsesión para Lope. Publi-

---

[43] Lope reconoció más tarde su modelo, como veremos en seguida. Uso la siguiente edición: G. Pico della Mirandola, *De hominis dignitate, Heptaplus, De ente et uno, e scritti vari a cura di Eugenio Garin*, Florencia, 1942.

cado primero —comentado por los personajes— en la representación de la obra; lo imprime luego con la comedia [44] en la *Novena Parte* (1617); luego, sin comentario, con *La Filomena* (1621) y, en fin, con *La Circe* (1624), y esta vez con un comentario en prosa en forma de epístola a López de Aguilar [45], que es en parte prosificación del comentario en verso de *La dama boba*, y en parte un amontonamiento de erudición filosófica.

¡Este Lope! En realidad, en la prosa de *La Circe* no dice nada nuevo, nada que esencialmente no estuviera ya dicho en la escena de comentario en *La dama boba*; las palabras son al principio casi exactamente las mismas. Compárese:

> Tres fuegos que corresponden,
> hermosa Nise, a tres mundos,
> dan fundamento a los otros...
> calidad elementar
> es el calor en nosotros;
> la celestial es virtud
> que calienta y que recrea,
> y la angélica es la idea
> del calor...

(La dama boba.)

"Fúndale [el soneto] en tres fuegos, correspondientes a tres mundos. El calor es en nosotros calidad elementar; la celestial es la virtud que calienta; la angélica es la idea del calor."

(Epístola a López de Aguilar.)

---

[44] Véase Acad., Ed. Nueva, XI, pág. 595.
[45] Epístola "A don Francisco López de Aguilar". Véase en *Obras sueltas,* I, págs. 401-409; el soneto, en las 401-402.

> El elemento en nosotros
> es fuego...
> ...El puro sol que estáis viendo
> en el cielo, fuego es;
> y fuego el entendimiento
> seráfico; pero siento
> que así difieren los tres:
> que el que elementar se llama
> abrasa cuando se aplica;
> el celeste vivifica,
> y el sobreceleste ama...
>
> (*La dama boba*) [46].

"Fuego es el elemento en nosotros, fuego es el sol en el cielo y fuego el entendimiento seráfico; pero difieren en que el elementar abrasa, el celeste vivifica y el sobreceleste ama. Así lo disputa divina y sutilmente Pico Mirandulano en su *Heptaplo*" [47].

(*Epístola a López de Aguilar.*)

Este comentario en la epístola a López de Aguilar es, pues, lo que la jerga actual llama un "refrito"; sí, un "refrito" no confesado. Tres fuegos, por tanto: el elemental, que abrasa; el celeste,

---
[46] Acad., Ed. Nueva, XI, pág. 595.
[47] *Obras sueltas*, I, págs. 402-403.
Tanto los pasajes de la comedia como los de la epístola son traducción casi literal de Pico:
"Est apud nos calor qualitas elementaris, est in caelestibus virtus excalfactoria, est in angelicis mentibus idea caloris."
"...est apud nos ignis quod est elementum; Sol ignis in caelo est; est in regione ultramundana ignis seraphicus intellectus. Sed vide quid differant. Elementaris urit, caelestis vivificat, supercaelestis amat..." (*Heptaplus*, pág. 188).

animante, vivificante; y el angélico, que es el amor divino. Y el alma, aplicada a ese amor, se hurta a todo fuego mortal. Lope lo explica así en el punto donde se ha andado por menos ambages, que ha sido en las palabras iniciales del comentario:

"La intención de este soneto fue pintar un hombre que, habiendo algunos años seguido sus pasiones, abiertos los ojos del entendimiento, se desnudaba de ellas, y reducido a la contemplación del divino amor, de todo punto se hallaba libre de sus afectos. Y no es de condenar porque parezca enigmático siendo tan alta la materia, y el sujeto tan digno, pues Platón [48] lo que escribió de las cosas divinas lo envolvió en fábulas y imágenes matemáticas, de suerte que de ninguno o de pocos fue entendido que alguna vez nos habemos de apartar del común y simple modo de decir" [49].

¡Acabáramos! La cosa no puede ser más sencilla.

Y todo podía haber quedado ahí. Por desgracia, no es eso lo que ocurre; lo que hemos transcrito viene a ser sólo un comentario general. Sigue luego otro comentario verso a verso, atiborrado

---

[48] Lope repite también aquí la misma doctrina de *La dama boba:*

> Platón
> a lo que en cosas divinas
> escribió, puso cortinas,
> que tales como éstas son
> matemáticas figuras
> y enigmas.
>
> (Acad., Ed. Nueva, XI, págs. 595-596.)

En ambos casos casi traduce al pie de la letra las palabras de Pico: "Plato noster ita, involucris aenigmatum, fabularum velamine, mathematicis imaginibus... sua dogmata occultavit, ut... neminem ex his quae scripserit suam sententiam de divinis aperte intellecturum..." (*Heptaplus*, página 172).

[49] *Obras sueltas*, I, pág. 402.

de autoridades y citas. Es uno de esos insensatos alardes de pedantería que se le escapaban a Lope cada vez que el humanísimo poeta quiere chapearse de científico. Y así, comentando su soneto verso a verso, nos recuerda al más charlatán e inaguantable Pellicer en el comento de Góngora. Allá él: no le vamos a seguir.

No me cabe duda de que si Lope imprimió tres veces este soneto, si lo comentó dos (en prosa y en verso), es sencillamente porque lo consideraba un hito importante en su obra, porque estaba orgulloso de él, y como parecía que el público no picaba, daba de vez en cuando como campanillazos con su soneto, uno en 1613, otro en 1617, otro en 1621, otro en 1624. Los lopistas me dirán si hay otro caso semejante.

Lope, muchas veces, y en especial en ese mismo comentario en prosa, ha dicho que "toda la dificultad del gongorismo reside en meras palabras", y en su soneto ofrecía (lo sigue diciendo él) profundidad y dificultad de pensamiento. Para mí no cabe duda de que este soneto, surgido en 1613, en los momentos en que el bólido del gongorismo acaba de irrumpir en el cielo sereno de la poesía española, *es una reacción y defensa contra Góngora*. No, no sería él Vega llana

(con razón Vega por lo siempre llana).

Góngora complicaba con palabras. Él, Lope, podía ser un poeta filosófico y aturdiría con pensamientos como pozos.

Esta idea no le debió de abandonar entre 1613 y 1624 (las fechas entre las que, cada pocos años, reimprime su soneto). En *La Circe* se publica también una serie de 41 sonetos, y entre ellos hay un notable grupo de inspiración filosófica [50]. No es que alu-

---

[50] Montesinos, I, 55, ha visto la impregnación platónica y neoplatónica de estos sonetos. Cree, sin embargo, que la fuente de estas ideas son

siones platónicas y neoplatónicas y en general filosóficas no existan en poesía de Lope en fechas anteriores. Lo que es nuevo es lo estricto de la enunciación conceptual, los tecnicismos que el escritor emplea, la ausencia (en la mayor parte de los casos) de los halagos exteriores. Éstos son, en su mayor parte, sonetos a Amarilis (por tanto, escritos entre 1616 y 1624, los años de enorme crecimiento de la marea gongorina), y en todos ellos resplandece una limpia posición espiritualista. El pensamiento gira aún en torno a los tres fuegos de nuestro comentado soneto. Las fuentes citadas allí de Platón, Plotino, San Agustín, Dionisio Areopagita, Marsilio Ficino y Pico della Mirandola presiden también, en general, estos sonetos: la trayectoria es, pues, diáfana. He aquí algunos ejemplos de esta veta lopesca, tomados de esos sonetos de *La Circe*[51]:

(Fuego vivificante):

> Como es el sol la causa conficiente (!)
> que forma con su propia fuerza al día,
> tu honesto amor infunde al alma mía
> dulce templanza de tu fuego ardiente.
>
> *(Soneto II.)*

---

los *Diálogos de amor*. Evidentemente, Lope los conocía; pero no es menos cierto que estos sonetos reflejan la lectura directa de Pico della Mirandola y de Marsilio Ficino, y creo también que se pueden rastrear huellas bastantes para afirmar la lectura de primera mano de varias de las otras autoridades mencionadas en la *Epístola* a López de Aguilar.

Por otra parte, lo que nos interesa ahora no es tanto el que Lope reciba estas ideas cuanto el hecho insólito de que para expresarlas abandone su vívido decir y adopte un léxico y unos giros técnicos, filosóficos.

[51] Todos estos sonetos pueden verse en *Obras sueltas*, I, pág. 377 y siguientes. Lo mismo ahí que en la edición original (en *La Circe* de 1624) vienen a formar parte de la Epístola VIII incomprensiblemente, pues en el cuerpo de la epístola (*O. s.*, I, pág. 366) no se anuncia otro envío que el de la traducción de cuatro salmos.

(Amor angélico):

>No al fuego humano, al celestial atento
>en alabanza de Amarilis suena
>con esta voz...
>
>*(Soneto I.)*

(Al amor divino por la armonía):

>Canta Amarilis y su voz levanta
>mi alma desde el orbe de la luna
>a las inteligencias...
>De su número luego me trasplanta
>a la unidad, que por sí misma es una...
>
>*(Soneto IV.)*

(El siguiente comienzo de soneto —que en su final duplica el tema del que acabo de mencionar— ha de ser comparado con pasajes del propio comentario de Lope a su soneto de los tres fuegos):

>De la beldad divina incomprehensible
>a las mentes angélicas desciende
>la pura luz [52], que desde allí trasciende
>el alma deste punto indivisible.
>A la materia corporal visible
>da vida y movimiento...
>
>*(Soneto VI.)*

---

[52] Compárese (para que se vea el ambiente en que respira Lope, en estos sonetos) el principio de una estancia de la *Canzona d'amore composta per Hieronymo Benivieni ...secondo la mente e opinione de' platonici:*

>Quando dal vero ciel converso scende
>nell'angelica mente el divin sole...

(en la cit. ed. de Pico, pág. 454).

(En este soneto se verá la huella de algunos de los pensamientos fundamentales del *Heptaplus* y quizá también de otras obras del mismo Pico):

> Este vínculo noble de las cosas
> celestes y terrestres, tan fecundo
> que encierra en sí como pequeño mundo
> tantas naturalezas prodigiosas,
> esta de uniones alma tan gloriosas,
> como es el mundo angélico profundo,
> celeste elementar y Rey segundo
> de cuantas formas le han servido hermosas,
> terrena parte con los brutos tiene,
> aunque por la suprema inteligencia
> conviene con la angélica sustancia...
>
> *(Soneto VIII)* [53].

Benivieni seguía principalmente a Marsilio Ficino. Pico ecribió un comentario a esta canción, en el que, como muestra Garin (págs. 11-18), desmentía algunas afirmaciones de Ficino.

[53] El "vínculo noble" es el hombre. Es doctrina que Pico (gran repetidor) repite insaciablemente: "La natura dell'uomo, quasi vinculo e nodo del mondo è collocata nel grado mezzo dell'universo; e come ogni mezzo participa de gli extremi, così l'uomo per diverse sue parti con tutte le parti del mondo ha communione e convenienzia, per la quale cagione si suole chiamare Microcosmo, cioè uno piccolo mondo"... "la parte intellettuale ed angelica, per la quale l'uomo così conviene con gli Angeli, come per la parte sensitiva conviene con le bestie" (*Commento... sopra una canzona d'amore... composta da Girolamo Benivieni...*, ed. cit., págs 478-479). El comento de Pico se publicó ya en 1519 con las obras de Benivieni. Véase la nota anterior.

Dadas las relaciones del *Commento* con el *Heptaplus* no es posible discernir cuál de los dos es la fuente. Después de haber hablado de los "tres mundos", añade: "Est autem, praeter tres quos narravimus, quartus alius mundus in quo et ea omnia inveniantur quae sunt in reliquis. Hic

Otras veces, la expresión es más abierta (se trata de un soneto que, al fin, se nos descubre satírico); pero existe aún la preocupación filosófica:

> Tuvo Platón por firme fundamento
> que toda inteligible especie estaba
> desde el punto que el alma se formaba
> asida a nuestro humano entendimiento
> y que las ciencias, que estudiaba atento
> era que el alma entonces se acordaba
> por la especie existente, que causaba
> de lo que ya pasó conocimiento.
> Reprobóle Aristóteles diciendo
> que era tabla desnuda susceptiva...
>
> *(Soneto XXX.)*

Es evidente que el soneto de los tres fuegos, más antiguos, ha de ser considerado punto de arranque de las preocupaciones de todo el grupo.

Cuáles de las fuentes mencionadas en su comentario pudo conocer directamente, cuáles le llegarían rebotadas, no es tema nuestro. Baste señalar que en esa tradición el centro oscila entre lo platónico y lo neoplatónico. Ni me voy a detener ahora en ver cómo estas migajas de filosofía espiritualista le sirven de "fermosa cobertura" para sus sacrílegos amores con Marta de Nevares: ya

---

ipse est homo... Tritum in scholis verbum est, esse hominem minorem mundum, in quo mixtum ex elementis corpus et caelestis spiritus et plantarum anima vegetalis et brutorum sensus et ratio et angelica mens et Dei similitudo conspicitur" (*Heptaplus*, pág. 192).

Semejantemente, en *De hominis dignitate*: "...esse hominem creaturarum internuntium, superis familiarem, regem inferiorum..." (pág. 103).

hemos dicho que muchos de esos sonetos están dirigidos a Amarilis.

Me basta con esto: hay una veta de poesía filosófica y oscura, un Lope poeta filosófico germinante allá por sus cincuenta años cumplidos, que formaría como un cuarto Lope junto a los tres que habíamos considerado. Este cuarto Lope, lo mismo que el tercero, es, a mi juicio, un intento de encontrar vía artística al contacto del arte de Góngora. El gongorismo le hizo ensayar dos caminos (y de los dos hay evidentes pruebas en los sonetos de *La Circe*):

la competencia con el mismo Góngora en un arte formal (tercer Lope o Lope gongorino),

la competencia con el mismo Góngora en un arte de pensamiento oscuro (cuarto Lope o Lope filosófico).

En estas dos direcciones, en las dos y en cualquiera de las dos, Lope participaba de esa densidad, de esa gravedad (o por peso de la forma exterior o por el modo de plasmar la forma interna) característica del barroquismo.

LOPE Y LAS FUERZAS NATURALES: UN EJEMPLO

Este poeta, que se deja contagiar de gongorismo o que reacciona contra el gongorismo buscando profundidad de pensamiento, era él mismo una fuerza barroca; era una fuerza barroca no ya sólo como tercer Lope o cuarto, sino como primero y segundo, y representa al barroquismo desde luego con más variedad y aun con más impulso vital que Góngora. Lo que ocurre es que —este impetuoso, este atolondrado— no tiene tiempo ni sentido para desarrollar una técnica personal depurada, como Góngora; vive un poco de tomar y utilizar con su genio todas las técnicas cuajadas que el mercado literario le ofrece. O en su exasperación llega hasta lo más difícil, lo que a tantos poetas ha hecho fracasar: el intento de una poesía filosófica. (Gracias que le duró poquito.)

Sí, él tenía el ímpetu barroco, y aun en su vida y su obra, la abundancia y la plenitud.

Un solo ejemplo como prueba:

Al hablar de la poesía de Góngora, hemos señalado como una de las características de la nueva vitalidad que traspasa la forma renacentista en el momento barroco esos lujosos, recargados desfiles de seres de la naturaleza, frutos, animales terrestres, platos de una comida, aves de cetrería, pescados, que nos sorprenden y nos deleitan con su apretada variedad en las *Soledades* y en el *Polifemo*. Característicos de Góngora, él los emplea con un sentido colorista y musical; lo importante parece la suntuosidad y la plenitud.

Pero cada uno de los seres, en el brevísimo instante en que pasa ante nuestra retina, queda intensamente definido por un rasgo hondamente caracterizador: y vemos apretada con sus repliegues, en su cáscara de madera, a

la encarcelada nuez esquiva [54]

o, cómo deslizándose sobre su resbaladiza piel,

el congrio, que viscosamente liso
las redes burlar quiso,
prendido en ellas se quedó burlado... [55].

¿Fue esa técnica de mostrar, en sucesión precipitadamente caracterizadora, formas de la naturaleza, una invención de Góngora? De ningún modo [56].

---

[54] *Soledad primera*, verso 880.
[55] *Soledad segunda* versos 93-95.
[56] Del barroquismo de estas series, en Góngora, hablamos en nuestro prólogo a las *Soledades*, 1.ª edición, Madrid, 1927, págs. 30-32. Díaz-

Esa técnica está en Lope. ¡En Lope, nada menos que en *La Arcadia*, en 1598, quince años antes del *Polifemo!* Allí existen la sucesión y la rápida caracterización:

> Perdices le ofrecería,
> vivas en la misma percha,
> con el pico y los pies rojos
> que estampan en el arena;
> las calandrias que madrugan;
> las mirlas a quien enseña
> Naturaleza a cazar
> las hormigas con la lengua...
> los ánades, de oro y verde
> bordadas las plumas nuevas
> del cuello, y de azul las alas,
> que bien nadan y mal vuelan;
> los pavos, donde los ojos
> de Argos sirvieron de rueda...
>
> Las guindas rojas maduras,
> los madroños de las sierras
> donde el erizo en sus puntas
> los ensarta como cuentas;
> la castaña, armada en balde;
> los membrillos de las vegas,
> que al miedo el color hurtaron
> y la forma a las camuesas...
> la endrina con la flor cana
> y la olorosa cermeña...

Plaja ha tratado, bella y penetrantemente, del valor barroco de series frutales en varios poetas del Siglo de Oro (pero no en Lope): véase *El espíritu del barroco*, Barcelona, 1940.

Lope y las fuerzas naturales

No falta la serie de pescados:

> El pez de escamas de plata,
> el camarón lleno de hebras,
> la langosta, que cocida
> tiene de coral las piezas;
> la trucha, lisa y pintada;
> la murena, verde y negra;
> la ostra, que con la luna
> abre y cierra, crece y mengua [57].

Acumula aquí Lope observaciones personales, conocimientos científicos, producto de sus enciclopédicas lecturas y recuerdos mitológicos. No hay constancia en la intensidad de caracterización, ni éste es su mejor ejemplo, aunque lo he citado por la fecha tan temprana.

Recordemos ahora las dos octavas del *Polifemo*. He aquí una descripción, también en dos octavas, de frutos. Está en *La Angélica*, que (dejemos la fecha, dudosa, de redacción) se publicó en 1604:

> La granada, que el pecho se descubre;
> el pulido limón y la manzana,
> el membrillo desnudo por octubre,
> la breva negra, la ciruela cana;
> la nüez que en la cáscara se encubre,
> el agrio pero de color de grana,
> la avellana vestida, y entre hierbas
> conservados los nísperos y serbas.
>
> Las dulces uvas, ya que en limpias eras
> el haz atado el labrador afloja;

---

[57] Rivadeneyra, XXXVIII, págs. 56-57.

la camuesa amarilla y verdes peras,
la azufaifa bermeja y fresa roja,
la afeitada cereza y las primeras
guindas, que el tordo al madurar despoja;
el escrito melón y verde almendra,
y cuantas frutas la gran madre engendra [58].

El procedimiento se repite una y otra vez en la poesía de Lope. Tomemos una obra bien alejada temporalmente de *La hermosura de Angélica;* por ejemplo, *La Filomena.* En el canto III de la primera parte dirige Silvio su lamentación de amor a Filomena (como a Galatea Polifemo), y en ella enumera una serie de seres naturales. Mariscos:

No los mariscos al peñasco asidos
cuyos salados cóncavos desagua,
retrógrados cangrejos parecidos
al signo que del sol por signo es fragua;
no los lustrosos nácares bruñidos
que engendran perlas de la tez del agua
que algunos atribuyen al rocío
(tal fueras alba tú del llanto mío).
No la carne de varios caracoles
en duras cartilágines ceñidos,
con capas de diversos tornasoles,
en cárcel, patria donde son nacidos;
y entre verdes corales que los soles
tienen fuera del agua endurecidos,
armados de sutiles guarniciones,
los átomos del mar, los camarones [59].

---

[58] *Obras sueltas,* II, pág. 249.
[59] Rivadeneyra, XXXVIII, pág. 481.

Lope y las fuerzas naturales 471

Estas dos octavas en que Lope baraja como siempre recuerdos personales, lecturas y "ciencia antigua" (las perlas, engendradas por el rocío; el coral, verde y blando en el agua), no son ajenas al hervidero de colores suntuarios que Góngora había arremolinado en la poesía española: entre sus perlas, cangrejos, caracoles, camarones, corales, ¡qué sensación de bullente luz de acuario! La imagen final, "los camarones, átomos del mar", está resellada de sandunga lopesca. Siguen luego una octava de pescados y otra de caza y, por remate, esta de frutos:

> Frutas si quieres, pálida camuesa
> afeitada tendrás con oro y grana,
> la cermeña olorosa y débil fresa,
> y en túnica de mezcla la avellana;
> la nuez sabrosa en cuatro partes presa,
> y, disfrazando el agrio, la manzana,
> con capa de color, y las endrinas,
> sin velo blanco, calcedonias finas.

Y he aquí, en esa manzana "disfrazando el agrio con capa de color", un evidente recuerdo de "la manzana hipócrita que engaña, a lo pálido no, a lo arrebolado", de Góngora. Se trata de una reminiscencia ocasional: estas rápidas series descriptivas eran, fundamentalmente, muy Lope, muy de su arte. Como que apenas hay poema suyo de alguna extensión donde no estén presentes. Así leemos en la *Descripción de la Abadía:*

> Aquí tuvieras la manzana y pera,
> aquélla verde y ésta matizada,
> y la cermeña de color de cera, etc. [60].

---

[60] Rivadeneyra, XXXVIII, pág. 454.

Y en la *Descripción de la Tapada:*

> Aquí la roja guinda y verde pera,
> el membrillo pendiente de la rama,
> la manzana teñida en sangre y oro...
> La encarcelada nuez, y en el erizo
> la robusta castaña, etc. [61]

La verdad que todas estas series se parecen y que Lope, con la receta propia y con pequeña variación, dejaba correr la mano... Le perdía su facilidad.

Descripciones semejantes están también desparramadas con infinitos matices por su teatro, y allí quizá encontraríamos algunas de las obras maestras de Lope en ese tema poético: las de más felicidad en la aprehensión del rasgo esencial de cada ser, también las de más palpitante hervor de materia. He aquí, como ejemplo variante del tema, los votos de Antón por la felicidad de sus amos en *El Vaquero de Moraña:*

> Rompan del aire los filos
> las cañas de los barbechos,
> y toque el trigo los techos
> en las trojes y en los silos...
> Ya que el agosto repose,
> pisen para vuestras cubas
> vuestras gentes tantas uvas,
> que todo en mosto rebose...
> Sirva una tinaja anciana
> de lo que ahora se pisa
> al cantar don Félix misa

---

[61] *Ibidem*, pág. 457.

y al desposarse doña Ana.
Por los pezones y cabos
cubran, en color pajizos,
los melones invernizos
de vuestra casa los clavos.
Sirvan colmos a montones
de membrillos o granadas,
en vuestros techos colgadas,
de dorados artesones.
Sin rectitud y gobierno
de reales pesadumbres,
vuestras ahumadas techumbres
coronen frutas de invierno.
Sirvan a vuestras familias
costales de verdes nueces,
para acabar, tras los peces,
los viernes y las vigilias.
Higos también os reserve
esta campaña vecina,
que afeitados con harina,
enjuge el pecho y conserve.
Matice estas huertas luego
la berenjena morada,
la verde col, arrugada
como pergamino al fuego [62].

"La verde col arrugada como pergamino al fuego": he aquí una extraordinaria imagen que no busca belleza, sino expresión: un realismo expresionista. Lope está aquí en su ambiente, y su capacidad para expresar velocísimamente esas formas de la natu-

---
[62] Ed. Academia, t. VII.

raleza en uno o dos versos es, a lo rural, tan grande como a lo aristocrático la de Góngora en las lujosas series naturales de las *Soledades* y el *Polifemo*.

Sería error creer que estas series descriptivas de seres de la Naturaleza fueron peculiares de Lope y de Góngora. Los dos escritores son casi rigurosamente contemporáneos. Atraigamos aquí otro gran contemporáneo, Bartolomé Leonardo de Argensola (1561-1631). La descripción de frutos en la famosa epístola que empieza "Con tu licencia, Fabio, hoy me retiro" es, entre todas estas tiradas no teatrales, quizá la más bella, como componente de fuerzas entre un hervor naturalista, ya barroco, y un refreno clásico:

> Y abiertas las ventanas, no distante
> descubren el repuesto de la fruta
> cubiertas con sus redes de bramante,
>
> porque el oreo, que la guarda enjuta,
> entre a darle sazón, y a las traviesas
> aves lo estorbe la defensa astuta.
>
> Generoso el olor de las camuesas
> se esparce, que del techo bien colgadas
> forman racimos, de sus hilos presas;
>
> y con ellas la sarta de granadas,
> que una en el seno sus rubíes encubre,
> y algunas te los muestran confiadas;
>
> las uvas, que en abril, como en octubre,
> precian su néctar, sólidas y enteras,
> como él, aunque escondido, lo descubre;
>
> y de juncia y de esparto en las groseras
> fajas, para ivernar, penden melones
> acomadados dentro en sus esferas;

> las serbas imitadas de varones
> que en sus patrias son ásperos y rudos
> hasta que a luengas tierras los trasponés;
> 　los níspedos, que dejan de ser crudos,
> bien que maduros son pellejo y cuescos,
> junto a membrillos lisos o lanudos;
> 　los higos pasos, con más miel que frescos:
> al fin cuanto se esculpe y se colora
> sobre las cornucopias y grutescos.
> 　Desde Valencia dan Pomona y Flora
> la cidra y la naranja a nuestra Pales,
> con las limas que el sol adulza y dora,
> 　cuando a breves tetillas virginales
> imitan, conservando la figura,
> con que en fraterna unión crecen iguales.
> 　El pero humilde entre las pajas dura
> macizo y más cordial, cuyas virtudes
> con el rescoldo lento el fuego apura.
> 　Las castañas, en forma de laúdes;
> nueces y almendras, que aman la madera
> que les sirve de cunas y ataúdes [63].

Nótese la abundancia, la rapidez descriptiva y también ese prurito expresivo logrado por medio de una intuitiva imagen, ese que hemos llamado "realismo expresionista", como lo hemos encontrado en obras posteriores de Góngora (tan característico también —en otro sentido— de Quevedo): las limas, que "a breves tetillas virginales imitan"; "las castañas, en forma de laúdes". ¿Y cómo no mencionar el hecho de que aquí se establezca por primera vez una

---

[63] Rivadeneyra, XLII, págs. 312-313.

asociación —que luego haremos una y otra vez los críticos del siglo XX— entre esta plenitud naturalista y la de las cornucopias y grutescos arquitectónicos?:

> al fin cuanto se esculpe y se colora
> sobre las cornucopias y grutescos.

La prioridad de Lope con relación a Góngora no ofrece duda. Pero, ¿en qué relación cronológica están Lope y Argensola? Esa epístola de Bartolomé se escribió, según un manuscrito, en 1604, y según otro, en 1606, y tuvo correcciones, al parecer, mucho más tardías [64]. Hay, como hemos visto, series descriptivas, de Lope, bastante más tempranas. Pero, ¿quién podrá establecer un orden de prelaciones en los revueltos entresijos donde se forma una generación?

Un hecho es evidente: Lope parece adelantarse a todos los miembros de su generación en este uso, y tiene tan grabada la abundancia y variedad de las formas de la naturaleza, que las series descriptivas surgen por todas partes en su poesía: lo mismo en sus canciones populares que en su lírica italianizante, que en su teatro; esta plenitud que le traspasa, característicamente barroca, viene a ser también caracterizadoramente suya.

Montesinos había observado estas series en Lope. Pero, curiosamente, no las había relacionado con las de Góngora ni con la nueva sensibilidad y el nuevo interés del barroquismo [65].

El arte barroco se pone otra vez frente a la Naturaleza: la toma en su plenitud y en su hervor. Y, al contemplarla, surge un nuevo

---

[64] José M. Blecua, en el prólogo de su edición de *Rimas de Lupercio y Bartolomé L. de Argensola*, I, Zaragoza, 1950, págs. LIII-LIV.

[65] Montesinos, II, págs. 24-26. Allí, en el texto y en nota, se citan otras series descriptivas que no hemos mencionado.

deseo de rápida aprehensión, un nuevo realismo; un realismo en miniatura dentro de la tendencia irreal que culmina en Góngora.

Otros poetas hacen lo mismo. Pero el primer gran portador de estos elementos de Naturaleza es Lope. Góngora viene en ello detrás. El iniciador barroco es, pues, Lope en este aspecto, y no Góngora.

LOPE, SÍMBOLO DEL BARROCO

Hemos visto a Lope entre dos mareas cultas y rendido al encanto de las dos: una, temprana, que le afecta en su juventud y deja para siempre huella en él: la tradición petrarquista, hasta en sus extravagancias y excesos; otra, tardía, la de la técnica gongorista, por la que se deja penetrar, para ir lentamente eliminándola, o contra la que reacciona en una dirección de pensamiento cargándose de un lastre filosófico, que también habrá largado en los últimos años.

Pero, por debajo de toda técnica admitida, estaba, representante de un arte nuevo, el hijo de la naturaleza, en su vitalidad y su desenfreno: el que traduce día a día su vida vivida, en verso; el que vuelve los ojos a las formas naturales; el abundante, el desenfrenado: el poeta de tierra y cielo.

Para mí, el barroco es un arte en desequilibrio, un arte que no llegó a plasmar su genuina expresión. Era una inmensa fuerza, que al brotar se encuentra con los módulos renacentistas. Al crecer, en la expansión, quiebra e inclina las columnas, encrespa la sintaxis, adelgaza los conceptos, tuerce los frontones, aprieta el verso, recarga la pedantería o el filosofismo, aborrasca el paisaje; y entre las palabras o las piedras, o los pensamientos de la obra de arte, parece como si se entrelazara el bosque y la naturaleza.

Pero, aun torcidos o quebrados, los elementos clásicos, los moldes, estaban allí, en violento contraste con el ímpetu que los contorsiona. No; el ímpetu barroco habría necesitado una forma libre y nueva. No la encontró. Lo mismo le pasa a Lope: su ardiente gallardía, su juvenil bullicio, lo que en él había de fuerza de la Naturaleza, de monstruo de la Naturaleza, se hiela entre los elementos con los que tiene que construir. De ahí su desasosiego, sus variadas técnicas, su tomar cualquier procedimiento que le caiga entre manos. Góngora, más limitado, construyó su edificio con bellas ruinas renacentistas, que dinamiza, complica y amontona. Lope, mucho más amplio, no supo o no pudo.

Lope, como el barroco, pudo decir en verso de Rubén:

> Yo persigo una forma que no encuentra mi estilo.

No se dio cuenta de que su hallazgo, su estilo, se llamaba pasión, corazón. Eso, puesto en el arte, era su estilo inventado: una invención genial. ¡Y el pobre Lope se pasó su vida admirando a Góngora!

La tragedia de Lope es la misma del barroquismo. Y esa pluralidad vital de su estilo, que nunca se aquieta en perfección lograda, se nos convierte en símbolo barroco. Lope, símbolo del barroco.

Observemos que, por norma de este libro, nos hemos limitado casi a aquellos aspectos de su poesía que caen dentro de la tradición lírica italianizante. Lope es tan grande, que hemos podido considerarle inmenso y plurivalente, aun suprimiéndole su parte mayor. Él recoge toda la tradición lírica popular y toda la sustancia legendaria e histórica, que vierte en su teatro. Su figura se agiganta así en una complejidad que nunca ha tenido ningún literato europeo.

Enorme desasosiego entre extremos, como esta España nuestra, siempre en generosa búsqueda de expresión.

Sí, Lope vínculo de España, nudo de España, símbolo de España.

LO IMAGINATIVO, LO AFECTIVO
Y LO CONCEPTUAL,
COMO OBJETO DE LA ESTILÍSTICA

Por Estilística literaria se suele entender el estudio de los elementos afectivos en el lenguaje literario [1].

Una denominación es siempre un convenio. Pero un convenio puede ser acertado o desastroso. Si limitamos de ese modo la Estilística, reduciéndola al estudio de lo afectivo, no cabe duda de

---

[1] Varias veces hemos aludido al discorde amontonamiento de pareceres que tratan de definir la Estilística. Creemos predominante, sin embargo, en lo teórico (y, sobre todo, a juzgar por los trabajos estilísticos concretos), una opinión aproximadamente igual a la de Charles Bally: "La Estilística estudia los hechos de expresión del lenguaje organizado, desde el punto de vista de su contenido afectivo, es decir, la expresión de los hechos de sensibilidad por el lenguaje y la acción de los hechos de lenguaje sobre la sensibilidad" (*Traité de Stylistique française*, 2.ª edición, I, pág. 16). Claro está que, aunque en su *Traité* Bally considera sólo el lenguaje usual, la definición es perfectamente aplicable al literario. Una excelente y moderna bibliografía sobre el tema de la Estilística en-

que limitamos, desgarramos, un organismo natural, imposibilitamos su crecimiento. Según eso, el estilo consistiría en el fermento que lo afectivo pone en el lenguaje, una especie de picante o esencia. Trabajo doy a quien quiera delimitar, ante la más sencilla frase, lo que es afectivo y lo que no lo es.

Contra este concepto no debo sino repetir, con ligera variación, definiciones formuladas, unas hace bastantes años, y otras en este libro:

Estilo es todo lo que individualiza a un ente literario: a una obra, a una época, a una literatura. El estilo es el único objeto de la investigación científica de lo literario [2]. El "estilo" es la única realidad literaria. El "estilo" es la "obra" literaria, es decir, con nuestra terminología, el "signo", en cuanto único, la misteriosa manifestación concreta, el misterioso "fenómeno", en el que se ligan significado y significante, forma interior y forma exterior: un cosmos de realidades espirituales, intuitivamente seleccionadas y ahormadas, y un complejo de realidades físicas concretas (fonemas o su representación gráfica) que ahora ya cubre, representa y má-

---

contrará ahora el lector en Wellek y Warren, *Theory of Literature*, XIV, 1 ("Style and Stylistics: Theoretical Discussion and General Works") (págs. 370-371). Véase también G. Devoto, *Studi di Stilistica*, Florencia, 1950, págs. 3-53 y nuestra breve exposición en *Sobre la enseñanza de la filología española* (en *Rev. Nac. de Educación*, I, 1941, págs. 34-37).

Por lo demás, en el presente libro no ha sido nuestra intención definir o criticar en pormenor puntos de vista ajenos, sino exponer los propios. Sólo, por sernos imprescindible, criticamos en un apéndice la "estilística" sin "estilo" de Bally.

[2] Comp. *La poesía de San Juan de la Cruz*, 1.ª ed., Madrid, 1942, páginas 165-166. Por la misma época, trabajando independientemente, habíamos llegado casi exactamente a la misma formulación que Amado Alonso: Comp. *The Stylistic Interpretation of Literary Texts*, en *Modern Language Notes*, LVII, 1942, págs. 489-496.

gicamente evoca aquel cosmos. Sí, cuando en el "signo" consideramos su invencible peculiaridad, lo llamamos "estilo".

Cada ciencia investiga distintos órdenes de fenómenos de la realidad. En lo literario no hay más realidad fenoménica que el "estilo", o sea, el "signo" en su unicidad. Por eso hemos llegado, páginas arriba, a esta conclusión: "La Estilística es la única posible Ciencia de la Literatura". Pensemos, una vez más, cuán prodigiosa es la "individualidad", "unicidad", por la que el poeta es el "creador"

La gran maravilla (y se diría que el espanto) en la verdadera "obra literaria" es su inalienable unicidad. Esa criatura delicada, débil, apenas nada, catorce versos, "Tanto gentile e tanto onesta pare", apenas nada: el recuerdo levísimo de una gracia en el saludar —"la donna mia quando ella altrui saluta"—, una escena en la calle, ¡cosa más volandera!, hela ahí organismo perenne, ente único, tan único en su individualidad como Dios mismo. La tierna escena inmortal seguirá siendo un nódulo ardiente, una enorme concentración de energía: hará palpitar, hará suspirar a miles y miles de corazones humanos, estigmatizará súbitamente, cambiándoles el curso vital, cambiándolos hacia las artes desconocidas, a miles y miles de adolescentes una mañana de primavera, por un bosque o por un jardín, con un libro en la mano.

Esa unicidad, esa inalienable peculiaridad, alma de la obra de arte, eso es lo que intuye (con intuición más o menos viva y profunda) el lector, y ése es el objeto único de la indagación literaria. Ahí, en esa huraña inalienabilidad, es donde reside el *estilo* de la obra, y ése sería el objeto de la *Estilística*. Si ésta llegara a organizarse como ciencia sería la única posible Ciencia de la Literatura.

Pero, mientras tanto, la *Estilística*, que no ha encontrado método alguno para la aprehensión de lo "único" del objeto literario, no hace sino separar en torno al núcleo del poema todo lo que es clasificable, reducible a norma. Este modesto modo reflejo o indirecto de operar (en el fondo del cual late una contradicción) puede tener —y de hecho tiene— buenos resultados prácticos [3].

Pero, ¿nos limitaremos a aislar —para su investigación— elementos afectivos? ¿Quién podría negar la importancia de lo afectivo en la individualización de un estilo literario?

PRESENCIA DE LO AFECTIVO

Lo afectivo lo envuelve todo, como una atmósfera; por algo hemos dicho [4] que una característica de la intuición literaria que profundamente la separa de la intuición científica, es su afectividad, el estar como teñida, impregnada de afectividad. ¡Cómo en nuestro soneto (compañero de este libro) ya resbaladamente fluye, ya parece detenerse y palpitar, espíritu misterioso, la ternura! Porque este soneto, que es también una anunciación, con blancura y presagio de anunciación, no sólo parece escrito con el alma arrodillada, sino que las palabras han venido también de rodillas —"ella si va, sentendosi laudare"— a situarse ahí como en ofrenda de donador —"benignamente d'umiltà vestuta"—.

PRESENCIA DE LO IMAGINATIVO

Pero, si atendemos a la intuición total —aquí como una llama blanca, dulcemente heridora— que la obra despierta en nosotros, ¿qué duda cabe de que en ella participan otros muchos elementos? De los elementos afectivos hay que separar [5] los imaginativos. Es decir, aquellos en que reside la capacidad de la obra literaria de

---

[3] Véase nuestra exposición, más arriba, págs. 397-400.
[4] Más arriba, págs. 38-39.
[5] Separar teóricamente. Véase lo que decimos más abajo.

suscitar en nosotros representaciones sensoriales. Entiendo, pues, "imagen" como un concepto cuyo contenido puede atañer a cualquier sentido humano: imágenes visuales, táctiles, auditivas, olfativas, etc.

No nos vamos a detener aquí, porque el análisis de estas suscitaciones imaginativas ha sido buena parte del análisis del presente libro, sobre todo, cuando hemos aplicado el método general de indagación desde el significante (como en nuestros capítulos sobre Garcilaso y Góngora).

Queremos, sí, sólo señalar como una perspectiva de los estudios estilísticos diferente de la afectiva, la reacción imaginativa producida por el poema: aquélla moviliza estratos volitivos (aunque se trate de voliciones especiales) [6]; ésta —la imaginativa—, utilizando datos de la memoria, nos suscita imágenes sensoriales. Este aspecto suele ser confundido con lo afectivo por los estudios de Estilística. La distinción es tan evidente que no se comprende cómo se puede ignorar.

LO CONCEPTUAL COMO OBJETO DE LA ESTILÍSTICA

Los estudios estilísticos suelen, pues, de estas tres perspectivas, confundir dos (la afectiva y la imaginativa). En cuanto a la tercera, la conceptual o lógica, lo más frecuente es que la ignoren. Se basa esto en una distinción, según la cual, lo afectivo pertenece a la Estilística, lo lógico a la Gramática [7]. Esta clasificación es el

---

[6] Véase más arriba, pág. 38, texto y nota 1.
[7] Véase para esto el artículo de Sechehaye *L'école genevoise de linguistique générale*, en *Indogermanische Forschungen*, XLIV, 1927, páginas 228-229. Sechehaye vio bien la cuestión fundamental, aunque impedido por la perspectiva de la "lengua", que luego había de rectificar (*Les trois linguistiques saussuriennes*), 1940. Véase nuestro trabajo *Sobre la enseñanza de la filología española*, págs. 34-36.

más paralizador estorbo de los estudios lingüísticos. No es ahora momento de intentar apartarlo.

Si "estilística" se refiere a "estilo", ¿lo "lógico" no tendrá consideración en una "estilística"? ¿Es que la expresión lógica es un bien mostrenco, carente de toda huella individual? Cada escritor, cada obra, ¿no tienen una peculiar expresión lógica? Volvámonos al soneto de Dante, que tantas veces nos ha guiado.

Aun en este soneto, donde lo afectivo es tan predominante, la construcción del poemita tiene una estructura firmemente desarrollada: visión de Beatrice saludando en la calle; se aleja al oírse alabar; parece milagro del cielo; éstos son los cuartetos. Y los tercetos están los dos dedicados a los afectos espirituales: a descubrir la oleada, el efluvio que va de Beatrice al contemplador. Y esa tierna oleada está descrita de dos modos distintos, y cada modo ocupa exactamente un terceto: en el primero se dice que es una dulzura incomparable, que llega al corazón por la vía de los ojos:

> Mostrasi sì piacente a chi la mira,
> che dà per li occhi una dolcezza al core,
> che'ntender non la può chi non la prova.

En el segundo se define como un espíritu que sale de sus labios, de su rostro, y llega al alma del contemplador, y en el alma se hace suspiro:

> e par che de la sua labbia si mova
> un spirito soave pien d'amore,
> che va dicendo a l'anima: sospira.

¿Es posible pensar, decir que los elementos lógicos no pertenecen al *estilo*, por muy exterior que sea nuestro concepto del *estilo*? A quien piense así, le recomendaría la lectura, precisamente en la misma *Vita Nuova*, de Dante, de los comentarios del propio poeta a los sonetos allí incluidos. El comentario de Dante —no en este soneto, pero sí en otros muchos— tiende, sobre todo, a descubrir la construcción lógica.

Véase su explicación del soneto "Ne li occhi porta la mia donna Amore":

"Después de haber tratado de Amor en la sobrescrita rima [*Amore e'l cor gentil sono una cosa*], me vino voluntad de decir también, en laude de esta gentilísima, palabras por las cuales yo mostrase cómo por ella se desvela este Amor, y cómo no solamente se desvela allí donde duerme, sino que allí donde no existe en potencia, ella, admirablemente operando, lo hace venir. Y entonces dije este soneto, el cual comienza: *Ne li occhi porta*.

> Ne li occhi porta la mia donna Amore,
> per che si fa gentil ciò ch'ella mira;
> ov'ella passa, ogn'om ver lei si gira,
> e cui saluta fa tremar lo core,
> sì che, bassando il viso, tutto smore,
> e d'ogni su difetto allor sospira:
> fugge dinanzi a lei superbia ed ira.
> Aiutatemi, donne, farle onore.
> Ogne dolcezza, ogne pensero umile
> nasce nel core a chi parlar la sente,
> ond'è laudato chi prima la vide.
> Quel ch'ella par quando un poco sorride,
> non si pò dicer né tenere a mente,
> sì è novo miracolo e gentile.

"Este soneto tiene tres partes: en la primera digo cómo esta señora reduce esta potencia a acto según la nobilísima parte de los ojos; en la tercera digo esto mismo, según la nobilísima parte de su boca; y entre estas dos partes va una partecilla, que es casi como una pedidora de ayuda a la precedente parte y a la siguiente, y comienza allí donde dice: *Aiutatemi, donne.* La tercera comienza allí donde dice: *Ogne dolcezza.* La primera parte se divide en tres: en la primera digo cómo virtuosamente hace gentil todo lo que ve, que es tanto como inducir Amor en potencia donde no existe; en la segunda digo cómo reduce amor en acto en los corazones de todos aquellos a quienes ve; en la tercera digo lo que después virtuosamente obra en sus corazones. La segunda comienza allí donde dice: *ov'ella passa;* la tercera, donde dice: *e cui saluta...* Después, cuando digo *Ogne dolcezza,* digo lo mismo que dije en la primera parte, según dos actos de su boca: uno de los cuales es su dulcísimo hablar, y otro su admirable risa; salvo que no digo de esto último cómo obra en los corazones, porque la memoria es incapaz de retener ni esa risa ni su operación" [8].

Estos elementos, que consisten en orden, en expresión conceptual, en ligazón, en subordinación, ¿no pertenecen al estilo de cada uno de los sonetos? Más aún, quien compara los análisis conceptuales de los distintos sonetos hechos por el mismo Dante en la prosa de la *Vita Nuova,* pronto comprende que la estructura del pensamiento del poeta sigue siempre un peculiar proceso, es decir, que entre muchos de los desarrollos particulares de cada soneto hay notables semejanzas [9]. Pues bien, este elemento común perte-

---

[8] *Vita Nuova*, XXI.

[9] Sobre estas explicaciones de Dante a sus propios poemas hay opiniones para todos los gustos. No es asunto nuestro recogerlas ahora. Naturalmente que son comentarios posteriores al momento iluminativo de la creación. Pero nadie mejor que el poeta para suscitar de nuevo de un modo riguroso y casi geométrico (después del trance creativo) sus profundas preocupaciones y los modos de un pensamiento orgánico, que, evidentemente, afloran por todas partes en la poesía de todo auténtico creador. Que esto es así, se puede probar sobre todo por la comparación entre

nece, no ya al estilo de cada una de sus composiciones, sino al estilo del poeta.

Una indagación por la línea conceptual nos llevaría a ver reflejarse en la expresión una forma de pensamiento: una filosofía espiritualista del amor, en la cual la mujer es casi una alegoría; es la imagen sensible del único amor, y por ella, por esta imagen, se asciende al amor divino, y estamos en el tema de la *Divina Commedia*. Y cada soneto (de los fundamentales) es como una miniatura del largo poema. El pensamiento filosófico del poeta, en cuanto expresado, pertenece también a su estilo.

LO "AFECTIVO", LO "IMAGINATIVO" Y LO "CONCEPTUAL": TRES PERSPECTIVAS

Hemos dicho "separar" lo "afectivo" de lo "imaginativo" y ambas cosas de lo "lógico". Hablamos teóricamente.

Cuando pensamos ya en lo "afectivo", ya en lo "imaginativo", ya en lo "conceptual" como predominancia en un signo lingüístico, detrás del aspecto elegido, sirviéndole de necesario apoyo están los otros dos, reintegrando constantemente, tozudamente, la rica unicidad total de la criatura idiomática, indivisible.

Todos estos elementos, el imaginativo, que nos abre cámaras interiores, el afectivo, que como un viento trémulo las traspasa, y el lógico, que todo lo construye, informa, vincula y dirige en sentido, forman un complejo que es lo que penetra en la mente del lector y suscita allí esa intuición individual: que es exactamente la comprensión de la obra. Ni hay manera de separar lo que está indestructiblemente unido. Naturalmente que en nuestros aná-

---

diversas composiciones de la *Vita Nuova* y entre sus respectivos comentarios. Resulta entonces evidente el flúido común entre las distintas composiciones, y cómo éstas son el efluvio poético de un único y coherente sistema pensante.

lisis separamos, tratamos de separar esos elementos. Nos conviene aun desde un punto de vista práctico para nuestros fines. Es necesario que sepamos que no hay elemento afectivo o imaginativo sin contenido lógico; y que no hay un solo elemento lógico sin asociaciones imaginarias y matización afectiva. No hay color, blanco, verde o rojo, sin un cuerpo, que es lo que en fin de cuentas será verde, rojo o blanco; ni forma sin cuerpo; ni existe un cuerpo que no tenga forma, que a la luz no tenga algún color. Podemos hablar o de lo blanco, o de la blancura, o de la redondez, abstrayéndolo en nuestra mente, sin correspondencia en la realidad; del mismo modo podemos hablar de lo imaginativo, de lo afectivo, en abstracto; en cuanto queremos verlo en la obra literaria, nos lo encontramos encarnado en un concepto [10].

Lo "afectivo", lo "imaginativo", lo "lógico" en el signo literario (en la obra literaria) son sólo perspectivas de nuestra aproximación, presunciones de nuestra mente.

TRIPLE PUNTO DE MIRA PARA UNA CLASIFICACIÓN TIPOLÓGICA DE LA OBRA LITERARIA

A lo largo de este libro, de los intersticios de la práctica hemos ido articulando una teoría orgánica de la Estilística. Esta teoría se ha nutrido, en todo momento, de la dura experiencia práctica, y en todo momento a ella ha revertido.

Conviene, ahora que hemos llegado a determinar los tres principales aspectos de la indagación estilística —la imaginativa, la afectiva y la conceptual [11]—, volver los ojos a las cinco minas de las que ya hemos sacado preciosas muestras (Garcilaso, Fray Luis, San

---

[10] Los casos excepcionales que señalábamos en la página 22, nota 4, no tienen aplicación alguna cuando se trata del "signo" literario.

[11] Ya en la perspectiva de la forma interior, ya en la de la exterior.

Para una clasificación de las obras literarias

Juan de la Cruz, Góngora, Lope) y adelantarlos hacia la que aún nos falta por indagar (Quevedo).

Bien vemos en cada caso la unión indisoluble de los tres planos. Pero ¡cuánta diferencia en el pormenor! Enormemente predominaban entre los materiales del verso en Garcilaso y Góngora aquellos de tipo fonético o colorista, que por medio de relaciones sinestéticas suscitaban en nosotros imágenes sensoriales (pero en Garcilaso, a veces, se precipitaban como un torrente que fuera un sollozo, los afectivos). En Fray Luis, más complejo, vimos que en la estructura de su oda —en la *Profecía del Tajo*, por ejemplo— el elemento predominante era el afectivo (variación afectiva, ordenación climático-anticlimática); otras veces —en la *Oda a Salinas*— nuestra labor principal ha sido observar cómo en el poema venían a confluir, a resumirse y a modelarse sistemas de pensamiento. Bien contrapesado —¡quién lo diría!— en San Juan de la Cruz lo afectivo y lo imaginativo por la pauta conceptual, aún nuestra indagación nos descubrió, como característico, ese sistema de violentas oleadas en la economía verbal, oleadas de índole claramente afectiva (deliquios unitivos; sequedades de las "noches"). Lope, tan vario, tan múltiple, con su alma voluble como un espejo oscilante; sí (igual que en la famosa definición —sea de quien fuere— de la novela), "como un espejo paseado a lo largo de un camino", nos había de dar pie para todas las perspectivas, aun la que menos esperaríamos: la conceptual (poemas correlativos, poemas intencionalmente filosóficos). Y ahora en Quevedo, en quien lo conceptual tanto se condensa, y lo imaginativo tan poderosamente se arboriza, el mismo título de nuestro estudio ya señala qué será lo que veremos como mayor resalte: "desgarrón afectivo" consideramos la obra de Quevedo, y también su alma.

Si llamamos A a la perspectiva de lo "afectivo", B a la de lo "imaginativo" y C a la de lo "conceptual", si ordenamos los tres elementos por orden de mayor a menor predominancia dentro de un poema (o de un poeta) nos saldrán seis tipos fundamentales (tantos como permutaciones):

$$
\begin{array}{ccc}
ABC & BAC & CAB \\
ACB & BCA & CBA
\end{array}
$$

Esos seis tipos pueden servir teóricamente para una caracterización básica de cualquier obra literaria, y bien acabamos de ver cómo cada poeta de los aquí estudiados tiende hacia uno de estos tipos, aunque a lo largo de su vida, o de una obra a otra, pueda pasar de un tipo a otro. Pero decir que Garcilaso oscila entre el tipo afectivo-imaginativo-conceptual *(A B C)*, al que pertenece, por ejemplo, la *Égloga 1.ª*, y el imaginativo-afectivo-conceptual *(B A C)* —a éste correspondería la *Égloga 3.ª*—, no es suficiente. Es necesario establecer la gradación, la proporción; eso nos daría tantos tipos y subtipos, que por ramificación llegamos otra vez a la infinita variedad de las criaturas: a la inalcanzable "unicidad" del poema.

Una cosa queda cierta: cuál es, ante un poema, la perspectiva más fértil para el investigador del estilo, es algo que no se gana sino por intuición.

Caemos, pues, en la afirmación que ha sido un "ritornello" constante en este libro. Y he aquí cómo desde un nuevo plano se confirma también otro de nuestros axiomas generales: "para cada poeta, para cada poema, es necesaria una vía de penetración distinta".

EL TRIPLE CARÁCTER DEL SIGNO, EL TRIPLE CARÁCTER DE LA INTUICIÓN Y LAS TRES VÍAS DE LA INDAGACIÓN LITERARIA

Henos aquí al fin de nuestro camino (por las sendas de la teoría).

Al final de ellas nos encontramos con que hemos penetrado

con mayor precisión en el carácter complejo del signo. Decíamos al principio: "Un significante... emana en el hablante de una carga psíquica de tipo complejo, formada... por un *concepto*..., por súbitas *querencias*, por oscuras, profundas *sinestesias*"[12]. Este triple carácter se nos ha aclarado ahora: lo conceptual, lo afectivo, lo imaginativo: tres aspectos de la obra literaria, tres vías para su indagación científica.

Habíamos partido de la intuición. Al querer distinguir de la intuición científica la artística, decíamos que esta última, como en una invasión total de la psique del hombre, moviliza la memoria, que coordina sus datos para producción de imágenes (intuición fantástica); la voluntad, que en un estado "sui generis" libérrimo, no práctico, matiza afectivamente la imagen (intuición afectiva), y, en fin, en literatura, básicamente, el entendimiento, con precisión conceptual (intuición intelectual)[13].

Henos llegados al extremo de nuestra especulación: tres vías de acceso nos quedan abiertas, señaladas como tres posibilidades para la indagación literaria (imaginativa, afectiva, lógica). En ellas se reproduce la triple función del signo idiomático. Y en ellas no hacen sino reflejarse los tres modos de ser de la intuición humana ante la obra de literatura, ante el poema.

Nuestra cadena ha quedado cerrada.

Y sin embargo...

---

[12] Más arriba, pág. 22.
[13] Véase más arriba, págs. 38-39.

EL DESGARRÓN AFECTIVO
EN LA POESÍA DE QUEVEDO

Vamos a escudriñar de nuevo en ese punto concretísimo en donde se efectúa la ligazón entre el concepto (modificación del mundo espiritual) y su correspondencia fonética (modificación del mundo físico). Estamos frente a Quevedo. El método general, aplicado a Garcilaso y Góngora, no rendiría mucho aquí: bien lo vemos, antes de empezar. Va, pues, Quevedo —¡provisionalmente!— con Fray Luis y San Juan de la Cruz. Diríamos, si la fórmula no fuera demasiado burda, que en estos autores la ligazón *significante-significado* se carga o vence del lado del significado; y en Garcilaso y Góngora, del lado del significante. En el vario Lope parece que la balanza oscila; pero tampoco, a la postre, resulta pertenecer al mundo estético de Garcilaso y Góngora.

Vamos a intentar acercarnos al punto vincular expresivo de Quevedo [1], de preferencia desde la parte del significado.

---

[1] El estudio estilístico de la poesía de Quevedo está, en su mayor parte, por hacer. Más afortunada la prosa, *El Buscón* ha merecido un tra-

EL PENSAMIENTO POÉTICO

La expresión de Quevedo llega a una extraña condensación de contenido, que nos parece límite no ultrapasable en lo humano, a una represada violencia eruptiva, que está formada, se diría, de dos elementos: lo compacto del pensamiento y un giro sombríamente afectivo. Fuerza desgarrada, pues, del lado afectivo; condensada intensidad del lado conceptual. Esta suma creemos que es lo que hace el estilo de Quevedo. Ésta es la intuición previa que tenemos que comprobar. Procederemos por tanteos, ya de la parte del significante, ya de la parte del significado.

¿Un pensador, pues, Quevedo? Quevedo está en una línea de

---

bajo de Leo Spitzer verdaderamente magistral (*Zur Kunst Quevedos in seinem Buscón*, Archivum Romanicum, XI, 1927, págs. 511-580). Véase también Raimundo Lida, *Estilística. Un estudio sobre Quevedo*, en *Sur*, núm. 4, Buenos Aires, 1931, págs. 163-172. En poesía quevedesca, una serie de investigadores jóvenes trabaja actualmente con métodos nuevos. Frutos recientes son: Manuel Muñoz Cortés, *Sobre el estilo de Quevedo (Análisis del Romance "Visita de Alejandro a Diógenes cínico")*, en *Mediterráneo*, IV, núms. 13-15; Ernesto Veres D'Ocón, *La anáfora en la lírica de Quevedo*, Castellón de la Plana, 1949; del mismo, *Notas sobre la enumeración descriptiva en Quevedo* (*Saitabi*, año IX, núms. 31-32). Muñoz Cortés tiene en prensa un libro sobre *El barroquismo de Quevedo*. También en estudios de Emilio Alarcos, como *El poema heroico de las necedades y locuras de "Orlando el enamorado"* (*Mediterráneo*, IV, núms. 13-15) y *El dinero en las obras de Quevedo* (Univ. de Valladolid. Discurso de apertura del curso 1942-1943) existe frecuentemente una perspectiva estilística. Del importante libro de Carilla hablamos más abajo en otra nota. Sin embargo, sólo el trabajo sistemático de un equipo de investigadores haría posible un análisis de la obra quevedesca: tal es la intensidad, el furor fraguante de este genial troquelador, uno de los mayores que la Humanidad ha poseído.

No conozco el trabajo de J. L. Borges *Grandeza y menoscabo de Quevedo*, en *Inquisiciones*, Buenos Aires, 1925.

pensamiento estoico (entiéndase: en lo moral), largamente fecunda en las letras españolas. Ésta es la dimensión fundamental de su pensamiento, porque de ella sale una actitud ética frente a la realidad del mundo. Es un estoicismo pesimista, cuyos problemas trataremos al hablar de los sonetos morales. Que el poeta es sinceramente cristiano —veremos— no ofrece duda. Pero había manejado demasiado los filósofos paganos, y esto se ve en esa serie de sonetos a la muerte, toda como de ceniza gris en un vacío absoluto. Junto a este pensamiento estoico fundamental, hay que señalar su posición espiritualista ante el amor, a la que viene rebotada, sin duda, la interpretación renacentista del platonismo.

Hemos dicho "pensamiento compacto". ¿Lo hemos de entender como pensamiento compactamente original?

¿Qué es "pensamiento original"? Si existe, no lo esperemos de Quevedo ni de ningún poeta. Pero, hablemos claro (porque el equívoco hiede): esperémoslo también, sólo en cierto sentido y siempre en disolución, de los filósofos. En cualquier pensamiento humano, aun en el que parezca más nuevo, el peso de lo tradicional se lleva la mayor parte. Mas ocurre así muy especialmente en la cadena de moralistas estoicos tardíos (Séneca, Epicteto, Marco Aurelio, etc.), de la cual Quevedo es una prolongación.

La novedad del poeta es la forma, colaboradora del pensamiento en cuanto que lo fija, lo adensa, resalta partes en sombra, le da perfiles nuevos.

Más aún: muchas veces es sólo la troquelación de la forma exterior, la condensación y vivificación del pensamiento en lenguaje rítmico, lo que es, estrictamente, creación del poeta. No, no pensemos que cada uno de esos pensamientos, tan ceñidos, que a través del verso de Quevedo penetran casi como materia sólida, compacta, en nuestra inteligencia, deben al poeta su interna estructura formal. Aun ésta misma procede muchas veces ya de Séneca, ya de Juvenal o de Persio, ya de Marcial, ya de Epicuro o Demetrio (a través de Séneca), etc.[2].

A veces hasta la misma forma exterior, hasta el moldeamiento sintáctico estaba fraguado ya —y el editor del siglo XVII, González de Salas, en algunas ocasiones lo anota—. Entonces, la originalidad de Quevedo está ante todo en la fijación en castellano, en la repartición de materia en el verso, en la intuitiva troquelación en unidades rítmicas de las partes de más interna cohesión del pensamiento mismo, de tal modo que ritmo exterior resalte cohesión interna. Pero su más profunda originalidad consiste en la incorporación de los elementos allegadizos al sistema de su poderosa expresión afectiva; por esta razón nada toca que no quede resellado como suyo.

En algunas composiciones, Quevedo adapta máximas antiguas a condiciones nuevas. Historia de la grandeza de España, advertencia del contemplador que ve los rápidos signos de la decadencia:

> Un godo que una cueva en la montaña
> guardó, pudo cobrar las dos Castillas;
> del Betis y Genil las dos orillas,
> los herederos de tan grande hazaña.
>
> A Navarra te dio justicia y maña;
> y un casamiento, en Aragón, las sillas
> con que a Sicilia y Nápoles humillas
> y a quien Milán espléndida acompaña.

---

[2] El influjo de los satíricos latinos ha sido estudiado en pormenor por B. Sánchez Alonso, *Los satíricos latinos y la sátira de Quevedo*, en *Revista de Filología Española*, XI, 1924. Véase ahora el capítulo III, "Cultura literaria de Quevedo", del libro *Quevedo (entre dos centenarios)*, por Emilio Carilla (Universidad de Tucumán, Instituto de Lengua y Literatura Españolas), Tucumán, 1949. El libro de este joven profesor argentino es el mejor, de conjunto, que actualmente existe sobre nuestro escritor.

> Muerte infeliz en Portugal arbola
> tus castillos. Colón pasó los godos
> al ignorado cerco de esta bola.
> Y es más fácil, ¡oh España!, en muchos modos,
> que lo que a todos les quitaste sola
> te puedan a ti sola quitar todos [3].

Este soneto, que con tanta exactitud refiere la historia de España, en su ascensión desde Pelayo hasta el descubrimiento de América y la incorporación de Portugal por la muerte de don Sebastián, y que amenaza y advierte en su terceto último, ha salido precisamente de ese terceto; y ese terceto es casi traducción, adaptada a España, de la advertencia de Séneca "Quod unus populus eripuerit omnibus, facilius ab omnibus uni eripi posse" [4].

El soneto no ofrece esas grandes concentraciones de pensamiento afectivo que nos dan otros de Quevedo obsérvese, no obstante, cómo las partes más cohesivas han ido —con toda naturalidad— a fraguar en unidades endecasilábicas:

> que lo que a todos les quitaste sola,
> te puedan a ti sola quitar todos.

Lo más notable es que el soneto está, por sí mismo, firmado: entra en el mundo de conceptos y afectos del autor, no como pieza pegadiza, sino como elemento incorporado a un sistema: la expresión afectiva quevedesca —como una vegetación invasora—

---

[3] Ed. Astrana, pág. 419. De aquí en adelante, una simple indicación de página remite a esta edición.

[4] Epístolas a Lucilio, epístola 87 (y no 88, como se lee en las ediciones de Quevedo). Séneca habla de Roma, y Quevedo lo aplica a España.

lo recubre y asimila. (Obsérvese la función de la palabra "bola" en el verso último del primer terceto.)

QUEVEDO, POETA PETRARQUISTA

La dispersión de nuestra mirada, que nos dificulta la comprensión de Lope, también tiene lugar (si bien la obra es de proporciones menores) en Quevedo. También aquí, a la primera ojeada, vemos, dejado aparte el escritor de prosa y el de teatro, un Quevedo autor de las gracias más chocarreras, un Quevedo petrarquista, un moralista (ya satírico, ya filosófico), un poeta sagrado...

Pero estos varios escritores se reducen a una fórmula unitaria: en el Quevedo más chocarrero hay algo del moralista..., por lo menos el ceño.

Una de las mayores dificultades que el estudio del estilo en la poesía de Quevedo nos plantea es la inexistencia (salvo para pocas composiciones) de una cronología que sea de fiar[5]. Procedien-

---

[5] Las dos mayores dificultades son las de esa inseguridad de la cronología y la falta de una compulsación rigurosa de fuentes. Téngase, por lo que toca a esto último, en cuenta, aparte el mencionado estudio de Sánchez Alonso, los siguientes trabajos: Anthony A. Giulian, *Martial and the Epigram in Spain in the XVIth and XVIIth Centuries*, Filadelfia, 1930; Joseph G. Fucilla, *Some Imitations of Quevedo and some Poems Wrongly Attributed to Him*, en "The Rom. Review", XXI, n.º 3, páginas 228-235; María Rosa Lida, *Para las fuentes de Quevedo*, en "Rev. de Filología Hispánica", I, 1939, págs. 369-375. En el presente capítulo señalo también unos cuantos modelos; véanse asimismo mis *Ensayos sobre poesía española*, págs. 175-176.

Pero todo esto es fragmentario, y apenas una mínima parte de lo que hay por hacer. Los editores antiguos señalaron muchas concordancias: ellos sabían bien que, "en infinitas ocasiones", Quevedo trajo "a nuestra lengua frases excelentes de toda la antigüedad", y pensaban que "algún erudito con más ocio" las había de conferir "algún día".

Claro está que esta falta del conocimiento de fuentes no es para nues-

do por una discriminación de ríos y de amadas (como el editor moderno ha hecho), parece que se pueden contar entre la poesía más antigua de Quevedo algunas composiciones amorosas. Así, las de Isabel, asociadas al Henares, serían de la época de los estudios en Alcalá (1596-1600), y las de Aminta (donde frecuentemente se nombra al Pisuerga), de la época de la corte en Valladolid (1601-1606).

Primeramente habría que considerar un Quevedo, que no es Quevedo, pero que supone a Quevedo y lentamente en él se disuelve.

Quien lea las composiciones primerizas poco encontrará que recuerde la imagen que todos llevamos de nuestro poeta. Es una poesía, aún, petrarquesca, pobre de motivos y pobre también en la estructura formal. Los contrarios, rebotados desde Petrarca, saltan por todas partes, en especial la pareja *hielo-fuego*, y también *ganado-perdido*, etc. El poeta cuenta su amor a un río, a una fuente, el cual o la cual crece con el llanto de sus ojos: la rima suele aprovecharse de esta última palabra: con *ojos* van *enojos*, *abrojos*, *manojos*; dominan también mucho las consonancias de *mías* con *frías*, o *míos con fríos* [6]. Pero la expresión comienza extrañamente a hincharse como con hervor de lágrimas.

Las dualidades conceptuales (que frecuentemente fraguan en versos bimembres), sobre todo en los finales de estrofa, no son sino muy evidentes en este Quevedo joven. He aquí dos estrofas que deben de ser de la época de Valladolid:

---

tro trabajo un inconveniente demasiado grande. En los casos en que le conocemos los modelos, vemos cómo Quevedo le da a la obra el zarpazo sellador de su originalidad. Es un estudio de la estructura de la obra y de su eficacia el que nos proponemos, no de sus orígenes.

[6] Véase más abajo el apéndice "Dos calas en el estilo de Quevedo".

> Si te detiene el sol *ardiente* y *puro,*
> sal, que yo te aseguro
> que, si te ofende, le has de vencer luego,
> porque *él* pelea con *luz* y *tú* con *fuego;*
> mas si gustas de sombra,
> en esta verde alfombra
> una vid tiene un olmo muy espeso,
> no sé si diga que *abrazado* o *preso,*
> y a sombra de sus ramas
> pueden dar nuestras llamas,
> ya las llamen *abrazos* o *prisiones,*
> *invidia* al *olmo* y a la *vid pasiones.*
> Hallarános aquí la blanca aurora
> *riendo,* cuando *llora;*
> la noche, alegres, cuando en *cielo* y *tierra*
> tantos ojos nos *abre* como *cierra.*
> Seremos cada instante
> nueva *amada* y *amante:*
> y así hallará en firmeza tan subida
> la *muerte* engaño y suspensión la *vida,*
> pues verán nuestras bocas
> desde estas altas rocas
> las tórtolas *lascivas* y *viudas,*
> que por sobra de *lenguas* están *mudas* [7].

Esta constante tendencia del pensamiento a bifurcarse, que fragua una y otra vez en dualidades, contrastadas o no, es el signo formal más evidente de la larguísima tradición del petrarquismo. Véase en la primera de estas dos estrofas: *ardiente* y *puro; él, luz,*

---

[7] Pág. 8. A fenómenos de esta clase y a su tradición en el petrarquismo, dedicamos nuestro artículo "Un aspecto del petrarquismo" en *Seis calas...,* págs. 85-118 de la 2.ª edición.

y *tú, fuego; abrazado* o *preso; abrazos* o *prisiones; invidia* al *olmo* y a la *vid pasiones*. Y es frecuente que la tendencia a la bifurcación, que ha estado como palpando la vía de avance a lo largo de toda la estrofa, logre camino pleno al final. El prurito se aquieta, entonces, en un perfecto bimembre:

> invidia al olmo y a la vid pasiones.

Obsérvese ahora cómo en la segunda estrofa [8] las dualidades son casi siempre por contrarios: *reir, llorar; cielo, tierra: abre, cierra; amada, amante: muerte, vida;* y aun también, conceptualmente, si no literalmente, *lenguas, mudas.*

En esta manía de los contrarios no sólo sigue Quevedo la corriente petrarquesca que aún imperaba en Italia y en España, sino que la exagera. Esta rutinaria afectación nos anquilosa una parte de su poesía:

> ... Velo soñando, y sin dormir recuerdo:
> el mal pesa y el bien igual balanza.
> Escucho sordo y reconozco ciego,
> descanso trabajando y hablo mudo:
> humilde aguardo y con soberbia pido [9].

---

[8] Entre ambas hay otras dos en el original. Lo mismo en ellas que en la primera de la composición (que tampoco reproduzco), abundan las dualidades, que frecuentemente fraguan en bimembres perfectos o casi perfectos:

> y adonde vimos nieve vemos flores...
> sombra á los ramos y silencio al prado...
> más a tu blanco pie que no al verano. (f)
> imitarán los labios con los picos...
> su voz requiebros y su pluma abrazos. (f)
> sin prado rosas y sin cielo estrellas. (f)

Señalo con una *f* entre paréntesis los endecasílabos finales de estrofa.

[9] Pág. 51.

¡Podrían ser tantos los ejemplos!:

> Mi vida misma es causa de mi muerte
> y a manos de mi bien mil males paso
> y cuando estoy rendido me hago fuerte [10].

¡Qué hastío de contrarios! Hay uno sobre todo que con mayor o menor reiteración invade una gran parte (una enorme parte) de la poesía de Quevedo. Se trata de la pareja *fuego-nieve* (en cualquiera de sus múltiples formas *llamas-hielo, fuego-lluvias, invierno-verano*, etc., con mil combinaciones y variaciones intermedias). He aquí un caso característico en este soneto al Etna (numero las parejas de contrarios):

> Ostentas de prodigios coronado,
> sepulcro fulminante, monte aleve,
> las hazañas del fuego y de la nieve [1]
> y el incendio en los yelos [2] hospedado.
>
> Arde el hivierno [3] en llamas erizado,
> y el fuego lluvias y granizos [4] bebe;
> truena, si gimes; si respiras, llueve
> en cenizas tu cuerpo derramado.
>
> Si yo no fuera a tanto mal nacido,
> no tuvieras, ¡oh Etna!, semejante:
> fueras hermoso monstruo sin segundo.
>
> Mas como en alta nieve ardo [5] encendido,
> soy Encélado vivo y Etna amante,
> y ardiente imitación de ti en el mundo [11].

---

[10] Pág. 51.
[11] Pág. 47.

Poeta petrarquista

Aparte las cinco oposiciones de tipo *fuego-nieve*, todavía la tendencia a la dualidad ha troquelado varios bimembres (versos 2.º, 7.º, 13.º).

Estas parejas de contrarios predominan en la que parece poesía temprana (¡no se olvide que la cronología es muy insegura!) y existen siempre, aunque parecen ceder algo, más tarde, por el crecimiento de la fuerte veta afectiva y condensadamente conceptual, es decir, por el crecimiento de la gran personalidad poética que llamamos Quevedo.

Pero es necesario no olvidar este entronque petrarquista, evidente en las parejas de contrarios, y en las dualidades, o en especial en los versos bimembres. La huella de Petrarca asoma también en los (más raros) trimembres.

Comp.:

aire abrazo, agua aprieto, aplico arenas... [12]
solco onde, e'n rena fondo e scrivo in vento [13]

(la posición de ambos versos es idéntica, en Quevedo y en Petrarca: final del primer cuarteto).

Si ahora atendiéramos a otros artificios, o, mejor, hábitos mentales poéticos, como, por ejemplo, la correlación, la huella petrarquista (entiéndase: ya de Petrarca, ya del petrarquismo de los siglos XV y XVI) [14] sería aún evidente.

Hay todavía otro punto de vista desde el que el petrarquismo de Quevedo resulta indudable. No sabemos nada seguro de las mujeres que el poeta cantó, ni siquiera de Lisi, la más largamente celebrada. Pero basta leer la serie de composiciones en alaban-

---

[12] Pág. 19.
[13] *Canzoniere*, 212.
[14] Al estudio de esta huella dedico mi artículo "Un aspecto del petrarquismo", en *Seis calas...*, págs. 85-118 de la 2.ª edición.

za de esta señora para ver que forman una especie de *Canzoniere* en la huella directa de Petrarca. Hay hasta un soneto "in morte" [15]. Y Quevedo ha ido computando —a través de varios sonetos— los años de su pasión. Tal cómputo pasa también a través de los sonetos del *Canzoniere,* y es una divisa general del petrarquismo. En Quevedo:

> Atrás se queda, Lisi, el sexto año
> de mi suspiro: yo (para escarmiento
> de los que han de venir) paso adelante... [16].

Estos versos, salvo el paréntesis y el cambio de numeral, son rigurosa traducción. Petrarca:

> Rimansi addietro il sestodecim' anno
> de' miei sospiri; ed io trapasso innanzi... [17].

He aquí otros hitos del cómputo. Quevedo:

> Diez años de mi vida se ha llevado
> en veloz fuga y sorda el sol ardiente,
> después que en tus dos ojos vi el Oriente,
> Lísida, en hermosura duplicado... [18].
>
> Hoy cumple amor en mis ardientes venas
> veinte y dos años, Lisi...
> Veinte y dos años ha que estas cadenas
> el corazón idólatra padece... [19].

---

[15] Pág. 67.
[16] Pág. 57.
[17] *Canzoniere,* 118. La idea del escarmiento de futuros, añadida por el poeta español (es la central de su soneto), es también muy petrarquesca, desde la primera poesía del *Canzoniere.*
[18] Pág. 62.
[19] Pág. 67.

Petrarca:

> Dicesett' anni ha già rivolto il cielo
> poi che'n prima arsi e giammai non mi spensi... [20].
> L'ardente nodo ov'io fui d'ora in ora,
> contando anni ventuno interi, preso... [21].
> Tennemi Amor anni ventuno ardendo
> lieto nel foco... [22].

Era necesario decir esto: saber bien de dónde partía Quevedo. Tendemos a simplificar nuestros poetas y a no ver en ellos sino algunas cualidades o excelsas o muy peculiarmente caracterizadoras. Y era tanto más importante decirlo, cuanto que esta evidente veta de petrarquismo inicial acompaña a toda la poesía amorosa de Quevedo. No nos cansaremos de advertir cómo nos falta toda seguridad cronológica. ¿Cómo expresar esto de manera breve? Quizá así: las que parecen composiciones primerizas de Quevedo apenas muestran más que un petrarquismo veteado de la sombría o dura expresión afectiva quevedesca. Estos rasgos últimos, poderosamente invasores, son los que predominan más tarde; pero un análisis termina por descubrir siempre el rastro de las fórmulas petrarquescas.

DE UN COLORIDO ALEGRE A UN COLORIDO SOMBRÍO

Ahora ya no nos puede extrañar lo que vamos a decir.

Si cerramos los ojos y queremos atribuir un color a Quevedo,

---

[20] *Canzoniere*, 122.
[21] *Ibid.*, 271.
[22] *Ibid.*, 364. Ahora veo que González de Salas notó este parecido de las poesías a Lisi con el *Canzoniere* de Petrarca. Comp. Rivad., LXIX, páginas 361-362.

le daríamos el ocre, o en la escala de encarnados, el rojo más sombrío [23].

Sin embargo: el análisis nos descubre en seguida un Quevedo colorista de colores sumamente alegres, vivos, claros. Encarnado, sí, pero un encarnado alegre, vivificante. Y junto a este encarnado predominante, mezclado con él, el oro, y a veces, claro está, la nieve, las perlas, los diamantes, luminosidad suntuaria, que es otra descendencia petrarquesca:

> La testa or fino, e calda neve il volto,
> ebeno i cigli e gli occhi eran due stelle
> ond'Amor l'arco non tendeva in fallo:
> perle e rose vermiglie, ove l'accolto
> dolor formava ardenti voci e belle:
> fiamma i sospir, le lagrime cristallo [24].

De esta serie (oro, nieve, ébano, estrellas, perlas, rosas, llama, cristal), Quevedo empleará preferentemente sólo unos cuantos miembros, los más alegres y a reflejos de luz muy vivos.

¡Notable la luminosidad —casi siempre en una sola gama— de muchos de los sonetos y madrigales de Quevedo! Su característica en la poesía española de la época es —quién lo diría— lo alegre, vívido y brillante de la matización.

---

[23] Sólo mucho tiempo después de redactadas estas líneas he leído las certeras páginas que Emilio Orozco Díaz dedica a Quevedo en su excelente estudio "El sentido pictórico del color en la poesía barroca" (*Temas del barroco*, Granada, 1947, págs. 96-98). Su análisis, aunque rápido, es más comprensivo que el mío, pues incluye los colores oscuros, ante todo el negro, que considera característico de nuestro poeta. Yo me he limitado a señalar los matices dentro de la escala de encarnados.

[24] *Canzoniere*, 157. Sobre este soneto y su larga descendencia, véase más arriba, págs. 390-392. En él se fija la imaginería suntuaria de las bellas partes de la mujer.

Del color alegre al sombrío

Ha bostezado Floris, y en el comienzo de un madrigal nos describe el poeta cómo la dama (según costumbre popular que aún conservan bastantes viejas en regiones de España) ha hecho con sus dedos tres apresuradas cruces sobre la abertura del bostezo. La poesía, claro está, todo lo metamorfosea:

> Bostezó Floris, y su mano hermosa,
> cortésmente tirana y religiosa,
> tres cruces de sus dedos celestiales
> engastó en perlas y cerró en corales,
> crucificando en labios carmesíes,
> o en puertas de rubíes,
> sus dedos de jazmín y casta rosa.
> Yo, que alumbradas de sus vivas luces
> sobre claveles rojos vi tres cruces,
> hurtar quise el engaste de una de ellas... [25].

Otro cuadro muy en el gusto de su colorido favorito le ofrece a Quevedo el asunto de uno de sus sonetos: "A Aminta, que, teniendo un clavel en la boca, por morderle se mordió los labios y salió sangre." O este otro tema, también desarrollado en soneto: "A Amarili, que tenía unos pedazos de búcaro en la boca, y estaba muy al cabo de comerlos." Entiéndase que el primer sentido de *búcaro* es el de arcilla, en especial la arcilla o barro que solían mascar las mujeres españolas [26]. Los había de varios colores. Este que mascaba Amarili era rojo, y surge, en seguida, claro está, la comparación con el rojo de la boca de Amarili:

---

[25] Pág. 31.
[26] A la costumbre de mascar barro nos hemos referido ya más arriba, páginas 351-352.

> Amarili, en tu boca soberana
> su tez el barro de carmín colora;
> ya de coral mentido se mejora,
> ya aprende de tus labios a ser grana [27].

Quizá el cuadro más intenso en esta serie sea el soneto: "A Lisi, que en su cabello rubio tenía sembrados claveles carmesíes y por el cuello" [28]. Oro del cabello y rojo de los claveles:

> ...arden claveles en tu cerco claro,
> flagrante sangre, espléndidas heridas.
> Minas ardientes al jardín unidas
> son milagro de amor...

La imagen más famosa, aún en el colorido rojo, es aquel descriptivo verso:

> relámpagos de risas carmesíes [29].

Siempre predominan los coloridos claros, entre el rojo y los diamantes, salvo cuando el oro del cabello pone notas más calientes. Como en un soneto a una *fénix de diamantes* que Aminta traía al cuello:

> Si viene a mejorar (sin merecello)
> de incendio que dichosamente estrene,
> hoguera de oro crespo la previene
> el piélago de luz en tu cabello [30].

La imagen y la expresión se van adensando. ¡Cómo dominan ya los colores cálidos cuando ahora el poeta habla de unos lazos rojos

---

[27] Pág. 7.
[28] Pág. 61.
[29] Pág. 58.
[30] Pág. 9.

entre el pelo rubio de Lisi! En el fondo late una comparación: está ese fuego rojo junto al oro, como Sirio, estrella de la constelación del Can, en la época de su nacimiento helíaco (es decir, en los días de la canícula),

> ... el Sirio de tus lazos rojos
> arde en buchornos de oro crespo [31].

Bochornos de oro. En esta expresión estamos ya a punto de encontrar a nuestro Quevedo. Hemos pasado a colores calientes, camino, por fin, de la pasión sombría. Observémoslo bien: hemos pasado gracias a la magia de una palabra.

POETA DE AMOR

Es necesario insistir en la existencia de este Quevedo convencional. Convencionales son muchos de los temas que el escritor atrae a su poesía: "A una dama que apagó una bujía y la volvió a encender... soplando" [32] (el aliento era como un beso y, claro, la bujía se volvió a encender); "Dificulta el retratar una grande hermosura" [33] (la dificultad estriba en que para retratar a la dama hay que verla, pero el que la ve —tanta es su belleza— se queda ciego); "A Aminta, que para enseñar el color de su cabello llegó una vela y se quemó un rizo" [34] (la llama quiso repetir la hazaña de Eróstrato: aquél quemó el templo de Diana (la luna); la vela, al quemar el cabello, le ha quemado al sol el templo que él adora); "A una niña muy hermosa que dormía en las faldas de Lisi" [35]

---

[31] Pág. 61.
[32] Pág. 49.
[33] Pág. 49.
[34] Pág. 9.
[35] Pág. 64.

(se siente envidioso de la niña y admira su inocencia, "pues duermes y no velas en tal lecho", le dice).

Tiernas nonadas, ingeniosos requiebros, juegos brillantes, ya por el concepto, ya por el colorido. Isabel, Amarili, Aminta, y la más cantada de todas, Lisi. Siempre envuelve en nuestra imaginación un halo a estas mujeres cantadas por un poeta. Nos imaginamos la frente victoriosa, los rizos rubios desordenados por el viento, la risa, el mohín, los ojos, que ahora incitan, ahora se burlan, ahora se apartan despectivos. Y se nos iluminan días lejanos, soles muertos. Y sentimos una ternura por la vida, adensada en el amor, concentrada o simbolizada por una bella mujer. ¡Qué hermosa, la vida! Y sentimos una gran ternura por aquella vida y por nuestra vida, que será, dentro de poco, día extinguido también, sol muerto: un silencio y un frío.

Ya hemos visto que las composiciones a Lisi forman una especie de *Canzoniere* en el rastro de Petrarca. Que la pasión por Lisi fue platónica no cabe dudarlo, pero aun en lo espiritual puede haber muchas gradaciones: ¿era una verdadera pasión de amor? ¿Era un culto en el que al sentimiento amistoso se sobreponía un imaginado y no real apasionamiento? ¿Era una muestra de galante vasallaje a una gran dama, a la que la respetuosa pasión que los versos expresaban nunca podía ofender, sí siempre halagar? No sabemos; lo último, sin embargo, parece lo más posible. Creo que hay una serie de amores cantados en literatura española en los siglos XVI y XVII que fueron de este tipo: el de Herrera por la condesa de Gelves, alguno de los de Medrano, que un manuscrito del poeta nos reveló [36], etc. Galanteos sociales que no solían inquietar a los familiares de la dama, ni aun, si era casada, a su

---

[36] *Vida y obra de Medrano*, I, págs. 93-118.

esposo. ¿Pero quién aquilataría los mil matices posibles entre servidumbre social y literaria, puro amor y deseo del sentido?

El poeta ama, pero no pretende posesión:

> Que vos me permitáis sólo pretendo
> y saber ser cortés y ser amante;
> esquivo a los deseos y constante,
> sin pretensión, a sólo amar atiendo.

No le mueve lo material que vio, sino lo espiritual que entiende:

> Ni con intento de gozar ofendo
> las deidades del garbo y del semblante;
> no fuera lo que vi causa bastante,
> si no se le añadiera lo que entiendo.

Lo material ha sido una escala para ascender a lo espiritual:

> Llamáronme los ojos las facciones,
> prendiéronlos eternas jerarquías
> de virtudes y heroicas perfecciones.

Espiritual así el amor, no perecerá con lo caduco; a eternidad aspira:

> No verán de mi amor el fin los días:
> la eternidad ofrece sus blasones
> a la pureza de las ansias mías [37].

Este soneto (que hemos fraccionado para comentar) creemos que concentra, mejor que otro alguno, el sentido total de su amor por Lisi o la representación que el poeta se pintaba de ese amor. Amor que no busca poseer; que de la admiración de la belleza

---

[37] Pág. 56.

exterior pasa a la de la espiritualidad; que se siente eterno en el espíritu [38].

Así canta el poeta esencialmente a Lisi (aunque en el pormenor haya muchos sonetos que repiten la gracia de la boca, de los ojos, y parecerían implicar deseo). Por cualquier parte, en la poesía erótica de Quevedo, encontramos la misma filosofía de amor. No sólo no aspira a poseer; llegará a defender que el amor no debe buscar la posesión. Así se lo advierte a un caballero enamorado:

> Quien no teme alcanzar lo que desea
> da priesa a su tristeza y a su hartura;
> la pretensión ilustra la hermosura
> cuanto la ingrata posesión la afea [39].

Podríamos imaginar que éstos eran consejos a un amigo y que otra cosa pensaría en lo propio. Pero no; tomemos ahora un soneto a otra dama. Uno de los pocos que cantan a Flora. Este soneto se va concentrando y llega a uno de esos finales nítidos, en los que la intensidad y la belleza, como si hubieran eliminado en el curso de la composición todo accidente y toda ganga, hacen que el remate sea sólo pensamiento puro, exacto e iluminado. Notemos, de paso, la curiosa expresión *amartelado del espíritu eterno* (que más adelante hemos de considerar):

---

[38] Es un tema frecuente, cuya procedencia está en la trayectoria del platonismo renacentista. Comp. el soneto de Medrano "Tus ojos, bella Flora, soberano" (*Bibliot. de AA. EE.*, XXXII, pág. 314), y el de Lope, "Como es el Sol la causa conficiente" (de *La Circe*; véase más arriba, pág. 462). El soneto de Medrano es muy próximo al de Lupercio L. de Argensola, "No fueron tus divinos ojos, Ana" (Ed. Blecua, I, pág. 66 y XCIX).

[39] Pág. 46.

> Mandóme, ay Fabio, que la amase Flora
> y que no la quisiese; y mi cuidado,
> obediente y confuso y mancillado,
> sin desearla, su belleza adora.
> Lo que el humano afecto siente y llora,
> goza el entendimiento, amartelado
> del espíritu eterno, encarcelado
> en el claustro mortal que le atesora.
> Amar es conocer virtud ardiente;
> querer es voluntad interesada,
> grosera y descortés caducamente.
> El cuerpo es tierra y lo será y fue nada;
> de Dios procede a eternidad la mente:
> eterno amante soy de eterna amada [40].

El amor por Flora y el amor por Lisi eran, pues, en el fondo, idénticos: una ascensión platónica desde la belleza particular hacia lo bello absoluto y eterno. La coloreada pasión se resuelve en un mundo elemental, nítido, diáfano.

E inmediatamente pasamos al tipo humano de Quevedo —¡Dios mío, qué brutal contraste!—: he ahí al hombre, cuán mezclado, descontento, picajoso, bullidor, justiciero, pleitista, tabernario, amigo de aristócratas y hombres de gobierno; y nos imaginamos al amante de la Ledesma, una cómica con la que tuvo varios hijos y que se los ponía (si hemos de creer al jorobado Alarcón), y recordamos la miseria de su sórdido matrimonio, ya cincuentón traspuesto; y pasamos revista a la inmensa variedad de su obra, desde los tratados religiosos y morales hasta las procacidades de mancebía. Del turbio revoltijo de aparentes contradicciones que forman

---

[40] Pág. 19.

a este ser, desde su facha exterior hasta su ambiente moral, podrían salir muchas imágenes distintas [41]; la que no sale, la que no nos podemos representar, es la de un Quevedo galanteador de damiselas. Hay hombres que, por demasiado hombres, no tienen mucho éxito con las mujeres, y de este tipo me parece que era Quevedo. Les falta en su persona moral y física un plano que resbale hacia lo femenino y que sirva para la unión de esos dos hemisferios siempre en guerra que forman el mundo humano. Lope

---

[41] Muy lejos de toda división a lo novela blanca ("seres perfectos" y "seres criminales"), nos imaginamos un Quevedo muy hombre y muy español y de un ardiente deseo de justicia. Ahí, en esa imagen de enteriza honradez fundamental, puede mezclarse (así es la vida) mucha picaresca, rijosidad, afición a la taza y, sobre todo, mucho gusto por las pendencias, en las que, de nonadas, se levantan orbes de resentimiento e incomprensión.

Entre un ambiente general de simpatía hacia Quevedo y de entusiasmo por su genio, disuena el juicio valiosísimo, como suyo, de Gregorio Marañón, expuesto en *El conde-duque de Olivares*, Madrid, 1936, cap. XI, y en otros sitios. (Véase *La Nación*, de Buenos Aires, 2 de julio 1939.) La prisión de Quevedo no se debería a versos satíricos contra el valido (¡pero que los hacía es innegable!), sino a asunto grave, quizá a confabulación con agentes de Richelieu. No está probado; pero, aunque así fuera, Quevedo hubiera podido establecer esos contactos con absoluta buena fe, en busca de lo mejor para España; el conde-duque lo había intentado también por esos mismos años. La gran admiración que siento por la obra del doctor Marañón, creo que me autoriza a advertir con cuán parcial simpatía hacia Olivares juzga la persona de Quevedo. Cuando un escritor escribe en vehemente tumulto, con pasión y sin descanso, como lo hizo Quevedo, su persona moral rezuma en la obra, y ha de buscarse, ante todo, en ella o a través de ella. Y la de Quevedo nos habla, unívoca en su variedad. El incidente (lo que revela un documento, etc.) ha de ser interpretado a la luz de la obra, y no al revés. Porque la obra es el documento más verídico, generoso, amplio y coherente de la vida de un escritor.

tenía, evidentemente, esa proyección feminoide; a Quevedo le faltaba en absoluto. Estos hombres enteros pueden pensar y sentir el amor, cargarse de la idea de esta pasión como de un fluido de una intensidad tal, que sus chispazos llegan a ser deslumbradores. Esos chispazos, en Quevedo, son sonetos. Y esto nos explica la paradoja de que no sea Lope, sino Quevedo, el más alto poeta de amor de la literatura española. Digo "el más alto" y no el más fértil, o el más vario, o el más brillantemente vital. Sí, ya sé que esto no se suele decir. Para mí, es evidente. Bastaría el famosísimo soneto del estremecedor final "polvo serán, mas polvo enamorado" para probarlo. ¿Poesía de amor y pasión directa, o filosofía de amor poetizada? ¿Dónde está el límite? ¿Dónde, en la obra? ¿Dónde, en mí? ¿Dónde, en la reacción de la obra sobre mí?

Son bastantes los sonetos de Quevedo en los que nos ha dejado nítida, como en una última copelación, su idea amorosa. A veces la expresión ha podido quedar oscurecida por la del soneto "del polvo enamorado" que reproducimos unas páginas más abajo. Con él podría compararse otro, donde un terceto dice:

> Espíritu desnudo, puro amante
> sobre el sol arderé y el cuerpo frío
> se acordará de Amor en polvo y tierra [42].

Como ejemplo de condensación, presentaré aún el final de otro soneto. El poeta, entre los daños de decir su pasión o de callarla, opta por el silencio. Porque el silencio es muy bien entendido por la amada, causa de él. Y, en silencio, las lágrimas pueden ser voz de los ojos, y la boca, en silencio, puede suspirar, y los suspiros son también como otra voz (¡pero silenciosa!) de la boca del hombre. La expresión se concentra desde el final del segundo cuarteto

---

[42] Pág. 63.

(que es desde donde cito). Léase, bien "staccato", cada verso, para que se aprecie la individualidad de estos endecasílabos, lo compactos que son, su plenitud, cómo en ellos no hay ganga ni ripio, y cómo con estas cualidades, y quizá por ellas, tienen una creciente temperatura afectiva que estalla o desborda, marea amarga que rebosa el dique, en el verso último:

> voz tiene en el silencio el sentimiento:
> mucho dicen las lágrimas que vierte.
> Bien entiende la llama quien la enciende;
> y quien los causa, entiende los enojos;
> y quien manda silencios, los entiende.
> Suspiros, del dolor mudos despojos,
> también la boca a razonar aprende,
> como, con llanto y sin hablar, los ojos [43].

¡Sí, silencio, secreto para los amantes! Secreto de amor, esa dulce soledad, apasionada, profunda, inviolable. Quevedo ha sentido su encanto y lo ha expresado todavía en otro soneto, que es suavemente conceptuoso, también muy de espiritual amor y de gran consuelo para muchos amores imposibles. El poeta piensa que, si los párpados fueran labios, la comunicación visual, los rayos de luz de la persona amada al ojo amante, serían besos. Las delicias así serían mudas y, separados entre la gente, los amantes estarían unidos:

> Si mis párpados, Lisi, labios fueran,
> besos fueran los rayos visuales
> de mis ojos...
> De invisible comercio mantenidos
> y desnudos de cuerpo los favores,
> gozaran mis potencias y sentidos;

---

[43] Pág. 55.

> mudos se requebraran los ardores:
> pudieran, apartados, verse unidos,
> y, en público, secretos los amores [44].

(Digamos, en un paréntesis, que entre estos dos últimos sonetos de Quevedo está la idea de la rima de Bécquer:

> Sabe, si alguna vez tus labios rojos
> quema invisible atmósfera abrasada,
> que el alma que hablar puede con los ojos
> también puede besar con la mirada.)

He aquí, pues, una filosofía del amor, que extrañamente —esto es lo diferencial de Quevedo—, aunque va por zonas blancas, cristalinas, de un modo inesperado se carga de sangre y de sabor amargo:

> Suspiros, del dolor mudos despojos,
> también la boca a razonar aprende,
> como, con llanto y sin hablar, los ojos.

Cercano al tema del amor está el de la hermosura. Quevedo lo ha tratado en un soneto, mucho más frío, pero muy interesante, que lleva por epígrafe "Quiere que su hermosura consista en el movimiento" y está hecho sobre un tema de venerable tradición. Anota el editor del siglo XVII: "Inquiere Platón si la hermosura consiste en medidas, números o armonía. Y es cuestión muy contenciosa; pero la sentencia que sigue este soneto es la más cierta. Bernardino Telesio la comprobó con no pocos argumentos. Últimamente compara la hermosura al fuego que, vivo, no se quieta":

---

[44] Pág. 54.

No es artífice, no, la simetría
de la hermosura que en Floralba veo;
ni será de los números trofeo
fábrica que desdeña al sol y al día.

No resulta de música armonía
(perdonen sus milagros en Orfeo)
que bien la reconoce mi deseo
oculta majestad que el cielo envía.

Puédese padecer, mas no saberse;
puédese cudiciar, no averiguarse,
alma que en movimientos puede verse.

No puede en la quietud difunta hallarse
hermosura, que es fuego en el moverse,
y no puede viviendo sosegarse [45].

INQUIETANTES PROBLEMAS EN LOS SONETOS MORALES

¿Qué hombre es éste? ¡Cómo nos desatina, cómo nos hace jadear en un alcance imposible! ¿Por qué, en medio de la serenidad espiritualista de sus sonetos de amor, se le nubla la voz y se le saltan las lágrimas, tanto que nuestro corazón lejano y volandero de hombres del siglo xx se siente impregnado, apretado, como por una súbita oleada de sangre más caliente? ¿Qué hombre era éste? ¿Cuál era su naturaleza moral? ¿Qué creía, qué pensaba?

Busquemos todavía contestación en un campo próximo: los sonetos morales. En todos hay un matiz ético: una posición, una voluntad frente a la vida. Todos están impregnados de un estoicismo que, por lo menos, frente a la realidad del mundo, es de

---

[45] Pág. 20.

absoluto pesimismo: en el mundo triunfa la iniquidad, el poder injusto, la riqueza. El sabio ha de apartarse de todo eso. Pero vistos más de cerca, esos sonetos se dividen en dos clases: unos en los que predomina lo satírico y, en efecto, muchas veces son imitación directa de Persio o de Juvenal; y otros en los que no hay intención satírica: el tono es totalmente grave, como corresponde a la meditación de algún tema esencial de nuestra vida. Resalta en seguida un grupo de sonetos dedicados a la contemplación de la muerte.

Este estoicismo, pesimista en cuanto a la realidad del mundo, ¿era cristiano? Son tantas las afirmaciones de ortodoxo cristianismo en gran parte de la obra de Quevedo y las noticias de su muerte, transmitidas por su sobrino, don Pedro Aldrete, que no tenemos derecho a dudar de la fe del poeta [46].

Pero yo me represento el alma del hombre, y aun el pensamiento del hombre como una serie de vetas. Y es evidente que también había una veta pagana, quizá escéptica, en el alma de Quevedo, quizá sólo postura filosófica o literaria, quizá, menos aún, sólo remedo o imitación (que no pretendía ser sino eso) de autores leídos. Ya en el siglo XVII, en el memorial de Pacheco de Narváez, en el "Tribunal de la Justa Venganza" y en otros escritos denunciatorios, se hace notar cómo en algunos de los "Sueños" Quevedo se permitía inconcebibles y escandalosas bromas con el infierno: ¿cómo era posible, se preguntaban los denunciadores, que en el sitio del absoluto dolor, Quevedo representara a los condenados

---

[46] No he podido leer el artículo de mi maestro Américo Castro, *Escepticismo y contradicción en Quevedo*, en *Humanidades*, La Plata, 1928, XVIII. Véase M. Bataillon, *Erasme et l'Espagne*, París, 1937, págs. 817-819. El tono de paganía de estos sonetos no suele ser tenido en cuenta, frente a la masa abrumadora de testimonios de sincero cristianismo.

bromeando y diciendo chistes? [47]. Una imagen, en campo muy alejado, pero coincidente en sentido, nos viene a dar ese importante grupo de sonetos que tiene por tema la muerte. Nos extraña, no lo negaremos, que no aparezca con claridad en ellos la mención de una paradisíaca realidad ultraterrena, ni un miedo del posible eterno castigo.

Para invocar a la muerte, para desearla, la voz se le hace tierna, la expresión afectiva:

> Ya formidable y espantoso suena
> dentro del corazón el postrer día;
> y la última hora, negra y fría,
> se acerca, de temor y sombras llena:
> Si agradable descanso, paz serena,
> la muerte en traje de dolor envía,
> *señas da su desdén de cortesía;*
> *más tiene de caricia que de pena.*

Aún en este soneto, los tercetos pueden interpretarse en un sentido de creencia cristiana; pero, así y todo, notemos cuán poco adjetiva es la expresión, cuán poco concreta:

> ¿Qué pretende el temor desacordado
> de la que a rescatar piadosa viene
> espíritu en miserias añudado?
> Llegue rogada, pues mi bien previene;
> hálleme agradecido, no asustado;
> mi vida acabe, y mi vivir ordene [48].

---

[47] Comp. ed. Astrana, *Verso*, págs. 1.049 y 1.131; y, del *Tribunal*, casi todo desde la "Tercera audiencia" (pág. 1.125) son acusaciones del modo chistoso y despreocupado con que don Francisco trata al infierno, a los condenados y a los demonios.

[48] Pág. 434.

Si ahí la expresión es dudosa, en otras ocasiones, el mundo futuro en que piensa Quevedo, en estos sonetos, más es como un aliviador vacío: un descanso para el sufrimiento y una paz. O, si no, un gran silencio, un olvido, por el que yerran sombras:

> Ven ya, miedo de fuertes y de sabios;
> huya el cuerpo indignado con gemido
> debajo de las sombras, y el olvido
> beberán por demás mis secos labios...
> Desata de este polvo y de este aliento
> el nudo frágil en que *está animada*
> *sombra que sucesivo anhela el viento*[49].

La expresión ha llegado en el verso último a prodigiosa, exacta, reconcentrada desnudez. Y no es menos intensa la fórmula en que nos representa a la muerte como negro mar cuyas ondas sorben el "pobre y turbio río" de la vida:

> Antes que sepa andar el pie, se mueve
> camino de la muerte, donde envío
> mi vida escura: pobre y turbio río
> que negro mar con altas ondas bebe[50].

En algún momento, la terrible expresión, "el no ser", asoma por los versos. Es en un soneto en el que por el amor desea morir. Y dicen sus tercetos:

> De esotra parte de la muerte dura
> vivirán en mi sombra mis cuidados,
> y más allá del Lete mi memoria.

---

[49] Pág. 426.
[50] Pág. 433.

> Triunfará del olvido tu hermosura,
> mi pura fe y ardiente, de los hados,
> y el no ser, por amar, será mi gloria [51].

No lo quiero paliar: el poeta dice que la aniquilación por amor será su gloria. Solamente con este sentido de "el no ser" es como puede tener resalte y significado el verso último, que por algo fue escogido para último. En fin, no deja de tener una raíz de paganía ese famosísimo soneto amoroso, que es seguramente el mejor de Quevedo, probablemente el mejor de la literatura española:

> Cerrar podrá mis ojos la postrera
> sombra que me llevare el blanco día,
> y podrá desatar esta alma mía
> hora a su afán ansioso lisonjera;
> mas no de esotra parte en la ribera
> dejará la memoria en donde ardía;
> nadar sabe mi llama la agua fría,
> y perder el respeto a ley severa.
> Alma a quien todo un dios prisión ha sido,
> venas que humor a tanto fuego han dado,
> medulas [52] que han gloriosamente ardido,
> su cuerpo dejarán, no su cuidado;
> serán ceniza, mas tendrán sentido:
> polvo serán, mas polvo enamorado [53].

---

[51] Pág. 57.
[52] Carilla, en su magnífico libro, ya citado, piensa (pág. 175, nota 19) que el poeta acentuó *médulas*. Se basa para ello en la acentuación en primera sílaba que llevan los dos primeros versos del terceto. Hay que tener en cuenta, sin embargo, que el poeta acentúa *medulas* en casos en los que el acento rítmico no permite vacilación. Comp. más abajo, página 570.
[53] Pág. 63. El "dios" a que se refiere el verso 9 es, evidentemente,

Junto a esto hay que decir, porque es de estricta justicia, que las poesías sagradas de Quevedo son tan concretas, tan diáfanas (por ejemplo, toda una serie de sonetos a las palabras de Cristo antes y durante la Pasión, etc.), que no hay modo de negar la ortodoxia del poeta. En esos otros sonetos a la muerte, que —no lo encubramos— nos inquietan, quizá le subían puntas, vetas de sus autores paganos preferidos. Serían más bien producto de un mimetismo expresivo que de una convicción.

Son graves problemas que no podemos resolver. Anotemos sólo, recolectemos sólo cómo la expresión se le hace nítida, exactamente representativa (el vivir, "sombra que sucesivo anhela el viento"), o se le carga, ya de delicadeza (la muerte, "más tiene de caricia que de pena"), ya de espanto (la vida, "pobre y turbio río — que negro mar con altas ondas bebe").

LA POESÍA BURLESCA Y
LA CREACIÓN IDIOMÁTICA

Estamos procediendo por rodeos. Y en este camino sinuoso, si hemos ganado bastante conocimiento de los temas, del contenido de la poesía lírica de Quevedo, y aun de las preocupaciones y filosofía del autor, aún son sólo unas cuantas expresiones hinchadas por pasión o llanto, heridoras para nuestra sensibilidad moderna, lo único que parece llevarnos hacia la anunciada meta de nuestra indagación: la expresión afectiva.

Pues ahora, con estupendo barquinazo (un barquinazo que es tantas veces posible en nuestra literatura clásica), saltemos a otro extremo de la obra poética de Quevedo. Nos conviene.

No nos vamos a meter en el mundo abigarrado, concentrado,

---

el Amor. Sobre este soneto véase el admirable comentario de Amado Alonso, *Sentimiento e intuición en la lírica*, publicado en *La Nación*, de Buenos Aires, 3 de marzo de 1940.

soez, purulento, siempre fuerte, siempre entre Bosco y Goya, de las jácaras y romances [54]. Todo el curso que va desarrollado en el presente libro se mantiene dentro de la tradición literaria del verso italiano. Nos conviene no pasar de esa linde: el cotejo es así más fácil, y no diseminaremos nuestra atención por ese inmenso y revuelto mundo, todo de figurillas de titerero, donde nada se entiende si no se escudriña el último pormenor.

Afortunadamente no tenemos que desgarrar a nuestro poeta.

Hay una gran cantidad de poesías burlescas escritas en endecasílabos. ¿Dónde empieza lo burlesco? ¿Dónde termina lo moral satírico? ¿Dónde acaba lo satírico y dónde empieza lo filosófico? Encontramos, además, con frecuencia elementos descolocados, procedentes de otros campos, en contraste con el carácter fundamental de la composición que estamos leyendo. El choque de estos elementos con los otros sobre que resaltan es, precisamente, muy quevedesco, uno de los rasgos más caracterizadores de su estilo.

La poesía burlesca de Quevedo tiene una importancia excepcional en la literatura española; un valor, pues, independiente. Nos conviene hoy verla como una servidora de la alta poesía lírica. No haya miedo de que forcemos hechos que son evidentes. Fue la poesía aplebeyada y chocarrera una enorme válvula de escape de lo afectivo. ¿Nos podríamos imaginar a Quevedo sin esa descarga? ¿No es cierto que hubiera reventado como un triquitraque? Por esa válvula de escape le fluían, se le ponían en libertad muchas cosas, la bilis y la expresión. Hemos partido de una intuición (cuya validez estamos contrastando): que el lenguaje de Quevedo tiene

---

[54] Algunos de los aspectos estilísticos de jácaras y romances han sido estudiados con mucha penetración y claridad analítica por Manuel Muñoz Cortés, en obra que saldrá pronto a luz. Véase, entretanto, su artículo ya citado en la nota 1.

dos extraordinarias características que le sitúan señero dentro del panorama de nuestra lírica: una es la increíble —sí, se diría increíble porque es límite— capacidad de condensación, no una condensación ocasional, como la puede conseguir quien aquí y allá burila y aprieta una frase, sino seguida, en casi todo lo que brota de la pluma, es decir, característica casi constante; y la otra nota es una ocasional capacidad afectiva, un hincharse súbito de la expresión, que nos agarra, que nos zarandea, porque detrás de aquellas palabras de hombre del siglo XVII sentimos que bulle sangre y que quieren reventar ya ira, ya lágrimas. Pero estas dos condiciones peculiares del lenguaje de Quevedo se dan en la lírica más noble de un modo no escandaloso; quiero decir, comprendemos que ese estilo es extremado, pero no sentimos que rompa o deshaga ninguna norma de la lengua común.

Ahora bien, la condensación y la virulencia afectiva saltan en seguida a los ojos en lo burlesco. Pero ya aquí la condensación, preñada de humores, rompe el equilibrio idiomático: todo se prensa, se estruja. Y del estrujón quevedesco, las funciones arquitectónicas resultan transformadas: tal voz anocheció sustantivo que al encontronazo se despierta adjetivo ("él era un hombre cerbatana", es decir, acerbatanado, largo como una cerbatana), o, con un tipo de sufijación que no le corresponde ("érase un naricísimo", un hombre de nariz grandísima) [55].

Dejémonos de dengues y de "buen gusto" y admitamos todo lo que nos proyecte este brutal espoleador de la realidad.

A Apolo, es decir, al Sol, que persigue amorosamente a Dafne,

---

[55] Querer entrar a fondo sólo en algunos pormenores del tema exigiría todo un libro. Elijo apenas unos cuantos rápidos ejemplos de condensación expresiva.

éste es el consejo que le da si quiere gozar de la muchacha (entiéndase que "afufarse" significa huir: Dafne huía en silencio):

> Bermejazo platero de las cumbres,
> a cuya luz se espulga la canalla:
> la ninfa Dafne, que se afufa y calla,
> si la quieres gozar, paga y no alumbres [56].

Nuestra imaginación, en esos cuatro versos, pasa por toda una serie de vueltas y recodos, pertenecientes a esferas muy distintas, polarizadas entre bella mitología y granujienta hampa:

Primer verso (vívidamente colorista): *bermejazo*, "rojo", con el aumentativo afectivo *-azo*, que alude al tamaño del astro, pero que anuncia todo el tono social y moral en que se desenvuelve el soneto; *platero*, porque dora las cumbres. Es un estupendo verso: ¡que lo mejoren!

Verso segundo: Evocación de ambiente (diría Bally), casi de *milieu*, fondo goyesco, dos siglos antes que Goya, capricho dibujado en once sílabas: mano maestra.

Verso tercero: Nos describe cómo la ninfa huye; pero el término *afufa*, evidentemente próximo a la germanía (aunque no lo señale como tal el diccionario), es una nueva evocación de ambiente [57].

Verso cuarto: Enorme condensación para el chiste: *no alumbres*, ¿cómo la vas a gozar con todo tu golpe de luz?; *paga*, has equivocado el camino, porque el amor se conquista por el dinero.

---

[56] Pág. 184.
[57] Comp. *La vida de Estebanillo González*, ed. Millé ("Clásicos Castellanos", 108-109), "Registro alfabético". El diccionario da a *afufarse* y a *afufas* la calificación de "familiar": son voces que salen, sobre todo, en medios picarescos. Comp. Cejador, *Fraseología*, Madrid, 1921, I, pág. 39.

Terrible pesimismo cínico. De este pesimismo sale el sarcasmo, la necesidad de tomar la bella fábula y sumergirla en aguas rufianescas. Ahí está el origen y la justificación de todas las evocaciones de un ambiente hampón en estos versos y en gran parte de la obra de nuestro poeta: un cinismo pesimista. Una especie de nihilismo que lleva a la reducción, a la atracción a plano inferior de todas las bellas alturas de la vida. El barroquismo, si de un lado eleva la realidad, hasta convertirla en un nítido mundo ideal (creación de Góngora), de otra parte hunde la realidad en un monstruoso inframundo (plano infrahumano de Góngora y, más aún, de Quevedo).

En ese inframundo, las formas se transmutan; pero en la ecuación de la imagen (A = B), los términos A y los términos B andan todos por los mismos albañares. Una metáfora del tipo "oro" por "cabello" es una depuración estética y, en cierto modo, una ascensión de lo específico a lo genérico. Porque no se mienta el oro por su peso, por su dureza, etc., sino por su color, como realización arquetípica de lo dorado. Ahora, en Quevedo, la brutal transmutación establece entre dos realidades un débil vínculo, un punto fugaz de relación: ese hilillo es sumamente tenue y las dos realidades que une (A — B) son tan dispares, que al cruzarse momentáneamente en el cerebro, algo se rompe allí, quizá una profunda ley de proporcionalidad y correspondencia. Esa rotura es lo que llamamos humor. He aquí dos conceptos:

$A =$ nariz chata. $B =$ ser humano en cuclillas.

Hay tal desproporción entre una "nariz chata" y una "persona en cuclillas", que para admitir la identidad de ambas nociones hemos de prescindir de toda nuestra razonable racionalidad y aferrarnos sólo a una aparencial proporción:

$$\frac{\text{nariz normal}}{\text{nariz chata}} = \frac{\text{persona en posición erecta}}{\text{persona en cuclillas}}.$$

Prestar ilusión a una proporción semejante exige oscurecer todo el campo nocional de ambos conceptos, salvo un solo punto, por el que la imaginación pasará el hilo unidor: *nariz — en cuclillas*.

Sí, desasidos de todo, salvo de ese ilusorio hililllo, flotamos un instante en una iluminada insensatez irracional cuando Quevedo le dice a la pobre chata:

> El olfato tenéis dificultoso
> y en cuclillas...

A veces, el poeta se da cuenta de cuán tenue es el hilillo ligador de A y B. Leemos en el mismo soneto a una roma: "tenéis... un tris de calavera". Y dice "un tris" como si dijera "un no sé qué", "un algo", "una pizca". La delgadez del vínculo (expresada en "un tris") es aprovechada para intensificación del humor. Aún en el verso siguiente (que no comentaré en pormenor), la expresión "a gatas" ("tenéis... a gatas por la cara lo mocoso") es metafórica, muy distante del plano real, extraída de una representación no alejada de la que dio origen a "en cuclillas" y en cierto modo gemela de ésta:

> tenéis { el olfato en cuclillas.
> { lo mocoso a gatas.

Véase ahora todo el terceto:

> El olfato tenéis dificultoso
> y en cuclillas, y un tris de calavera,
> y a gatas en la cara lo mocoso [58].

---

[58] Pág. 186.

El humor nace, hemos dicho, de la calidad infrahumana de lo transmutado (¡cuán lejos la imaginería del alto mundo petrarquista!), y de la desproporción, de la disparidad entre los elementos que se transmutan.

Esta imagen infrahumana humorística es, pues, una verdadera caricatura y tiene el carácter exagerador, recargador, hiperbólico que lleva en sí la palabra "caricatura"[59]. No hay un límite definido entre imagen e hipérbole. En toda imagen hay implícita una hipérbole[60]. Hiperbólicas, más evidentemente aún, todas las imágenes infrahumanas de Quevedo.

Muchos de sus sonetos más chispeantes no son sino una sucesión de estupendas hipérboles, todas tan en el extremo, que la imaginación pasa sin descanso de una a otra, juzgando que la que llega no podrá superar a la ya recibida. Casi todas dan en el hito, porque el ingenio del poeta varía las canteras de sus materiales. En el siguiente soneto a una vieja, son doce las desaforadas hipérboles que asaetean al lector. Las de los cuartetos se basan, ya en frases proverbiales ("ser más viejo que el repelón"[61], "ser del tiempo del rey que rabió"), ya en una expresión eclesiástica ("in saecula saeculorum", como designación de la eternidad), ya en la historia bíblica (Caín, su quijada fratricida, el diluvio, la serpiente del paraíso). Las de los tercetos apelan a la gran antigüedad del invento de cosas conocidas y diarias (los clavos, las ligas o cenojiles, los candiles), o de la costumbre de pedir dinero prestado.

---

[59] "Caricatura" es un italianismo, y en italiano significa primero la acción de cargar ("caricare"), es decir, carga. De hecho, "cargadura" sería la forma española correspondiente a la palabra italiana.

[60] Tema tocado ya antes por nosotros, págs. 367-368.

[61] "'Antes que el repelón', eso fue antaño", es decir: ponderar vejez con el repelón, no es nada, porque eso ocurrió, como si dijéramos, el año pasado, en comparación con la vieja.

La final pondera astronómicamente, con decir que para escribir el número de años de la vieja harían falta miles de cifras [62]. He aquí el soneto (no esperemos piedad, ni de Quevedo, ni del siglo XVII):

> "Antes que el repelón" eso fue antaño.
> Ras con ras de Caín; o por lo menos,
> la quijada que cuentan los morenos
> y ella fueron quijadas en un año.
>
> "Saecula saeculorum" es tamaño
> muy niño, y el diluvio con sus truenos;
> ella y la sierpe son ni más ni menos;
> y el rey que dicen que rabió, es hogaño.
>
> No había a la estaca preferido el clavo,
> ni las dueñas usado cenojiles;
> es más vieja que "présteme un ochavo".
>
> Seis mil años les lleva a los candiles;
> y si cuentan su edad de cabo a cabo
> puede el guarismo andarse a buscar miles [63].

¡Qué apretada condensación! El giro sintáctico salta con esguinces de alimaña, siempre nuevo para la imaginación, siem-

---

[62] La procedencia literaria es indudable. Ya González de Salas avisaba vagamente que este soneto era "imitación de epigramas griegos y latinos". En efecto, conocidos son los epigramas contra viejas de la *Anth. Palatina,* en el libro XI, *passim,* y en especial 65-74. Muchos de estos epigramas tuvieron imitaciones en latín y en las lenguas europeas. Los versos 13-14 del soneto recuerdan el principio del epigrama XI, 67 (el guarismo para expresar los años de la vieja). El final del epigrama (καὶ λέγε πᾶσι ταὐτά) dejó evidentísima huella en otros pasajes de Quevedo. Caín desempeña en el soneto la misma función que Deucalión en el XI, 71. Etc.

[63] Pág. 183.

Poesía burlesca y creación idiomática 535

pre por troquelaciones de la más viva y pintoresca lengua coloquial. Un soneto de Quevedo —ya en la veta burlesca, ya en la moralizante— suele ser una poderosa concentración de materia lingüística hispánica.

Este cuarteto, de otro soneto, fustiga la necia locura de los diamantes:

> Si el mundo amaneciera cuerdo un día,
> pobres anochecieran los plateros,
> que las guijas nos venden por luceros
> y en migajas de luz gigote al día [64].

Obsérvese la condensación del último verso: "y nos venden el día (la luz del día), hecho como gigote, dividido en partículas de luz". Y otra vez la expresión quevedesca está montada sobre la frase popular: "hacer una cosa gigote", dividirla en menudos pedazos.

La unidad del endecasílabo se realza en Quevedo con una totalidad de sentido: parece como si en su verso cupiera más materia, de condensada y trabada que allí está. ¡Qué cantidad de relaciones en este final de soneto que expresa el chasco del Sol que perseguía a Dafne, cuando la ninfa se quedó transformada en laurel!:

> y en escabeche el Sol se quedó a oscuras [65].

A una fea, espantadiza de ratones:

> ¿Lo que al ratón tocaba si te viera,
> haces con el ratón? [66].

---

[64] Pág. 192.
[65] Pág. 185. El laurel es aderezo ordinario del escabeche.
[66] Pág. 186.

Otras veces se concentra con lo burlesco lo sentencioso. A un favorecido por la fortuna le aconseja:

> Atiende al ¡jo! que la Humildad te dice [67].

Lo afectivo, apenas subrayado por cualquier cosa (en el ejemplo que sigue, un diminutivo), carga de sentido y de representación un verso. Para definir a un valentón bastaban estas once sílabas:

> ¡Su colerilla tiene cualquier mosca! [68].

Sí; en ocasiones, el verso, en su brevedad, sugiere todo un ambiente o escena [69]. Hay que pensar en el desgraciado aspirante a durmiente que, acosado por un mosquito trompetero, se da grandes manotadas en el rostro, para comprender la capacidad de suscitación de este verso definitorio:

> Trompetilla que toca a bofetadas [70].

Y no podemos ahora ni siquiera atender a su inmensa capacidad para los más trucantes juegos de palabras:

---

[67] Pág. 193. "¡Jo!" es lo mismo que "¡so!", interjección conocida. Lo mismo en un soneto moral:

> Para, si subes; si has llegado, baja;
> que ascender a rondar es desatino.
>
> (Pág. 410.)

[68] Pág. 194.

[69] Para mostrar la irrefrenada coquetería y gancho de mocitas casaderas (o "ayuntaderas") en un paseo festivo, la zarpa de Quevedo escribió un endecasílabo (es el primero del terceto último) irradiación significativa (en cualquiera de sus dos versiones), que puede verse en Astrana, págs. 119-120.

[70] Pág. 184. Son agudísimas muchas expresiones del soneto: "Cupido pulga, chinche trompetero", etc.

Poesía burlesca y creación idiomática 537

Son los vizcondes unos condes bizcos,
que no se sabe hacia qué parte conden[71].

Esta extraordinaria potencia transmutadora de los valores, esta increíble agilidad con que el lenguaje va a impetuosos barquinazos y trancos que reflejan fidelísimamente los del vertiginoso concepto, esta capacidad asociativa, por vínculo de metáfora, de realidades muy apartadas (pedrería de diamantes y gigote, nariz chata y persona en cuclillas, etc.); esa superación de todas las trabas que opone el verso castellano (muy inferior en esto al italiano[72], por ejemplo) a la reducción de los materiales fonéticos que conllevan pensamiento; esa increíble alacridad victoriosa para embutir en once sílabas un mundo de complejas relaciones mentales, donde tienen su cúspide, donde han de estudiarse en sus caracteres extremos, es en la poesía burlesca; pero ¿qué duda cabe de que su estilo tenía en esa zona un magnífico campo de aprendizaje siempre que de ahí pasaba al plano elevado de su poesía? La extraordinaria condensación de pensamiento en su lírica noble estaba,

---

[71] Pág. 187.
[72] El uso de la sinalefa es compartido por el italiano y el castellano. No así el de la apócope, idiomáticamente normal (dentro de determinadas condiciones) en el italiano (*cammin,* por *cammino,* etc.):

Nel mezzo del cammin di nostra vita...

También es frecuente el uso de la sinéresis (que nuestros italianistas adoptaron; *río, vía,* como monosílabos, etc.):

com'io tenea levate in lor le ciglia...

(*Inf.*, XXV, 49.)

En ese verso, *com* está por *come; io* es monosílabo; *teneà,* bisílabo; hay sinalefa en *levate-in; lor* está apocopado (*loro*). ¡Admirable capacidad de condensación, que para sí quisiera el mucho más lento castellano! Véase también más arriba, pág. 77, nota 15.

de una parte, señalada por sus modelos latinos, ya de prosa, ya de poetas satíricos; de otra, facilitada por esa violenta gimnasia a la que en lo burlesco sometía a la par su estilo y el castellano.

EL ARTE DE QUEVEDO, CHOQUE DE DOS MUNDOS

El poeta burlesco, el satírico, el filosófico y el erótico no están, por los temas, netamente diferenciados, pues cada uno de estos campos tiene una zona de secancia con los otros: acá y allá lo hemos visto.

Entre los sonetos amorosos de Quevedo anda (y creo que con razón) uno dedicado "a una dama bizca y hermosa". La admiración y la ternura por la bella señora (una bizquedad puede ser una delicia) está patente en el primer cuarteto:

> Si a una parte miraran solamente
> vuestros ojos, ¿cuál parte no abrasaran?
> Y si a diversas partes no miraran,
> se helaran el ocaso y el oriente [73].

En la ternura está implícita la zumba. El color de lo zumbón parece predominar en el segundo cuarteto, ese "mirar zambo y zurdo" y esas "luces izquierdas" no dejan de tener su sorna. Pero en seguida, en el final del cuarteto, vuelve la ternura, para mí subrayada por ese "facinorosa luz" (es decir, *facinerosa*), donde hay que notar que el término "facinorosa", precisamente por ser extrapoético, es muy expresivo, y que envuelve una imagen: mirar facineroso, porque es, digámoslo así, imprevisible, clandestino, al disparar su dardo de amor:

---

[73] Pág. 50.

El mirar zambo y zurdo es delincuente:
vuestras luces izquierdas lo declaran,
pues con mira engañosa nos disparan
facinorosa luz, dulce y ardiente.

En todo el final del soneto continúa ese entreveramiento de las bromas y las veras: zona de contacto de dos mundos en que siempre hay que colocarse para entender a Quevedo [74].

Lo mismo que ocurre con el contenido sucede con la expresión. Hemos querido, en páginas anteriores, representarnos esa poesía de caliente, vaharienta humanidad, de Quevedo, como una gimnástica de su estilo [75]. Porque ahí la lengua del escritor, sin trabas, llega a sus últimas posibilidades expresivas. En lo que sigue vamos a ver cómo oleadas o puntas de materia y expresión, que vienen de allá del fondo, del plano infrahumano, penetran en el alto estrato de su más espiritual poesía.

No me refiero exactamente al "chiste", a la gracia conceptual,

---

[74] En esta zona intermedia, entre burlas y veras, hay que colocar las estrofas "A una dama hermosa, rota y remendada" que figuran ya en las *Flores*, de Espinosa (1605), núm. 75 (Astrana, pág. 163). En ellas se mezclan la broma y la ternura, en proporciones no muy diferentes de las del soneto que comentamos en el texto.

[75] No he de insistir en el extraordinario valor sustantivo de esa poesía quevedesca infrahumana. Pero el presente libro es una indagación dentro del ámbito de una tradición particular (la renacentista). He aquí por qué razón consideramos ahora la poesía burlesca de Quevedo sólo en cuanto entra en nuestro campo visual, atentos como estamos a su lírica más noble. ¿Necesitaré decir que "noble", "infrahumana", no encierran juicios valorativos y que son expresiones poco exactas, pero que hay que manejar como monedas, para entendernos rápidamente? ¿Y no resultará aún claro que, en mi opinión, una sustancia única estética traspasa, de lado a lado, todo el arte de Quevedo, y que, por tanto, su poesía es indivisible?

introducida en la poesía de alto vuelo lírico, como, por ejemplo, cuando en un soneto nos dice que vio por primera vez a la bella que le flechó de amor, en la iglesia, y añade:

> vi en la iglesia mi muerte en tu hermosura,
> que entonces a los dos nos convenía,
> por retraída a ti que me habías muerto,
> y como muerto, a mí por sepoltura [76].

La iglesia era buen lugar para ambos, para el muerto de amor, como los sepultados; para ella, la matadora, aludiendo a los retraídos en iglesias porque habían hecho algún crimen, tantas veces citados en la novela y el teatro del siglo XVII. Esta penetración del chiste en la estela del petrarquismo (penetración de trayectoria tan interesante como mal estudiada) no es específicamente quevedesca. Es una corriente conceptista, que, claro está, va a dar a las aguas de nuestro conceptismo; en sus remotos orígenes se enlaza con el conceptismo de fines de la Edad Media, tantas veces representado en nuestros cancioneros; y en Italia la encontramos ya en metro endecasilábico a fines del siglo XV, cuando el Cariteo [77] escribe su famoso soneto:

---

[76] Pág. 47.

[77] Por español (de Barcelona) se le ha achacado al Cariteo la corrupción del gusto italiano. Así, para Alessandro d'Ancona, quien, claro está, en el siglo XVIII poético sólo veía "pazzie", y consideraba el gusto de Cariteo, Aquilano, etc., como "secentismo" anticipado. Pero el Cariteo, lo que es, en realidad, es un límpido petrarquista no vulgar, con alguna intensificación de elementos que ya estaban implícitos inicialmente en el petrarquismo. Véase, aparte del libro de Percopo (*Rime*, Nápoles, 1892, t. I), Alessandro d'Ancona, *Del Secentismo nella poesia cortigiana del secolo XV*, en *Pagine sparse di Letteratura e di Storia*, Florencia, 1914, págs. 96 y sigs.

> Voi donna ed io, per segni manifesti,
> andremo insieme al infernal tormento...
> Ma perché gli occhi miei vi fûr molesti,
> voi più martiri avrete, io più contento...

No, éste es un tema próximo, importante en la obra de Quevedo, en la historia de la poesía europea y en la del conceptismo español; pero no es el que ahora centralmente nos interesa. Las transvasaciones a que me refiero no son chiste frío, intelectual, sino que llevan hasta la más alta lírica olor caliente de humanidad, humor (muchas veces dolorido) y giros afectivos de la lengua diaria.

Hay algo destructivo, antijerárquico, anárquico, en ese alzarse. El hecho, visto desde abajo, no ofrece duda. Por ejemplo: el siglo XVI ha heredado, como recintos intactos, de la Antigüedad, el mundo mitológico, y de la Edad Media, el legendario [78]; y he aquí lo que ocurre:

El mundo de las bellas representaciones, el mundo mitológico o legendario vuelto a poblar por la fantasía del Renacimiento, choca con la realidad dolorida del alma de Quevedo, y su literatura es, del lado plebeyo, un desgarrón de ese mundo de bellezas. Un desgarrón del mundo de la fábula es el soneto de Apolo y Dafne que comentábamos hace poco [79], un desgarrón del mundo caba-

---

[78] Del legendario se había sonreído ya (sólo sonreído) Ariosto.

[79] Se trata de poner en ridículo todo lo que es alto, bello, ejemplar. "Ero y Leandro en paños menores" es el título de un romancillo del poeta (Astrana, pág. 249). Del mismo modo se pone en solfa, contrastado con la cruda realidad, todo el metaforismo poético renacentista:

> Qué preciosos son los dientes
> y qué cuitadas las muelas,
> que nunca en ellas gastaron
> los amantes una perla...

lleresco es el poema de las *Necedades de Orlando*. Es una falta de fe, un nihilismo, una necesidad de aniquilación del alto plano ideal, que tiene expresión muchas veces en la literatura del Siglo de Oro. Los graciosos, en el teatro, suelen cumplir esta misión destructiva. Más cercano a Quevedo, Góngora ha sentido el mismo prurito: como el poema de las *Necedades de Orlando* es una deliberada polución del mundo caballeresco, la *Fábula de Píramo y Tisbe* emborrona la más bella —y romántica— historia de amor heredada de la antigüedad grecolatina. *Don Quijote* salió como su autor no lo esperaba; pero los primeros capítulos tienen este mismo desamorado y truhanesco tono de cruda parodia [80].

TRANSVASACIONES IDIOMÁTICAS: GIROS

Del lado plebeyo, por tanto, hay una brutal fuerza que pugna por atraer a su plano, es decir, por derribar, derrocar, toda altura; y que algunas veces lo consigue.

Otras veces son tan sólo algaras, incursiones momentáneas en el plano noble. O con otra imagen: como limitadas puntas o indentaciones del substrato que penetran en la masa del superes-

> Las lágrimas son aljófar,
> aunque una roma las vierta,
> y no hay un culto que saque
> de gargajos a las flemas.
> Para las lagañas solas
> hay en las coplas pobreza,
> pues siempre se son lagañas,
> aunque Lucinda las tenga.
>
> (Mus. 303.)

[11] Junto a la *Fábula de Píramo y Tisbe* hay que colocar la de *Ero y Leandro*, también triste y bella. Y también mereció ser parodiada por Góngora, además de por Quevedo.

trato, y aun afloran por sobre él. Un soneto amoroso comienza así:

> Mucho del valeroso y esforzado,
> y viéneslo a mostrar en un rendido;
> bástete, Amor, haberte agradecido
> penas de que me puedo haber quejado [81].

Es una invectiva contra el Amor. Un dialogar semejante lo hay ya en varios sonetos de Garcilaso:

> No pierda más quien ha tanto perdido,
> bástete, Amor; lo que ha por mí pasado...

Lo interesante es ahora el énfasis, el matiz afectivo, que ha atraído al verso un giro irónico de la conversación familiar:

> ¡Mucho del valeroso y esforzado!
> y viéneslo a mostrar en un rendido.

El soneto de Quevedo, a pesar de ese comienzo irónico, es de una gravedad extrema.

Tampoco creo que haya muchos sonetos más desoladoramente serios, más graves que el que ahora sigue, ni donde la brevedad de la vida, nuestro máximo tópico —presente, queramos o no—, esté tratado con más variación en el pormenor, con una lucidez más exacta, con más dolorido cansancio:

---

[81] Pág. 46. Comp. aún:

> Quédate a Dios, Amor, pues no lo eres,
> que servir a quien sirve es vil locura.
>
> (Pág. 221.)

El hablar el poeta con el amor es frecuente, antes de Garcilaso, lo mismo en la tradición de Petrarca que en la de Ausias March.

> ¡Ah de la vida! ¿Nadie me responde?
> ¡Aquí de los antaños que he vivido!
> La Fortuna mis tiempos ha mordido;
> las Horas mi locura las esconde.
> ¡Que, sin poder saber cómo ni adónde,
> la salud y la edad se hayan huido!
> Falta la vida, asiste lo vivido,
> y no hay calamidad que no me ronde.
> Ayer se fue; Mañana no ha llegado;
> Hoy se está yendo sin parar un punto:
> soy un Fue, y un Será y un Es cansado.
> En el hoy y mañana y ayer, junto
> pañales y mortaja. Y he quedado
> presentes sucesiones de difunto [82].

El poeta ha sacado de la realidad ambiente y de la conversación ese *Ah de la vida*, que resuena, fatídico, como ante un gran zaguán vacío, como un *Ah de la casa*, en el palacio deshabitado que sólo traspasa el viento.

Hay, pues, como unas vetas de humor entreverado o de coloquialismo en algunos de los momentos más graves de su poesía: el soneto que comienza con esa invocación, fatídica, sí, pero tomada a la realidad diaria, conversacional, se eleva vertiginosamente a plano absoluto, y termina, después de analizar la inanidad del ayer, del hoy y del mañana, que junta la mortaja y los pañales, la cuna y la sepultura, con esa fórmula de escalofriante concisión:

> Y he quedado
> presentes sucesiones de difunto.

---

[82] Pág. 423.

Así, de vez en cuando, contra la costumbre de su tiempo, una expresión de la lengua no poética penetra, desgarrando, en el estilo de Quevedo, y ese desgarrón es quevedesco en grado sumo.

TRANSVASACIONES IDIOMÁTICAS: LÉXICO

En Garcilaso alguna vez penetraban. Pero ese procedimiento era en él excepcional, y además no había sino voluntad directamente expresiva. Hemos notado [83] en Garcilaso la voz "somorgujar". También usó el verbo "hartarse":

¡Quién pudiera hartarse
de no esperar remedio y de quejarse!

(Canción 2.ª)

Pero el verbo, un siglo después, seguía sin haberse aclimatado en la lengua poética. Quevedo lo usa, por lo menos, un par de veces. Observemos que un anotador, del siglo XVII, se cree en el caso de disculpar la palabra porque era muy "afectiva". Escúchese bien: muy "afectiva", y véase cómo las interpretaciones estilísticas no son tan modernas como se cree. Una de esas veces en las cuales Quevedo usa "hartarse" es en un soneto donde, desesperado de su amor, quiere morir como loco, y echa mano de ese verbo para expresar el gesto desmesurado, el desenfreno de su razón. Dice:

Óiganme todos...
de gritar solamente quiero hartarme [84].

---

[83] Véase, más arriba, págs. 80-81.
[84] Pág. 52.

Pero en esos pasajes de Quevedo (lo mismo que en el de Garcilaso) la palabra *hartarse* está usada únicamente por su valor directamente expresivo.

Los ejemplos que me interesan más de Quevedo son de otra clase.

La saeta puede herir limpiamente, o puede entrar desgarrando. Quevedo introduce la palabra extrapoética no sólo porque es expresiva, sino porque la misma violencia, el mismo rompimiento originado por su entrada, resulta más expresivo aún. Sí, la palabra ajena a los modos del petrarquismo —dura, o caliente de pueblo— resulta aún más expresiva por el desgarrón, por el escándalo que produce en el tierno, finamente matizado ambiente de la tradición renacentista.

Al paso, al tratar temas relacionados, nos han salido ejemplos: era, hace poco, el "Mucho del valeroso y esforzado"; el "¡Ah de la vida! ¿Nadie me responde?"; y antes la dulce luz "facinorosa" del mirar de la bizca; los "buchornos" de la encendida imagen del pelo "cuando el Sirio de tus lazos rojos arde en buchornos de oro crespo"; o como la voz "bola" para designar el mundo en el grave soneto de advertencia a España ante su inminente despojo ("Colón pasó los godos / al ignorado cerco de esta bola"); o como la atracción del término "amartelado" en el momento en que ha de fijar el más alto anhelo humano ("amartelado del espíritu eterno"); o el verbo "resollar" en un soneto amoroso ("Dejadme resollar, desconfianzas..."); o la palabra "tropezón" en la hiperbólica descripción de los altos palacios de un advenedizo:

> su casa al sol los pasos le desvía
> y es tropezón de estrellas... [85].

---

[85] Págs. 759 y 409. Nada importan aquí los claros precedentes latinos. Comp., p. ej., Marcial: "Haec, Auguste, tamen, quae vertice sidera

En cada caso tiene matiz distinto la intención, pero en todos la voz extrapoética hiere el campo armónico del léxico renacentista, para implantarse allí, y, charra, gritadora, con su diferencia, con el conseguir que la sintamos extraña, que la sintamos afectivamente pueblo, completa su propio valor expresivo.

Véase ahora el valor de la palabra *bestia* en un soneto que yo copié de un manuscrito [86]. Nótese la ternura de la expresión para designar al amor "dolor tan bien nacido". Quevedo la repite por lo menos tres veces en estas obras, y así casi resulta como una firma autógrafa:

> Piedra soy en sufrir pena y cuidado
> y cera en el querer enternecido,
> sabio en amar dolor tan bien nacido,
> necio en ser en mi daño porfiado;
>
> medroso en no vencerme acobardado
> y valiente en no ser de mí vencido,
> hombre en sentir mi mal, aun sin sentido,
> bestia en no despertar desengañado.
>
> En sustentarme entre los fuegos rojos,
> en tus desdenes ásperos y fríos,
> soy salamandra y cumplo tus antojos:

---

pulsat / Par domus est caelo..." (Epigr. VIII, 36). Comp. aún: "Tal hay que empuja al cielo con las tejas" (Bartolomé L. de Argensola, ed. Blecua, I, pág. X).

Es la elección estilística del sustantivo "tropezón" lo importante, pero hay ya un ligero matiz afectivo en el "empuja" de Argensola.

[86] Véase el apéndice "Dos calas en el estilo de Quevedo".

y las niñas de aquestos ojos míos
se han vuelto, con la ausencia de tus ojos,
ninfas que habitan dentro de dos ríos [87].

Es un soneto de contrarios, tópico (como ya sabemos) que tantas veces repite el poeta. En los cuartetos, cada pareja de contrarios se expresa en dos versos (a verso por miembro): *piedra-cera, sabio-necio, medroso-valiente, hombre-bestia*. Ternura, desengaño, amargura, placer del sufrimiento, están alternativa e intensamente ondeados en una escala afectiva que rebosa de amargor en la palabra insultante y ruda "bestia", en el verso octavo. El desgarrón producido por ese vocablo carga de apasionamiento el giro de los tercetos y de amargura toda la composición.

En todos estos casos se podría decir, con la terminología de Bally, que hay una "evocación de ambiente" en cuanto que está aludido un ambiente extrapoético. Es esta salida de la fantasía, del medio convencional de léxico y representación renacentista, lo que precisamente aviva la expresividad afectiva de la palabra: es lo que llamo desgarrón.

ESTILÍSTICA EN EL SIGLO XVII. MODERNIDAD DE LA POESÍA DEL SIGLO XVII.

Esta característica del estilo de Quevedo ya fue notada en el siglo XVII. En la *Musa IV* imprime González de Salas un *Idilio* en cuartetos, y al frente de él esta interesantísima nota: "Es necesario advertir que está escrita esta poesía afectadamente con locución de voces y frases que pudieran juzgarse de menos decoro para los números poéticos; siendo así que están allí colocadas de tal arte que aquel mismo defecto parece que les comunica un

---

[87] Comp. nuestros *Ensayos sobre poesía española*, págs. 183-186, y ahora el apéndice anunciado en la nota anterior.

cierto género de gravedad y decencia. Tuvo esta atención el poeta en algunos escritos, procurando con la frecuencia y repetición quitar a algunas palabras lo áspero e indecente que les había puesto el poco uso" [88].

La composición, colocada en boca de un amante, comienza con una invocación a los que poseen artes mágicas para que le libren de la servidumbre de su amor. Ya en esa parte hay algunas palabras que evidentemente son de las "ásperas o indecentes" de que habla González de Salas, como en estos versos:

> los que *apeáis* la luna de su coche
> para que espuma *escupa* en vuestras hierbas...

He aquí los cuartetos que siguen a esa invocación. En éste nótense las voces *coyunda, maroma, muerdo,* todas ellas extrapoéticas:

> Cuando de que me vi libre me acuerdo,
> cuya memoria en daño me redunda,
> por romperla, sacudo la coyunda,
> y la maroma por soltarme muerdo.

En los que siguen, si el primero comienza con un evidente recuerdo petrarquesco ("fábula soy del mundo y de la gente": "al popol tutto / favola fui gran tempo") [89], el segundo cuarteto es tan sencillo y humano, que parece totalmente alejado de la tradición renacentista, moderno, del siglo pasado o del actual:

> Fábula soy del mundo y de la gente,
> que de amor con mi ejemplo se rescata,

---
[88] Pág. 17.
[89] *Canzoniere,* 1.

>   cuando con igual fuerza me maltrata
>   el bien pasado y el dolor presente.
>
>   Antes que te rindiera mis despojos
>   y antes que te mirara, gloria mía,
>   yo confieso de mí que no entendía
>   el secreto lenguaje de los ojos.

Notemos ahora en este cuarteto siguiente la sencillez de la expresión "hallar lengua a los suspiros" (hallarles sentido), tierna y candorosa:

>   Pasaba el tiempo en ejercicios rudos,
>   el oro despreciando y los zafiros:
>   nunca les hallé lengua a los suspiros,
>   porque pensé hasta agora que eran mudos.

El pensamiento del cuarteto siguiente es de gran ternura: cada pequeña lágrima de una mujer tiene la misma fuerza que un Hércules, que un Alcides:

>   Y antes que viera del amor las lides,
>   nunca pude creer que se tornaba,
>   en cada mujer débil que lloraba,
>   cada pequeña lágrima un Alcides.

En fin, todo ha cambiado por el amor, como resume (prescindimos de algunos cuartetos) en el último:

>   Supe de amor en el tormento y potro,
>   después de darte victoriosas palmas,
>   hallar en la afición para las almas
>   el pasadizo que hay de un cuerpo a otro [90].

---

[90] Pág. 17.

Notemos la voz "pasadizo", en absoluto extrapoética. ¡Pero cuán expresiva! Ella es la que da exactitud y fuerza a la expresión final, tan insospechadamente nueva, que, aunque imagino que debe de tener antecedentes remotos, no creo se le puedan encontrar en la tradición de la lírica renacentista en lenguas vulgares: la afición, el amor a las almas, como *pasadizo*, como vínculo comunicante de los cuerpos.

Este curioso idilio no es una composición genial, pero es extrañamente nueva. Es de una novedad que apenas me imagino yo que sea involuntaria. El amontonamiento de palabras extrapoéticas ya parece indicar algo. Pero no es sólo eso: la novedad de las imágenes, la sencillez de la dicción, la novedosa ternura, hasta la forma (desligada lo mismo del giro del soneto, que arrastraba a modos retóricos, que de la facilitona silva, grata a Quevedo), todo en esta extraña composición parece desgajarse de la lírica renacentista y tender hacia nosotros, llamarnos.

Es, digámoslo de una vez, de una extraña modernidad.

En efecto, con frecuencia nos da Quevedo esa sensación de novedad: casi de poeta contemporáneo, por lo menos moderno [91]. Léase, por ejemplo, este comienzo de soneto:

---

[91] Es evidente que Quevedo hizo diversos ensayos para libertarse de las trabas renacentistas. En este sentido es interesante la canción que lleva por título "Sencilla significación del afecto amoroso, proporcionada al sujeto amado", de la que González de Salas dice en nota: "Pareció ponerse aquí para ejemplo oportuno del estilo que han de tener los versos que se envían a mujeres, donde propiamente ha de prevalecer la expresión de los afectos con frases sencillas y bien colocadas y que no se diferencien mucho de las que se usan comúnmente." Pero el "cane quod quaevis nosse puella velit" tiene también sus inconvenientes: la chata canción de Quevedo (no siempre, por otra parte, comprensible para la moza) lo pro-

> Aguarda, riguroso pensamiento,
> no pierdas el respeto a cuyo eres.
> Imagen, sol o sombra, ¿qué me quieres?
> Déjame sosegar en mi aposento.

¿No es una angustia de hombre moderno? Este hombre, perseguido por su pensamiento, entre las cuatro paredes de su ha-

---

baría. Don Luis Carrillo se planteó también este problema, o se lo plantea Venus, que le dice:

> Mis armas son damas tiernas,
> pero apetecen mis armas
> lamente su ofensa el pecho,
> blandamente, pues son blandas.
> ¡Deja esos libros, mancebo,
> mira que tu pena agravian!
> ¿Cómo, escondido en sus nieblas,
> sabrá tu Sol si te abrasas?
> (Ed. D. Alonso, Col. Primavera y Flor,
> págs. 19-20 y 29-31.)

Yo no sé si se habrá tenido en cuenta la composición de Quevedo que con el título de "Búrlase de todo estilo afectado" publicó González de Salas en la *Musa VI* (Astrana, págs. 172-173). En ella, Quevedo dice que para pretender a su dama va a emplear "un circunloquio discreto / en retruécano y conceto". En efecto, empieza, en el que llama "estilo primero", con todos los tópicos del conceptismo trovadoresco:

> Amar y no merecer,
> temer y desconfiar,
> dichas son para obligar,
> penas son para ofender, etc.

Luego elige ("estilo segundo") "...el estilo que brilla / en la culterana prosa, / grecizante y latinosa";

bitación, ¿no es un hermano, un prójimo de nuestro desazonado vivir?

Cuando se habla del intervalo estético entre el siglo XVI y XVII, siempre se piensa en el que hay entre Renacentismo y Barroquismo, o sea, en literatura, como maneras barrocas, "gongorismo" y "conceptismo". Pero hay otra novedad en el siglo XVII que no está mentada ni aludida en esas palabras. Es... otra cosa. Es una novedad no siempre visible, movediza, y que no puedo definir. Es una nueva posición, una amplitud de los temas, una nueva mirada al ambiente, una entrada de nuevas voces... Sí, son unas emanaciones, unos filamentos que (en medio de un arte que siempre se liga al pasado) no van al pasado, sino que parece que buscan nuestra sensibilidad, no como hombres de sentido arqueológico, sino sencillamente como hombres del siglo XX. Es una sensación de novedad que sólo nos asalta espaciadamente, de vez en cuando,

> Si bien el palor ligustre
> desfallece los candores,
> cuando muchos esplendores
> conduce a poco palustre, *etc.*

En fin, decide hablar "prosa fregona / que en las orejas se encaje" y comienza en el "estilo tercero":

> Digo, pues, que yo te quiero
> y que quiero que me quieras,
> sin dineros ni dineras,
> ni resabios de tendero, *etc.*

La importancia de esta piececita consiste en que en ella Quevedo ha caracterizado genialmente las dos tendencias de su época: conceptismo y gongorismo (aunque la caracterización sea sólo parcial). Y esto nos indica que Quevedo buscaba algo distinto de las frialdades conceptistas y de la vana hinchazón de los imitadores de Góngora: Quevedo intenta una brutal plasmación de la vida bullente, y su troquelación en palabras.

y que puede darse por debajo del gongorismo o del conceptismo, o mezclada con ellos: una sensación de hallarnos fuera del mundo de la tradición renacentista, grecolatina. Es el tema, el enfoque y la relación afectiva del artista con su obra (lo que luego llamaríamos sensibilidad). (También, a veces, de pronto, pensamos que tal cuadro de Velázquez o de Rubens podría haber sido pintado en el siglo XIX.)

Curiosamente, en literatura, he tenido primero esta sensación leyendo poetas extranjeros [92] del siglo XVII: metafísicos ingleses, ante todo Donne, y poetas de Italia, a veces de segundo orden, como Achillini, que los italianos no leen; otros fastuosos y superficiales, como ese Marino, al que leen poco. En Marino, por ejemplo, se adivinan valores que a través de la "sensibilidad" del siglo XVIII pasarán al XIX.

Luego he experimentado sensaciones parecidas en Quevedo, en seguida, en Lope, y, en fin, aquí y allá, a veces, aun debajo de la suntuosidad formal de las *Soledades,* en Góngora.

Es una veta que (también por debajo del neoclasicismo) pasa al más sensible XVIII, y empalma con el romanticismo y con nuestra vida.

---

[92] Cuando leemos poetas extranjeros nos sentimos frecuentemente más a gusto que con los de casa, porque vemos más lo esencial y diferencial, y apreciamos menos las triquiñuelas de oficio, la rutina, la huella de escuela. Esto tiene poca aplicación entre poesía italiana y española, tan afines; pero mucha cuando pasamos a la alemana o inglesa. Diremos aún más: las traducciones realzan muchas veces valores eternos y universales, al disminuir los locales, técnicos y de época. Al leer teatro de Lope o de Calderón, he pensado frecuentemente en cómo la expresión por tópicos del siglo XVII, el juego de las rimas, etc., me distraían e impedían ver la verdadera intensidad de una escena. El problema que este hecho plantea en cuanto a las relaciones entre significado y significante no es pequeño ni para tratado ligeramente aquí.

Pero no intentaré definir lo que sólo me llega como vaga sensación. Así, en la lectura de Quevedo.

En él hay algunos rasgos adjetivos, más aprehensibles que los anteriores, en los que veo condensarse su "modernidad". Quisiera tratar de fijarlos en lo que sigue.

LA AFECTIVIDAD Y LA REACCIÓN ANTE LOS TEMAS: ELOGIOS FÚNEBRES

La expresión de Quevedo se caracteriza por su intensidad, y es tanto más intensa cuanto es más afectiva. Hay en el fondo de su verso una vitalidad tanto más poderosa cuanto Quevedo es más él, es decir, es menos un poeta del siglo XVII, con los arrastres renacentistas y los hallazgos gongorinos, y es más un poeta individual, de enorme originalidad en su siglo, cuya emoción y cuyo pensamiento todavía conmueve y hace pensar al hombre del siglo XX.

Ese vitalismo no sólo está en su persona, no sólo está en su verso, sino que se transparenta en sus temas. Quiero decir en los temas que le sacuden y le levantan generosamente por encima de todas las mediocridades.

Hay temas que se le caen de las manos en expresiones triviales, tributo a la moda. Hay otros que ponen su verso "arrecho" (para decirlo con el participio que él usa), que le ponen el ritmo tenso y le dan una impetuosidad y una velocidad fustigantes. La expresión y el concepto se hacen reconcentrados y heridores.

Las poesías fúnebres son un buen ejemplo. Quevedo ha tenido que escribir evidentemente muchos elogios fúnebres, de puro compromiso. Tenía protectores, había que corresponder, qué remedio. Todos conocemos esos compromisos, aun en este siglo en el que ha desaparecido el mecenazgo (sin ser sustituido —¡ay!— por nada). Luego, cuando moría el monarca, ¿qué poeta señalado podía quedarse sin un soneto o un *epicedio* o unas *nenias*? Y así, vemos sonetos a la muerte de la infanta Sor Margarita de Austria, de la duquesa de Lerma, de Felipe III. Son sonetos de buena hechura. ¿Pero qué decir de Felipe III? Le alaba lo alabable: la piedad. ¿Pero qué ejércitos había conducido al asalto el insulso rey? No sé si peco de malicioso, pero yo veo un poco de sorna en el primer terceto.

> Militó tu virtud en tus legiones;
> vencieron tus ejércitos armados
> igualmente de acero y oraciones [93].

Muy distintos son los elogios a héroes de la antigüedad: Belisario, Mucio Escévola, Aquiles, Alejandro Magno... Aquí el poeta no ha escrito por compromiso, y la expresión se adensa. Pero la lejanía más lleva a mármol que a llama. ¡Qué noble la expresión, qué bien troquelada en castellano, sean cuales fueren sus antecedentes! ¡Qué grave densidad! Palabras en la tumba de Alejandro Magno:

> Hizo sentir al ancho mar su peso,
> a las selvas nadar...
> Valió en muchos su nombre por herida,
> por batalla su miedo [94].

El generoso y violento latido quevedesco salta en admiración ante los héroes contemporáneos. ¡Cómo no habían de moverle el duque de Osuna y Enrique IV, dos perfiles de hombre en los que se mezclan a lo generoso de la sangre el valor desgarrado y el irrefrenable ímpetu aventurero!

---

[93] Pág. 466.
[94] Cito por el texto de las ediciones antiguas, comp. Astrana, página 468.

La afectividad y los temas: elogios fúnebres

¡Qué diferencia entre el sonetito pacato a la muerte de Felipe III y los que dedicó Quevedo a su duque, a su protector, a su cabeza, a su amigo! El duque de Osuna murió en prisión, y Quevedo desahoga en cuatro sonetos su ira, su dolor, su admiración, su cariño. Ya adapta, como máxima grandeza, la frase que Séneca pone en boca del gran Escipión, y que el mismo Quevedo había troquelado en endecasílabos en un soneto al héroe romano [95]; de nuevo sirve para llorar al duque muerto en desgracia:

> Faltar pudo su patria al grande Osuna,
> pero no a su defensa sus hazañas... [96].

Ya le ve, en sus armas de acero y oro, tal como Guido Boloñés le había retratado:

> rígidas con el precio de la sierra,
> y en el rubio metal descoloridas.
> Al ademán siguieron las heridas
> cuando su brazo estremeció la tierra;
> no las prestó el pincel; diólas la guerra;
> Flandes las vio sangrientas y temidas [97].

Ahora recuerda tumultuosamente sus empresas. Y el verso se apresura y se entrecorta, de abundancia y de emoción:

> Diez galeras tomó, treinta bajeles,
> ochenta bergantines, dos mahonas;

---

[95] Faltar pudo a Scipión Roma opulenta,
mas a Roma Scipión faltar no pudo...
(Pág. 386.)

[96] Pág. 387.
[97] Pág. 388.

> aprisionóle al turco dos coronas
> y los corsarios suyos más crueles.
> Sacó del remo más de dos mil fieles,
> y turcos puso al remo mil personas...
> ...Pálido vio el Danubio sus soldados
> y a la Mosa y al Rin dio su trompeta
> ley, y murió temido de los hados [98].

Otras veces, el entusiasmo le hincha ardorosas imágenes hiperbólicas:

> los golfos y los puertos de Levante
> con sangre calentó, creció con llanto...
> Divorcio fue del mar y de Venecia,
> su desposorio dirimiendo el peso
> de naves que temblaron Chipre y Grecia.

Y la indignación y la piedad estallan en su pecho:

> ¡Y a tánto vencedor venció un proceso!
> De su desdicha su valor se precia:
> murió en prisión, y muerto estuvo preso [99].

Y los ríos de Europa —que le temieron— lloran al héroe derrumbado por la desgracia:

> La Mosa, el Rin, el Tajo y el Danubio
> murmuran con dolor su desconsuelo [100].

---

[98] Pág. 470.
[99] Pág. 470.
[100] Pág. 387.

Lo que es más extraño, lo que revela en Quevedo una generosa capacidad de admiración, es su entusiasmo por Enrique IV [101], como buen francés, buen enemigo de la casa de Austria y de España. Lo que le atrae es la noble gallardía aventurera del gran monarca. Es interesante comparar esta posición de Quevedo con la que toma respecto al máximo enemigo de lo español en el mundo, el cardenal Richelieu. Quevedo ha concentrado su odio en una frase lapidaria (aludiendo al color de las ropas cardenalicias):

> En él solo se ha visto colorada
> la desvergüenza... [102].

Ante el otro enemigo, ante el rey Enrique IV, asesinado por Ravaillac en el momento en que se disponía a lanzar un formidable ataque contra la casa de Austria, el poeta vibra generosamente de entusiasmo:

> Su mano coronó su cuello ardiente
> y el acero le dio cetro y espada;
> hízose reino a sí con mano armada;
> conquistó y gobernó francesa gente.
> Su diestra fue su ejército valiente;
> sintió su peso el mar; vio fatigada
> el alto Pirineo, de gente osada,
> la nieve, ceño cano de su frente [103].

Y en otro soneto le llama "el que armó con su pecho sus soldados". Magníficos, concentrados sonetos de un corazón español generoso,

---

[101] La reacción de los poetas españoles ante el rey asesinado fue piadosa y admirativa, pero en ninguno tanto como en Quevedo.
[102] Pág. 390. Téngase en cuenta nuestra nota 41 a la pág. 518.
[103] Pág. 464.

ante un héroe, por destino, hostil a España. Tres sonetos de Quevedo a la muerte de Enrique IV eran conocidos, cuando en un manuscrito de 1627 encontré, a nombre de nuestro poeta, éste que tiene por todas partes la dura gallardía del impulso quevedesco y su prodigiosa capacidad de concentrada expresión:

> En tierra sí, no en fama, consumida
> yaces, oh vida, cuando más temblada,
> de la púrpura al mármol derribada,
> por más que a sangre, a llanto abierta herida.
>
> Llorada, ya, de cuantos fue temida;
> del hado no, del mundo respetada;
> en quien, con vil usar, sangrienta espada
> tántos quitó a la muerte en una vida.
>
> Cuando poner presume en mil victorias
> tintos los campos y los mares rojos,
> desnudos centros de invidiosas glorias,
>
> viste el suelo un traidor de sus despojos;
> de horror, su lis; de ejemplo, las memorias;
> de ocio, las manos; de piedad, los ojos [104].

Esa apasionada vitalidad que hace que el corazón y el admirativo entusiasmo se le vayan ante la gallardía, ante el ímpetu juvenil del héroe, amigo o enemigo, ajeno o propio, mal se avenía con tradiciones regladas. No nos extraña, pues, que Quevedo, dentro de la ortodoxa tradición renacentista (que el barroquismo retorcía sin romper), fuera un escándalo, un alarido. Él vivía en ese medio estéticamente conformista; más aún, era la enseñanza que había recibido, los instrumentos que había heredado. Todavía construye con esos materiales que le habían llegado; pero su arriscada origi-

---

[104] *Ensayos sobre poesía española*, págs. 186-188.

nalidad creadora, una genialidad de alimaña natural suelta y agreste (que es casi brutalmente moderna, quiero decir, viva aún en 1948), hace que desgarre esa cúpula en que respira, que le oprime: lo que entra por los desgarrones se llama la vida.

CHOQUE AFECTIVO EN
TEMAS RENACENTISTAS

Esa vitalidad sacude y renueva aun los temas más tradicionales. Tratemos de mostrar, desde este otro punto de vista, en cierto modo contrario del anterior, lo que es la descarga afectiva quevedesca.

Uno de los procedimientos más repetidos en la estructuración poética consiste en desarrollar a lo largo de una breve composición una imagen, muchas veces tomada del mundo de la naturaleza, y al final hacer brevemente una comparación con el estado psicológico de la persona que habla. ¡Cuántos personajes de Lope se han quedado solos en escena para decir un soneto fiel a esta pauta! Calderón tiende a complicarla, exponiendo no una, sino una serie de imágenes, que luego, aplicadas al personaje, se recolectan al final: así, en las décimas del famoso monólogo de Segismundo y en infinitos rompimientos líricos de su teatro.

El procedimiento es, pues, trivial. Y no podemos atribuir originalidad ninguna técnica a Quevedo, cuando vemos que lo emplea en un gran número de sonetos: la imagen está desarrollada en los cuartetos, o en los cuartetos y el primer terceto; la aplicación al estado espiritual del poeta, correspondientemente, tiene lugar en los dos tercetos, o sólo en el último.

La descripción que forma el plano irreal (de un arroyo, de una fuente clara, de un volcán, de una lucha de toros, etc.) es también muchas veces un tópico, con innumerables antecedentes. La adaptación al plano real (estado espiritual del poeta) también ha sido hecha, en la mayor parte de los casos, en una larga cadena tradicional.

Sin embargo, la extraordinaria capacidad afectiva de Quevedo hace que ese final sea apretado, estallante de lágrimas, auténtico dolor de hombre. He aquí algunos de estos sonetos:

Ejemplo del arroyo:

> Torcido, desigual, blando y sonoro
> te resbalas secreto entre las flores,
> hurtando la corriente a los calores,
> cano en la espuma y rubio con el oro.
> En cristales dispensas tu tesoro,
> líquido plectro a rústicos amores;
> y, templando por cuerdas ruiseñores,
> te ríes de crecer con lo que lloro.
> De vidro en las lisonjas divertido,
> gozoso vas al monte; y, despeñado,
> espumoso encaneces con gemido.
> No de otro modo el corazón cuitado,
> a la prisión, al llanto se ha venido
> alegre, inadvertido y confiado [105].

Ejemplo del Vesubio (la alusión a la salamandra está ya en el *Canzoniere* de Petrarca y es tópico de toda la tradición renacentista):

> Salamandra frondosa y bien poblada,
> te vio la antigüedad, columna ardiente,
> ¡oh Vesubio, gigante el más valiente
> que al cielo amenazó con diestra osada!

---

[105] Pág. 46.

Después, de varias flores esmaltada
(jardín piramidal), fuiste luciente
mariposa, en tus llamas inclemente,
y en quien toda Pomona fue abrasada.

Ya, Fénix cultivada, te renuevas,
en eternos incendios repetidos,
y noche al sol, y al cielo luces llevas.

¡Oh monte, emulación de mis gemidos;
pues yo en el corazón, y tú en las cuevas,
callamos los volcanes florecidos! [106].

Ejemplo de la fuente risueña:

Fuente risueña y pura que a ser río
de las dos urnas de mi vida aprendes,
pues que te precipitas y desciendes
de los ojos que en lágrimas te envío;

si en mentido cristal te prende el frío,
en mi llanto por Lísida te enciendes,
y siempre ingrata a mi dolor atiendes,
siendo el caudal con que te aumentas mío.

Tú de su imagen eres siempre avara,
yo pródigo de llanto a tus corrientes,
y a Lísida de la alma y fe más rara.

Amargos, sordos, turbios, inclementes
juzgué los mares, no la amena y clara
agua risueña y dulce de las fuentes [107].

---

[106] Pág. 48.
[107] Pág. 60.

Ejemplo de la lucha de los toros celosos [108]. Nótese la valentía de la imagen inicial: la polvareda de la lucha es como un crecimiento de la tierra; un acortamiento de la luz del día. El poeta está también celoso porque Lisi ha mirado o sonreído a un tal Bato (otro amante). El desgarrón afectivo está concentrado en el último verso.

> ¿Ves con el polvo de la lid sangrienta
> crecer el suelo y acortarse el día
> en la celosa y dura valentía
> de aquellos toros que el amor violenta?
> ¿No ves la sangre, que el manchado alienta;
> el humo que de la ancha frente envía
> el toro negro, y la tenaz porfía
> en que el amante corazón ostenta?
> Pues si lo ves, ¡oh Lisi!, ¿por qué admiras
> que, cuando amor enjuga mis entrañas
> y mis venas, volcán reviente en iras?

---

[108] Tema clásico; por ejemplo: en Ovidio, *Metamorfosis*, XIII, 871-872; don Luis Carrillo, en su imitación en la *Fábula de Acis*, desarrolla estos versos en toda una octava:

> Cual el valiente toro que ha perdido
> de la vacada el reino —que, enojado
> espanta el bosque con feroz bramido—
> desafía al contrario...
>
> (Ed. D. Alonso, pág. 154.)

La imitación de Estacio (*Tebaida*, V, 9-10) señalada por Aldrete (*Las tres Musas últimas*, Madrid, 1670, pág. 14), no afecta más que a la expresión "¿Ves con el polvo... / crecer el suelo...?" ("Tellus iam pulvere / primo crescit"). El modelo principal no es ése, sino Virgilio, *Georg.*, III, 219-241.

Imagen afectiva. La pesadumbre 565

Son los toros capaces de sus sañas,
¿y no permites, cuando a Bato miras,
que yo ensordezca en llanto las montañas? [109].

El dolor humano, expresado, una vez en la larga historia de siglos, con la poderosa voz de Quevedo, salta todas las contenciones de los temas tradicionales. Estos sonetos iban para "academias", y terminan en latido de sangre caliente: una terrible pasión oscura gime en esos finales de soneto.

Si quisiéramos escudriñar la causa de esa emoción que aún hasta nosotros llega, nos encontraríamos con el prodigio de la expresión: el punto concreto de ligazón entre significante y significado.

Una enorme capacidad expresiva ha levantado esos finales de soneto en poderosa oleada de afectividad. Debemos, pues, investigar aún en las cualidades de la expresión afectiva de Quevedo.

IMAGEN INTENSAMENTE AFECTIVA. UNA INMENSA PESADUMBRE

Quevedo no era ajeno a los modos expresivos de su época. No sólo participó en ellos con la agudeza, con ese concepto más que retorcido, apretado, prensado de una manera sólo suya: es indudable que se dejó también impregnar —relativamente— de gongorismo (pruebas de este hecho han sido aportadas varias veces) [110]. Y entre técnica conceptual o gongorina, tenía, en otro sentido que Góngora, pero con la misma hiriente intuición que él, esa extraña capacidad de su siglo —que sólo, en España, se repetirá luego, allá

---

[109] Pág. 60.
[110] Véase ahora el excelente estudio del tema por Carilla en su *Quevedo*, págs. 181-184.

entre 1920 y 1936—, para la plasmación de poderosas o ágiles imágenes poéticas.

La imagen de Góngora tiene de característico el límpido ajuste, como dos complicadas piezas de mecánica, de A y B. Cuando Quevedo quiere expresar difíciles ecuaciones entre la realidad y la ilusión, domina también con impecable precisión sus medios expresivos. He aquí la imagen del humo como exequias que a sí misma se hace la muerta llama (una dama ha apagado la bujía; el poeta lo atribuye a que la luz no pudo competir con la de los bellos ojos):

> La lumbre, que murió de convencida
> con la luz de tus ojos, y, apagada,
> por sí, en el humo, se mostró enlutada,
> exequias de su llama ennegrecida... [111].

Otras veces, la imagen está conseguida por curiosos medios sintácticos, que sólo podía permitir la genial gimnástica a que había sometido Quevedo su habla en el verso y en la prosa. Como cuando nos dice que la Canícula (es decir, la época del nacimiento helíaco ya de Sirio, ya de Procíon) *ladra llamas* [112]. La imagen se perfecciona en el vínculo entre el verbo y su complemento.

El poderío de Quevedo en la creación imaginaria se ve aún mejor en el difícil terreno de la imagen cinética.

Todo el mundo conoce ese verso que se rasga, como la misma risa que define, o como el relámpago con que la pinta:

> relámpagos de risas carmesíes.

---

[111] Pág. 49.
[112] Pág. 52. El "ladrar" de la Canícula tiene numerosos antecedentes latinos. La Canícula se llamó también *Antecanis* y en griego *Procyon*, porque antecede algo a Sirio, principal estrella del Can Mayor (*Canis maior, Kyon*).

Imagen afectiva. La pesadumbre

¡Cómo nuestra imaginación persigue también el deslizarse del verso relámpago, en el que hay un zigzagueo de *vocales (a - e - i)* con la aceleración inicial que le presta el esdrújulo, sobre una representación de colores claros (blancos y carmesíes)!

Pupila, a veces, analítica, cinematográfica. He aquí la formulación de la víbora, como arco que se dispara (ya flecha) a sí mismo:

> lúbrica muerte en círculos torcida,
> arco que se vibró flecha animada [113].

Arco-flecha, pues, la víbora se levanta, arqueada, tomando impulso para lanzarse; y se dispara sobre su víctima como flecha.

Pero aun estas imágenes (la risa, la bujía, la canícula, la víbora), con su extraño poderío transmutador de la realidad, intensísimas captadoras de la imaginación, no son, vistas en su conjunto, esencialmente diferentes de lo que es la imagen del siglo XVII:

$$A = B,$$

una ecuación, una relación estética entre dos planos enfrentados: una fiesta de la imaginación. Sólo de la imaginación, en la que el corazón no participa.

Pero Quevedo, cuando es más "él", vuelca su corazón en su poesía. Ya le hemos visto reaccionar con gallardía y rapidez de alimaña generosa al estímulo de los temas. Un fluir de sangre, invasora, humanísima, llega a toda la sustancia de su arte. Por eso la imagen verdaderamente suya, entre todo el Parnaso español del siglo XVII, se distingue por su emocionado poderío, por su expresión afectiva. No es una fría equiparación de dos planos ($A = B$). Del lado de la realidad salen como apasionadas lianas que vinculan el plano metafórico, el cual, a su vez, proliferadamente las devuelve

---

[113] Pág. 58.

al mundo diario. La vinculación del plano real y del irreal es, pues, trabada, discontinua, enredada, y casi siempre, también, diríamos, aturbonada, volcánica, frenética. Hay ante todo una intensificación, que viene de la materia misma preferida por Quevedo.

Tomemos un ejemplo de paisaje o ambiente exterior (lo hemos mencionado fragmentariamente antes). Es una descripción de la Canícula, los días más ardorosos del verano:

> Ya la insana Canícula, ladrando
> llamas, cuece las mieses, y en hervores
> de frenética luz, los labradores
> ven a Proción [114] los campos abrasando.
> El piélago encendido está exhalando
> al Sol humos en traje de vapores;
> y en el cuerpo la sangre y los humores
> discurren sediciosos fulminando [115].

---

[114] "Proción": véase nuestra nota 112. Para los escritores clásicos señalaba la estación ardiente:

> ... iam Procyon furit
> et stella uesani Leonis
> sole dies referente siccos.
> (Horacio, *Carm.*, III, 29, 18-20.)

La ed. de Rivad., LXIX, pág. 55, reproduce aquí la nota de la de Madrid, 1648, que dice: "Comúnmente [Proción] se usurpa por el Can mismo, aunque la voz, en significación griega, dice constelación que viene delante del Can."

[115] Pág. 52. En la edición de Astrana se lee "inmensa Canícula", evidente errata, pues las demás ediciones dicen "insana Canícula". La fuente indudable de este pasaje (que no veo citada en ningún sitio) acredita la lectura "insana":

> ... siccas insana Canicula messes
> iamdudum coquit.
> (Persio, III, 5-6.)

Observemos la exasperación original de las metáforas, isócronamente seguida, claro está, por la del léxico: la "insana" canícula, "ladrando llamas", los "hervores de frenética luz", "el piélago, encendido, exhalando humos", la sangre y los humores "fulminando" "sediciosos" en el requemado cuerpo.

Hemos dicho "paisaje", "ambiente", y no es posible: cuando Quevedo es Quevedo, se mete —corazón y todo— en el paisaje y en la imagen, centro participante del revuelto fluido de pasión que él mismo subleva.

El anterior ejemplo es doblemente característico del arte maduro de Quevedo: el estío era su estación, el clima extremo de su arte; y la imagen del fuego, consustancial en él con la del amor.

No sé qué inmensa pesadumbre nos quiere expresar a través de los siglos la poesía de Quevedo. Entrar en su arte es penetrar en un recinto sombrío, traspasado de lívidas llamas, donde gimen enormes masas aherrojadas, hercúleas, y se hunden como pozos sin fin, vacíos o socavones de reprimidos sollozos. El alma del lector moderno, ahita de literatura, harta de Renacentismo y de Barroquismo, en busca, a través de los siglos, de otra alma, ¡qué pocas veces se siente sacudida! Allá, hacia el final de la Edad Media, está la fosca y turbia pasión de Ausias March; y aquí, en el principio del siglo XVII, el grito febril de Quevedo...

Lo característico de Quevedo dentro de la lírica española de su época es su patetismo, su frenesí, su condensación de lágrimas, que no pueden reventar porque son muy de hombre. Diría más: esta exasperación que estamos tocando en su lírica es el centro en que hay que situarse para comprender todo el arte de Quevedo.

¡Y cómo ese quejido lacerado, esa amargura (en el intervalo desde el amargo dolor hasta el amargo humor), ese llanto reprimido, esa onda que quiere subir a sollozos, tocan en nuestro corazón, también desazonado, también con represión de la angustia, que quiere aflorar como una pujante marea!

No, no sé qué tiene la imprecación, el lamento amoroso de Quevedo, qué fustigación poderosa imprime al verso, que se pone como en pie y azota también nuestra alma:

> ¿Por qué bebes mis venas, fiebre ardiente,
> y habitas las medulas de mis güesos? [116],

le pregunta a su pasión. Es una angustia en la que siempre tiene el poeta la presencia física de su recinto (cuerpo y espíritu) como un espacio por el que el sentimiento se derrama:

> En los claustros del alma la herida
> yace callada; mas consume, hambrienta,
> la vida, que en mis venas alimenta
> llama por las medulas extendida [117].

¡Cómo le gustaba el latinismo *medula* [118], expresión de lo íntimo de lo íntimo, canales más interiores por donde corre la gran llamarada devastadora! Nótese ahora una generosa, una alentada imagen: "el distrito grande y doloroso del corazón".:

> Explayóse el raudal de mis gemidos
> por el grande distrito y doloroso
> del corazón... [119].

Otras veces es su ámbito, su recinto —por el que hemos visto derramarse ya fuego, ya gemidos— un ancho espacio que se siente

---

[116] Pág. 46.
[117] Pág. 66.
[118] Para la acentuación de *medula*, véase lo que decimos más arriba página 526, nota 52.
[119] Pág. 66.

Imagen afectiva. La pesadumbre.

invadido por la sombra (obsérvese la intensidad del verso "la que al abismo arrebozó la cara", y que esa intensidad está producida por la atracción a plano elevado de la voz *arrebozar*, otra vez ajena a la tradición poética renacentista, otra vez tomada de la realidad cotidiana):

> La primer moradora
> del mundo, sombra ciega, noche avara,
> del miedo y la traición madre y autora,
> la que al abismo arrebozó la cara,
> cumple extendida por el alma mía
> destierro negro de la luz del día [120].

Hemos visto la intensidad del dolor amoroso desplegarse en sesgo de pensamiento poético, con esa extraña potencialización quevedesca. Otras veces, el dolor fragua en impresionantes fórmulas de neta brevedad:

> El cuerpo, que del alma está desierto... [121].

O aún más intensamente:

> Desierto estoy de mí [122].

Compárense otras expresiones parecidas:

> Dióme el cielo dolor y dióme vida [123].

> Siempre fue delincuente el desdichado [124].

> Cargado voy de mí [125].

---

[120] Pág. 34.
[121] Pág. 66.
[122] Pág. 51.
[123] Pág. 57.
[124] *Ibidem*.
[125] Pág. 64.

De gritar solamente quiero hartarme [126].

Hay en mi corazón furias y penas [127].

La vida es mi prisión [128].

UN ARTE DESMESURADO

La voz de Quevedo es una vitalidad en choque con la convencionalidad igualatoria del arte de su siglo. Hemos señalado ya en este mismo libro qué fuerza de atracción tiene para nosotros, hombres del siglo XX, el vitalismo de Lope. Son, sin duda, los dos poetas menos distantes de nuestra sensibilidad desde aquel mirador de la primera mitad del siglo XVII. Ambos, semejantes en algo y a la par muy distintos. En Lope se trata de un vario y casi constante trasiego de su experiencia vital a su experiencia poética; como en el vegetal, a cada hojilla, a cada partícula de su verso llega la savia, es decir, la vida. Y es como función fisiológica normal. Lope es un arrebatado, pero con una constancia en su arrebatamiento.

En Quevedo, no; su vitalidad es eruptiva. Es una carga de afectividad que de repente se acumula y rompe un mundo tradicional de valores estéticos, una exploración cuya onda —tres siglos después— aún nos sacude [129].

Siempre nos es necesario echar mano de imágenes para expresar el arte de un poeta, porque para ello (muchas veces lo hemos repetido en este libro) no hay más vía de penetración que la intuitiva y porque el fenómeno literario (como el místico) es en sí mismo inefable. ¡Es curioso! Todas las imágenes que se nos vienen a la

---

[126] Pág. 52.
[127] Pág. 47.
[128] *Ibidem*.
[129] Véase ahora el penetrante estudio de Laín Entralgo, *La vida del hombre en la poesía de Quevedo*, en *Cuad. Hispanoamericanos*, 1948.

Arte desmesurado 573

boca para explicar el arte de Quevedo pertenecen a una esfera del más violento y entrecortado dinamismo: erupción, explosión, descarga... Y en lo que toca al efecto sobre el lector del siglo XX (¡sin comparación con ningún poeta del siglo de oro!), tironazo afectivo, sacudida.

El alma de Quevedo era violenta y apasionada. Trasplantada la violencia a su arte, en él se quiebran los tabiques de separación de los dos grandes mundos estéticos del Siglo de Oro, esa polarización a la que caprichosamente he llamado una vez "Escila y Caribdis de la literatura española". Quevedo, para la mirada más exterior, aparece aún fuertemente dividido por esa doble atracción: mundo suprahumano, mundo infrahumano. Pero, cuando nos acercamos, vemos que en las sacudidas de su apasionada alma se quiebran las barreras. Hemos llamado "desgarrón afectivo" a esa penetración de temas, de giros sintácticos, de léxico, que, desde el plano plebeyo, conversacional y diario, se deslizan o trasvasan al plano elevado, de la poesía burlesca a la más alta lírica, del mundo de la realidad al depurado recinto estético de la tradición renacentista. Sí, ese mundo apasionado y vulgar es como una inmensa reserva afectiva que lanza emanaciones penetrantes hasta la poesía más alta. Lo plebeyo y lo hombre se funden en Quevedo en una explosión de afectividad, en una llamarada de pasión que todo lo vivifica, mientras mucho destruye o abrasa (valores sintácticos, léxicos, etcétera) [130]. Y ese mundo apasionado —que trae la vida— irrumpe

---

[130] Hace muchos años ya que en la humboldtiana distinción del lenguaje, como *enérgeia* y como *ergon*, Eugenio d'Ors, con profunda intuición, atribuía, dentro de la literatura española, a Quevedo la representación de la *enérgeia*: D'Ors atendía a la producción misma, que parece siempre puro acto creativo; nosotros, a su cargazón afectiva: son aspectos distintos de un solo dinamismo espiritual, que busca salida en todas direcciones.

ahora victorioso en el recinto convencional de *perlas* =*dientes* y *oro* = *cabello*. Expresémoslo de otro modo: en la amargura, en la pasión, en la ira, en el odio, en el amor, en la ternura, Quevedo es un poeta indivisible, que sólo unitariamente puede ser entendido.

Estas imágenes de violencia que nos surgen para descubrir la expresión de Quevedo fraguan también del lado lingüístico en aumentativos: "tirozano", "desgarrón", etc. Es que hay algo jayanesco, desmesurado, en el proceder estético de Quevedo, es decir, en su estilo y en el efecto que sobre nosotros determina.

Y aun diríamos que hay algo de jayán, una desmesura, en toda la personalidad moral de Quevedo. ¿Por qué zarandea, por qué rasga, por qué odia, por qué ama, eruptivamente, violentamente, este hombre? ¿Qué frenesí, qué desequilibrio le acucia? ¿Quién pone en su boca de amador —de amador que quizá nunca galanteó al uso— esas expresiones netas de concentrado pesimismo: "la vida es mi prisión"; "desierto estoy de mí"; "cargado voy de mí"? ¿A qué cárcel, a qué vacío, a qué opresión alude? ¿Es posible que ese grito surja porque Lisi sonrió a aquél, porque Floralba estuvo melindrosa aquella mañana, porque Aminta faltara a una cita aquella tarde? ¿Pero es que hubo sonrisa, que hubo melindres, que hubo cita, que hubo mañana, tarde? Y si no los hubo, ¿quién pone tal sinceridad en esos gritos que todavía sacuden, laceran nuestra persona moral? ¿Qué cárcel, qué vacío, qué opresión?

UNA ANGUSTIA COMO LA NUESTRA

No; el alarido de Quevedo podrá muchas veces —así lo dicen los poemas— proceder de pena de amor; a nosotros nos es imposible interpretarlo sólo como un lamento amoroso. ¿Verdad que la pena de este hombre es mucho más radical —ya muy lejos de las gracias de Lisi, de Floralba, de Aminta—, que nace de un pesimismo genérico, unido a la misma entraña de su existir? ¿Se puede imaginar el soneto que vamos a reproducir sólo como "soneto de amor"? Esa herida, que es fuego, por medulas y venas, que abrasa la vida, que reduce a cenizas la vida, ¿no excede el doloroso sentir del amante?

> En los claustros del alma la herida
> yace callada; mas consume, hambrienta,
> la vida, que en mis venas alimenta
> llama por las medulas extendida.
> Bebe el ardor hidrópica mi vida,
> que ya ceniza amante y macilenta,
> cadáver del incendio hermoso, ostenta
> la luz en humo y noche fallecida.

Y aún en estos cuartetos podemos imaginarnos el origen de tanta destrucción como una llamarada pasional. Los tercetos no nos dejan lugar a duda: una angustia permanente, un pesimismo total es lo que penetra esa alma ya abrasada, lo que tortura a ese hombre solitario y lleno de espanto y de confusiones, a ese hombre que emite su pena como un "negro llanto" vertido a un "sordo mar".

> La gente esquivo y me es horror el día;
> dilato en largas voces negro llanto
> que a sordo mar mi ardiente pena envía.
> A los suspiros di la voz del canto.
> La confusión inunda el alma mía.
> Mi corazón es reino del espanto [131].

Quevedo es un atormentado: es un héroe —es decir, un hombre— moderno. Como tú y como yo, lector: con esta misma an-

---
[131] Pág. 66.

gustia que nosotros sentimos. Y es en esto, en medio de su época, de una enorme, de una única originalidad. Nada semejante en Garcilaso, ni en Fray Luis, ni en San Juan de la Cruz, ni en Góngora, ni aun en el vital Lope. Garcilaso y Góngora podrán, dentro del cristal de su mundo estético, sentirse desgraciados por el amor (o hacer que se sientan desgraciados sus personajes), pero siempre será una melancolía petrarquesca, un dolor intrascendente, bien limitado en los cauces de la misma pasión [132]. Fray Luis tendrá el desgarrón dolorido de su vivir en desarmonía, pero el polo armónico existe, se columbra, espera al poeta, y aun lanza sobre la inquietud unos efluvios de dulce belleza. San Juan de la Cruz es un grito cimero de triunfo, una embriaguez del agua divina (aunque para la carne sea de noche). Y Lope, vario, humano, si está mucho más cerca de nosotros, le sentimos como una existencia vitalmente arrebatada —al amor o al dolor— que recibe la vida múltiple, sin problema, sin especulación sobre el sufrimiento (lo hemos dicho hace poco), con admirable normalidad de exuberante planta.

Quevedo, no. Quevedo tiene una congoja que le estalla. Es una preocupación constante por su vivir: punto en el tiempo, con memoria y con una proyección hacia el futuro. La preocupación por su vida, esa consideración de su vida, que nunca le abandona, y la representación de este vivir como un anhelo ("sombra que sucesivo anhela el viento"), como una angustia continuada, arrancan esencialmente, radicalmente, a Quevedo de todo psicologismo petrarquista, lo mismo que le arrancan de todos los formalismos posrenacentistas, y nos le sitúan al lado del corazón, junto a nues-

---

[132] Un dolor desmesurado como el de Polifemo no es, después de todo, en los poetas del siglo XVII, más que una "academia" y está ligado al modelo literario y a la misma desmesura del jayán.

tros poetas modernos preferidos, junto a un Unamuno; o digámoslo sin poetas, en términos bien anchos: nos le colocan junto al angustiado, al agónico hombre del siglo XX: sí, angustiado y desnortado, como nosotros, como cualquiera de nosotros.

QUEVEDO, ESPAÑOL DESILUSIONADO

Lo que me falta por decir se ha dicho muchas veces. No hay modo de callarlo (no buscamos originalidad). Gran parte de esa desazón de Quevedo le viene de las peculiares condiciones de España en el siglo en que vivió: de su desilusión política.

Este hombre que se había criado en el edificio de palacio, con su cruz de Santiago al pecho, que desempeñó misiones estatales tan importantes y delicadas, que estaba impregnado de erudición antigua, era enormemente "pueblo" (Quevedo y Goya se tienden la mano [133], a través de los siglos, por cierta afinidad vital, política y estética). Tenía nuestro poeta una ilimitada capacidad de admiración para el héroe, para el conductor de multitudes, pero odiaba al opresor injusto, odiaba al tirano. Más aún, "creía" en el pueblo: le veía como un todo justiciero y absoluto, reflejo de Dios. El tirano, pequeño, pasa; el pueblo (en el sentido total de *Las Partidas*) permanece:

> Tú ya, oh ministro, afirma tu cuidado
> en no injuriar al mísero y al fuerte:
> cuando les quites oro y plata, advierte
> que les dejas el hierro acicalado.
>
> Dejas espada y lanza al desdichado,
> y poder y razón para vencerte:

---

[133] Sólo en rasgos muy generales. No se fuerce el paralelo: nada en el gran poeta que pueda parecerse a la cándida fe liberal y progresista del gran pintor.

> no sabe pueblo ayuno temer muerte,
> armas quedan al pueblo despojado.
> Quien ve su perdición cierta, aborrece
> más que su perdición la causa de ella;
> y ésta, no aquélla, es más quien le enfurece.
> Arma su desnudez y su querella
> con desesperación, cuando le ofrece
> venganza del rigor quien le atropella [134].

Lope y Quevedo, cada uno a su manera, son dos oleadas de espíritu popular, de arte "muy pueblo", que penetran en el recinto renacentista. En Lope mediante composición armónica; en Quevedo por terrible desgarrón, por ruina tumultuosa del muro aislante. Y la oleada que sube en Quevedo es caliente, bramante, amenazadora.

Quevedo, espíritu de noble pueblo, alma de justicia, vivió en tiempos de declinación nacional, de pequeña tiranía, de enorme frivolidad aristocrática, de desenfrenado lujo, de horrible miseria y venalidad. ¡Qué dolor, qué sensación de fracaso!

Quevedo es un héroe que vive aherrojado entre el hundimiento y se cría en la angustia. Debía haber nacido cien años antes. ¡Qué Quevedo magnífico entre los servidores del César Carlos! Pero, ¿hubiéramos tenido entonces a nuestro Quevedo? No; nació entre los nietos de los héroes: Felipe III, sus devociones, más que sus fiestas; Felipe IV, más sus fastuosas fiestas que devoción alguna. Y los caballeros, ¿combaten? No se trate de eso: juegan cañas en simulacros:

---

[134] Pág. 408. Comp.: "¿Miras la faz que al orbe fue segunda...?", página 414; "Duro tirano de ambición armado", pág. 421; etc.

> ¡Qué cosa es ver un infanzón de España
> abreviado en la silla a la jineta,
> y gastar un caballo en una caña! [135].

y, si alancean, es brutos del Jarama:

> Pretende el alentado joven gloria
> por dejar la vacada sin marido... [136].

Se escucha un crujido creciente. Quevedo murió en 1645, tres años antes de Westfalia.

En Quevedo se mezclan un pesimismo filosófico, que es producto de su cultura, un escepticismo amoroso y una hombría de español desilusionado; todo esto se le funde en el alma y constituye su concepto del mundo y de su vida, y todo se le va adensando y ennegreciendo según la misma vida pasa. Pero era joven aún cuando escribió aquel famoso soneto en donde está concentrada su múltiple desilusión, su frío, el desierto de su alma, imagen de la muerte. Trasladémosle aquí, aunque tan conocido: nada mejor para terminar este ensayo:

> *Enseña cómo todas las*
> *cosas avisan de la muerte*

> Miré los muros de la patria mía,
> si un tiempo fuertes, ya desmoronados,
> de la carrera de la edad cansados,
> por quien caduca ya su valentía.

---

[135] Pág. 137. Pertenece a la famosa "Epístola satírica y censoria contra las costumbres presentes de los castellanos, escrita a don Gaspar de Guzmán, conde de Olivares, en su valimiento"
[136] *Ibidem.*

> Salíme al campo: vi que el sol bebía
> los arroyos del hielo desatados,
> y del monte quejosos los ganados
> que con sombras hurtó su luz al día.
> Entré en mi casa: vi que, amancillada,
> de anciana habitación era despojos;
> mi báculo, más corvo y menos fuerte.
> Vencida de la edad sentí mi espada,
> y no hallé cosa en que poner los ojos
> que no fuese recuerdo de la muerte [137].

Sí, Quevedo es un héroe amarrado a la pena, devorado por el águila, un jayán aherrojado en cárcel estrecha. Su expresión es una explosión del afecto, de la pasión, de la angustia contenida. Notemos que es, sin duda, ese aherrojamiento lo que nos ha dado su estilo, lo que nos ha dado a Quevedo.

---

[137] Pág. 433.

LÍMITES TEÓRICOS DE LA ESTILÍSTICA

Era necesario el deslinde que estas líneas intentan [1]. No es tan malo señalar con un mismo nombre dos cosas distintas. Lo peor son las vaguedades y las mixturas. Muchas mezclas pueden originarse entre la "Estilística de Bally" y la "Estilística literaria". Los que trabajan en esta última, pero atentos sólo a la expresión de lo afectivo, están a la par de acuerdo y en contradicción con Bally:

---

[1] La falta de espacio nos obliga a un tratamiento muy parcial del tema. Hemos tomado la posición de Bally como esencial punto de referencia. Hemos prescindido de todo lo demás. Remitimos a nuestro libro de próxima publicación *Estilística (Historia de una palabra)*. Véase ahora el capítulo sobre "Estilística y lexicografía" en la reciente obra de don Julio Casares, *Introducción a la lexicografía moderna*, Madrid, 1950, página 102 y siguientes, donde se plantean con nitidez algunos de los problemas de límites que ahora nos preocupan.

No creo que sea necesario consignar la honda admiración que sentimos por la labor de Charles Bally; él inició un análisis genial en un dominio de la lingüística cerrado hasta entonces a la indagación científica: la expresión de lo afectivo. Nuestro disentimiento no roza ni siquiera lo esencial de su obra, y es, implícitamente, un homenaje.

de acuerdo en creer que la Estilística estudia sólo lo afectivo; en contradicción, por aplicar ese estudio a la obra literaria [2]. Sobre otros extremos del concepto de Bally, frecuentemente se calla o se habla nebulosamente.

Expresemos con claridad nuestras diferencias respecto a Bally. Creemos: 1.º) que el objeto de la Estilística es la totalidad de los elementos significativos del lenguaje (conceptuales, afectivos, imaginativos); 2.º) que ese estudio es especialmente fértil en la obra literaria; 3.º) que el habla literaria y la corriente son sólo grados de una misma cosa. Para Bally: 1.º) el objeto son los elementos afectivos; 2.º) y 3.º) sólo en la "lengua", y precisamente en la "usual".

Al salir nosotros en este libro —un poco Quijotes— a tantear el estudio del habla literaria en su unicidad, apuntábamos, claro, al secreto de la obra literaria, ensayábamos las posibilidades de una Ciencia de la Literatura.

Es decir: diferimos de Bally en todas y en cada una de las perspectivas de su concepto de Estilística, y, por tanto, en el alcance, mucho más trascendente en nuestro ingenuo designio.

Expresemos nuestra opinión sincera: Bally eligió un nombre poco apropiado para el objeto que se propuso.

Una estilística sin estilo. — Estilo es precisamente lo que individualiza un habla particular. Lo que en un habla no es reducible al habla común, lo que señala la última diferencia de la personalidad: ése es el objeto de la Estilística [3]. Para mí, la Estilística literaria ha de ser la hermana mayor y guía de toda estilística del

---

[2] Julio Casares ha visto certeramente la contradicción; *obra citada*, página 104.

[3] Bally ha expuesto el punto de vista totalmente contrario en su *Traité*, § 21.

habla usual, y no su Cenicienta. No hay modo de separarlas esencialmente y menos de oponerlas. Bally lo creía de otro modo, y después de definir el "estilo" en un sentido semejante al nuestro, con curiosa incongruencia idiomática destierra de su Estilística... ¿a quién? ¡Precisamente al "estilo"! No le interesa, no es el objeto de su estudio.

Al mismo tiempo que al estilo, destierra al escritor. Tiene interés estilístico lo que diga el primer pelafustán, no lo que hayan dicho Shakespeare, Cervantes, Rabelais, o si se piensa sólo en el lenguaje contemporáneo, los grandes escritores de hoy. La razón es porque, para Bally, "sujet parlant" y "littérateur" no son ni prójimos:

... pour le littérateur, les conditions sont toutes différentes: *il fait de la langue un emploi volontaire et conscient* (on a beau parler d'inspiration; dans la création artistique la plus spontanée en apparence, il y a toujours un acte volontaire); en second lieu et surtout, *il emploie la langue dans une intention esthétique;* il veut faire de la beauté avec les mots comme le peintre en fait avec les couleurs et le musicien avec les sons... Cela suffit pour séparer à tout jamais le style et la stylistique [4].

Yo, por mi parte, jamás me he propuesto "faire de la beauté avec les mots". Estoy seguro de que, si se preguntara a los mejores escritores actuales si era eso lo que se proponían, la contestación casi unánime mundial sería un rotundo "¡No!" (y algunos añadirían una interjección de las fuertes). Basta para mi tesis con eso. Algunas épocas han sufrido espejismos, pero lo que el escritor angustiosamente necesita es expresarse expresando la realidad del mundo. Así, en cualquiera de los seis poetas estudiados en este libro (¡aun Garcilaso!, ¡aun Góngora!).

---

[4] *Traité*, pág. 19.

No es menos falso que el empleo "voluntario y consciente" del lenguaje separa de modo radical el habla del escritor.

Que el acto usual de hablar es "voluntario" (salvo en reflejos interjectivos ante el dolor, etc.) es tan evidente que no se comprende cómo Bally dejó que se le deslizara esa palabra. El hablar es, antes que nada, antes aún de haber trasmitido concepto, una afirmación de voluntad. Todo hablante modifica, en cierto modo, el mundo, "porque le da la real gana".

Y en lo de la consciencia...

Si he de basarme en mi experiencia personal, creo que el escritor no avanza por su delgado camino de luz de un modo distinto al del hablante en la conversación. La diferencia consiste en la intensidad, en el frenesí angustioso con que el escritor se sumerge en el bosque. Ese profundo sumergirse le imposibilita la "consciencia", es decir, el ser espectador de su propio drama.

El escritor pasa a un estado de lúcida consciencia cuando vacila, corrige, modera, suaviza, cuando calcula el efecto sobre el público, etc. Entonces, sí, el escritor afila sus dardos para que hieran en la sensibilidad del público y despierten en él intuiciones más poderosas, o bien los embota voluntariamente por esa constricción o coacción social tan brillantemente estudiada por el propio Bally.

Ese total sumergirse del escritor resulta precisamente impedido en el habla usual por la presencia física del interlocutor. No puede haber entonces la inmersión profunda desconectadora de todo lo que no sea el tema, que se da en el artista literario. El que conversa está atento a las reacciones del interlocutor, mide sus palabras, las refrena, las retira, las contradice si hace falta.

En suma: el que conversa tiene a todo lo largo de su elocución la consciencia de los efectos de su acto, consciencia que en el artista suele darse sólo cuando, vuelto de su inmersión, suprime, varía, pule, modera.

Esta consciencia del hablante es, precisamente, muy intensa en medios populares, sobre todo rurales, en los que suele predominar el recelo: esos campesinos (recuerdo ahora tipos concretos: el murciano, a vueltas con su varita; el gallego, anclado sobre sus galochas) que hablan de sus tierras o de sus pleitos: ¡con qué malicia, con qué destreza, con cuánta socarronería están atentos a las reacciones del interlocutor, cómo guían su palabra, cómo la paran con bruscas sofrenadas al menor peligro, cómo la precipitan por la pendiente de una coyuntura favorable!

Se dirá que el literato piensa y planea lo que va a escribir, que, a veces, redacta previamente guiones y esquemas. Pero esto no diferencia al hablar literario y al corriente. Diferencia, sí, el hablar "importante" del "no importante". Todo el que va a una entrevista de la que pende algo que le interesa, va pensando lo que ha de decir; el orden, la manera, la forma de decirlo, procurando grabarse en la memoria troquelaciones felices, tratando de adivinar las reacciones y argumentos del interlocutor, y de hallar modo de rebatirlos. No: la "consciencia" o "inconsciencia" no separa el habla usual de la literaria.

Entre el habla usual y la literaria no hay una diferencia esencial, sino de matiz y grado. Es que, en resumidas cuentas, todo hablar es estético si por estético no entendemos "faire de la beauté avec les mots", sino lo expresivo, como diría Croce: todo el que habla es un artista.

Los elementos que operan en el lenguaje existen lo mismo en la conversación más vulgar que en la más elevada obra de arte; pero potencializados en la obra de arte. ¿Cómo prescindir en el estudio estilístico del depósito más fijo, amplio y profundo del lenguaje?[5] ¿Cómo prescindir de la más libre de las hablas exteriores, creada en condiciones semejantes a las del habla interior, del monólogo: del monólogo que no siente restricción social alguna, que es el más libre, el más puro, el más inconsciente acto idiomático? El pensamiento interior se prolonga en la palabra exterior, que trae algo de la libertad y la inconsciencia de aquél. Pero la palabra exterior se modera, refrena, corrige, por su fin social. Esto, lo mismo en la lengua hablada que en la literaria, con diferencias no esenciales.

No desgarremos la lengua. — Del concepto de Bally se deduce también una división entre Gramática y Estilística. El análisis del maestro ginebrino revela en el lenguaje dos clases de elementos: lógicos o conceptuales y afectivos. Entonces ya no cabe duda en la repartición: la Gramática estudiará los elementos lógicos y la Estilística los afectivos.

Demos provisionalmente por bueno ese análisis. Nosotros partimos de esta afirmación: no será estudio lingüístico el que no tenga presente toda la realidad del lenguaje. No hay posibilidad de estudio lingüístico si se desgarra lo que en el lenguaje se halla indestructiblemente amalgamado. Esta crítica no va contra la Estilística de Bally, en la cual la vía afectiva no borra para el contemplador los contenidos lógicos, es decir, que éstos siempre están, considerados cuando menos como una presencia al fondo, casi siempre como una baliza, como una boya[6] que permite medir la intensidad y desviación de la corriente afectiva. No: nuestra crítica

---

[5] El habla usual presenta; en cambio, la ventaja de su realidad fónica. Pero es ventaja de la que se aprovechará totalmente sólo la lingüística futura (en un futuro que ya casi tocamos) gracias a aparatos registradores aún más perfectos, cómodos, manejables en cualquier ocasión.

[6] Lo que Bally llamó "término de identificación".

va contra el concepto exclusivamente logicista, tradicional, de la Gramática [7] (enmascarado también en sistemas científicos modernos). Pero de esto hablaremos más abajo.

Más nos interesa negar esa clasificación dual que tan limpiamente deja enfrentadas a la Gramática y la Estilística como dos orillas de un mismo río. Nuestro análisis de las funciones verdaderamente comunicativas del lenguaje ya es muy conocido del lector, no insistiremos en él. Junto a lo que el habla altera en nuestro sistema conceptual, junto a lo que mueve en nuestras fibras afectivas, hemos considerado lo que puede abrir e iluminar en nuestras cámaras imaginativas. (Una parte considerable de este libro ha atendido especialmente a eso, que en el lenguaje literario no es sino evidente; pero acabamos de mostrar también que nada diferencia esencialmente al lenguaje literario y al usual). Si en este libro queda —como espero— claro que el lenguaje nos transmite,

---

[7] Ese concepto logicista de la gramática está ahora, más o menos enmascarado, en las escuelas lingüísticas estructurales, pues éstas tratan, con métodos mucho más rigurosos, casi exactamente matemáticos, de ver cómo se realizan en el lenguaje (con poder de comunicación) las delimitaciones y reacciones lógicas de nuestro pensamiento. Desearíamos que el interés, la importancia —para mí, extraordinaria— de estos estudios no hicieran creer al investigador (como me temo ocurre más de una vez) que con ellos se apuran las posibilidades del lenguaje, o que el resto son "unos pocos fenómenos" de interés secundario. Comp. la posición despectiva de Trubetzkoy en su capítulo "Phonologie et Phonostylistique", *Principes*, 16-29, sobre todo pág. 28. Es cierto que el terreno que acota para la investigación fonológica es un "dominio colosal": colosal por la complicación de una red de relaciones que se traban en infinitas posibilidades. Pero lo que deja fuera, en lo que sólo ve "unos pocos hechos", es otro dominio colosal: colosal por lo profundo, por lo misterioso, por lo ligado a los últimos recodos de nuestra personalidad. La lingüística pasa por un sarampión de exclusivo "conceptualismo". Tendrá que curarse.

nos suscita imágenes sensoriales, es decir, que tiene una tercera función al lado de la conceptual y la afectiva (y ligada con ellas), ¿dónde estudiaremos entre esas dos orillas —Gramática y Estilística— esa tercera función?

No: hay que volver a partir del concepto de "estilo" como la unicidad, la peculiaridad conceptual-imaginativo-afectiva de un habla. ¿Cómo usar la voz "estilo", la palabra "estilística" sin aludir a todo lo significante en el habla?

Las disciplinas lingüísticas obtendrán resultados tanto más ricos cuanto más conjuntamente estudien toda la profundidad del lenguaje.

Llegamos forzosamente a una conclusión que ya anunciamos hace tiempo [8]. Si se admite la distinción saussuriana entre "lengua" y "habla", la Gramática es la ciencia que tiene por objeto la lengua, y la Estilística sería la ciencia que tendría por objeto el "habla".

No podemos sino apuntar lo que desenvolveremos en otro sitio. Pero no puedo menos de señalar las consecuencias más importantes de nuestra definición.

En primer lugar, la Estilística, entendida a la manera de Bally, no existe independientemente: forma parte de la Gramática. Lo que quiere esto decir no es que se suprima la perspectiva que muy parcialmente (sólo casi en algunas facetas del léxico) abrió con su fino análisis Bally [9], sino que lo necesario es vivificar con ella todos

---

[8] Véase más arriba, pág. 195, nota 63.
[9] Es muy importante tener en cuenta que el análisis de Bally en su *Traité* se aplicó sólo a aspectos muy parciales de la expresión afectiva. Precisamente el hecho de que se limitara casi al léxico creó el espejismo de la separación entre "Estilística de Bally" y "Gramática", porque en ese campo aparentemente no hay posibilidad de enunciación esquemática, y se diría que es necesario descender en cada ocasión hasta el mismo caso

los rincones, todas las alturas del viejo edificio gramatical. En realidad lo estilístico (en un sentido no esencialmente distinto al que había de tener en Bally) penetró en la Gramática cuando al lado de los fríos esquemas surgió la idea de "uso", es decir, de función [10]. Es que no hay uso sin afectividad (mínima o máxima) [11]. Esa ten-

---

individual. Pero el mismo *Traité* de Bally es la mejor prueba de que aun ese campo es reducible a sistematización científica. Y en otras notas mostramos cómo las normas tenidas siempre por "gramaticales" se basan tanto en la expresión afectiva como en la conceptual.

[10] Esto ocurrió en español con la publicación de la *Gramática* de Bello. Por ejemplo, una gran parte del significado de los tiempos verbales (cap. XXVIII), en especial lo que el autor denomina "significado metafórico", es estilística, en cuanto que por la alteración afectiva de los valores fundamentales resulta una aparente posibilidad de selección, a veces muy amplia. El afecto ha sometido el cuadro fundamental del verbo a un verdadero huracán: *¡De buena gana me lo comía a besos!; Le traía un regalito...; ¿Qué hora será?; Vas al estanco y me compras tabaco.* (imperativo). Es posible formar series no del todo disímiles de las sinonímicas de Bally, hasta con su término de identificación: *Querría que fueras al estanco y me compraras tabaco; quiero que vayas... y me compres...; ve... y cómprame...; vas... y me compras...* (comp. aún: *¡Ya estás yendo!*); *irás... y me comprarás...* La "selección" (si hubiera selección, pero se trata de un espejismo) es simplemente afectiva. En realidad, el hablante no elige (es un falso análisis de raigambre asociacionista): la "necesaria" expresión surge en su mente, única y exacta. Pero de esto hablaremos en otra ocasión y ahora no queríamos sino mostrar con un ejemplo los efectos destructivos sobre la Gramática de la total separación de lo afectivo: la Gramática queda reducida a unos paradigmas, a unos esquemas, a un esqueleto.

[11] La carga psíquica que origina la palabra es siempre volitiva, afectiva: hablamos por algo y para algo. Esa carga deja siempre huella mayor o menor en el habla. El lenguaje neutro, inafectivo, puramente intelectual, traído y llevado por algunos, no tiene realidad: es una abstracción. *La tierra se mueve* tiene una carga afectiva en la boca del maestro ante sus niños, otra en la boca de Galileo, otra en la advertencia irónica del

dencia gramatical (¡señor, la Gramática se despertaba hacia ser algo!) es la que habrá que fomentar, injertar con análisis semejantes a los de Bally, etc. (sobre todo si se tiene en cuenta que, en general, se han limitado a terrenos restringidos, pero son adaptables a muchos otros). Habrá, ante todo, que derribar definitivamente las viejas paredes divisorias de morfología y sintaxis; habrá que atender a los esfuerzos estructuralistas para ver si la Gramática podrá, en definitiva, incorporarse de algún modo eficaz esos análisis, si quizá necesitara troquelarse parcialmente de nuevo en ellos... Es decir, es necesaria una modificación total del contenido de la Gramática; modificación que puede resumirse así: derribo de divisiones interiores y apertura a todas las perspectivas funcionales de la lengua. Cuando se quiere llevar a la práctica la división teórica *mundo de la Gramática = lo conceptual, mundo de la Estilística = lo afectivo,* empieza la vacilación ante el primer elemento idiomático que se nos pone delante. El lenguaje, con su sana, juvenil, indestructible unidad, se burla de una distinción literalmente "desgarradora" [12]. "Quod Deus coniunxit homo non separet."

---

que ve a un borracho, etc. Cuando hablamos, imponemos una voluntad al mundo exterior, lo modificamos, y tratamos de intensificar esa modificación: toda habla es afectiva.

[12] No se olvide que la exploración en el *Traité* de Bally apenas cubre en realidad una pequeña parte de la expresión afectiva (principalmente en el léxico). Piénsese, p. ej., en la expresión de la persona verbal. La duplicidad española para expresar la primera persona, *yo canto* o *canto,* ¿será objeto gramatical o estilístico? Es gramatical, pues es indispensable que, de algún modo, la Gramática venga a decir: "la primera persona (en presente) se expresa en español: 1.º, por *-o;* 2.º, pleonásticamente, por *yo + -o*". Pero es estilístico en cuanto que sólo un aumento de interés afectivo obliga a pasar de 1 a 2. He aquí que lo afectivo trasciende al esquema gramatical. Recuérdese nuestra nota 10 sobre los tiempos verbales. No

En el principio y en el fin, la intuición. — Es necesario terminar. Quedamos con nuestro concepto bien deslindado: nos proponíamos un tanteo de métodos científicos para el estudio del habla literaria en su unicidad, es decir, de la obra literaria. Creemos que éste será el fin de la verdadera Estilística. Afirmamos —y es de sentido común— que se usurpa el nombre para designar investigaciones que excluyen el estilo.

Varias veces, a lo largo de este libro, hemos dicho que nos sentíamos Quijotes, es decir, que barruntábamos el fracaso.

¿Fracaso? Este libro se ha llamado "ensayo", no porque "nos ensayáramos" (aunque, ¿qué hará el hombre nunca sino "ensayar-

---

se ha pensado en qué desarticulación, qué consecuencia catastrófica tendría la delimitación rigurosa de lo afectivo como objeto de la Estilística.

No podemos estar de acuerdo tampoco con la distinción defendida por el ilustre filólogo italiano Giacomo Devoto en sus muy interesantes *Studi di Stilistica*, Florencia, 1950, págs. 20 y siguientes (y ya también por Marouzeau, citado por Devoto): las normas obligatorias pertenecen a la Gramática; las facultativas, a la Estilística. Sin embargo, todo español que posee normalmente su lengua dice *canto* cuando "debe" decirlo así; y *yo canto* cuando "debe" decirlo de este otro modo (unos pocos casos en que "podría" haberlo dicho de la otra manera no invalidan la diferencia). La prueba está en la falta que comete el extranjero que transgrede esa norma o en la que comete el mal traductor del francés. Pero que no hay "elección" se puede ver también dentro de las mismas series sinonímicas de Bally, ¿a qué, si no, la intención pedagógica de éste? El ilustre hispanista extranjero que, sintiéndose "castizo" y para demostrar su dominio del español, comenzó su discurso en un congreso internacional con estas palabras: "Yo inclino mi cholla ante esas banderas...", ¿qué clase de error cometía? Es confusionismo pensar que ese error es esencialmente distinto del que habría hecho diciendo, por ejemplo, "una casa blanco". Quien tenga un concepto vital y total del lenguaje sabe que hay errores gramaticales que se originan en el significante y otros en el significado. No era "facultativo"; tenía que haber dicho *cabeza*.

se"? [13]), sino porque queríamos "ensayar" (como hacen los metalistas con los materiales cuya riqueza investigan) los "métodos" posibles en el estudio de la obra literaria, y los "límites" de su alcance.

Hemos trabajado, debatiéndonos sobre la realidad literaria, en lucha, a veces, contra nosotros mismos; y nunca excluimos (ni aquí ni en ninguno de nuestros esfuerzos) las posibilidades de contradicción, rectificación o aun hundimiento a pico.

Y ahora, al final, bien vemos cuán limitada es la zona que está abierta para una indagación científica de la obra literaria [14]: todo intento de apoderarse de la unicidad de la criatura literaria, es decir, del poema, ha de empezar por la intuición y ha de rematar en la intuición también. En medio queda una faja abierta al trabajo científico (que cada día se ensancha), pero aun esa indagación no puede hacer más que comprobar elementos semejantes entre poemas distintos o en distintas partes de un poema, es decir, obtener tipos y subtipos, cada vez más cercanos a la individualización, sin llegar nunca a ella (sólo la intuición la alcanzará). Es decir, se trabaja en el "habla" persiguiéndola como individuo y lo que se hace es amontonar elementos de "lengua".

---

[13] Marañón, en su *Don Juan* (Colec. Austral, vol. 129, pág. 11), ha dicho: "El título de ensayos tiene en boca de la mayoría de los autores un aire de petición de gracia que yo no quiero seguir. Yo creo, por el contrario, que lo más serio —y, por lo tanto, lo más responsable— que hacemos los hombres es ensayar y ensayar."

[14] Bien comprendemos cuán restringido es el campo de nuestro trabajo, por tratarse sólo de poesía lírica, y de sólo un siglo. Y porque ante la obra hemos elegido intuitivamente aspectos que se nos revelaron característicos. Que otras muchas intuiciones podrán revelar aspectos muy importantes que no hemos tenido en cuenta o contrastar los nuestros, no nos cabe duda.

La intuición, principio y fin

Quiere esto decir que la separación, planteada teóricamente por nosotros, de los tres conocimientos literarios no es mantenible en la práctica, que el "tercer conocimiento" necesita a cada momento ayudas, alas, del "segundo" y del "primero" (buen ejemplo de ello, este mismo libro).

El problema de los métodos científicos para el conocimiento de lo literario está en pie: el castillo no ha sido ganado. Hemos girado en torno a él, hemos reconocido sus muros, sus rondas, sus arrabales. Sólo la intuición, sólo las saetas silbadoras salvan los muros y llegan hasta la interior morada. Allí reina la luz.

APÉNDICES

I

MOTIVACIÓN Y ARBITRARIEDAD DEL SIGNO

Hemos afirmado la existencia de una motivación del vínculo entre significante y significado en poesía. Dijimos "en poesía", porque, en realidad, no nos interesaba más que el campo del presente libro. Podemos decir ahora que la motivación existe siempre en el lenguaje:

1) Benveniste [1] ha probado que, dentro de un concepto estrictamente saussuriano de significado y significante, se llega a la conclusión de la "necesidad" del vínculo entre ambos. (Saussure, al afirmar la arbitrariedad del signo, se salía de los términos de su propia definición de significado).

2) Todo hablante primitivo identifica la "palabra" y la "cosa" significada [2]. El análisis distintivo entre "palabra" y "cosa" es pro-

---

[1] Émile Benveniste, *Nature du signe linguistique*, en *Acta Linguistica*, I, 1939, págs. 23-29. Comp. Naert, *Studia Linguistica*, I, 1947, 5-10.

[2] *Ibidem*, pág. 25. Para los pueblos primitivos, véanse testimonios y bibliografía en Eugen Lerch, *Vom Wesen des sprachlichen Zeichens. Zeichen oder Symbol?*, en *Acta Linguistica*, I, 1939, págs. 146-148.

pio del hombre de cultura y señala el umbral del pensar filosófico. Aun el mismo hombre de cultura, en su pensar práctico, confunde "palabra" y "cosa"; necesita una pausa, un momento de reflexión para distinguirlas.

3) La "necesidad" del signo, probada por Benveniste, y la identificación de "palabra" y "cosa", general al hombre y natural en él, alimentan aún secretamente las otras motivaciones especiales. Así, la que en todas las lenguas liga un gran núcleo de significantes a la representación sensorial de las cosas significadas. Unas de estas voces son puras onomatopeyas (*tic-tac*, etc.); otras, no (*susurro, monótono*), en muchas de ellas se establecen relaciones sinestéticas (*zig-zag*, etc.). Esos elementos que pueden producir en el significante especiales asociaciones con la representación sensorial los hemos llamado "significantes parciales" (muchas veces no existen en las palabras aisladas, sino que nacen de su sucesión sintagmática).

4) En el significante hay otros elementos, que nosotros llamamos también significantes parciales (en los que el oyente ve reflejada la especial actitud del hablante respecto a la "cosa", es decir, la matización afectiva de la "representación" de la cosa). De estos elementos, unos están presentes en toda elocución (como "entonación", "intensidad", etc.) y otros se presentan esporádicamente como alteración del tono o de la intensidad de una palabra o de parte de una palabra, deformaciones articulatorias (geminación anormal de consonantes, cerrazón o abertura anormal de vocales, etc.). Estos elementos son siempre motivados.

5) En fin, aparte estos elementos (algunos de ellos ya estudiados en el presente libro), los propios del verso, tantas veces considerados en las páginas que anteceden.

Resulta, pues, que la cuestión de la motivación del signo fue resuelta negativamente por Saussure de un modo demasiado rápido. Para nosotros, "arbitrariedad" no es lo mismo que "inmotivación" (o sea, tautológicamente, "arbitrariedad" y "motivación" no son contrarios). Creemos, con Saussure, que el signo es "arbitrario" (no hay nada que ligue el significante a la cosa significada; el significante puede morir y ser sustituido); pero creemos en la motivación, en el sentimiento de la motivación por el hablante: ese sentimiento será una "ilusión" (así han objetado insignes lingüistas); pero las "ilusiones" son también hechos, es decir, realidades. Así, la "ilusión" del hablante (y del oyente) es un hecho realísimo del lenguaje, con el que la lingüística ha de contar.

Las escuelas que proceden (total o parcialmente) de Saussure se caracterizan por un casi total conceptualismo que desconoce las otras realidades del lenguaje [3].

---

[3] Así la fonología, por lo menos en la doctrina de Trubetzkoy, *Principes de phonologie*, París, 1949, págs. 16-29, en especial págs. 28-29. Contra Laziczius, quien, basado en la tricotomía de Bühler, postulaba tres fonologías (expresiva, apelativa y representativa), objetaba: "La fonología representativa abraza un dominio colosal, mientras que cada una de las otras dos ramas arriba indicadas no tiene como objeto más que un número muy pequeño de hechos." No deja de ser curiosa una argumentación a base del tamaño de las ramas, pero creer que el resto sean unos pocos hechos es la más triste miopía (provocada por no considerar lengua, sino lo "convencional").

II

QUÉ ES PARA NOSOTROS EL "SIGNIFICADO"

El error de Saussure, puesto en claro por Benveniste (véase el Apéndice I) es el siguiente: para Saussure, "significado" es "concepto". Pero, al querer probar la "arbitrariedad" del signo, se sale de los términos de su definición de "significado". En efecto, inconscientemente pasa de la noción "concepto" a la de "cosa", de "realidad" significada.

Más arriba, páginas 21-23, expusimos nuestra idea de "significante" y "significado". Creemos necesario añadir que en toda comunicación hay dos significados, el inicial (del hablante) y el final (del oyente). Lo que de común haya entre ambos significados será, exactamente, la comunicación idiomática. Pensemos, para mayor sencillez, en quien habla movido por una realidad exterior (quien comunica algo acerca de, p. ej., una *pera*, un *gusano*, una *mesa*).

¿Cuál es el contenido de un "significado"? Podemos condensarlo así: para nosotros, el significado no es concepto, sino "representación de la realidad". Pero aun la palabra "representación" (usada por tantos y en tantos sentidos) nos exige precisar: enten-

Qué es el "significado"

demos por "representación" nuestro modo de registrar una realidad, que comprende: *a)* las diferencias individualizadoras de esa realidad (recibidas sensorialmente); *b)* la adscripción a un género (operada intelectualmente); *c)* la actitud del hablante ante esa realidad (descargada afectivamente). La persona que ve en la fruta que alguien come, un gusano, y grita *¡Un gusano!*, parte de la sensación individualizadora (blancuzco, determinados movimientos ondulados, etcétera), adscribe al género "gusano", y expresa su repugnancia personal y su deseo de que la otra persona no lo coma. Todos esos elementos (sensoriales, conceptuales, afectivos) están en el "significado" inicial del hablante, pero no todos llegan siempre al "significado" que recibe el oyente. En este caso (imagínese que el oyente está en otra habitación y no puede ver el gusano), el oyente sólo recibe plenamente los elementos intelectuales y afectivos, escasamente los sensoriales (pierde los elementos individualizadores: no podrá saber si el gusano es verde o blanco, si se mueve o está quieto, etc.).

Ahora bien: el lenguaje tiene una serie de posibilidades para la comunicación más intensa de lo sensorial. Puede hacerlo conceptualmente. Pero puede hacerlo también por matizaciones del significante, que hemos llamado "significantes parciales" (los cuales conllevan esos elementos imaginativos, y también elementos afectivos). Ello ocurre con especial intensidad en poesía, como sabe el lector de este libro. Pero nada ocurre en poesía que no exista también en el lenguaje. Si las escuelas lingüísticas partieran de la poesía para sus investigaciones, ganarían una idea más rica y más exacta de lo que es lenguaje.

III

FUNCIÓN IMAGINATIVA DEL LENGUAJE

El lector de este libro sabe ya muy bien que, por lo que toca a la motivación fonética del signo, junto a las "voces expresivas", más o menos onomatopéyicas, que forman una parte considerable de nuestro léxico (*zigzag, tictac, susurro, grito, foto, gárgara, látigo, estrépito, vértigo*, etc.), hay que colocar los que llamaríamos "sintagmas expresivos": en ellos, voces, no especialmente expresivas o débilmente expresivas, refuerzan mutuamente su expresividad o la crean (como, por ejemplo, ocurre en el fenómeno conocido con el nombre de "aliteración")[1]. No podemos decir que en la palabra *pie* esté motivado el vínculo; tampoco en *plata* o en *argentar*. Sin embargo, si tomamos como significante el conjunto del verso

el pie argenta de plata al Lilibeo,

---

[1] Pero el lector conoce ya otros varios tipos de sintagma expresivo en poesía: el hiperbatonizado, los que resultan de las reacciones mutuas entre versos, etc.

reconocemos que en su totalidad hay una motivación del signo, motivación que no existía en *pie,* ni en *argenta,* ni en *plata,* ni en *Lilibeo*[2].

El lector de este libro sabía ya, además, que tales motivaciones del vínculo no son sino parte de un complejo y misterioso sistema expresivo inherente al lenguaje, que en el verso se potencializa de modo extraordinario, sobre todo en manos de poetas como Garcilaso, Góngora, etc. Muchas veces hemos visto qué red de relaciones sinestéticas se cuajaba así en nuestra psique, y nos hemos preguntado en qué punto de ella, en qué cámara o subcámara de ella se abrían estas sensaciones. Hemos visto que este sistema es esencialmente distinto de la función intelectual del lenguaje[3], y de la afectiva[4]. Forma parte de lo que hemos llamado función imaginativa.

La función imaginativa en el lenguaje es provocada por dos clases de elementos. Éstos a que ahora hemos aludido, que podría decirse actúan desde el significante (como en las voces y sintagmas expresivos); y otros en los que diríamos que la actividad parte del significado (como representantes típicos, las metáforas)[5]. Alguna

---

[2] Ni en *Lilibeo,* porque la motivación se origina en el contacto entre significado y significante (véase más abajo, n. 5). *Lilibeo* tiene una extraordinaria fonética; ahora bien, no era más que el nombre de un promontorio de Sicilia, y, por tanto, no hay en él motivación del vínculo. Pero, al entrar en el verso, su fonética colabora en el ambiente blanco y plateado del endecasílabo, en el que *Lilibeo,* con su pie argentado de plata, pierde su realidad, para convertirse casi en preciosa materia.

[3] No necesitamos repetir que en el lenguaje están íntimamente fundidos lo imaginativo, lo conceptual y lo afectivo, y que ninguno de estos aspectos puede considerarse abstraído de los demás.

[4] La función afectiva es siempre volitiva: nada, absolutamente nada de esto, en la función imaginativa.

[5] Tomar respectivamente como punto de partida el "significante" para las palabras expresivas, etc., y el "significado" para las metáforas, etc., no

vez, en este libro, hemos usado la expresión "imagen del significante" para los primeros, e "imagen del significado" para los segundos [6].

Encontramos aquí ahora salvada, incorporada a un sistema coherente, la noción de metáfora, elemento demasiado misterioso, demasiado importante (ha intervenido en la creación de gran parte del lenguaje que hablamos), para dejarlo ahí como un simple ornamento retórico.

Resulta, pues, que podemos decir "mesa", y en esa palabra establecer una sencilla, sobria asociación del significante y significado: es una simple ligazón de una huella acústica y una representación muy preferentemente conceptual. Todo depende, claro, de la situación idiomática y el contexto; en general, en la palabra misma *mesa* nada parece haber que suscite sensaciones imaginativas [7];

---

es sino una ruda simplificación. Nada ocurre en el significado que no se dé al mismo tiempo en el significante y viceversa (y precisamente lo mismo en las voces expresivas que en las metafóricas se ve bien claro). Naturalmente que en las voces expresivas nada vale que en el significante existan determinados sonidos, si el concepto (significado) no favorece su interpretación (*grito* es voz expresiva y *rito* no). Por eso, porque en francés *tinter* es expresivo y *teinter* no lo es, se creía deshacer de las voces expresivas Bally (*Traité*, § 64), repudiándolas como "ilusión". Ahí está el error; no haber sabido lo que se debía a la "ilusión". Pero es el caso que la "ilusión" del hablante y la del oyente forman parte del sistema de valores; esa ilusión (que nosotros llamamos sensación) es elemento importantísimo en la función imaginativa de todo lenguaje, y, claro está, en modo especialísimo de la poesía.

[6] Pero sin plantear entonces la cuestión fundamental, comp. más arriba, págs. 321-324.

[7] Y, sin embargo, no pensamos, no decimos *mesa* sin que surja la imaginación sensorial de los caracteres específicos de una *mesa* determinada o de un determinado tipo de *mesas*. Pensar el puro *concepto* (desli-

pero el lenguaje tiene la posibilidad de intensificar representaciones sensoriales (auditivas, visuales, etc.), que se asocian a esa al parecer simple ligazón conceptual. De dos modos: 1.º) sugiriendo imágenes sensoriales con la especial fonética del significante: *titac, susurro* (sensación auditiva) *zigzag* (sensación visual, cinética); 2.º) sugiriendo imágenes sensoriales mediante la sustitución del significado por otro que especialmente las suscite, como *nieve* (en vez de "piel", sensación colorista), como

> Esa montaña que, precipitante,
> ha tantos siglos que se viene abajo...

(en vez de "esa montaña, abrupta, cortada a pico": sensación cinética) [8]. "Blasfemias de cresta roja", ha dicho García Lorca (la intensidad, la afectividad, la surgencia de la expresión interjectiva —sensación auditiva— están trasladadas a campo óptico: en el fondo late aún otra metáfora no expresa, "llamas rojas") [9].

Es decir, el lenguaje, por especiales y profundos móviles, puede sentir necesidad de expresar, de un modo sensorial, distinto de la expresión conceptual [10] *(mesa)* y de la expresión afectiva (*¡Qué*

---

gado de toda imagen sensorial) exige un esfuerzo mental, y supone, en fin, un fracaso. Si llego a pensar la mesa como "plano sustentador elevado sobre el suelo mediante soporte", ya la misma primera palabra me ha llevado a la "sensación" de los planos como se representan en Geometría.

[8] Este último ejemplo, ya estudiado en su aspecto fónico más arriba, páginas 90-99, prueba bien cómo una imagen del significante puede superponerse a otra del significado: así ocurre con frecuencia.

[9] Ejemplo citado por Luis Rosales en su bello ensayo *Algunas consideraciones sobre el lenguaje*, en la revista *Escorial*, año 1947.

[10] Queremos decir "en la que parece predominar mucho lo conceptual". Hablamos de un modo inexacto, para evitar incisos y explicaciones: el habla nunca es puramente conceptual, siempre hay una presencia afec-

bien! (irónico), de predominancia afectiva): para esta tercera expresión, para esta expresión teñida sensorialmente, tiene la posibilidad de hacer que la sensación parta de una intensificación de elementos sensoriales en el significante (*tictac*), o que parta de una intensificación de elementos sensoriales en el significado. Para esto último, el vocablo conceptual es sustituido por otro intensamente sensorial (*cresta roja* por la intensidad y desgarro de la blasfemia). Ejemplos del primer tipo como *zigzag* (expresión por medio de lo fonético, de lo visual cinético), o del segundo tipo, como *precipitante* (expresión de lo estático por medio de lo cinético) o como *cresta roja* (expresión de lo auditivo por medio de lo visual), muestran cómo, en ambas esferas, la atracción de las representaciones sensoriales está basada en las misteriosas relaciones sinestéticas que operan en nuestra psique: nuestros sentidos son, evidentemente, última diferencia, de un género común y original: el sentido, tan prodigiosamente ligado a la en el fondo sencillísima, inalienable, obsesionante unidad y unicidad de nuestro yo.

Hemos querido ejemplificar lo que entendemos por función imaginativa del lenguaje a base de elegir de las imágenes del significante las voces expresivas, y de las imágenes del significado la metáfora, como ejemplos sencillos. Pero en este libro hemos estudiado otros muchos elementos imaginativos, ya de la esfera del significante (ritmo, sinalefa, encabalgamiento, hipérbaton, etc.), ya de la del significado (comparaciones, es decir, las llamadas en preceptiva "imágenes" [11], hipérboles, etc.).

---

tiva e imaginativa. La constante presencia en el signo de lo imaginativo, lo afectivo y lo conceptual es la base de un capítulo anterior (págs. 481-493). Allí hablábamos del lenguaje literario. Lo mismo están constantemente presentes las tres funciones en el habla usual.

[11] Las comparaciones son menos directamente imaginativas, pues en ellas no se da el hecho decisivo de la sustitución del significado. Los lími-

Lo imaginativo, lo conceptual y lo afectivo están presentes siempre en el significado que sirve de punto de partida al hablante, como es evidente, sobre todo, cuando dicho significado se basa en una aprehensión sensorial. El hablante trata de comunicar los tres elementos. La lengua posee medios de extraordinaria precisión para la comunicación conceptual. Los posee también, evidentes, para la transmisión afectiva [12]. La transmisión de lo sensorial se hace muchas veces, es cierto, por medios analíticos, preferentemente conceptuales. Pero otras veces la fonética de la palabra (o, en general, del sintagma) sugiere la sensación (imágenes del significante), y otras el significado que corresponde al elemento de realidad ha sido suplantado por otro que realza la sensación (imágenes del significado).

Este intento de transmisión sensorial es una gran parte de la historia de las lenguas. Tómese un vocabulario de cualquier idioma: hablamos con onomatopeyas y ruinas de onomatopeyas, y con metáforas o lexicalizaciones de metáforas (es decir, ruinas de metáforas).

Es un hecho digno de meditación. Pero ahora nos interesaba

---

tes de la perspectiva "imaginativa" y de la "conceptual" son borrosos. No se olvide que lo "imaginativo", lo "afectivo" y lo "conceptual" indestructiblemente ligados en la expresión, son perspectivas nuestras, vías de acceso para estudio tras la intuición de qué es lo predominante.

[12] Trubetzkoy y otros creen en la existencia de un lenguaje puramente intelectual: "le discours calme, neutre au point de vue émotionnel" (*Principes de Phonologie*, pág. 26). No existe semejante elocución neutra, ajena a toda emoción. El mero acto de la palabra exige, como acto voluntario, un interés psíquico emocional, que naturalmente alguna expresión ha de tener en la elocución misma. Ni el más aburrido y frío profesor pronuncia sus explicaciones sin una matización afectiva. Comp. Bally, *Traité*, §§ 6-10.

sólo la evidente presencia de los elementos sensoriales en el lenguaje. Nosotros los hemos hallado, acendrados, refulgentes, por evidentísimos, en la obra de nuestros mayores poetas del Siglo de Oro, pero nuestro sentido idiomático los reconoce operantes en la lengua que hablamos todos los días.

IV

SOBRE LOS ORÍGENES DE LA LIRA

La estrofa que hoy llamamos "lira" aparece (como ya lo señaló Keniston) en los *Amori* de Bernardo Tasso, ed. de 1534, fol. 87 [1]. He aquí las tres primeras de las veintiuna estrofas que forman esta composición por la que, casi seguramente, nos vino el injerto de la "lira" [2]:

> O pastori felici
> che d'un picciol poder lieti e contenti,
> havete i cieli amici;
> e lungi da le genti
> non temete di mar'ira o di venti.
> Noi vivemo a le noie
> del tempestoso mondo et a le pene;

---

[1] Comp. Keniston, *Garcilaso*, pág. 334.
[2] Esta composición carece de título en los *Amori* de 1534. En la edición de 1560 (*Rime*, pág. 30 de las *Ode*, que llevan paginación independiente) se titula *Loda de la vita pastorale*.

> le maggior nostre gioie,
> ombra del vostro bene,
> son più di fel che di dolcezza piene.
>
> Mille pensier molesti
> ne porta in fronte il di da l'Oriente;
> e di quelli e di questi
> ingombrando la mente
> fa la vita parer trista e dolente.

Que Tasso y Garcilaso se trataron se tiene por indudable [3]. Tasso ensayaba, desde 1531, por lo menos, los tipos estróficos entre los que aparece la lira. La fecha 1534 en que se publica la composición "O pastori felici" es bien significativa. Garcilaso tiene, de 1532 a 1536, su residencia —aunque con varias interrupciones— en Nápoles.

En Tasso, la que había de ser nuestra lira es sólo una forma estrófica entre las muchas que ensaya. Su muy consciente intento es una oda horaciana, una estructura que permita la movilidad, las rápidas transiciones y evasiones del modelo latino [4]; la lenta estructura de la estrofa petrarquesca no le servía.

Hace pocos años, Mr. Edward Williamson publicó un interesante artículo *Form and Content in the Development of the Italian Renaissance Ode* y, después de publicada la primera edición de la presente obra, un libro que lleva por título *Bernardo Tasso*, en el

---

[3] La hipótesis de Mele, según la cual Tasso habría alabado a Garcilaso (*Bull. Hisp.*, 1923, XXV, 131-132) sería muy interesante, si tuviera confirmación: tendríamos un Garcilaso capaz de componer un "himno griego".

[4] Comp. los textos de cartas y dedicatorias de Tasso aducidos por E. Williamson en el artículo que en seguida mencionamos en el texto (*PMLA*, LXV, 1950, págs. 562-563).

cual vuelve a tratar el tema de la oda clásica renacentista [5]. Pero quien lea lo mismo el artículo que el libro sacará una idea muy confusa sobre las odas (y las estrofas correspondientes) que figuran en ese volumen de 1534. Según Mr. Williamson, en la impresión de 1531 aparecen sólo tres odas, y junto a ellas puede mencionarse una cuarta no publicada hasta 1534, pero probablemente compuesta ya en 1531. Mr. Williamson parece, pues, centrar toda su atención en la impresión de 1531. Para nosotros tiene mucho interés ese tomo de 1534 —del que existe un ejemplar en la Biblioteca Nacional de Madrid— [6]: hay ya en él, como veremos en seguida, una notable riqueza en odas, muchas con distintas combinaciones estróficas de cinco versos. Y ello es, para la evolución de los intentos horacianos de Tasso, de una importancia muy grande. Pero nosotros no tocaríamos este tema si no fuera porque esa fecha,

---

[5] El artículo en *PMLA*, 1950, LXV, págs. 550-567. En el libro (*Bernardo Tasso*, Roma, 1951) véanse especialmente las págs. 67-90 ("Odes" y "The Search for Classical Form").

[6] De la impresión de 1531 (*Libro primo de gli amori di Bernardo Tasso*, "In Vinegia per Giouan Antonio e Fratelli da Sabbio. MDXXXI"), poseo ahora un ejemplar gracias a Eugenio Asensio, gran erudito, amigo generoso.

De la de 1534 he manejado un ejemplar (falto de portada) que existe en la Biblioteca Nacional de Madrid (R. 1019): "In Vinegia per Ioan Ant. da Sabio del XXXIIII del mese di Settembre". Mr. Williamson en la bibliografía de su citado libro, pág. 159, menciona esta impresión (cuyo título es *Libro primo e secondo degli amori di M. Bernardo Tasso. Hinni et ode. Selva. Epithalamio. Favola di Piramo et di Thisbe. Egloghe sei. Elegie sei*) y agrega que "a unique copy" se encuentra en la John Rylands Library.

Hay también en la Biblioteca Nacional un ejemplar de los *Amori*, de Venecia, 1555 (R. 17439) y otro de las *Rime*, Venecia, 1560 (R. 15354).

1534, es muy importante para el arte de Garcilaso: interesa no sólo, en concreto, la adopción de la "lira", sino todo el campo de donde elegía esta forma, y todo lo que de preocupaciones estéticas adivinamos tierra vegetal de ese campo.

En esa edición de 1534 de los *Amori,* son doce las composiciones que figuran en la sección de "Hinni et Ode". Algunas no nos interesan ahora, pues tienen estrofa más larga; pero muchas de estas odas prueban la predilección de Tasso por la estrofa de cinco versos, heptasílabos mezclados con endecasílabos: éste es el género común del que es sólo una diferencia específica la "lira", lo que hoy llamamos "lira".

Al lado de la "lira" (aBabB) y en esa misma sección de "Hinni et Ode" del volumen de 1534, encontramos nada menos que cuatro veces, un tipo sumamente próximo (abAbB)[7]. Otra variación cercana (aBAbB) aparece en una sola oda[8]. Algunas veces ensaya Tasso, en esos "Hinni et Ode", estrofas de cinco versos en los que uno queda libre dentro de su estrofa, pero aconsonanta con versos de la siguiente:

abacC   bdbeE   dfdgG, etc.

Dos composiciones se ajustan a ese esquema[9]. En otra hay una pequeña variación:

---

[7] Composiciones "Alma luce del Cielo", fol. 80 v.º; "Mentre co' caldi raggi", fol. 83; "Lascia il colle sacrato", fol. 84; "Gli altar di gigli d'oro", fol. 85 v.º (a las que en 1560 corresponden estos títulos y páginas: *Ad Apolline,* 18; *Oda amorosa,* 22; *Per lo Marchese del Guasto,* 24; *Al Sole,* 27).

[8] "Fumino i sacri altari", fol. 89 (en 1560, *A Venere,* pág. 34).

[9] "Cada dal puro Cielo", fol. 76 v.º, y "Non sempre il Cielo irato", folio 79 v.º (en 1560, respectivamente, *Per li tre Abati Cornelii,* pág. 10, y *A la Marchesa di Pescara,* pág. 16).

Sobre el origen de la lira

AbACC BdBEE DfDGG [10].

Otras composiciones, entre las doce de esta sección, tienen estrofas más largas y ahora no nos interesan. Como vemos, hay varias combinaciones con cinco versos a las que Tasso se manifiesta aficionado, puesto que las reitera (una de ellas hasta cuatro veces). En cambio, el tipo que había de ser nuestra "lira" aparece, en este tomo de 1534, una sola vez.

En la edición de 1560, el libro de "Hinni et Ode" (a continuación de las *Rime*) aparece muy ampliado: cincuenta y tantas composiciones figuran ahora en él (entre ellas, las doce de 1534); en un nuevo libro, los *Salmi*, que sigue a los "Hinni et Ode", nos ofrece variadas combinaciones de la estrofa de cinco versos. Y aquí también hallamos alguna vez la forma exacta de lo que había de ser nuestra lira [11].

¿Por qué Garcilaso para su *Flor de Gnido* fue a fijarse, precisamente, en el tipo que en el volumen de 1534 sólo aparecía una vez? ¡Caprichosa y fértil casualidad! Porque una sola vez lo usó también Garcilaso, pero este hecho iba a tener gran trascendencia en poesía española.

Sin embargo, nuestra poesía de los siglos XVI y XVII tampoco está fija en la "lira", en lo que hoy llamamos "liras"; dan también algunas veces en el Siglo de Oro ese nombre, como en otro lugar

---

[10] "Che pro mi vien ch'io t'habbia, o bella diva", fol. 89 (en 1560, *A Venere*, pág. 33).

[11] Muchos de estos salmos (publicados por primera vez en 1560) fueron escritos en la cuaresma de 1557. (Bernardo Tasso murió treinta y tres años más tarde que Garcilaso y siguió escribiendo hasta su vejez.) Obsérvese el error de los libros españoles que citan las liras de alguno de esos salmos como antecedente de nuestro poeta. El único antecedente probado es "O pastori felici".

indicamos hace años [12], a estrofas que difieren de nuestra actual "lira" hasta en el número de versos. Se reproduce, pues, aquí la fluctuación original italiana. Fray Luis, por ejemplo, usa también, al lado de nuestra lira (aBabB), otros varios tipos: aBaBcC, aBbAcC, aBaBbcC, aBaB [13], AbAb. Fluctúa, por tanto, entre cuatro y siete versos.

Sin embargo, el tipo aBabB se imponía rápidamente sobre sus competidores. Basta sólo considerar este hecho de influencia decisiva: Fray Luis, que usa tantas formas de estrofa próximas entre sí, casi todas sus odas originales las escribe en la combinación aBabB; más aún: no hay ni una sola de sus grandes odas en que la estrofa no sea ésa. Detrás de él, San Juan de la Cruz compone también en esa combinación los poemas del *Cántico Espiritual* y de la *Noche,* si bien para el de la *Llama* usó una estrofa de seis versos (abCabC). La "lira", pues, pasa por esa columna vertebral formada por los tres mayores poetas del siglo XVI, Garcilaso, Fray Luis, San Juan de la Cruz, y esos tres hitos señalan su subida gradual de profanidad a espiritualidad, de espiritualidad a divinización [14].

---

[12] *La poesía de San Juan de la Cruz,* 1.ª ed., 1942, pág. 48, texto y nota 5. Véase Díez Echarri, *Teorías métricas del Siglo de Oro,* Madrid, 1949, págs. 254-255.

[13] Este tipo aBaB, que Fray Luis usó algunas veces ("Aunque en ricos montones", "Señor, da al Rey tu vara"), tiene una tradición también italiana: Trissino tradujo hacia 1519 una oda de Horacio en ese tipo de estrofa; Varchi y otros poetas siguieron su ejemplo. Comp. Williamson, artículo en *PMLA,* pág. 549.

[14] El ejemplo de Fray Luis y de San Juan de la Cruz tiene principalmente en los conventos enorme número de imitadores. Son esas composiciones espirituales que los manuscritos achacan muchas veces a Fray Luis. Véase Keniston, *Garcilaso,* nota 1 a la pág. 380, y D. Alonso, *La poesía de San Juan de la Cruz,* 2.ª ed., 1946, pág. 32.

Conviene, pues, no exagerar la importancia de las variedades estróficas próximas a la lira. Sí, tenerlas en cuenta. El nombre de Bernardo Tasso cobra así importancia para la literatura española (que él, a su vez, imitó en su *Amadigi*), no sólo por la relación con Garcilaso, sino por el posible contacto con Fray Luis, que ha señalado ya Vossler, y que convendría puntualizar. No olvidemos que Tasso es un poeta de inspiración modesta: Vossler lo nota y añade que más se diría que algunos pasajes de los *Salmi* del italiano recuerden la poesía de Fray Luis, que no al revés [15]. El genio es lo que no se pega ni se imita.

Hay, pues, un aspecto del horacianismo español que Menéndez Pelayo no señaló en su *Horacio en España*, libro escrito con un talento juvenil, impetuoso y volandero. El horacianismo español, desde Garcilaso hasta Medrano, es, en realidad, una rama de un movimiento europeo, que se inicia en Italia en la primera mitad del siglo XVI.

Los mencionados trabajos de Mr. Edward Williamson permiten formarse una clara idea de lo que fue ese movimiento horaciano en su lugar de origen, en Italia. El influjo de Bernardo Tasso produjo una estela de imitadores italianos directos (Barbato, Faustino Tasso, Fiamma, Marmitta, Fenaruola, Capilupi, Paterno, Amalteo, Casoni, y en Francia Bartolommeo del Bene): un coro de medianías o, mejor, nulidades [16].

Era precisamente en España donde, con un amplio desarrollo, había de cuajar lo único verdaderamente importante que iban a

---

[15] *Fray Luis de León*, trad. de Carlos Clavería, Colección Austral, número 565, págs. 117-118.
[16] Mr. Williamson en su reciente libro cita en nota a Garcilaso y a Fray Luis de León junto a los cultivadores de la lira que fueron mencionados por Keniston (Williamson, *ob. cit.*, pág. 89, n. 96).

producir en Europa los industriosos intentos de Bernardo Tasso: a través de Garcilaso (y también, quizá, directamente), la oda de Fray Luis de León; y a través de Garcilaso y de Fray Luis, la de San Juan de la Cruz. Dos grandes condensaciones de espíritu, dos altas llamaradas iluminadoras sobre la gris tonalidad general (horaciana o petrarquesca) de la poesía europea del siglo XVI.

V

SOBRE LA "INMENSA CÍTARA" DE FRAY LUIS

Además del pasaje de San Agustín que hemos citado ya (en la pág. 177), veo ahora otro, mencionado por Curtius, así como la huella sobre San Buenaventura: "El mundo como canción: he ahí un pensamiento agustiniano. *Carmen universitatis (De musica,* 6, 29) es una idea que procede de la especulación matemáticomusical y no debe traducirse por 'poema'. Esta imagen agustiniana pasa a San Buenaventura: 'Divinae autem dispositioni placuit, mundum quasi carmen pulcherrimum quoddam discursu temporum venustare' " [1]. El lector verá cuán cerca está ese pensamiento del de San Agustín, citado más arriba (pág. 177). Por lo demás, todo el interesantísimo apéndice XXI ("Gott als Bildner") [2] de la monumental obra de Curtius está relacionado con nuestro tema: Dios como *fabricator, artifex, architectus* en los autores de la antigüedad; Dios, que, según el *Libro de la Sabiduría* (XI, 21), todo lo

---

[1] *Europäische Literatur und lateinisches Mittelalter,* Berna, 1948, página 530.
[2] Págs. 529-531.

ha ordenado "in mensura et numero et pondere". He ahí el camino de nociones arquitecturales y matemáticas que llevan a la idea musical y, sin duda, se funden con la de la armonía de las esferas.

Añadamos la huella pitagórica en nuestro San Isidoro, que, según Menéndez Pelayo, sigue a Boecio: "Sine musica nulla disciplina potest esse perfecta; nihil enim est sine illa. Nam et ipse mundus quadam harmonia sonorum fertur esse compositus, et caelum ipsum sub harmoniae modulatione resolvitur" [3].

Claro está que quien quiera estudiar los antecedentes de la imagen de Fray Luis habrá de tener en cuenta toda la transmisión a través de los Padres de la Iglesia y de los escritores de la antigüedad. Pero ésa es una perspectiva totalmente alejada por ahora de nuestras preocupaciones (sólo nos interesaba señalar la dirección radical del pensamiento de la oda). Para esa vinculación intermedia, quien quiera hacer una investigación —que no se limite a afirmaciones vagas y generales— deberá comprobar, por ejemplo, las indicaciones de Menéndez Pelayo: "No sólo del mismo Platón, en el *Fedro* y en el *Convite*, sino de Plotino, del Areopagita, de San Buenaventura y de Boecio, en su tratado de música (tan aprovechado por el mismo Salinas, a quien esta oda divina va dedicada), hay reminiscencias en las aladas estrofas de Fray Luis..." [4]. Existe, asimismo, un artículo de Tomás Castrillo y Aguado, *La inmensa cítara* [5], en el que, además, de estos autores aducidos por Menéndez Pelayo se mencionan otros que podrían más o menos haber sido fuentes directas o indirectas de la *Oda a Salinas:* "a Casiodoro y al venerable Beda débense frases como éstas:

---

[3] *Etimolog.*, III, 15. Comp. M. Pelayo, *Obras*, Ed. Nac., I, 302.
[4] *Hist. de las Ideas Estéticas*, en *Obras*, Ed. Nac., II, pág. 75.
[5] *Revista Esp.ª de Est. Bíblicos*, III, 1928, núms. 28-29.

Etenim ipse mundus quadam harmonia sonorum docetur esse constitutus...; en San Basilio (*Hexaemeron*, cap. IV) léense párrafos maravillosos acerca del concierto del Universo, comparables con los más bellos de San Agustín, y las mismas o parecidas ideas se encuentran en San Atanasio (*Oratio contra gentes*, M. G., XXV, col. 73)". Habla luego del *Himno de la Creación*, de Judá Leví, que también se puede señalar como antecedente de Fray Luis, con referencia a un artículo del mismo Castrillo y Aguado, *El himno de la Creación*, mayo, 1926, del cual no nos dice dónde se publicó. Señala, en fin, como fuente de Fray Luis el Salmo XVIII, versículos 2-7. "¿Qué le falta a esta concepción del Universo, sino el nombre de *cítara*, para coincidir con la concepción de Fray Luis?". Según Castrillo y Aguado, no habría que buscar otras fuentes intermedias.

La última afirmación es realmente pintoresca, pues vagos parecidos como el del mencionado salmo se pueden citar a montones. Todo el artículo de Castrillo y Aguado está escrito sin precisión ni rigor, y sin indicaciones bibliográficas. Aunque, repetimos, el tema de la transmisión intermedia nos es ajeno, es tal la dispersión bibliográfica en materias esenciales de nuestra poesía, que, aunque incompletos, necesitados de ordenación y muchos de comprobación, no hemos querido dejar de mencionar estos posibles antecedentes [6].

---

[6] Por lo que toca a la estrofa quinta, léase lo que dice Vossler en su *Fray Luis de León*, Col. Austral, 565, págs. 100-101. La delicada y penetrante intuición de Vossler ve en esa estrofa la "clave de toda la bóveda del poema". Todo el comentario de Vossler respira admirativa comprensión por ese momento culminante de la oda.

VI

DOS CALAS EN EL ESTILO DE QUEVEDO

El soneto que he reproducido aquí más arriba (págs. 547-548) lo imprimí ya con otros tres en mis *Ensayos sobre poesía española*. Figuran los cuatro en un manuscrito antequerano de 1627, donde se dan como de don Francisco de Quevedo. En el mencionado libro los atribuimos al gran poeta, aunque sin hacer completo hincapié en la atribución [1].

Extremé la cautela (a pesar de la autoridad del códice): no basta la atribución en un manuscrito. Más tarde he visto que muchas peculiaridades estilísticas parecen resellar estos sonetos como de Quevedo: en lo que sigue doy alguna muestra. Pero tampoco el análisis estilístico puede ser definitivo. Dejemos una puerta a la duda por lo que toca a estos sonetos.

Reduzcámonos al reproducido en el presente libro. Completando lo que esbocé en mis *Ensayos*, diré que en el soneto de que

---

[1] Comp. *Ensayos sobre poesía española*, págs. 178-188, y *Cancionero antequerano, editado por Dámaso Alonso y Rafael Ferreres*, Madrid, 1950, núms. 46-48 y 131.

ahora tratamos las concordancias con el estilo de Quevedo en sus poesías amorosas son tantas y tan características que por sí solas nos forzarían a la atribución. Las concordancias son las siguientes:

1.ª El verso tercero ("sabio en amar dolor tan bien nacido") se podría decir firmado por Quevedo. Compárese:

> remedio a mi dolor tan bien nacido (pág. 17)
> autor es de un dolor tan bien nacido (pág. 57)
> amar, que fue locura bien nacida (pág. 57).

El amor como "dolor bien nacido" o como "locura bien nacida", ¡qué intensa, dolorida expresión quevedesca!

2.ª Es un soneto de contrarios, y el uso de los contrarios petrarquescos, si bien frecuente en el siglo XVII, es abrumador en el Quevedo amoroso. Compárese lo que hemos dicho más arriba, páginas 503-507.

3.ª También es frecuente en el siglo XVII la alusión a la salamandra que vive en el fuego (está en nuestro soneto en los versos 9.º-11.º). Pertenece claramente a la tradición petrarquesca (como símbolo o emblema de contrarios):

> Di mia morte mi pasco e vivo in fiamme:
> stranio cibo e mirabil salamandra [2].

Pero también aquí el uso que hace Quevedo de este símbolo excede grandemente al normal o medio en su época. Repetidas veces expone la creencia general:

> Clementes hospedaron
> a duras salamandras llamas vivas (pág. 488).

Cuando Leandro nadaba hacia la luz que ardía en la torre,

---

[2] *Canzoniere*, 207, estr. 4.

> pretensión de mariposa
> le descaminan los dioses;
> intentos de salamandra
> permiten que se malogren (pág. 36).

Está el amante sin reposo, mientras que

> está la ave en el aire con sosiego,
> en la agua el pez, la salamandra en fuego (pág. 45).

Al Vesubio, que interpoladamente es jardín y volcán:

> Salamandra frondosa y bien poblada
> te vio la antigüedad, columna ardiente,
> ¡oh Vesubio!... (pág. 48).

Nótese la proximidad que con la expresión de nuestro soneto ofrece el ejemplo que doy a continuación. Aquí precisamente está la esencia de la comparación de Petrarca (el enamorado, prodigiosamente, puede vivir entre sus propias llamas):

> La salamandra fría, que desmiente
> noticia docta, a defender me atrevo,
> cuando en incendios que sediento bebo,
> mi corazón habita y no los siente (pág. 55).

4.ª El que podríamos llamar tema de "los ríos (fuentes o mares, etc.) de lágrimas", también muy frecuente en poesía del siglo XVII, lo es agobiadoramente en la de Quevedo. He aquí unos cuantos sonetos suyos donde se encuentra: "Embravecí llorando la corriente" (pág. 3); "Detén tu curso, Henares, tan crecido" (página 3); "Frena el corriente, oh Tajo, retorcido" (pág. 3); "Esta fuente me habla, mas no entiendo" (pág. 31); "Torcido, desigual, blando y sonoro" (pág. 46); "Si el abismo en diluvios desatado" (pág. 49); "O ya descansas, Guadïana, ociosas" (página 50); "A fugitivas sombras doy abrazos" (pág. 51); "Flota de cuantos rayos y centellas" (pág. 52); "Los que ciego me ven de haber llorado" (pág. 53); "Aquí en las altas sierras de Segura" (pág. 54); "Fuente risueña y pura, que a ser río" (página 60); "Dichoso tú, que naces sin testigo" (pág. 61); etc. Se puede decir que la contemplación de fuente o río (tema frecuentísimo en poesía amorosa de Quevedo) atrae irremediablemente la imagen de las "lágrimas como río"; pero algunas veces surge también de pronto, sin que el soneto tenga conexión directa con materia de agua: así en el nuestro y en algunos de los de la lista que antecede.

5.ª Obsérvese la combinación de rimas en los tercetos de nuestro soneto. Las rimas en *-ojo(s)* y en *-io(s)* o *-ia(s)*, ya solas, ya asociadas, abundan de modo increíble en Quevedo, especialmente en los tercetos de sus sonetos. Comp.: *-ojo, -ias*, en "Detén tu curso, Henares, tan crecido" (pág. 3); *-ojos, -ias*, en "Frena el corriente, oh Tajo, retorcido" (pág. 3). He aquí un recuento de los casos que ocurren en las poesías amorosas, y sólo hemos computado aquellos en que, respectivamente, el sustantivo *ojo(s)* o el posesivo *mío(s), mía(s)*, entran en rima: A) *-ojo(s)*, en "Embravecí llorando la corriente" (pág. 3); "Aminta, para mí cualquiera día" (página 9); "Abracen, bella Tirsi, tu cabeza" (pág. 15); "Esta fuente me habla, mas no entiendo" (pág. 31); "Si a una parte miraran solamente" (pág. 50); "¿Cómo es tan largo en mí dolor tan fuerte?" (pág. 55); "¿De cuál feral, de cuál furiosa Enío?" (página 56); "Alimenté tu saña con la vida" (pág. 59); "Dichoso tú, que naces sin testigo" (pág. 61). B) *-io(s)* o *-ia(s)*, en "Aguarda, riguroso pensamiento" (pág. 16); "A todas partes que me vuelvo, veo" (pág. 47); "A fugitivas sombras doy abrazos" (pág. 51); "Ya la insana canícula, ladrando" (pág. 52); "Los que ciego me ven de haber llorado" (pág. 53); "Hago verdad la fénix en la ardiente" (pág. 55); "Que vos me permitáis sólo pretendo" (pág. 56); "Esta víbora ardiente que enlazada" (pág. 58); "Ya tituló al verano ronca seña" (pág. 58); "Este cordero, Lisis, que tus yerros" (página 60); "Miró este monte que envejece Enero" (pág. 62); "Éstas son y serán ya las postreras" (pág. 63); "En los claustros del alma la herida" (pág. 66).

La lista ha sido larga, y ni aun así habrá sido completa. Era necesario este fatigoso análisis. Lo poco conocido u olvidado que es el petrarquismo de Quevedo hace que todos tengamos de su poesía una idea demasiado simple.

He aquí que el soneto estudiado se nos manifiesta como una composición a base de "contrarios", y que éste es un procedimiento petrarquista habitual de Quevedo; que algunos de los versos del soneto se dirían firmados por el gran poeta (tal el 12 y, sobre todo, el tercero); que la comparación con la salamandra es uno de los tópicos petrarquistas más repetidos por don Francisco, así como el uso de *ojo(s)* y *mío(s), mía(s)* como rima, en los tercetos de soneto.

Habría ahora que probar que en el uso de "contrarios", en el empleo de la "salamandra" y en el de *ojo(s)* y *mío(s), mía(s)* para rimar en tercetos excede Quevedo notablemente a sus contemporáneos. El hecho quizá escandalice, pues cambia bastante la imagen vulgar de la poesía de Quevedo. A mí, ciertamente, que ni me escandaliza ni me extraña: el tópico de los contrarios psicológicos en el amante, en Quevedo pasa de ser lugar común a ser una patética obsesión alucinadora; el tema de la "salamandra" se corresponde bien con la sombría imagen quevedesca del amor: terrible fuego calcinante, de oscuras llamas; la abundancia de rimas *ojo(s)* y *mío(s), mía(s)* es —como vamos a ver— válvula de escape de su emotividad.

La prueba general sería muy larga. Vamos a reducirnos al tema de las rimas en *ojo(s)* y *mío(s)*, *mía(s)* en los tercetos y a una comparación con un solo poeta. Hemos hecho un recuento, en condiciones iguales, del uso de estas rimas por Góngora (hemos tomado como base 40 sonetos amorosos de Góngora, en la ed. Millé). Los resultados, expresados en tanto por ciento de frecuencia, son los siguientes:

	Quevedo	Góngora
Ojo(s)	8,09 %	2,50 %
Mío(s), *mía(s)*	11,3 %	5,00 %

Si ahora repasamos el apartado 4.º del presente apéndice, comprendemos en seguida que la enorme diferencia en el empleo de *ojo(s)* como palabra de rima en los tercetos (unas tres veces y media más frecuente en Quevedo que en Góngora) se debe principalmente al gran uso de la imagen *lágrimas = ríos, mares,* etc. Quevedo, obsesionado por el curso de los ríos, se apodera emotivamente de esta imagen (ya habitual en Petrarca), se la incorpora; ocurre que, cuando la leemos en él, no nos suena al consabido tópico petrarquista: de tanta pasión la sabe cargar. De un modo semejante, el empleo de las rimas de *mío(s)*, *mía(s)* (unas dos veces y quinta más abundante que en Góngora) se basa en una intensificación de la afectividad expresiva: el dolorido yo se afirma con la posposición que facilita la rima *(los ojos míos)*. Y esto ocurre exactamente en los tercetos, porque en el soneto de Quevedo hay un cambio de movimiento estilístico y de temperatura afectiva al pasar de los cuartetos a los tercetos. Este cambio es evidente, por ejemplo, en el soneto que comentamos: nótese cómo progresa de dos en dos versos en los cuartetos; cómo se acelera por encabalgamiento y trabazón sintáctica desde el comienzo del primer terceto; cómo se precipita aún en el segundo. Góngora, en general, desconoce este violento gozne estilístico entre cuartetos y tercetos.

Mas los cómputos y tantos por ciento, con ser bien expresivos, no dicen bastante. Hay que penetrar en la sustancia misma, en la materia del soneto quevedesco, para comprender qué tirón de afectividad personal representa en él ese *mío(s)* que aparece donde el soneto se carga de pasión o de amargura, es decir, en los tercetos. Recuérdense los del soneto que comentamos:

> En sustentarme entre los fuegos rojos,
> en tus desdenes ásperos y fríos,
> soy salamandra y cumplo tus antojos:
> y las niñas de aquestos ojos míos
> se han vuelto, con la ausencia de tus ojos,
> ninfas que habitan dentro de dos ríos.

Ya en nuestros *Ensayos* observamos cómo el giro del primer verso del segundo terceto es muy de Quevedo, y muy de sus tercetos, especialmente:

> Voy a vengarme en una imagen vana
> que no se aparta de los ojos míos (pág. 51).

(Es comienzo de un primer terceto). Léase aún este otro verso,

> Sólo del llanto de los ojos míos (pág. 52)

y compárese con el de nuestro soneto:

> y las niñas de aquestos ojos míos...

Los dos están colocados exactamente en la misma posición (primer verso del segundo terceto); los dos inician un dolorido arrastre que se prolonga por el verso siguiente.

Estas rimas, en los tercetos, en la cargazón pasional del soneto llevan en Quevedo un patético voltaje que exacerba dolorosamente lo personal.

Desde el comienzo de su poesía amorosa (en lo que podemos tantear con tan insegura cronología) hay como una apasionada, íntima exacerbación de los útiles de la herencia petrarquista. En su desarrollo ulterior, la pasión será cada vez más frenética, más reconcentrada, mientras que los materiales concretos del petrarquismo se irán disminuyendo o adelgazando, sin desaparecer nunca del todo.

Hemos podido presentar una prueba y un contraste respecto a uno de los temas del presente apéndice.

Esa abundancia en rima de *ojos(s)* y *mío(s), mía(s)* no era un capricho ni una mera triquiñuela técnica de Quevedo, ni mucho menos una casualidad: se trata de una necesidad irreprimible de su yo torturado.

Ambos exagerados usos nos han servido bien para calas concretas en el estilo lírico de Quevedo. Nos indican en él, aun en su poesía amorosa, aun en momento bastante petrarquista de su poesía amorosa, un patetismo, una intensificación de la expresión afectiva, dolorosamente personal, que (dentro de nuestra poesía del siglo XVII) es peculiar de nuestro poeta. Muy raramente se expresaría con esa reconcentrada, desgarrante fuerza, el apasionado Lope. En vano buscaríamos algo semejante en Góngora [3], atento a un mundo objetivo, de exacerbada belleza, de ingentes fuerzas vitales.

---

[3] Para encontrar algo próximo en Góngora hace falta ir a los sonetos de amargo desengaño de los años últimos.

ÍNDICES

INDICES

ÍNDICE DE AUTORES Y MATERIAS[1]

Aben Hazam, 284 n. 17.
Acento: dactílico, 87 n. 20; — expresivo, 106; — rítmico, 105, 144, 329, 341-342, 369; — como elemento del significante, 29, 49, 407; — en el endecasílabo de Garcilaso, 59; — su función selectiva, 60, 384; — su valor expresivo, 78, 93-96, 101, 103, 105, 347, 408-409; — secundario, 90, 95 n. 26.
Acentos y vocales: afinidades selectivas, 60.
Acentuación: yámbica, 60, 75-76, 77, 90, 95 n. 26, 172; — esdrújula: su valor expresivo, 381.
Acuña, Hernando de, 86, 617 n. 16.
Achillini, Claudio, 554.
Adjetivación, 103-104.
Adjetivo: abundancia en Garcilaso, 297; — colocación en Garcilaso y en S. Juan de la Cruz, 297; — escasez en S. J. de la Cruz, 297; — su función en el Renacimiento, 298; — en la poesía renacentista, 302; — uso en Garcilaso y en San Juan de la Cruz, 297; — valor expresivo según su colocación, 303.
Afectividad: y Gramática, 591 - 592 t. y n. 10; — e intuición literaria, 39; — y objetividad, 146-147; — su presencia en la intuición literaria, 484; — su presencia en el signo, 22; — en Quevedo, 498, 628; — y vocativos, 24.
Afectivo (lo): desajuste de, 22 n. 5; — como objeto de la Estilística, 194 t. y n. 60; — y lo imaginativo, 484-485; — lo imaginativo y lo conceptual: su indivisibilidad, 489-490; — tres perspectivas de la indagación estilística, 489-490.
Afinidades selectivas: en la ordenación de vocales, 380-381; — en el ritmo, 105.
Agostini, 221 n. 3.
Aguilera, Ignacio, 231 n. 20.
Agustín, San, 177 t. y n. 44, 254, 395, 462, 619, 621.

---

[1] Agradezco la formación del presente índice a José Luis Pensado y Enriqueta Ruiz de Pensado.

Alarcón, Fray Arcángel de, 257; — "Vergel de plantas divinas en varios metros espirituales", 257.
Alarcos, Emilio, 498 n. 1.
Alcalá, Fray Jaime de, 258; — "Caballería Cristiana", 257.
Aldana, Francisco de, 438.
Aldrete, Pedro de, 523, 564 n. 108.
Alejandro Magno, 556.
Alemán: orden de palabras, 53.
Aliaga, Padre, 451.
Aliteración: 29, 79 t. y n. 16, 86, 106, 144, 321-322, 328, 342, 369-370, 604; — en S. J. de la Cruz, 280; — su poder evocativo, 144.
Alonso, Amado, 13 n. 3, 14 n. 3, 20 n. 2, 430 n. 11, 482 n. 2, 527 nota 53.
Álvarez Gato, 230 t. y n. 17; — "Quita allá, que no quiero", 230.
Amalteo, 617.
Amarilis, 422, 466.
Amezúa, Agustín G. de, 214 n. 6, 417.
Anáfora, 101-102.
Anapéstico, 95 n. 26.
Ancona, Alessandro d', 540 n. 77.
Anguillara, 316, 442.
Angulo, Martín de, 363 t. y n. 39.
Anticlímax: 149-153, 159, 188; — en poesía moderna, 152-153; — parciales y final, 153-154.
Antítesis: sus orígenes literarios, 289; — causas de su uso en S. J. de la Cruz, 289.
Antonia Clara (hija de Lope de Vega), 422, 428.

Antonio, Duque, 422.
Apócope, 77 n. 15, 537 n. 72.
Apollinaire, Guillaume, 116 t. y n. 7.
Aquilanismo, 387 n. 56.
Aquilano, 431, 540 n. 77.
Aquiles, 556.
Arce, Margot, 51 n. 3.
Argensola, Bartolomé Leonardo de, 474, 476 t. y n. 64, 457 n. 85; — "Y abiertas las ventanas, no distante" (Con tu licencia, Pablo, me retiro), 474-475.
Argensola, Lupercio Leonardo de, 476 n. 64, 516 n. 38.
Areopagita, Dionisio, 462, 620.
Ariosto, Ludovico, 62 n. 5, 63 n. 6, 64, 66 n. 7, 221, 235, 391, 434, n. 17, 436, 446, 541 n. 78; — "Orlando Furioso", 62, 64, 317 n. 6, 389; — "...un bel fiume", 64.
Aristóteles, 172 t. y n. 37, 173, 175, 179, 180, 192.
Aristoxeno, 173.
Armonía y desarmonía: 190-191; — su origen en la contemplación de Dios, 176-178.
Arte: barroco, 135; — e imitación, 64; Historia del — : su inexistencia, 207.
Artiles, 230 n. 17.
Ascética y Fr. Luis de León, 166-167.
Asensio, Eugenio, 613 n. 6.
Asín Palacios, Miguel, 238 n. 32, 260 n. 62.
Asíndeton: 138, 145, 148, 423; — su valor expresivo, 139-140.

Índice de autores y materias

Astrana Marín, 501 n. 3, 524 n. 47, 536 n. 69, 539 n. 74, 541 n. 79, 552 n. 91, 556 n. 94, 568 n. 115.
Atanasio, San, 621.
Atributos, trueque de: 378.
Autor: su intuición, 38.
Ausias March, 543 n. 81, 569.
Azorín, 47, 78, 80.

Bally, Charles, 481 n. 1, 482 n. 1, 530, 548, 583 t. y n. 1, 584 t. y n. 3, 585, 586, 588 t. y n. 6, 590 t. y n. 9, 591 t. y n. 10, 592 n. 12, 593 n. 12, 606 n. 5, 609 n. 12.
Barahona de Soto, Luis, 315.
Barbato, 617, 618.
Barroco: 389, 392; — arte, 96, 135; — correlación, 439; — europeo, 392; — Fábula de Polifemo y Galatea, 392; — hipérbole, 369; — imagen expresionista, 324; — la octava, 378; Lope, símbolo del —, 477-478; — orden, 334; — paisaje, 325; — tema de la plenitud, 348, 359.
Barroquismo: 439, 440 n. 24, 553, 560; — choque de contrarios, 388; — sus dos aspectos, 531; — elementos tradicionales, 387; — elementos nuevos, 387-388; — Lope, 465-466; — tema de la belleza, 392; — tema del amor, 392.
Baruzi, Jean, 259, 260, 261, 274, 289 n. 23.
Basilio, San, 621.
Bataillon, Marcel, 523 n. 46.
Beatrice, 43, 486.

Bécquer, Gustavo Adolfo, 56, 521; — "Sabe si alguna vez tus labios rojos" (Rima), 521.
Beda, 620.
Bello, Andrés, 591 n. 10.
Belisario, 556.
Bell, Aubrey F., 168 n. 30.
Bembo, Pietro, 221 t. y n. 3.
Bene, Bartolommeo del, 617, 618.
Benedetto, Luigi di, 284 n. 18.
Benivieni, 463 n. 52, 464 n. 52 y 53.
Benveniste, E., 599 t. y n. 1, 600, 602.
Berceo, Gonzalo de, 230 n. 16.
Biblia: 115, 158, 192, 194, 220 n. 1, 254, 255, 283 n. 13; — "Libro de la Sabiduría", 619.
Bilateralidad, 332.
Blecua, José Manuel, 245, 276 n. 64, 516 n. 38, 547 n. 85.
Boecio, 620.
Boloñés, Guido, 557.
Borges, J. L., 498 n. 1.
Bornelh, Giraut de, 432 n. 14.
Boscán: 223, 235, 258, 274, 285, 289 n. 22, 291; — y Garcilaso a lo divino, 258; — "El andar, el mirar, el estar queda", 286.
Bosco, 528.
Bousoño, Carlos, 221 n. 2, 435.
Brito, Duarte de, 238; — "E con tanto mal crecido", 238.
Brocense, 84.
Buenaventura, San, 620.
Burnet, 173 n. 38, 184 n. 52.
Butler, 260 n. 62.
Bühler, Karl, 19 n. 1, 20 n. 1, 601 nota 3.

Caba, La, 132, 133.
Caballerías a lo divino, 223.
Calderón de la Barca, Pedro, 210 t. y n. 5, 223, 309, 436, 439, 554 n. 92, 561; — y la correlación, 439; — "La vida es sueño", 211; — — "Hipogrifo violento", 211; — "Sacro Parnaso", 223.
Calderón, Rodrigo, 451.
Caligramas, 116 n. 7.
Camila Lucinda, 421, 422, 424 n. 5, 430 t. y n. 11.
Camoens, 344, 345; — "Os Lusiadas", 344.
Canción: estrofa romántica de la —, 129; — italiana: su continuidad estrófica, 163; — petrarquesca, 160-161.
Cancioneiro Geral, 237, 238 n. 32.
Cancionero Antequerano, 226 n. 10, 242 n. 35, 350 n. 28.
Cancionero de Barbieri, 232 n. 23, 251 n. 51.
Cancionero de Constantina, 236 nota 28; — "Muere quien vive muriendo", 236.
Cancionero Espiritual, 232.
Cancionero de Évora, 232 n. 23.
Cancionero General, 232 n. 23, 236 n. 29; — "Mi vida vive muriendo", 236.
Cancionero de Uppsala, 233 n. 24, 251 n. 51; — "Si la noche hace escura", 233 n. 24.
Cancioneros: 290, 291; la música en los —, 226 n. 10; — religiosos y villancicos, 233.
Cancioneros musicales, 226 n. 10.

"Cantar de los Cantares", 219, 263, 264 t. y n. 65, 291, 299.
Cantidad y significantes parciales, 30 n. 14.
Capelle, 172 n. 37, 175 n. 40, 176 n. 41, 179 n. 46 y n. 47.
Capilupi, 617.
Caricatura, 533 t. y n. 59.
Carilla, Emilio, 345 n. 24, 498 n. 1, 500 n. 2, 526 n. 52, 565 n. 110.
Cariteo, 540 t. y n. 77; — "Voi donna ed 'o, per segni manifesti", 540.
Carlos V, Rey de España, 577.
Carlos Félix (hijo de Lope), 422, 425, 430.
Caro, Antonio, 171 n. 35.
Carrillo Sotomayor, Luis, 315, 552 n. 91, 564 n. 108; — "Fábula de Acis", 564 n. 108; — — "Cual el valiente toro que ha perdido", 564 n. 108; — "Mis armas son damas tiernas", 552 n. 91.
Casa, Giovanni della, 68-71, 161; — "O Sonno, o della queta, umida, ombrosa" (son.), 69.
Casares, Julio, 583 n. 1, 584 n. 2.
Casiodoro, 620.
Casoni, 617.
Castellano: orden de palabras, 53.
Castillejo, Cristóbal de, 315.
Castrillo y Aguado, Tomás, 620, 621.
Castro, Américo, 233 n. 25, 284 n. 17, 430 n. 12, 446 n. 33, 523 n. 46.
Cavalcanti, Guido, 283 n. 13, 284; — "Per gli occhi fère un spirito sottile", 284.

Cejador, Julio, 225 n. 8, 231 n. 19, 237 n. 30, 530 n. 57.
Ceñal Llorente, 20 n. 1.
Cervantes, Miguel de, 207, 214, 215, 434, 435, 436, 585; — "D. Quijote de la Mancha", 37, 39 n. 1, 40, 206 t. y n. 2, 214, 224, 542; — y la divinización, 234; — "Novelas ejemplares", 207; — "La Galatea", 434; — — "Afuera el fuego, el lazo, el hielo y flecha", 434.
Cetina, Gutierre de, 391, 434 n. 17, 437, 617 n. 16.
Ciencia de la Literatura, 397-399, 416 t. y n. 15, 483; — y la Estilística, 401; — objeto, 402.
Clavería, Carlos, 617 n. 15.
Clímax, 146, 159; — y anticlímax, 160; — estructura, 188.
Color, 83-84, 100, 374-376, 377; — y musicalidad, 380-383.
Conceptismo, 257 n. 60, 290, 553 t. y n. 91; — medieval, 540; — y gongorismo, 376-377.
Concepto, 21; — según Saussure, 21; — y significante, 22 n. 4; — modos de resaltarlo, 290; — y cosa para Saussure, 602.
Conceptual (lo): 485; — lo afectivo y lo imaginativo, su indivisibilidad, 489; — su condensación en Quevedo, 498; — en la Estilística, 486; — y el estilo, 486; la expresión —: su individualidad, 485-489; — como objeto de la Estilística, 194 t. y n. 53, 485-489; — su reflejo en la expresión, 489.
Conferencia, 14 t. y n. 4.

Conferenciante, 14 t. y n. 4.
Consciencia: del habla literaria según Bally, 585; — e inconsciencia en la creación literaria, 586; — del hablante, 587.
Consonantes, elemento del significante, 407.
Contini, Gianfranco, 40 n. 3.
Contracción, su valor expresivo, 87 t. y n. 19.
Contrarios, técnica de, 432-434, 623.
Contraste, 371; — e hipérbole, 369-370.
Córdoba, Sebastián de, 223, 258, 259, 260, 261, 262, 263, 264, 265, 266, 273, 274, 275; — "Obras de Boscán y Garcilaso trasladadas a materias cristianas y religiosas", 258; — revelador de la posibilidad de divinización de la poesía italianizante, 273; — "Allí entre dos almenas hice asiento", 261; — "La soledad siguiendo", 274.
Coplas castellanas, contrarios en, 288-289.
Coplas a lo divino, 229.
Correlación poética: 320, 434-440; — difusión, 435-437; — y forma interior, 436-437; — por diseminación y recolección, 438; — mixta, 437; — progresiva, 437; — recolectiva, 438; — reiterativa, 438; — en el Barroco, 439; — en Calderón, 439; — en Góngora, 439; — en Quevedo, 507-509; — en el Siglo de Oro, 436-439.
Cortés, Diego, 257; — Discurso del varón justo, 257.

"Cortesano, El" (de B. de Castiglione), 251 n. 51.
Cosa y palabra, 599-600.
Cossío, José María de, 231 n. 20, 251 t. y n. 51.
Covarrubias, Sebastián de, 234, 351 n. 30.
Crisógono, Padre, 251 n. 50, 259, 267 n. 66.
Cristianismo en Fr. Luis de León, 191.
Crítica: calas históricas, 214-215; — como arte, 204; — contemporánea, 210; — y contemporáneos, 213-215; — crecimiento, 212-213; — de la literatura del pasado, 209; — en España, 205; — en el siglo XVII, 214; — en el siglo XVIII, 210, 214-215; — y el fenómeno poético, 396; — su función, 209; — e hipérbaton, 136; — necesidad, 213; — obra de generaciones, 215-216; — y la obra poética, 203-204; — perspectivas, 209; — literaria y orden de palabras, 53.
Crítico: sus cualidades, 204; — su deber, 213; — y la literatura del pasado, 211-212; — su misión, 203, 209.
Croce, Benedetto, 401 n. 2, 587.
Crónica General, 132.
Cruz, S. Juan de la: 10, 11, 122, 123, 124, 130 t. y n. 4, 163, 164, 182, 195 n. 62, 207, 217-305, 367 n. 66, 410, 411, 413, 414, 419, 420, 421, 422, 428, 491, 497, 576, 616 t. y n. 14, 618; — adjetivo, su escasez, 297, 298; — — su función estética, 297-299; — — epíteto, su escasez, 298, 302-305; — aliteración, 280; — antítesis, 289; — ¿artista instintivo?, 266-268, 269; — concepto, 282-290; — lo conceptual contrapesando lo afectivo y lo imaginativo, 491; — coplas del "no sé qué", 238-242; — contextura gramatical, 293-294; — despreocupación artística, 254, 255, 265, 269; — endecasílabo, 278-282; — — acentuación, 279; — — condensación, 280; — — pareado, 276; — — técnica, 279; — estilo, 269-305, 411; — la estrofa, 271-278; — — menosprecio de su técnica y perfección externa, 272; — — ruptura de su regularidad formal, 272; — — variedad, 278; — expresión de lo inefable, 284-285; — forma interior, 277, 282; — y Garcilaso, comparación de sus hablas poéticas, 304-305; — habla poética, características, 304; — hibridismo de poesía tradicional e italianizante, 277; — hipérbaton, 281; — léxico, 291; — — culto, 291; — — dialectalismo, 291; — — hierático, 291; — — popular y rústico, 291; — — trovadoresco, 291; — lira, 278; — — sírima y fronte, 276 t. y n. 5; — método general estilístico, 122-123; — método estilístico para su estudio, 270; — motivación del vínculo, 123; — oposiciones y contrastes, 288; — poeta a lo divino, 219, 268,

277, 290; — poesía, su misterio, 270; — — polarización, 265; — poesías menores, 289 n. 22; — reminiscencias de Garcilaso, 258-259; — reiteración, 273, 282; — rima, 278-282; — y Sebastián de Córdoba, 258-259, 260-263; — y el Siglo XVI, 272; — y el Siglo XVII, 272; — y el Siglo de Oro, 270; — sintetismo, 292; — técnica literaria, su desconocimiento y menosprecio, 277; — y la tradición cortesana del Siglo XV glosada a lo divino, 235-238; — tradicionalidad, 276; — relaciones entre verbo, sustantivo y adjetivo, 411; — verbos y adjetivos, sistema ondulatorio, 299-302; — ausencia de cópula, 296; — ausencia de verbo principal, 296; — verbo, su escasez, 294-296; — villancicos a lo divino, 233; — "Aunque es de noche", 268, 278, 291 n. 24 y 27; — — origen de su estrofa, 276-277; — "Cántico Espiritual", 263, 268, 278, 282 n. 12, 284 n. 15, 285 n. 19, 289 n. 22, 291 t. y n. 24-26, 292 n. 29 y 30, 293 n. 31, 294 n. 32, 295 n. 35, 296, 297, 298 n. 37, 300, 301 n. 41, 302, 305, 616; — — adjetivos, su distribución estilística, 300; — — — su correspondencia con las fases del proceso místico, 301; (— versos citados del Cántico Espiritual: "el aspirar del aire", 259; "Mas, ¿cómo perseveras", 284; "¿A dónde te escondiste", 292; "A las aves ligeras", 293, 295; "Allí me mostrarías", 278; "Buscando mis amores", 301; "En soledad vivía", 282; — "Comentarios", 267); — "La Llama", 263, 268, 273, 275, 277, 278, 279 n. 8, 283 t. y n. 14, 289 n. 22, 291 n. 28, 298 n. 37, 616; — — origen de su estrofa, 274; — "La Noche", 263, 268, 278, 279 t. y n. 8, 291 n. 25, 294 n. 34, 295, 296 n. 36, 298 n. 37, 299, 300 t. y n. 39, 305, 616; — — alternancia de escasez y abundancia de verbos, 299; (— versos citados de La Noche: "El aire de la almena", 261; "¡Oh noche que guiaste!", 294; "A escuras y segura", 295; "Quedéme y olvidéme", 300); — "El Pastorcico", 245-247, 262, 263, 264, 265, 271, 277, 278, 292 n. 29, 413; — — origen de su estrofa, 271-273; — "Un pastorcico solo está penado", 245-247; — "Por toda la hermosura", 240; — "Que bien sé yo la fonte", 276; — "Vivo sin vivir en mí", 247, 289 n. 22; — "Tras de un amoroso lance", 11, 242, 245, 247, 268, 289 n. 22; — "Entréme donde no supe", 286; — "Coplas hechas sobre un éxtasi de harta contemplación", 286-288, 290.

Cuesta, Andrés de la, 349 n. 27, 362, 363 t. y n. 37, 365.

Cultismo; su función estética, 327; — (s), 291.

Cultura occidental, su carácter greco-latino, 206 n. 1.

Curtius, 436 n. 21, 440 n. 27, 619.

Chacón, 98.
Chiabrera, 618.
Chiste conceptual, 22 n. 4, 350-357, 539-542; — su penetración en el petrarquismo, 540.

Dante, 40 t. y n. 3, 41 n. 4, 43, 203, 386, 486, 487, 488 t. y n. 9; — "Divina Commedia", 31 t. y n. 16, 32, 40 t. y n. 3, 41, 206, 386, 489; — "Vita Nuova", 40 n. 3, 44, 486, 488 t. y n. 8, 489; — versos citados: "Tanto gentile e tanto onesta pare" 42, 515; "Tan gentil, tan honesta, en su pasar", 41; "Mostrasi sì piacente a chi la mira" (Del son, "Tanto gentile..."), 486; "Ne li occhi porta la mia donna Amore" 487; Explicación de "Ne li occhi porta la mia donna Amore", 487 488; — "Rime", 40 n. 3.
Darío, Rubén, 95 n. 26.
Deformación articulatoria y significantes parciales, 30 n. 14.
Demetrio, 500.
Devoto, Giacomo, 482 n. 1, 593 n. 12.
Díaz de Ribas, 349 n. 27, 365.
Díaz Plaja, Guillermo, 227 n. 11, 467 n. 56.
Diego, Gerardo, 92-94, 279 n. 8; — "Saber que duermes tú, cierta, segura", 92; — "Alondra de verdad" 93 n. 24.
Diels, 172 n. 37.
Díez Echarri, 616, n. 12.
Diptongación, ausencia de, 276.
Divinización: 219-220, 222; — amplitud y persistencia en España, 222; — caballerías, 223; — coplas, 229; — fuentes, 263; — Garcilaso, 256-263; — — y S. J. de la Cruz, 219-268; — lírica, 226; — modos, 263-266; — y música, 226; — novela, 222, 226, 257; — — pastoril, 224; — de obras, 222, 226; — poesía, 257-258; — poesía amatoria italianizante, 263; — poesía culta italianizante, 235; — poesía eglógica, 262; — poesía italianizante, 235, 258, 263; — poesía tradicional, 225, 226-235; — su proceso, su momento cumbre, 256; — y D. Quijote, 224; — romances, 227: — Siglo de Oro, 225, 265; — siglo XV, 229, — siglo XVI, 226, 230, 247, 257-258; — siglo XVII, 226; — teatro, 224, 226; — de temas, 223, 226; — tiempos, 263; — tradicionalidad, 235; — villancicos, 232.
Dolce stil novo, 44, 69, 284.
Dolce, 316.
Donne, 554.
D'Ors, Eugenio, 573 ñ. 130.
Du Bellay, Joachim, 436.

Einstein, 175.
Elisiones, 77 n. 15.
Encabalgamiento: 68 n. 8, 107, 342, 384, 408, 627; — abrupto, 69 n. 8, 88, 89, 146, 147, 159, 338, 407; — — y Garcilaso, 71-72, 72-73; — — en Garcilaso y G. della Casa, 70; — en Góngora, 380; — suave, 65, 69 n. 8, 100, 202 t. y n. 28, 399, 407; — — y Garcilaso, 71-72; — técnica en G. della

Casa, 68-71; — ¿técnica en Garcilaso?, 67, 72; — valor expresivo, 69.
Encina, Juan del, 231 n. 20.
Endecasílabo: acentuación expresiva en 4.ª sílaba, 94, 95; — acentuación, en Garcilaso, 59; — — yámbica: valor expresivo, 60, 106; — bimembre, 330, 378, 384; — contrarios, 288; — dualidad, 106; — en S. J. de la Cruz, 276, 278-282; — — acentuación, 279-280; — — — condensación, 280; — — técnica, 279; — en Quevedo, 535.
Enjambement, 68.
Enrique IV, rey de Francia, 556, 559, 560.
Ensueño, 39.
Entendimiento en la intuición artística, 39.
Entonación, 24; — elemento del signo, 50.
Epicteto, 499.
Epicuro, 500.
Epifonema, 370.
Epíteto: abundancia en Garcilaso, 297, 302; — escasez en S. J. de la Cruz, 297, 298, 302-305; — y neoclasicismo, 304; — y romanticismo, 304; — tendencia a la estereotipación, 303; — y tradición renacentista, 304; — valor afectivo, 303.
Ercilla, A. de, 222 n. 5; — "La Araucana", 222 n. 5.
Eróstrato, 425 n. 6.
Escipión, 557.
Escolástica, 192.
Esdrujulismo, 382 n. 49.

Esdrújulo, acento: valor expresivo, 87.
España y la crítica, 205.
Españoles a lo divino, 251-268.
Espejo, Diego de, 241 n. 35; — "Dicen que por la hermosura", 241 n. 35.
Espinosa, Pedro de, 438 n. 25, 539 n. 74.
Espinosa Medrano, Juan de, 14, 87 n. 20, 344-347, 381.
Estacio, 564 n. 108; — "Tebaida" 564 n. 108.
Esteban Scarpa, Roque, 13.
Estética platónica, 198.
Estilística, y lo afectivo, 193, 401, 481; — confusión de lo afectivo e imaginativo, 485; — ciencia, 400; — Ciencia de la Literatura, 401-403, 483; — y concepto, 112; — y lo conceptual, 193, 485-489; — definida como ciencia del "habla" 590; — y diferencias para Bally, 481 n. 1; — — de Devoto y Marouzeau, 593 n. 12; — y forma exterior, 33; — y forma interior, 33, 412-416; — — necesidad del fomento del estudio de la forma interior, 415; — y Gramática, 485, 590; — y — diferencias para Bally, 588; — impropiedad de su nombre, 584; indagación —, triple aspecto, 490-491; — inexistencia de técnica, 11; — inmadurez científica, 402; — e intuición, 11; — — previa, 122; — límites, 12-13, 104-105, 395-416, 492; — — en Garcilaso, 47-108; — — teóricos, 583-595;

P. española. — 41

— lingüística, 400-401; — — y — literaria: relaciones, 400-401; — literaria, 401; — — y — lingüística, 400-401; — — definición, 401, 481; — en las literaturas clásicas, 194 n. 61; — método general, 121-122, 406-408; — métodos, 409; — — diversos, 11; — nombre poco grato, 10-11; — objeto, 194 t. y n. 60, 195, 196 n. 63, 197, 400, 404, 405-406, 412 t. y n. 11, 415, 483, 584, 590, 593; — — para Bally, 584; — perspectivas, 126, 414; — perspectivas de lo imaginativo, 485; — tres perspectivas, 489-490; — problemas, 406; — siglo XVII, 545, 548-555; — sincronía y diacronía, 195-196; — significante y significado, 403-406; — y tiempos verbales, 591 n. 10.

Estilo, 401, 482, 483, 486; — y lo conceptual, 485; — objeto de la estilística, 584; — su unicidad, 483.

Estoicismo pesimista en Quevedo, 498-499.

Estribillos, 23 n. 5.

Estrofa: alcaica, 129; — asclepiadea, 129; — elemento del signo, 50; — su función en el poema, 130; — horaciana, su imitación, 129; — intentos renacentistas, 129; — petrarquesca, 129, 130; — románica de la canción, 129; — sáfica, 129; — y significantes, 31; — transiciones interestróficas, 153; — en S. J. de la Cruz, 271-278; — — ruptura de la regularidad formal, 272; — — — menosprecio de la técnica y perfección externa, 272; — — — variedad, 278; — en el Polifemo, 317; — variación en Góngora, 379; — en Fr. Luis de León, 128; — — — actividad y viveza, 131; — — — su relieve, 411; — en Horacio, 129.

Estrofas: afinidades selectivas en su ordenación, 66, 107; — falta de continuidad en, 160; — grados ascensionales en, 176; relaciones entre —, elemento del significante, 405; — relaciones entre sus partes, elemento del significante, 405; — sus relaciones en la canción petrarquesca, 131; — transiciones interestróficas, 153, 155-157; — valor expresivo de su ordenación, 138-139, 140-141; — variaciones estilísticas, 153; — variación expresiva, 144.

Estructura climática, 198.

Estructuralistas, 592.

Evangelista, Fr. Juan, 253.

Fantasía e intuición artística, 38-39.

Faral, Edmond, 283 n. 13.

Faría y Sousa, 344-347.

Felipe II (rey de España), 226 n. 10.

Felipe III (rey de España), 556, 557, 578.

Felipe IV (rey de España), 448, 449, 451, 452, 578.

Fenaruola, 617.

Ferreres, Rafael, 242 n. 35, 350 n. 28.

Fiamma, 617.

Fielding, 206 n. 2.

Fronte en la lira de S. J. de la Cruz, n. 46.
Flora, Francesco, 71 n. 11.
"Flos Sanctorum", 255.
Fonema, elemento del signo, 49-50.
Forma: 32; — exterior, definición, 32-33; — — y estilística, 33; — — y forma interior, 32-33, 193-198, 412-416, 482; — — importancia de su estudio, 112-113; — — preferencia en la indagación estilística, 412; — — en Fr. Luis de León, 127-164; — — y forma interior, en Fr. Luis de León, 124-126; — — — su compenetración en la obra literaria, 193; — — en la Profecía del Tajo, 197-198; — — en la Oda a Salinas, 197-198; — — en Quevedo, 500; — interior, su conocimiento intuitivo, 413; — — y correlación poética, 437; — — definición, 33; — — y estilística, 33; estilística de la — —, 412-416; — — y forma exterior, 193-198, 414, 482; — — — coincidentes: poema, 198; — — necesidad del fomento de su estudio, 415; — — en S. J. de la Cruz, 277, 282; — — en Fr. Luis de León, 165-192; — poética, 49; — — y Garcilaso, 61.
Fóscolo, H., 71 t. y n. 11.
Francés: orden de palabras, 53.
Frase y significado, 30; — y significante, 30; — — (s), 30-31.
Freire, Isabel, 104, 302 t. y n. 42, 414, 421.

Fronte en la lira de S. J. de la Cruz, 276 t. y n. 5.
Fucilla, Joseph G., 221 n. 2, 502 n. 5.
Fuenllana, Miguel de, 251 n. 51; — "Orphénica Lira", 251 n. 51.
Fuentes de la divinización, 263.
Función imaginativa del lenguaje, 604-610; — — — elementos provocadores, 605-606.

Galileo, 591 n. 11.
Galvarriato, Eulalia, 267 n. 66.
Gálvez de Montalvo, 315.
Gaos, Vicente, 58 n. 4.
Garci-Sánchez, 232 t. y n. 23; — "Secáronme los pesares", 232.
García, P. Félix, 184 n. 50.
García Calderón, Ventura, 345 n. 24.
García Gómez, Emilio, 436 t. y n. 22.
García Lorca, Federico, 607.
Garcilaso, 10, 47-108, 114, 115, 116, 121, 122, 123, 124, 125, 128, 129, 131, 135, 136, 144, 153, 154, 163, 193, 194, 223, 235, 245, 259, 262, 263, 264, 265, 266, 274, 276, 278, 279, 283, 291, 297 t. y n. 37, 298 n. 37, 302, 304, 305, 317, 321, 322, 325, 328, 329, 330, 337, 378 n. 46, 385, 387, 406, 407, 408, 410, 412, 413 n. 13, 414, 419, 420, 421, 422, 428, 431, 437, 485, 490, 491, 492, 497, 543 t. y n. 81, 545, 576, 585, 605, 612 t. y n. 3, 614, 615 t. y n. 11, 616, 617 t. y n. 16, 618; — abundancia de adjetivos, 297; — acentos de su endecasílabo, 59; — acentuación expresiva, 78, 103;

— — yámbica, 75-76; — adjetivación, 103-104; — afinidades entre vocales y acentos, 60-61; — aliteración, 79; — dentro de la clasificación tipológica de la obra literaria, 492; — color, 83-84; — y S. J. de la Cruz, comparación de sus hablas poéticas, 304; — creación poética, 331; — defensa de un verso, 84-85; — a lo divino, 256-263; — elementos afectivos y sensoriales, 491; — encabalgamiento, suave y abrupto, 71-72; — ¿técnica en Garcilaso?, 67, 72; — — abrupto, 72-73; — endecasílabo acentuado en 4.ª sílaba, 94; — epíteto, su abundancia, 297, 302; — estructura bimembre de su endecasílabo, 330; — estructura bimembre de su octava, 74-75; — esquema del verso, 330; — expresión de la violencia, 86-88; — y Góngora, analogías y diferencias, 124; — forma poética, 61; — función representativa del ritmo, 58-60; — habla poética comparada con S. J. de la Cruz, 304; — halago sensorial y acentuación yámbica, 75-76; — herencia poética, 63-64; — hipérbaton, 55-57; — — elemento expresivo, 57-58, 80-83; — imitación, 79 n. 15; — — italiana, 62; — intuición selectiva de los tiempos verbales, 73; — lenta prolongación del movimiento, 63-67; — y Fr. Luis de León, significantes, 128; — y los límites de la estilística, 47-108; — melancolía, 99-101; — método para su estudio, 121, 406; — motivación del vínculo, 123; — muerte y belleza, 101-104; — mundo poético, 52; — orden de palabras y su función evocadora, 52-55; — paisaje, 52; — predominio de lo fonético y colorista, 524; — relaciones interestróficas, 66-67; — relaciones entre las partes estructurales de la octava, 72-73; reminiscencias de — en S. J. de la Cruz, 258-261; — ritmo yámbico, 88-90; — sensualidad, 61-62; — simetría bilateral en la octava, 74-75; — y Toledo, 86; — tópico del lugar ameno, 63; — valor expresivo de la sinalefa, 76-77; — versos despeñados, 92-94; — visión estática de Toledo, 91, 96; — "Cerca del Tajo en soledad amena" (Égloga III, fragmentos), 52; — "La soledad siguiendo", Canción III, 274-275; — "Canción a la flor de Gnido", 128, 297 t. y n. 37, 298 n. 37, 302, 304, 615; — "y en ásperas montañas", 302; — Égloga I, 488, 492; — Égloga II, 261, 492; — Égloga III, 53, 407, 492.

Gardner, W. H., 77 n. 15.
Garin, 464 n. 52.
Gelves, condesa de, 514.
Geminación verbal, 83.
Generación 1920-1936, 566.
Géneros inferiores, la voluntad práctica en, 39 n. 1.
Gigantismo, 367.
Gili Gaya, Samuel, 237 n. 31.
Giulian, Anthony A., 502 n. 5.

Goethe, 203.
Góngora, Luis de, 10, 29, 53, 55, 56, 68 n. 8, 81, 87 n. 20, 88 n. 21, 90, 93, 94, 95 n. 26, 96, 99, 115, 122, 123, 124, 135, 136, 144, 163, 207, 210, 235, 256, 266, 307-392, 406, 407, 408, 410, 412, 419, 420, 422, 428, 433, 434 n. 17, 436, 440, 441, 442 t. y n. 28, 443 t. y n. 29, 444, 445, 446, 449, 450, 452 t. y n. 40, 453, 454, 455, 456, 457, 461, 466, 467, 471, 474, 475, 476 t. y n. 56, 477, 478, 485, 491, 497, 531, 542 n. 80, 553 n. 91, 554, 566, 576, 585, 605, 627, 628, 629 t. y n. 3; —acento rítmico, 328; — aliteración, 321-322, 342, 369-370; — bifurcación del pensamiento poético, 320; — cambio de atributos, 377-378; — características de su lengua, 320; — centenario, 312; — color, 374-376, 377; — — y musicalidad, 380-382; — comentaristas, 333, 346; — comentaristas del siglo XVII, 319; — consecuencia imaginativa, 333-335; — contrastes, 322, 344; — consciencia de sus recursos artísticos, 322; — y la correlación, 439; — — en el Polifemo, 320; — creación poética, 331; cultismo en —, 327; — cultura greco-latina, 333; — chiste conceptual, 349-357; — tendencia al chiste conceptual, 358; — encabalgamiento, 342, 380; — epíteto, abundancia, 297, 302; — estilística en sus comentaristas, 346; — estructura bimembre de su endecasílabo, 329-330; — la estrofa en el Polifemo, 317; — expresión disyuntiva "A cuando no B", 320; — y Garcilaso, analogías y diferencias, 124; — y la generación 1924-1936, 311; — y Gerardo Diego, versos despeñados, 92-94; — genio idiomático, 366; — hipérbaton, 335-338; — — función expresiva, 338 - 342; — hipérbole, 325; — — (s), 336 n. 16; — —, su importancia, 366-369; — afición a las hipérboles de segundo grado, 373; — imagen, 566; — — expresionista barroca, 333-334; — — fonética de la oscuridad, 328-333; — — intuitiva, 323-324; — — del significado, 323-324; — — del significante, 321-323; — imitado por Lope de Vega, 440-455; — influencia de Herrera y Tasso, 387; — léxico: acero, 353; — — albogue, 367; — — caliginoso, 327; — — copia, 343; — — zurrón, 360-361; — libertad en el orden de palabras, 335; — logicismo de su sistema estético, 334; — y Menéndez Pelayo, 311; — método, 123-124; — el mito literario de Polifemo, 315-317; — mitología y ciencia antigua, 318-319, 323; — proliferación de elementos metafóricos de segundo grado, 373-374; — y la tradición metafórica renacentista, 372; — metáforas e hipérboles de segundo grado, 371-373; — y el método general estilístico, 123-124, 406; — método para su estudio,

317; — monstruosidad y belleza en el Polifemo, 313-392; — y la motivación del vínculo, 123; — narrador, 447; — paisaje, 325; — pausas asimétricas, 380; — pausa central en la octava, 379; — predominio de lo fonético y lo colorista, 491; — ¿una quiebra en su sintaxis?, 361-366; recuerdos de —, 309-312; — reiteración, 326; — restauración en Francia, 310; — y Rubén Darío, 310; — sinestesia, 383-385; — y el siglo XVIII, 309; — y el siglo XIX, 309; — tema de belleza, 385 - 387; — exacerbamiento del tema de belleza, 389-392; — el tema de Galatea, 370-385; — tema de lo monstruoso, 370, 387-389; — tema de la plenitud, 348-349; — y Toledo, 90-92, 96-99; — visión dinámica de Toledo, 91, 96; — y Pedro de Valencia, 357-358; — variación estrófica, 379; — y Verlaine, 310; vuelta a —, 309-312; — "Ero y Leandro", 579 n. 79; — "Favor que S. Ildefonso recibió de Nuestra Señora", 98 ("Al cerro baja, cuyos levantados", 90, 91, 98); — "Fábula de Píramo y Tisbe", 542; — "Las Firmezas de Isabela", 98 ("Esa montaña que precipitante", 91, 92, 93, 95, 97); — "Fábula de Polifemo y Galatea" (fragmentos estudiados: "Donde espumoso el mar siciliano", 318; "El ronco arrullo al joven solicita", 389-390), 407, 428, 440, 442, 443, 445, 447, 453, 455, 456 n. 42, 467, 468, 469, 474; — "Panegírico", 368; — "Soledades", 317, 324, 357, 358, 359, 373, 453, 455, 456 n. 42, 467 t. y n. 54, 55, 56, 474, 554; — "Teatro espacioso su ribera" (Son.), 449; — "Goza cuello, cabello, labio y frente" (Son.), 391; — "En dos lucientes estrellas", 372.

Gongorismo, 387 t. y n. 56, 533 t. y n. 91; — característica, 378; — y conceptismo, 376-377; — su continuidad sintáctica, 359-360.

González Palencia, 421 n. 1.

González de Salas, 500, 509 n. 22, 548, 549, 551 n. 91, 552 n. 91.

Goya, 528, 530, 577.

Goyri, María, 425 n. 6.

Graf, Arturo, 221 n. 2.

Gramática, 485, 590; — y Estilística, 485 (separación de la — y — para Bally, 588-589); — sin Estilística, 591 n. 10; — definición, 196 n. 63; — según Devoto y Marouzeau, 593 n. 12.

Grammont, Maurice, 50 n. 1, 68 n. 8, 69 n. 8.

Greco, El, 96, 97, 98; — y Toledo, 96-99.

Groto, Luigi, 431.

Guardo, Juana de, 422, 425.

Guillén, Jorge, 266.

Guzmán, Gaspar de (Conde-Duque de Olivares), 518 n. 41, 579 n. 135.

Habla: y lo conceptual, 607-608 nota 10; — literaria, reacciones tardías, 22-23 n. 5; — — su volun-

Índice de autores y materias

tariedad y conciencia para Bally, 585; — objeto de la Estilística, 196 n. 63; — (s): problemas que plantea su estudio, 401 n. 2; — usual y habla literaria: analogías y diferencias, 587; — su voluntariedad, 586.

Hablante: su consciencia, 587.
Hardung, 232 n. 23.
Heredia, Fr. Antonio de, 267 n. 66.
Herrera, Fernando de, 135, 386, 387, 422, 514, 617; — su influencia en Góngora, 387.
Hernández de Villalumbrales, 222 t. y n. 4, 224; — "El caballero del sol", 222, 223.
Hernández Vista, Eugenio, 64 n. 6.
Hieratismos bíblicos, 291.
Hipérbaton, 55-58, 106, 135-137, 143, 338, 384, 399; — característico del siglo XVI, 135 t. y n. 8, 136 t. y n. 9; — y la crítica del s. XIX, 136; — en S. J. de la Cruz, 281; — en Góngora, 333-338; función expresiva del — en Garcilaso, 80-83; — — en Góngora, 338-342; — y polisíndeton, 138; — problema estético, 346; — en Lope, 446.
Hipérbatos, 337 n. 17.
Hipérbole, 145; — y contraste, 369-370; — en la poesía renacentista, 367-368; — en el Barroco, 369; — en Góngora, 326, 366 n. 16; — su importancia en Góngora, 366-369; — en Quevedo, 533; — sus orígenes, 369; — e imagen, 533; — (s) de segundo grado en Góngora, 373
Hita, Arcipreste de, 284 n. 17.

Hopkins, G. M., 77 n. 15, 266.
Horacianismo: en Fr. Luis de León, 411; — español, 617.
Horacio, 62, 127, 128, 129, 130, 132, 133, 134, 143, 150, 152, 153, 154, 160, 161, 163, 164, 166 n. 28, 188, 194, 198, 264 n. 65, 410, 568 n. 114, 616 n. 13; — clímax y anticlímax en su oda, 198; la estrofa en —, 129; transiciones interestróficas en —, 153-154; — "El Vaticinio de Nereo", 152 n. 21; — y "La Profecía del Tajo", 132-153.
Humor, 531.
Hugo, Víctor, 69 n. 8.
Hurtado de Mendoza, Diego: "Fábula de Adonis", 66 n. 7; — "Tan mansa y sosegada cercando iba", 66 n. 7.

Ignacio de Loyola, 224.
Ilíada, 206.
Imagen, 485-486; — absurda, 351-357; — acústica, 20-21; — dirección ascendente, 323-324; — cinética, 566, 607; (— — en Quevedo, 566); — chistosa, 355-358; — expresionista en el barroco, 324, 333-334; — en Góngora, 566; — e hipérbole, 533; — intuitiva, 323; — poética, 350 (— — expresionista, 350); — — renacentista, 323, 351; — en Quevedo, 566; — su afectivismo en Quevedo, 567; — procedimientos de consecución en Quevedo, 566-571; — vinculación del plano real e irreal en Quevedo, 568; — renacentista, 323-351; — (s)

sensoriales, 485; — en el siglo XVII, 567.

Imaginativo (lo), y lo afectivo: su confusión en los estudios estilísticos, 485 (—, lo — y lo conceptual: su indivisibilidad, 489-490); —: su presencia en la obra literaria, 485; —: sinestesia, 29.

Imitación, 79 n. 16; — y arte, 64; — conceptual, 66 n. 7; — formal, 66 n. 7; — italiana en Garcilaso, 62-64; — y originalidad en el Renacimiento, 67-68.

Inconsciencia y consciencia en la creación literaria, 586.

Indagación literaria: triple carácter, 492-493.

Intensidad, 25; — y significantes parciales, 24 n. 7.

Interjecciones, 22 n. 4.

Interlocutor: y la lengua hablada, 586.

Interrelaciones, 409.

Intuición, 113, 292, 492, 594; — artística, 38-39, 493 (— — y voluntad, 38; — e intuición científica, 38-39); — afectiva, 38, 493; — científica, 38-39, 493 (— — e intuición literaria, 484); — del autor, 38; — del lector, 38, 44-45 (— — y novela, 39); la — en la estilística, 11; — en la unicidad de la obra de arte, 398-399; — fantástica, 38, 493; — individual del lector, 489; — intelectual, 493; — literaria y afectividad, 38 t. y n. 2; — totalizadora, 38-41, 400, 405, 484 (— — y obra literaria, 38);

—: triple carácter, 492-493; — (es) parciales e intuición totalizadora, 39-41; — previa: su necesidad, 122, 409-411; — selectiva, 406; — y significado, 30.

Isabel (mujer de Lope), 421, 422.

Isabel de Jesús, 250.

Isidoro, San, 620.

Italiano: apócope, 537 n. 72; — sinalefa, 537 n. 72.

Jiménez, Juan Ramón, 266, 286, 436; — Laberinto, 286.

Jiménez Patón, 437, 438.

Jörder, Otto, 424 t. y n. 4.

Judá Leví, 621.

Juego infantil, 39.

Julián, Conde D., 132.

Juvenal, 500, 523.

Keniston, 611 t. y n. 1, 616 n. 14, 617 n. 16.

Kepler, 175.

Knapp, 286.

Krynen, 254 n. 55.

La Fuente, Vicente, 248 n. 43, 249 n. 44.

Lafuente Ferrari, 424, 425 n. 5.

Laín Entralgo, Pedro, 572 n. 129.

Lapesa, Rafael, 51, 282 n. 13, 283 n. 13.

Laura, 424.

Lauro, Pietro, 222 n. 4.

Lazicizius, 601 n. 3.

Lector (el), 37; — como artista, 201; — su intuición, 38, 44-45; (— — en la novela, 39); — y la obra

poética, 203; — verdadero artista, 206 n. 2.
Ledesma, 257.
Lengua, 195-196 n. 56; — objeto de la gramática, 195-196 n. 56.
Lenguaje: sus tres funciones, 589-590; — función imaginativa, 604-610; — inafectivo: pura abstracción, 591 n. 11; — posibilidades de la comunicación de lo sensorial, 603; — unión íntima de lo afectivo y conceptual, 605 n. 3.
León Hebreo: — "Diálogos de amor", 462 n. 50.
León, Fr. Luis de, 10, 63, 109-198, 207, 264 n. 65, 278, 279, 331, 409, 410, 411, 412, 415, 419, 420, 421, 422, 428, 490, 491, 497, 576, 616 t. y n. 13 y 14, 617 t. y n. 16, 618, 620, 621; — actividad y viveza en su estrofa, 131; — anticlímax, 149-153; — armonía y desarmonía, 173, 190-191, 197; — ascética, 160, 166-167; — asíndeton, 145, 148 (— — y su valor expresivo, 139-140); — autenticidad de la estrofa 5.ª de la Oda a Salinas, 183-187; — brevedad lírica, 158; — características de su arte, 166; — clímax, 146-159; — clímax y anticlímax, 160; — concesión lírica, 146; — contemplación de Dios: origen de la armonía, 176-178; — creación poética, 331; cristianismo de —, 191-192 (— —, pitagorismo y estoicismo, 169); — de la canción petrarquesca a la oda clásica, 160-164; — su deseo de huida, 168-169; — dramatismo dolorido, 166 n. 29; — encabalgamiento abrupto, 146, 147, 159; — escala mística, 188; — estrofa, 128; — — grados ascensionales en sus estrofas, 176; — — valor expresivo de la ordenación de sus estrofas, 138-139, 140-141; — — variación expresiva en sus estrofas, 144; — estructura de la Oda, 153-154; — estructura climático - anticlimática de su oda, 411; estructura climática, 188; — forma exterior, 127-164 (— — en la "Profecía del Tajo", 197-198; — — y forma interior, 193-198); — forma interior, 165-192 (— — en la "Oda a Salinas", 197-198; — y forma exterior, 121-164); — y Garcilaso, significante, 128; — hipérbaton, 135-137, 138 (— — y polisíndeton, 138); — hipérbole, 145; — y Horacio, 132-134, 142-143, 148 n. 17; — superación de Horacio, 164; — y Horacio: analogías y diferencias, 127-128; — su técnica horaciana, 129; — su horacianismo, 410 - 411; — intuición, 331, 410; — la lira, 128 - 130; — la unión en la armonía, 180 - 182; lo medieval y lo renacentista en —, 133; — y la mística, 166 t. y n. 24, 180-182, 188, 191, 192; — métodos para su estudio, 125-126; — motivación del vínculo, 115 t. y n. 5, 123; — música de las esferas, 174-176; — nostalgia del proscrito, 188-190; — la oda, 409-411; — oda y relaciones interestróficas, 194-195;

— "Oda a Salinas": predominio de lo conceptual, 491; — polisíndeton, 137-138; — pitagorismo, 172-180, 186; — su preocupación estilística, 115; — "Profecía del Tajo", predominio de lo afectivo, 491; — relaciones interestróficas, 131-132; — relieve de la estrofa, 410; — sobre la "Inmensa cítara", 178-180, 619-621; — transiciones interestróficas en —, 155-157; — variación estilística, 158, 160; — vida y obra, 167-170; — vinculación gráfica entre significante y significado, 116 t. y n. 7; — "Exposición del Libro de Job", 168 n. 30, 185 t. y n. 55, 186 t. y n. 56; — "In cantica canticorum Salomonis explanatio", 168 n. 30; — "Los nombres de Cristo", 115 t. y n. 4, 116 n. 5, 117 n. 8, 181 n. 49, 184, 185 t. y n. 53, 186, 191; — "Oda a Salinas", 170-187, 191, 193, 414, 415, 428, 491; — la "Profecía del Tajo", 132-153, 160, 188, 194, 491; — — y "El Vaticinio de Nereo", 132-153; — "Ya dende Cádiz llama", 279; — "A la vida retirada", 127, 154-159, 188; — "Bien como la ñudosa" ("A Felipe Ruiz"), 167; — "Dichoso el que jamás ni ley, ni fuero" ("En una esperanza que salió vana"), 169; — "Diéronte bien sin cuento" ("Al nacimiento de la hija del Marqués de Alcañices": "Inspira nuevo canto"...), 174-175; — "Escribe lo que Febo" ("Al licenciado Juan de Grial"), 170; — "Morada del cielo" ("Alma región luciente"), 189-190; — "Mi trabajoso día", 161 n. 26; — "Noche serena" ("Cuando contemplo el cielo"), 189; — "Quien mis cadenas vas al cielo" ("Al apartamiento"), más estrecha y cierra" ("Vida retirada"), 168-169; — "Sierra que 169; — "Virgen, que el sol más pura", 161 n. 26.

Lerch, Eugen, 599 n. 2.
Lerma, Duque de, 451.
Lerma, Duquesa de, 368, 556.
Léxico: "acero", 353-354; — "afufarse", 530 t. y n. 57; — "albogue", 367; — "amartelado", 546; — "arrebozar", 571; — "azudes", 99 n. 27; — "bestia", 547; — "bola", 546; — "buchornos", 546; — "cabrío", 336 n. 15; — "caliginoso", 327; — "canícula", 566 t. y n. 112; — "copia", 343; — "cortar", 85; — "cuento", 145 n. 16; — "dividir", 84; — "extremado", 171; — "facinorosa", 546; — "fárrago", 382 n. 29; — "fonte", 276; — "hartarse", 545; — "impúdico", 382 n. 29; — "medula", 382 n. 49 y 570; — "melancólico", 341; — "pasadizo", 551; — "resollar", 546; — "somorgujar", 80, 545; — "sordo", 367 n. 41; — "tropezón", 546; — "vértigo", 382 n. 49; — "zurrón", 360-361.

Lida, M.ª Rosa, 259, 283 n. 13, 502 n. 5.
Lida, Raimundo, 498 n. 1.
Lira, 128-131, 273, 278; — y S. J. de

la Cruz, 274, 278; — y siglo XVI, 274; — — en el siglo XVI y XVII, 615-617; — en Bernardo Tasso, 612; — sus orígenes, 611-618.
Lírica a lo divino, 226 (— — inexistencia del plagio, 248).
Literatura, Ciencia de la —, 397-399, 416 t. y n. 15, 483; — del pasado y la crítica, 209; — española, su tendencia, 265 (— — a lo divino, 220, 223); — italiana a lo divino, 221; Filosofía de la —, 416; Historia de la —, 205, 208 (— —, su inexistencia, 207); — —, su objeto, 208.
Lógico (lo). Vid. Conceptual (lo).
Lope Félix (hijo de Lope de Vega), 422.
López de Aguilar, 458 t. y n. 45, 459, 462 n. 50.
López Estrada, 244 n. 40.
López Portillo, José, 171 n. 35.
López de Úbeda, 227, 228 t. y n. 12, 257; — "Cancionero general de la Doctrina Cristiana", 257; — "Mira el limbo, Lucifer", 228; — "Vergel de flores divinas", 257; — "Moriros queréis, mi Dios", 227.
López de Vega, 207.
Losa, Andrés de la, 258; — "El caballero de la clara estrella", 258.
Lucrecio, 162 n. 27.
Lugo y Dávila, Francisco, 207; — Novelas morales, 207.
Luján, Micaela de, 422, 423, 425 n. 5.
Lunarejo, Vid. Espinosa Medrano.

Llobera, P., 136 n. 10, 141 n. 15, 142 n. 16, 183 n. 50, 184 n. 50 y n. 51.

Macrobio, 172 t. y n. 37.
Machado, Antonio, 56, 152, 178, 256; — "...dejar quisiera", 256.
Machado, Manuel, 96 n. 26, 152, 411, 430 n. 12.
Malipiero, 221.
Mallarmé, Stéphane, 266, 311.
Manrique, Gómez, 229; — "Callad vos, Señor", 229.
Marañón, Gregorio, 518 n. 41, 594 n. 13.
Marcela (hija de Lope de Vega), 422, 427.
Marcelino, 177 n. 44.
Marcial, 500, 547 n. 85.
Marco Aurelio, 499.
Margarita de Austria, Sor, 556.
Marías, Julián, 20 n. 1, 172 n. 37.
Marín Ocete, 242 n. 36.
Marinismo, 387 n. 56.
Marino, 316, 387, 554.
Marmitta, 617.
Marouzeau, 593 n. 12.
Manierismo, 387 n. 56, 440 n. 27; — petrarquista en Lope, 431-440.
Marsilio Ficino, 414, 462 t. y n. 50, 464 n. 52.
Medrano, Francisco de, 130, 135, 136 n. 10, 152 t. y n. 21, 161, 162 t. y n. 27, 163, 411, 440 n. 27, 514 t. y n. 36, 516 n. 38, 617; — "Y tú, que el triunfo creces" (Oda Al Apartamiento), 161-162.
Mele, 62 n. 5, 63 n. 6, 64 n. 6, 72 n. 12, 612 n. 3.
Melzi, 222 n. 4.
Memoria, 38.

Mendoza, Fr. Íñigo de, 231; — "Eres niño y has amor", 231.
Menéndez Pelayo, Marcelino, 164, 166 t. y n. 28 y 29, 176 n. 43, 189 n. 57 y 58, 210 t. y n. 5, 215 t. y n. 8, 221, 222 n. 4 y 5, 223 t. y n. 5, 224, 225 n. 8, 231 n. 18, 232 n. 21, 238 n. 32, 310, 311, 345 t. y n. 23, 357, 617, 620; — y Góngora, 327.
Menéndez Pidal, Ramón, 225 n. 8, 227, 289 n. 22, 292 n. 29, 329 n. 9, 436 n. 21.
Meneses, Juan de, 237; — "Porque es tormento tan fiero", 237.
Metáfora, 531, 606 n. 5; — impura, 333 n. 13; — de segundo grado, su tradición, 371-372; — en el Siglo de Oro, 22 n. 4; — lexicalización, 323; Proliferación de la —, 373-374.
Método: del presente libro, 9-10; —, su diversidad para cada indagación estilística, 11; — estilístico para S. J. de la Cruz, 270; — — aplicable a Fr. Luis de León, 125-126; — — — a Quevedo, 497; — — — a Lope, 419-420; — — diferente para cada obra, 410; — estilístico, necesidad de la intuición previa, 410; — general estilístico y S. J. de la Cruz, 122-124; — — — y Góngora, 123-124; — (s) estilísticos, 419.
Migliorini, Bruno, 11 n. 1.
Migne, 177 n. 44.
Milá y Fontanals, 166 n. 28.
Millé, 90 n. 22, 91 n. 23, 372, 449 n. 37, 450 n. 38, 452 n. 40, 530 n. 57, 627.
Milner, Zdislas, 365, 366.
Mirandola, Pico della, 414, 457, 459, 462 t. y n. 50, 463 n. 52, 464 t. y n. 52 y 53; — "Heptaplus de opere sex dierum geneseos", 457, 460 n. 48, 464 t. y n. 53, 465 n. 53.
Mística, 178, 180 - 182; —, escala, 188; — expresión poética, 266; — y Fr. Luis de León, 166 t. y n. 29, 188, 192; — vía purgativa, iluminativa y unitiva, 411; — universal y lo español, 265.
Mitología, 85, 102, 318-319, 323, 444 n. 31, 541.
Modernismo, 215.
Montemayor, 249.
Montesino, Fr. Ambrosio, 231, 232 n. 21; — "Desterrado parte el niño", 231.
Montesinos, José F., 424 n. 5, 429 t. y n. 10 y 11, 431, 432 n. 13, 433 n. 15, 438 n. 26, 454 n. 41, 461 n. 50, 476 t. y n. 65.
Morales, 456 t. y n. 42.
Moreno Báez, Enrique, 88 n. 20.
Morfología y sintaxis, 592.
Mosen Cinto, vid. Verdaguer, Jacinto.
Motivación y arbitrariedad del signo, 32 n. 17; — del vínculo entre significante y significado, 123, 144, 382 n. 49, 384, 408.
Mucio Escévola, 556.
Muñoz Cortés, Manuel, 498 n. 1, 528 n. 54.
Muñoz Sendino, 264 n. 65.
Música, 184; — y divinización, 226.

Musicalidad y color en Góngora, 380-383.

Naert, 599 n. 1.
Navarro Tomás, 329 n. 9.
Neoclasicismo, 215; — y epíteto, 304.
Neoplatonismo en Lope, 461 n. 50.
Nereo, 133.
Nervo, Amado, 382 n. 49.
Nevares, Marta de, 414, 465.
Newman, 260 n. 62.
Newton, Isaac, 175.
Novela: a lo divino, 222, 226, 257; — e intuición del lector, 39.
"No sé qué": abolengo petrarquista, 285; —, antecedentes literarios y psicológicos, 285 t. y n. 19, 286; coplas del —, 238-242.

Obra: de arte, conocimiento científico, 10; — —, su individualidad o unicidad, 398; — —, teoría de su devenir, 206 n. 2; voluntad práctica en la — —, 39 n. 1; — literaria: ahistórica, 205-207; —, definición, 204; — —, compenetración de la forma exterior e interior, 193; — —, su eternidad, 206; — —, intuición totalizadora, 39; — —, limitación de su indagación científica, 594; popularidad y colectivismo en la — —, 227; presencia de lo afectivo en la — —, 484; presencia de lo imaginativo en la — —, 484; — —, problemas de su conocimiento científico, 397-398; — sistematización homológica de la — —, 399; — —, tipos básicos de su caracterización, 491-492; triple punto de mira para una clasificación tipológica de la — —, 490-492; — —, unicidad, 483; unidad de sentido de la — —, 31 n. 16; — poética: auténtica, 204-205; — — y la clasificación tipológica, 399-400; primer conocimiento de la — —, 35-45; segundo conocimiento de la — —, 199-216; tercer conocimiento de la — —, 395-416; — — posibilidad de su conocimiento científico, 397; — — simulada, 204-205.

Octava: en el Barroco, 378; —, final bimembre en Lope, 445; —, estructura renacentista, 378; pausa central en la —, 76, 82, 379; — relaciones entre sus partes estructurales, 72-73; simetría bilateral en la —, 74-75, 107, 378.

Oda, 127; — su continuidad, 180; — su estructura, 153-154; la — de Fr. Luis de León, 411; — y relaciones interestróficas en Fr. Luis de León, 194; — clásica: su continuidad estrófica, 163; — horaciana, clímax y anticlímax, 198; — no horaciana en Medrano, 161-163.

"Odisea", 315.

Olivares, Conde Duque de. Vid. Guzmán, Gaspar de.

Olmedo, P. Félix G. de, 264 n. 65.

Onís, Federico de, 115 n. 5, 181 n. 49, 184 n. 51.

Onomatopeyas, 600.

Opilación, 351.

Oración a lo profano, 231 n. 20.

Orden de palabras, 55; —— en alemán, 53, 335; —— en castellano, 53, 335; —— elementos del significante, 409; —— complementos introducidos por *de*, 337-38; —— y Crítica Literaria, 53; —— en francés, 53, 335; —·— en la lengua poética, 57; —·— en la lengua usual, 57; —— su libertad en Góngora, 335; —— su poder evocativo, 52-55, 136-137; —— y ritmo, 57; —— y rima, 57; —— su valor estilístico, 409; —— su valor expresivo, 53, 409.

Orozco Díaz, Emilio, 510 n. 23.
Ortega y Gasset, José, 14.
Osorio, Elena, 421, 429.
Osuna, Duque de, 452 n. 40, 556.
Ovidio, 63 t. y n. 6, 64 t. y n. 6, 66 n. 7, 315, 318, 367, 442, 443, 444 n. 31, 447, 450, 564 n. 108; — "Metamorfosis", 63, 316, 442, 444 n. 31, 564 n. 108; —— "Degravat Aetna caput; sub qua resupinus arenas", 319; —— "Invenio sine vortice aquas, sine murmure euntes", 63.

Pacheco de Narváez, 523.
Padilla, Pedro de, 228, 239, 241 n. 35, 257, 286; — "Jardín Espiritual", 228 n. 14, 240, 257; —— "Sospiros que al cielo ides", 228; — "Thesoro de varias poesías", 239, 240 n. 34 [Por sola la hermosura, 239]; — "Coplas del 'No sé qué' ", 257.
Paisaje: barroco, 325, 333; — en Garcilaso, 52.

Palabra: afectivismo y volición de su carga psíquica, 591 n. 11; — y cosa, 599-600; — elemento del signo, 50; — y significante, 29, 30, 31; —: afinidades selectivas en su disposición, 106; — expresivas, 606 n. 5; orden de —, 55; —— en alemán, 53, 335; —— en castellano, 53, 335; —— elementos del significante, 435; —— —, complementos introducidos por *de*, 337-338; —— y Crítica Literaria, 53; —— en francés, 53, 335; —— en la lengua poética, 57; —— en la lengua usual, 57; —— su libertad en Góngora, 335; —— su poder evocativo, 52-55, 136-137; —— y ritmo, 57; —— y rima, 57; —— su valor estilístico, 409; —— su valor expresivo, 53, 409.

Papini, 203.
Paravicino, Fr. Hortensio de, 98, 455.
Paris, 133.
Pastoril: a lo divino, 224.
Paterno, 617.
Pausa: central en la octava, 76, 82, 379; — rítmica, 72.
Pedro, Diego de San, vid. San Pedro, Diego de.
Peers, Allison, 259 n. 62, 260 n. 62, 267 n. 66.
Pelayo, Don, 501.
Pellicer, José, 311, 349 t. y n. 27, 356 n. 33, 361 n. 35, 362, 363, 365, 367 n. 41, 371, 445, 448, 461; — "La Fama Póstuma", 445.
Percopo, 540 n. 77.

Pérez Gómez, Antonio, 221 n. 2.
Pérez Sigler, 315.
Persio, 500, 523, 568 n. 115.
Petrarca, 160, 161 t. y n. 26, 203, 235, 275 n. 4, 285, 351, 372, 386 t. y n. 55, 387 t. y n. 56, 390, 391, 392, 424, 431, 432 t. y n. 14, 433 n. 17, 434 n. 17, 503, 507, 508, 509, 514, 543 n. 81, 562, 624, 627; — a lo divino, 221; — sus huellas y elementos estéticos, 386-387; — "Canzoniere", 372 n. 43, 390 n. 58, 507 n. 13, 508 t. y n. 17, 509 n. 20, 21, 22, 510 n. 24, 514, 562; — — "Amor s'e in lei con onestate aggiunto", 285; — — "L'ardente nodo ov'io fui d'ora in ora", 509; "...La testa or fino e calda neve il volto", 390, 510; "Chiare, fresche e dolci acque", 275 n. 4; "Dicesett'anni ha già rivolto il cielo", 509; "Ov'è'l bel ciglio e l'una e l'altra stella", 372; "Pace non trovo e non ho da far guerra", 432; "Rimansi addietro il sestodecim anno", 508; — "Tennemi Amor anni ventuno ardendo", 509.
Petrarquismo, 386 n. 55, 507; —: amoroso en la poesía de Quevedo, 626-627; — cómputo de los años de pasión, 508; — colores alegres, 509; — contrarios, 623; — y el chiste, 540; — español, 387; — "No sé qué" 285; — en Quevedo, 502-509; bifurcación por contrarios del — en Quevedo, 504-506; dualidad conceptual del — en Que-

vedo, 503; — en Quevedo, parejas trimembres, 507.
Pimentel, Enrique, 455, 456 n. 42.
Pitágoras, 172.
Pitagorismo, 126, 172, 186, 619-621; — en Fr. Luis de León, 169, 172-180.
Plagio: su inexistencia en la literatura a lo divino, 248.
Platón, 173, 184, 192, 460 t. y n. 48, 462, 620; — "Convite", 620; — "Fedro", 620.
Platonismo, 126; — amoroso en Quevedo, 517; — en Garcilaso, 52; — en Lope, 461 n. 50; — renacentista, 516 n. 38.
Plotino, 462, 620.
Poema: forma exterior e interior coincidentes, 198; — y significante, 31.
"Poema del Cid", 56.
Poesía: amorosa, su altitud en Quevedo, 519; — burlesca de Quevedo, 528-538; — — de —: su importancia, 537-538; — cortesana y popular: su fusión hacia lo divino, 235; — a lo divino, 231 n. 20, 257; — eglógica a lo divino, 262; — europea del siglo XVI, 164; — italiana, 283 n. 13; — amatoria italianizante a lo divino, 263; — culta italianizante a lo divino, 235; — italianizante, 277, 284; — — a lo divino, 257; — española, 257 n. 60; — como problemas, 395-396; adjetivo en la — renacentista, 302; — tradicional, 277; — — a lo divino, 225, 227-235; — — y siglo XX, 225 n. 8.

Poetas: alejandrinos, 116; — a lo divino, 256-257; — metafísicos ingleses, 116, 554; — reflexivos e instintivos, 266-267.

Poética: procedimiento de estructuración —, 561.

Poético: el fenómeno —, necesidad de la experiencia inmediata para su estudio, 396.

Polisíndeton, 137-138, 143, 457 n. 6.

Ponce, Fr. Bartolomé, 224, 257; — "Clara Diana a lo divino", 224, 257.

Popularismo y colectivismo en la obra literaria, 227.

Proust, Marcel, 57.

Quevedo, Francisco de, 10, 163, 312, 324, 376 t. y n. 45, 414, 422, 424 n. 4, 475, 491, 495-580, 622-629; — adaptación de formas y pensamientos antiguos, 500; — adjetivación de sustantivos, 529; — afectividad y pesadumbre en su imagen, 565-572; — la — y los temas, 555-561; — lo afectivo, 498, 536; — altitud de su poesía amorosa, 519; — su amarga filosofía de Amor, 521; — amplitud de aspectos en su obra artística, 502; — un arte desmesurado, 572-574; — bifurcación por contrarios, 505; — lo burlesco y lo sentencioso, 536; — dos calas en su estilo, 622-629; — capacidad afectiva, 529; — características de su estilo, 528-529, 555, 569; — caricatura, 533; — color, 509-513; — colores alegres, 510; — combinación de rimas "-ojos" / "-íos", 625-629; — cómputo de los años de pasión, 509; — condensación conceptual, 498, 529, 534-535, 537; — — — e hipertrofia de lo imaginativo, 491; — contraste de vocales, 567·— convivencia de lo burlesco, moral y satírico, 528; — correlación poética, 507; — su cristianismo, 499, 523; — el chiste, 539-542; — choque afectivo en temas renacentistas, 561-565; — choque de dos mundos en su arte, 538-545; — el desgarrón afectivo en su poesía, 497-580; — diversidad de su aspecto poético, 517; — dualidad conceptual petrarquista, 503; — elementos petrarquistas, 503-509; — endecasílabo, 535; — escepticismo y paganismo, 523; — español desilusionado, 577-580; — estilo de sus poesías amorosas, 622-625; — estoicismo y pesimismo en sus sonetos morales, 522; — exageración de contrarios, 505; — su expresión, 539-540; — expresión afectiva, 501-502; — expresiones vulgares en su lengua poética, 545; — falta de compulsación de sus fuentes, 502 n. 5; — falta de cronología en su obra, 502-503; — fórmulas expresivas de dolor, 571-572; — gongorismo, 565-566; — hipérboles, 533; — humanidad de su chiste, 541; — humor, 531; — imagen, 566; — — cinética, 566; — — e hipérbole, 533; — — intensamente afectiva, 565-572; — imágenes hiperbólicas, 558; — importancia de la poesía burlesca, 537-538; — indiferenciación de sus aspectos poéticos, 538; — su inmensa pesadumbre, 569; — léxico: "afufarse", 530 t. y n. 57 (— "arrebozar", 571); — — "medula", 570; — locuciones populares, 535; método estilístico aplicable a —, 497; — la muerte, 524; — muerte y "no ser", 525; — mundo caballeresco, 542; — mundo mitológico y legendario, 541; — novedad artística, 551; — novedad formal de su pensamiento, 499; — originalidad de su arte, 500; — originalidad y tradicionalidad de su pensamiento, 499; — pareja de contrarios "fuego"-"nieve", 506-507 (—, su predominio en su poesía temprana, 507); — pensamiento estoico, 498-499; — pensamiento poético, 498-502; — pesimismo cínico, 531; — petrarquismo, parejas trimembres, 507; — platonismo amoroso, 517; — la poesía burlesca y la creación idiomática, 528-538; — poesía burlesca endecasilábica, 528; — poesía sagrada, 527; — poeta de amor, 513-522; — poeta angustiado y pesimista, 574-577; — poeta moderno, 551-553; — poeta petrarquista, 502-509; — su posición ante el amor, 499; — problemas de los sonetos morales, 522-527; — procedimiento de estructuración poética: el arroyo, 561-562 (—: la fuente risueña, 563; — lucha de toros, 564;

— el Vesubio, 562-563); — reacción ante la muerte de Enrique IV, rey de Francia, 599 n. 101; — recuerdo petrarquesco, 549; — renovación de temas tradicionales, 561; — lo satírico en los sonetos morales, 523; — sentido de su amor, 514-522; — soneto, 534-535; — — cambio de movimiento estilístico, 627-628; — de carácter grave, 523; — de carácter satírico, 523; — morales, su matiz ético, 523; — sufijación, 529; — técnica de contrarios, 623; — tema de la hermosura, 521-522 (— "de los ríos de lágrimas", 624-625; — "de la salamandra", 623-624); — ternura y zumba, 538; — en la tradición renacentista, 560; — transvasaciones idiomáticas: giros, 542-545 (— —, léxico, 545, 548); — y Lope de Vega, 572; — y Lope de Vega: "espíritu popular", 578; — vitalismo, 552; — visión aliviadora de la muerte, 525; — "Buscón", 497 n. 1; — Composiciones a "Lisi", 514; — "Necedades de Orlando", 542; — Sueños, 523; — "Sonetos a la muerte de Enrique IV rey de Francia", 559-560; — "¡Ah de la vida! ¿Nadie me responde?", 544-545; — "Aguarda, riguroso pensamiento", 552; — "Amar y no merecer", 552 n. 91; — "Amarili, en tu boca soberana", 512; — "Antes que el repelón, eso fue antaño", 534; — "Antes que sepa andar el pie, se mueve", 525; —

"Atrás se queda, Lisi, el sexto año", 508; — "Bermejazo platero de las cumbres", 530; — "Bostezó Floris, y su mano hermosa", 511; — "Cerrar podrá mis ojos la postrera", 526; — "Cuando de que me vi libre me acuerdo", 549; — "De esotra parte de la muerte dura", 525; — "Diez años de mi vida se ha llevado", 508; — "Diez galeras tomó, treinta bajeles", 557-558; — "Digo pues que yo te quiero", 553 n. 91; — "En los claustros del alma la herida", 570, 575; — "En sustentarse entre los fuegos rojos", 628; — "En tierra sí, no en fama, consumida", 560; — "Espíritu desnudo, puro amante", 519; — "Fábula soy del mundo y de la gente", 549-550; — "Faltar pudo su patria al grande Osuna", 557; — "Fuente risueña y pura que a ser río", 563; — "La gente esquivo y me es horror el día", 575; — "Hizo sentir el ancho mar su peso", 556; — "Hoy cumple amor en mis ardientes venas", 508; — "La lumbre que murió de convencida", 566; — "La primera moradora"..., 571; — "Mandóme, ay Fabio, que la amase Flora", 517; — "Mi vida misma es causa de mi muerte", 506; — "Militó tu virtud en tus legiones", 556; — "Miré los muros de la patria mía", 579-580; — "Mucho del valeroso y esforzado", 543; — "Ni con intento de gozar ofendo", 515; — "No es artífice, no, la simetría", 522; — "Ostentas de prodigios coronados", 506; — "Pasaba el tiempo en ejercicios rudos", 550; — "Piedra soy en sufrir pena y cuidados", 547; — "Qué preciosos son los dientes", 541 n. 79; — "¿Qué pretende el temor desacordado?", 524; — "Que vos me permitáis sólo pretendo", 515; — "Quien no teme alcanzar lo que desea", 516; — "Rígidas con el precio de la sierra", 557; — "Salamandra frondosa y bien poblada", 562-563; — "Si a una parte miraran solamente", 538; — "Si bien el palor ligustre", 553 n. 91; — "Si el mundo amaneciera cuerdo un día", 535; — "Si mis párpados, Lisi, labios fueran", 520; — "Si te detiene el sol ardiente y puro", 504; — "Si viene a mejorar (sin merecello)", 512; — "Su mano coronó su cuello ardiente", 559; — "Supe de amor en el tormento y potro", 550; — "Suspiros, del dolor mudos despojos", 521; — "Torcido, desigual, blando y sonoro", 562; — "Tú ya, oh ministro, afirma tu cuidado", 577-578; — "Un godo que una cueva en la montaña", 500; — "Velo soñando y sin dormir recuerdo", 505; — "Ven ya, miedo de fuertes y de sabios", 525; — "¿Ves con el polvo de la lid sangrienta...?", 564; — "Voz tiene en el silencio el sentimiento", 520; — "Y antes que viera del amor las lides", 550; — "Ya formidable y espantoso suena", 524; — "Ya la insana Canícula, ladrando", 568.

Rabelais, 585.
Ramírez Pagán, Diego, 221 n. 2, 244 n. 40; — "Floresta de varia poesía", 244 n. 40.
Ravaillac, 559.
Ravisio Textor, 426 n. 6.
Reacción del oyente, 22-23 n. 5.
Realismo, 473; — expresionista, 475.
Reid, J. T., 433 n. 15.
Reinosa, Rodrigo de, 231 n. 20.
Reiteración, 159, 273, 326; — y Cancioneros, 282; — en S. J. de la Cruz, 282; — de fórmulas estilísticas, 320; — reiteraciones, 23 n. 5.
Rejet, 68-69 n. 8.
Relaciones sintagmáticas, 405 n. 5.
Renacimiento, 433, 541, 553; arte del —, 96; — bifurcación del pensamiento poético, 321; — bimatización en la expresión del concepto, 84; convencionalismo y reiteración, en la imagen del —, 323-324; — y epíteto, 303-304; — europeo y — español, 133; — y función adjetival, 298; la hipérbole en el —, 367; imitación y originalidad en el —, 67-68; — intentos estróficos, 129; el pensamiento en el —, 51-52; poetas del —, 199; la sensibilidad en el —, 51-52; — simetría bilateral en el verso, 100-101: — tópico de la salamandra, 623-624; —tradición, 554 (— — y Lope, 426 n. 7, 428, 431, 433); — su tradición metafórica y Góngora, 372; — técnica de contrarios, 432; — verso, 82-83.
Rennert, Hugo A., 446 n. 33.
Resende, García de, 238 t. y n. 32.
Retóricas medievales, 283 n. 13.
Reyes, Alfonso, 14, 15, 313, 357, 364.
Ribera, P., 253.
Richelieu, 518 n. 41, 559.
Rima, 23 n. 5; — en S. J. de la Cruz, 278 - 282; juego artificioso de — en Lope de Vega, 424; — y orden de palabras, 57-58.
Rinieri, Francesco, 221 n. 2.
Ríos, Blanca de los, 210 n. 5.
Riquer, Martín de, 352 n. 30, 432 n. 14.
Ritmo: su función representativa, 58-60; — y orden de palabras, 57; — yámbico, 88-90.
Rivas Sacconi, José Manuel, 13.
Robín, 179 n. 45.
Robles Pazos, 234 n. 26.
Rodrigo, Rey don, 132, 133.
Rodríguez Marín, Francisco, 421 n. 2.
Rodríguez Moñino, Antonio, 226 n. 10.
Romances a lo divino, 227.
Romanticismo, 210; — y epíteto, 304.
Romancero General, 231 n. 19, 336 n. 15, 421 n. 1; — "Si eres niña y has amor", 231; — "Unos contando el cabrío", 336 n. 15.
Ronsard, Pierre de, 436.
Rosales, Luis, 607.
Rubén Darío, 95 n. 26, 310, 478.

Rubens, 554.
Rubio, Alfonso, 493.
Rubio, David, 177 n. 44.
Ruggieri, Jole, 238 n. 32.
Ruiz de Alarcón, Juan, 517.

Sabbio, Giouan Antonio da, 613 n. 6.
Saint-Amour, Hermana Mary Paulina, 225 n. 9.
Salcedo Coronel, 311, 349 n. 27, 356 n. 33, 361 n. 35, 363, 365, 367 n. 41, 71, 440.
Salinas, Francisco, 182, 185, 620.
Salinas, Pedro, 172.
Salvatorino, 221.
San Basilio, Fr. Bartolomé de, 255.
San José, Fr. Jerónimo de, 251.
San Pedro, Diego de, 222 n. 4, 224, 237, 238 n. 32; — "Arnalte y Lucenda", 238; — "Este triste más que hombre", 238; — "Si (mi) mal no ha de morir", 237; — "Caballería celestial", 222 n. 4, 224.
Sánchez, Luis Alberto, 13.
Sánchez Alonso, B., 500 n. 2, 502 n. 5.
Sánchez de Viana, 315.
Sannazaro, Jacoppo, 52, 72 n. 12, 432; — "De partu Virginis", 72 n. 12.
Santiago, 191.
Santillana, Marqués de, 212, 213, 215; — "Proemio", 212, 213.
Saussure, Ferdinad de, 19, 20 t. y n. 2, 21, 23 n. 6, 25, 30 t. y n. 14, 31 t. y n. 15, 195 n. 63, 304 t. y n. 43, 405 n. 5, 599, 600, 601, 602.
Scio, Padre, 219 n. 1, 220 n. 1.

Sebastián, Don (rey de Portugal), 501,
Sechehaye, 485 n. 7.
Segura Covarsí, Enrique, 276 n. 6.
Selva (Cavalier), 221.
Séneca, 499, 501 t. y n. 4, 557.
Sensibilidad y pensamiento renacentista, 51-52.
Sensorial, transmisión de lo —, 609.
Sessa, Duque de, 214.
Shakespeare, 37, 206, 436, 585.
Siglo XV, 231 n. 20, 431, 507; — y divinización, 229.
Siglo XVI, 96, 231 n. 20, 387 t. y n. 56, 389, 422, 431, 433, 436, 439, 440, 441, 455, 507, 514, 553; — ambiente caballeresco a lo divino, 224; — y S. J. de la Cruz, 272; — y Dante, 386; — y divinización, 226, 230, 247, 257-258; — hipérbaton, 281; — horacianismo, 617; —, la lira, 615-616; — mundo mitológico y legendario, 541; — y el "no sé qué", 286; — y petrarquismo, 386; — transición al siglo XVII, 440.
Siglo XVII, 96, 210, 309, 387, 392, 422, 428, 436, 439, 440 t. y n. 27, 514, 521, 540, 553, 554, 575 n. 132, 623; — comentaristas de Góngora, 319; crítica en el —, 214; — y S. J. de la Cruz, 272; — y Dante, 386; — y divinización, 226; — división tradicional de la literatura del —, 377; Estilística en el —, 548-555 — imagen, 567; — la lira, 615; — y petrarquismo, 386; — transición al s. XVI, 440;

— tema de los ríos de lágrimas, 624-625.
Siglo XVIII, 210, 309, 388, 428, 554; crítica en el —, 214-215; — y Góngora, 309.
Siglo XIX, 388, 455, 554; — y Góngora, 409.
Siglo XX, 388, 553; — críticos, 475-476; — y el "no sé qué", 286; — y la poesía tradicional, 225 n. 8.
Siglo de Oro, 168, 292, 542, 615; la correlación en el —, 436-439; — y S. J. de la Cruz, 270; — y la divinización, 225, 265; la metáfora en el —, 22 n. 4; — y nihilismo, 542; — pervivencia de lo medieval, 132.
Significado, 19-33, 399, 403-404, 412, 413, 415, 419, 482, 497, 565, 593 n. 12, 599, 605, 606 t. y n. 5; — caminos de su indagación, 412-416; — su complejidad, 22-23, 413, 414; — y concepto para Saussure, 602; conocimiento científico del —, 412 t. y n. 11; — su contenido, 602-603; — elementos imaginativos, 608-609; — su esencia, 602-603; — y frase, 30; — del hablante, 602; imagen del —, 323-324; imágenes del —, 609; —, su indagación a través del significante, 413; — intensificación de elementos sensoriales, 607-608; — del oyente, 602; — según Saussure, 21-22; — y significante, 565; (y —: interrelaciones, 404, 409; y —: relaciones, 408-409; y — estudio de sus relaciones para la estilística, 403-406; y —: relaciones en la obra poética, 408; y —, su vinculación motivada, 94, 408-409; y —: motivación del vínculo, 123, 144, 382 n. 49, 384, 408); — y sincronía, 196; — sustitución de un significado por otro, 605-606.
Significante, 19-33, 23 n. 6, 399, 403-404, 412, 413, 415, 419, 482, 493, 497, 565, 593 n. 12, 599, 600, 605, 606 t. y n. 5; —, camino de la indagación científica del significado, 412-416; — su complejidad, 22, 23, 24-29, 405 n. 5, 413; — sin concepto, 22 n. 4; — su conocimiento, 412 n. 12; — su definición, 31; — distenso, 30; elementos del —, 407; — sus elementos expresivos, 112-114; elementos imaginativos en el —, 608-609; elementos sensoriales en el —, 607; —, estrofa, 30-31; estrofa como — en Fr. Luis de León, 411; — y frase, 30-31; imagen del —, 321-323, 609; — sugeridor de imágenes sensoriales, 607; — y palabra, 30-31; — parciales, 30 n. 14, 31 n. 15, 600, 641 (— —, acento rítmico, 300; — —: aliteración, 29; — —: cantidad, 30 n. 14; — —: clases, 600; — —: deformación articulatoria, 30 n. 14; — —: entonación, 30 n. 14; — —: intensidad, 30 n. 14; relaciones entre — —, 49-50; — —: matiz vocálico, 24; — —: tono, 30 n. 14); — — su valor expresivo, 93 n. 25; —: poema, 31; — pluriconceptua-

les, 22 n. 4; — relaciones entre sus elementos, 49-50; — según Saussure, 21-22; — y significado, 19-33, 112, 121, 565; — — y la Estilística, 403-406; — —: interrelaciones, 404-409; — —: motivación del vínculo, 123, 144, 382 n. 49, 384, 408; — — relaciones, 196; — y —: relaciones, 404, 408-409; — y significante, relaciones asociativas, 405 n. 5; — y —, relaciones conceptuales, 405 n. 5; — y —, relaciones extrasintagmáticas, 405 n. 5; — y —, relaciones horizontales, 405; — y —, relaciones en la obra poética, 408; — y —, relaciones sintagmáticas, 405 n. 5; — y —, relaciones verticales, 405; — y —, su vinculación, 54; — y —, su vinculación motivada, 94, 115 t. y n. 4, 165, 408-409; — y sincronía, 196; — y soneto, 31 n. 16; —: su valor en este libro, 21; — y verso, 30-31, 604.

Signo, 19-29, 482-483; — y afectividad, 22; —, su arbitrariedad para Saussure, 21-31; — inmotivación y arbitrariedad, 600-601; insuficiencia del concepto saussuriano de —, 32; — literario, 490 t. y n. 10; — su motivación, 32, 49, 604-605; — motivación y arbitrariedad, 32 n. 17, 599-601; — motivación fonética, 604; — su necesidad, 600; — objetivo de la estilística, 412 n. 11; presencia de lo afectivo, imaginativo y conceptual en el —, 490; —, según Saussure, 21; — y sinestesia, 22; —, su triple carácter, 492-493; —, su triple función, 493; —, su unicidad, 483.

Silverio de Santa Teresa, Padre, 236 n. 27, 248 t. y n. 43, 249 t. y n. 44, 250 n. 46, 253 n. 53, 254 n. 56, 274 n. 3.

Silvestre, Gregorio, 221 n. 2, 233, 242 n. 36, 257; — "El ciervo viene herido", 242.

Simbolismo, 215.

Sinalefa, 380 n. 48, 537 n. 72; — en español, 77 n. 15; — en italiano, 77 n. 15; — su valor expresivo, 75-76.

Sincronía en el estudio estilístico, 195-196; — y significado, 196; — y significante, 196.

Sinéresis, 77 n. 15, 537 n. 72; — su valor expresivo, 87.

Sinestesia, 144, 491, 605, 608; — en Góngora, 383-385; —, su presencia en el signo, 22.

Sintagma analítico, 303.

Sintagmas expresivos, 604; — sintéticos, 303.

Sintaxis: su continuidad en el gongorismo, 359-360; — y morfología, 592.

Sírima, en la lira de S. J. de la Cruz, 276 t. y n. 5.

Sócrates, 184.

Solerti, 221 n. 3.

Soneto: de Petrarca, 431; — petrarquista, juegos y recursos estilísticos, 431; — de Quevedo, 535, 627; — de Quevedo a la muerte de Enrique IV, rey de Francia, 559-560;

— morales de Quevedo, 523; — como significante, 31 n. 16.
Soria, Alonso de, 224; — "La historia y milicia cristiana", 224.
Spitzer, Leo, 261 n. 63, 300 n. 39, 330 n. 14, 426 n. 7, 498 n. 1.
Stigliani, 316.
Stilnovisti, 284.
Sustantivo: adjetivación de — en Quevedo, 529.

Tasso, Bernardo, 129, 163, 611, 612 t. y n. 3 y 4, 613 t. y n. 6, 614, 615 t. y n. 11, 617, 618; — "Amadigi", 617; — "Amori", 611 t. y n. 2, 613 n. 6, 614; — "Rime", 222 n. 3, 611 n. 2, 615, 655; "Salmi", 617; "O pastori felici" (Loda della vita pastorale), 611-612.
Tasso, Faustino, 617.
Tasso, Torcuato, 71 t. y n. 11, 129, 221 t. y n. 3, 222, 235, 345, 387, 446; —, su influjo en Góngora, 387; — "Aminta", 221; — "Gerusalemme Liberata", 317 n. 6.
Teatro: los graciosos, su misión en el —, 542; — y divinización, 224-226; — a lo divino, 220, 224, 226.
Telesio, Bernardino, 521.
Tema: de los toros celosos, 564 t. y n. 108; — tradicionales: renovación en Quevedo, 561-562; — de lo monstruoso, 387-389; — de los ríos de lágrimas en Quevedo, 624-625; — de la "salamandra", 623-624.
Tensión articulatoria, 24.
Teócrito, 315, 367.

Teresa, Santa, 182, 220, 233, 235-238, 247-251, 251-254, 257, 267 n. 66, 289 n. 22, 292 n. 29; —, su actividad divinizadora, 247; — la tradición cortesana del siglo XV, glosada a lo divino, 235-238; — y S. J. de la Cruz, españoles a lo divino, 251-254; — poeta a lo divino, 247-251; — "Este niño viene llorando", 248 n. 43, 250; — "Hoy nos viene a redimir", 250; — "Mi gallejo, mira quién llama", 248 n. 43; — "Pues que nuestro Esposo", 250; — "Véante mis ojos", 249; — "Vertiendo está sangre", 248 n. 43, 252; — "Vivo sin vivir en mí", 235, 247.
Tiempos verbales: — y estilística, 591 n. 10; —, su intuición selectiva en Garcilaso, 73.
Timoneda, Juan de, 237 n. 30; — "Sarao de amor", 237 n. 30; — — "Eres, di, Juan, muerto o vivo", 236-237.
Tirso de Molina, 88, 214, 215; — "Don Gil de las calzas verdes", 214 t. y n. 6.
Toledo y Godoy, Ignacio de, 226 n. 10.
Toledo: — y Góngora, 90-92, 96-99; — y el Greco, 96-99.
Tono, 24; — y significante parcial, 30 n. 14.
Torre, Francisco de la, 438, 617 n. 16.
Tradición italianizante, 290.
Trillo, Antonia, 424 t. y n. 5.
Trimembración, 423.
Trissino, 616 n. 13.

Trubetzkoy, 589 n. 7, 601 n. 3, 609 n. 12.

Uceda, Duque de, 451.
Ugeri, Francesco, 221 n. 3.
Ulloa, Alfonso de, 222 n. 4.
Unamuno, Miguel de, 111, 436, 577.
Ungaretti, 266.
Unicidad del objeto artístico, 13; — de la obra artística, 492; — de la obra literaria, 483; (— de la —): objeto único de la indagación literaria, 483.

Val, Joaquín del, 222 n. 4.
Valencia, Pedro de, 357, 358, 456 t. y n. 42.
Valéry, Paul, 266.
Valle-Inclán, Ramón, 435.
Vaqüeiras, Raimbaut de, 432 n. 14.
Varchi, B., 616 n. 13.
Vega, Lope de, 10, 80, 133, 163, 207, 210, 214 t. y n. 6, 215, 222 n. 5, 223, 225, 227, 229, 231 n. 19, 233, 234 t. y n. 26, 235, 309, 312, 315, 320, 402, 414, 417-478, 491, 497, 502, 516 n. 38, 518, 519, 554 t. y n. 92, 561, 572, 576, 578, 629; — alusiones mitológicas, 452; — barroquismo, 466; — lo conceptual, poemas correlativos y filosóficos, 491; — la correlación poética, 433-440; — cultismos en los sonetos filosóficos, 457; — endecasílabo bimembre, 454; — enumeraciones, 467-477; — representante de la época de transición del s. XVI al s. XVII, 440; — fórmula estilística A, no B, 454; — y las fuerzas naturales, 466-477; — hipérbaton, 446; — hipérbole, 454; — imitador de Góngora, 440-455; — impresión de los modos expresivos de Góngora, 447; — juego artificioso de rima, 424; — léxico, 454; — y los manierismos típicos del siglo XVI, 441; — manierista, 431-440; método aplicable a —, 419-420; — narrador, 446; — novedad de su arte, 428; — novedad de su poesía, 422-430; — octava de final bimembre, 445; — omisión del artículo, 484; — oscuridad de su poesía filosófica, 456; — petrarquismo exacerbado en la Arcadia, 432; — platonismo y neoplatonismo, 461 n. 50; — ¿poeta fácil?, 430; — poesía familiar y diaria, 420-430; — poeta filosófico, 455-466 (— —: léxico y giros técnicos, 462 n. 50); — poeta a lo divino, 233; — poeta refinado, 430; — presencia de su vida en su obra, 419-421; — y Quevedo, 572 (— y — "espíritu popular", 578); — realismo expresionista, 473 - 474; — símbolo del barroco, 419-478; — sonetos filosóficos, 461; — tema del cordero que abandona a su pastor, 429; — tres tendencias, 454-455; — tradición culta, 439; — y la tradición renacentista, 426 n. 7, 428, 431, 433; — variedad de sus perspectivas, 491; — "A las del infierno ardiendo", 421; — "No al fuego humano, al celestial atento" (Amor

angélico), 463; — "Arauco domado", 222 n. 5; — "Del pan y del palo", 234 (— —, "...que era la gala del Padre", 234); — "Descripción de la Tapada", 472 (— — "Aquí la roja guinda y verde pera", 472; — — "Aquí tuvieras la manzana y pera", 472); — "El caballero de Olmedo", 234; — "El nacimiento de Cristo", 234; — "El Vaquero de Moraña", 472; (— "Rompan del aire los filos", 472-473); — "Epístola a Don Francisco de Herrera Maldonado" ("Ayuda a tu hermosura la alegría"), 428; — "Epístola a López de Aguilar", 458 t. y n. 45; 459, 462 n. 50; — "Fiestas de Denia", 422; — Cancionero Teatral, 234 n. 26; — "Cuatro soliloquios", 422; — "La Angélica", 446, 469; — "La Andrómeda", 441, 445, 446, 447; — "La Araucana", 222; — "La Arcadia", 422, 432, 433, 441, 468 (— — "El pez escamas de plata", 469; — — "No queda más lustroso y cristalino", 433; — — "Perdices le ofrecería", 468); — "La Circe", 441, 442, 443, 444, 445, 447, 458, 461, 462 t. y n. 51, 466 (— — "murmure este arroyuelo cristalino", 444; — — "...un limpio canastillo", 443); — "La dama boba", 456, 458, 460 n. 48; — — "El clemento en nosotros", 459; — — "La calidad elementar resiste", 456-457; — — "Platón / a lo que en cosas divinas", 460 n. 48; — — "Tres fuegos que corresponden", 458; — "Descripción de la Abadía", 471; — "La Dorotea", 80, 233 n. 25, 430 n. 12; — "La Dragontea", 445, 446; — "La Filomena", 441, 444 n. 30, 445, 446, 458, 470 (— — "Frutas si quieres, pálida camuesa", 471; — — "...los lustrosos nácares bruñidos", 444, n. 30; — — "No los mariscos al peñasco asidos", 470); — "La hermosura de Angélica", 445, 470; — "La Maya", 234 (— "Echad mano a la bolsa", 234); — "La puente del mundo" 227; — "Las almenas de Toro", 234; — "Los Cantares", 234 (— — "Que de noche le mataron", 234); — "Los Comendadores de Córdoba", 425; — "Los ramilletes de Madrid", 422; — "Rimas", 423 n. 3, 424 n. 5, 429 t. y n. 10, 432 t. y n. 13 (— — "Desmayarse, atreverse, estar furioso", 431); — "Rimas Sacras", 422; — "Romancero espiritual", 229 n. 15; — "Serranilla de la Zarzuela", 234; — "Arco divino, que en color celosa", 447; — "Canta Amarilis y su voz levanta" (Al amor divino por la armonía), 463; — "Como es el sol la causa conficiente", 462; — "Cuando amorosa amaneció a mi lado", 425; — "De la abrasada eclíptica que ignora", 454; — "De azules rayos coronó la frente", 447; — "De la beldad divina incomprehensible", 463; — "El humo que formó cuerpo fingido", 438; — "Este vínculo noble de las co-

sas", 464; — "...íbame desde allí con el cuidado", 426; — "Lágrimas que al cielo ides", 229; — "Opuesto al español, como al tebano", 448; — "Suelta mi manso, mayoral extraño", 429; — "Tuvo Platón por firme fundamento", 465; — "Ya no quiero más bien que sólo amaros", 423.
Vega, Padre Ángel Custodio, 264 n. 65.
Vehils, Rafael, 13.
Velázquez, 554.
Velocidad elocutoria, 24.
Venegas de Henestrosa, Luis, 243 n. 37; — "Al revuelo de una garza", 243.
Verbo: expresión de la 1.ª persona, 592 n. 12.
Verdaguer, Jacinto, 245.
Veres D'Ocón, Ernesto, 498 n. 1.
Verlaine, Paul, 58, 310, 334; — "Art poétique", 58.
Verso(s): afinidades selectivas en su ordenación, 65, 106; — bimembre, 425 n. 6 (— — en Quevedo, 503); — en S. J. de la Cruz, 278; elemento del signo, 49-50; — inglés, 77 n. 15; — italiano, capacidad de condensación, 537 n. 72; — renacentista, 82-83 (simetría bilateral en el — —, 100-101); — simetría bilateral, 343; — y significante, 30-31.
Vía: iluminativa, 301; — purgativa, 301, 305; — unitiva, 301, 305.

Vicente, Gil, 283 n. 13, 432 n. 14; — "Tragicomedia de Don Duardos", 283 n. 13, 432 n. 14.
Villancicos: en los Cancioneros religiosos, 233; — a lo divino, 232 (— —, clases y tipos, 232).
Vínculo: su necesidad, 599.
Virgilio, 72 n. 12, 79 n. 16, 367, 442 t. y n. 29, 564 n. 108; — "Hinc tibi quae semper uicino ab limite saepes" (Bucólicas), 79 n. 16; — "Eneida", 442 n. 29; — "Geórgicas", 564 n. 108.
Vocabulario, onomatopeyas y metáforas en el —, 609.
Vocales: y acentos, afinidades selectivas, 60-61; — afinidades selectivas en su ordenación, 380-381; — elementos del significante, 25, 407.
Vocativos, 22 n. 4, 24.
Volición de la función afectiva, 605 n. 4.
Voluntad: en la intuición artística, 38-39; — práctica en los géneros inferiores, 38 n. 1 (— — en la obra artística, 38 n. 1).
Voluntariedad del habla, 586 (— — literaria según Bally, 585).
Vossler, Karl, 426 n. 7, 617, 621 n. 6.

Wellek y Warren, 482 n. 1.
Williamson, Edward, 612 t. y n. 4, 613 t. y n. 6, 616 n. 13, 617 t. y n. 16.
Wilson, Edward M., 307.

ÍNDICE GENERAL

Prólogo 9-15

Significante y significado 19-33
El significante como complejo de significantes parciales, 24.—Complejidad del significante en poesía, 29.—Forma exterior y forma interior, 32.

Primer conocimiento de la obra poética: El del lector ... 37-45
Intuición artística e intuición científica, 38.—Intuiciones parciales e intuición totalizadora, 39.—Un ejemplo, 41.—La intuición del lector es insustituible, 44.

Garcilaso y los límites de la estilística 49-108
Relaciones que vamos a estudiar, 49.—Sensibilidad y pensamiento renacentista, 51.—Estr. 1.ª: El orden de las palabras y su función evocadora, 52.—Estr. 1.ª: Primer tropezón con el hipérbaton, 55.—Estr. 1.ª: ¿Por qué Garcilaso usa aquí hipérbaton?, 57.—Estr. 1.ª: Función representativa del ritmo, 58.—Estr. 1.ª: Afinidades entre vocales y acentos, 60.—Estr. 1.ª: "...et volupté", 61.—Estr. 1.ª: De sombra y de agua, 61.—Estr. 2.ª: Lenta prolongación del movimiento, 63.—Estr. 2.ª: La relación interestrófica, 66.—Estr. 2.ª: Imitación y originalidad en el Renacimiento, 67.—Estr. 2.ª: La técnica del encabalgamiento en Giovanni della Casa, 68.—Estr. 2.ª: Encabalgamiento suave,

encabalgamiento abrupto, 71.—Estr. 2.ª: Relaciones entre partes estructurales en la octava. Encabalgamiento abrupto, 72.—Estr. 2.ª: Simetría bilateral, 74.—Estr. 3.ª: Halago sensorial y acentuación yámbica, 75.—Estr. 3.ª: Valor expresivo de la sinalefa, 76.—Estr. 3.ª: Entre la sequedad y la delicia. Un susurro de abejas, 77.—Estr. 4.ª: Valor expresivo del hipérbaton, 80.—Estr. 5.ª: Coloreada luminosidad, 83.—Estr. 5.ª: Defensa de un verso, 84.—Contenido de las estrofas suprimidas en nuestro fragmento, 85.—Estr. 6.ª: Garcilaso y Toledo, 86.—Estr. 6.ª: Expresión de la violencia, 86.— Estr. 7.ª: Expresión de serena majestad: ritmo yámbico, 88.—Estr. 7.ª: Contraste con Góngora y su Toledo, 90.—Góngora y Gerardo Diego: versos despeñados, 92.—Hundimiento tras un único acento en cuarta sílaba, 94.—Un Toledo precipitante; un Toledo ascensional. Góngora y el Greco, 96.—Estr. 8.ª: Prolongación de una estela de melancolía, 99.—Estr. 9.ª: La muerte en medio de la belleza. Intensidad de lo más sencillo, 101.—Límite de la estilística, 104.—Resumen, 105.

Ante la selva (con Fray Luis)   111-117

Forma exterior y forma interior en Fray Luis   121-198

   I. Método de trabajo para dos mundos estéticos diferentes, 121.—Forma exterior y forma interior, 124.— II. Forma exterior en Fray Luis, 127.—La lira, 128.—Las relaciones interestróficas, 131.—La "Profecía del Tajo" y "El vaticinio de Nereo", 132.—Estrs. 1.ª y 2.ª, 134.—Estr. 2.ª: Hipérbaton, 135.—Estr. 2.ª: Polisíndeton, 137.—Estrofas 2.ª-5.ª: Actualización de males futuros. Cambio de enfoque a cada estrofa. Asíndeton e hipérbaton, 138.—Estrs. 6.ª-11.ª: Crescendo de la hueste invasora. Paso del estrecho, 142.— Estrs. 12.ª-15.ª: Imprecación al rey, 147.—Anticlímax final, 149.—Estructura de la oda, 153.—Oda "A la vida retirada", 154.—De la canción petrarquesca a la oda clásica, 160.—III. Forma interior, 165.—Ab ipso ferro, 166.—La oda a Salinas. Estr. 1.ª: El aire se serena, 170.—Estrs. 2.ª-4.ª: Ascensión a la primera armonía, 172.—Estr. 4.ª: Música de las esferas, 174.—Grados ascensionales en las estrs. 1.ª-4.ª,

176.—Estr. 5.ª: Contemplación de Dios, origen de la armonía, 176.—La "Inmensa cítara" de Fray Luis y la cosmología pitagórica, 178.—Estrs. 6.ª-7.ª: La unión en la armonía, 180.—Estrs. 8.ª-10.ª: Descenso al bajo sentido, 182.—Sobre la autenticidad de la estr. 5.ª, 183.—Escala mística y estructura climática, 188.—El amor y la pena: nostalgia del proscrito, 188.—Entre armonía y desarmonía: Ley vital y estética de Fray Luis, 190.—Cristianismo esencial de Fray Luis, 191.—IV. FORMA EXTERIOR Y FORMA INTERIOR, 193.—Sincronía y diacronía en el estudio estilístico, 195.—Forma exterior en la "Profecía del Tajo". Forma interior en la "Oda a Salinas", 197.—Estética platónica, escala mística y estructura climática, 198.

Segundo conocimiento de la obra poética: Función de la crítica 199-216

El lector es siempre un artista, 201.—Segundo conocimiento de la obra poética, 203.—Obra poética auténtica. Obra simulada, 204.—La obra literaria es ahistórica, 205.—No existe historia literaria; no existe historia del arte, 207.—Discriminar la auténtica obra literaria es la función de la crítica, 209.—Crítica de la literatura del pasado, 209.—Función especial respecto a las obras antiguas, 211.—Enorme crecimiento de la crítica, 212.—La crítica fracasa al enjuiciar a los contemporáneos, 213.—La crítica es quehacer de muchas generaciones, 215.

El misterio técnico en la poesía de San Juan de la Cruz ... 219-305

I. POETA A LO DIVINO, 219.—La literatura española a lo divino: novela, teatro, poesía, 220.—Poesía de tipo tradicional a lo divino, 227.—Tradición cortesana del siglo XV, glosada a lo divino por Santa Teresa y San Juan, 235.—El "No sé qué", 238.—La caza cetrera de amor, 242.—El Pastorcico, 245.—Santa Teresa, poeta a lo divino, 247.—La vida y la poesía: Santa Teresa y San Juan, españoles a lo divino, 251.—Otro instrumento es quien tira de los sentidos mejores, 254.—Garcilaso a lo divino, 256.—Resumen, 263.—El ala del prodigio, 226.—II. EL ESTILO, 269.—Búsqueda, 269.—La estrofa, 271.—La rima. El endecasílabo, 278.—

Concepto, 282.—Divinización de la técnica de conceptos, 290.—Léxico, 291.—Hallazgo, 292.—Escasez del verbo, 294. Función estética del adjetivo, 297.—Verbos y adjetivos: sistema ondulatorio, 299.—Escasez del epíteto, 302.

Recuerdos gongorinos 309-312
Prehistoria, 309.—Cambridge, 1924, 310.—De 1927 a 1950, 311.

Monstruosidad y belleza en el Polifemo de Góngora ... 315-392
El mito literario de Polifemo, 315.—Fragmento escogido, 317.—Estr. 1.ª: Ciencia antigua; fórmulas estilísticas; bifurcación, 318.—Estr. 1.ª: Representación fonética o imágenes del significante, 321.—Estr. 1.ª: Imagen del significado, 323.—Estr. 2.ª: Imagen de la oscuridad. Función estética del cultismo, 325.—Estr. 2.ª: Imagen fonética de la oscuridad, 328.—Estr. 3.ª: Consecuencia de las imágenes. ¿Orden o laberinto?, 333.—Estr. 3.ª: Problema del hipérbaton, 335.—Estr. 3.ª: Función expresiva del hipérbaton, 338.—Estr. 3.ª: De la caverna a la cumbre. El claroscuro, 342.—Intermedio a cargo de Faría y del Lunarejo. (Estilística en el siglo XVII), 344.—Estr. 4.ª: Tema de la plenitud, 348.—Estr. 4.ª: El chiste conceptual. Su explicación dentro de la teoría de la imagen, 349.—Estr. 4.ª: Góngora y Pedro de Valencia. No se puede huir del destino, 357.—Estr. 5.ª: Un pasaje clásico en las discusiones gongorinas, 358.—Estr. 5.ª: Sentido de los cuatro primeros versos, 360.—Estr. 5.ª: ¿Una quiebra de la sintaxis gongorina?, 361.—Estr. 6.ª: Importancia de la hipérbole, 366.—Estr. 6.ª: Hipérbole y contraste en el ámbito fonético, 369.—Fin del tema de Polifemo, 370.—Estr. 7.ª: Claroscuro: El tema de Galatea, 370.—Estr. 7.ª: Metáforas e hipérboles de 2.º grado, 371.—Estr. 7.ª: Proliferación de elementos metafóricos de segundo grado, 373.—Estr. 7.ª: Trenzamiento metafórico: un breve cosmos de nítidos colores, 374.—Estr. 7.ª: Conceptismo y gongorismo, 376.—Estr. 8.ª: Trueque de atributos, 377.—Estr. 8.ª: Equilibrio bilateral y desequilibrio, 378.—Estr. 8.ª: Color y musicalidad, 380.—Resumen: Bellas criaturas rítmicas. Sinestesia,

383.—Resumen: Tema de belleza, 385.—El tema de lo monstruoso, 387.—Exacerbamiento del tema de belleza, 389.—Final, 392.

Tercer conocimiento de la obra poética 395-416
TAREAS Y LIMITACIONES DE LA ESTILÍSTICA: La poesía como problema, 395.—La crítica no puede dar contestación, 396.—Tercer conocimiento de la obra literaria. Hacia una Ciencia de la Literatura, 397.—La clasificación tipológica no resuelve nada, 399.—Estilística lingüística. Estilística literaria, 400.—La estilística será la única "Ciencia de la Literatura", 401.—Primer trabajo de la estilística. Relaciones entre significante y significado, 403.—El método general, aplicado en nuestras lecciones sobre Garcilaso y Góngora, 406.—Temas para estudios especiales, 408.—Necesidad de una intuición previa. La oda de Fray Luis, 409.—Estilística de la forma interior, 412.

Lope de Vega, símbolo del barroco 419-478
Primer Lope: humano, 419.—Un segundo Lope: manierismo petrarquista, 431.—Un tercer Lope: imitador de Góngora, 440.—Un cuarto Lope: poeta filosófico, 455.—Lope y las fuerzas naturales: un ejemplo, 466.—Lope, símbolo del barroco, 477.

Lo imaginativo, lo afectivo y lo conceptual, como objeto de la estilística 481-493
Presencia de lo afectivo, 484.—Presencia de lo imaginativo, 484.—Lo conceptual como objeto de la estilística, 485.—Lo "afectivo", lo "imaginativo" y lo "conceptual": tres perspectivas, 489.—Triple punto de mira para una clasificación tipológica de la obra literaria, 490.—El triple carácter del signo, el triple carácter de la intuición y las tres vías de la indagación literaria, 492.

El desgarrón afectivo en la poesía de Quevedo 497-580
El pensamiento poético, 498.—Quevedo, poeta petrarquista, 502.—De un colorido alegre a un colorido sombrío, 509.—Poeta de amor, 513.—Inquietantes problemas en los sonetos morales, 552.—La poesía burlesca y la creación idio-

mática, 527.—El arte de Quevedo, choque de dos mundos, 538.—Transvasaciones idiomáticas: giros, 542.—Transvasaciones idiomáticas: léxico, 545.—Estilística en el siglo XVII. Modernidad de la poesía del siglo XVII, 548.—La afectividad y la reacción ante los temas: Elogios fúnebres, 555.—Choque afectivo en temas renacentistas, 561.—Imagen intensamente afectiva. Una inmensa pesadumbre, 565.—Un arte desmesurado, 572.—Una angustia como la nuestra, 574.—Quevedo, español desilusionado, 577.

Límites teóricos de la estilística 583-595

Apéndices 597-629
I. *Motivación y arbitrariedad del signo*, 599.—II. *Qué es para nosotros el "significado"*, 602.—III. *Función imaginativa del lenguaje*, 604.—IV. *Sobre los orígenes de la lira*, 611.—V. *Sobre la "inmensa cítara" de Fray Luis*, 619.—VI. *Dos calas en el estilo de Quevedo*, 622.

Índice de autores y materias 633-666

BIBLIOTECA ROMÁNICA HISPÁNICA
Dirigida por: DÁMASO ALONSO

I. TRATADOS Y MONOGRAFÍAS

1. Wartburg, W. von: *La fragmentación lingüística de la Romania.* Segunda edición aumentada. Reimpresión. 208 págs. 17 mapas.
2. Wellek, R. y Warren, A.: *Teoría literaria.* Prólogo de Dámaso Alonso. Cuarta edición. Reimpresión. 432 págs.
3. Kayser, W.: *Interpretación y análisis de la obra literaria.* Cuarta edición revisada. Reimpresión. 594 págs.
4. Peers, E. A.: *Historia del movimiento romántico español.* 2 vols. Segunda edición. Reimpresión. 1.026 págs.
5. Alonso, A.: *De la pronunciación medieval a la moderna en español.* 2 vols.
9. Wellek, R.: *Historia de la crítica moderna (1750-1950).* 3 vols.
10. Baldinger, K.: *La formación de los dominios lingüísticos en la Península Ibérica.* Segunda edición corregida y muy aumentada. 496 págs. 23 mapas.
11. Marley, S. G. y Bruerton, C.: *Cronología de las comedias de Lope de Vega.* 694 págs.
12. Martí, A.: *La preceptiva retórica española en el Siglo de Oro.* Premio Nacional de Literatura. 346 págs.
13. Aguiar e Silva, V. M. de: *Teoría de la literatura.* Segunda reimpresión. 550 págs.
14. Hörmann, H.: *Psicología del lenguaje.* 496 págs.
15. Rodríguez Adrados, F.: *Lingüística indoeuropea.* 2 vols. 1.152 págs.

II. ESTUDIOS Y ENSAYOS

1. Alonso, D.: *Poesía española (Ensayo de métodos y límites estilísticos).* Quinta edición. Reimpresión. 672 págs. 2 láminas.
2. Alonso, A.: *Estudios lingüísticos (Temas españoles).* Tercera edción. Reimpresión. 286 págs.
3. Alonso, D. y Bousoño, C.: *Seis calas en la expresión literaria española (Prosa-Poesía-Teatro).* Cuarta edición. 446 págs.
4. García de Diego, V.: *Lecciones de lingüística española (Conferencias pronunciadas en el Ateneo de Madrid).* Tercera edición. Reimpresión. 234 págs.
5. Casalduero, J.: *Vida y obra de Galdós (1843-1920).* Cuarta edición ampliada. 312 págs.
6. Alonso, D.: *Poetas españoles contemporáneos.* Tercera edición aumentada. Reimpresión. 424 págs.
7. Bousoño, C.: *Teoría de la expresión poética.* Premio «Fastenrath». 2 vols. Sexta edición aumentada. 1.120 págs.

9. Menéndez Pidal, R.: *Toponimia prerrománica hispana*. Reimpresión. 314 págs. 3 mapas.
10. Clavería, C.: *Temas de Unamuno*. Segunda edición. 168 págs.
11. Sánchez, L. A.: *Proceso y contenido de la novela hispanoamericana*. Tercera edición. 630 págs.
12. Alonso, A.: *Estudios lingüísticos (Temas hispanoamericanos)*. Tercera edición. Reimpresión. 360 págs.
16. Hatzfeld, H.: *Estudios literarios sobre mística española*. Tercera edición corregida y aumentada. 460 págs.
17. Alonso, A.: *Materia y forma en poesía*. Tercera edición. Reimpresión. 402 págs.
18. Alonso, D.: *Estudios y ensayos gongorinos*. Tercera edición. 602 páginas. 15 láminas.
19. Spitzer, L.: *Lingüística e historia literaria*. Segunda edición. Reimpresión. 308 págs.
20. Zamora Vicente, A.: *Las sonatas de Valle Inclán*. Segunda edición. Reimpresión. 190 págs.
21. Zubiría, R. de: *La poesía de Antonio Machado*. Tercera edición. Reimpresión. 268 págs.
24. Gaos, V.: *La poética de Campoamor*. Segunda edición corregida y aumentada, con un apéndice sobre la poesía de Campoamor. 234 págs.
27. Bousoño, C.: *La poesía de Vicente Aleixandre*. Tercera edición aumentada. 558 págs.
28. Sobejano, G.: *El epíteto en la lírica española*. Agotado.
31. Palau de Nemes, G.: *Vida y obra de Juan Ramón Jiménez (La poesía desnuda)*. 2 vols. Segunda edición completamente renovada. 678 págs.
33. Sánchez, L. A.: *Escritores representativos de América*. Véase sección VII, Campo Abierto núm. 11.
34. Asensio, E.: *Poética y realidad en el cancionero peninsular de la Edad Media*. Segunda edición aumentada. 308 págs.
37. Alonso, D.: *De los siglos oscuros al de Oro*. Véase sección VII, Campo Abierto núm. 14.
39. Díaz, J. P.: *Gustavo Adolfo Bécquer (Vida y poesía)*. Tercera edición corregida y aumentada. 514 págs.
40. Carilla, E.: *El Romanticismo en la América hispánica*. 2 vols. Tercera edición revisada y ampliada. 668 págs.
41. Nora, E. G. de: *La novela española contemporánea (1898-1967)*. Premio de la Crítica. 3 vols.
42. Eich, Ch.: *Federico García Lorca, poeta de la intensidad*. Segunda edición revisada. Reimpresión. 206 págs.
43. Macrí, O.: *Fernando de Herrera*. Segunda edición corregida y aumentada. 696 págs.
44. Bayo, M. J.: *Virgilio y la pastoral española del Renacimiento (1480-1550)*. Segunda edición. 290 págs.

45. Alonso, D.: *Dos españoles del Siglo de Oro (Un poeta madrileñista, latinista y francesista en la mitad del siglo XVI. El Fabio de la «Epístola Moral»: su cara y cruz en Méjico y en España)*. Reimpresión. 258 págs.
46. Criado de Val, M.: *Teoría de Castilla la Nueva (La dualidad castellana en la lengua, la literatura y la historia)*. Segunda edición ampliada. 400 págs. 8 mapas.
47. Schulman, I. A.: *Símbolo y color en la obra de José Martí*. Segunda edición. 498 págs.
49. Casalduero, J.: *Espronceda*. Segunda edición. 280 págs.
51. Pierce, F.: *La poesía épica del Siglo de Oro*. Segunda edición revisada y aumentada. 396 págs.
52. Correa Calderón, E.: *Baltasar Gracián (Su vida y su obra)*. Segunda edición aumentada. 426 págs.
53. Martín-Gamero, S.: *La enseñanza del inglés en España (Desde la Edad Media hasta el siglo XIX)*. 247 págs.
54. Casalduero, J.: *Estudios sobre el teatro español (Lope de Vega, Guillén de Castro, Cervantes, Tirso de Molina, Ruiz de Alarcón, Calderón, Jovellanos, Moratín, Larra, Duque de Rivas, Bécquer, Valle Inclán, Buñuel)*. Cuarta edición aumentada. En prensa.
57. Casalduero, J.: *Sentido y forma de las «Novelas ejemplares»*. Segunda edición corregida. Reimpresión. 272 págs.
58. Shepard, S.: *El Pinciano y las teorías literarias del Siglo de Oro*. Segunda edición aumentada. 210 págs.
60. Casalduero, J.: *Estudios de literatura española («Poema de Mío Cid», Arcipreste de Hita, Renacimiento y Barroco, «El Lazarillo», Cervantes, Jovellanos, Duque de Rivas, Espronceda, Bécquer, Galdós, Ganivet, Valle Inclán, Antonio Machado, Gabriel Miró, Jorge Guillén)*. Tercera edición aumentada. 478 págs.
61. Coseriu, E.: *Teoría del lenguaje y lingüística general (Cinco estudios)*. Tercera edición revisada y corregida. Reimpresión. 330 págs.
62. Miró Quesada, S. A.: *El primer virrey-poeta en América (Don Juan de Mendoza y Luna, marqués de Montesclaros)*. 274 págs.
63. Correa, G.: *El simbolismo religioso en las novelas de Pérez Galdós*. Reimpresión. 278 págs.
64. Balbín, R. de: *Sistema de rítmica castellana*. Premio «Francisco Franco» del C. S. I. C. Tercera edición aumentada. 422 págs.
65. Ilie, P.: *La novelística de Camilo José Cela*. Tercera edición aumentada. 330 págs.
67. Cano Ballesta, J.: *La poesía de Miguel Hernández*. Segunda edición aumentada. Reimpresión. 356 págs.
69. Videla, G.: *El ultraísmo (Estudios sobre movimientos poéticos de vanguardia en España)*. Segunda edición. 246 págs.
71. Herrero, J.: *Fernán Caballero: un nuevo planteamiento*. 346 **págs.**
72. Beinhauer, W.: *El español coloquial*. Prólogo de Dámaso Alonso. Tercera edición aumentada y actualizada. 556 págs.

73. Hatzfeld, H.: *Estudios sobre el barroco*. Tercera edición aumentada. 562 págs.
74. Ramos, V.: *El mundo de Gabriel Miró*. Segunda edición corregida y aumentada. 526 págs.
75. García Blanco, M.: *América y Unamuno*. 434 págs. 2 láminas.
76. Gullón, R.: *Autobiografías de Unamuno*. Reimpresión. 390 págs.
80. Maravall, J. A.: *El mundo social de «La Celestina»*. Premio de los Escritores Europeos. Tercera edición. Reimpresión. 188 págs.
82. Asensio, E.: *Itinerario del entremés desde Lope de Rueda a Quiñones de Benavente (Con cinco entremeses inéditos de Don Francisco de Quevedo)*. Segunda edición revisada. 374 págs.
83. Feal Deibe, C.: *La poesía de Pedro Salinas*. Segunda edición. 270 págs.
84. Gariano, C.: *Análisis estilístico de los «Milagros de Nuestra Señora» de Berceo*. Segunda edición corregida. 236 págs.
85. Díaz-Plaja, G.: *Las estéticas de Valle-Inclán*. Reimpresión. 298 págs.
89. Lorenzo, E.: *El español de hoy, lengua en ebullición*. Prólogo de Dámaso Alonso. Tercera edición actualizada y aumentada. 284 págs.
90. Zuleta, E. de: *Historia de la crítica española contemporánea*. Segunda edición notablemente aumentada. 482 págs.
91. Predmore, M. P.: *La obra en prosa de Juan Ramón Jiménez*. Segunda edición ampliada. 322 págs.
92. Snell, B.: *La estructura del lenguaje*. Reimpresión. 218 págs.
93. Serrano de Haro, A.: *Personalidad y destino de Jorge Manrique*. Segunda edición revisada. 450 págs.
94. Gullón, R.: *Galdós, novelista moderno*. Tercera edición revisada y aumentada. 374 págs.
95. Casalduero, J.: *Sentido y forma del teatro de Cervantes*. Reimpresión. 288 págs.
96. Risco, A.: *La estética de Valle-Inclán en los esperpentos y en «El Ruedo Ibérico»*. Segunda edición. 278 págs.
97. Szertics, J.: *Tiempo y verbo en el romancero viejo*. Segunda edición. 208 págs.
98. Batllori, M., S. I.: *La cultura hispano-italiana de los jesuitas expulsos (Españoles-Hispanoamericanos-Filipinos. 1767-1814)*. 698 págs.
99. Carilla, E.: *Una etapa decisiva de Darío (Rubén Darío en la Argentina)*. 200 págs.
100. Flys, M. J.: *La poesía existencial de Dámaso Alonso*. 344 págs.
101. Chasca, E. de: *El arte juglaresco en el «Cantar de Mío Cid»*. Segunda edición aumentada. 418 págs.
102. Sobejano, G.: *Nietzsche en España*. 688 págs.
104. Lapesa, R.: *De la Edad Media a nuestros días (Estudios de historia literaria)*. Reimpresión. 310 págs.
105. Rossi, G. C.: *Estudios sobre las letras en el siglo XVIII (Temas españoles. Temas hispano-portugueses. Temas hispano-italianos)*. 336 págs.
106. Albornoz, A. de: *La presencia de Miguel de Unamuno en Antonio Machado*. 374 págs.

107. Gariano, C.: *El mundo poético de Juan Ruiz.* Segunda edición corregida y ampliada. 272 págs.
109. Fogelquist, D. F.: *Españoles de América y americanos de España.* 348 págs.
110. Pottier, B.: *Lingüística moderna y filología hispánica.* Reimpresión. 246 págs.
111. Kock, J. de: *Introducción al Cancionero de Miguel de Unamuno.* 198 págs.
112. Alazraki, J.: *La prosa narrativa de Jorge Luis Borges (Temas-Estilo).* Segunda edición aumentada. 438 págs.
113. Debicki, A. P.: *Estudios sobre poesía española contemporánea (La generación de 1924-1925).* Segunda edición en prensa.
114. Zardoya, C.: *Poesía española del siglo XX (Estudios temáticos y estilísticos).* 4 vols. (Segunda edición muy aumentada de la obra *Poesía española del 98 y del 27*). 1.398 págs.
115. Weinrich, H.: *Estructura y función de los tiempos en el lenguaje.* Reimpresión. 430 págs.
116. Regalado García, A.: *El siervo y el Señor (La dialéctica agónica de Miguel de Unamuno).* 220 págs.
117. Beser, S.: *Leopoldo Alas, crítico literario.* 372 págs.
118. Bermejo Marcos, M.: *Don Juan Valera, crítico literario.* 256 págs.
119. Salinas de Marichal, S.: *El mundo poético de Rafael Alberti.* Reimpresión. 272 págs.
120. Tacca, O.: *La historia literaria.* 204 págs.
121. *Estudios críticos sobre el modernismo.* Introducción, selección y bibliografía general por H. Castillo. Reimpresión. 416 págs.
122. Macrí, O.: *Ensayo de métrica sintagmática (Ejemplos del «Libro de Buen Amor» y del «Laberinto» de Juan de Mena).* 296 págs.
123. Zamora Vicente, A.: *La realidad esperpéntica (Aproximación a «Luces de bohemia»).* Premio Nacional de Literatura. Segunda edición ampliada. 220 págs.
125. Goode, H. D.: *La prosa retórica de Fray Luis de León en «Los nombres de Cristo» (Aportación al estudio de un estilista del Renacimiento español).* 186 págs.
126. Green, O. H.: *España y la tradición occidental (El espíritu castellano en la literatura desde «El Cid» hasta Calderón).* 4 vols.
127. Schulman, I. A. y González, M. P.: *Martí, Darío y el modernismo.* Reimpresión. 268 págs.
128. Zubizarreta, A. de: *Pedro Salinas: El diálogo creador.* Prólogo de J. Guillén. 424 págs.
129. Fernández-Shaw, G.: *Un poeta de transición. Vida y obra de Carlos Fernández Shaw (1865-1911).* 340 págs. 1 lámina.
130. Camacho Guizado, E.: *La elegía funeral en la poesía española.* 424 páginas.
131. Sánchez Romeralo, A.: *El villancico (Estudios sobre la lírica popular en los siglos XV y XVI).* 624 págs.
132. Rosales, L.: *Pasión y muerte del Conde de Villamediana.* **252 págs.**

133. Arróniz, O.: *La influencia italiana en el nacimiento de la comedia española.* 340 págs.
134. Catalán, D.: *Siete siglos de romancero (Historia y poesía).* 224 págs.
135. Chomsky, N.: *Lingüística cartesiana (Un capítulo de la historia del pensamiento racionalista).* Reimpresión. 160 págs.
136. Kany, Ch. E.: *Sintaxis hispanoamericana.* Reimpresión. 552 págs.
137. Alvar, M.: *Estructuralismo, geografía lingüística y dialectología actual.* Segunda edición ampliada. 266 págs.
138. Richthofen, E. von: *Nuevos estudios épicos medievales* 294 págs.
140. Cohen, J.: *Estructura del lenguaje poético.* Reimpresión. 228 págs.
141. Livingstone, L.: *Tema y forma en las novelas de Azorín.* 242 págs.
142. Catalán, D.: *Por campos del romancero (Estudios sobre la tradición oral moderna).* 310 págs.
143. López, M.ª L.: *Problemas y métodos en el análisis de preposiciones.* Reimpresión. 224 págs.
144. Correa, G.: *La poesía mítica de Federico García Lorca.* Segunda edición. 250 págs.
145. Tate, R. B.: *Ensayos sobre la historiografía peninsular del siglo XV.* 360 págs.
146. García Barrón, C.: *La obra crítica y literaria de Don Antonio Alcalá Galiano.* 250 págs.
147. Alarcos Llorach, E.: *Estudios de gramática funcional del español.* Tercera edición. 352 págs.
148. Benítez, R.: *Bécquer tradicionalista.* 354 págs.
149. Araya, G.: *Claves filológicas para la comprensión de Ortega.* 250 págs.
150. Martinet, A.: *El lenguaje desde el punto de vista funcional.* Reimpresión. 218 págs.
151. Irizarry, E.: *Teoría y creación literaria en Francisco Ayala.* 274 págs.
152. Mounin, G.: *Los problemas teóricos de la traducción.* Segunda edición revisada. 338 págs.
153. Peñuelas, M. C.: *La obra narrativa de Ramón J. Sender.* 294 págs.
154. Alvar, M.: *Estudios y ensayos de literatura contemporánea.* 410 págs.
155. Hjelmslev, L.: *Prolegómenos a una teoría del lenguaje.* Segunda edición. Reimpresión. 198 págs.
157. Fernández Alonso, M.ª del R.: *Una visión de la muerte en la lírica española (La muerte como amada).* Premio Rivadeneira. Premio Nacional Uruguayo de Ensayo. 450 págs. 5 láminas.
158. Rosenblat, A.: *La lengua del «Quijote».* Reimpresión. 380 págs.
159. Pollmann, L.: *La «Nueva Novela» en Francia y en Iberoamérica.* 380 págs.
160. Capote Benot, J. M.ª: *El período sevillano de Luis Cernuda.* Prólogo de F. López Estrada. 172 págs.
161. García Morejón, J.: *Unamuno y Portugal.* Prólogo de Dámaso Alonso. Segunda edición corregida y aumentada. 580 págs.
162. Ribbans, G.: *Niebla y soledad (Aspectos de Unamuno y Machado).* 332 págs.
163. Scholberg, K. R.: *Sátira e invectiva en la España medieval.* 376 págs.

164. Parker, A. A.: *Los pícaros en la literatura (La novela picaresca en España y Europa, 1599-1753).* Segunda edición. 218 págs. 11 láminas.
165. Rudat, E. M.: *Las ideas estéticas de Esteban de Arteaga (Orígenes, significado y actualidad).* 340 págs.
166. San Miguel, A.: *Sentido y estructura del «Guzmán de Alfarache» de Mateo Alemán.* Prólogo de F. Rauhut. 312 págs.
167. Marcos Marín, F.: *Poesía narrativa árabe y épica hispánica (Elementos árabes en los orígenes de la épica hispánica).* 388 págs.
168. Cano Ballesta, J.: *La poesía española entre pureza y revolución (1930-1936).* 284 págs.
169. Corominas, J.: *Tópica hespérica (Estudios sobre los antiguos dialectos, el substrato y la toponimia romances).* 2 vols. 840 págs.
170. Amorós, A.: *La novela intelectual de Ramón Pérez de Ayala.* 500 págs.
171. Porqueras Mayo, A.: *Temas y formas de la literatura española.* 196 págs.
172. Brancaforte, B.: *Benedetto Croce y su crítica de la literatura española.* 152 págs.
173. Martín, C.: *América en Rubén Darío (Aproximación al concepto de la literatura hispanoamericana).* 276 págs.
174. García de la Torre, J. M.: *Análisis temático de «El Ruedo Ibérico».* 362 págs.
175. Rodríguez-Puértolas, J.: *De la Edad Media a la edad conflictiva (Estudios de literatura española).* 406 págs.
176. López Estrada, F.: *Poética para un poeta (Las «Cartas literarias a una mujer» de Bécquer).* 246 págs.
177. Hjelmslev, L.: *Ensayos lingüísticos.* 362 págs.
178. Alonso, D.: *En torno a Lope (Marino, Cervantes, Benavente, Góngora, los Cardenios).* 212 págs.
179. Pabst, W.: *La novela corta en la teoría y en la creación literaria (Notas para la historia de su antinomia en las literaturas románicas).* 510 págs.
180. Rumeu de Armas, A.: *Alfonso de Ulloa, introductor de la cultura española en Italia.* 192 págs. 2 láminas.
181. León, P. R.: *Algunas observaciones sobre Pedro de Cieza de León y la Crónica del Perú.* 278 págs.
182. Roberts, G.: *Temas existenciales en la novela española de postguerra.* Segunda edición corregida y aumentada. 326 págs.
184. Durán, A.: *Estructura y técnicas de la novela sentimental y caballeresca.* 182 págs.
185. Beinhauer, W.: *El humorismo en el español hablado (Improvisadas creaciones espontáneas).* Prólogo de R. Lapesa. 270 págs.
186. Predmore, M. P.: *La poesía hermética de Juan Ramón Jiménez (El «Diario» como centro de su mundo poético).* 234 págs.
187. Manent, A.: *Tres escritores catalanes: Carner, Riba, Pla.* 338 págs.
188. Bratosevich, N. A. S.: *El estilo de Horacio Quiroga en sus cuentos.* 204 págs.

189. Soldevila Durante, I.: *La obra narrativa de Max Aub (1929-1969)*. 472 págs.
190. Pollmann, L.: *Sartre y Camus (Literatura de la existencia)*. 286 págs.
191. Bobes Naves, M.ª del C.: *La semiótica como teoría lingüística*. Segunda edición revisada y ampliada. 274 págs.
192. Carilla, E.: *La creación del «Martín Fierro»*. 308 págs.
193. Coseriu, E.: *Sincronía, diacronía e historia (El problema del cambio lingüístico)*. Tercera edición. 290 págs.
194. Tacca, O.: *Las voces de la novela*. Segunda edición corregida y aumentada. 206 págs.
195. Fortea, J. L.: *La obra de Andrés Carranque de Ríos*. 240 págs.
196. Náñez Fernández, E.: *El diminutivo (Historia y funciones en el español clásico y moderno)*. 458 págs.
197. Debicki, A. P.: *La poesía de Jorge Guillén*. 362 págs.
198. Doménech, R.: *El teatro de Buero Vallejo (Una meditación española)*. 372 págs.
199. Márquez Villanueva, F.: *Fuentes literarias cervantinas*. 374 págs.
200. Orozco Díaz, E.: *Lope y Góngora frente a frente*. 410 págs. 8 láminas.
201. Muller, Ch.: *Estadística lingüística*. 416 págs.
202. Kock, J. de: *Introducción a la lingüística automática en las lenguas románicas*. 246 págs.
203. Avalle-Arce, J. B.: *Temas hispánicos medievales (Literatura e historia)*. 390 págs.
204. Quintián, A. R.: *Cultura y literatura españolas en Rubén Darío*. 302 páginas.
205. Caracciolo Trejo, E.: *La poesía de Vicente Huidobro y la vanguardia*. 140 págs.
206. Martín, J. L.: *La narrativa de Vargas Llosa (Acercamiento estilístico)*. 282 págs.
207. Nolting-Hauff, I.: *Visión, sátira y agudeza en los «Sueños» de Quevedo*. 318 págs.
208. Phillips, A. W.: *Temas del modernismo hispánico y otros estudios*. 360 págs.
209. Mayoral, M.: *La poesía de Rosalía de Castro*. Prólogo de R. Lapesa. 596 págs.
210. Casalduero, J.: *«Cántico» de Jorge Guillén y «Aire nuestro»*. 268 págs.
211. Catalán, D.: *La tradición manuscrita en la «Crónica de Alfonso XI»*. 416 págs.
212. Devoto, D.: *Textos y contextos (Estudios sobre la tradición)*. 610 páginas.
213. López Estrada, F.: *Los libros de pastores en la literatura española (La órbita previa)*. 576 págs. 16 láminas.
214. Martinet, A.: *Economía de los cambios fonéticos (Tratado de fonología diacrónica)*. 564 págs.
215. Sebold, R. P.: *Cadalso: el primer romántico «europeo» de España*. 294 págs.

216. Cambria, R.: *Los toros: tema polémico en el ensayo español del siglo XX*. 386 págs.
217. Percas de Ponseti, H.: *Cervantes y su concepto del arte (Estudio crítico de algunos aspectos y episodios del «Quijote»)*. 2 vols. 690 págs.
218. Hammarström, G.: *Las unidades lingüísticas en el marco de la lingüística moderna*. 190 págs.
219. Salvador Martínez, H.: *El «Poema de Almería» y la épica románica*. 478 págs.
220. Casalduero, J.: *Sentido y forma de «Los trabajos de Persiles y Segismunda»*. 236 págs.
221. Bandera, C.: *Mimesis conflictiva (Ficción literaria y violencia en Cervantes y Calderón)*. Prólogo de R. Girard. 262 págs.
222. Cabrera, V.: *Tres poetas a la luz de la metáfora: Salinas, Aleixandre y Guillén*. 228 págs.
223. Ferreres, R.: *Verlaine y los modernistas españoles*. 272 págs.
224. Schrader, L.: *Sensación y sinestesia (Estudios y materiales para la prehistoria de la sinestesia y para la valoración de los sentidos en las literaturas italiana, española y francesa)*. 528 págs.
225. Picon Garfield, E.: *¿Es Julio Cortázar un surrealista?* 266 págs. 5 láminas.
226. Peña, A.: *Américo Castro y su visión de España y de Cervantes*. 318 págs.
227. Palmer, L. R.: *Introducción crítica a la lingüística descriptiva y comparada*. 586 págs. 1 lámina.
228. Pauk, E.: *Miguel Delibes: Desarrollo de un escritor (1947-1974)*. 330 páginas.
229. Molho, M.: *Sistemática del verbo español (Aspectos, modos y tiempos)*. 2 vols. 780 págs.
230. Gómez-Martínez, J. L.: *Américo Castro y el origen de los españoles: Historia de una polémica*. 242 págs.
231. García Sarriá, F.: *Clarín o la herejía amorosa*. 302 págs.
232. Santos Escudero, C.: *Símbolos y Dios en el último Juan Ramón Jiménez*. 566 págs.
233. Taylor, M. C.: *Sensibilidad religiosa de Gabriela Mistral*. 232 págs. 4 láminas.
234. *De la teoría lingüística a la enseñanza de la lengua*. Publicada bajo la dirección de J. Martinet, con la colaboración de O. Ducrot, D. François, F. François, B.-N. Grunig, M. Mahmoudian, A. Martinet, G. Mounin, T. Tabouret-Keller y H. Walter. 262 págs.
235. Trabant, J.: *Semiología de la obra literaria (Glosemántica y teoría de la literatura)*. 370 págs.
236. Montes, H.: *Ensayos estilísticos*. 186 págs.
237. Cerezo Galán, P.: *Palabra en el tiempo (Poesía y filosofía en Antonio Machado)*. 614 págs.
238. Durán, M. y González Echevarría, R.: *Calderón y la crítica: Historia y Antología*. 2 vols. 786 págs.

239. Artiles, J.: *El «Libro de Apolonio», poema español del siglo XIII.* 222 págs.
240. Morón Arroyo, C.: *Nuevas meditaciones del «Quijote».* 366 págs.
241. Geckeler, H.: *Semántica estructural y teoría del campo léxico.* 390 páginas.
242. Aranguren, J. L. L.: *Estudios literarios.* 350 págs.
243. Molho, M.: *Cervantes: Raíces folklóricas.* 358 págs.
244. Baamonde, M. A.: *La vocación teatral de Antonio Machado.* 306 págs.
245. Colón, G.: *El léxico catalán en la Romania.* 542 págs.
246. Pottier, B.: *Lingüística general (Teoría y descripción).* 426 págs.
247. Carilla, E.: *El libro de los «misterios»: «El lazarillo de ciegos caminantes».* 190 págs.
248. Almeida, J.: *La crítica literaria de Fernando de Herrera.* 142 págs.
249. Hjelmslev, L.: *Sistema lingüístico y cambio lingüístico.* 262 págs.
250. Blanch, A.: *La poesía pura española (Conexiones con la cultura francesa).* 354 págs.
251. Hjelmslev, L.: *Principios de gramática general.* 384 págs.
252. Hess, R.: *El drama religioso románico como comedia religiosa y profana (Siglos XV y XVI).* 334 págs.
253. Wandruszka, M.: *Nuestros idiomas: comparables e incomparables.* 2 vols. 788 págs.
254. Debicki, A. P.: *Poetas hispanoamericanos contemporáneos.* 266 págs.
255. Tejada, J. L.: *Rafael Alberti, entre la tradición y la vanguardia (Poesía primera: 1920-1926).* Prólogo de F. López Estrada. 650 págs.
256. List, G.: *Introducción a la psicolingüística.* 198 págs.
257. Gurza, E.: *Lectura existencialista de «La Celestina».* 352 págs.
258. Correa, G.: *Realidad, ficción y símbolo en las novelas de Pérez Galdós (Ensayo de estética realista).* 308 págs.
259. Coseriu, E.: *Principios de semántica estructural.* 248 págs.
260. Arróniz, O.: *Teatros y escenarios del Siglo de Oro.* 272 págs.
261. Risco, A.: *El demiurgo y su mundo. Hacia un nuevo enfoque de la obra de Valle-Inclán.* 310 págs.
262. Schlieben-Lange, B.: *Iniciación a la sociolingüística.* 200 págs.
263. Lapesa, R.: *Poetas y prosistas de ayer y de hoy.* 424 págs.
264. Camamis, G.: *Estudios sobre el cautiverio en el Siglo de Oro.* 262 páginas.
265. Coseriu, E.: *Tradición y novedad en la ciencia del lenguaje (Estudios de historia de la lingüística).* 374 págs.
266. Stockwell, R. P. y Macaulay, R. K. S. (eds.): *Cambio lingüístico y teoría generativa.* 398 págs.
267. Zuleta, E. de: *Arte y vida en la obra de Benjamín Jarnés.* 278 págs.
268. Kirkpatrick, S.: *Larra: El laberinto inextricable de un romántico liberal.* 298 págs.
269. Coseriu, E.: *Estudios de lingüística románica.* 314 págs.
270. Anderson, J. M.: *Aspectos estructurales del cambio lingüístico.* 374 páginas.

271. Bousoño, C.: *El irracionalismo poético (El símbolo)*. **Premio Nacional de Literatura 1978. 458 págs.**
272. Coseriu, E.: *El hombre y su lenguaje (Estudios de teoría y metodología lingüística)*. 270 págs.
273. Rohrer, Ch.: *Lingüística funcional y gramática transformativa (La transformación en francés de oraciones en miembros de oración)*. 324 págs.
274. Francis, A.: *Picaresca, decadencia, historia (Aproximación a una realidad histórico-literaria)*. 230 págs.
275. Picoche, J. L.: *Un romántico español: Enrique Gil y Carrasco (1815-1846)*. 398 págs.
276. Ramírez Molas, P.: *Tiempo y narración (Enfoque de la temporalidad en Borges, Carpentier, Cortázar y García Márquez)*. 218 págs.
277. Pêcheux, M.: *Hacia el análisis automático del discurso*. 374 págs.
278. Alonso, D.: *La «Epístola moral a Fabio», de Andrés Fernández de Andrada (Edición y Estudio)*. 286 págs. 4 láminas.
279. Hjelmslev, L.: *La categoría de los casos (Estudio de gramática general)*. 346 págs.
280. Coseriu, E.: *Gramática, semántica, universales (Estudios de lingüística funcional)*. 270 págs.
281. Martinet, A.: *Estudios de sintaxis funcional*. 342 págs.
282. Granda, G. de: *Estudios lingüísticos hispánicos, afrohispánicos y criollos*. 522 págs.
283. Marcos Marín, F.: *Estudios sobre el pronombre*. 338 págs.
284. Kimball, J. P.: *La teoría formal de la gramática*. 222 págs.
285. Carreño, A.: *El romancero lírico de Lope de Vega*. **Premio Ramón Menéndez Pidal, 1976.** 302 págs.
286. Marcellesi, J. B. y Gardin, B.: *Introducción a la sociolingüística (La lingüística social)*. 448 págs.
287. Martín Zorraquino, M.ª A.: *Las construcciones pronominales en español (Paradigma y desviaciones)*. 414 págs.
288. Bousoño, C.: *Superrealismo poético y simbolización*. **542 págs.**
289. Spillner, B.: *Lingüística y literatura (Investigación del estilo, retórica, lingüística del texto)*. 252 págs.
290. Kutschera, F. von: *Filosofía del lenguaje*. 410 págs.
291. Mounin, G.: *Lingüística y filosofía*. 270 págs.
292. Corneille, J. P.: *La lingüística estructural (Su proyección, sus límites)*. 434 págs.
293. Krömer, W.: *Formas de la narración breve en las literaturas románicas hasta 1700*. 316 págs.
294. Rohlfs, G.: *Estudios sobre el léxico románico*. Reelaboración parcial y notas de M. Alvar. Edición conjunta revisada y aumentada. 444 págs.
295. Matas, J.: *La cuestión del género literario (Casos de las letras hispánicas)*. 256 págs.
296. Haug, U. y Rammer, G.: *Psicología del lenguaje y teoría de la comprensión*. 278 págs.

297. Weisgerber, L.: *Dos enfoques del lenguaje («Lingüística» y ciencia energética del lenguaje).* 284 págs.
298. Wotjak, G.: *Investigaciones sobre la estructura del significado.* 480 páginas.
299. Sesé, B.: *Antonio Machado (1875-1939). El hombre. El poeta. El pensador.* Premio Internacional «Antonio Machado». 2 vols. 970 páginas.
300. Wayne Ashhurst, A.: *La literatura hispanoamericana en la crítica española.* 644 págs.
301. Martín, E. H.: *La teoría fonológica y el modelo de estructura compleja (Esbozo e interpretación del componente fonológico del español).* Prólogo de Ofelia Kovacci. 188 págs.
302. Hoffmeister, G.: *España y Alemania (Historia y documentación de sus relaciones literarias).* 310 págs.
303. Fontaine, J.: *El círculo lingüístico de Praga.* 182 págs.
304. Stockwell, R. P.: *Fundamentos de teoría sintáctica.* 316 págs.
305. Wandruszka, M.: *Interlingüística (Esbozo para una nueva ciencia del lenguaje).* 154 págs.
306. Agud, A.: *Historia y teoría de los casos.* 492 págs.
307. Aguiar e Silva, V. M. de: *Competencia lingüística y competencia literaria (Sobre la posibilidad de una poética generativa).* 166 págs.
308. Pratt, Ch.: *El anglicismo en el español peninsular contemporáneo.* 276 págs.
309. Calvo Ramos, L.: *Introducción al estudio del lenguaje administrativo.* 290 págs.
310. Cano Aguilar, R., *Estructuras sintácticas transitivas en el español actual.* 416 págs.
311. Bousoño, C.: *Épocas literarias y evolución (Edad Media, Romanticismo, Época Contemporánea).* 756 págs. 2 vols.

III. MANUALES

1. Alarcos Llorach, E.: *Fonología española.* Cuarta edición aumentada y revisada. Reimpresión. 290 págs.
2. Gili Gaya, S.: *Elementos de fonética general.* Quinta edición corregida y ampliada. Reimpresión. 200 págs.
3. Alarcos Llorach, E.: *Gramática estructural (Según la escuela de Copenhague y con especial atención a la lengua española).* Segunda edición. Reimpresión. 132 págs.
4. López Estrada, F.: *Introducción a la literatura medieval española.* Cuarta edición renovada. 606 págs.
6. Lázaro Carreter, F.: *Diccionario de términos filológicos.* Tercera edición corregida. Reimpresión. 444 págs.
8. Zamora Vicente, A.: *Dialectología española.* Segunda edición muy aumentada. Reimpresión. 588 págs. 22 mapas.

9. Vázquez Cuesta, P. y Mendez da Luz, M.ª A.: *Gramática portuguesa.* 2 vols. Tercera edición corregida y aumentada. 818 págs.
10. Badia Margarit, A. M.: *Gramática catalana.* 2 vols. Reimpresión. 1.020 págs.
11. Porzig, W.: *El mundo maravilloso del lenguaje (Problemas, métodos y resultados de la lingüística moderna).* Segunda edición corregida y aumentada. Reimpresión. 486 págs.
12. Lausberg, H.: *Lingüística románica.* 2 vols.
13. Martinet, A.: *Elementos de lingüística general.* Segunda edición revisada. Reimpresión. 274 págs.
15. Lausberg, H.: *Manual de retórica literaria (Fundamentos de una ciencia de la literatura).* 3 vols.
16. Mounin, G.: *Historia de la lingüística (Desde los orígenes al siglo XX).* Reimpresión. 236 págs.
17. Martinet, A.: *La lingüística sincrónica (Estudios e investigaciones).* Reimpresión. 228 págs.
18. Migliorini, B.: *Historia de la lengua italiana.* 2 vols. 1.262 págs. 36 láminas.
19. Hjelmslev, L.: *El lenguaje.* Segunda edición. Reimpresión. 196 págs. 1 lámina.
20. Malmberg, B.: *Lingüística estructural y comunicación humana (Introducción al mecanismo del lenguaje y a la metodología de la lingüística).* Reimpresión. 328 págs. 9 láminas.
22. Rodríguez Adrados, F.: *Lingüística estructural.* 2 vols. Segunda edición revisada y aumentada. Reimpresión. 1.036 págs.
23. Pichois, C. y Rousseau, A.-M.: *La literatura comparada.* 246 págs.
24. López Estrada, F.: *Métrica española del siglo XX.* Reimpresión. 226 págs.
25. Baehr, R.: *Manual de versificación española.* Reimpresión. 444 págs.
26. Gleason, H. A., Jr.: *Introducción a la lingüística descriptiva.* Reimpresión. 700 págs.
27. Greimas, A. J.: *Semántica estructural (Investigación metodológica).* Reimpresión. 398 págs.
28. Robins, R. H.: *Lingüística general (Estudio introductorio).* Reimpresión. 488 págs.
29. Iordan, I. y Manoliu, M.ª: *Manual de lingüística románica.* Revisión, reelaboración parcial y notas por M. Alvar. 2 vols. Reimpresión. 698 págs.
30. Hadlich, R. L.: *Gramática transformativa del español.* Reimpresión. 464 págs.
31. Ruwet, N.: *Introducción a la gramática generativa.* Segunda edición corregida. 514 págs.
32. Collado, J. A.: *Fundamentos de lingüística general.* Reimpresión. 308 págs.
33. Lüdtke, H.: *Historia del léxico románico.* 336 págs.
34. Catalán, D.: *Lingüística íbero-románica (Crítica retrospectiva).* 366 páginas.

35. Heeschen, C.: *Cuestiones fundamentales de lingüística.* Con un capítulo de V. Heeschen. 204 págs.
36. Lausberg, H.: *Elementos de retórica literaria (Introducción al estudio de la filología clásica, románica, inglesa y alemana).* 278 págs.
37. Arens, H.: *La lingüística (Sus textos y su evolución desde la antigüedad hasta nuestros días).* 2 vols. 1.098 págs.
38. Martinet, J.: *Claves para la semiología.* 238 págs.
39. Alvar, M.: *El dialecto riojano.* 180 págs.
40. Mounin, G.: *La lingüística del siglo XX.* 264 págs.
41. Gross, M.: *Modelos matemáticos en lingüística.* 246 págs.
42. Elgin, S. H.: *¿Qué es la lingüística?* 206 págs.
43. Szemerényi, O.: *Introducción a la lingüística comparativa.* 432 págs.
44. Szemerényi, O.: *Direcciones de la lingüística moderna. I: De Saussure a Bloomfield (1919-1950).* 204 págs.
45. Lapesa, R.: *Historia de la lengua española.* Octava edición refundida y muy aumentada. 712 págs.
46. Galmiche, M.: *Semántica generativa.* 398 págs.
47. Simón Díaz, J.: *Manual de bibliografía de la literatura española.* 1.156 págs.

IV. TEXTOS

1. Díaz y Díaz, M. C.: *Antología del latín vulgar.* Segunda edición aumentada y revisada. Reimpresión. 240 págs.
2. Canellada, M.ª J.: *Antología de textos fonéticos.* Prólogo de T. Navarro. Segunda edición ampliada. 266 págs.
3. Sánchez Escribano, F. y Porqueras Mayo, A.: *Preceptiva dramática española del Renacimiento y el Barroco.* Segunda edición muy ampliada. 408 págs.
4. Juan Ruiz: *Libro de Buen Amor.* Edición crítica de J. Corominas. Reimpresión. 670 págs.
5. Rodríguez-Puértolas, J.: *Fray Iñigo de Mendoza y sus «Coplas de Vita Christi».* 635 págs. 1 lám.
6. *Todo Ben Quzmān.* Editado, interpretado, medido y explicado por E. García Gómez. 3 vols. 1.512 págs.
7. *Garcilaso de la Vega y sus comentaristas (Obras completas del poeta y textos íntegros de El Brocense, Herrera, Tamayo y Azara).* Edición de A. Gallego Morell. Segunda edición revisada y adicionada. 700 págs. 10 láminas.
8. *Poética de Aristóteles.* Edición trilingüe. Introducción, traducción castellana, notas, apéndice e índice analítico, por V. García Yebra. 542 págs.
9. Chevalier, M.: *Cuentecillos tradicionales en la España del Siglo de Oro.* 426 págs.
10. Reckert, S.: *Gil Vicente: Espíritu y letra. I: Estudios.* 464 págs.

11. Gorog, R. de y Gorog, L. S. de: *Concordancia del «Arcipreste de Talavera»*. 430 págs.
12. López de Ayala, P.: *«Libro de poemas» o «Rimado de Palacio»*. Edición crítica, introducción y notas de M. García. 2 vols.
13. Gonzalo de Berceo: *El libro de Alixandre*. Reconstrucción crítica de D. A. Nelson. 794 págs.

V. DICCIONARIOS

2. Corominas, J.: *Breve diccionario etimológico de la lengua castellana*. Tercera edición muy revisada y mejorada. Reimpresión. 628 págs.
3. *Diccionario de Autoridades*. Edición facsímil. 3 vols.
4. Alfaro, R. J.: *Diccionario de anglicismos*. Recomendado por el «Primer Congreso de Academias de la Lengua Española». Segunda edición aumentada. 520 págs.
5. Moliner, M.ª: *Diccionario de uso del español*. Premio «Lorenzo Nieto López» de la Real Academia Española. 2 vols. Reimpresión. 3.088 págs.
6. Rogers, P. P. y Lapuente, F. A.: *Diccionario de seudónimos literarios españoles, con algunas iniciales*. 610 págs.
7. Corominas, J. y Pascual, J. A.: *Diccionario crítico etimológico castellano e hispánico*. Tomo I: A - CA. LXXVI + 938 págs. Tomo II: CE - F. 986 págs. Tomo III: G - MA. 904 págs.
8. Alcalá Venceslada, A.: *Vocabulario andaluz*. Edición facsímil. 676 páginas.